Ursula Wamser/Wilfried Weinke (Hrsg.)
Ehemals in Hamburg zu Hause: Jüdisches Leben am Grindel

Ulrich Bauche, Dr. phil., geb. 1928, Kultur- und Sozialhistoriker, Hauptkustos am Museum für Hamburgische Geschichte, verantwortlich für die Ausstellung »Ehemals in Hamburg zu Hause: Jüdisches Leben am Grindel. Bornplatz-Synagoge und Talmud-Tora-Schule«. Projektleiter der Ausstellung »400 Jahre Juden in Hamburg«.

Erika Hirsch, geb. 1951, Studium der Geschichte und Germanistik, Dissertation zum jüdischen Vereinswesen in Hamburg bis zum Ersten Weltkrieg (in Arbeit), Mitarbeit im Stadtteilarchiv Ottensen, Veröffentlichungen zu Juden in Altona, pädagogische Mitarbeiterin der »Gedenk- und Bildungsstätte Israelitische Töchterschule Karolinenstraße 35«.

Barbara Müller-Wesemann, geb. 1944, Studium der Anglistik und Romanistik, Ausbildung zur Journalistin, Pressereferentin der Universität Hamburg, Lehrerin, seit 1986 wissenschaftliche Mitarbeiterin am Zentrum für Theaterforschung der Universität Hamburg, verantwortlich für die Ausstellung »Seid trotz der schweren Last stets heiter. Der jüdische Kulturbund Hamburg 1934-1941«.

Beatrix Piezonka, geb. 1959, Studium der Sozial- und Wirtschaftsgeschichte, Mitarbeit an der Ausstellung »Ehemals in Hamburg zu Hause: Jüdisches Leben am Grindel. Bornplatz-Synagoge und Talmud-Tora-Schule«, Wissenschaftliche Angestellte am Deutschen Historischen Institut in Paris; z.Zt. wissenschaftliche Mitarbeit im Haus der Geschichte Baden-Württemberg; Mitarbeit in autonomen Frauenprojekten.

Christiane Pritzlaff, Dr. phil., Studium der Germanistik und evangelischen Theologie, seit 1975 Lehrerin, Features für den Hörfunk, Veröffentlichungen zur jüdischen Geschichte und Unterrichtsmaterialien zu den Stätten des Judentums in Hamburg.

Ursula Randt, geb. Klebe, Dr. phil., geb. 1929 in Hamburg, Studium der Pädagogik und Sonderpädagogik für Hör- und Sprachbehinderte. Lehrerin an einer Sprachheilschule. Veröffentlichungen zur Geschichte der Juden in Hamburg, Schwerpunkt: Geschichte des ehemaligen jüdischen Schulwesens.

Ursula Wamser, geb. 1953, Studium der Geschichte und Germanistik, Erstes und Zweites Staatsexamen, Forschungen zu Frauenstudien, wissenschaftliche Mitarbeit an zeitgeschichtlichen Ausstellungen, u.a. »Ehemals in Hamburg zu Hause: Jüdisches Leben am Grindel. Bornplatz-Synagoge und Talmud-Tora-Schule«, Veröffentlichungen zur Zeitgeschichte, z.Zt. Bilddokumentarin.

Wilfried Weinke, geb. 1955, Studium der Geschichte und Germanistik, Erstes und Zweites Staatsexamen, wissenschaftliche Mitarbeit an zeitgeschichtlichen Ausstellungen, u.a. »Ehemals in Hamburg zu Hause: Jüdisches Leben am Grindel. Bornplatz-Synagoge und Talmud-Tora-Schule«, z.Zt. wissenschaftlicher Mitarbeiter im Hamburger Schulmuseum.

Abkürzungsverzeichnis

AHW	Dreigemeinde Altona, Hamburg, Wandsbek
AKZ	Allgemeine Künstler-Zeitung
BBC	British Broadcasting Corporation
CAHJP	Central Archives for the History of the Jewish People
CV	Centralverein deutscher Staatsbürger jüdischen Glaubens
DAD	Das Andere Deutschland
DAF	Deutsche Arbeitsfront
DDP	Deutsche Demokratische Partei
DHV	Deutschnationaler Handlungsgehilfen-Verband
DIG	Deutsch-Israelitische Gemeinde
DNVP	Deutschnationale Volkspartei
DVP	Deutsche Volkspartei
EK	Eisernes Kreuz
ETG	Ernst Thälmann-Gedenkstätte
Gestapo	Geheime Staatspolizei
HJ	Hitlerjugend
IGA	Institut für die Geschichte der Arbeiterbewegung, Zentrales Parteiarchiv, Berlin; vormals Institut für Marxismus-Leninismus, Zentrales Parteiarchiv beim ZK der SED. Die unter der Signatur NJ dort gesammelten Akten der nationalsozialistischen Justiz befinden sich heute im Besitz des Bundesarchivs Koblenz, Außenstelle Berlin.
IJB	Internationaler Jugend-Bund
IKD	Internationale Kommunisten Deutschlands
IKL	Internationale Kommunisten Liga
ISK	Internationaler Sozialistischer Kampf-Bund
KJVD	Kommunistischer Jugendverband Deutschlands
Kolafu	Konzentrationslager Fuhlsbüttel
KPD	Kommunistische Partei Deutschlands
LBH	Staatliche Landesbildstelle Hamburg
LBI	Leo Baeck Institut, New York
Masch	Marxistische Arbeiterschule
MHG	Museum für Hamburgische Geschichte
MKG	Museum für Kunst und Gewerbe
NDR	Norddeutscher Rundfunk
NSDAP	Nationalsozialistische Deutsche Arbeiterpartei
NSS	Nationalsozialistischer Schülerbund
NSV	Nationalsozialistische Volkswohlfahrt
NWDR	Nordwestdeutscher Rundfunk
RJV	Revolutionärer Jugendverband
SA	Sturmabteilung
SAJ	Sozialistische Arbeiterjugend
SAP	Sozialistische Arbeiterpartei
SDS	Schutzverband deutscher Schriftsteller
SJV	Sozialistischer Jugendverband
SPD	Sozialdemokratische Partei Deutschlands
SS	Schutzstaffel
StA HH	Staatsarchiv Hamburg
STAGMA	Staatliche Genehmigte Gesellschaft zur Verwertung Musikalischer Urheberrechte
SUB	Staats- und Universitätsbibliothek Hamburg – Carl von Ossietzky –
U.O.B.B.	Unabhängiger Orden Bne Briß
USG	Unabhängige Sozialistische Gewerkschaft
ZVfD	Zionistische Vereinigung für Deutschland

Ursula Wamser/Wilfried Weinke (Hrsg.)
Ehemals in Hamburg zu Hause: Jüdisches Leben am Grindel

Mit Beiträgen von
Ulrich Bauche, Erika Hirsch, Barbara Müller-Wesemann, Beatrix Piezonka, Christiane Pritzlaff, Ursula Randt, Ursula Wamser, Wilfried Weinke

sowie Elisabeth Atkinson, Paul M. Cohn, Lucille Eichengreen/Harriet Chamberlain, Betty Batja Rabin-Emanuel

VSA-Verlag, Hamburg 1991

Die Drucklegung dieser Publikation wurde gefördert durch die
Kulturbehörde der Freien und Hansestadt Hamburg.

Titelfoto: Synagoge am Bornplatz, um 1908. Foto: Johann Hamann (LBH)
Rückseite: Einweihung der Gedenkanlage für die Bornplatz-Synagoge am 9.11.1988.
　　　　　Foto: Henning Scholz, Hamburg

Fotoarbeiten: Atelier hand-werk, Fotostudio Fischer-Daber

Fotoauswahl: Wilfried Weinke

Kartengrundlage für die Karten in den Umschlaginnenseiten: Deutsche Grundkarte 1:5000,
Blätter 6436 (Ausgaben 1926 und 1986) und 6438 (Ausgaben 1934 und 1986),
herausgegeben vom Vermessungsamt Hamburg.
Vervielfältigt mit Genehmigung VA 400-16/90

© VSA-Verlag 1991, Stresemannstraße 384a, 2000 Hamburg 50
© der einzelnen Beiträge bei den Autorinnen und Autoren
© des Textes von Heinz Liepmann bei Ruth Liepman, Zürich
© des Textes von Käthe Starke bei Pit Goldschmidt, Hamburg
© der Abbildungen bei den angegebenen Quellen
Alle Rechte vorbehalten
Satz: satz + repro Kollektiv, Hamburg
Druck und Buchbindearbeiten: Fuldaer Verlagsanstalt, Fulda
ISBN 3-87975-526-4

Inhalt

Geleitwort 7
von Prof. Ingo von Münch

Vorwort der Herausgeber 8

Beatrix Piezonka/Ursula Wamser
Von der Neustadt zum Grindel 11

Elisabeth Atkinson
Eine verlorene Welt 18

Christiane Pritzlaff
Synagogen im Grindelviertel und ihre Zerstörung 23

Ursula Randt
Jüdische Schulen am Grindel 36

Ursula Randt
Die jüdischen Waisenhäuser in Hamburg 56

Erika Hirsch
Die Henry-Jones-Loge und jüdische Vereine 64

Ursula Wamser/Wilfried Weinke
Antisemitismus 79

Ursula Wamser/Wilfried Weinke
Der »Judenboykott« vom 1. April 1933 102
»Am Vorabend des 1. April 1933«: Auszug aus Heinz Liepmanns »Das Vaterland«, 104

Wilfried Weinke
»Deutschfeindliche Journalisten und Schriftsteller«: Justin Steinfeld und Heinz Liepmann . . . 105
Justin Steinfeld: Brief aus dem Exil, 109

Ursula Randt
Die Zerschlagung des jüdischen Schulwesens 120

Christiane Pritzlaff
»Das soll das Leben sein? ... Wozu bin ich geboren?« 131
Rolf Levisohn (11.9.1920 - Mai 1942)

Barbara Müller-Wesemann
»Seid trotz der schweren Last stets heiter« 135
Der Jüdische Kulturbund Hamburg (1934-1941)

Ulrich Bauche
Frühe Bilder des Malers David Jacob Goldschmidt 153

Ursula Wamser/Wilfried Weinke
Gescheiterte Auswanderung Jacob Goldschmidts 158

Wilfried Weinke
Erika Milee: »Ich lebe und sterbe für den Tanz« 159
Interview mit Erika Milee: Ich wollte unter eigenem Namen bekannt werden, 161

Ursula Wamser/Wilfried Weinke
Menschen jüdischer Herkunft im Widerstand 164
Die Talmud-Tora-Schüler Georg Oppenheim und Rudolf Neumann, 167 / Der Studienreferendar Heinz Leidersdorf, 171 / Aus der jüdischen Jugendbewegung in den Widerstand: Kurt van der Walde, Marion Deutschland, Werner Philip, 174 / »Mit unseren jüdischen Mitgliedern waren wir unerhört leichtsinnig ...«: Rudolf Levy und Gisela Peiper, 180 / Eine vergessene Widerstandskämpferin: Hilde Schottländer, geb. Stern, 185 / Ein Niederländer aus Überzeugung: Bernhard Karlsberg, 189 / »Der Fall des Hamburger Rechtsanwalts Herbert Michaelis«, 195

Ursula Wamser/Wilfried Weinke
Der Judenpogrom vom November 1938 201
Betty Batja Rabin-Emanuel: Aus dem Tagebuch einer 13jährigen, 204

Ursula Wamser/Wilfried Weinke
Die Kindertransporte 216
Paul M. Cohn: Kindheit in Hamburg, 216

Ursula Wamser/Wilfried Weinke
Entrechtung, Beraubung, Vertreibung und Mord 222
Käthe Starke: Abschied und Reise, 233

Lucille Eichengreen mit Harriet Chamberlain
Rückkehr nach Hamburg 1944 235

Auswahlbibliographie zur Geschichte der Hamburger Juden 243

Namensverzeichnis 246
Abkürzungsverzeichnis 247

Geleitwort

Am 28. August 1986 eröffnete meine Amtsvorgängerin Frau Helga Schuchardt die Ausstellung »Ehemals in Hamburg zu Hause: Jüdisches Leben am Grindel. Bornplatz-Synagoge und Talmud-Tora-Schule«. Die Eröffnung fand in der ehemaligen Talmud-Tora-Schule am Grindelhof 30 statt, das erhaltene Gebäude wird heute vom Fachbereich Bibliothekswesen der Fachhochschule Hamburg genutzt. Mehrere hundert Gäste, unter ihnen eine große Zahl ehemaliger jüdischer Bürger Hamburgs aus aller Welt, nahmen an der Eröffnungsfeier teil. Unerwartet groß war das von Gästen und Besuchern der Ausstellung bekundete Interesse; gewünscht und überwältigend die positive Resonanz, über die sich nicht nur die Museumsmitarbeiter freuen durften. Auch für die Kulturbehörde der Hansestadt Hamburg war dies ein bestätigendes und ermutigendes Zeichen. Ermutigend vor allem, da die Aufarbeitung der nationalsozialistischen Zeit und der in ihr begangenen Grausamkeiten an den jüdischen Bürgern Hamburgs ein bedrückendes und schwieriges Kapitel unserer Stadtgeschichte bleiben wird.

Ermutigend war das Ergebnis dieser Ausstellung auch deshalb, weil es ihr gelungen ist, den Hintergrund nationalsozialistischer Politik und Stadtgeschichte mit den persönlichen Schicksalen und Erinnerungen jüdischer Menschen einfühlsam und gleichzeitig aufklärerisch zu verbinden. Vor allem der heute in Hamburg lebenden jungen Generation wurde erstmals im Rahmen einer öffentlichen zeithistorischen Dokumentation vermittelt, daß es in Hamburg eine große jüdische Gemeinde gegeben hat. Die zu ihr zählenden 20.000 Mitglieder waren auf vielfältige Weise in das Wirtschafts- und Kulturleben, in Politik und Gemeinwesen der Stadt Hamburg integriert.

Über die Leistungen und den Anteil der jüdischen Bevölkerung an unserer mittlerweile über 400jährigen gemeinsamen Stadtgeschichte sind in den letzten Jahren zahlreiche Arbeiten und Publikationen verfaßt worden. Die Kulturbehörde der Hansestadt Hamburg hat es sich dabei zur Aufgabe gemacht, die Erforschung und Dokumentation der lange vergessenen und verdrängten jüdischen Geschichte Hamburgs zu fördern. Ausgehend von der Erkenntnis, daß wir die Aufarbeitung der Verfolgung, Vertreibung und Ermordung nicht auf die Betroffenen selbst, d.h. auf die heutige Jüdische Gemeinde Hamburgs sowie auf andere jüdische Institutionen im Ausland abschieben dürfen, müssen wir alle diese Aufgabe als politisch-historische Verpflichtung und zugleich als moralische Chance gemeinsamer Vergangenheitsbewältigung begreifen.

In ihrer Eröffnungsrede vom 28. August 1986 erinnerte Frau Schuchardt an die Entstehung der Ausstellung »Ehemals in Hamburg zu Hause: Jüdisches Leben am Grindel. Bornplatz-Synagoge und Talmud-Tora-Schule.«: »Als sich Herr Bamberger vor etwa zwei Jahren mit der Idee zu einer Ausstellung über das jüdische Leben in Hamburg an die Kulturbehörde wandte, sahen wir eine Chance darin, uns nicht nur mit der Aufarbeitung der Zeit von 1933–1945 zu befassen, sondern auch mit der Zeit davor und der Frage nachzugehen: Wie haben Juden eigentlich gelebt und was war ihr Anteil am Leben unserer Stadt? Themen, über die wir nur wenig wußten.«

An ihre Worte anknüpfend, kann ich heute zum Geleit der hier vorliegenden Publikation schreiben: Wir wissen heute vieles mehr. Die Ausstellung selbst war über die unmittelbare Resonanz in vielfacher Hinsicht Anstoß und Motivation für eine neue Beschäftigung mit der verdrängten und vergessenen Geschichte der Juden am Grindel. Heike Mundzeck drehte für den Norddeutschen Rundfunk den Film »Nur das Hinsehen macht uns frei. Die Juden vom Grindel«, die filmische Begleitung einer Besuchergruppe ehemaliger jüdischer Bürger Hamburgs, die auch den Grindel, die Talmud-Tora-Schule und die umliegenden Straßen besuchten. Starke Beachtung fand die 90minütige Dokumentation »Ein Ort, den ich verlassen mußte ... Jüdisches Leben am Grindel« von Renate Zilligen, die ebenfalls für den Norddeutschen Rundfunk produziert wurde. Die Basis dieses im Dezember 1987 erstmals gezeigten Films bildeten die Fotos und Materialien der Ausstellung; die Adressen der im Film zu Wort kommenden ehemaligen jüdischen Bürger Hamburgs wurden durch das Museum für Hamburgische Geschichte vermittelt. Auch Charlotte Ueckert-Hilbert, Herausgeberin des 1989 erschienenen Buches »Fremd in der eigenen Stadt. Erinnerungen jüdischer Emigranten aus Hamburg«, wurde zu dieser Anthologie durch die Ausstellung »Ehemals in Hamburg: Jüdisches Leben am Grindel. Bornplatz-Synagoge und Talmud-Tora-Schule« angeregt. Dort waren in Lesemappen bis dahin unveröffentlichte Manuskripte ehemaliger jüdischer Bürger Hamburgs, ihre Erinnerungen an ihre Heimatstadt und ihre erzwungene Emigration abgedruckt worden. Zahlreiche Eintragungen im Gästebuch der Ausstellung belegen, daß sie für viele Besucher Anlaß zur Auseinandersetzung mit der eigenen Wohn- und Lebenswelt war. So beschäftigte sich der Lehrer Harald Vieth in seinen Publikationen mit der Geschichte seines Wohnhauses in der Hallerstraße und seiner auch jüdischen Bewohner. Vereine, Stadtteilzentren und die Volkshochschule Hamburg führen Stadtteilrundgänge zum Thema »Jüdisches Leben am Grindel« durch.

Die Herausgeber und Autoren dieses Buches haben sich vertiefend mit den verschiedenen Bereichen jüdischen Lebens am Grindel beschäftigt. Die Ergebnisse, Materialien und Schlußfolgerungen gehen weit über den Stand der 1986 präsentierten Ausstellung hinaus. Die Autoren dieses Bandes wurden in umfangreicher Weise von ehemaligen jüdischen Bürgern Hamburgs mit sehr persönlichen Erinnerungen und Dokumenten unterstützt. Ein erheblicher Teil dieser Materialien ist erstmals in dem vorliegenden Buch für die Öffentlichkeit präsentiert. Es sind vielschichtige Dokumente, sie zeugen von Verzweiflung, Einsamkeit und Resignation, aber auch von Lebenskraft, moralischer Stärke und Mut.

Ich danke dem »Verein ehemaliger Bürger Hamburgs in Jerusalem«, namentlich Dr. Baruch Ophir, Dr. Daniel Cohen, dem ein ehrendes Gedenken zu bewahren ist, und Herrn Naftali Bar-Giora Bamberger, für die Anregung und Unterstützung der damaligen Ausstellung, vor allem aber auch den ehemaligen jüdischen Bürgern Hamburgs in aller Welt, die erst durch die von ihnen zur Verfügung gestellten Fotos und Dokumente diese wichtige Ausstellung zu unserer gemeinsamen Geschichte ermöglicht haben.

Der vielfach geäußerte Wunsch nach einer Dokumentation der Ausstellung kann dank der Initiative der beiden Herausgeber nunmehr erfüllt werden. Für die von ihnen geleistete Arbeit sei ihnen gedankt — zugleich auch für die durch die Recherchen geknüpften Kontakte und vielfach geglückten, menschlichen Brückenschläge zwischen denen, die ehemals in Hamburg zu Hause waren, und der Stadt, aus der sie vertrieben wurden.

Prof. Dr. Ingo von Münch
— Bürgermeister —

Vorwort

»*Eine wichtige Dokumentation, über Leben und Kultur eines Teils unserer Bevölkerung, die den meisten Menschen meiner Generation verborgen geblieben sind. Wie schön, wenn dies zu einer ständigen Ausstellung in Hamburg werden kann. Ich wünsche dieser Ausstellung weiterhin ganz großen Zuspruch.*«

»*Gegen das Vergessen! Mich hat diese Ausstellung sehr bewegt, gibt sie doch einen tiefen Einblick in den jüdischen Glauben, das Leben der Juden, die furchtbare Zeit der Verfolgung. Über einen Ausstellungskatalog würde ich mich sehr freuen.*«

Diese Eintragungen im Gästebuch belegen, in welcher Weise die im August 1986 eröffnete Ausstellung »Ehemals in Hamburg zu Hause: Jüdisches Leben am Grindel. Bornplatz-Synagoge und Talmud-Tora-Schule« auf die Besucherinnen und Besucher gewirkt hat. Dem auch im Gästebuch zahlreich dokumentierten Wunsch nach einem Katalog konnte damals von seiten des Museums für Hamburgische Geschichte nicht entsprochen werden. Lediglich ein kleines Faltblatt und ein Heft in der Reihe »Hamburg Porträt« des Museums für Hamburgische Geschichte konnten noch während der Ausstellungslaufzeit der interessierten Öffentlichkeit angeboten werden.

Die Resonanz auf die Ausstellung in Hamburg zeigte, daß die präsentierten Themen — von der Stadtteilentwicklung über die Geschichte der Synagogen und Kultusverbände, der jüdischen Schulen und Vereine bis hin zu den Stufen der Entrechtung, Vertreibung und Ermordung — geeignet waren, an verdrängte und vergessene Geschichte zu erinnern.

Der Fokus auf den Grindel, der erst seit Beginn dieses Jahrhunderts zum Zentrum jüdischen Lebens in Hamburg geworden war, bot vielen erstmals die Möglichkeit der unmittelbaren Begegnung mit der bisher kaum bekannten Geschichte des Stadtteils. Eigene Erfahrungen bei Führungen mit Besuchergruppen und Schulklassen belegten, daß gerade in der hier gezeigten Verknüpfung amtlicher Dokumente mit persönlichen Zeugnissen, in dem dokumentierten Zusammenhang von staatlicher Politik und individuellem Schicksal die besondere Aussagekraft dieser Ausstellung lag.

Auch für uns, die wir an der im Grindel liegenden Hamburger Universität studiert haben und als wissenschaftliche Mitarbeiter des Museums für Hamburgische Geschichte im Zeitraum von 1986 bis 1988 die Ausstellung zum Jüdischen Leben am Grindel mit erarbeitet haben, stellte das Thema eine neue Auseinandersetzung mit diesem Stadtteil und seiner Geschichte dar.

Auch nach Beendigung unserer Arbeitsvorhaben empfanden wir es als moralische und politische Verpflichtung, daß von ehemaligen jüdischen Bürgern Hamburgs zur Verfügung gestelltes Material, die Dokumente und Fotos etc. auch über den Ausstellungszeitraum hinaus, dauerhaft zu präsentieren.

Bei vielen hatten unsere Fragen nach Familiendokumenten und Fotos schmerzliche Erinnerungen an die nie verheilten Wunden aufbrechen lassen. Die dennoch gezeigte Bereitschaft, die persönlichen Erfahrungen und Schicksale der Privatsphäre preiszugeben, um sie als Erinnerung an die Geschichte und Mahnung an die Zukunft zu veröffentlichen, war für uns ausschlaggebend, nach Wegen einer bleibenden Dokumentation zu suchen.

Ohne Anbindung an eine bestehende Forschungsinstitution, die unsere Arbeit hätte fördern, aber auch behindern können, und ohne Verbindung zu Parteien und Verbänden, zu Geschichtswerkstätten etc. haben wir unsere Arbeit begonnen und durchgeführt.

Im Frühjahr 1989 sprachen wir interessierte Autoren und Autorinnen an, mit denen wir bereits während der Ausstellungsvorbereitung zusammengearbeitet hatten oder die sich im Zusammenhang mit ihr mit Themen jüdischen Lebens, der Geschichte der Synagogen, jüdischen Schulen und Vereinen etc. auseinandergesetzt haben.

Ein Beitrag von Dr. Peter Lock, der sich mit der soziographischen Struktur des Stadtteils, der sozialen und beruflichen Zugehörigkeit, dem Bildungsniveau und dem Wahlverhalten der jüdischen Bevölkerung beschäftigen sollte, kam aufgrund beruflicher Veränderungen nicht zustande. Auf die im Rahmen von Dr. Peter Lock, Ernst Schepanski und Studenten der Hamburger Universität 1982 erarbeitete Ausstellung »Alltag am Grindel. Bausteine zur Rekonstruktion jüdischen Lebens in Hamburg« haben wir dennoch sowohl für die damalige Ausstellung des Museums für Hamburgische Geschichte als auch für diese Publikation zurückgreifen können. Für diese Unterstützung danken wir Dr. Peter Lock. Einen Verlust, den wir als Herausgeber sehr bedauern, stellt der fehlende Beitrag von Arie Goral-Sternheim zur jüdischen Jugendbewegung dar.

Neben den Beiträgen von Erika Hirsch, Barbara Müller-Wesemann, Beatrix Piezonka, Christiane Pritzlaff, Ursula Randt und Ulrich Bauche ist es uns durch unsere Recherchen und persönlichen Kontakte gelungen, autobiographische Berichte von Elisabeth Atkinson, Paul M. Cohn, Lucille Eichengreen und Betty Batia Rabin zum jüdischen Leben am Grindel, zur Synagogenschändung, zu den Kindertransporten aus Hamburg, zu Deportation und Zwangsarbeit hier erstmals zu veröffentlichen. Dafür danken wir den Autorinnen und Autoren.

Unser Buch, das unterschiedliche Aspekte und Bereiche jüdischen Lebens am Grindel vorstellt, präsentiert dennoch nur eine Auswahl; Beiträge zu den auch am Grindel lebenden Juden aus Osteuropa, zu der jüdischen Sportbewegung sowie zur Ausgrenzung der jüdischen Wissenschaftler und Studenten an der Hamburger Universität konnten hier nicht aufgenommen werden. Wir möchten an dieser Stelle jedoch darauf verweisen, daß im Frühjahr dieses Jahres Mitarbeiter der Universität Hamburg eine umfangreiche Dokumentation zum Hochschulalltag zwischen 1933 und 1945 vorgelegt haben.

Das in diesem Buch dokumentierte Wissen und Material stellt wiederum nur einen kleinen Ausschnitt der umfänglichen Recherchen dar. Zeit und Kostengründe verlangten von uns Einschränkungen und Auswahl. Hierbei war es uns vor allem wichtig, die Schicksale und Lebenswege von Menschen jüdischer Herkunft bekannt zu machen, über die bisher nicht berichtet wurde. Dies gilt für Frauen und Männer jüdischer Herkunft, die sich am Widerstand gegen den Nationalsozialismus beteiligt haben, dies gilt genauso für die Menschen und Familien, die in größter Bedrängnis versucht haben, aus Hamburg zu emigrieren. Es gilt erst recht für diejenigen, die gewaltsam aus Hamburg deportiert wurden, zu menschenvernichtender Arbeit gezwungen und mit dem Tode bedroht wurden.

Daß die hier vorliegende umfangreiche Dokumentation in dieser Form publiziert werden konnte, verdanken wir in besonderem Maße der ideellen und finanziellen Unterstützung der Kulturbehörde Hamburg und ihrem Präses.

Wir freuen uns insbesondere darüber, daß die Senatskanzlei der Freien und Hansestadt Hamburg diese Publikation den ehemaligen jüdischen Bürgern Hamburgs überreichen will. Mit Erstaunen mußten wir dagegen zur Kenntnis nehmen, daß die für den heutigen Grindel zuständige Bezirksversammlung Eimsbüttel jegliche Unterstützung für die Drucklegung des Buches aus finanziellen Gründen ablehnte.

Allen, die unser Vorhaben und diese Publikation unterstützt und gefördert haben, danken wir sehr herzlich.

Wir hoffen, daß es uns gelungen ist, an die lebendige Vielfalt dieses Stadtteils und an diejenigen, die hier einst zu Hause waren, in würdigender Weise erinnert zu haben.

Für Hinweise auf Fehler und zu Ergänzendes sind wir dankbar. Wir fühlen uns auch weiterhin der Erinnerung an die jüdischen Bewohner des Grindels verpflichtet.

Ursula Wamser/Wilfried Weinke

Danksagung

In unseren Recherchen wurden wir von vielen Seiten unterstützt und konnten auf die Vorarbeiten im Rahmen der Ausstellung »Ehemals in Hamburg zu Hause: Jüdisches Leben am Grindel. Bornplatz-Synagoge und Talmud-Tora-Schule« des Museums für Hamburgische Geschichte zurückgreifen. In besonderer Weise haben wir zu danken Ulrich Bauche, Museum für Hamburgische Geschichte, Ludwig Eiber, Joachim Frank und Jürgen Sielemann vom Staatsarchiv Hamburg, und Ursula Randt.

Wir sind weiterhin folgenden Personen und Institutionen für hilfreiche Kooperation, Archivbenutzung und Materialien zu Dank verpflichtet:

Irma Adler, New York
Alfred Appel, Porto Alegre
Paula Aronson, Tel Aviv
Elisabeth Atkinson, Cottingham
Naftali Bar-Giora Bamberger, Jerusalem
Inge Bär, Hamburg
Rolf Barthel, Hamburg
Martin Bäuml, Hamburg
Emmi Biermann, Hamburg
Kurt Borchard, Stansstad
Heinrich Braune, Hamburg (verstorben)
Hanus Burger, München
Beate Christians, Hamburg
Paul M. Cohn, London
Christian Deike, Hamburg
Herbert Diercks, Hamburg
Michael Diers, Hamburg
Karl Ditt, Dortmund
Lucille Eichengreen, Berkeley
Herbert Eisenhauer, Hamburg
Ursel Ertel-Hochmuth, Hamburg
Helmut Eschwege, Dresden
Thomas Flach, Hamburg
Hildegard Feidel-Mertz, Frankfurt
Hilde Fleischmann, New York
Herbert Gale, London
Detlef Garbe, Hamburg
Gerd Germin, Hemmoor
Helge Grabitz-Scheffler, Hamburg
Friedrich Grambow, Hamburg
Julius Gramm, Hamburg
Christine Griem, Hamburg
Andreas Gückel, Hamburg
Jan Hans, Hamburg
Elke Hauschildt, Hamburg
Renate Hermann, Hamburg
Walter E. Hinderks, Kapstadt
Hans Hirschfeld, Hamburg
Rodolfo F. Hirschfeld, Montevideo
Günther Huth, Hamburg
Werner Jochmann, Hamburg
Monika Josten, Essen
Emmi Kalbitzer, Hamburg
Hellmut Kalbitzer, Hamburg
Hanna Karlsberg, Amsterdam
Walter Karlsberg, Amsterdam
Uwe Kiemer, Hamburg
Gisela Konopka, Minneapolis
Eggert Kruse, Hamburg
Hermann Langbein, Wien
Hans Lehmann, Bad Soden
Erika Levy, Florida
Hermann Levy, Buenos Aires
Ruth Liepman, Zürich
Britta Littmann, Chatswood
Peter Lock, Hamburg
Ina S. Lorenz, Hamburg
Hans-Günther Löwe, Hamburg
Christine Maiwald, Hamburg
Erica Masters, Sydney
Hans Metzon, Frederiksberg
Elfriede Meyer, Essen
Eva Michaelis-Stern, Jerusalem
Erika Milee, Hamburg
Susanne Miller, Hamburg
Reinhard Müller, Hamburg
Klaus Müller-Salget, Bonn
Flora Neumann, Hamburg
Rudolf Neumann, Hamburg
Werner Philipp, Hamburg (verstorben)
Uwe Plog, Hamburg
Sabine Pöllsner, Hamburg
Lilli Popper, Tel Aviv (verstorben)
Betty Batya Rabin, Jerusalem
Irene Roch, Hamburg
Reinhard Saloch, Hamburg
Lolly Samosh, Toronto
Tamara Samson, Wembley Park
Hermann Schloss, Temuco
Günther Schmitz, Hamburg
Marion Sommer, Hamburg
Käthe Starke, Hamburg (verstorben)
Michael Stoffregen, Hamburg
Lothar Stoppelman, Buenos Aires
Claus Stukenbrock, Hamburg
Frithjof Trapp, Hamburg
Heinz Voßke, Berlin
Kurt v.d. Walde, Hamburg
Liesel v.d. Walde, Hamburg
Elke Warning, Berlin
Marga Weglein, New York
Harald Weigel, Hamburg
Christiane Wiegard, Hamburg
Rita Winkler, Hamburg
Steffi Wittenberg, Hamburg
Bernhard Wolff, Porto Alegre
Else Wolff, Santa Monica
Eggert Woost, Hamburg
Renate Zilligen, Hamburg

Alte Synagoge, Essen
Archiv der sozialen Demokratie, Bonn
Auswärtiges Amt der Bundesrepublik Deutschland, Bonn
Bundesarchiv Koblenz
Comité International des Camps, Wien
Deutsches Literaturarchiv, Marbach
Dokumentenhaus KZ-Gedenkstätte Neuengamme, Hamburg
Forschungsstelle für die Geschichte des Nationalsozialismus in Hamburg
Gedenkstätte Deutscher Widerstand, Berlin
Hamburger Arbeitsstelle für deutsche Exilliteratur
Institut für die Geschichte der Arbeiterbewegung, Berlin
Institut für die Geschichte der deutschen Juden, Hamburg
Leo Baeck Institute, New York
Niedersächsisches Staatsarchiv, Wolfenbüttel
Nordrhein-Westfälisches Hauptstaatsarchiv, Düsseldorf
Senatskanzlei der Freien und Hansestadt Hamburg
Staatliche Landesbildstelle, Hamburg
Staats- und Universitätsbibliothek Carl von Ossietzky, Hamburg
Staatsanwaltschaft bei dem Hanseatischen Oberlandesgericht Hamburg
Staatsanwaltschaft bei dem Landgericht Hamburg
Staatsarchiv Hamburg
Verein ehemaliger jüdischer Bürger Hamburgs, Jerusalem

Beatrix Piezonka / Ursula Wamser

Von der Neustadt zum Grindel

»›Entschuldigen Sie — ich benutze diesen Parkplatz seit ca. 12 Jahren —, wonach suchen Sie hier?‹
›Wir legen Teile der Fundamente einer Synagoge frei, die hier bis zur Reichskristallnacht stand.‹
— Warum trifft mich dieser Satz so stark? — Betroffenheit — Ein Wort, das seit einigen Jahren in vielen pädagogischen Texten herumgeistert, mir fällt es schwer, zu beschreiben, was es ist, wie es sich anfühlt.
Seit meinem 3. Semester parke ich also auf den Fundamenten einer Synagoge — seit einer halben Stunde weiß ich es. Bild- und Wortfetzen fliegen mir durch den Kopf:
— Nach der Reichskristallnacht abgerissen — suchen die Grundmauern — Archäologisches Praktikum der Universität. Ich sehe einen Kuppelbau, Flammen — Steine klirren in Fensterscheiben, Menschen werden gejagt; — »Kristallnacht« haben sie euphemistisch das genannt, was eine Reichspogromnacht war.
Sicher — ich weiß etwas über dieses Stadtviertel zwischen Grindelallee und Rotherbaum, in dem die Universität und auch die Schule, in der ich bis vor kurzem unterrichtet habe, liegen: Es war das jüdische Viertel von Hamburg. 1978 wurde es einem größeren Kreis von Hamburgern bekannt; anläßlich des 40. Jahrestages der Reichskristallnacht zog ein langer Fackelzug durch die nächtlichen Straßen dieses Stadtteils. Wir berührten dabei die Stellen, an denen der Terror besonders schlimm wütete: eine ehemalige Synagoge auf dem Gelände des jetzigen NDR, die Talmud-Tora-Schule (Jüdische Knabenschule), in der heute Studenten des Bibliothekswesens arbeiten, gleich neben dem besagten Parkplatz; aber an einen Hinweis auf eine Synagoge an dieser Stelle kann ich mich nicht erinnern.«[1]
Wie Johannes Bastian, dem Schreiber dieser Erinnerungen, ist es lange Jahre auch anderen, Studenten, Hochschulangehörigen und Besuchern ergangen, die verärgert und schimpfend über den schlechten baulichen Zustand des Platzes hier in unmittelbarer Nähe zur Universität ihre Autos abstellten. Kaum einer hat gewußt, wie und wann diese unbebaute Fläche inmitten eines dichtbesiedelten

Postkarte, undatiert. (MHG)

Wohngebietes entstanden ist. Im Sommer 1982 waren erstmals Studenten des Archäologischen Instituts der Universität Hamburg im Rahmen eines Semesterpraktikums auf Spurensuche gegangen. Sie hoben eine kleine Fläche des Parkplatzes aus, um nach Resten des ehemaligen Fundamentes der Bornplatz-Synagoge zu suchen. Sie wurden fündig. Mosaikkacheln, Scherben und Reste eines Wasserleitungssystems ließen erkennen, daß sich an dieser Stelle das zur Synagoge gehörende rituelle Bad, die Mikwe der Bornplatz-Synagoge befunden haben muß.[2] Einige der Grabungsfunde wurden entnommen,[3] die Erdgrube wenige Tage später wieder zugeschüttet, planiert und die Fläche für weitere sechs Jahre als Parkplatz benutzt.

Erst seit Herbst des Jahres 1988 hat sich das Stadtbild hier am Grindel verändert, sind auch die Autos von diesem Ort verbannt. Passanten und Anwohnern bietet sich seither eine ›leergefegte Fläche‹, wie ein Besucher unlängst verwundert feststellte.[4] Bänke umstellen den Platz von zwei Seiten; eine Seite ist offen zum lauten und vielbefahrenen Grindelhof hin, die vierte Seite wird von einem grauen mehrstöckigen Gebäude, einem alten Hochbunker, begrenzt. Nichts Augenfälliges ziert diesen Ort. Nur wer sich Zeit nimmt und einen Blick auf die von kleinen Vierkantsteinen zweifarbig ausgelegte Bodenfläche richtet, entdeckt eine ornamentale Struktur. Auf einem zum Platz gehörenden Straßenschild steht »Joseph Carlebach-Platz«. Eine große Gedenktafel ist an dem ehemaligen Bunker angebracht:

»Hier am Bornplatz stand bis 1939 die größte Synagoge Norddeutschlands. Sie wurde 1906 nach den Plänen der Architekten Friedheim und Engel errichtet. Bis zu ihrem Zwangsabbruch durch die Nationalsozialisten im Jahre 1939 war die Synagoge ein Mittelpunkt des religiösen jüdischen Lebens in Hamburg; in ihr fanden über 1.100 Gläubige Platz. In der Pogromnacht vom 9./10. November 1938 machten die Nationalsozialisten diese geweihte Stätte zu einem Schauplatz der Judenverfolgung; die Synagoge wurde in Brand gesteckt und schwer beschädigt. Nach dem Abbruch des Gotteshauses wurde der Bunker errichtet.

Für den Ort der ehemaligen Hauptsynagoge der Deutsch-Israelitischen Gemeinde ist ein Monument entworfen worden. Es soll ein Abbild des Deckengewölbes der zerstörten Synagoge auf ihrer ehemaligen Stätte erscheinen lassen.

Das Monument soll an die Gestalt des Gotteshauses erinnern, es soll eine Mahnung sein, daß sinnlose Zerstörung ein Verbrechen gegen die Menschlichkeit gewesen ist. Möge die Zukunft die Nachfahren vor Unrecht bewahren.«

Der Text selbst gibt Fragen auf, bleibt für historisch Wissende wie historisch Interessierte gleichsam unbefriedigend, kann und soll wohl auch nur Anstoß geben zum weiteren Fragen und Suchen.

Der Grindel war seit der Jahrhundertwende zum bevorzugten jüdischen Wohngebiet Hamburgs geworden. Der 1906 fertiggestellte, auf einem freien Platz errichtete Synagogenbau am Bornplatz war weithin sichtbarer Ausdruck dieser Entwicklung. Er war Symbol religiöser Eigenständigkeit und betonte gleichzeitig durch äußere Gestaltungselemente die bewußte Anlehnung an die Tradition romanischer Kirchenbauten.

Als einen im verwaltungsrechtlichen Sinne selbständigen Stadtteil hat es den Grindel nie gegeben, er war immer nur Teil der aneinandergrenzenden Stadtgebiete Rotherbaum, Harvestehude und Eimsbüttel. Doch auch ohne den amtlichen Status ist er für die Anwohner und älteren Hamburger ein Begriff. Bei einem Streifzug durch das Geflecht der kleinen Straßen »grindelt« es auch heute noch kräftig: Es gibt den Grindelhof, den Grindelweg, die Grindelallee und den Grindelberg mit seinen erst 1956 fertiggestellten »Grindel-Hochhäusern«. Eine Vielzahl der heute im Viertel ansässigen Firmen und Betriebe, vom »Grindel-Filmtheater« über die »Grindeldruck GmbH« zur »Grindelwäscherei« haben den bekannten Stadtteilnamen zu ihrem Aushängeschild erkoren.

Sucht man heute bei einem Rundgang nach dem auf der Gedenktafel hervorgehobenen »jüdischen Leben«, vermögen selbst aufmerksame Stadtbesucher allenfalls noch steinerne Zeugen zu finden, so z.B. die Talmud-Tora-Schule im Grindelhof, das ehemalige Haus der Henry-Jones-Loge in der Hartungstraße — den heutigen Kammerspielen —, die Alte und Neue Klaus in der Rutschbahn und den ehemaligen Israelitischen Tempel des liberalen Tempelverbandes in der Oberstraße. Keines dieser Gebäude erfüllt heute noch seine ursprüngliche Funktion — noch krasser gesagt: es gibt für deren einstige gemeindliche und religiöse Bestimmung heute keinen Bedarf.

Das jüdische Leben am Grindel gibt es nicht mehr. Die einstige Lebendigkeit dieses Viertels, die politische, soziale und wirtschaftliche Unterschiedlichkeit seiner Bewohner; die Geschäftigkeit der kleinen koscheren Läden, der Handwerker und Händler, die Vielzahl jüdischer Gemeindeeinrichtungen, die für alle Bedürfnisse religiös jüdischen Lebens und Lernens da waren, die Orientierung, Geborgenheit und Hilfe boten, dieses alles gibt es am Grindel nicht mehr.

Ein Verlust, der nicht wiedergutzumachen ist, der als grausame Konsequenz des Nationalsozialismus immer deutsche Gegenwart bleiben wird. Nicht relativierbar. Nicht entschuldbar. Ein Verlust, der mahnt gegen das Vergessen anzugehen.

Ein Gang durch den Grindel im Jahre 1930 Martin Cohen berichtet[5]

»Der Weg von St. Pauli aus ins neue jüdische Zentrum führt über das Holstentor durch die Carolinenstraße, wo sich die Mädchenschule der Deutsch-Israelitischen Gemeinde befindet, die seit kurzem die Berechtigung einer Realschule erlangt hat. An der Rentzelstraße liegt der sogenannte ›Grindel-Friedhof‹. Hier ruht einer der bekanntesten Hamburger Juden des 19. Jahrhunderts, Gabriel Riesser. Von bekannten Persönlichkeiten, die hier ihre letzte Ruhe fanden, seien noch folgende genannt: Chacham Isaak Bernays, ein eifriger Verfechter des orthodoxen Judentums im

Synagoge der Deutsch-Israelitischen Gemeinde am Bornplatz, um 1908. (MHG)

Kampfe gegen die Reformbewegung, der Dichter und Bibelübersetzer Schalom Jakob Kohen, der Mäzen und Bibliophile Heiman Josef Michael, dessen Bibliothek nach Oxford verkauft wurde, der Dichter und Satiriker Moses Mendelssohn-Frankfurter und Betty Heine, die Mutter Heinrich Heines.

Mittelpunkt des neuen jüdischen Zentrums ist die Synagoge der Deutsch-Israelitischen Gemeinde am Bornplatz. Ein imposantes Bauwerk, das in dem zu Beginn des Jahrhunderts üblich gewesenen Synagogenbaustile gehalten ist. An sie schließt sich das schöne Gebäude der Talmud-Thora-Realschule, der ältesten jüdischen höheren Lehranstalt Deutschlands. Der Ausbau dieser Anstalt zur Oberrealschule wird in kurzer Zeit beendet sein.

Die älteste Synagoge dieser Gegend ist in der Heinrich-Barth-Straße, deren Errichtung vor Verlegung des jüdischen Zentrums aus der Innenstadt erfolgte. Die Neue Dammtor-Synagoge in der Beneckestraße hat die Erbschaft einer ehemals am Jungfernstieg gelegenen Synagoge angetreten, für deren Begründung das Verlangen nach erbaulichen und mitreißenden Predigten den Anlaß gab. Beim Durchstreifen der Stadt begegnen wir noch der ›Alten und Neuen Klaus‹ und der ›Jeschiwa‹. Institute, in denen Thorawissen in traditioneller Weise verbreitet wird.

Die Gemeinde stellte weiter für die starke ostjüdische Bevölkerung eine besondere Synagoge in der Kielortallee zur Verfügung, die als ›dritte Gemeinde-Synagoge‹ gilt und den religionsgeschichtlich vorgeschriebenen Ersatz für die zum Abbruch bestimmte Synagoge Kohlhöfen vorstellt. Weitere Bethäuser befinden sich in der Hoheluftchaussee, der Isestraße (sogenannte Mendelssohn-Schul), ferner in Barmbeck (Gluckstraße), diese dem Synagogenverband angeschlossen, und am Steindamm. Erst vor kurzem wurde der Grundstein für den Neubau eines Tempels in der Oberstraße gelegt. Im Dienste des Judentums stehen auch zwei jüdische Privatschulen. Die Israel. Mädchenrealschule in der Bieberstraße und die Realschule des verstorbenen, verdienten Pädagogen und geistvollen Dichters Jakob Löwenberg. Der Jugend ist das Gemeindehaus in der Johnsallee gewidmet, in dessen Räumen ein Kindergarten, ein Kinderhort und Versammlungsräume für Jugendvereine untergebracht sind. Hier befindet sich auch die in kurzer Zeit aufgebaute wertvolle Bibliothek der Deutsch-Israelitischen Gemeinde. Das sozialpolitische Leben der Deutsch-Israelitischen Gemeinde konzentriert sich im Gemeindehaus an der Rothenbaumchaussee, wo Bureau- und Sitzungsräume der Gemeindeverwaltung untergebracht sind.

Trotz der zahlreichen jüdischen Vereine sind eigene jüdische Versammlungshäuser recht selten. Ein solches besitzt der Mekor Chajim am Grindelhof in nächster Nähe der Synagoge Bornplatz. Das repräsentative Heim der Logen in der Hartungstraße wurde in diesem Jahre verkauft, und vorläufig begnügen sich die drei hier befindlichen U.O.B.B.-Logen mit einer Mietwohnung als Versammlungslokal.

Postkarte, um 1900. (Privatbesitz)

An der Verbindungsbahn, links hinter der Mauer der Grindelfriedhof. Foto: Johann Hamann (LBH)

Eine Reihe von Wohltätigkeitsanstalten und Stiftungshäusern der Gemeinde befinden sich noch in der Nähe des heutigen jüdischen Zentrums, der Grindelallee. Von ihnen seien genannt das Altenhaus in der Sedanstraße, das Pflegeheim in der Schäferkampsallee, das Daniel-Wormser-Haus in der Westerstraße, das Waisen-Institut am Papendamm, das Mädchen-Waisenhaus (Paulinenstift) am Laufgraben, die Oppenheimer und die Hertz-Stiftungen. Die Gemeinde unterhält ferner in dem idyllisch gelegenen Strandort Blankenese ein vorbildlich eingerichtetes Kindererholungsheim ›Wilhelminenhöhe‹.«[6]

Stadtentwicklung

Der Grindel wurde erst seit Ende des 19. Jahrhunderts zu einem von Hamburger Juden bevorzugten Stadt- und Wohngebiet. Einem früheren Umzug aus den beengten Straßen und Wohnungen der Hamburger Neustadt hatten die für Juden jahrhundertelang geltenden wirtschaftlichen, sozialen und rechtlichen Beschränkungen entgegen gestanden. Erst die in der Hamburger Verfassung von 1860 festgelegte rechtliche Gleichstellung gestand erstmals auch Juden das Recht auf freie Wohnortwahl zu und bildete somit eine entscheidende Voraussetzung für ihre innerstädtische Mobilität.

Die Ursachen der jüdischen Binnenwanderung waren vielfältig. Die Einwohnerzahl Hamburgs war gegen Ende des 19. Jahrhunderts rapide angewachsen: von 1870 bis 1910 verdreifachte sich die Gesamteinwohnerzahl der Stadt. Die jüdische Bevölkerungszahl entwickelte sich dagegen wesentlich langsamer. Ihr prozentualer Bevölkerungsanteil lag 1871 noch bei 4,1 Prozent. 1910 betrug dieser Anteil nur noch 1,9 Prozent im Verhältnis zur Gesamtbevölkerung Hamburgs. Der Bevölkerungsanstieg wirkte sich sehr stark in den innerstädtischen Wohngebieten aus, so auch in der hafennahen Hamburger Neustadt. Neue Wohngebiete wurden dringend benötigt. Diese Entwicklung führte zu einer planmäßigen städtebaulichen Erschließung des Gebietes »but'n Dammthor«, einem bisherigen Naherholungsgebiet mit entsprechenden Grünflächen und Sommerhäusern des wohlhabenden Hamburger Bürgertums.

Die Aufhebung der Torsperre 1860 und die Einbeziehung der stadtnahen Gebiete 1865 in die »Accise=Linie« — d.h. Wegfall der Zölle — machte den Weg für ständige Wohnbebauung frei. Es entstanden unterschiedliche Wohnviertel. Aufgrund einer großzügigen Parzellierung und dem Verbot gewerblicher Ansiedlung wurden die stadtnahen Gebiete Rotherbaum und Harvestehude zu »besseren« Wohnvierteln mit herrschaftlichen Villen neben der nun typisch werdenden Mietsetagenbebauung.[7]

Den Wunsch, aus den beengten und überalterten Wohngebieten in diese neuen, eher durch soziale denn konfessionelle Gleichheit geprägten Viertel umzuziehen, hatten Juden und Nichtjuden gleichermaßen. Die Realisierung dieses Wunsches setzte jedoch ausreichende finanzielle Mittel voraus. Ihre auf Diskriminierung beruhende berufliche Konzentration in Handel und Kreditwesen brachte den Juden jetzt den Vorteil, sich verhältnismäßig leicht auf die expandierende kapitalistische Wirtschaftsform einstellen zu können. So ist die innerstädtische Wanderung auch ein Ausdruck des sozialen und wirtschaftlichen Aufstiegs der Hamburger Jüdinnen und Juden im letzten Drittel des 19. Jahrhunderts.[8]

Der Grindel wird »Klein-Jerusalem«

Bereits um die Jahrhundertwende war dieser Prozeß soweit gediehen, daß in den Stadtteilen Rotherbaum, Harvestehude, Eimsbüttel und dem hierin eingeschlossenen »Grindel« ein neues jüdisches Zentrum entstanden war.[9] Hier wohnten bereits um 1900 etwa 40 Prozent der Hamburger Jüdinnen und Juden.[10] Im Volksmund wurde das Viertel bald »Klein-Jerusalem« genannt. In diesem etwa einen Quadratkilometer umfassenden Gebiet konzentrierte sich das jüdische Leben in seiner lebendigen Vielfalt. Dies lag wesentlich in den religiösen Traditionen begründet. Am Sabbat durften Synagogen nur zu Fuß aufgesucht werden. Da der Neubau jüdischer Gemeindeeinrichtungen der Bevölkerungswanderung erst zeitlich versetzt nachfolgte, war dies ein Grund für die räumliche Nähe zu dem alten Wohnviertel in der Neustadt mit seinen Synagogen. Sicherlich hatte man nicht nur die jüdischen Gemeindeeinrichtungen gerne in unmittelbarer Nähe der neuen Wohnungen. Gleiches galt in besonderem Maße auch für die Einkaufsmöglichkeiten. So hatten sich bald eine erhebliche Anzahl koscherer Fleisch- und Geflügelhandlungen, die unter Aufsicht des Oberrabbinats standen, am Grindel niedergelassen. Das jüdische Geschäftsleben entwickelte sich am Grindel auf allen Gebieten des religiösen und täglichen Bedarfs.[11]

Neben dieser nach praktischen Gesichtspunkten gewählten Nähe prägte dies alles auch ein Gefühl der Zusammengehörigkeit und Geborgenheit inmitten einer nichtjüdischen Umgebung. Der Grindel wurde zu einem frei gewählten Zuhause.

Gleichzeitig kann dieses »Zusammenrücken« jedoch auch als ein Entgegenwirken der durch großstädtische Anonymität verursachten Assimilationstendenz gedeutet werden,[12] die auch innerjüdisch immer umstritten geblieben war. Der Sozialhistoriker Raphael Ernst May sprach 1928 im Zusammenhang mit der hier entstandenen Wohnkonzentration der Juden von einem »freiwilligen Ghetto Rotherbaum«.[13] Dieser Einschätzung widersprechen in heutiger Zeit jedoch nicht nur Historiker, sondern auch Zeitzeugen. »Der Grindel war kein Ghetto. Er war ein Stadtteil, in dem Juden und Nichtjuden lebten.«[14]

Auch Zahlen belegen dieses Zusammenleben, über ein tatsächliches Miteinander von Juden und Nichtjuden sagen sie jedoch nichts aus.

Die jüdische Gemeinde in Hamburg war 1925 mit etwa 20.000 Angehörigen die viertgrößte im Deutschen Reich.

Postkarte, um 1900; links: der Grindelfriedhof. (Privatbesitz)

Entwicklung des jüdischen Bevölkerungsanteils in Hamburg[15]

Stadtteile	Absolut	in Proz.	Absolut	in Proz.	Absolut	in Proz.	absolute Zahl der Ges.-bev.
	1895		1900		1925		1925
Altstadt/Neustadt	9 211		5 211	3,75	1 453	1,72	84 447
St. Georg	764	1,0	778	0,8	618	0,64	96 563
St. Pauli	2 414	3,7	1 973	2,58	814	1,18	68 983
Rotherbaum	2 481	13,8	5 515	17,87	4 759	15,23	31 248
Harvestehude	834	9,7	2 512	13,93	4 681	15,89	29 459
Eimsbüttel	543	2,1	855	1,33	1 334	1,03	129 515
Eppendorf	47	0,8	341	1,11	3 044	3,54	85 989
Winterhude	3	0,1	41	0,28	655	1,38	47 464
Uhlenhorst	85	0,8	121	0,36	404	0,90	44 889
Barmbek	119	0,5	244	0,51	544	0,36	151 111
Eilbek	72	0,7	141	0,46	314	0,52	60 385
Hohenfelde	166	1,1	246	0,88	507	1,50	33 800
andere Stadtgebiete zusammen	33		202		554	0,51	108 271
insgesamt	16 772		18 180		19 681	2,02	972 154

Absolut = Absolute Zahl der jüdischen Bevölkerung
in Proz. = in Proz. von der Gesamtzahl der Bevölkerung

Hinsichtlich ihrer sozialen und beruflichen Zugehörigkeit unterschied sich die jüdische Bevölkerung in einigen Punkten von den übrigen Bewohnern in Hamburg: So waren 1925 ca. 42 Prozent der jüdischen Bevölkerung, aber nur 14 Prozent der Hamburger Gesamtbevölkerung in selbständigen Berufen tätig. Für Jüdinnen und Juden war Selbständigkeit auch wegen der religiösen Pflicht der Sabbatruhe anzustreben. In Arbeiter- und Angestelltenverhältnissen bei nichtjüdischen Firmen wurde der freie Samstag nicht gewährt; eine Bedingung, die orthodoxe Juden für sich auszuschließen versuchten. 33 Prozent der jüdischen Bevölkerung waren Beamte und Angestellte; demgegenüber lag dieser Anteil in der Gesamtbevölkerung bei 28 Prozent. Den kleinsten Anteil, mit 9 Prozent, hatten innerhalb der jüdischen Bevölkerung die Arbeiter; bei der Gesamtbevölkerung hatte er jedoch mit 46 Prozent den größten Anteil.

Diesen beruflichen Unterschieden entsprachen Unterschiede im Bildungsniveau. Gut 60 Prozent der jüdischen Kinder besuchten höhere Schulen, darunter auch die Talmud-Tora-Schule. Die Deutsch-Israelitische Gemeinde gab, laut Raphael Ernst May 1928, in vorbildlicher Weise rund 30 Prozent ihres gesamten Etats für das Schulwesen aus. Offensichtlich mit Erfolg, wie wiederum die soziale Hierarchie der Berufe zeigt.

60 Prozent der Juden waren im Handel tätig; der Anteil der Hamburger Gesamtbevölkerung lag bei 40 Prozent. Dagegen lebten nur 12 Prozent der Juden vom Handwerk, aber 36 Prozent der Gesamtbevölkerung. Es soll noch eine letzte beeindruckende Zahl genannt werden: 61 Prozent aller selbständigen Jüdinnen und Juden waren im Gesundheitswesen tätig.[16] Die Medizingeschichte kennt den Beitrag jüdischer Ärzte an ihrer Entwicklung.

Ein sozial gehobener Beruf bedeutete zumeist auch entsprechende Absicherung. Die Hamburger Jüdinnen und Juden schafften innerhalb zweier Generationen mehrheitlich den sozialen Aufstieg in »bürgerliche Verhältnisse«.[17] Nach einer 1925 durchgeführten Berufs- und Betriebszählung waren 60,12 Prozent der hauptberuflich erwerbstätigen Juden in den Bereichen Wirtschaft und Verkehr tätig. In der statistischen Gruppe Selbständige, Angestellte und Beamten lag der jüdische Anteil bei 89,40 Prozent gegenüber 47,22 Prozent der Gesamtbevölkerung. Die Auswertung der Berufs- und Betriebszählung legt den Schluß nahe, daß die Hamburger Juden in den Jahren der Weimarer Republik überwiegend einer am Handel orientierten Mittelschicht angehört haben müssen.[18]

»Ich wage die Behauptung, daß die Gegend um den Grindel zu den lebendigsten Stadtteilen Hamburgs gehörte.

Anzeigen aus den »Hamburger Jüdische Nachrichten« und dem »Hamburger Familienblatt«, 1913 und 1914.

Das machte eben dieses schwer definierbare und auf einen Nenner zu bringende Mixtum compositum ›jüdisches Leben‹ in einer nicht-jüdischen Umwelt aus.«[19]

Diese Sichtweise des 1933 aus Hamburg emigrierten Arie Goral-Sternheim teilen viele ehemalige jüdische Bürger Hamburgs, die ihre Kindheit oder Jugend im Hamburger Grindelviertel verlebten. Jenseits der religiösen Zugehörigkeit zu einem der Kultusverbände, jenseits des jeweiligen politischen Engagements erinnern sich alle an die Vielfalt kulturellen, sozialen und religiösen Lebens in diesem Stadtteil. Die Juden vom Grindel bildeten zu keiner Zeit eine homogene Gruppe. Insbesondere die Existenz dreier eigenständiger Kultusverbände unter dem gemeinsamen organisatorischen Dach der Deutsch-Israelitischen Gemeinde war Ausdruck dieser Vielfalt und Toleranz. Liberale Juden gingen zum Gottesdienst in den Tempel, orthodoxe in die Dammtor-Synagoge oder die Bornplatz-Synagoge. Mehrere kleinere Synagogen und Betstuben sowie die »Alte und Neue Klaus« in der Rutschbahn standen außerdem den frommen Juden für Gebet und Gottesdienst zur Verfügung.

Als jüdisch-orthodoxe Familie am Grindel zu leben, bedeutete in den ersten drei Jahrzehnten unseres Jahrhunderts, vielerlei Annehmlichkeiten und Vorzüge genießen zu können. Im Dreieck zwischen Grindelallee, Hallerstraße und Grindelhof boten zahlreiche kleine Läden alles, was die Einhaltung religiös jüdischer Lebensführung erforderte. In nächster Nachbarschaft zueinander lagen jüdische und nichtjüdische Geschäfte. Am Grindel gab es Läden für hebräische Literatur, für den Kultusbedarf, für alle Bedürfnisse orthodoxer Ernährung, Speisehäuser mit koscherem Mittagstisch, Mazzothlieferanten und vielerlei andere Möglichkeiten für Handel und Gewerbe.

»Berührungsängste hat es vor 1933 nicht gegeben. Wir haben ganz natürlich miteinander und nebeneinander gelebt und eingekauft, wo man wollte, außer wenn es sich um Lebensmittel handelte, die koscher sein mußten; z.B. Fleischwaren, Käse, Butter und Milch«, erinnert sich Marga Weglein, geb. Israel.[20] Marga Israels Eltern hatten unmittelbar nach ihrer Heirat im Jahre 1902 einen koscheren Schlachterladen mit Wurstküche eröffnet, der im Hochparterre Rutschbahn 11 lag. Zu ihrer überwiegend jüdischen Kundschaft zählten nicht nur die Nachbarn vom Grindel, sondern auch viele Familien aus den angrenzenden Stadtteilen, vor allem Eppendorf und Harvestehude. Es lohnte sich, zum Einkauf zum Grindel zu kommen, denn allein das Angebot für koschere Fleisch- und Wurstwaren war hier ungewöhnlich groß; ein Dutzend koscherer Schlachtereien standen am Grindel den Kunden zur Auswahl: S. Appel, Gebr. David & A. Silberberg, Herm. Kugelmann, Herm. Leopold, Julius Levisohn und Nathan Reich in der Grindelallee; Schlachter J. Emanuel war in der Hoheluftchaussee ansässig; H. Horwitz in der Rappstraße; S. Lippmann in der Bornstraße, G. Stoppelman in der Rentzelstraße; W. Stoppelman in der Heinrich-Barth-Straße und A. Löbenstein im Grindelhof.[21] Daneben boten u.a. J. Hertz in der Bornstraße; M. Ehrlich im Grindelhof; Eller in der Rappstraße und P. Gelber in der Rutschbahn koscheres Geflügel.[22] Kolonialwaren gab es bei Elkan in der Heinrich-Barth-Straße; bei Joseph Magnus und bei Läufer in der Rappstraße; bei Smerka in der Grindelallee und bei Grünberg in der Rutschbahn. Eine ganze Reihe weiterer jüdischer Geschäfte für koschere Milchprodukte, die Bäckereien und Konditoreien ergänzten das Angebot.

Anzeige aus dem »Hamburger Familienblatt«, um 1914.

Typisch für den Grindel war jedoch auch, daß ebenfalls nichtjüdische Bäckereien jüdischer Lebensführung zur Verfügung standen. So erinnert sich Marga Weglein, daß viele jüdische Familien den Teig für das wöchentliche Sabbatbrot zum Backen den nichtjüdischen Bäckereien in der Nachbarschaft brachten. »Wir haben unseren Berchesteig zu Hempel (in der Rutschbahn, Anm. der Verf.) gebracht, entweder in einem Handtuch oder in einer Schüssel. Man bekam dann ein dreieckiges Stück dünne weiße Pappe mit einer Nummer drauf. Es war die Hälfte von einem Viereck, eine Hälfte wurde in den Teig gesteckt, die andere Hälfte nahm man mit nach Hause und zeigte es wieder vor, wenn man die fertigen Berches zum Sabbat abholte. Meistens ›zwei lange und einen runden‹.«[23]

Diese kleinen Laufgänge und Besorgungen wurden überwiegend von den Kindern für die Vorbereitung des Sabbat übernommen. Am Sabbat, der am Freitagabend noch vor Einbruch der Dunkelheit beginnt, wurde es dann stiller am Grindel. Die frommen Familien fanden sich nach dem Synagogenbesuch der Männer zu religiöser und geistiger Besinnung in den Wohnungen zusammen.

»Ich glaube, es hört sich an wie ein Ghetto, aber es war es nicht, jedenfalls haben wir das nicht empfunden. Wir haben gelebt wie alle anderen Menschen zu unserer Zeit.«[24]

Anmerkungen

[1] Johannes Bastian, Und dennoch: Solange die Vergangenheit nicht zum Problem derer geworden ist, die auf ihr parken. In: Westermanns Pädagogische Beiträge 35, Heft 1, 1983, S. 7.

[2] Ebenda, S. 8; vgl. auch Deutsch-Jüdische Gesellschaft Hamburg (Hrsg.), Wegweiser zu ehemaligen jüdischen Stätten im Stadtteil Rotherbaum (II), Hamburg 1989, S. 112.

[3] Scherben und Kacheln befinden sich heute im Besitz des Archäologischen Instituts Hamburg.

[4] Zitiert nach Stefan Berkholz, »Suchen, was noch da ist«. Ein alter Jude reist auf den Spuren seiner Kindheit. In: Die Zeit Nr. 40, 29.9.1989.

[5] Martin Cohen wurde am 6.3.1905 in Altona geboren, sein Vater war der dortige Rabbiner Jacob B. Cohen. Martin Cohen ging 1930 zum Studium nach Berlin, 1937 lebte er in Holland. Über sein weiteres Schicksal ist nichts bekannt. Vgl. Irmgard Stein, Jüdische Baudenkmäler in Hamburg (Hamburger Beiträge zur Geschichte der Deutschen Juden, Bd. XI), Hamburg 1984, S. 18 und Anm. 1.

[6] Zitiert nach Irmgard Stein, Jüdische Baudenkmäler in Hamburg, a.a.O., S. 15f. Im nachfolgenden Text (vgl. S. 18ff.) geht Irmgard Stein ausgehend von der Cohen-Schilderung ausführlich auf die genannten Gebäude und deren weiteres Schicksal nach 1930 ein.

[7] Vgl. hierzu auch Hermann Hipp, Freie und Hansestadt Hamburg. Geschichte, Kultur und Stadtbaukunst an Elbe und Alster. Köln 1989, S. 365–380.

[8] Vgl. Steffi Jersch-Wenzel, Juden als Stadtbewohner. In: Informationen zur modernen Stadtgeschichte, Heft 1 (1987), S. 2f.; vgl. auch Ina Lorenz, Ahasver geht nach Eppendorf, – Zur Stadtteilkonzentration der Hamburger Juden im 19. und 20. Jahrhundert. In: Informationen zur modernen Stadtgeschichte, Heft 1 (1987), S. 28.

[9] Hermann Hipp, Freie und Hansestadt Hamburg, a.a.O., S. 367.

[10] Vgl. Ina Lorenz, »Ahasver geht nach Eppendorf«, a.a.O., S. 26.

[11] Vgl. hierzu Ina Lorenz, Die Juden in Hamburg zur Zeit der Weimarer Republik, Eine Dokumentation, 2 Bde. Hamburg 1987, S. LXIX.

[12] Vgl. Ina Lorenz, Ahasver geht nach Eppendorf, a.a.O., S. 28.

[13] Raphael Ernst May, Der Auszug der Juden aus der inneren Stadt Hamburg. In: Gemeindeblatt der Deutsch-Israelitischen Gemeinde zu Hamburg, Nr. 11, 4. Jg. 11. November 1928, S. 3.

[14] Arie Goral, Jüdisches Leben: weder Ghetto noch grau. In: Die Tageszeitung Hamburg vom 4. März 1988, S. 23.

[15] Die Tabelle wurde zusammengestellt nach Angaben aus den Statistischen Jahrbüchern für die FHH, 1900 und 1925.

[16] Vgl. Raphael Ernst May, Betrachtungen zur sozialen und Berufsgliederung der jüdischen Bevölkerung Hamburgs. In: Gemeindeblatt der Deutsch-Israelitischen Gemeinde zu Hamburg, Nr. 12, 5. Jg., 12. Dezember 1929, S. 1 ff. Bei den Zahlen der Selbständigen wurden jeweils die der leitenden Beamten, Direktoren und Geschäftsführer eingerechnet. Zu den Arbeitern zählten ebenfalls mithelfende Familienangehörige und Hausangestellte. Vgl. hierzu auch Ina Lorenz, Die Juden in Hamburg, a.a.O., S. LXIX ff.

[17] Vgl. Ina Lorenz, Die Juden in Hamburg, a.a.O., S. LXXIII ff.

[18] Ebenda, S. LXXVI.

[19] Arie Goral, Jüdisches Leben: weder Ghetto noch grau, a.a.O.

[20] Brief von Marga Weglein vom 22.7.1990. Wir danken Frau Weglein herzlich für einen ausführlichen Briefwechsel, der uns mit vielen Details und Erklärungen zum jüdischen Alltagsleben vertraut machte.

[21] Vgl. Ina Lorenz, Die Juden in Hamburg zur Zeit der Weimarer Republik, a.a.O., S. 1445.

[22] Auswahl und Zusammenstellung nach Hamburger Adreßbüchern der Jahrgänge 1910–1940.

[23] Brief von Marga Weglein vom 22.4.1990.

[24] Ebenda.

Elisabeth Atkinson

Eine verlorene Welt

Elisabeth Atkinson, geb. Flörsheim, geb. 11.6.1921 in Hamburg als Tochter des Rechtsanwalts Dr. Michael Flörsheim und Margarete Flörsheim, geb. Lipstadt.

Die Familie Flörsheim wohnte in der Klosterallee 47. Elisabeths Bruder Gottlieb, geb. 1920, besuchte die Talmud-Tora-Realschule am Grindelhof 30, Elisabeth die Mädchenschule der Deutsch-Israelitischen Gemeinde in Hamburg, Carolinenstraße 35.

Am 8.3.1933 verließ Elisabeth Hamburg; sie wurde zunächst von Verwandten in Amsterdam aufgenommen. Kurz darauf wanderten die Eltern nach Palästina aus. Die Kinder folgten ihnen wenige Monate später; am 11.9.1933 trafen sie in Haifa ein.

Während des Zweiten Weltkrieges lernte Elisabeth in Palästina ihren späteren Mann, einen Engländer, kennen. Beide dienten bei der British Army. Mitte der 50er Jahre zog sie mit ihrem Mann und ihren beiden Kindern nach England. Gottlieb Flörsheim, heute Yedidya Peles, lebt mit seiner Familie im Kibbuz Hulata in Israel.

Elisabeth Atkinson wohnt in Cottingham bei Hull, England. Sie gehört zum »Hull Women's Literary Club«, einem von literarisch interessierten Frauen gegründeten Klub. Dort berichtete sie am 22.2.1983 — in englischer Sprache — von ihrer Kindheit in Hamburg: »A Lost World«.

Hamburg, die Stadt, in der ich geboren wurde, erfreute sich damals einer sehr großen jüdischen Gemeinde. Diese war vielfältig zusammengesetzt, und zwar sowohl im Hinblick auf die Herkunftsländer als auf den Grad der Frömmigkeit ihrer Mitglieder. Meine Großeltern beiderseits waren sehr religiös, wenn auch auf ganz unterschiedliche Weise. Der Vater meines Vaters war ein strenger, launischer Mann. Er war sehr wohltätig, aber wir fühlten uns immer etwas beklommen in seiner Gegenwart. Er erwartete von uns genaue religiöse Kenntnisse, einschließlich der vielen verschiedenen Segenssprüche. Im Gegensatz zu ihm mischte sich der Vater meiner Mutter niemals in unsere religiöse Erziehung ein. Auch er war ein sehr mildtätiger Mann und brachte oft Fremde von der Synagoge mit nach Hause, sehr zur Bestürzung meiner Großmutter. Er war tief berührt von

Dr. Michael Flörsheim mit seiner Frau und Kindern am Hamburger Flughafen, 1931. (Privatbesitz)

dem Schicksal der Juden in anderen Ländern. Meine Mutter erzählte uns später, daß er auf dem Sterbebett — Mitte der 20er-Jahre — von schrecklichen Visionen gefolterter Juden gepeinigt wurde. In seiner Qual rief er aus: »Sie hängen die Juden an ihren Bärten auf!« und ähnliches. Hatte er sich dabei die Pogrome vorgestellt, die in Osteuropa gewütet hatten, oder konnte er wirklich in die Zukunft schauen? Wer weiß. Das Wissen um die Judenverfolgungen hatte meinen Großvater Zionist werden lassen. Später besuchte er meine Mutter in Palästina. Sie war vor dem Ersten Weltkrieg als Lehrerin dorthin gegangen, und der Krieg war es, der sie wieder zurück nach Hamburg brachte. Sie heiratete meinen Vater, der auch ein Zionist und ein Hebraist war.

Nach jüdischem Glauben ist es Aufgabe des Mannes, alle Gebete und Rituale zu befolgen, aber im Hause ist es die Rolle der Frau, die religiösen Traditionen zu pflegen. So war es meine Mutter, die uns mit Schilderungen von Ereignissen während ihres Aufenthalts im Heiligen Land erfreute. Für ein kleines Kind schien das alles in ferner Vergangenheit zu liegen. In unserem Haus gab es auch Filmvorführungen über Orte in Palästina und das Leben dort. Olivenöl, Seife und Kunsthandwerk aus Palästina wurden bei uns zum Verkauf gelagert. Vorträge fanden statt, die wir noch nicht besuchen konnten, weil wir zu jung waren. Aber wir halfen oft, Rundschreiben in Briefumschläge zu stecken und sie mit Adressen zu versehen. Durch alle diese Aktivitäten um uns herum waren wir völlig von einem starken Gefühl für jüdisches Leben in allen seinen Aspekten durchdrungen. Unsere Erziehung war religiös und zionistisch.

Mein Bruder besuchte die Talmud-Tora-Realschule, eine jüdische Knabenschule, die vor ihm schon mein Vater und alle anderen männlichen Verwandten besucht hatten. Meine Mutter und meine Tanten waren auf einer privaten religiösen Töchterschule in der Bieberstraße am Grindel gewesen, während ich in die große jüdische Gemeinde-Mädchenschule in der Carolinenstraße geschickt wurde. Dort gab es Mädchen aus allen gesellschaftlichen Schichten; einige kamen aus sehr armen Verhältnissen. In der großen Pause am Vormittag waren immer zwei Küchen geöffnet. In der kleinen konnten wir Milch und Kakao kaufen. In der anderen, viel größeren Küche wurden Milch und riesige Milchbrötchen kostenlos ausgeteilt. Niemand schaute auf die Mädchen herab, die dorthin gingen; für viele von ihnen muß diese Gabe als Frühstück und Mittagessen zugleich gedient haben.

Unser Leben folgte einem gleichförmigen Muster, aus dem sich jede Woche der Sabbat und im Laufe des Jahres die religiösen Feiertage gemäß dem jüdischen Kalender hervorhoben. Alle unsere Feste beginnen am Vorabend, eine Stunde vor Sonnenuntergang. An einem solchen Tag gab es bei uns immer sehr viel geschäftiges Hin und Her, da es nicht erlaubt ist, während der Festtage zu kochen und folglich alles fertig vorbereitet sein muß. Wir konnten die Aufregung und Vorfreude spüren. Rechtzeitig waren wir in unseren besten Kleidern bereit, unsere Gäste zu empfangen. Die Hauptmahlzeiten wurden im Eßzimmer serviert anstatt im Wohnzimmer, wie es an Wochentagen üblich war. Wenn die beiden Kerzen auf dem Tisch brannten und die beiden »Berches«, die süßen, geflochtenen Sabbatbrote, unter ihrer gestickten Decke auf ihrem Brett lagen, dann sprach mein Vater den »Kiddush«, den Segen über Wein und Brot. Das ist die »Heiligung«, die das Fest ankündigt. Am Ende der Mahlzeit sangen wir alle zusammen. Es herrschte immer eine sehr entspannte und friedliche Atmosphäre.

Am Sabbat ist keine Arbeit erlaubt. Morgens, nach Gebeten zu Hause oder in der Synagoge, gingen wir alle zu meinen Großeltern. Den Nachmittag verbrachten wir zu Hause mit Gesprächen, Lesen oder ruhigen Spielen. Da unsere Gebetbücher in Hebräisch geschrieben waren, lernten wir bald, diese Sprache zu lesen, fast gleichzeitig mit dem Deutschen. Bis dahin kannte wir schon viele Gebete auswendig, was das Lesenlernen erleichterte. Das meiste machte mir Spaß; aber es gab einen besonderen Segensspruch, über den ich mich immer ärgerte, und ich glaube, meine Mutter auch: Da danken die Männer oder Knaben Gott, daß er sie männlich geschaffen hat. Die Frauen oder Mädchen danken ihm nur, »sie nach seinem Willen geschaffen zu haben!«

Die meisten Feiertage waren mit angenehmen Dingen verbunden, nicht nur mit dem traditionell guten Essen, das dazugehörte. Die einzigen Ausnahmen bildeten das jüdische Neujahrsfest und Yom Kippur — der Versöhnungstag. Viele lange Stunden wurden fastend in der Synagoge verbracht. Wir Kinder begannen damit, eine Stunde lang zu fasten. Diese Zeitspanne wurde mit zunehmendem Alter verlängert. Spät am Nachmittag gingen wir alle wieder in die Synagoge, um das Neila-Gebet zum Abschluß zu hören. Das ist eine sehr bewegende Zeremonie, wenn alle wissen, daß ihr Schicksal für das kommende Jahr besiegelt ist. Zum letzten Mal ertönte das Blasen auf dem Schofar, dem Widderhorn. Dies berührte das Innerste unserer Herzen und ließ uns erschauern. Dann war alles vorüber.

Wenige Tage später begann das Sukkot-Fest, das Laubhüttenfest. Wir hatten eine große Hütte im Garten, in der die Hauptmahlzeiten während jener Woche eingenommen wurden. Sehr oft sorgten plötzliche Regenschauer für fröhliche Aufregung. In aller Eile wurden zwei Leute hinausgeschickt, um die beiden Dachklappen herunterzulassen. Nach religiöser Überlieferung wird nämlich Sukkot unter freiem Himmel gegessen; nur eine Abdeckung aus Zweigen bildet das Dach der Laubhütte. Daher die vorsorglichen Dachklappen! Wochenlang waren wir vorher beschäftigt gewesen, Eicheln und Kastanien zu sammeln, in die wir Löcher bohrten, um daraus Ketten zur Dekoration herzustellen. So mancher wunde Finger zeugte davon, aber alles war Teil unseres Rituals. Der achte Tag gipfelte in »Simchat Tora«, das heißt »Freude der Tora«. Mit »Tora« bezeichnet man die fünf Schriftrollen des Pentateuch, die fünf Bücher Mose also. An jenem Tag wird die Lesung des letzten Kapitels des 5. Buch Mose abgeschlossen und das erste Kapitel der Genesis (1.Buch Mose) wieder begonnen. Da herrscht große Freude in der Synagoge. Alle Tora-Rollen werden aus ihrem Schrein geholt und tanzend und fröhlich umhergetragen. An die Kinder wurden freigebig Süßigkeiten ausgege-

Hochzeitsfeier von Margarete Lipstadt und Dr. Michael Flörsheim, 1917. (MHG)

ben, ein Schlachter verteilte sogar Scheiben seiner köstlichen Salami.

Wenn es Herbst wurde, warteten wir ungeduldig auf »Chanukkah«, das Fest der Lichter. Es fällt in die Weihnachtszeit, so daß es auf jeden Fall immer viele Süßigkeiten gab. Unsere Menorot — achtarmige Leuchter — wurden angezündet. Jeden Abend brannte ein Licht mehr, bis am letzten Abend alle acht leuchteten. Dann spielten wir mit unserem Trendel, einem besonderen Kreisel mit einem hebräischen Buchstaben an jeder seiner vier Seiten: ein _Großes Wunder Geschah Dort_. Das bezieht sich auf die kleine Ölkanne, die zur Zeit der Makkabäer im Tempel gefunden wurde. Obwohl das Öl eigentlich nur für einen Tag reichte, brannte es acht Tage lang, bis neues Öl hergestellt werden konnte. In diesen Tagen spielten wir viel zusammen — meist um Nüsse — in einem schönen warmen Zimmer und in einer gemütlichen Familienatmosphäre, egal, wie das Wetter draußen war.

Wir wohnten in einer breiten, baumbestandenen Straße in der Nähe des »Innocentia-Parks«. Manche herrliche Stunde verbrachten wir dort im Sommer mit Spielen, und im Winter rodelten wir die kleinen Hügel hinunter. Im Spätherbst besuchten wir den jährlichen Jahrmarkt, den die Hamburger »Dom« nennen. Dazu gehörte immer Matsch- und Nebelwetter. Während des Jahres gab es einige sehr große Gesellschaften, die von der Jüdischen Gemeinde in einem gemieteten Saal veranstaltet wurden. Bei einer solchen Gelegenheit übernahm meine Mutter die Verantwortung für die Mäntel der Kinder. Damals nannte man elegante Gesellschaftskleidung noch allgemein »Toilette«. Als die Veranstaltung vorbei war und alle Kinder pünktlich abgeholt worden waren, sah eine der Helferinnen meinen Vetter verloren herumstehen. Sie kannte ihn nicht und fragte, ob seine Mutter vergessen hätte, ihn abzuholen. »O nein«, war seine Antwort, »ich warte auf meine Tante, die ist hier die Toilettenfrau.«

Wir führten auch manchmal etwas auf. Eine solche Aufführung gab es meistens am »Neujahr der Bäume«. Man feiert es, indem man viele verschiedene Früchte ißt, vor allem Früchte aus dem Heiligen Land. So handelten die Spiele von den verschiedenen Früchten und Obstbäumen. Um nicht jedes Jahr neue Kostüme anfertigen zu müssen, stellten einige von uns mehrere Jahre hintereinander die gleiche Frucht dar. Bis heute stelle ich mir immer eins der Mädchen als Birne vor! Nebenbei: Ich war eine Nuß! Ausgerechnet eine Nuß!

Im Frühling gab es das Fest »Purim«. Es erinnert an die Rettung der persischen Juden durch Esther und ihren Onkel Mordochai. Die Kinder verkleiden sich, spielen Streiche, verteilen und erhalten kleine Geschenke. Ich denke, es war ein guter Vorwand, die Armen zu beschenken und selbst ausgelassen zu sein, zumal auch viele Erwachsene an den Späßen teilnahmen.

Bald war »Pessach«, das Passah-Fest. Voran ging immer ein gründliches Frühjahrs-Reinemachen. Kein Krumen von gesäuertem Brot durfte im Hause bleiben. Auf diese Weise wurde natürlich die Küche der Hauptort der häuslichen Geschäftigkeit. Am Vorabend des Festes wurde unser gesamtes Alltagsgeschirr entweder in Schränken verschlossen oder auf dem Dachboden verstaut, um gegen anderes ausgetauscht zu werden, das ausschließlich während der Pessach-Woche benutzt werden durfte. Ich fand das alles sehr aufregend, wenn es auch für die Hausfrauen nervenaufreibend gewesen sein muß. Die spezielle runde Seder-Schüssel für dieses Fest — Seder bedeutet Ordnung, Reihenfolge — mußte vorbereitet werden. Sie bestand aus verschiedenen »Etagen«. Die unteren waren für die runden Mazzoth — das ungesäuerte, flache Brot — bestimmt und mit einem kleinen Vorhang versehen. Oben waren all die symbolischen Speisen angeordnet, die man während der abendlichen Zeremonie brauchte. Für den Propheten Elias gab es immer einen Weinkelch, der wundersamerweise am nächsten Tag stets leer vorgefunden wurde. Wir bekamen nie heraus, ob mein Vater oder mein Onkel der »heimliche Prophet« war! Zu Beginn des Abends ist es die Aufgabe des jüngsten Kindes, die vorgeschriebenen Fragen zu stellen: »Mah nishtana« ..., Warum unterscheidet sich diese Nacht von allen anderen Nächten? — So saß ich als Jüngste mit angehaltenem Atem und wartete, daß ich drankam. Dann antwortete der Vater und erzählte ausführlich die Geschichte vom Auszug der Kinder Israel aus Ägypten. Es ist ein sehr langer Abend, aber ich hatte ihn immer gern, und zum Abschluß gab es viele Lieder, in die wir alle einstimmen konnten.

Im großen und ganzen lebten wir Kinder fast völlig in einer jüdischen Umwelt. In geringem Maße kamen wir natürlich auch mit Nichtjuden in Kontakt. Aber an Festtagen und am Sabbat schienen sie irgendwie unsichtbar.

Mittlerweile — Anfang der 30er Jahre — begannen sich die Wolken zusammenzubrauen. Meine Mutter bestand darauf, daß die Fenster geschlossen wurden, ehe wir mit irgend einem religiösen Gesang begannen. Plötzlich fing mein Bruder an, spät nach Hause zu kommen, und zwar in einem sehr abgerissenen Zustand, gelinde ausgedrückt. Er schien eine plötzliche Leidenschaft für Fußball entwickelt zu haben. Dies war seiner Natur ganz fremd, denn er hatte vorher niemals besonderes Interesse am Sport gezeigt, obwohl wir beide zum Turnverein »Bar Kochba« gehörten. Erst viel später erfuhren wir, daß er in Kämpfe mit nichtjüdischen Jungen aus der Volksschule Binderstraße gegenüber der Talmud-Tora-Schule verwickelt gewesen war. — Der Bar Kochba war ein jüdischer Sportverein. Ich mochte gern dorthin gehen und trug stolz meine Vereinskleidung: blaue Shorts, weißes Turnhemd mit einem blauen »Magen David«, dem Davidstern, der darauf prangte. Aber bald ließ mich meine Mutter den Reißverschluß meiner Sportjacke bis oben zuziehen, so daß nichts zu sehen war. Ich war höchst entrüstet darüber, tat aber doch, was mir gesagt worden war.

Weitere Demütigungen warteten auf mich. Ich wurde von einigen Nachbarskindern verprügelt, mit denen ich bis dahin oft gespielt hatte. Jedes Mal hielt ich stand, um zu beweisen, daß wir Juden keine Feiglinge waren, wie es von

Postkarte, April 1914. (MHG)

uns behauptet wurde. Ich schlug aber nicht zurück, weil ich andere Kinder nicht schlagen mochte, obwohl ich bei einer Gelegenheit die Peitsche für meinen Kreisel in der Hand hielt. Aber an jenem Abend weinte ich in der Badewanne und konnte nicht verstehen, warum meine sonst so mitfühlende Mutter diesmal kein Mitleid zeigte. Ich war noch ein Kind und reagierte stark auf Dinge, die Erwachsenen belanglos erschienen. Zum Beispiel entdeckte ich eines Tages zu meinem Entsetzen, daß ein riesiges Spruchband mit einem Hakenkreuz quer über die Oberstraße gespannt worden war, die ich auf meinem Schulweg entlanggehen mußte. Nach dem ersten Schock erkannte ich das schreckliche Dilemma: Wie konnte ich darunter durchgehen? Ich wollte nicht, daß es so aussah, als verbeugte ich mich davor; denn wir Juden beugen uns nicht vor anderen Göttern oder Bildern. Aber ich mußte darunter durch! So schloß ich mit mir selbst einen Kompromiß: Ich würde die nötigen Schritte ganz steif und aufrecht gehen! Trotzdem lastete es schwer auf meiner Seele, es täglich tun zu müssen. — Einmal rannte ein großer Junge hinter mir her und puffte mir im Vorbeilaufen in den Rücken. Als ich um die Ecke bog, bemerkte ich, daß er mit Kreide Hakenkreuze an die Säulen neben den Eingang unseres Hauses gemalt hatte. Ich war außer mir, aber zu meiner Bestürzung erlaubte meine Mutter nicht, sie abwischen zu lassen. Erst viele Jahre später gestand sie mir, daß der Junge auch auf meinen schwarzen Mantel ein Hakenkreuz gemalt hatte. Hätte ich das damals gewußt, wäre ich wohl verrückt geworden. Ich hätte sicher diesen Mantel nie wieder tragen wollen.

Insgesamt war zu jener Zeit in Hamburg noch verhältnismäßig wenig Antisemitismus zu spüren. Aber meine Antennen schienen das wenige aufzunehmen, und ich lebte in permanenten Ängsten. Unser Leben ging weiter wie zuvor, doch ich wurde allmählich ein nervöses Wrack. Ich war niemals eine Heulsuse gewesen, aber nun weinte ich die ganze Zeit, wenn meine Eltern weg waren, obwohl wir niemals allein gelassen wurden. Da war eben diese unerklärliche Bedrohung von etwas Schrecklichem in der Luft. Meine Eltern beschlossen, mich zu unseren Verwandten nach Holland in die Ferien zu schicken. Aber die Monate vergingen, ohne daß etwas geschah. Meine Gesundheit hing nur noch

21

Elisabeth und Gottlieb Flörsheim in Travemünde, 1930. (Privatbesitz)

stunde besucht, war sehr ungelenk und mager. Mit meinen Plattfüßen und meinen Streichholzbeinen glich ich eher einer Hopfenstange! Daher war es nicht erstaunlich, daß meine Mutter vesuchte, mir davon abzuraten. Seltsamerweise kann ich mich nicht erinnern, ob ich schließlich meine Drohung wahrmachte. Die vielen Jahre, die inzwischen vergangen sind, haben diese Episode mit einem gnädigen Schleier des Vergessens überzogen. Alles andere jedoch erwies sich als großer Erfolg. Wir waren ahnungslos, daß es unser Schwanengesang werden sollte.

Ich hatte in letzter Zeit angefangen, die Sabbat-Nachmittage mit verschiedenen Schulfreundinnen zu verbringen. Wir gingen spazieren oder waren bei jemandem zu Hause. An einem solchen Nachmittag war ich bei einer Freundin eingeladen, bei der ich noch niemals zuvor gewesen war. Als es dunkel zu werden begann, gesellten wir beiden Mädchen uns zu der Mutter und der Adoptivtochter ins Wohnzimmer. Wir unterhielten uns leise in der zunehmenden Dämmerung; unsere Gesichter waren kaum noch zu erkennen. Das Zimmer schien von einer Atmosphäre aus Ruhe, Liebe und Geborgenheit erfüllt zu sein. Das wurde mir noch eindringlicher deutlich durch mein Wissen, daß das ältere Mädchen weder Schwester noch Tochter war, ja, nicht einmal denselben Namen trug wie die Familie. Ich, eine Fremde, fühlte mich völlig eingehüllt in diese Atmosphäre. Meine Sinne, die während der letzten Monate zu verschärfter Wahrnehmung gelangt waren, schienen diese Empfindung tief in mir einzufangen. Seit dem Tag liebe ich die Zeit der Abenddämmerung und scheue mich immer, das Licht anzumachen.

Wenige Wochen später kam endlich meine Tante, um mich nach Holland mitzunehmen. Es blieb keine Zeit, irgendeiner meiner Freundinnen Auf Wiedersehen zu sagen. Keiner von uns wußte, daß wir uns nie wieder begegnen würden. Innerhalb eines Monats schlossen sich uns viele Familien in Hamburg an, um dem ersten Boykott im April 1933 gegen jüdische Geschäfte zu entgehen. Meine Eltern kehrten nur noch einmal zurück, um zu packen und ihre Angelegenheiten zu regeln. Dann reisten sie weiter nach Palästina, wohin mein Bruder und ich ihnen wenige Monate später folgten. Das war genau vor 50 Jahren.

Es war in Palästina, etwa zehn Jahre nach unserer Auswanderung, als ich mir einen Film ansah. Alles, woran ich mich entsinnen kann, ist eine Szene, die einen jungen Mann in einer Zelle zeigt, der sich erinnert: Seine Mutter spielte Klavier, den Rücken ihm und seinem Vater zugewandt, der ihm heimlich ein Schmuckstück zeigte, das er für sie gekauft hatte. Ich fühlte die vertraute und liebevolle Atmosphäre in dem Zimmer so stark, daß ich mich plötzlich zurückversetzt fühlte in das Zimmer meiner Freundin in Hamburg — eine Lebenszeit weit entfernt. Jetzt verstand ich, warum es sich so tief in mein Gedächtnis eingegraben hatte. Dieses Gefühl von Liebe, Geborgenheit und Frieden stellte in einer Nußschale meine frühe Kindheit in Hamburg dar. Ich war im Innern eines Kokons, in dem ich die ersten elf Jahre meines Daseins hatte leben dürfen.

Eine verlorene Welt.

an einem Faden: der bevorstehenden Bar Mizwah meines Bruders, dem Tag also, an dem er im religiösen Sinne ein Mann werden sollte. — Alle bedeutenden Geschehnisse in unserer Familie wurden immer im großen Stil gefeiert. Da gab es zu diesen Anlässen gedichtete Aufführungen, große Familienessen mit Liedern, die für solche Gelegenheiten komponiert worden waren. Diesmal sollte es keine Ausnahme geben, und so begannen schon wochenlang vorher die Vorbereitungen. Aus unerfindlichen Gründen und ganz gegen mein Naturell hatte ich beschlossen, einen Tanz aufzuführen, unabhängig davon, daß ich natürlich in dem Stück auftreten sollte. Ich hatte nie in meinem Leben eine Tanz-

Christiane Pritzlaff

Synagogen im Grindelviertel und ihre Zerstörung

Spuren vielfältigen religiösen jüdischen Lebens

*Sie haben dein Heiligtum in Brand gesteckt,
bis auf den Grund entweiht die Wohnstatt deines Namens.
Psalm 74,7*

Bis 1812 gab es die »Dreigemeinde AHW«. Zu ihr waren die deutschen jüdischen Gemeinden in Altona, Hamburg und Wandsbek zusammengefaßt. In gerichtlichen Angelegenheiten unterstanden sie dem Rabbinatsgericht in Altona. Durch die Einverleibung Hamburgs in das französische Kaiserreich kam es zur Auflösung der Dreigemeinde. Selbständige jüdische Gemeinden entstanden, die den Status einer öffentlich-rechtlichen Körperschaft besaßen. In der Hamburger Verfassung von 1860 kam es endlich zur rechtlichen Gleichstellung der Juden. Jetzt entwickelte die Deutsch-Israelitische Gemeinde das »Hamburger System«, das in der Welt einmalig war. In ihm hatte man den Kultus und andere Aufgaben der Gemeinde voneinander getrennt. Unter diesen anderen Aufgaben waren das Wohlfahrts-, Schul- und Begräbniswesen und die Vertretung gegenüber staatlichen Behörden und den Körperschaften des deutschen Judentums zu verstehen. Zwei Kultusverbände gab es, den orthodoxen Synagogenverband und den liberalen Tempelverband. Am 7.11.1867 traten die Statuten in Kraft. 1924 wurde als dritter selbständiger Kultusverband die konservative Dammtor-Synagoge anerkannt.

Als einzige deutsche jüdische Gemeinde wurde Hamburg ein Religionsverband, in dem man freiwillig Mitglied werden konnte. Die Mehrheit der Hamburger Juden gehörte keinem der Verbände an. Von 9.489 Gemeindemitgliedern waren 1925 nur 1.620 im Synagogenverband, 600

Blick auf die Kohlhöfen-Synagoge durch die Marienstraße, um 1900. (Sta HH)

im Tempelverband und 358 in der Neuen Dammtor-Synagoge. Zu einem der drei Kultusverbände zählten also nur knapp 25 Prozent der Gemeindemitglieder. Sozial gesehen waren die Mitglieder des Synagogenverbandes den mittleren und unteren Schichten zuzurechnen. Überwiegend wohlhabende Mitglieder hatte der Tempelverband. In Hamburg bestand neben der Deutsch-Israelitischen Gemeinde die Portugiesisch-Jüdische Gemeinde, deren Bedeutung immer mehr abnahm. Um 1926 gab es noch ungefähr 27 Familien; 1931 stand aufgrund der finanziellen Notlage die Auflösung bevor, die zum 1. Januar 1938 mit der Zwangsgründung des Jüdischen Religionsverbandes eintrat.

Die Synagoge am Bornplatz

»Wenn ich an die Geschichte und Bedeutung Ihrer, unserer Kehilla denke, an alles, was ihr Ansehen und Wirkungskraft gegeben, dann waren es gewiß ihre schönen Synagogen und Gebetsstätten, ihre Lehrhäuser und alle die Gesamtheit zu Thora und Awoda aufrufenden Einrichtungen. Aber mehr, weit mehr waren es ihre einzelnen Glieder, die herrlichen Baale-Battim, jene Frommen, die um Millionen nicht vom Worte Gottes abgewichen wären, deren Seele erglühte in Begeisterung und Freude bei jeder einzelnen Mizwa. Diese jüdischen Menschen waren Hamburgs Ruhmesblatt, lebendige Tempel der Verwirklichung, die allen voranleuchten konnten als Vorbild und Muster, weil Gott in ihnen und mit ihnen war.«[1]

April 1936 — die Bornplatz-Synagoge war reich geschmückt und festlich beleuchtet, als Dr. Joseph Carlebach bei seiner Amtseinführung als Oberrabbiner des Deutsch-Israelitischen Synagogenverbandes in Hamburg vor mehr als 200 Ehrengästen und 1.500 anderen Teilnehmern der Feier mit diesen Worten an die Bedeutung jüdischen Lebens in Hamburg erinnerte. In der nahen Talmud-Tora-Schule hatten sich weitere 500 Hörer in der Aula eingefunden, die durch eine Lautsprecheranlage an der Feier teilhaben konnten. Die Synagoge und die Feier boten ein Bild wie in den größten Tagen in der Geschichte der Synagoge. Die Sorgen der Zeit klangen allerdings in den Festreden an, wenn auch mit Hoffnung und dem Willen zur Selbstbehauptung. So wollte der Vorsitzende des Deutsch-Israelitischen Synagogen-Verbandes, Dr. Hugo Zuntz, die »Zeichen der Zeit so verstanden haben, daß ein Baum, der Jahre und Jahrzehnte lang in Scheinkultur gezüchtet war, nun, da es ihm an Lebensluft und Lebensraum gebricht, erst dann wieder neue, kräftige, ihm wesensgleiche Triebe zeitigen kann, wenn er in ureigensten, unverfälschten Mutterboden verpflanzt wird.«[2] Und auch Gemeinderabbiner Dr. Jakob Hoffmann aus Frankfurt a.M., der im Namen des Präsidiums der Reichsvertretung der Juden in Deutschland sprach, hob die Schwere der Zeiten zugleich auch als Chance für rabbinisches Wirken hervor: »Die Geister sind aufgeschlossener, die Gemüter empfänglicher für des Judentums Lehren und Forderungen, für jüdische Kultur,

לשנה טובה תכתבו

Herzlichen Glückwunsch zum neuen Jahr!

Neujahrspostkarte, um 1910. (MHG)

jüdische Geschichte, jüdisches Denken und jüdisches Leben. Viele jüdische Menschen, aufgewühlt und aufgelockert, suchen aus der Ferne den Heimweg.«[3]

Die äußere Situation war dadurch geprägt, daß sich der Vorstand der Deutsch-Israelitischen Gemeinde bereits seit Jahren zu Festtagen an die Polizeibehörde mit der Bitte um Schutz vor antisemitischen Ausschreitungen wandte. Anlässlich des Versöhnungsfestes am 18. September 1931 hieß es: »Wir bitten die Polizeibehörde, die zuständigen Wachen anzuweisen, ihre Streifen namentlich Sonntag zu Beginn und Ende des Gottesdienstes zu verstärken.«[4]

Die Wahlen zur Bürgerschaft standen bevor. Es wurde befürchtet, daß Antisemiten sie zum Anlaß für Zusammenstöße nutzen würden. Deshalb ging an die Synagogenverwaltungen die Mahnung, »nach Schluß der Gottesdienste Ansammlungen vor den Gotteshäusern zu vermeiden und alsbald den Heimweg anzutreten.«[5]

Die Festrede des orthodoxen Oberrabbiners Samuel Spitzer zum 25jährigen Jubiläum der Bornplatz-Synagoge am 13. September 1931 gab sich noch unbeeindruckt. Ruben Maleachi schreibt in seinen Erinnerungen, Spitzer habe darauf hingewiesen: »... daß die alte Synagoge in der Elbstraße in einem Gehöft versteckt stand. Die Synagoge an den »Kohlhöfen« wurde schon an einem sichtbaren Platz

Oberrabbiner Dr. Joseph Carlebach. (Sta HH)

gebaut, aber immerhin noch vor fremden Blicken verborgen. Erst unsere Synagoge wurde offen und weit sichtbar auf einem freien Platz errichtet. Alle drei Gotteshäuser symbolisieren ..., die Stellung der Juden im Staate. Wir leben in dem Zeitalter der Sicherheit und der unbedingten Gleichberechtigung, und in dieser Zuversicht wurde unsere Synagoge hier errichtet.«[6]

1936 – fünf Jahre später – war dieser Glaube von den neuen Machthabern zerstört worden. Dennoch wird auch jetzt noch niemand daran gedacht haben, daß diese prächtige Synagoge drei Jahre später nicht mehr stehen sollte.

Ihre Zerstörung begann bereits im November 1938. Am 10. und 12. November verzeichnete das Einsatzprotokoll der Hamburger Feuerwehr Brandanschläge im Innenraum der Synagoge. Die kleine Ruth Frank erlebte in diesen Tagen, als sie mit dem Fahrrad zur Schule wollte, Unvorstellbares. In ihren 1985 geschriebenen Lebenserinnerungen, erinnert sie sich: »Der Weg führte an der Synagoge bei der Talmud-Tora-Schule in der Nähe vom Grindel vorbei. Da standen die jungen SS-Leute breitbeinig in ihren schwarzen Schaftstiefeln mit aufgeknöpften schwarzen Hosen und haben die Rollen der heiligen Schrift (die Torah-Rollen) »bewässert« und verbrannt. Vielleicht war es umgekehrt, und sie haben zuerst Feuer gelegt und wollten jetzt löschen. Ich hatte noch nie erwachsene Männer gesehen, die sich so schamlos auf offener Straßen benahmen — und dazu war es noch die heilige Torah. Jeden Augenblick erwartete ich, daß der Herr Jehova in seinem feurigen Wagen vom Himmel herabstürzen würde, aber die einzigen Flammen waren die der Schriftrollen.«[7] Ein halbes Jahr nach diesen Schandtaten wurde die Gemeinde gezwungen, das Grundstück an den Staat zu verkaufen und ihr Einverständnis zum Abbruch der Synagoge zu geben.

Begründet wurde der erzwungene Abbruch mit einer Vertragsauflage unter § 3 des Kaufvertrages: »Die Gemeinde ist nicht berechtigt, den Platz zu verkaufen oder anderweitig zu benutzen, sondern ist verpflichtet, sobald sie den Platz nicht mehr zu den im § 1 gedachten Zwecken (der Erbauung eine Synagoge) gebrauchen will, die alsdann auf dem Platz vorhandenen Baulichkeiten zu entfernen und denselben gegen Erstattung des obgedachten Kaufpreises wieder in das Eigentum des Staates zurück zu übertragen. Der hieraus sich ergebende Anspruch des Staates ist durch Eintragung einer entsprechenden Vormerkung in Abteilung II des Grundbuchblattes für den überlassenen Platz zu sichern.«[8] Daß der NS-Senat die Vertragsauflagen des Kaufvertrages von 1902 so verdrehen konnte, zeigte, daß die Machthaber fest im Sattel saßen.

Am 30. März 1939 hatte das Tiefbauamt der Hansestadt der Baupolizei mitgeteilt: »Die Synagoge am Bornplatz ist bis auf die Grundmauern abzubrechen. Das Mauerwerk im Keller und Erdgeschoß besteht zum größten Teil aus Eisenbeton und müßte gesprengt werden.«[9] Die Abbrucharbeiten wurden von Juni 1939 bis Januar 1940 durchgeführt. Die große Synagoge der Gemeinde, monumental, repräsentativ, überwiegend in romanischem Stil erbaut, der Ende des 19. Jahrhunderts als »national, deutsch und christlich« galt, gab es nicht mehr. Der Gleichberechtigungsanspruch, den sowohl der Baustil nach außen hin dokumentieren sollte, als auch die Festgottesdienste mit deutsch-nationalem Charakter, wie z.B. am 18. Oktober 1913 zur 100. Wiederkehr des Jahrestages der Völkerschlacht bei Leipzig, am 27. Januar 1915 zur Feier des Geburtstages Seiner Majestät Kaiser Wilhelms II. oder am 2. Februar 1919 zur Trauerfeier für die gefallenen Krieger, hielt gegenüber der Entwicklung nicht stand. Ein Kritiker aus den eigenen Reihen hatte bei dem Neubau der Synagoge 1856 auf den »Kohlhöfen« es als Leichtsinn beklagt, diesen Bau mit der Front zur Straße hin zu errichten. Das war allerdings kurz vor der rechtlichen Gleichstellung der Juden.

Die 1980 veröffentlichten Erinnerungen von Ruben Maleachi vermitteln Freude und Stolz über den prachtvollen Bau und das religiöse Leben in ihm als auch in der Gemeinde. Sie lassen unwiederbringlich Verlorenes wieder lebendig werden:

»Die Synagoge stand auf einem großen freien Platz, die im orientalischen Stil erbaute Kuppel war weithin sichtbar mit dem vergoldeten Magen David auf der Spitze ... Sie enthielt fast 700 Männer- und 500 Frauenplätze, eine Empore für den Chor und einen prunkvollen, völlig aus Marmor gehauenen Aron Hakodesch, eine Stiftung der Bankiersfamilie Warburg. Auch die Stufen zum Aron Hakodesch, die Kanzel, zwei Säulen, die den Aron Hakodesch umrahmten, zwei je drei Meter hohe Gesetzestafeln, der Almemor und das Gestühl für den Rabbiner und den Kantor waren aus feinstem italienischen Marmor gearbeitet. Die Türen zum Aron Hakodesch waren aus Bronze geschmiedet, und der Silberschmuck der Thorarollen, der sich dem Beter bei geöffneter Lade zeigte, dürfte den Wert einer 6stelligen Zahl übertroffen haben. ... Die Anzahl der ›Parochoth‹ war so groß, daß jeden Sabbath ein anderer Vorhang aufgehängt werden konnte, mit passenden Schulchandecken und Thoramäntelchen. Für Schawuoth, das Fest der Erstlingsfrüchte, war ein grüner Vorhang vorgesehen, ... Unvergessen bleibt der Anblick der Synagoge an den Hohen Feiertagen. Die weiße Ausschmückung beschränkte sich nicht nur auf die Thorarollen, den Aron Hakodesch und den Almemor, sondern sämtliche Gebetpulte sowohl in der Männer- wie in der Frauensynagoge waren mit weißem Leinen bezogen. Die Männer waren mit den traditionellen weißen Sterbegewändern bekleidet, wozu natürlich weiße Käppchen gehörten, und das alles machte einen überwältigenden Eindruck und führte unmittelbar in den ernsten und getragenen Charakter der Hohen Feiertage und die dazugehörige Andacht hinein. Wer kann die liebevolle Ausschmückung mit dem frischen Grün und die herrliche Blumenpracht am Schawuothfest vergessen, die die Synagoge an diesem Tage ausfüllte! Am Sukkothfeste wurden einmal nicht weniger als 350 Lulawim gezählt, und der Leser kann sich unschwer vorstellen, wie die Synagoge zur Zeit der Rundgänge ausgesehen haben mag. Als Kinder stellten wir uns vor, wie ein Palmenwald in Erez Israel einmal ausgesehen haben mag!«[10] Maleachi erzählt, daß das ganze Grindelviertel die festliche Stimmung des Laubhüttenfestes vermittelte: »Wer an diesem Feste einen Rundgang durch die schönen breiten Straßen des Hamburger Judenviertels machte, konnte sicher nicht weniger als 300 Sukkoth zählen, die in den Gärten und auf den Balkonen der jüdischen Familien aufgestellt waren und deren Innenschmuck oft Sehenswürdigkeiten an Geschmack, Behaglichkeit und religiös-ästhetischem Ausdruck waren!«[11] Auch die soziale Tätigkeit in der Gemeinde rühmt er: »Als Oberküster amtierte zu meiner Zeit Herr Rosemann, dessen Amtstracht außer einem Barett aus einem mit Samt durchwirkten Frack bestand, wozu er stets am Schabbath eine weiße Krawatte trug (außer dem Schabbath vor Tischa beaw, an dem die Krawatte schwarz war). Am Freitag Abend sah er es als eine Ehrenpflicht an, in der Synagoge nach armen Durchreisenden zu suchen, — sein scharfes Auge wußte sofort den bedürftigen Bruder zu erkennen, und er wandte sich dann stets mit der Frage an ihn, ob er für Freitag Abend schon eine ›Bleibe‹ hatte. Wurde dies verneint, dann wandte er sich an die Beter, die bereits vorher ihre Bereitwilligkeit zu solchen Einladungen ausgesprochen hatten, und so war dies Geschäft schnell getätigt. Es gab von solchen gastfreien Häusern mehr als 20, die in solchen Fällen immer turnusmäßig bedacht wurden.«[12]

Oberrabbiner Carlebach wußte um die ernste Bedrohung dieses jüdischen Lebens, wenn er in der Festrede zu seiner Einführung 1936 sagte: »... so werden wir nicht aufhören, für unser Land zu beten, werden hoffen und glauben und gewiß sein, daß ein neuer Menschheitsfrühling kommen wird, wo man das Volk der Treue und des Martyriums wieder mit offenen Armen und mit gerechter Würdigung aufnehmen wird. ... «[13]

Am 9. November 1988 wurde die Gedenkanlage für die Bornplatz-Synagoge am Grindelhof um 11 Uhr bei klirrender Kälte eingeweiht. Mittelpunkt des Gedenkplatzes ist ein großes Mosaik, das Synagogenmonument. Es zeigt auf dem Originalgrundriß der zerstörten Synagoge die Linien des Deckengewölbes. In seiner Festrede zur Einweihung des Platzes erinnerte Dr. Baruch Z. Ophir, der Vorsitzende des Vereins ehemaliger Hamburger Bürger in Israel, an die alte jüdische Gemeinde: »Die ›Große Schul‹ — so wurde sie bei uns genannt — war die offizielle Gemeindesynagoge. In ihr wurden die althergebrachten Traditionen der Drei Gemeinden A-H-W, d.h. Altona, Hamburg und Wandsbek, gepflegt, und mit ihnen die Klänge der heimatlichen Liturgien, die von Vater auf Sohn vieler Generationen weitergegeben wurden. Der Gebetsritus war streng orthodox. Hier wirkte der jeweilige Oberrabbiner des Deutsch-Israelitischen Synagogenverbandes, Oberrabbiner Dr. Marcus Hirsch war es, der im Jahre 1906 das Gebäude seiner Bestimmung übergab. Sein Nachfolger, Oberrabbiner Dr. Samuel Spitzer, ist den meisten unter uns noch in lebhafter Erinnerung; ein Talmudgelehrter ersten Ranges, dessen Ruf als halachische Autorität bei den gesetzestreuen Juden weit über die Grenzen Deutschlands hinausging.

Den Höhepunkt erreichte die Gemeindesynagoge am 22. April 1936 (30. Nissan 5646), dem Tage der Einführung unseres hochverehrten Lehrers, Oberrabbiner Dr. Joseph Zwi Carlebach. ›Ja, die Hamburger Kehilla ehrte den Mann ihrer Wahl, aber auch der Mann ihrer Wahl ehrte die Kehilla‹.«[14] Nach den Festreden klang das Kaddisch über den Platz, der heute Joseph-Carlebach-Platz heißt. Miriam Gillis-Carlebach, eine Tochter des letzten Hamburger Oberrabbiners, nahm an dieser Feier teil.

Auf einer Gedenktafel, die die Geschichte der Synagoge skizziert und Hinweise zur Gedenkanlage gibt, heißt es am Schluß: »Das Monument soll an die Gestalt des Gotteshauses erinnern, es soll eine Mahnung sein, daß sinnlose Zerstörung ein Verbrechen gegen die Menschlichkeit gewesen ist. Möge die Zukunft die Nachfahren vor Unrecht bewahren.«[15]

Die Neue Dammtor-Synagoge

Der »Großen Synagoge am Bornplatz« gegenüber stand die »Neue Dammthorsynagoge Beneckestr. 4«. Alles an ihr war besonders und ungewöhnlich: ihr Aussehen, ihre Geschichte. Sie war die erste und einzige Hamburger Synagoge, die einen orientalischen Baustil auch im Äußeren aufwies. Und dieser Baustil war nicht nur für eine Hamburger Synagoge ungewöhnlich. In ganz Deutschland wurden

Neue Dammtor-Synagoge, Beneckestraße 4. (MHG) *Innenansicht der Neuen Dammtor-Synagoge, undatiert. (Sta HH)*

in den 90er Jahren des 19. Jahrhunderts kaum noch Synagogen im orientalischen Stil gebaut, da er, wie sich erwiesen hatte, nicht der Emanzipation diente, sondern in die Isolation führte. Der erste Rabbiner dieser Synagoge Dr. Max Grunwald war sogar der Meinung: »Soweit die (meist nichtjüdischen Baumeister) das ›Orientalische‹ des Judenthums darin zur Geltung bringen wollen, haben sie unbewußt Judenfeinden ... zu Dank gearbeitet.«[16]

Da immer mehr jüdische Familien aus der Innenstadt ins Grindelviertel gezogen waren, wollte man hier eine Synagoge. Die Gemeindeältesten sahen in dem weiten Weg in die Innenstadt keinen zwingenden Grund für einen Neubau, so daß wohlhabende Privatleute eine »Commission für die Errichtung der Neuen Dammthor-Synagoge« bildeten, die unabhängig von der Gemeinde eine Synagoge bauen wollte, die zwischen Orthodoxie und Reform stehen sollte: »Der Gottesdienst sollte in würdigster Weise vor sich gehen, und zwar unter grundsätzlicher Ausschaltung jedes Musikinstruments, aber unter Anstellung eines guten vierstimmigen Chores. Besonderen Wert legte man auf unbedingte Ruhe während des Gottesdienstes.«[17] Die Synagoge wurde hinter dem Haus Beneckestraße Nr. 4 errichtet. Daß sie wie fast alle Hamburger Synagogen im Hinterhof stand, ist Ausdruck des Schutzbedürfnisses der Juden. »Die Architekten Schlepps und Rzckonsky errichteten einen queroblongen Bau, der an allen vier Seiten fast vollständig eingebaut war. Nur an der Nordseite konnten sie eine Art Fassade ausbilden.

Die Einweihung der neuen Synagoge erfolgte am 15. August 1895. Durch einen schmalen Gang war die Vorhalle zu betreten, von der zwei Türen in den Männerraum führten, der 300 Besuchern Platz bot ... Der Almemor stand nicht in der Mitte, aber auch nicht ganz im Osten, betonte also die Stellung zwischen orthodoxer und liberaler Kultauffassung.

Eine bunt verglaste Kuppel überspannte den Raum, der an drei Seiten von Emporen umgeben war ... Das Emporengitter mit einer Höhe von knapp 30 cm war gleichsam nur noch symbolischer Hinweis auf die ehemals völlige Abgeschlossenheit der Frauenemporen orthodoxer Synagogen.

Das Innere war in maurischen Formen gehalten, der Hufeisenbogen des Schreinbaldachins und die Ornamentik waren die deutlichsten Hinweise auf diesen Stil...

Hufeisenbögen umrahmten den Eingang und die seitlichen Türen, eine orientalisierende Kuppel auf hohem Tambour überragte den Eingangsbau, flankiert von kleinen, ebenfalls überkuppelten Aufsätzen. Die bunten Ziegelmuster verliehen dem Bau zusätzlich ein orientalisches Aussehen.«[18]

Auseinandersetzungen gab es mit dem Synagogenverband wegen der geringfügigen Abweichungen in der Synagogen- und Gebetsordnung. Mit Errichtung der Bornplatzsynagoge verlor die Dammtor-Synagoge viele Besucher; denn in der großen Synagoge wurde der traditionelle Ritus sehr genau beachtet. Durch eine zeitweilige Personalunion mit dem Tempel wurden nicht wie erwartet neue Mitglieder aus liberalen Kreisen gewonnen, vielmehr verließen nun auch noch die letzten gesetzestreuen Mitglieder die Dammtor-Synagoge. So war die Synagoge gewöhnlich leer. Jedoch zu Festtagen füllte sie sich, da viele die Tempelgeistlichen Dr. Leimdörfer und Dr. Sonderling hören wollten, die ausgezeichnete Prediger waren.

1907 beantragte die Neue Dammtor-Synagoge, die zunächst ein privater Kultusverein war, als dritter Kultusverband zugelassen zu werden. Der Widerstand des Synagogenverbandes führte dazu, daß die Dammtor-Synagoge zwar 1912 als e.V. anerkannt wurde, keinen Anspruch aber auf die 10% Kultussteuer erhielt.

Da man die Liberalisierung inzwischen als Fehler betrachtete, wurde 1923 bei der Neubesetzung des Rabbineramtes der streng gesetzestreue Rabbiner Dr. Holzer berufen — eine Rückbesinnung auf die eigene konservative Vergangenheit. Er erfreute sich bald großer Beliebtheit bei liberalen und streng orthodoxen Juden. Zur Wiedereröffnung der umgebauten und erweiterten Neuen Dammtor-Synagoge am 29. September 1927 heißt es: »... so war die Synagoge bis auf den letzten Platz von einer andächtigen, von den neuen Eindrücken tief ergriffenen Menge erfüllt, als Rabbiner Dr. Holzer zu Beginn des Gottesdienstes mit einer kurzen, weihevollen Ansprache das ewige Licht wieder entzündete. Hieran schloß sich die Wiedereinbringung der Torarollen ... Das in den wenigen Wochen des Um- und Erweiterungsbaues Geschaffene löst bei jedem Besucher freudiges Erstaunen und ehrlichen Beifall aus. Die dem maurischen Stile der Synagoge angepaßte Dekoration wirkte bei aller Farbenfreudigkeit beruhigend auf Auge und Seele — und ein jeder, der die Andachtsstätte betritt, wird von der Weihe, die sie erfüllt, ergriffen und fühlt sich in ihr heimisch und wohl. Marmortafeln halten das Andenken an verstorbene Mitglieder des Gotteshauses sowie an die kriegsgefallenen Söhne seiner Mitglieder lebendig.«[19] Durch die Erweiterung des Synagogenraumes hatte sich die Anzahl der Plätze — 300 für Männer, 200 für Frauen — um ca. 150 erhöht. Rabbiner Dr. Holzer emigrierte 1938 nach England. »Gemeinsam mit seiner ... Gattin hat er Gewaltiges für das jüdisch religiöse und kulturelle Leben geleistet ...«, beurteilt Ruben Maleachi seine Tätigkeit.[20]

Am 11. Oktober 1939 schrieb die Gestapo an die Staatsverwaltung der Hansestadt Hamburg: »Die neue Dammtor Synagoge Beneckestr. 4 und die Synagoge Marcusstraße 38 werden zurzeit noch von den Juden zur Religionsausübung benutzt; außerdem noch einige kleinere Anstaltssynagogen im Altenhaus, Waisenhaus und in Wohnstiften.«[21] In der Marcusstraße 38 veranstaltete der Lernverein »Choje Odom« (Gottgefälliges Menschenleben) ab 1935 nur noch religiöse Vorträge. Für seine Mitglieder unterhielt er in der Marcusstraße 6 eine Synagoge. So wird die Dammtor-Synagoge das einzige jüdische Gotteshaus gewesen sein, wie Ruben Maleachi sagt, »in dem sich das religiöse Leben nach 1938 bis zur völligen Auflösung im Jahre 1943 abspielte.«[22] Seit 1938 wirkte Oberrabbiner Carlebach hier, bis er, seine Frau und die nicht ausgewanderten Kinder 1942 nach Riga deportiert wurden. Als einzige Synagoge in Deutschland ist die Dammtor-Synagoge nach dem 10. November 1938 aus Privatmitteln wieder instandgesetzt worden. Dr. Max Plaut, der Vorsitzende des Jüdischen Religionsverbandes von Groß-Hamburg 1938–1943 und Leiter der nordwestdeutschen Bezirksstelle der Reichsvertretung von 1939–1943, erwähnte in einem Gespräch mit Josef Walk nach dem Krieg: »Sie wissen vielleicht, daß ich in Hamburg, als einziger im ganzen Großdeutschen Reich es gewagt habe, eine von den zerstörten Synagogen nach dem 10. November 1938 wieder instandzusetzen und, daß wir — nachdem die Gottesdienste verboten waren — bis zum 10. Juni 1943, sogar noch etwas länger, nach Auflösung der Gemeinde noch, bis die Gestapo die Synagoge abschloß und als Lagerraum benutzte — Gottesdienste abgehalten haben, und getaufte Juden haben Posten gestanden, um zu signalisieren, wenn ein Beamter kam.«[23]

Nach der Instandsetzung war die Synagoge am 17. Februar 1939 wieder neu eingeweiht worden.

Von einer weiteren Besonderheit berichtet der Lehrer der Talmud-Tora-Schule Jacob Katzenstein, der sich und seine große Familie auf Grund seiner dänischen Staatsangehörigkeit retten konnte. Da er sich selbst verpflichtet fühlte, solange wie möglich in Hamburg zu bleiben — er verließ Hamburg im März 1943 —, wußte er noch über Ereignisse zu berichten, die die letzte Phase der Gemeinde betrafen. Am 28.2.1944 schrieb er an Familie Klein aus Schweden: »David Goldschmidt ... hat auch das Hauptverdienst daran, daß nach Schließung und Enteignung der Synagoge Papagoyenstraße und damit der Mikwe« — das war Dezember 1942 — »eine solche wieder im Keller der Synagoge Beneckestraße gebaut wurde (von schwarzem Geld) für die einzige in Frage kommende Frau. In einem Bleirohr in der Wand liegt eine Denkschrift, die ich verfaßt habe und deren Abschrift ich Ihnen vielleicht später mal schicken werde, wenn sie nicht nach meinem Exodus aus Kopenhagen verlorengegangen ist. Ich hoffe zuversichtlich, das Original mal wieder ausgraben zu können, obgleich ich keineswegs daran denke, meinen Aufenthalt in Hamburg zu nehmen, auch dagegen bin, daß es andere je tun werden.«[24]

Bei der von Jacob Katzenstein verfaßten Denkschrift handelt es sich um ein Gebet, in dem die Not der Juden während der Nazizeit geschildert wird und das Verdienst Dr. Plauts beim Bau der neuen Mikwe, die 1943 fertiggestellt wurde. Das Gebet, das eine Klage ist um das Verlorene, preist Gott, daß er diesen Bau ermöglicht hat.

Die Dammtor-Synagoge gibt es nicht mehr. Sie wurde im Krieg — vermutlich 1943 — völlig zerstört. Nichts erinnert an sie. Selbst die Straße, in der sie stand, die Beneckestraße, sucht man heute vergeblich. Sie wurde aufgehoben.

Der Tempel

Der Tempel war das Zentrum der zahlenmäßig bedeutenden liberalen Hamburger Juden. Ruben Maleachi hebt hervor, »daß die liberalen Juden in Hamburg stets wirklich ›liberal‹ waren, auch und insbesondere den religiös-orthodoxen Kreisen gegenüber. Die sogenannten ›Machtansprüche‹, die die religiösen Gemeindemitglieder oft in Gewissenskonflikte in anderen Gemeinden brachte, haben die Hamburger Liberalen niemals erhoben, und dies war einer der Gründe, daß extrem Orthodoxe und fanatische Reformisten in allen Verwaltungsapparaten stets friedlich zusammenarbeiten konnten. Allerdings brachte die Gründung des Reformtempels — anfangs, wie die ›Dammthor Synagoge‹ als privater Verein gegründet — in den ersten Jahrzehnten nach der Eröffnung gewaltige Proteststürme, und erregte Diskussionen in das friedliche Gemeindeleben Hamburgs, die sich erst legten, als auch andere Großgemeinden Deutschlands Orgelsynagogen bauten.«[25]

Dr. Caesar Seligmann, Prediger des Hamburger Tempels von 1889–1902, später Rabbiner in Frankfurt, schreibt in seinem 1937 erschienenen Aufsatz »Hundertzwanzig Jahre Hamburger Tempel« über den Konflikt: »Und nicht nur von der Orthodoxie kam der Angriff, die den Tempel als ein Erzeugnis der »Irreligiösität und Freigeisterei« verdammte, dessen Gebetbuch »den Unwillen eines jeden, der Gottesfurcht im Herzen hat, erregen mußte, sondern auch von der Reform ...« Animositäten zwischen Orthodoxen und Liberalen blieben und führten häufig zu Konflikten.

Die Vorgänger des Tempels in der Oberstraße waren der Tempel Alter Steinweg 42 — die erste offizielle deutsche Reformsynagoge mit Orgel, deutscher Predigt und gemischtem Chorgesang — und der Neue Israelitische Tempel in der Poolstraße 11–14, zu dessen Vorstandsmitgliedern Gabriel Riesser, der Vorkämpfer für die Emanzipation der deutschen Juden und spätere Reichstagsabgeordnete gehörte.

Daß die Gründung der Reformgemeinden im Zusammenhang mit einer Demokratisierung zu sehen ist, darauf weisen auch Heinrich Heines Verse hin, geschrieben kurz vor der Einweihung des Tempels in der Poolstraße:

»Die Juden teilen sich wieder ein
In zwei verschiedne Parteien;
Die Alten gehn in die Synagog',
Und in den Tempel die Neuen.

Die Neuen essen Schweinefleisch,
Zeigen sich widersetzig,
Sind Demokraten; die Alten sind
Vielmehr aristokrätzig.«[26]

Ging es dem 1817 in Hamburg gegründeten Tempelverein im wesentlichen um die Reform des Gottesdienstes, um gekürzte Gebete in deutscher Sprache, hebräische und deutsche Choräle mit Orgelbegleitung, Lesung der Tora in der sephardischen Aussprache des Hebräischen, Predigt in deutscher Sprache, so sollte die Architektur des Tempels in der Poolstraße dokumentieren, daß man zwar einer anderen Religion angehörte, aber keiner anderen Nation. Ruben Maleachi schreibt: »Aber schon 30 Jahre nach dieser Einführung wich die sephardische Aussprache der aschkenasischen. Anfangs, bis in die 60er Jahre hinein, wurden am Freitagabend zwei Gottesdienste abgehalten. Der erste mit der üblichen Freitagabend-Liturgie, bei Dunkelwerden, während der 2. zu später Abendstunde angesetzt wurde .... Dieser 2. Freitagabend-Gottesdienst war eine Konzession an die Geschäftsleute und Angestellten, die infolge ihrer Berufsarbeit am Besuch des Schabbath-Gottesdienstes verhindert waren ... Immerhin, anfangs waren diese Gottesdienste gut und regelmäßig besucht, und es zeigte sich, daß man mit dieser Einrichtung in der damaligen Zeit einem Bedürfnis entsprochen hatte.«[27]

Als Dr. Italiener, der letzte Rabbiner des Tempels 1929 nach Hamburg berufen wurde, gestaltete man seine Amtseinführung zu einer großartigen Feier, auf der Dr. Leo Baeck, der ihn u.a. einführte, sagte: »Es war ein Fehler der Väter der Reform in Deutschland, daß sie bei der Ausgestaltung des Gottesdienstes zuviel Wert auf das Dekorative legten und dabei das Konstruktive vernachlässigten.«[28]

Dr. Italiener kehrte zu den Regeln der »alten« Reform zurück. Unter seiner Leitung wurde die Tempelgemeinde zu einer lebendigen jüdischen Gemeinschaft.

Der Tempel Oberstraße 116–120

»Im Namen Gottes.
Am Sonntag, dem 11. Oktober 1930, haben im Beisein von Vertretern des Vorstandes der Deutsch-Israelitischen Gemeinde und der Behörden der Stadt Hamburg hier in der

(Sta HH)

Israelitischer Tempel in der Oberstraße 116/120. (Sta HH)

Oberstraße 116—120 die Vorsteher des Israelitischen Tempel-Verbandes in einer Zeit der Not und der Bedrängnis für das deutsche Volk und die deutschen Juden den Grundstein für ein neues Gotteshaus gelegt.

Möge diese Grundsteinlegung ein segenverheißender Anfang und es uns mit Gottes Hilfe vergönnt sein, das seinem Namen geweihte Haus zu vollenden. Gott schütze uns alle, die wir in Treue um diesen Bau uns mühen, und gebe, daß wir bald in ihn einziehen, ihm zu dienen und ein Geschlecht heranzuziehen, das treu unserer heiligen Lehre, sein Leben vollbringt in frommem Tun. Auf daß jung und alt in Eintracht zusammenstehen, wie der Prophet es verheißen, und dieser neue Tempel in Wahrheit groß und heilig sei. — Amen.«[29]

Der neue Tempel in Harvestehude, dessen Grundsteinlegung hier beurkundet wird, war bereits seit 1908 geplant, da die jüdische Gemeinde inzwischen in der Gegend Harvestehude/Rotherbaum wohnte. Eine Marmorplatte deckte den Grundstein mit einer Kassette ab, ließ jedoch die Inschrift 19. Oktober 1930, das Datum der Feier nach jüdischer Zeitrechnung in Hebräisch und die Worte »Zeit ist's, für Gott zu wirken«, 119. Psalm, Vers 126 sichtbar. Die Zürcher Bibel übersetzt diesen Teil des Psalmenverses mit »Es ist Zeit, daß der Herr einschreite« und fährt in der Übersetzung des Verses fort: »Sie haben dein Gesetz gebrochen.« Feierlich konnte der moderne, der Bauhausarchitektur verpflichtete Bau am 30. August 1931 um 12 Uhr eingeweiht werden. Zu Beginn der Feier erklang, für die Einweihung des Tempels von Leon Kornitzer komponiert:

»Wie schön sind deine Zelte, Jakob,
deine Wohnungen, Israel!
In Deiner reichen Gnade betrete ich Dein Haus
und beuge mich in Ehrfurcht vor Dir
Im Tempel Deiner Heiligkeit.
O Ewiger, ich liebe Deines Hauses Stätte,
den Ort Deiner Ehre,
und ich beuge mich und ich neige mich
vor dem Ewigen, dem Schöpfer. —
Wie schön sind deine Zelte, Jakob,
deine Wohnungen, Israel!«[30]

Felix Ascher, einer der Architekten, sagte anläßlich der Schlußsteinlegung während dieser Feier: »... Für den, der vor die Aufgabe gestellt war, ein Gotteshaus in dieser Zeit zu schaffen, mußte es klar sein, daß er nur dann ein Bauwerk von wirklich innerem Wert schaffen würde, wenn er jeden traditionellen Formalismus und Schematismus auf künstlerischem Gebiete beiseite warf und sich mühte, mit dem Rüstzeug, das die Technik der Gegenwart in die Hand gab, diesen Gedanken der reinen Religiosität (ohne äußeren kultischen Prunk) in reine Form zu bringen.«[31]

Die Wirkung des schlichten Baus, in dem ca. 1.200 Gottesdienstteilnehmer Platz fanden, beschreibt Ruben Maleachi in seinen Erinnerungen: »Durch seine schlichte Linie — die Fassade bestand aus einer großen schmucklosen Fläche, die durch eine Nachbildung des siebenarmigen Leuchters unterbrochen wurde — machte der Bau gewaltigen Eindruck auf alle Beschauer. Auch der Innenraum, der aus der Hauptsynagoge, der Wochentagssynagoge und den Verwaltungsräumen bestand, zeichnete sich durch seine schlichten Linien aus.«[32]

Während der Weimarer Republik wurden schon vollzogene Reformen des Gottesdienstes zurückgenommen. Dies war sicher auch Reaktion auf den wachsenden Judenhaß. Das hebräische Gebet rückte wieder in den Vordergrund, und alle auf Jerusalem bezogenen Stellen gewannen an Bedeutung. Erstmals wurde ein Jugendgottesdienst eingeführt und gefeiert.

Als der Tempelverein sechs Jahre später sein 120jähriges Bestehen feierte, geschah dies, wie das »Jüdische Gemeindeblatt« 1937 berichtete, »in bester und würdigster Weise: durch Gottesdienst. Schon am Vorabend des Festtages, Freitag, dem 10. Dezember, hatte der Gottesdienst, geleitet durch Oberkantor Kornitzer, festlichen Charakter. Die festliche Stimmung wurde besonders deutlich durch die Predigt des Herrn Rabbiners Dr. Seligmann, Frankfurt a.M., der einst am Tempel wirkte und ihm mit unverminderter Liebe auch heute noch verbunden ist. Der Predigt lag das Wort der Sidra ›Lebt mein Vater noch?‹ zugrunde. Lebt noch die väterliche Stammgemeinde des liberalen Judentums, der Hamburger Tempel?«[33] Die Antwort, die der Artikel wiedergibt, vermittelt Einblicke in das Fühlen und Denken des jüdischen Teils der Hamburger Bevölkerung, der sich durch seine Assimilierung besonders zugehörig fühlte und erfahren mußte, wie wenig in dieser Situation die Assimilation trug. Es heißt da: »Freudig kann man diese Frage bejahen, mit Stolz kann der Tempel heute auf die vergangenen 120 Jahre blicken. Er hat der ganzen jüdischen Welt Wesen und Form des liberalen Gottesdienstes und darüber hinaus des liberalen Judentums erschlossen. Vier Generationen haben durch das Werk des Tempels den Weg zum Judentum gefunden. In der ganzen jüdischen Welt fühlt man sich an diesem Tage dem Hamburger Tempel, dem Wegbereiter des liberalen Judentums, in Liebe verbunden. Den vielen Kindern der Tempelgemeinde, die heute in der Ferne weilen und dort in anderen Gotteshäusern beten, wird heute die Erinnerung an die Muttergemeinde Trost und Aufrichtung geben.

Mit innigsten Wünschen für die Zukunft und mit dem Priestersegen schloß der ehrwürdige Redner seine von jugendlicher Begeisterung und warmem Empfinden erfüllte Predigt. Sie übte auf die Gemeinde, in deren Mitte sich auch die auswärtigen Gäste befanden, tiefe Wirkung aus. Verschönt wurde der Gottesdienst, der durch seine einfache und echt jüdische Gestaltung die betende Gemeinde tief beeindruckte, durch die Gesänge des verstärkten Tempelchors unter der Leitung von Georg de Haas.«[34]

Schon ein Jahr später wurde in der »Reichskristallnacht« die Inneneinrichtung des Tempels stark zerstört. Das Außengebäude wurde geschont, um die umliegenden Bauten nicht zu gefährden. Auch aus »Kostengründen« entging diese Synagoge der Sprengung.

Dr. Italiener, der letzte Rabbiner des Tempels, verließ 1938 Hamburg, um nach England auszuwandern. In London stand er einer kleinen Gemeinde deutscher Juden vor. Dort starb er hochbetagt 1956.

Anfang 1939 gingen die Belange des Israelitischen Tempelverbandes auf die Gemeinde über. Leo Lippmann schrieb in seinem Bericht über den jüdischen Religionsverband im Jahre 1942: »Die Gemeinde übernahm damals die unmittelbare Sorge für den Kultus. Eine Eingliederung des Synagogenverbandes und der Neuen Dammtor Synagoge in die Reichsvereinigung erübrigte sich. Die beiden genannten Verbände lösten sich selbst auf. Ihr Vermögen ging auf den Jüdischen Religionsverband über ...«[35] Am 19. Oktober 1939 bezeichnete die Gestapo den Tempel in einem Bericht als z.Zt. leerstehend und nicht benutzt. 1941 vergütete die Hansestadt Hamburg das Grundstück mit dem Gebäude mit wenig mehr als dem Wert des Grund und Bodens. Während des Zweiten Weltkrieges diente der Bau einem Kinobesitzer. Anfang Dezember 1942 erfolgte die formelle Eingliederung des Israelitischen Tempelverbandes in die Reichsvereinigung der Juden in Deutschland. 1950 wurde das Tempelgebäude für den damaligen NWDR ausgebaut. Ruben Maleachi schreibt über den Bau, daß »er in die Verwaltung des Norddeutschen Rundfunks übergegangen« ist, »der ihn der jüdischen Gemeinde zu ihren Veranstaltungen regelmäßig zur Verfügung stellt. Zwei Kupfertafeln im Gebäude erinnern an die Einweihung und an die Zerstörung des Gebäudes. Es ist interessant, daß die Fassade mit dem siebenarmigen Leuchter unversehrt erhalten blieb — lediglich der jesajanische Spruch: ›Mein Haus wird ein Bethaus genannt für alle Völker‹ ist verschwunden.«[36] Die Verse Jesajas sind inzwischen wieder freigelegt worden. Verschwunden sind jedoch die Reliefs an beiden Seiten des Haupteingangs. Der Tempel in der Oberstraße ist eines der wenigen erhaltenen Beispiele jüdischer Kultbauten in Deutschland.

Vor dem ehemaligen Tempel steht heute ein kleines Denkmal: Auf einem steinernen Sockel mit Bronzetafel, die Informationen zu dem Gebäude und seiner Geschichte bietet, erhebt sich ein bronzener Rahmen. In ihm befinden sich ebenfalls aus Bronze ein zerrissener Toravorhang und eine zerbrochene Torarolle.

Die Synagoge der Portugiesisch-Jüdischen Gemeinde

Das Haus in der Innocentiastraße 37 weist heute äußerlich keine Besonderheit auf — eine schöne alte Villa — nicht die einzige in dieser Gegend. Die Geschichte des Hauses ist allerdings nicht alltäglich. Am Donnerstag, dem 14. März 1935, wurde um 8 Uhr abends die für diesen Zweck umgebaute Villa als »Esnoga der Portugiesisch-jüdischen Gemeinde ›Bet Jisrael‹ zu Hamburg« würdig eingeweiht.

Oberrabbiner Dr. Pereira war aus Den Haag angereist, um die Festpredigt zu halten, in der er u.a. sagte: »Wenn man uns gestattet, im Judentum zu bleiben, so wollen wir uns beugen, aber wenn man uns vom Judentum entfernen will, verweigern wir, nachzugeben.«[37]

Erfahrungen dieser ältesten jüdischen Gemeinde in Hamburg haben die Nachgeborenen sich in dieser Zeit ins Gedächtnis gerufen. In der zweiten Hälfte des 16. Jahrhunderts hatten sich die Vorfahren erstmalig in Hamburg niederlassen können, ohne sich aber öffentlich zu ihrem jüdischen Glauben bekennen zu dürfen. Sie waren Marranen, im 15. Jahrhundert zwangsweise getaufte Juden aus Spanien und Portugal, die z.T. heimlich am Judentum festhielten. Erst zu Beginn des 17. Jahrhunderts hatten es einige gewagt, sich wieder offen zum Judentum zu bekennen, und 1648 wurde eine Portugiesisch-Jüdische Gemeinde in Hamburg gegründet. 1935 konnte der Präses der Portugiesisch-Jüdischen Gemeinde Frank B. Luria 287 Jahre danach stolz eine der ältesten jüdischen Gemeinden in Deutschland vertreten. Die Gemeinde zählte nun 170 Mitglieder. Bis 1940 bestand sie als selbständige Gemeinde neben der deutsch-israelitischen.[38]

Die Einweihung dieses jüdischen Gotteshauses war die letzte in Hamburg während der Hitlerzeit. Bis zuletzt hat sie den ihr 1652 gegebenen Namen Bet Israel behalten. Über dem Hauseingang stand hebräisch: »Heilige Gemeinde der Sefardim Bet Israel — Nahe ist Gott allen, die ihn rufen.«

Das Hamburger Familienblatt beschrieb am 21. März 1935 die 90 Männer- und 40 Frauenplätze umfassende Synagoge: »Nach der Überlieferung der portugiesischen Richtung wird im Schmuck der Synagoge der Anklang an die farbige Ornamentik jener Kulturwelt gewahrt, aus der der portugiesische Ritus stammt. So empfängt den Eintretenden in dieser neuen Synagoge eine ungewohnte Farbenfreude im ornamentalen Spiel der Wandverzierung. In der Partie des Aron Hakodesch überwiegt der Orangeton. Das Blau der Säulen, die Verwendung von Glas, die Auflichtung durch Goldleisten, der reizvolle Wechsel im Zwiespalt der verwendeten Rundformen ergeben einen freudigen Farbakkord, der von der Raumdecke und den Raumwänden gewissermaßen gedämpft aufgenommen wird, und durch die glückliche Anbringung der Beleuchtung eine gelungene Steigerung erfährt. Mit großem Geschick wurden hier mehrere Räume vereint und die bauliche Veränderung in den Architekturklang des Raumes einbezogen.«[39] Hervorgehoben wurde auch der traditionsreiche Gesang während der Einweihungsfeier, »der die zahlreichen Gäste spürbar fesselte, von denen manche gewiß noch nicht den eigenartigen, von der alten maurischen Umwelt her zweifellos beeinflußten Klang der sephardischen Synagogenweisen gehört hatten.«[40] Die Besonderheit der portugiesischen Gemeinde betont auch Maleachi in seinen Erinnerungen: »Ein Besuch in der portugiesischen Synagoge war für uns immer gleichbedeutend mit einem Ausflug ins Exotische. Die Bräuche, die Kleidung, die Ordnung im Gottesdienst — alles dies war grundverschieden von allem, was wir in den sogenannten aschkenasischen oder deutschen Gottesdiensten gewohnt

Ehemaliges Synagogengebäude der Portugiesisch-Jüdischen Gemeinde, Innocentiastraße 37 (LBH)

waren. Die Sitzplätze der Beter waren kreisförmig angeordnet — nicht daß der Blick nach Osten gerichtet war, sondern die Beter saßen um den Almemor herum, das Gesicht stets auf den in der Mitte des Gotteshauses stehenden Vorbeter gerichtet. Nur am Eingang war eine Bank errichtet, wo die Beter den Blick zur Heiligen Lade hatten. Wenn wir in unserer Schüchternheit eintraten und uns auf diese letzte Bank bescheiden setzen wollten, wurden wir vom Schamasch, dem Synagogendiener, verjagt, da diese Bank nur für Leidtragende reserviert war, die von hier aus das Kaddischgebet sprachen. Der aus dunklem Ebenholz geschnitzte Aron Hakodesch mit seinen Goldverzierungen stand stets ungedeckt, d.h. ohne den üblichen Außenvorhang. Statt dessen war das Parocheth innen angebracht, und dann erst wurden die Thorarollen sichtbar. Die Thorarollen standen in kunstvoll geschnitzten silbernen und hölzernen Gehäusen, und die Rückseite der Rollen war in wertvolle Atlasseide gekleidet. Der Chasan und der Schamasch trugen statt des Baretts Dreimaster-Hüte, dazu einen Frack, Kniehosen und weiße Strümpfe, während die Füße mit schwarzen Halbschuhen versehen waren. Das alles gab dem Ganzen ein echt mittelalterliches Aussehen, das vielfach an die bekannten Rembrandtbilder erinnerte.«[41]

Schon am 4. April 1935 wollte die NSDAP die Inschrift über dem Hauseingang und den Davidstern auf dem Eckürmchen der Villa Innocentiastraße entfernt haben, da sie »mit Recht zur Verärgerung der arischen Bevölkerung dieses Stadtteils beitragen.«[42] Die Polizeibehörde, an die die Beschwerde ging, teilte am 22. Mai 1935 mit, daß z.Zt. keine gesetzliche Handhabe für eine Entfernung bestünde.

Postkarte. Im Haus Nr. 3/5 war die Synagoge Heinrich Barthstraße untergebracht. (Sta HH)

Im Mai 1938 machte der Vorstand der portugiesischen Gemeinde auf der 2. Konferenz des Weltbundes der sefardischen Gemeinden einen außergewöhnlichen Vorschlag, nämlich: »... wenn möglich die Mitglieder der Portugiesisch-Jüdischen Gemeinde Hamburgs in ihrer Gesamtheit zur Auswanderung zu bringen und in einer geeigneten Kolonie wieder anzusiedeln.«[43] Dieser Plan wurde durch einen Aufruf im Gemeindeblatt vom 17.6.1938 unterstützt. Für etwa 50 sefardische und aschkenasische Familien sollte eine Gemeinschaftssiedlung in einer holländischen oder englischen Kolonie gegründet werden. Dieser Plan konnte jedoch nicht realisiert werden, wie u.a. die vielen sefardischen Namen auf den Hamburger Deportationslisten belegen.

Die erneut umgebaute Villa Innocentiastraße 37 wird heute wieder privat genutzt.

Die Synagoge Heinrich-Barth-Straße 3—5

Die älteste Synagoge im Grindelviertel war in der Heinrich-Barth-Straße 3—5. Sie wurde bereits vor Verlegung des jüdischen Zentrums aus der Innenstadt als »Synagoge Bornstraße« hier im Erdgeschoß des Hauses gegründet und von der Vereinigung »Kelilath Jofi« und »Agudath Jescharim«, was wörtlich übersetzt »Vereinigung von Gottesfürchtigen« heißt, unterhalten. Ruben Maleachi berichtet: »Eine wichtige Rolle für die gesetzestreuen Beter spielte die kleine Synagoge in der Heinrich-Barth-Straße 3. Die Heinrich-Barth-Straße lag im Zentrum des Grindelviertels. Dort hatte eine Anzahl Beter in einer Doppeletage eines Privathauses eine Synagoge eingerichtet, in der täglich morgens und abends gebetet wurde. Die Synagoge enthielt 60 Männer- und 40 Frauenplätze, und es wurde großer Wert auf geordneten Gottesdienst gelegt. Auch das ›Lernen‹ kam in dieser Synagoge zu seinem Recht. Am Schabbath wurde der Gottesdienst in der Hauptsache von solchen Betern frequentiert, die Wert auf die ›Haschkamah‹, den Frühgottesdienst, legten.

Das Interieur der Synagoge Heinrich-Barth-Straße wurde von pietätvollen Betern geschlossen nach Kopenhagen überführt, wo eine Anzahl früherer Hamburger ein eigenes Minjan gründete und mit peinlicher Gewissenhaftigkeit die alten Hamburger Minhagim behalten und beim Vorbeten die ehrwürdigen Melodien zu Gehör bringen.«[44] Nach Irmgard Stein sieht das Schicksal der Inneneinrichtung der Synagoge insofern etwas anders aus, als daß sie nicht nach Kopenhagen, sondern per Schiff nach Stockholm gebracht wurde, »wo sie in der Synagoge ›Jeschurun‹, Nybrogatan 12, wieder aufgebaut worden ist.«[45]

Am 19. Oktober 1939 teilte die Gestapo der Staatsverwaltung der Hansestadt Hamburg mit, daß die Synagoge Heinrich-Barth-Straße 5 aufgelöst, und die Räume zu Wohnungen umgebaut worden seien. 1943 wurde das Gebäude durch Bomben zerstört.

Vereinigte Alte und Neue Klaus, Rutschbahn 11

Die Vereinigte Alte und Neue Klaus, die wie die Synagoge Heinrich-Barth-Straße 3—5 zum »Verband der Vereinigten Jüdischen Lernvereine« gehörte — 17 Organisationen hatten sich zu diesem Verband zusammengeschlossen —, wurde 1905 Rutschbahn 11a im Hinterhof errichtet. Am 28. September 1905 wurde sie mit 120 Plätzen für Männer und 40 dicht vergitterten für Frauen — sie befanden sich auf einer Galerie an der Westseite — eingeweiht.

Der Architekt Semmy Engel hatte einen einfachen, würdigen Bau geschaffen. Er bestand aus einem quadratischen, dreiachsigen Betraum und einem rechteckigen Anbau, der den heiligen Schrein enthielt und also im Osten lag. Der Eingangsbereich befand sich quer dazu im Westen.

»Die hohen Rundbogenfenster an Nord- und Südseite liegen genau auf der Mittelachse, auf der im Inneren der Almemor stand. Der westlich des Betraums gelegene Bauteil enthielt die Vorhalle, Garderoben und die Treppe zur vergitterten Empore ... Im Innern zeigte die Synagoge Formen und Ornamentik in Anklängen an den Jugendstil und galt deshalb wegen ›ihrer modernen Bauformen‹ als ›besonders sehenswert‹. Auch der Außenbau mit seinen schlichten, klassizistischen Formen unterschied sich deutlich von der gleichzeitig, ebenfalls unter Mitarbeit Engels, entstandenen großen Synagoge am Bornplatz, die noch in aufwendigen neuromanischen Formen entworfen worden war.«[46]

Gebäude der ehemaligen Synagoge Alte und Neue Klaus, Rutschbahn 11a, heutige Ansicht. (LBH)

1910 wurde der Bau um einen Hörsaal erweitert, der etwa 60 Plätze für Studium und Belehrung bot. In der »Reichskristallnacht« wurde sie innen zerstört, außen blieb das Gebäude erhalten. Es wird heute gewerblich genutzt.

Ruben Maleachi erinnert sich daran, daß viele Väter ihre Kinder zur Vervollständigung ihres Wissens zu den Klaus-Rabbinern schickten; denn die sogenannten Lernstiftungen[47], die es in fast allen deutschen orthodoxen Gemeinden gab, hatten Rabbiner angestellt, die sich ausschließlich dem »Lernen«, dem Studium der Heiligen Schrift, des Talmud und deren Erklärer widmeten. Ihre Arbeit war fast ausschließlich nach innen gekehrt und: »Vom frühen Morgen bis in die späten Nachtstunden konnte man diese Gelehrten in ihren Lehrhäusern beobachten, wo sie entweder allein oder umgeben von einer größeren oder kleineren Schülergemeinde lernten und lehrten.«[48] Maleachi berichtet, daß zu seiner Zeit fünf Rabbiner amtierten: Steingut, Diamant, Josef Cohn, Jaffé und Dr. Bamberger. Dr. Bamberger setzt er in seinen Erinnerungen ein liebevolles Denkmal: »Der Hamburger Klausrabbiner Dr. Bamberger ist weit über seinen Schülerkreis hinaus bekannt geworden durch seine Übersetzung des Raschi-Kommentars zum Pentateuch und des Kizzur Schulchan Aruch, der erst kürzlich wieder neu in Deutschland herausgegeben wurde, ein Zeichen, wie groß die Notwendigkeit für die Herausgabe eines solchen Werkes schon damals war. Die Lern- und Lehrvorträge bei diesem Manne werden mir und all seinen Schülern, denen es vergönnt war, bei ihm zu lernen, unvergeßlich bleiben. Er war kein Kanzelredner, aber ein tiefgründiger Gelehrter, der es verstand, die Liebe und Verehrung vor dem Wort der Bibel seinen Schülern für immer einzuprägen, die Gottesfurcht zu lehren und all dies von einer hohen ethischen Warte aus. Er selber war ein Mann mit besonders ausgeprägten menschlichen und sittlichen Eigenschaften, streng zu sich selbst und zu anderen, da, wo es galt, Gottes Wort zu befolgen, aber stets beseelt von einer unbegrenzten Liebe zu allem, was Gottes Angesicht trägt. Diese beiden Pole vereinigten sich bei ihm und gaben seiner harmonischen Persönlichkeit das Gepräge.«[49]

Anmerkungen

[1] Joseph Carlebach, Festpredigt, CAHJP, AHW/544, S. 31 f. Eine orthodox ausgerichtete Synagoge, »Die Synagoge vor dem Dammthor« befand sich von 1899–1906 im Haus Bieberstr. 4. Sie hatte 250 Plätze. Den Innenraum beschrieb der Hamburgische Correspondent in seiner Abendausgabe am 4. September 1899 anläßlich der Einweihung am 3. September: »Durch hohe Fenster dringt das Tageslicht gedämpft durch das farbige Kathedralenglas in den weiten Raum, dessen Wände und Decken in lichten Farbtönen gehalten sind. Das Allerheiligste, bestehend aus Estrade mit Kanzel und dem heiligen Schrein, ist in Mahagoniholz mit reichen Goldornamenten hergestellt. Über dem heiligen Schrein ist ein reich in Blei verglastes Rundfenster hergestellt, vor dem die marmornen Gesetzestafeln Aufstellung gefunden haben. Die Beleuchtung am Abend erfolgt durch zahlreiche bronzene Wandarme und ebensolche Deckenkronen für elektrisches Licht. Auch sorgen elektrisch betriebene Ventilatoren für ausreichende Lüftung. Das Gestühl ist in bequemen Abmessungen aus amerikanischem perforirten Holz hergestellt und ganz in dunklem Mahagoniton gehalten.« Vgl. Irmgard Stein: Jüdische Baudenkmäler in Hamburg. Hamburg 1984, S. 99.

[2] Hugo Zuntz: Ansprache zur Einführung von Oberrabbiner Dr. Joseph Carlebach im April 1936 in der Gemeindesynagoge am Bornplatz, CAHJP, AHW/544, S. 18.

[3] Jakob Hoffmann, Ansprache, ebd. S. 21.

[4] Vorstand der Deutsch-Israelitischen Gemeinde an die Polizeibehörde Hamburg am 18.9.1931. CAHJP, AHW 268, Nr. 239.

[5] Vorstand der Deutsch-Israelitischen Gemeinde an sämtliche Synagogenverwaltungen in Hamburg am 18.10.1931. CAHJP, AHW 268, Nr. 241.

[6] Ruben Maleachi, Die Synagogen in Hamburg. StA Hbg, maschinenschriftlich ohne Signatur. Veröffentlicht in: Mitteilungen des Verbandes ehemaliger Breslauer und Schlesier in Israel e.B., Nr. 46–47, Mai 1980.
Ruben Maleachi oder auch Reuben Malachi (früher: Robert Engel), geb. am 13.9.1906 in Hamburg, emigrierte 1936 nach Haifa.

[7] Ruth Hingston, »Wir sind doch Hanseaten«. In: Charlotte Uekkert-Hilbert (Hrsg.): Fremd in der eigenen Stadt. Erinnerungen jüdischer Emigranten aus Hamburg. Hamburg 1989, S. 168f.

[8] Staatsarchiv Hamburg, Baupolizei HH K2928, Bd. 1, Nr. 19719. Bauanzeige der Gemeindeverwaltung der Hansestadt Hamburg.

[9] Ebenda, Nr. 1979. Tiefbauamt an die Bauverwaltung, Baupoli-

Essen der Gemeinderepräsentanten. V.l.n.r.: Oberrabbiner Dr. Th. Weisz, Altona; Oberrabbiner Dr. J. Carlebach, Hamburg, Herr Ludwig Joshua, Dr. E. Loewenberg, Rabbiner Dr. P. Holzer, Hamburg. (LBI)

zeiamt zum Abbruch der Synagoge am 30.3.1939. Staatsarchiv Hamburg.

[10] Ruben Maleachi. Die Synagoge in Hamburg; vgl. Anm. 6.
[11] Ebenda.
[12] Ebenda.
[13] Joseph Carlebach, Festpredigt, a.a.O., S. 39.
Dr. Carlebach wurde mit seiner Frau und den noch nicht ausgewanderten Kindern am 6.12.1942 nach Riga deportiert. Die drei jüngsten Kinder Ruth, Noemi und Sara wurden mit den Eltern ermordet. Der 26.3.1942 wurde als Todestag angegeben.
[14] Baruch Z. Ophir, Ansprache bei der Einweihung der Gedenkanlage auf dem Platz der früheren Synagoge am Bornplatz am 9. November 1988. — In: Staatliche Pressestelle Hamburg. (Hrsg.) 1989, S. 40 f., Erinnern für die Zukunft. Zum 50. Jahrestag des November-Pogroms.
[15] Ebenda.
[16] Max Grunwald, Wie baut man Synagogen? — In: Allgemeine Zeitung des Judentums 65. 1901, S. 115—117.
[17] Gemeindeblatt der Deutsch-Israelitischen Gemeinde zu Hamburg. 11, Nr. 9 vom 30. August 1935, S. 3.
[18] Harold Hammer-Schenk, Hamburgs Synagogen des 19. und frühen 20. Jahrhunderts. Hamburg 1978, S. 31 f.
[19] Wiedereröffnung der Neuen Dammtorsynagoge am 29.9.1927. — In: Gemeindeblatt der Deutsch-Israelitischen Gemeinde zu Hamburg vom 10.10.1927, S. 5—6.
[20] Ruben Maleachi, Die Synagogen in Hamburg, vgl. Anm. 6.
[21] Staatsarchiv Hamburg, Staatsverwaltung E IV Be, verschiedene Synagogen; Geheime Staatspolizei an die Staatsverwaltung der Hansestadt Hamburg am 11. Oktober 1939. Betr.: Jüdische Synagogen.
[22] Ruben Maleachi, Die Synagogen in Hamburg, vgl. Anm. 6.
[23] Institut für die Geschichte der deutschen Juden; Aussage des Herrn Dr. Leo Plaut, aufgenommen in Hamburg von Herrn Josef Walk. Unveröffentlicht, maschinenschriftlich. Irrtümlich heißt es Leo statt Max Plaut.
[24] Brief von Jakob Katzenstein am 28.2.1944 an Familie Klein.
[25] Ruben Maleachi, Die Synagogen in Hamburg, vgl. Anm. 6.
[26] Heinrich Heine, Deutschland. Ein Wintermärchen. In: Heinrich Heine: Sämtliche Werke. Bd. II, hrsg. von Hans Kaufmann, München 1964, S. 198, Caput XXII.
[27] Ruben Maleachi, Die Synagogen in Hamburg, vgl. Anm. 6.
[28] Ebenda.
[29] Die Urkunden über die Grundsteinlegung. Grundsteinlegung des Tempelbaus am 19. Oktober 1930. — In: Gemeindeblatt vom 10.11.1930, S. 2—5.
[30] Gedrucktes Programm zur Einweihung des Tempels Oberstraße 118—126, am 30.8.1931.
[31] Felix Ascher, Zum Neubau des Israelitischen Tempels am 30.8.1931. In: Gemeindeblatt vom 17.8.1931, S. 3—5.
[32] Ruben Maleachi, Die Synagogen in Hamburg, vgl. Anm. 6.
[33] Die 120-Jahr-Feier des Tempelverbandes. — In: Jüdisches Gemeindeblatt 1937.
[34] Ebenda.
[35] Staatsarchiv, Familie Lippmann, A 7, Leo Lippmann, Der jüdische Religionsverband Hamburg im Jahre 1942. Die Liquidation der jüdischen Stiftungen und Vereine in Hamburg. Hamburg 1943.
[36] Ruben, Maleachi, Die Synagogen in Hamburg, vgl. Anm. 6.
[37] Ein neues Gotteshaus in Hamburg. Einweihung der Esnoga der Portugiesisch-jüdischen Gemeinde. In: Hamburger Familienblatt 38, Nr. 12 vom 31.3.1935.
[38] Leo Lippmann sagt in seinem Bericht über den jüdischen Religionsverband im Jahre 1942: »Von der formellen Eingliederung der alten Portugiesisch-Jüdischen Gemeinde von Hamburg konnte Abstand genommen werden, nachdem schon Anfang 1940 ein Vertrag zwischen dem Jüdischen Religionsverband und dem Vorstand der Portugiesisch-Jüdischen Gemeinde abgeschlossen war, auf Grund dessen die gesamten Aufgaben, die bisher der Portugiesisch-Jüdischen Gemeinde oblagen, von dem Jüdischen Religionsverband übernommen wurden. Dieser hat sich damals verpflichtet, im Rahmen des ihm Möglichen für die Aufrechterhaltung des Portugiesisch-Jüdischen Begräbniswesens zu sorgen und die erforderlichen Mittel zur Verfügung zu stellen. Diese Verpflichtung ist im Jahre 1941 bezüglich des Kultus hinfällig geworden durch die Anordnung der Aufsichtsbehörde der Reichsvereinigung, daß die jüdischen Gemeinden keinerlei Mittel für den Kultus mehr zur Verfügung stellen dürfen. Die Friedhöfe wurden weiter vom Jüdischen Religionsverband unterhalten. Der der Portugiesischen Gemeinde gehörende Teil des Altonaer Friedhofs an der Hinrich-Lohse-Straße ist mit dem übrigen Friedhof im Jahre 1942 an die Hansestadt Hamburg verkauft worden.«; vgl. Anm. 35.
[39] Vgl. Anm. 37.
[40] Ebenda.
[41] Ruben Maleachi, Die Synagogen in Hamburg, vgl. Anm. 6.
[42] Zitiert nach Irmgard Stein, Jüdische Baudenkmäler in Hamburg, a.a.O., S. 150, Anm. 114.
[43] Ebenda., S. 150, Anm. 115.
[44] Ruben Maleachi, Die Synagogen in Hamburg, vgl. Anm. 6.
[45] Irmgard, Stein, Jüdische Baudenkmäler in Hamburg, a.a.O., S. 87.
[46] Harold Hammer-Schenk, Hamburgs Synagogen des 19. und frühen 20. Jahrhunderts, a.a.O., S. 33.
[47] Ruben Maleachi, Die Synagogen in Hamburg, vgl. Anm. 6.
[48] Ebenda.
[49] Ebenda.

Ursula Randt
Jüdische Schulen am Grindel

Die Einweihung des Neubaus der Talmud-Tora-Realschule (1911)

In der mehr als 100jährigen Geschichte der Talmud-Tora-Schule hatte es wohl kaum einen denkwürdigeren Tag gegeben als den 20. Dezember 1911: den Tag der Einweihung des neuen Schulgebäudes am Grindelhof 30.[1] Das Innere des Hauses war mit immergrünen Pflanzen festlich geschmückt. Palmen und Lorbeer umrankten die Estrade der Aula und gaben einen Rahmen für das Bildnis von Moritz M. Warburg.[2] Jahrzehntelang hatte er im Schulvorstand gewirkt und immer wieder mit Sorge auf die unzureichende Unterbringung der Schule an den Kohlhöfen hingewiesen, die durch An- und Umbauten kaum dauerhaft verbessert werden konnte. Moritz M. Warburg[3] vor allem war es zu verdanken, daß der Neubau endlich Wirklichkeit geworden war. Gemeinsam mit seinen Söhnen hatte er 200.000 Mark zur Verfügung gestellt und durch sein Beispiel zahlreiche Mitglieder der Deutsch-Israelitischen Gemeinde in Hamburg angeregt, ebenfalls zu spenden. So war schließlich der erforderliche Betrag von 525.000 Mark für das Grundstück, das Gebäude und die Einrichtung zusammengekommen. Doch dem Stifter war es nicht vergönnt, die Vollendung des gemeinsamen Werkes zu erleben; im Januar 1910 hatte die Gemeinde seinen Tod beklagen müssen.

Die geräumige Turnhalle — sie diente auch als Aula — konnte die große Zahl der Gäste kaum fassen, die sich zur feierlichen Eröffnung des Neubaus eingefunden hatten. Als Vertreter des Senats war der Präses der Oberschulbehörde der Einladung gefolgt, Senator Dr. von Melle, als Vertreter der Bürgerschaft Herr Präsident Engel. Von der Oberschulbehörde hatten sich Prof. Dr. Brütt, Prof. Dr. Dilling, Prof. Dr. Schober und Prof. Dr. Heskel eingefunden. Auch meh-

Talmud-Tora-Schule, Grindelhof 30, rechts im Hintergrund die Bornplatz-Synagoge. Aus: Hamburg und seine Bauten, Bd. 1, 1914.

rere Direktoren höherer Schulen der Stadt zählten zu den Gästen. Vollzählig erschienen waren selbstverständlich Vorstand und Repräsentantenkollegium der Deutsch-Israelitischen Gemeinde, Delegierte des Synagogen- und des Tempelverbandes und die jüdischen Geistlichen von Hamburg, Altona und Wandsbek. Man sah die Familie Warburg und zahlreiche andere Spender, den Architekten Ernst Friedheim und Herren der Baukommission. Die meisten Herren waren in Begleitung ihrer festlich gekleideten Ehefrauen gekommen. Neben dem Lehrerkollegium hatte etwa die Hälfte der Schüler Platz gefunden; die meisten drängten sich auf der Empore. So großzügig das neue Schulgebäude auch geplant war — es erwies sich immer noch als zu klein.

Stille herrschte, als nach einem Präludium für Cello und Harmonium der Schülerchor die letzten Verse des 122. Psalms in hebräischer Sprache anstimmte: »In deinen Mauern weile Frieden, in deinen Hallen still' Gedeih'n«. Dann ergriff Oberrabbiner Dr. Spitzer das Wort. Er umriß das Bildungsziel der Schule, an dem sie in allen Wandlungen der Zeit seit 100 Jahren festgehalten hatte, »bürgerliches Wissen in Verbindung mit jüdisch-religiösem Lebenswandel zu pflegen«. — »Möge dieses Haus zu allen Zeiten seiner Aufgabe gerecht werden, möge es dem großen Vaterlande treue Söhne, der Vaterstadt gute Bürger und unserer Religionsgemeinschaft überzeugungsvolle Anhänger erziehen!«, rief er aus.[4] Die Festrede hielt danach Direktor Dr. Joseph Goldschmidt. Er wandte sich zuletzt an seine Schüler:

»Möglichste Vervollkommnung sei das hohe Ziel, das ihr erreichen wollt. ... Zur Krönung der zur Einheit und Vollkommenheit strebenden Entwicklung tritt die Religion hinzu, keine bloße Morallehre, sondern die Kunde unserer jüdischen Gesetze, geschöpft aus den biblischen und talmudischen Quellenschriften. Nicht umsonst befinden wir uns hier in der nächsten Nähe der Hauptsynagoge, sie mag uns beim Eintritt und Ausgang das Psalmwort zuwinken: Anfang der Weisheit ist die Ehrfurcht vor Gott. ... Drei Idealen streben wir zu. Das erste zeigt uns unser jüdischer Glaube. Die erhabenen Vorschriften der schriftlichen und mündlichen Lehre erwecken in unseren Herzen das Zartgefühl für Menschen und Tiere, befestigen die Ergebenheit in die Schickungen des Allmächtigen und erwärmen uns für alles Wahre und Edle. Ein zweites Ideal besteht darin, daß ihr aus der Beschäftigung mit der deutschen Literatur und Geschichte die deutsche Eigenart schätzen, lieben und hochachten lernt. Treue gegen sich selbst und andere, Festigkeit und Kraft, Ernst und Mut im Handeln zeichnen den deutschen Mann aus. Und bewundern wir unser Heimatland ob der Schönheit seiner Berge und Täler, seiner sanften Ströme und lieblichen Seen, so sind wir stolz, Bürger eines Volksstammes zu sein, der durch jene Tugenden emporragt vor allen Nationen des Erdballs. Insbesondere aber hängt unser Herz, und das sei euer drittes Ideal, an unserem lieben, schönen Hamburg. Noch ist das Gefühl für die Vaterstadt bei euch eine unbewußte Anhänglichkeit, wie das Kind seine Eltern liebt, ohne zu erkennen, wie viel Gutes es ihnen verdankt. Laßt euch aber sagen, die Hamburger haben ihre schätzenswerte Sonderart, die euch später, wenn ihr mit schärferem Auge zuzuschauen versteht, zum Bewußtsein kommen wird. Fleißig sind sie und unverdrossen, nicht träumerisch, sondern wachsam, wägend und wagend, Menschen des Rates und der Tat. Werdet tüchtige Juden, tüchtige Deutsche, tüchtige Hamburger! Das walte Gott.«[5]

Das »Holder Friede, süße Eintracht, weilet, weilet freundlich über dieser Stadt« aus Friedrich Schillers »Lied von der Glocke«, gesungen vom Schülerchor, beschloß die Feier. Geleitet vom Direktor und vom Lehrerkollegium nahmen nun die Gäste das neue Schulhaus in Augenschein. Man war sich einig, daß das dreistöckige Gebäude im Reformstil in jeder Hinsicht den Erfordernissen eines modernen Unterrichts für die 176 Vorschüler und 350 Realschüler entsprach.[6] Zudem war es dem Architekten gelungen, die Schule und das angrenzende Gelände mit seinen Baumgruppen derart zu gestalten, daß alles zusammen mit der Synagoge am Bornplatz ein harmonisches Bild ergab.

Natürlich wollte der »Verein ehemaliger Schüler der Talmud Tora Schule« die Einweihung des Neubaus nicht sang- und klanglos vorübergehen lassen.[7] Im »Weißen Saal« von Sagebiels Etablissement an der Drehbahn fanden sich abends mehr als 450 Damen und Herren zum Festkommers zusammen: Repräsentanten der Gemeinde, Delegierte des Synagogenverbandes, der Henry-Jones-Loge, der Steinthal-Loge, der Zionistischen Ortsgruppe, der Jüdischen Turnerschaft von 1902 und anderer Vereine, selbstverständlich die Herren des Schulvorstandes und das gesamte Lehrerkollegium. Die Galerie war für die Damen reserviert. Sie konnten den ganzen Saal überblicken: An langen Tafeln saßen die Männer mit ihren farbigen Schülermützen. Dr. Rudolf Cohen, der Vorsitzende des Vereins ehemaliger Schüler, begrüßte die Gäste. Er schloß seine schwungvolle Rede mit einem Hoch auf Hamburg, und dann erscholl das gemeinsame Lied: »Stadt Hamburg an der Elbe Auen«. Dr. Lanzkron ließ in seiner Festrede noch einmal die Geschichte der Schule vor den Anwesenden vorüberziehen. Er selbst war der Verfasser des Liedes »An die Talmud Tora«, das zum Schluß erklang. Dankreden und Toaste in Poesie und Prosa folgten.

Zu den Höhepunkten des Abends gehörte ein mit Spannung erwartetes Stück des Buchhändlers Salomon Goldschmidt. »Die Balladen« wurden von ehemaligen Schülern mit so viel Bravour gespielt, daß Gelächter und Beifall kein Ende nehmen wollten. Die meisten erinnerten sich noch gut an Salomon Goldschmidts Sketch zur Zentenarfeier der Schule 1905: Mit dem Einakter »Nach zweihundert Jahren« hatte der einfallsreiche Schreiber einen Blick in die Zukunft getan und die Vorbereitungen zur Zweihundertjahrfeier der Talmud Tora in humorvoller Weise geschildert.[8] Und dann gab es noch eine Überraschung: Dem Fest-Komitee war es gelungen, die Gebrüder Wolf[9], ebenfalls ehemalige Schüler der Talmud Tora, zur Mitwirkung an diesem Kommers zu gewinnen. Ein Feuerwerk von fidelen, plattdeutschen Liedern und improvisierten Einfällen löste Beifallsstürme aus. Man mochte sich an diesem Abend einfach nicht trennen.

Postkarte. (MHG)

Rückblick in die Schulgeschichte der Talmud Tora (1805–1911)

Die Anfänge der Talmud-Tora-Schule reichten weit zurück — bis zur Wende zum 19. Jahrhundert. Damals lebten etwa 7.000 Juden in Hamburg, viele von ihnen in Armut. Von Gleichberechtigung war man noch weit entfernt; Juden waren von den Zünften ausgeschlossen, der Zugang zu den meisten Berufen war ihnen verwehrt. Zahlreiche Arme ernährten sich kümmerlich von Hausier- und Kleinhandel, und das hieß: Männer und Frauen gingen von früh bis spät im Freien ihrem mühsamen Broterweb nach. Oft blieben ihre Kinder unbeaufsichtigt. Die 5–13jährigen erhielten religiösen Unterricht im »Cheder«, einer einfachen, einklassigen »Schule« im Wohnzimmer eines Lehrers. Dort erwarben sie selten mehr als geringe Hebräischkenntnisse, denn deutsche Sprache und allgemeinbildende Fächer gehörten nicht zu den Lehrgegenständen.[10]

Am Neuensteinweg in Hamburg führte der Kaufmann Mendel Frankfurter eine kleine Tapetenfabrik. Er war ein vielseitig gebildeter Mann und ein bedeutender Talmud-Gelehrter. Als Mitglied der Talmud-Tora-Kommission der Gemeinde Altona in Hamburg, die für den Unterricht der Kinder der Armen zu sorgen hatte, lag ihm das Schicksal dieser Kinder besonders am Herzen.

»Und seine Augen ruhten auf den Söhnen der Armen, um die sich niemand kümmerte, und er betrachtete sie und sah sie zerstreut in den Straßen, ohne richtige Bekleidung liefen sie hin und her, nicht nur nackt an Kleidern, sondern auch nackt von Verstand, sogar über ihren Lehrern lagerte eine Wolke«, hat sein Sohn später geschrieben. Mendel Frankfurter war leidenschaftlich entschlossen, den Kindern zu helfen.

»... mit lauter Stimme bat er die Reichen der Stadt um Hilfe, und er ging von Haus zu Haus und von Ecke zu Ecke und sprach zum Herzen der Philanthropen mit Flehen und Verstand und süßen Worten, und ihre Herzen schmolzen und wurden zu Wasser, und sie schütteten ihre Säcke aus, und sie gaben ihm sehr viel Geld, so viel er von ihnen verlangt hatte, und dann erbaute er das Haus der Talmud Tora, wo arme Kinder auch Unterkunft fanden, und er deckte alles, was ihnen fehlte an Bettzeug und Kleidung für ihren Körper, auch Speise und Brot, um sich sattzuessen. Wie kann denn ein Kind lernen, das hungrig ist? Und mein frommer Vater hat sich von allen Arbeiten befreit und sich fast überhaupt nicht mehr um den Unterhalt seines Hauses gekümmert, und er gab seine ganze Zeit denen, die Gottes Lehre lernen.«[11]

So entstand das erste Haus der Talmud Tora an der Elbstraße mitten in der Neustadt, wo fast alle Hamburger Juden wohnten. Das geräumige, mehrstöckige Gebäude hatte für jeden Lehrer ein Zimmer, in dem er seine Schüler um sich

(Sta HH)

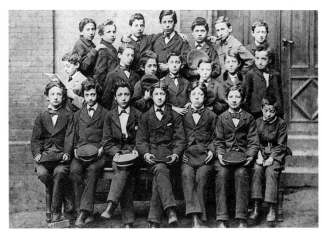
Schüler der Talmud-Tora-Schule, 1879. (Privatbesitz)

versammelte, dazu ein Büro für den Vorstand und einen Hofplatz hinter dem Haus, auf dem sich die Kinder im Freien erholen konnten. Ein derartiges »Lehrhaus für Kinder« hatte es niemals vorher in der Geschichte der Juden in Hamburg gegeben. Das Haus war ein großzügiges Geschenk der Kaufleute Michel Lehmann, Elias Ruben und Süßkind Oppenheim. Am 31. März 1805 wurde die »Israelitische Armenschule der Talmud Tora« feierlich eröffnet.

60 kleine Knaben im Alter von etwa sieben bis zwölf Jahren hielten ihren Einzug. Voraussetzung für ihre Aufnahme war, daß sie schon etwas Hebräisch lesen konnten; das lernten die fünf- bis siebenjährigen Kinder außerhalb des Lehrhauses im Cheder. Im Alter von 13 Jahren wurden die Schüler entlassen. Bis dahin lebten und lernten sie von morgens bis abends im Schulhaus; dort bekamen sie auch ein kostenloses Mittagessen. Zu ihrem Lehrplan gehörten Hebräischlesen und -schreiben, das Studium der Tora im hebräischen Urtext und später erklärende Schriften und Texte aus dem Talmud. Täglich drei Stunden kam der Schreib-Rechenlehrer ins Haus, um die Kinder in kleinen Gruppen in Rechnen und »Jüdischschreiben« zu unterweisen, denn beides galt als unentbehrlich für eine spätere Berufstätigkeit. Der Anteil an weltlichem Wissen war also sehr gering. Die Schule, erwachsen aus dem Geist tiefer Frömmigkeit, betrachtete sich vor allem als eine Pflanz- und Pflegestätte des gesetzestreuen Judentums.

Doch das Verlangen der Juden nach Gleichberechtigung nahm zu, und bald wurde deutlich, daß allgemeinbildende Fächer unerläßlich waren, wollte man nicht »ein mit der zivilisierten Welt unverträgliches Isolierungssystem behaupten.«[12] Unter dem Einfluß der Aufklärung waren in vielen Städten moderne jüdische Schulen entstanden, in denen auch Deutsch und profane Fächer gelehrt wurden. In Hamburg war 1815 von Anhängern der jüdischen Reformbewegung eine derartige »Freischule« gegründet worden.[13] Nur durch eine umfassende Neuordnung des Unterrichts würde die Talmud-Tora-Schule neben ihr bestehen können. Unter der Leitung des talmudisch wie weltlich gleichermaßen gebildeten Chacham Isaak Bernays[14] wurde der Lehrplan 1822 von Grund auf umgestaltet, ein Teil des jüdischen Lehrstoffes gestrichen und statt dessen Deutsch und Realien eingeführt. Die Realien umfaßten außer Rechnen »im ausgedehntesten kaufmännischen Sinne« Schönschreiben, Geographie, Völker- und Naturkunde.[15]

Besonders das Fach »Deutsch« nahm jetzt einen hohen Rang ein. Fast alle Kinder sprachen noch einen abfällig »Jargon« genannten jüdischen Dialekt, der einem lautreinen Hochdeutsch weichen sollte. Da es nicht möglich war, orthodox eingestellte jüdische Lehrer zu finden, die Deutsch in ausreichendem Maße beherrschten, wurden junge, christliche Theologen als Deutschlehrer an die Talmud Tora berufen. Mit Eifer und Geschick widmeten sie sich der Aufgabe, den armen israelitischen Knaben den Weg in die Emanzipation zu ebnen.[16]

Eine Schule, die weltliches Wissen vermittelte und dennoch ohne Kompromisse religiös-orthodox blieb, entsprach den Wünschen vieler Eltern. So wurden immer mehr Kinder angemeldet. Als 1851 die Schülerzahl auf 230 angewachsen war, wurde es im Haus an der Elbstraße unerträglich eng. Aber noch reichlich sechs Jahre dauerte es, bis ein schönes, neuerbautes Schulhaus an den Kohlhöfen 20 eingeweiht werden konnte.

Im Sommer 1869 zählte die Schule 368 Schüler. Zum Lehrplan gehörten inzwischen auch Englisch und Französisch, Mathematik, Physik, Geschichte, Zeichnen und Turnen. 1870 war die Talmud Tora eine der ersten Schulen in Hamburg, denen die Berechtigung erteilt wurde, mit dem »einjährig-freiwilligen Zeugnis« abzuschließen. Damit hatte die Armenschule den Rang einer »Höheren Bürgerschule« erreicht. Wie eh und je fühlte sie sich jedoch den Söhnen der wenig bemittelten Gemeindeangehörigen besonders verpflichtet, und nach wie vor zahlten die meisten Eltern gar kein oder nur ein geringes Schulgeld. Oberrabbiner Anschel Stern, seit 1851 Nachfolger des Chacham Isaak Bernays, hatte die leitende Stellung im Schulvorstand.[17] Vor allem durch seine vorausschauende, kluge Personalpolitik hatte er die Anerkennung der Schule ermöglicht: Erst seit kurzem waren die Juden in Hamburg rechtlich gleichgestellt, und noch gab es kaum jüdische Oberlehrer. Da aber eine »Höhere Bürgerschule« akademisch gebildete Lehrer erforderte, hatte sich Anschel Stern dafür eingesetzt, christliche Lehrer aus dem Johanneum, dem Christianeum und anderen höheren Schulen stundenweise für den Unterricht an der Talmud Tora zu gewinnen.

Von der Genehmigung zur »Abhaltung von Prüfungen für den einjährig freiwilligen Militärdienst« bis zum ersten Examen hatte es nochmals ein Jahr gedauert. Drei glückliche und stolze Kandidaten, 14 und 15 Jahre alt, konnten im April 1871 das begehrte Zeugnis in Empfang nehmen. Hunderte von Talmud Tora-Schülern hatten seitdem das »Einjährige« bestanden, und immer mehr von ihnen entschlossen sich, anschließend eine Oberrealschule oder ein Realgymnasium zu besuchen, um die Hochschulreife zu erlangen und zu studieren.

Im Frühjahr 1911 hatten sich 33 Schüler zur Entlassungsprüfung gemeldet, von denen 31 die dreitägige mündliche Prüfung vor dem Kommissar der Oberschulbehörde, Herrn Schulinspektor Prof. Dr. Heskel, bestanden hatten.[18] Leicht wurde es den durchschnittlich 15 Jahre alten Jungen nicht gemacht! Der mündlichen Prüfung war die schriftliche vorangegangen. Das Thema des Deutschaufsatzes hieß: »Inwiefern ist der Mensch der Herr der Erde, inwiefern nicht.« In der Mathematikarbeit wurden vier Aufgaben gestellt, an denen wohl mancher ältere Schüler eines Gymnasiums gescheitert wäre. Schließlich waren noch eine französische und eine englische Übersetzung anzufertigen. Von den 31 glücklichen Examenskandidaten wollten vier anschließend eine Oberrealschule besuchen und später studieren, während die anderen sich — wie es der Tradition entsprach — für den Beruf des Kaufmanns entschieden hatten. — Und schon »büffelte« ein neuer Jahrgang der nächsten Prüfung entgegen. Von den 11 im Jahr vorgeschriebenen Deutschaufsätzen hatten die Schüler die meisten Themen schon bearbeitet, u.a.: »Woran erkennen wir auf einem Gang durch Hamburg, daß wir uns in einer Welthandelsstadt befinden?« — »Das Geld ist ein guter Diener, aber ein schlechter Herr.« — »Wie Hermann Dorothea erwarb.« — »Bedeutung Friedrich des Großen.«[19]

Dr. Goldschmidt[20] hatte allen Grund, mit den Leistungen seiner Schüler zufrieden zu sein. Eins aber erfüllte ihn mit besonderem Stolz: Die Schule hatte einen bedeutenden Beitrag zur jüdischen Emanzipation geleistet, ohne ihr auch nur das Geringste von den religiösen Geboten des Judentums zu opfern. Sie hatte den Beweis erbracht, daß es möglich war, zugleich orthodoxer Jude und nationalbewußter Deutscher zu sein. Sie hatte den Weg gezeigt, unverfälschtes Judentum beizubehalten und dennoch an den Bildungsgütern der Zeit teilzunehmen, ja, beides in ein harmonisches Verhältnis zueinander zu bringen. In diesem Sinne verkörperte er seine Schule geradezu.

Dr. Goldschmidt, Direktor der Talmud-Tora-Realschule, und sein Kollegium

Dr. Goldschmidt war der Talmud Tora seit langem verbunden. 1867 hatte der knapp 25jährige nach abgeschlossenem Studium und Promotion seine erste Lehrerstelle an der Talmud Tora angetreten. Neun Jahre später war er an die ebenfalls streng orthodoxe »Realschule der israelitischen Religionsgemeinschaft zu Frankfurt a.M.« übergewechselt. Natürlich hatte er freudig zugestimmt, als er 1889 zum Direktor der hochangesehenen Talmud Tora berufen worden war. Bis zum Tod von Oberrabbiner Anschel Stern hatte die Leitung der Schule in den Händen eines Vorstandes gelegen, in dem der Oberrabbiner den Vorsitz führte und die pädagogische Richtung bestimmte. Mit Dr. Joseph Goldschmidt stand zum ersten Mal in der Geschichte der Schule ein pädagogisch ausgebildeter und erprobter Man an der Spitze der Anstalt, freilich ein Mann, der nicht weniger als der Oberrabbiner die Gewähr für unwandelbare Treue zum jüdischen Gesetz bot.[21]

Der doppelte Bildungsauftrag der Schule bedeutete Arbeit, Arbeit und nochmals Arbeit. Dr. Goldschmidt forderte sie mit unbeugsamer Strenge von Schülern und Lehrern, am meisten aber von sich selbst. Jeder Tag seines Lebens war von religiösen und weltlichen Pflichten ausgefüllt, und so verlangte er es auch von anderen. Undenkbar, daß er gefehlt hätte oder auch nur geringfügig verspätet zum Unterricht erschienen wäre! »Dr. Goldschmidt tüchtig ist, doch bekannt als Pessimist; als Director zieret ihn Ordnung und auch Disciplin«, reimten die Schüler.[22] Selten lachte

(Privatbesitz)

»der Alte«, nichts schien ihn aus der Fassung bringen zu können, in jeder Situation blieb er nüchtern, kühl und distanziert. Er war »immer makellos und etwas altmodisch gekleidet. Er war sehr schweigsam und sprach sehr leise, hatte aber die Fähigkeit, eine Klasse mit den Augen allein zu regieren.«[23] Geschichte und Literatur waren seine Fächer, und die Schüler erfuhren mit Respekt das außerordentliche Wissen, die Gründlichkeit und Genauigkeit des »gelernten Historikers«. Weniger schätzten sie es, wenn ein Lehrer fehlte und Dr. Goldschmidt ihn vertrat. In diesen Stunden pflegte er nämlich das »Verbum finitum« durchzunehmen; irgendwann mußte er es als geeigneten Gegenstand für Vertretungsstunden entdeckt haben, und seitdem blieb er dabei, Punktum. Man wußte also genau, was einen erwartete; die Reaktionen des »Alten« waren stets berechenbar. Es kam vor, daß ein Schüler die Kühnheit besaß, sich über einen Lehrer beim Direktor zu beschweren. »Tschupp! Der Lehrer hat recht!« hieß es dann kurz, und damit wandte sich Dr. Goldschmidt ab und ließ den Beschwerdeführer stehen. »Tschupp, der Lehrer hat recht«, blieb ein geflügeltes Wort, wenn man resignierend zum Ausdruck bringen wollte, daß man doch nichts zu melden hatte.[24] —

Stolz war Dr. Goldschmidt auf sein Kollegium. Jeder der 21 Herren — darunter drei Christen — trug zu dem hohen Ansehen bei, das die Schule bei der Gemeinde und bei der Oberschulbehörde genoß. Senior war Daniel Isaak[25], der 1910 das 70. Lebensjahr vollendet hatte. Als er 1864 in die Schule eingetreten war, hatte das einen langjährigen Mißstand beendet: Jahre zuvor war der bewährte christliche Lehrer Kluge[26], der den deutschen Elementarunterricht bei den Kleinen zur allgemeinen Zufriedenheit geleitet hatte, wegen schwerer Krankheit ausgeschieden, und seitdem hatte man sich mit ständig wechselnden Lehrern abfinden müssen, die ihrer wichtigen Aufgabe oft nicht gewachsen waren. Daniel Isaak hatte sich durch eine dreijährige Ausbildung am jüdischen Lehrerseminar in Hannover auf sein Amt vorbereitet. Ihm wurden die Schulanfänger damals anvertraut — mehr als 70 in einer Klasse! Von nun an konnte man wieder unbesorgt sein. Die Jüngsten liebten ihren Lehrer, der »mit einem unermeßlichen Schatz von Liebe und Güte begnadet« war[27], und in nur einem Jahr lernten sie bei ihm deutsch und hebräisch lesen. Jedenfalls wurde behauptet, es habe nie einen Fall gegeben, wo ihm das nicht gelungen sei. Jahr für Jahr übergab er eine wohlgeordnete Klasse von Talmud-Tora-Schülern seinem Nachfolger und nahm eine unruhige Schar neugieriger Erstkläßler in Empfang. Mit zunehmendem Alter sehnte er sich manchmal danach, ältere, »gesetztere« Schüler unterrichten zu dürfen, doch Dr. Goldschmidt hatte diese Bitte jedesmal abgewehrt. Unmöglich! Woher sollte man einen Ersatz

Kollegium der Talmud-Tora-Schule; 1. Reihe 3.v.r.: Direktor Dr. Joseph Goldschmidt, 1913. (Privatbesitz)

für Daniel Isaak finden? So blieb er bei seinen ABC-Schützen. Es ließ sich leicht ausrechnen, daß er weit mehr als 2.000 Talmud-Tora-Schüler in die Anfangsgründe der deutschen und hebräischen Schriftsprache eingeführt hatte. »Kindermädchen« nannten ihn die Großen mit gutmütigem Spott.[28]

Überall in der Gemeinde bekannt und geachtet waren auch die Brüder Dr. David[29] und Dr. Lipmann Schlesinger[30], die offiziell Dr. Schlesinger I. und Dr. Schlesinger II. hießen. Die Schüler nannten sie allerdings in schlechtem Hebräisch »Echod«, der Erste, und »Eini«, der Zweite. Mit besonderem Stolz wies man daraufhin, daß die beiden gelehrten Herren selbst ehemalige Schüler der Talmud Tora waren. Echod, der Hebräisch unterrichtete, wußte sich leicht Respekt zu verschaffen. »Er war klein, stämmig, sah alles und genierte sich nicht im geringsten, auch noch an Primaner kräftige ›Backse‹ auszuteilen, wie Ohrfeigen in Hamburg hießen«, erinnerte sich viele Jahre später sein Schüler Hans Klötzel. Doch: »Echod war einer der wirklich großen Lehrer, die ich gehabt habe, ein pädagogisches Talent von Rang, dem man es anmerkte, daß er auf keinem Lehrerseminar verwässert oder verbogen worden war. Seine Lehrmethoden waren in jeder Weise originell, und bei aller Strenge, die er walten ließ, war sein Unterricht überaus lebendig und, ich möchte sagen, abenteuerreich. Er war einer der wenigen Lehrer, bei denen wir denken lernten. ... Er gab T'nach in den oberen drei Klassen, und wenn er eine neue Klasse übernahm, pflegte er anzukündigen:'Bisher habt ihr Lobstriche für gute Antworten bekommen. Bei mir gibt's Lobstriche für gute Fragen.'«

Viel schwerer hatte es sein jüngerer Bruder. Eini war kurzsichtig und schwerhörig, »dabei von einer überaus sanften Gemütsart.« Das forderte die Schüler natürlich immer wieder zu allerlei Unfug heraus. Neben Mathematik unterrichtete er Physik und Chemie. »Eini hat sich jahrzehntelang darüber gewundert, warum ihm niemals ein Experiment gelang, zu dem er einen Bunsenbrenner benutzte. Er ist nie auf den Gedanken gekommen, daß immer ein Schüler bereitstand, um im entscheidenden Moment den Gasschlauch zuzukneifen und so den Brenner zum Erlöschen zu bringen.«[32] Am meisten setzte ihm seine Schwerhörigkeit zu. Es konnte vorkommen, daß sich ein Schüler mitten in der Stunde meldete und eilig fragte: »Herr Dr. Schlesinger, darf ich Ihre Frau küssen?« Worauf Eini abwinkte: »Jetzt nicht! Warte bis zur Pause!« — [33] Aber zuletzt hatte man doch auch bei Eini eine Menge gelernt, und viele Schüler leisteten dem klugen, gütigen Mann später insgeheim Abbitte.

Kaum ein anderer Lehrer hatte den Geist der Talmud-Tora-Schule so nachhaltig geprägt wie Dr. Samson Philip Nathan, der im Herbst 1905 gestorben war. Er war 1820 als Sohn des Lehrers und Waisenvaters P.S. Nathan in Hamburg geboren und hatte die »Israelitische Armenschule Talmud Tora« besucht.[34] Isaak Bernays unterrichtete ihn persönlich in den »jüdischen sowohl sprachlichen als talmudischen Studien« und bescheinigte ihm »erfreuliche, glänzende Fortschritte«. Samson Philipp Nathan wechselte auf die Gelehrtenschule des Johanneums über und lernte dort Griechisch und Latein mit derselben Leichtigkeit wie Hebräisch. Sein Studium in Würzburg und Berlin, das er in Jena mit der Promotion abschloß, führte ihn mit christlichen Gelehrten zusammen; daneben hatte er jedoch seine jüdischen Studien nicht vernachlässigt, so daß er 1847 in Frankfurt am Main die Approbation zur Rabbinatswürde erhielt. Dennoch schlug er es aus, ein Rabbinat zu übernehmen. Es zog ihn zurück nach Hamburg und an die Talmud-Tora-Schule. 1848 trat er dort als Lehrer ein. Neben den jüdischen Fächern übertrug man ihm bald Rechnen, da er ein ausgezeichneter Mathematiker war. Für seine Lehrmethode charakteristisch war »die Klarheit seiner Ausdrucksweise und die Knappheit derselben. Die Klarheit des Ausdrucks war das Spiegelbild seines streng logischen Denkens, die Knappheit wiederum entsprang seinem schlichten, einfachen, ungekünstelten Wesen.«[35] Seine Zeit war durch Lehrtätigkeit in der Schule, im Verein Mekor Chajim[36] und im Israelitisch-wissenschaftlichen Verein in Altona vollkommen ausgefüllt. Jeder in der Gemeinde kannte seine kleine, schmächtige Gestalt, in der eine unerschöpfliche Energie und Arbeitskraft steckte. Er gehörte »mit felsenfester Treue dem Judentum« an.[37] Und er war — ungewöhnlich für seine Zeit — politisch zeitlebens freiheitlich und demokratisch gesinnt. Wer ihn näher kannte, wußte auch von seiner Schlagfertigkeit, seinem Witz und seinem Humor; »die Fröhlichkeit«, hatte er einmal geschrieben, »ist die Seele alles Lebens«.[38] — Noch im Frühjahr 1905 erteilte der 85jährige in seiner lebendigen Lehrweise den vollen Unterricht. Erst im September desselben Jahres zwang ihn zunehmende Schwäche, sich aus der Schule zurückzuziehen. Einige ältere Schüler waren bei ihm, als er am 31. Oktober 1905 starb: »Dr. Nathan saß in einem Lehnstuhl, umringt von seiner Familie, seinen Kollegen und den angesehensten Männern der orthodoxen Gemeinde. Die Prima sagte Tehillim. Plötzlich hob Dr. Nathan die Hand, um Schweigen zu gebieten, sagte mit lauter Stimmer 'Sch'ma Israel!' — und war tot.«[39]

Einer der Großen der alten Deutsch-Israelitischen Gemeinde war davongegangen; aber im Gedächtnis der Gemeinde lebte er fort.

Israelitische höhere Mädchenschule, Bieberstr. 4 (1893 — 1931)

Nur wenige Minuten vom neuen Gebäude der Talmud-Tora-Realschule am Grindelhof 30 entfernt lag in einer stillen, vornehmen Seitenstraße die »Israelitische höhere Mädchenschule«. 1899 waren die Schülerinnen — annähernd 100 — in die ansprechende Villa Bieberstr. 4 eingezogen. Es waren fast nur Mädchen aus dem »Kreis strenggläubiger und begüterter jüdischer Eltern, welche den Wunsch hegen, ihre Töchter in einer ausschließlich jüdischen Schule und Umgebung aufwachsen zu sehen.«[40] Nicht wenige Anhänger der Orthodoxie in Hamburg gehörten der gehobenen Bürgerschicht an: Ärzte, Zahnärzte, Rechtsanwälte, Ban-

Entlassungsfeier im Lyzeum Bieberstraße, Ostern 1917. (Privatbesitz)

Schülerinnen und Lehrerinnen der Israelitischen Höheren Mädchenschule, um 1917. Vorn rechts im Profil: Fanny Philip. (Privatbesitz)

kiers, renommierte Im- und Exporteure. Sie konnten das hohe Schulgeld zahlen, das für den Unterhalt einer Privatschule erforderlich war. Zu den geistigen Urhebern des Instituts hatte der verstorbene Oberrabbiner Marcus Hirsch gehört. Der Lehrplan umfaßte alle Fächer, die an höheren Mädchenschulen in Hamburg gelehrt wurden, und in Verbindung damit jüdische Religion und hebräische Sprache »soweit dies für die weibliche Jugend erforderlich ist«[41], wie es in der Satzung hieß. Im Oktober 1893 war die Schule mit einer Klasse von sieben Kindern in einem Gebäude am Grindelhof eröffnet worden und hatte dann schnell an Beliebtheit gewonnen. Der gute Ruf der Schule war nicht zuletzt der Vorsteherin Fräulein Fanny Philip[42] zu verdanken, die vom ersten Tage der Schulgründung an alle ihre Kräfte für ihre berufliche Aufgabe eingesetzt hatte. »Philippine« nannte man sie im Kollegium, wenn man unter sich war, und das war eher ein Kose- als ein Spitzname.[43] Man empfand sich »wie eine einzige, große Familie..., wo jedes Mitglied Freud und Leid des anderen teilte und immer bereit war, in Notsituationen zu helfen.«[44] Natürlich gab es auch an der Bieberstraße christliche Lehrerinnen und Lehrer, u.a. Dr. Käthe Wellhausen, eine Nichte des Bibelwissenschaftlers Prof. Julius Wellhausen. Den Musikunterricht erteilte Johannes Harder, der hauptamtlich zum Heinrich-Hertz-Realgymnasium gehörte. »Als begabter Musiker, der seinen Beruf oder — besser gesagt — seine Berufung mit nie erlahmender Hingabe ausübte, arrangierte er an der Schule selbstkomponierte musikalische Aufführungen und übte, unter anderem, den ersten Akt von Humperdincks Märchenoper »Hänsel und Gretel« ein. Überhaupt — und auch das war charakteristisch für die Bieberstraßenschule — wurde dort Kunst und Literatur gepflegt...«.[48]

Fast alle Schülerinnen liebten ihre Schule und hielten zusammen. Freilich: Gehörte ein Mädchen ausnahmsweise nicht zum exklusiven Kreis der »gehobenen« jüdischen Familien, hatte sie es unter den standesbewußten Mitschülerinnen nicht immer leicht.

Die meisten Eltern waren untereinander bekannt und pflegten gesellschaftlichen und freundschaftlichen Verkehr miteinander; das verstärkte die familiäre Atmosphäre in den Klassen mit ihrer kleinen Schülerinnenzahl. Alle gehörten zum Synagogenverband, und ebenso stark wie die Zugehörigkeit zur jüdischen Tradition war die Verwurzelung in Hamburg. Hier waren viele seit Generationen zu Hause. Wo auf der Welt gab es eine schönere Stadt? Die zehnjährige Marga kam in ihrem Aufsatz über die Alster richtig ins Schwärmen: »Das Ufer der Alster ist ringsherum von Bäumen umgeben. Die Kirchtürme von Hamburg sieht man in der Ferne aufragen. Hinter den Bäumen versteckt liegen schöne Villen, und abends, wenn dieselben erleuchtet sind, spiegeln sich die Lichter wie lauter Leuchtkugeln in dem Wasser wider.«[49] Daß man außerdem vaterländisch gesonnen war, verstand sich von selbst. Kaiser-Geburtstag und Sedantag wurden Jahr für Jahr gebührend gefeiert. Und als die Heimatkundelehrerin Senta Levy eines Tages mit ihrer kleinen Schar zum Bismarck-Denkmal gepilgert war, breitete sie im Anblick des »Eisernen Kanzlers« weit die Arme aus und rief: »Mein Bismarck!«[50]

Umgang mit Schülerinnen anderer jüdischer Schulen wurde kaum gepflegt. Aber im Turnverein Bar Kochba traf man Mädchen aus der Israelitischen Töchterschule, und bei gemeinsamen Wanderungen lernte man sich kennen und schätzen. Übrigens gab es auch auf dem Umweg über Brüder Kontakte zu Kindern, deren Eltern nicht zu dem verhältnismäßig engen Kreis »strenggläubiger und begüterter« jüdischer Bürger gehörten. Die Brüder nämlich besuchten selbstverständlich die Talmud-Tora-Realschule, in der jüdische Jungen aus allen sozialen Schichten einträchtig miteinander lernten, »arme und wohlhabende, traditionelle und liberale Schüler zusammen.«[51]

Es gab viele Möglichkeiten, Kindern aus anderen gesellschaftlichen Kreisen zu begegnen. Cläre Meyer z.B., Schülerin der Israelitischen höheren Mädchenschule, besuchte regelmäßig die Synagoge des jüdischen Knaben-Waisenhauses am Papendamm 3. Ihr Vater genoß dort hohes Ansehen, da er seit langen Jahren dem Gottesdienst vorstand, und folglich hatte Cläre in der Synagoge einen bevorzugten Platz. Wenn aber die Zöglinge des Mädchen-Waisenhauses

Paulinenstift geschlossen hereingeführt wurden, verließ sie diesen Platz und gesellte sich zu den Waisenkindern.[52]

Schließlich war man Jüdin und Hanseatin, und da verbot sich jeder Anflug von Hochmut oder gar protzigem Gehabe von selbst. Auch in der Schule wurde bei aller Exklusivität Wert darauf gelegt, daß man sich »betont schlicht und einfach« gab. So trugen die kleinen Schülerinnen der unteren Klassen ausnahmslos schwarze Schürzen mit einer farbigen Borte; dadurch war jedes Konkurrieren mit der Kleidung von vornherein ausgeschaltet.[53]

Die Oberschulbehörde beobachtete die Entwicklung der Schule mit Interesse und Wohlwollen, und 1912 gab es keine Bedenken für den zuständigen Oberschulrat, ihre Anerkennung als Lyzeum zu empfehlen. »Im ganzen überwog der Eindruck, daß unter kluger Leitung ehrlich und fleißig gearbeitet wird. Ich habe das Vertrauen, daß die Schule die volle Leistungsfähigkeit einer anerkannten Schule erreichen kann«, hieß es im Revisionsbericht vom 5.11.1912.[54]

Verbindung zur Talmud-Tora-Schule gab es trotz der räumlichen Nähe nicht — mit einer Ausnahme: In der Beneckestraße führten drei ältere, unverheiratete Damen namens Hirsch einen streng koscheren Mittagstisch, der sowohl von einigen Lehrern der Talmud Tora wie auch von Lehrerinnen der Bieberstraße gern besucht wurde. Die drei Fräulein Hirsch zeichneten sich durch ungewöhnliche Umständlichkeit aus. Zwischen der Küche und dem Speiseraum lag ein langer Korridor, durch den die Damen Speisen und Eßgeschirr einzeln hin- und herzutragen pflegten. Folglich zogen sich die Mahlzeiten stundenlang hin. Das wurde durchaus als Vorteil angesehen, da »sich dadurch interessante Gespräche ergaben, die wenig mit Fachsimpelei, dafür aber mit Weltanschauungsthemen, Tagesfragen und Humor zu tun hatten.«[55] Ach ja, es ließ sich gut leben am Grindel!

Die Loewenberg-Schule (1863 — 1931)

Eine weitere jüdische »Höhere Mädchenschule« lag ein wenig abseits vom Grindelviertel in der Johnsallee 33 unweit der Alster. 1907 hatte die nach ihrem Direktor benannte »Loewenberg-Schule« dort ein gepflegtes Einzelhaus erworben, hinter dem sich ein großer Garten erstreckte. Fröhlich sah es im Innern des Hauses aus. »In unserm Schulhaus herrscht viel Farbe«, schrieb Dr. Loewenberg 1913. »Ein 'Maler' meinte zwar, mattgrau sei die einzige Farbe, die einer Schule zieme, aber wir haben rote und blaue Türen, und die Klassenzimmer leuchten in allen Farben. Jedes hat möglichst ein eigenes Gesicht.«[56] Besonderer Wert wurde auf den Bildschmuck im Hause gelegt. Kein Wunder, daß sich die annähernd 300 Schülerinnen in ihrer Schule, die 1912 ebenfalls die staatliche Anerkennung als Lyzeum erhielt, sehr wohl fühlten! »Die Lehrmethoden unserer Schule waren einzigartig«, erinnerte sich später

Schulhof der Jakob Loewenberg-Schule in der Johnsallee 33, um 1925. (Privatbesitz)

Erstes Schuljahr der Jakob Loewenberg-Schule, 1910; mittlere Reihe, 5. v. rechts: Lilli Traumann. (Privatbesitz)

Senta Meyer-Gerstein, eine ehemalige Schülerin. »Unsere selbst einstudierten Theateraufführungen in deutscher, in englischer, in französischer Sprache erweiterten und vertieften unsere Sprachkenntnisse. Sie machten aus Lernen ein außerordentliches Vergnügen. Ich sehe mich noch als die 'Eboli' in Don Carlos, als 'Harpagon' in Molières 'Geizigen' auf unserer improvisierten Bühne im Turnsaal herumspringen.«[57]

Literatur und Kunst gehörten zum Schulleben. Jakob Loewenberg verstand es, bedeutende Hamburger für seine pädagogische Arbeit zu gewinnen. Alfred Lichtwark, Direktor der Kunsthalle, lud Schülerinnen der Loewenberg-Schule zu Führungen ein, bei denen er sie zu »Übungen in der Betrachtung von Kunstwerken« anleitete. Der Dichter Otto Ernst gab Literaturunterricht in der Johnsallee, und Heinrich Scharrelmann, der bekannte Reformpädagoge, wirkte jahrelang dort.

Die Schule war 1863 von Dr. Moritz Katzenstein gegründet worden. Sie war zwar ursprünglich nur für jüdische Mädchen bestimmt, hatte aber niemals den streng orthodoxen Charakter der Mädchenschule Bieberstraße gehabt. Als Dr. Jakob Loewenberg sie 1892 übernahm, schrieb er über das Erziehungsziel: »Die Schule soll ihre Zöglinge begeistern für jene Gesinnung, die über alle Schranken und Scheidegrenzen des Lebens hinweg den Menschen im Menschen ehrt ...«[58] Schranken und Scheidegrenzen: Jakob Loewenberg kannte sie nur zu gut. Er war Deutscher und Jude, beides mit ganzer Seele, und er litt unter dem Antisemitismus, der ihm auch in Hamburg oft genug offen oder versteckt begegnete. Daher öffnete er seine Schule auch christlichen Schülerinnen. Bot nicht die gemeinsame Erziehung die beste Möglichkeit zur Überwindung von Vorurteilen? Nur beim Religionsunterricht wurden die Kinder getrennt. In der Weihnachtszeit standen im Schulhaus Weihnachtsbaum und Chanukka-Leuchter nebeneinander.[59] Die christlichen Mädchen aber blieben in der Schule eine verhältnismäßig kleine Minderheit.

Aus dem kulturellen Leben Hamburgs war Dr. Jakob Loewenberg nicht wegzudenken. Er war Dichter und gehörte zum Kreis um Detlev v. Liliencron, Richard Dehmel

(Hamburger Schulmuseum)

und Otto Ernst. Als Förderer der »Literarischen Gesellschaft« bemühte er sich, neuere Werke der Literatur möglichst vielen Menschen zugänglich zu machen. Seine Gedichtsammlung »Vom goldenen Überfluß«, die er im Auftrag der »Hamburger Lehrervereinigung zur Pflege der künstlerischen Bildung« zusammenstellte, erreichte mit 250.000 Exemplaren ungezählte Leser. Aber trotz aller Anerkennung und Ehrungen, trotz der Beliebtheit seiner Schule spürte er, daß seine Liebe zu Deutschland unerwidert blieb.

Mary Marcus und die Israelitische Töchterschule

Überquerte man — vom Grindelhof kommend — die Grindelallee und folgte der Rentzelstraße in Richtung St. Pauli, dann gelangte man in die vom Lärm rollender Wagen erfüllte Carolinenstraße und erblickte bald rechter Hand ein schlichtes, dreistöckiges, mit gelben Klinkern verkleidetes Gebäude: die 1883 erbaute Israelitische Töchterschule. Marcus Nordheim, ein ebenso vermögender wie wohltätiger Kaufman, hatte das Schulhaus gestiftet und damit seiner

(Sta HH)

Mary Marcus, Vorsteherin der Israelitischen Töchterschule, um 1930. (Privatbesitz)

Frau Sara einen »Herzenswunsch« erfüllte. Vorher hatte es in der Hamburger Neustadt zwei kleine Armenschulen für jüdische Mädchen gegeben: die »Israelitische Mädchenschule von 1798« und die »Mädchenschule von 1818«, eine Einrichtung der Deutsch-Israelitischen Gemeinde. Beide Schulen waren in unzulänglichen, fast baufälligen Gebäuden untergebracht, und darum hatte große Freude geherrscht, als man sie 1884 im neuerrichteten Schulhaus Carolinenstr. 35 unter neuem Namen vereinigen konnte.[60]

Seit der Gründung hatte sich dort vieles verändert: 1900 war eine Turnhalle mit einem Zeichensaal hinter der Schule gebaut worden, und seit 1910 gab es durch die Erweiterung des Dachgeschosses eine Lehrküche und einen Saal für den Unterricht in Physik und Chemie. Etwa 400 Schülerinnen zwischen sechs und fünfzehn Jahren füllten im Jahre 1912 das Haus mit fröhlichem Leben. Sie wurden in acht aufsteigenden Klassen, jeweils in zwei Parallelzügen, unterrichtet; hinzu kam als freiwilliges 9. Schuljahr die »Selekta«.

Die Israelitische Töchterschule war kein privates Unterrichtsinstitut, sondern eine jüdische Volksschule, die von der Gemeinde unterhalten wurde, und so nahm sie auch Kinder von Gemeindeangehörigen auf, die kein Schulgeld zahlen konnten oder nur einen geringen Beitrag leisteten. Aber sie war eine Volksschule besonderer Art: ihr Lehrplan unterschied sich kaum von dem einer »höheren Mädchenschule«. Neben Hebräisch gehörten Englisch und Französisch zu den Pflichtfächern, seit 1910 auch Physik, Chemie und Hauswirtschaft, in der Selekta Buchführung und Stenographie. Eine besondere Pflege erfuhr der Deutschunterricht. Im 8. und 9. Schuljahr beschäftigte man sich mit den Werken deutscher Klassiker, aber auch mit plattdeutschen Dichtern wie Klaus Groth und Fritz Reuter. Das Kollegium bestand überwiegend aus Lehrerinnen und nur wenigen Lehrern. Der Zeichenunterricht unter Leitung des fortschrittlichen Kunsterziehers Fritz Müller von der benachbarten Realschule St. Pauli hatte sich längst vom starren Schematismus früherer Jahrzehnte gelöst; Otto Waldbach, ebenfalls von einer Nachbarschule delegiert, sorgte dafür, daß Musik und Gesang nicht zu kurz kamen. Jonas Goldschmidt und Markus Wolfermann[61] unterrichteten überwiegend Hebräisch. Alle bemühten sich, die Selbsttätigkeit der Kinder zu fördern. Schon 1894 hatte ein Hamburger Schulrat festgestellt, die Schule stehe auf dem Stand einer Mittelschule.

Untrennbar mit der Israelitischen Töchterschule verbunden war der Name ihrer Vorsteherin: Mary Marcus, 1844 in Hamburg geboren, war inmitten der Neustadt aufgewachsen. Gemeinsam mit christlichen Mädchen besuchte sie eine kleine private Töchterschule. Sie war früh verwaist und mußte ihren Lebensunterhalt bald allein verdienen; so begann sie schon mit 15 Jahren selbst zu unterrichten. In jeder freien Minute arbeitete sie an ihrer Weiterbildung. Mary liebte Sprachen, besonders Englisch, und bald hatte sie so viel Dickens gelesen, »daß sie London kannte wie ihre Handtasche.«[63] Mit den Werken zahlreicher deutscher Klassiker war sie vertraut; Schiller war ihr Lieblingsdichter. Ebenso begeisterte sie sich für Fritz Reuter. 1862 verließ sie zum ersten und einzigen Male Hamburg, um eine Stelle als Erzieherin bei einer wohlhabenden Familie in Brünn anzutreten. Nach sechs Jahren kehrte sie nach Hamburg zurück: Die »Unterrichtsanstalt für arme israelitische Mädchen« brauchte eine neue Vorsteherin. Die Schule befand sich auf dem Grundstück des jüdischen Mädchen-Waisenhauses Paulinenstift, mit dem sie eng verbunden war. Hier erlebte Mary Marcus den Kontrast zwischen dem Reichtum, der sie in Brünn umgeben hatte, und den armen Verhältnissen, in denen ihre neuen Schülerinnen aufwachsen mußten. Sie erkannte ihre Lebensaufgabe: Bildung durfte kein Privileg einer kleinen Oberschicht sein; alle Menschen hatten das gleiche Anrecht darauf — und auf ein Dasein frei von Armut und Bedrückung.

Mary Marcus begann, die älteren Kinder an Werke der Literatur heranzuführen. Sie unterrichtete sie in Englisch und Französisch. Jede Möglichkeit nahm sie wahr, um sie vielseitig anzuregen und zu fördern. Viele Kinder waren schwach und kränklich, und so setzte Mary Marcus sich unermüdlich für die Gründung von Ferienkolonien und Erholungsheimen ein. Der Umzug in das Gebäude Carolinenstr. 35 verbesserte die Arbeitsbedingungen der Schule außerordentlich. Doch Widerstände blieben nicht aus. Die Israelitische Töchterschule wurde von der Gemeinde unterhalten, und der Gemeinde-Vorstand nahm Anstoß an den anspruchsvollen Lehrzielen, die — so meinten viele — einer »höheren« Schule angemessen waren, für Volksschülerinnen aber geradezu als schädlich galten. Mary Marcus nahm den Kampf mit dem mächtigen Gemeinde-Vorstand und der von ihm eingesetzten Kommission auf, unterstützt von ihrer Mitstreiterin Mathilde Lippmann, dem Kollegium und dem Schul-Vorstand. Und mit zäher Energie setzte sie sich durch: der Lehrplan blieb unverändert. »Ganz im Geiste Pestalozzis wurden Sie nicht müde, die Gleichheit der menschlichen Anlagen zu betonen, ihren Anspruch auf gleiche Bildungsmöglichkeiten zu befriedigen. Ja, darin sahen Sie Ihre ureigenste Lebensaufgabe. Der Hebung der Ihnen anvertrauten Schule, der ständigen Erweiterung ihrer Ziele galt Ihr rastloses Streben«, würdigte ihr Kollege Markus Wolfermann sie anläßlich ihrer Pensionierung am 16.3.1924. »Wenn heute Hunderte und Aberhunderte jüdischer Frauen und Mädchen gegen früher in sozial gehobenen Verhältnissen leben: es ist Ihr Verdienst, es sind die Früchte Ihres Wirkens.«[64]

Um die Jahrhundertwende gab es keine andere Frau in Hamburg, die eine so große Schule leitete. Die Arbeit forderte von ihr Verzicht auf Ehe und eigene Kinder, denn eine Lehrerin, die heiratete, hatte sofort aus ihrem Beruf auszuscheiden. Diesen Verzicht nahm sie ebenso selbstverständlich auf sich wie die Vorsteherin der Israelitischen Höheren Mädchenschule, Fanny Philip, deren Standesbewußtsein allerdings vom »Anspruch auf gleiche Bildungsmöglichkeiten« für alle nichts wissen wollte. Die beiden Frauen blieben sich daher zeitlebens fremd.

Im Jahre 1912 hatten die vier jüdischen Schulen in Hamburg einen hohen Entwicklungsstand erreicht. Alle waren aus bescheidenen Anfängen aufgestiegen und hatten Grund, vertrauensvoll in die Zukunft zu blicken. So verschieden sie waren, so einig fühlten sie sich in ihrer Liebe zu ihrem Vaterland und ihrer Heimatstadt.

Die jüdischen Schulen in Hamburg im 1. Weltkrieg (1914—1918)

Wie glücklich war Dr. Goldschmidt gewesen, als er den Bericht zum Schuljahr 1911/12 geschrieben hatte! Drei Jahre später trug er in den Jahresbericht ein: »Das Leben der Schule wird jedoch nicht minder als das des Einzelmenschen vom Schicksal bald mild, bald wild erfaßt: trifft doch ganze Staaten, wie wir im August gesehen, des Geschickes Sturm, ehe der Weiseste seine Nähe ahnt. Wir begannen einen recht traurigen Herbst.«[65]

Im Oktober 1914 hatte man von dem Lehrer Daniel Isaak für immer Abschied nehmen müssen. Die verwaiste Klasse wurde dem jungen Rudolf Heilbut anvertraut. 1915, im 2. Kriegsjahr, schrieb Direktor Goldschmidt in den Schulbericht:

»Bis auf das erste Vierteljahr befanden wir uns alle, Lehrer und Schüler, der Unterricht und sogar das Schulhaus, in ununterbrochenem Banne des Krieges. Von den Lehrern traten mehrere ins Heer, zwei von ihnen stehen im Felde, andere werden ausgebildet. Die Schüler leben und weben mit den Ereignissen des Tages: Mit Begierde verfolgen sie die Nachrichten, mit Inbrunst lesen und hören sie, groß und klein, was die Soldaten zu Wasser, zu Land und Luft vollbringen, mit Begeisterung begrüßen sie die Erfolge unserer braven Truppen und studieren an Sonderkarten in den Klassenzimmern die bedeutsam werdenden Flüsse, Seen, Buchten und Ortschaften in allen Weltteilen, wo deutsche Kanonen und Boote sich auszeichnen. Sie begreifen die Größe des Weltkrieges, und je gewaltiger der Unterschied der Gebiete der gegnerischen Staatengruppen ist, desto mächtiger jauchzen sie über die bewunderswerten Siege unserer Heere auf allen Seiten. In den klügeren Schülern steigt ein Bewußtsein auf von der Macht und dem köstlichen Gute der deutschen Vaterlandsliebe, der deutschen Tapferkeit und Treue. Sie erlangen eine Ahnung davon, wie das vor vierzig Jahren geeinte Deutsche Reich die neue Aufgabe übernimmt, sich nicht nur gegen Neid und Mißgunst zu verteidigen, sondern in größerem Umfange eine Weltstellung anzutreten, in der es keine Beeinträchtigung durch andere Staaten zu fürchten braucht. Gott sei gedankt, daß wir über den Verlauf des Riesenkampfes nur frohlocken dürfen. Gern suchen die Lehrer in jeglichem Fache auf die Bedeutung der gemeldeten Tatsachen hinzuweisen; das sind keine Störungen, sondern Vertiefungen des Unterrichtes. Mögen daneben gewisse Sammlungen von Liebesgaben oder Gold u.a. den Schein der Kleinlichkeit tragen, im ganzen wird durch Teilnahme an der politischen Gegenwart eine wertvolle Erziehung zur Arbeit, zur Moral, zur Hilfsbereitschaft geleistet. Auch unser Schulhof nebst der Turnhalle wird seit den Sommerferien fortwährend zu militärischen Zwecken aufgesucht. Höhere und innigere Bedeutung haben diesmal die vaterländischen Festlichkeiten gehabt als sonst, der Sedantag, der Tag der Aufstellung dreier englischer Kanonen auf dem Rathausmarkte, der Geburtstag S.M. des Kaisers, und hoch wird auch die dankbare Empfindung für den Reichskanzler Bismarck sein, dessen hundertster Geburtstag am letzten Schultag begangen werden wird.«[66]

Vorbei war es mit dem ruhigen Gleichmaß des Schulalltags. Ständiger Wechsel und immer neue Aufregungen bestimmten jetzt das Leben. Kaum hatten sich die kleinen Schulanfänger 1915 an ihren Lehrer Rudolf Heilbut gewöhnt, als er »einberufen« wurde. An seine Stelle trat ein

(Privatbesitz)

junger Mann in feldgrauer Uniform: Jacob Oppenheim, ein ehemaliger Talmud-Tora-Schüler. Schon nach wenigen Wochen verschwand auch er wieder, und man erfuhr, er sei »im Felde«.[67] Hilfslehrer Eduard Schloß führte den Unterricht der ersten Klasse weiter. Auch für andere »Feldgraue« mußten Hilfslehrer einspringen. Eines Tages ereignete sich etwas Einmaliges in der langen Geschichte der Schule: Zwei Lehrerinnen, Frau Adele Levy und Fräulein Margarete Lipstadt, betraten das Haus Grindelhof 30, um hier zu unterrichten. Erstaunt stellten die Schüler fest, daß man bei den Damen nicht weniger lernte als bei den Lehrern. Jedenfalls lag es gewiß nicht an den beiden Kolleginnen, wenn Dr. Goldschmidt besorgt notierte: »Es sind ... die Pensen hier und da nicht voll durchgeführt worden und harren der Ergänzung in günstigeren Zeiten, die uns mit göttlicher Hilfe durch die Tapferkeit unserer braven Truppen bevorstehen.«[68]

Die Abschlußprüfung im Frühjahr 1915 bestanden 24 Schüler. Das Thema ihres Examensaufsatzes hieß: »Freue dich, Jüngling, daß du ein Deutscher bist.«[69]

Wenige Monate später erreichten traurige Nachrichten die Talmud-Tora-Schule: Lehrer Dr. Samson Meyer[70] und der junge Benjamin Nußbaum waren »gefallen«.

Mehr und mehr beherrschte der Krieg das Leben der Lehrer und Schüler. »Der jetzige Krieg — ein Verteidigungskrieg Deutschlands«, schrieben die Schüler der 8. Klasse, und: »Habsucht, Rachsucht und Scheelsucht, die Gründe des jetzigen Krieges.«[72] — Auch an der benachbarten »Israelitischen höheren Mädchenschule« in der Bieberstraße war der Krieg jetzt tägliches Thema im Unterricht. »Lieber Vaterlandsverteidiger«, schrieb die 10jährige Marga Israel in einem Klassenaufsatz und schilderte den veränderten Alltag in Hamburg: Pläne der Kriegsschauplätze hingen in jeder Klasse. Und so begann die erste Stunde: »Fräulein Rosenbaum trat ein, ging ans Pult, öffnete es und nahm ein Fähnchen heraus. 'Was ist heute Neues?' Manche meldeten sich. 'Die Festung Longwy ist gefallen.' 'Ja', sagte Fräulein und steckte das Fähnchen auf einen der Pläne.«[73] — Ein Klassenausflug ging zur Erikastraße in Eppendorf. Bei den Kasernen dort gab es Schützengräben, Wolfsgruben und Stacheldrahtverhaue zu sehen. Ein Soldat führte die kleinen Schülerinnen herum und erklärte ihnen alles. Hinterher war ein Hausaufsatz anzufertigen. Marga schrieb im letzten Absatz: »Einem wird ganz gruselig zumute, wenn man das alles sieht, weil man immer daran denken muß, daß dieses alles nur dazu dient, Menschenleben zu vernichten.«[74]

Eine derartige Betrachtungsweise war nicht in Fräulein Rosenbaums Sinne und wurde beanstandet. Besser fand sie, was Marga über ein Bildnis »unseres lieben General Mackensen« schrieb, das in der Klasse hing: »Man sieht, daß er danach strebt, seinem Kaiser und Vaterlande zu dienen. Wie viele Siege hat Mackensen schon errungen! Immer und immer wieder fliehen die Feinde vor ihm, Mackensen aber schreitet mutig weiter, immer mit dem Gedanken, sein liebes Vaterland von den grimmigen Feinden zu befreien.«[75]

In der Israelitischen Töchterschule an der Carolinenstraße wurde eifrig für die Truppen an der Front gestrickt: Pulswärmer, Strümpfe, Schals, Kniewärmer, Kopf-, Ohren-, Lungenschützer. Liebesgaben wurden gesammelt, in Pakete gepackt und an die Front geschickt. Im Haushaltungsunterricht buken die großen Schülerinnen Kuchen für Lazarette, und die Kleinen klebten mit Geschick Bilder und Gedichte in Hefte als Unterhaltung für die Verwundeten.[76] Natürlich standen die Schülerinnen der Loewenberg-Schule den anderen in keiner Weise nach, und Jakob Loewenberg schrieb begeistert sein 1916 herausgegebenes »Kriegstagebuch einer Mädchenschule«. An der Talmud-Tora-Schule brachten Geldsammlungen große Summen ein: 17.000 Mark lieferte die Schule im Jahr 1915/16 an die Reichsbank ab, etwa 10.000 Mark zeichnete sie auf die vierte Kriegsanleihe, »ein schönes Zeugnis, daß das patriotische Empfinden und der begeisterte Wille, zum Siege unseres deutschen Vaterlandes beizutragen, die weitesten Schichten unserer jüdischen Jugend durchdringt.«[77]

Auch im Schuljahr 1916/17 wurde noch »der harte Tritt eines Weltkrieges bis in die Lehrräume gehört.«[78] Allmählich wichen die Hochgefühle der ersten Kriegsjahre lähmender Ernüchterung. Für die Juden am Grindel wie überall im Reich bedeutete der Herbst 1916 einen tiefen Einschnitt: Fassungslos und niedergeschlagen mußten sie erleben, daß die »Judenzählung« befohlen wurde, eine statistische Erfassung jüdischer Kriegsteilnehmer in Deutschland mit der unverhüllten Absicht, angebliche »Drückebergerei«

>Auf dem Felde der Ehre fielen unsere lieben Bundesbrüder
Dr. med. Paul Kronheim
Feldunterarzt in einer Pionierabteilung
Referendar Dr. jur. Fritz Fink
Feldwebel im Infanterie-Regiment Nr. 147
Inhaber des Eisernen Kreuzes II. Kl., vorgeschlagen zum Eisernen Kreuz I. Kl.
Sie bewährten sich im Kampfe als unerschrockene, tapfere junge Juden. Schlicht und pflichtgetreu weihten sie das Leben dem grossen Ziele. Ihr Andenken bleibt bei uns unvergessen.
In tiefer Trauer
Der Bezirksvorstand Hamburg des Kartells Jüdischer Verbindungen
i. A. Dr. Oscar Nathan

>Den Heldentod fürs Vaterland starb im Osten unser lieber Turnbruder, unser geschätztes Vorstandsmitglied
Referendar Dr. jur. Fritz Fink
Feldwebel im Infanterie-Regiment 147
Durch seine freiwillige Meldung an die Front hat er bewiesen, dass sein hoher Idealismus noch durch seine Tapferkeit übertroffen wurde. Wir betrauern in ihm einen lieben Turngenossen, der uns als Mensch und Jude besonders teuer war.
Der Vorstand des Jüdischen Turnvereins Bar Kochba, e. V., Hamburg

>Den Heldentod fürs Vaterland starb unser liebes Mitglied
Julius Salzmann
auf dem östl. Kriegsschauplatz.
Seine eifrige, vorbildliche Tätigkeit für uns sichert ihm ein ehrendes Andenken.
Fußballabteilung des J.T.-V. „Bar Kochba", Hamburg
i. A. Adolph Cohen

Aus: »Hamburger Jüdische Nachrichten« vom 8.9.1915.

nachzuweisen. Wie sehr hatte man gehofft, durch den Beweis der Opferbereitschaft den Antisemitismus endlich zu überwinden! Erbitterung und Verzweiflung über die Zählung setzte allen mehr zu als die Knappheit an fast allen Dingen des täglichen Bedarfs, als der spürbarer werdende Hunger. Seit dem November 1916 war »Wehrturnen« für die Schüler der oberen Klassen Pflichtfach, dem zwei Stunden des Lehrplans geopfert werden mußten. Zur systematischen Vorbereitung auf den späteren Soldatendienst gehörten Exerzieren, Gepäckmärsche, Übungen im Werfen usw. Als der Winter 1916/17 einsetzte, mußte der Unterricht wegen des Kohlenmangels weiter gekürzt und im Februar 1917 ganz eingestellt werden.[79]

Am schlimmsten aber war die Sorge um Angehörige und Freunde draußen an den Fronten des Krieges. Immer häufiger trafen die gefürchteten Feldpostbriefe mit Todesnachrichten ein; kaum eine Familie blieb verschont. Im Kollegium der Talmud Tora erfuhr man mit Trauer, daß der junge Rudolf Heilbut gefallen war.[80] Im August 1917 starb Jacob Oppenheim vor Verdun.[81] Seit einem Jahr litt Dr. David Rubin im Lazarett an den Folgen eines Kopfschusses.[82] Am 10. September 1917 erlag er seiner schweren Verletzung.

Fünf Lehrer der Schule und Dutzende ehemaliger Schüler waren schon Opfer des Krieges geworden; ein Ende war immer noch nicht abzusehen.

»Die Kohle« hieß das Thema des Deutschaufsatzes, den die Prüflinge des Frühjahrs 1918 zu schreiben hatten.[83] Ein langer, kalter Winter hatte auf Hamburg gelastet. Aus Wohnungen und Treppenhäusern ließ sich der Geruch nach gekochten Steckrüben nicht mehr vertreiben; sonst gab es kaum noch etwas Eßbares zu kaufen. Es fehlte an allem. Die Schüler mußten jedes nur erdenkliche Altmaterial sammeln: Papier, Flaschen, Knochen, Frauenhaar, Gummiabfälle, Altmetall ... Im Herbst 1918 kam die Grippe. Mehr als jeder 4. Schüler der Talmud Tora erkrankte.[84] Auf Anordnung der Medizinalbehörde mußten alle Schulen in Hamburg bis Ende Oktober schließen.

Und dann kam der Tag im November, an dem Dr. Goldschmidt die älteren Schüler in der Aula zusammenkommen ließ. Müde und gebückt stand der 76jährige vor ihnen. Zum ersten Mal sahen sie ihren Direktor mit den Tränen kämpfen. In wenigen Sätzen teilte er ihnen mit, daß in Compiègne der Waffenstillstand geschlossen worden sei. »Unser geliebter Kaiser mußte nach Holland fliehen.«[85]

Der Krieg war verloren.

Reform der Talmud-Tora-Realschule unter Dr. Joseph Carlebach und Arthur Spier (1921–1932)

Zehn Jahre nach jenem unvergeßlichen Tag, an dem das neue Gebäude der Talmud-Tora-Realschule am Grindelhof 30 eingeweiht worden war, hatten sich an der altehrwürdigen Schule tiefgreifende Änderungen vollzogen: Fünf junge Lehrer aus dem Kollegium waren im Weltkrieg gefallen; seit März 1921 waren ihre Namen und die Namen von 122 ehemaligen Schülern der Talmud Tora auf einer Gedenktafel zu lesen, die im Schulhaus hing. Kohlenmangel, Lebensmittelknappheit, Teuerung, wochenlange Einquartierung von Truppen im Schulgebäude, Mangel an Heften, Büchern und vielem anderen, was für einen geregelten Unterrichtsablauf unentbehrlich war, hatte den Schulalltag jahrelang durcheinandergebracht.[86] Zudem mehrten sich im Schulvorstand und in der Elternschaft Stimmen, die pädagogische und organisatorische Reformen forderten.

Wie fern war die festgefügte Ordnung der wilhelminischen Ära gerückt! Dr. Goldschmidt, inzwischen 78 Jahre alt, fühlte sich den Schwierigkeiten nicht mehr gewachsen. Im Frühjahr 1921 trat er zurück, um die Leitung der Schule seinem einstimmig gewählten Nachfolger zu überlassen: Dr. Joseph Carlebach.[87] Der 37jährige Rabbiner und Pädagoge entstammte einer angesehenen Lübecker Rabbinerfamilie. In Berlin hatte er Naturwissenschaften, Mathematik, Astronomie, Philosophie und Kunstgeschichte studiert. Max Planck und Wilhelm Dilthey gehörten zu seinen Lehrern. Dem Studium folgten erste pädagogische Erfahrungen an einem Lehrerseminar in Jerusalem und danach am Margareten-Lyzeum in Berlin. Nach seiner Promotion und weiteren Studien hatte Carlebach 1914 am Rabbinerseminar in Berlin das Rabbinatsdiplom erworben. Der Weltkrieg führte ihn als aktiven Offizier nach Litauen, wo er das jüdische Schulwesen organisierte: in Kowno, Wilna, Riga und Memel gründete er Schulen. Dann war er nach Lübeck zurückgekehrt und hatte das Rabbineramt seines verstorbenen Vaters übernommen.[88] Den Ruf an die älteste gesetzestreue Schule Deutschlands nahm er mit großer Freude und Erwartung an.

»Fünf Jahre hat er der Anstalt als Leiter vorgestanden, fünf Jahre, eine verschwindend kleine Zeitspanne, gemessen an der Zeit ihres Bestehens«,

schrieb Dr. Armin Blau, seit 1905 Lehrer für Deutsch, Englisch und Französisch an der Talmud Tora, als Carlebach im April 1926 Hamburg verließ, um als Oberrabbiner nach Altona zu gehen. In seiner kurzen Amtszeit hatte sich die Schule völlig verwandelt. »Kein Kollege wird leugnen«, fuhr Armin Blau fort,

»daß durch Carlebachs Einfluß jedes Unterrichtsfach neubeschwingt ... wurde. Hierbei wurde Carlebach natürlich von den neuen Hochzielen der Pädagogik, von den Idealen eines Gaudig, Wyneken, Kerschensteiner u.a. geleitet. Das ästhetische Niveau der Schule hob sich; die Innenräume der Schule wurden mit mustergültigem Bildschmuck ausgestattet. Seinen Anregungen (und dem unablässigen Bemühen und Verständnis des vortrefflichen Zeichenlehrers Rothschild) und seiner anfeuernden Teilnahme verdanken die Schüler die vorbildliche Einrichtung des Handfertigkeitsunterrichts, des regelmäßigen Schwimmunterrichts, verdanken die Lehrer die großzügige Aus- und Umgestaltung der Lehrerbibliothek und der Zeitschriften- und Kartensammlung. Überhaupt ging ein neuer künstlerischer Atem durch Lehrer und Schüler. Mustergebende Rezitationsvorträge wurden den oberen Klassen regelmäßig geboten, Museen wurden fleißiger besucht, gemeinsame Schülerfahrten wiederholt veranstaltet, regelmäßige Ausflüge gemacht. Ein innigeres Band ... wurde auch hier geschlungen, ein Band der Liebe und der freien, vertrauten Aussprache, und so bildeten sich hoffnungsvolle Ansätze einer wirklichen, neuzeitlichen ›Schulgemeinde‹. Der Zeichenunterricht setzte sich neue Ziele, allenthalben wurde dem Selbsttätigkeitstrieb und dem Arbeitsschulgedanken zum Durchbruch verholfen. Ein Schulorchester wurde (unter Leitung des Musik vibrierenden jungen Dr. Jacobsen) gegründet, das jetzt schon Treffliches leistet. Ungeahnte Talente und Kräfte wurden geweckt. ... Das Vertrauen der Schüler hat Carlebach bis zum letzten in ganz beispielloser Weise besessen. Seine Begeisterungsfähigkeit, sein Ideenflug teilte sich den Schülern mit, zusehends wuchs ihre Freude an der Schule, kaum gab es so etwas wie Schulverdrossenheit mehr.«

Und:

»... wenn der Anfang zu einer Reform des hebräischen

Dr. Joseph Carlebach mit seinem Sohn Julius. (MHG)

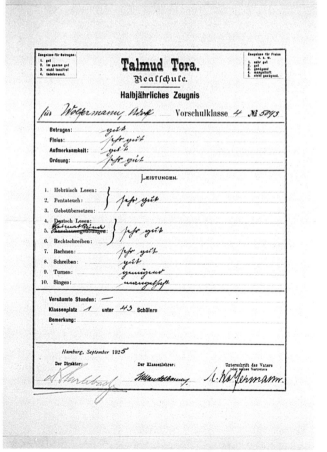

(Privatbesitz)

Sprachunterrichts an der Schule gemacht ist und der Talmudunterricht durch die Angliederung von Jeschiwakursen für die spezifisch talmudisch Begabten eine bedeutende Vertiefung erfahren hat, so ist dies alles mit in erster Reihe dem vorwärtsstürmenden Elan Carlebachs zu danken. Unberechenbar, unwägbar sind überhaupt die Impulse, die der Gesamtgeist der Schule in religiöser Hinsicht durch Carlebach erfahren hat; was er hier durch Kunst der Rede, durch Beispiel und reiche Erfahrung an Durchdringung des Gesamtlehrstoffes mit religiösem Geist, an Bereicherung und Konzentration jüdisch-menschlicher Bewußtseins- und Gesinnungsinhalte den Schülern vermittelte, wie er jedes jüdische Fest, jeden jüdischen Gedenktag den jungen Seelen zum Erlebnis zu machen sich bemühte, wie er Haus und Schule hier in engeinheitliche Beziehung zu bringen sich bestrebt hat, – dies soll ihm nicht vergessen sein. Dieser Geist jüdisch-seelischer Dynamik, dieses Erfassen des Religiösen in Schönheit, kurz, diese Schaffung einer jüdischen Atmosphäre um Schüler und Schule, dieses bleibt ein Ruhmesblatt des scheidenden Direktors ...«[89]

Carlebach war »eine Künstlernatur durch und durch«, und so konnte es nicht ausbleiben, daß die Zusammenarbeit mit dem Kollegium der Talmud Tora, »einer Körperschaft vorsichtiger, einer gemäßigten Schulreform zuneigender Männer«[90] auch Konflikte brachte. Es galt nun, als Nachfolger einen Mann zu finden, der imstande war, Carlebachs Reformen weiterzuführen, aber gleichzeitig etwas von der kühlen Distanz und strengen Disziplin des Dr. Goldschmidt besaß. Der knapp 28jährige Arthur Spier schien alle Bedingungen zu erfüllen. Der junge Studienassessor an der Realschule der Israelitischen Religionsgemeinschaft in Frankfurt/Main hatte Mathematik, Physik und Philosophie studiert und sich mit Auszeichnung für das Lehramt an Höheren Schulen qualifiziert. Spier hatte den Ruf eines ausgezeichneten Pädagogen. Zuerst zögerte er, daß Amt als Direktor der Talmud-Tora-Schule anzunehmen, da er sich für zu jung und unerfahren hielt. Doch schon nach kurzer Zeit stand fest, daß er der Aufgabe vollkommen gewachsen war. Die ersten sieben Jahre seiner Amtszeit in Hamburg hat er später als »die schönsten und besten Jahre meines Lebens« bezeichnet.[91]

Nicht nur durch innere Reformen der Schule waren die 20er-Jahre bestimmt, sondern auch durch umfassende organisatorische Veränderungen. Niemals in der langen Geschichte der Talmud Tora waren die Klagen über unzureichende Lehrergehälter verstummt, denn der hohe Zuschuß, den die Gemeinde zahlte, reichte zusammen mit den Einnahmen aus Schulgeldern nicht aus, um alle berechtigten Forderungen zu erfüllen. Seit 1921 ermöglichten staatliche Subventionen endlich eine Anhebung der Gehälter und eine Sicherung der Pensionen. Ältere Kollegen konnten jetzt in den verdienten Ruhestand gehen; um die vakanten Stellen bewarben sich junge, gut ausgebildete Lehrer. Ideenreich und begeistert gingen sie an die Arbeit.

Nach dem Vorbild der Staatsschulen wurde anstelle der dreijährigen Vorschule die vierjährige Grundschule eingeführt. Neben dem sechsjährigen Realschulzug gab es nun auch einen vierjährigen Volksschulzug an der Talmud Tora; beide bauten auf der gemeinsamen Grundschule auf. Für lernschwache Schüler wurde in einer besonderen Förderklasse gesorgt. 1929 begann die Erweiterung der Talmud-Tora-Realschule durch die Klassen Obersekunda, Unter- und Oberprima, da immer mehr Schüler Abitur machen wollten. Das war natürlich auch an staatlichen Oberrealschulen oder Realgymnasien möglich, aber dort ergaben sich Schwierigkeiten, da das jüdische Religionsgesetz den Unterricht am Sonnabend und an den jüdischen Feiertagen verbot. Groß war die Freude, als der Aufbau der Oberstufe abgeschlossen war; 1932 wurde die Talmud Tora als prüfungsberechtigte Oberrealschule anerkannt.[92]

Ein einheitlicher Schulaufbau war entstanden: Grundschule, Volksschule, Realschule und Oberrealschule unter einem Dach, und auch unter den Lehrern gab es keine hemmenden Standesschranken; viele unterrichteten sowohl am Volks- wie am Oberrealschulzug. Hamburg, pädagogischen Reformen aufgeschlossen, hatte der ältesten gesetzestreuen jüdischen Schule Deutschlands ideale Bedingungen für ihr Gedeihen geboten. Das Bildungsziel war seit mehr als 100 Jahren gleichgeblieben: »jüdische Persönlichkeiten heranzubilden, deren Bildungsgut in der jüdischen Tradition verwurzelt und harmonisch mit den modernen echten Kulturwerken verbunden ist.«[93]

Ausflug der zweiten Grundschulklasse mit Lehrer Mathias Stein, 1924. (Privatbesitz)

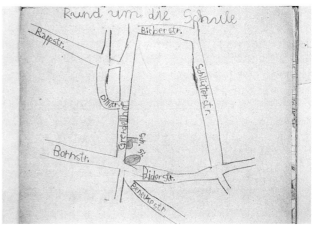

Zeichnung von Boas Popper aus der 2. Klasse, 1934. (Privatbesitz)

Direktor Arthur Spier mit Talmud-Tora-Schülern, 1926. (Privatbesitz)

Unterricht bei Markus Wolfermann in der Israelitischen Töchterschule; links neben ihm: Dr. Jonas, 1925. (CAHJP)

Die erste Reifeprüfung an der Talmud-Tora-Oberrealschule (1932)

Die erste Reifeprüfung am Grindelhof 30 wurde als »Markstein in der mehr als 125jährigen Entwicklungsgeschichte der Talmud Tora« bezeichnet. Zur mündlichen Prüfung der neun Abiturienten am 7.3.1932 erschien Landesschulrat Prof. Dr. Doermer, um sich von der Leistungsfähigkeit der Schule zu überzeugen. Die Prüfung fand unter Vorsitz von Oberschulrat Dr. Oberdörffer statt und dauerte den ganzen Tag. Erschöpft und überglücklich konnten alle Examenskandidaten abends die Glückwünsche der Behördenvertreter und ihrer Lehrer entgegennehmen: Ohne Ausnahme hatten sie mit gutem Erfolg das Zeugnis der Reife erlangt.[94]

Am 20. März gab es in der Aula der Talmud-Tora zum ersten Mal eine Entlassungsfeier für drei Schülergruppen: Volksschüler, Realschüler und Oberrealschüler. Gleichzeitig wurde Lehrer Salomon Buttenwieser verabschiedet, der seit 1889 an der Schule unterrichtet hatte und in seiner Ansprache mehr als 40 Jahre Schulgeschichte lebendig werden ließ. In der Gemeinde fühlte man sich ihm besonders verbunden, da er seit langer Zeit als Seelsorger für jüdische Untersuchungs- und Strafgefangene gewirkt hatte. Es folgten die Ansprachen des Direktors, der Vorsitzenden des Schulvorstandes, Dr. Zuntz, und des Elternrates, Dr. Baruch. Dann endlich waren die Abiturienten an der Reihe: Ernst Blau hielt seine Abschiedsrede in klassischem Hebräisch, Julius Eisner in Englisch und Norbert Daniel in der deutschen Muttersprache. Aber auch die jüngeren Schüler konnten sich mit ihren szenischen Darstellungen in Hebräisch und Englisch sehen lassen, und alle ernteten begeisterten Beifall. Für den musikalischen Rahmen sorgten das Schülerorchester unter Leitung von Dr. Jacobsen und der Schülerchor, den Moses Goldschmidt dirigierte.[95]

Die jüdische Mädchenschule im Umbruch (1924–1931)

Die Talmud-Tora-Schule hatte einen Höhepunkt ihrer Entwicklung erreicht. Aber die Mädchenschule der Deutsch-Israelitischen Gemeinde in der Carolinenstraße 35 stand ihr kaum nach. 1924 war Mary Marcus — fast 80jährig — in den Ruhestand getreten. Ihr Nachfolger, Dr. Alberto Jonas, hatte sofort tatkräftig mit der Neuorganisation der Töchterschule nach dem Vorbild der Talmud Tora begonnen: Ausbau der naturwissenschaftlichen Fachräume, Modernisierung der Lehrmittel, vor allem aber Berufung von gut ausgebildeten Lehrern und Lehrerinnen an die Schule standen in den folgenden Jahren im Mittelpunkt des Interesses. Auch in der Mädchenschule wurde die vierjährige Grundschule eingeführt, auf der sich ein vierjähriger Volksschulzug und ein sechsjähriger Realschulzug aufbauten. Die Schule wurde 1930 als Realschule für Mädchen anerkannt und erhielt den neuen Namen »Mädchenschule der Deutsch-Israelitischen Gemeinde (Volks- und Realschule)«. Schülerinnen, die nach dem 10. Schuljahr die Obersekundareife erlangt hatten, konnten auf eine nichtjüdische Oberrealschule übergehen und dort nach drei weiteren Schuljahren Abitur machen. Ein weiterer Aufbau der Mädchenschule durch Obersekunda, Unter- und Oberprima war vorgesehen.[96]

Inzwischen waren die beiden privaten Mädchen-Realschulen in der Bieberstraße und in der Johnsallee zunehmend in finanzielle Schwierigkeiten geraten. Da die Gemeinde-Mädchenschule jetzt allen Ansprüchen genügte, mußten die beiden Privatschulen 1931 schließlich aufgelöst werden. Fast alle Schülerinnen der Schule Bieberstraße und ein Teil der Loewenberg-Schülerinnen wechselten in die Schule Carolinenstraße 35 über, deren Schülerinnenzahl sich dadurch auf mehr als 600 erhöhte. Das Gebäude Johnsallee 33 mußte zusätzlich übernommen werden, um alle Kinder unterbringen zu können.[97] Auch die Talmud-Tora-Schule brauchte für ihre Schüler zwei Schulhäuser: 1929 hatte sie das benachbarte Villengrundstück Grindelhof 38 erworben.

Physikunterricht in der Jakob Loewenberg-Schule, undatiert. (CAHJP)

Am 2. Februar 1929 starb Jakob Loewenberg. Der Hamburger Senat ließ auf seinem Sarg einen Lorbeerkranz niederlegen und richtete ein Beileidsschreiben an seine Witwe, in dem es u.a. hieß:

»*Ein vorbildlicher Erzieher der Jugend, ein feinsinniger Dichter, ein allzeit gütiger und hilfsbereiter Mensch ist mit ihm dahingegangen. Als hervorragendes Mitglied jenes Kreises von Männern, deren Schaffen um die Jahrhundertwende unsere Vaterstadt zu einem Mittelpunkt deutschen literarischen Lebens und zu einem Vorort verantwortungsbewußten, zukunftweisenden kulturellen Strebens machte, verdankt Hamburg dem teuren Entschlafenen Wirken und Werke, die unvergessen bleiben werden.*«[98]

Viele Menschen, Juden und Christen, trauerten um ihn.

Nur seine engsten Angehörigen und Freunde wußten, daß die letzte Zeit seines Lebens von tiefer Niedergeschlagenheit und Resignation erfüllt gewesen war. Jakob Loewenberg spürte, daß er vergeblich gegen den uralten Judenhaß gekämpft hatte, und keiner konnte ihm ausreden, daß der Antisemitismus auch in Hamburg bedrohlich anwuchs. Am schwersten hatte es ihn getroffen, als sein Freund Otto Ernst, der gemeinsam mit ihm und dem Buchhändler Leon Goldschmidt die »Literarische Gesellschaft« gegründet hatte, sich von ihm abwandte. Nach dem Weltkrieg war Otto Ernst mehr und mehr zum »vaterländisch-völkischen Publizisten« geworden, der unter dem Beifall der Antisemiten behauptete, Juden beherrschten das Kulturleben und festigten ihre Stellung durch gegenseitige Protektion, wobei sie Nichtjuden zurückdrängten.[99]

In seinen »Liedern eines Semiten« hatte Jakob Loewenberg 1892 das Schicksal der Juden beschworen: »Vertrieben aus der Heimat, gehetzt, verfolgt, verbannt, gleich Horden

Dr. Jakob Loewenberg im Alter von 70 Jahren, 1926. (Privatbesitz)

wilder Tiere gejagt von Land zu Land.« — Das schmale Bändchen hatte nur eine geringe Auflage gehabt. Viele schüttelten den Kopf darüber: Waren das nicht Klänge aus längst vergangenen, barbarischen Zeiten? Konnte Judenfeindschaft in einer Kulturnation wie Deutschland noch einmal eine ernsthafte Gefahr werden? Ausgeschlossen! So hatte auch Jakob Loewenberg selbst gehofft. Aber am Ende seines Lebens wußte er, daß die Hoffnung auf Überwindung des alten, schrecklichen Vorurteils vergeblich gewesen war.

Jakob Loewenberg
Aus der Schule

Mein Kind kam heute von der Schule her,
Den Kopf gesenkt, das Auge tränenschwer.
»Was ist dir, Junge? Dich drückt eine Last,
Sag frei heraus, was du verbrochen hast.«
Da schmiegt er sich in meinen Arm hinein:
»Ist's denn so schlimm, o Vater, Jude sein?«
»Ein Schicksal ist's und eine schwere Pflicht,
Mein Kind, was Buben sprechen, acht es nicht.«
»Der Lehrer selbst hat es vorgebracht,
Die ganze Klasse hat darob gelacht.«

So war's bisher noch immer nicht genug,
Was grimmer Haß an giftigen Früchten trug?
Fällt auch die Kindesseele, rein und klar,
Ein Opfer auf des Molochs Blutaltar?
Mann gegen Mann! ist auch der Kampf nicht gleich;
Mann — gegen Kind! das ist ein schlechter Streich!
Das ist Verrat am kindlichen Vertrau'n,
Ist Schändung, Mord — mich packt ein wildes Grau'n.
Ihr habt verhöhnt mich, habt mich angespien,
Bedauert hab ich euch und euch verziehn.
Ich war zu stolz, wes ihr euch auch erfrecht —
Um meines Kindes Tränen heisch ich Recht!

aus: Jakob Loewenberg, Lieder eines Semiten, Hamburg 1892

Anmerkungen

Die Kapitel über die Talmud-Tora-Schule sind teilweise gekürzte und veränderte Auszüge aus einer Arbeit der Verfasserin über die Geschichte der Talmud-Tora-Schule (1805–1942), die voraussichtlich Ende 1991 erscheinen wird.

[1] Talmud-Tora-Realschule, Bericht über das Schuljahr 1911–1912. Der Neubau der Talmud-Tora-Realschule und die Einweihung des neuen Hauses. Hamburg 1912.
[2] Staatsarchiv Hamburg, TT 4, Hamburger Nachrichten, Einweihung der Talmud-Tora-Realschule, und Neue Hamburger Zeitung, Die Einweihung der Talmud-Tora-Realschule. Undatiert.
[3] Moritz M. Warburg, geb. 1838 in Hamburg, gest. 1910 in Hamburg. 1876–1899 Mitglied im Vorstand der Schule, seit 1899 Vorsitzender des Vorstandes. Die Familie Warburg gehörte seit jeher zu den Freunden und Förderern der Schule. Samuel Elias Warburg (1759–1826) gehörte 1805 zu den Mitbegründern.
[4] Vgl. Anm. 2.
[5] Vgl. Anm. 1.
[6] Vgl. Anm. 1, siehe dort Abschnitt »Statistisches. Zahl der Schüler.« Unter »Vorschule« verstand man die ersten drei Klassen einer höheren Lehranstalt, in denen Elementarkenntnisse vermittelt wurden.
[7] Staatsarchiv Hamburg, Politische Polizei, SA 581, Verein ehemaliger Schüler der Talmud-Tora-Schule, Israelitisches Familienblatt, Festkommers, 8.1.1912.
[8] Vgl. Anm. 7. Israelitisches Familienblatt, Festkommers anläßlich Zentenarfeier, 10.4.1905.
[9] Gebr. Wolf: Ludwig Wolf (1867–1955), James Wolf (1870–1943) und Leopold Wolf (1869–1926). »Snuten un Poten« und »Een echt Hamborger Jung« gehörten zu den beliebtesten Schlagern der Gebr. Wolf. Vgl.: Helmut Glagla, Das plattdeutsche Liederbuch, München und Zürich 1982.
[10] Joseph Goldschmidt, Geschichte der Talmud-Tora-Realschule in Hamburg. Festschrift zur Hundertjahrfeier der Anstalt 1805–1905. Hamburg 1905. Die folgenden Ausführungen stützen sich auf diese Schrift.
[11] Ebenda, S. 13. Zitiert aus der hebräischen Schrift »Pene Tebel« von Moses Mendelsohn, Sohn des Mendel Frankfurter. Übersetzung von N. Bar-Giora Bamberger.
[12] Staatsarchiv Hamburg, TT 1, Protocolle der Direction, 1. Sitzung v. 18.4.1822.
[13] Die »Israelitische Freischule von 1815« nahm ab 1859 auch christliche Schüler auf und verlor danach bald ihren jüdischen Charakter. Sie hieß später »Stiftungsschule von 1815« und wurde als »Anton-Rée-Oberrealschule« wegen rückläufiger Schülerzahlen 1933 geschlossen.
[14] Isaak Bernays, geb. 1791 in Mainz, gest. 1849 in Hamburg. Oberrabbiner der Deutsch-Israelitischen Gemeinde in Hamburg von 1821–1849. Er nannte sich »Chacham«; das ist das sefardische Wort für »Weiser«, »Gelehrter«.
[15] Übersicht der theoretischen Begründung sowohl als des faktischen Bestandes der hiesigen jüdischen Armenschule genannt Talmud Tora 1830. Aus: Staatsarchiv Hamburg CL VII Lit. L b Nr. 18 Vol. 7b Fasc. 2 Inv. 1, Acta in Sachen der Direktoren der Talmud Tora Armenschule cta die Vorsteher der Deutsch-Israelitischen Gemeinde.
[16] An der Israelitischen Armenschule Talmud Tora erhielt der christliche Lehrer — seiner besonderen Bedeutung als Deutschlehrer entsprechend — anfangs den Titel »Oberlehrer« und das höchste Gehalt, das einem Lehrer dieser Schule bezahlt wurde.
[17] Anschel Stern, geb. 1820 in Steinbach/Hessen, gest. 1888 in Hamburg. Von 1851 bis 1888 Oberrabbiner in Hamburg und Ephorus der Talmud-Tora-Schule.
[18] Talmud-Tora-Realschule, Bericht über das Schuljahr 1910–1911. Hamburg 1911.
[19] Vgl. Anm. 1.
[20] Dr. Joseph Goldschmidt, geb. 9.11.1842 in Rakwitz (Posen), gest. 13.6.1925 in Hamburg. Wissenschaftlicher Lehrer, Lehrbefähigung für Deutsch, Geschichte, Geographie, Latein. Direktor der Talmud-Tora-Realschule von 1889 bis 1921.
[21] Staatsarchiv Hamburg, TT 3, Protokolle der Direktion, Sitzung v. 24.9.1888.
[22] Aus: Lieder für den Fest-Kommers zur Feier des 50jährigen Lehrerjubiläums des Herrn Dr. S.P. Nathan. 10.5.1898. Privatbesitz, unveröffentlicht.
[23] C.Z. Klötzel, Eine jüdische Jugend in Hamburg vor dem Ersten Weltkrieg, Hamburg o.J., S. 30.
[24] Mündliche Aussage des ehemaligen TTR-Schülers J.C., Israel, März 1986.
[25] Daniel Isaak, geb. 1840 in Kesselbach/Hessen, gest. 1914 in Hamburg. Seit 1864 Lehrer der Talmud-Tora-Schule.
[26] J.F.E. Kluge war 1829 auf Vorschlag des Direktors des christlichen Waisenhauses als »Unterlehrer« an der Talmud-Tora-Schule eingestellt worden.
[27] Joseph Norden, Vor fünfzig Jahren, in: Hamburger Israelitisches Familienblatt, Nr. 14, 2.4.1936.
[28] Alle Lehrer der Talmud-Tora-Schule hatten Spitznamen. Sie wurden der Verfasserin mitgeteilt von Herrn Uri Katzenstein, Israel.
[29] Dr. David Schlesinger, geb. 1851 in Hamburg, gest. 1921 in Hamburg. Besuchte nach der Talmud-Tora-Schule das Jüdisch-theologische

Kollegium in Hamburg, ab 1870 das Akademische Gymnasium. 1871—1874 Studium der Philosophie und Orientalia. Von 1875 bis 1920 Lehrer an der Talmud Tora.

[30] Dr. Lipmann Schlesinger, geb. 1860 in Hamburg, gest. 1934 in Hamburg. Bestand 1875 das »Einjährige« an der Talmud Tora. Nach dem Besuch des Akademischen Gymnasiums Studium der Mathematik und Orientalistik. Von 1889 bis 1925 Lehrer an der Talmud Tora.

[31] C.Z. Klötzel, a.a.O., S. 32f.

[32] Ebenda, S. 31f.

[33] Mitgeteilt von Herrn Rudi Gräber, Israel, Schüler der TTR von 1915 bis 1924.

[34] Salomon Goldschmidt, Dr. Samson Philip Nathan. Ein Lebens- und Charakterbild, Hamburg 1906. Die folgende Darstellung stützt sich auf Salomon Goldschmidts Schrift.

[35] Ebenda, S. 18.

[36] Mekor Chajim heißt »Quelle des Lebens«. Es handelte sich um einen streng orthodoxen Lernverein.

[37] Salomon Goldschmidt, a.a.O., S. 7.

[38] Ebenda, S. 9.

[39] Vgl. Anm. 24, S. 31. Tehillim: Psalmen. Sch'ma Israel: Höre Israel. 5. Mose 6,4. Bekenntnis der Einzigartigkeit Gottes.

[40] Staatsarchiv Hamburg, OSB II, B 235 Nr. 8, Bericht betr. Revision der »Israelitischen Höheren Töchterschule«, 29.10.1894.

[41] Staatsarchiv Hamburg, OSB V 787 a, Satzung des Schulträgers der »Israelitischen Höheren Töchterschule«, 23.2.1907.

[42] Fanny Philip, geb. 29.11.1867 in Hamburg, Vorsteherin der Israelitischen Höheren Töchterschule von 1893 bis 1931. Deportiert nach Theresienstadt am 19.7.1942.

[43] Lotte Popper geb. Lewinsky, Israelitische Höhere Mädchenschule (Lyzeum), Hamburg, Bieberstraße 4. Bericht einer ehemaligen, in Tel-Aviv lebenden Lehrerin der Schule. Unveröffentlichtes Schreibmaschinenmanuskript, undatiert.

[44] Ebenda.

[45] Rebecka Cohn, genannt »die kleine Cohn«, geb. 28.6.1881 in Hamburg, deportiert nach Auschwitz am 11.7.1942.

[46] Flora Rosenbaum, geb. 6.11.1889 in Fürth, deportiert nach Auschwitz am 11.7.1942.

[47] Therese Loewenthal, geb. 16.12.1885 in Mühringen, deportiert nach Riga am 6.12.1941.

[48] Vgl. Anm. 43.

[49] Marga Weglein geb. Israel, geb. 1905 in Hamburg, ehemals Schülerin der Israelitischen Höheren Mädchenschule. Aufsatz vom 3.9.1915. Marga Weglein lebt heute in New York.

[50] Cläre Wohlmann-Meyer geb. Meyer, geb. 1904 in Hamburg, ebenfalls ehemals Schülerin des jüd. Lyzeums in der Bieberstraße. Erinnerungen auf Tonband-Kassette vom 7.10.1987. Cläre Wohlmann-Meyer war die erste Juristin in Hamburg, die im Staatsdienst eingestellt wurde. Sie lebt heute als Landgerichtsdirektorin a.D. in Zürich.

[51] Ebenda.

[52] Ebenda.

[53] Ebenda.

[54] Staatsarchiv Hamburg, OSB II, B 235 nR.8, Revisionsbericht vom 5.11.1912.

[55] Vgl. Anm. 43.

[56] Festschrift zum fünfzigjährigen Bestehen der Schule 1863 bis 1913: Anerkannte Höhere Mädchenschule — Lyzeum von Dr. J. Loewenberg, Hamburg 1913, S. 21, vgl. hierzu auch Irmgard Stein, Jüdische Baudenkmäler, S. 100.

[57] Senta Meyer-Gerstein, geb. 1905 in Hamburg, heute USA. »So wie es einmal war«. Unveröffentlichtes Schreibmaschinenmanuskript. Undatiert.

[58] Vgl. Anm. 56, S. 7.

[59] Chanukka, das jüdische Lichterfest, fällt in die Weihnachtszeit.

[60] Vgl. Ursula Randt, Carolinenstraße 35, Geschichte der Mädchenschule der Deutsch-Israelitischen Gemeinde in Hamburg 1884—1942, Hamburg 1984. Die Ausführungen über die Israelitische Töchterschule stützen sich auf diese Darstellung.

[61] Markus Wolfermann, geb. 13.1.1870 in Barchfeld/Thüringen, gest. 12.10.1943 in England. Lehrer an der Israelitischen Töchterschule von 1891 bis 1935.

[62] Vgl. Anm. 60, S. 34ff. Zur Charakterisierung von Mary Marcus wurde außerdem herangezogen: Necha Marcus-Triest, Mary Marcus. Unveröffentlichtes Schreibmaschinenmanuskript, Israel, 1985.

[63] Necha Marcus-Triest, a.a.O.

[64] Vgl. Anm. 60, S. 44: Markus Wolfermann, 16.3.1924 »Worte der Verehrung und der Dankbarkeit«.

[65] Talmud-Tora-Realschule, Bericht über das Schuljahr 1914—1915. Hamburg 1915.

[66] Ebenda.

[67] Mitgeteilt von Herrn Rudi Gräber, Israel.

[68] Talmud-Tora-Realschule, Bericht über das Schuljahr 1915—1916.

[69] Vgl. Anm. 60. Vgl. auch Helga Krohn, Die Juden in Hamburg, a.a.O., S. 153.

[70] Dr. Samson Meyer, geb. 14.11.1887 in Straßburg, gefallen 18.5.1915 in Galizien. Lehrer der Talmud-Tora-Realschule seit 1914.

[71] Benjamin Nussbaum, Geburtsdatum unbekannt, gefallen 30.6.1915 in Galizien.

[72] Vgl. Anm. 68.

[73] Marga Weglein, geb. Israel, vgl. Anm. 49, Schulaufsatz vom 4.2.1915. Unveröffentlicht.

[74] Ebenda.

[75] Dieselbe, Schulaufsatz vom 26.8.1915. Unveröffentlicht.

[76] Vgl. Ursula Randt, Carolinenstraße 35, a.a.O., S. 46f.

[77] Vgl. Anm. 68.

[78] Talmud-Tora-Realschule, Bericht über das Schuljahr 1916—1917.

[79] Ebenda.

[80] Rudolf Heilbut, geb. 15.8.1889 in Altona, gefallen im Frühjahr 1917. Seit 1914 Lehrer an der TTR.

[81] Jacob Oppenheim, geb. 1.6.1893 in Hamburg, gefallen im August 1917 vor Verdun. Seit 1913 Lehrer an der TTR.

[82] Dr. David Rubin, geb. 12.7.1885 in Hamburg, gest. 10.9.1917 an den Folgen seiner schweren Kriegsverletzung.

[83] Talmud-Tora-Realschule, Bericht über das Schuljahr 1917—1918. Hamburg 1918.

[84] Talmud-Tora-Realschule, Bericht über das Schuljahr 1918—1919.

[85] Mündliche Aussage des ehemaligen Talmud-Tora-Schülers J.C., Israel, März 1986.

[86] Talmud-Tora-Realschule, Berichte über die Schuljahre 1918—1919, 1919—1920, 1920—1921.

[87] Dr. Joseph Carlebach, geb. 30.1.1883 in Lübeck. Direktor der Talmud-Tora-Realschule von 1921 bis 1926. Im September 1926 als Oberrabbiner der Hochdeutschen Israeliten-Gemeinde Altona ins Amt eingeführt. Von 1936 bis 1941 Oberrabbiner des Deutsch-Israelitischen Synagogenverbands Hamburg. Deportiert nach Riga am 6.12.1941 mit seiner Frau und seinen vier jüngsten Kindern, von denen ein Sohn überlebte.

[88] Vgl.: Biographisches Lexikon für Schleswig-Holstein und Lübeck, Bd. 7, Neumünster 1985.

[89] Dr. Armin Blau, Direktor Dr. Joseph Carlebach. Gemeindeblatt der Deutsch-Israelitischen Gemeinde in Hamburg, Nr. 4, 10.4.1926.

[90] Ebenda.

[91] Staatsarchiv Hamburg, Schulwesen-Personalakten A 717, Personalakte Direktor Spier. Handschriftlich aufgezeichnete Erinnerungen, 1980. Arthur Spier, geb. 22.7.1898 in Ballenstedt, Direktor der TTR von 1926 bis 1940. Ausgewandert nach den USA am 15.3.1940; gest. 30.3.1985 in New York.

[92] Vgl. Ursula Randt, Carolinenstr. 35, a.a.O., S. 74.

[93] Der erste Abiturjahrgang. Gemeindeblatt der Deutsch-Israelitischen Gemeinde in Hamburg vom 5.4.1932.

[94] Ebenda.

[95] Ebenda.

[96] Vgl. Ursula Randt, Carolinenstr. 35, a.a.O., S. 48ff.

[97] Ebenda, S. 53f.

[98] Beileidsschreiben des Senats anläßlich des Todes von Jakob Loewenberg. Gemeindeblatt der Deutsch-Israelitischen Gemeinde in Hamburg, 12.3.1929.

[99] Biographisches Lexikon für Schleswig-Holstein und Lübeck, Bd. 8, Neumünster 1985.

Ursula Randt
Die jüdischen Waisenhäuser in Hamburg

Das Knaben-Waisenhaus Papendamm 3 (1900–1934)

»Das Haus Nummer drei auf dem Papendamm hatte entschieden etwas Vornehmes an sich, besonders wenn man die Umgebung in Betracht zog, in der es sich befand. Ein paar hohe und ziemlich schäbige Mietshäuser trennten es von der Grindelallee, der Hauptverkehrsader eines fast ausschließlich von Juden des Mittelstandes bewohnten Viertels. Auf der anderen Seite grenzte es an den Hof einer Volksschule. Und sein Gegenüber war der große, häßliche Ziegelbau der Kaserne des Hanseatischen Infanterie-Regimentes Nr. 76.

Das Haus Nummer drei aber hatte beinahe etwas von einem kleinen Schlößchen an sich — einem Schlößchen in Backstein-Gotik mit zwei gestuften Giebeln und einem wohlproportionierten Dach. Über der Tür, zu der ein paar Stufen hinaufführten, stand in goldenen Lettern ›Deutsch-Israelitisches Waiseninstitut‹«.[1]

Den neunjährigen Hans Klötzel, der an einem Tag im Jahre 1900 an der Hand seiner Mutter zum erstenmal in seinem Leben diese Stufen hinaufstieg, erwartete eine fremde und völlig abgeschlossene Welt: Etwa 30 jüdische Jungen zwischen sechs und sechzehn Jahren, Waisen oder Halbwaisen wie der kleine Hans, bevölkerten die karg ausgestatteten Räume, die ganz und gar nicht an ein Schloß erinnerten. Da gab es den Speisesaal mit einem einzigen langen Tisch und Bänken ohne Lehne, die beiden großen Schlafsäle, das Badezimmer mit drei Badewannen, jeweils eine für zwei Knaben, das Putzzimmer für die Schuhe, vor allem aber das Schulzimmer mit einem Lehrerpult und verschieden großen Schulbänken, einem »Bibliotheksschrank« und einer Anzahl von Fächern, in denen die Zöglinge ihre Schulbücher und -hefte aufbewahren konnten. Hier wurden unter der strengen Aufsicht des Waisenvaters Samuel Plocki die Hausaufgaben angefertigt, und gleichzeitig war dieser Raum das einzige Wohnzimmer für die Jungen. Spielzeug — das war für Waisenhauszöglinge noch nicht vorgesehen.

Trotzdem ging es im Haus am Papendamm oft recht fröhlich zu. Immerhin gab es hinter dem Haus einen Garten mit allerlei Turngeräten. Dort an der Gartenseite befand sich

Laubhüttenfest auf der Terrasse des Waiseninstituts im Papendamm 3. Aus: »Aus alter und neuer Zeit.« Illustrierte Beilage zum Israelitischen Familienblatt Hamburg, Nr. 61, 1926.

auch eine geräumige Veranda, die sich jedes Jahr zum Laubhüttenfest in eine prächtige Laubhütte verwandelte. Da wurde wochenlang vorher gemalt und gebastelt, um sie recht schön auszuschmücken. Und zu Chanukka hatte jedes Kind eine einfache kleine Menora. Mit brennenden Kerzen wurden die »Menores« an die Fenster gestellt, so daß die ganze Fensterfront strahlte. Die Feiertage gehörten zu den Höhepunkten des Jahres, nicht zuletzt wegen der Kuchenberge und anderer kulinarischer Genüsse. Für gutes und reichliches — natürlich streng kosheres — Essen war das ganze Jahr über gesorgt.

Den Mittelpunkt des Hauses bildete die Synagoge mit ihren 62 Männer- und 50 Frauenplätzen.[2] Es waren angesehene und wohlhabende Gemeindemitglieder, die sich hier zum streng orthodoxen Gottesdienst versammelten, der ausschließlich in hebräischer Sprache abgehalten wurde. Viele von ihnen gehörten zu den Stiftern, die dem Waisenhaus größere oder kleinere Beträge zukommen ließen. Dafür machten sie zur Bedingung, daß Waisenknaben für ihre verstorbenen Verwandten im Trauerjahr und an den Jahrzeiten Kaddisch beteten. Das Kaddisch-Sagen war eine wichtige Aufgabe für die größeren Jungen vor der Barmitzwah. Nach der Barmitzwah war man dann schon als vollwertiger Vorbeter oder Vorleser anerkannt, und da es im allgemeinen wenig Abwechslung gab, waren diese Synagogendienste natürlich sehr beliebt.

Niemals wäre ein Knabe auf den kühnen Gedanken gekommen, das »Vorstandszimmer« zu betreten. Hier trafen sich von Zeit zu Zeit eine Anzahl würdiger Herren, Mitglieder der von der Gemeinde unabhängigen Deputation, die das Institut verwaltete. Vorsitzender war Moritz Warburg,[3] der sich Jahre zuvor unermüdlich für den Neubau am Papendamm eingesetzt hatte. 1883 war das Haus eingeweiht worden, und man war mit großer Freude dort eingezogen, denn das alte Gebäude in der Hamburger Neustadt war ganz unzureichend gewesen.[4]

Weder Hans Klötzel noch die anderen Zöglinge wußten, wem sie all die Wohltaten zu verdanken hatten: Kleidung, Beköstigung, Unterricht, Krankenpflege — und das alles kostenlos. Nach dem Verlassen des Waisenhauses konnten sie weiter auf Hilfe rechnen, wenn sie z.B. eine Lehrstelle brauchten oder Mittel für ihre berufliche Fortbildung. Schon 1766 war ein »Verein zur Versorgung der Waisen« gegründet worden, das zweitälteste jüdische Waiseninstitut in Deutschland.[5] Doch wer konnte schon von sechs- bis sechzehnjährigen Knaben verlangen, daß sie sich für die ehrwürdige Tradition jüdischer Wohltätigkeit interessierten? Eine Wohltätigkeit übrigens, die sehr darauf bedacht war, daß keiner der Zöglinge sich bevorzugt oder benachteiligt fühlte. Dafür gab es die Waisenhaus-Uniform. »Sie war aus häßlichem grauen Tuch gemacht und bestand aus halblangen Hosen und bis an den Hals geschlossenen Joppen. Dazu trugen wir die häßlichsten grauen Schirmmützen, die man sich denken kann.«[6] Hans Klötzel haßte diese Uniform ebenso wie den militärisch kurzen Haarschnitt, der ebenfalls vorgeschrieben war.

Die Zöglinge genossen jedoch ein Privileg, das sie wohl

Ehemaliges Knabenwaisenhaus Papendamm 3. (Sta HH)

mit keinen anderen Waisen in Deutschland teilten: Alle besuchten eine angesehene höhere Lehranstalt, nämlich die Talmud-Tora-Realschule. Die Verbindung zwischen der Schule und dem Waisenhaus bestand seit jeher, denn es galt als selbstverständlich, daß jedes Kind Anspruch auf eine gründliche Schulbildung hatte. Freilich erreichten nicht alle das »Einjährige«. Hans Klötzel aber bestand im März 1907 die schwierige Abschlußprüfung. Nicht ungern nahm er Abschied vom »Schlößchen« am Papendamm. »In allen Dingen, bei denen Geld eine Rolle spielte, war das Waisenhaus glänzend versehen; für unsere Ernährung und Gesundheit war reichlich gesorgt, niemand konnte der Verwaltung nachsagen, daß sie in dieser Hinsicht auch nur das geringste versäume. Daß aber junge, heranwachsende Menschen seelische und geistige Bedürfnisse haben, zu denen auch ein gewisses Maß an persönlicher Freiheit gehört, schien ... unbekannt zu sein«, klagte Hans Klötzel später.[7] Darin unterschied sich das jüdische Waisenhaus in Hamburg nicht von entsprechenden christlichen Institutionen. Die Pädagogik der Kaiserzeit war im allgemeinen nicht gerade fortschrittlich.

Als 1914 Eduard Schloß und seine Frau Minna als neue Direktoren des Waisenhauses am Papendamm 3 Einzug hielten, lockerte sich allmählich die Strenge und Gleichförmigkeit des Tagesablaufs.[8] Der junge Waisenvater hatte Freude daran, mit den Jungen zu basteln und zu werken; Buchbinderei und Handfertigkeit gehörten zu den Unterrichtsfächern, in denen er ausgebildet war. Ausflüge mit den Jungen in die Umgebung Hamburgs öffneten ihnen die Augen für die Welt außerhalb des Waisenhauses. Irgendwann — keiner kann das genaue Datum sagen — verschwand die graue Einheitstracht der Zöglinge. 1920 wechselte Eduard Schloß als Lehrer an die Talmud-Tora-Schule über, und Raphael Plaut wurde Leiter des Waiseninstituts.[9] Ebenso wie sein Vorgänger verstand er es, die Anstaltsatmosphäre zu verbannen. Das dritte Jahrzehnt des 20. Jahrhunderts war angebrochen, eine Zeit pädagogischer Reformen, denen sich auch die jüdischen Waisenhäuser nicht entziehen konnten noch wollten. Da fragte sich ein Besucher mit Recht: »... wieviele Kinder werden es zuhause so gut haben wie hier im Waiseninstitut?«[10]

Gertrud Benzian und das Paulinenstift (1920–1934)

Nur einen kurzen Fußweg vom Knaben-Waisenhaus entfernt, am Laufgraben 37, lag das Israelitische Mädchen-Waisenhaus. An ein Schlößchen erinnerte hier nichts; das schlichte, zweistöckige Gebäude reihte sich unauffällig in die Häuserfront ein. Eine Tafel neben dem Eingang wies auf Bestimmung und Ursprung hin: »PAULINENSTIFT zum ehrenden Gedenken an Frau Pauline Jaffé am 14. Juni 1857 errichtet.«[11] Damals war das Paulinenstift noch in der Neustadt untergebracht gewesen. 1884 war das neue Haus am Laufgraben feierlich eingeweiht worden, und seitdem herrschte dort die lebhafte Betriebsamkeit, wie sie 20 bis 30 Mädchen im Alter von 5 bis 16 Jahren verbreiten. Anstaltskleidung nach streng einheitlichem Muster gab es nicht, wenn auch die Kinder vom Stift eingekleidet wurden und die bescheidenen Mittel keine großen Zugeständnisse an individuelle Wünsche erlaubten. Gemeinsam war die Haartracht: Man trug zwei Zöpfe, die über den Ohren zu braven »Schnecken« aufgesteckt waren.[10] Und natürlich hatte man ordentliche Schürzen zum Schutz der Kleidung, eine für das Heim und eine für die Schule, denn sparsam ging es zu. Alle Waisenmädchen besuchten die Israelitische Töchterschule in der Carolinenstraße 35, deren Vorsteherin, Mary Marcus, ihnen mit besonderer Liebe zugeneigt war und sich mit allen Kräften bemühte, ihnen durch eine gute Schulbildung die Voraussetzung für einen sozialen Aufstieg zu schaffen.

An dieser Schule hatte Gertrud Benzian 16 Jahre lang als Lehrerin gewirkt, als sie sich entschloß, ihr Leben ganz in den Dienst der Waisen zu stellen.[13] Im November 1920 übertrug ihr der Vorstand der Anstalt die Leitung des Paulinenstifts. Gertrud Benzian war überzeugt, daß es eine zwingende Aufgabe der Waisenpädagogik sei, den Kindern »nicht nur Verpflegung und Obdach zu gewähren, sondern sie zu selbstdenkenden, selbstunterscheidenden, freien, vollwertigen Menschen zu erziehen.«[14] Selbständig aber konnten die Kinder nur werden, wenn sie nicht gegängelt wurden, sondern ein gewisses Maß an Freiheit genossen. Sie bestimmten jetzt selbst über die Verteilung verschiedener Ämter, die ihnen bisher zudiktiert worden waren. Die großen Mädchen übernahmen Verantwortung für die Kleinen, nachdem Gertrud Benzian die Aufgabe gründlich mit ihnen besprochen und ihre Wünsche berücksichtigt hatte. Offene Kritik an Erwachsenen war erlaubt, selbstverständlich auch an der Leiterin. Besonders wichtig war es, den Abschluß von der Außenwelt zu durchbrechen. »Vor allem müssen die Kinder mehr hinaus auf die Straße, müssen sich umblicken lernen im Leben und müssen eigene Erfahrungen sammeln.«[15] In kleinen Gruppen durften die Mädchen spazieren gehen, um die Stadt zu erkunden und Einkäufe zu machen. Abends im Heim las Gertrud Benzian Zeitungen mit den älteren Kindern und besprach mit ihnen die Tagesereignisse. Eigentlich — so meinte sie — gehörten auch Theater- und Konzertbesuche zum Leben in der Großstadt; aber die blieben natürlich aus finanziellen Rücksichten seltene Ausnahmen. Anregend und beliebt waren dagegen gemeinsame Besuche in Museen. Und das war längst nicht alles.

Die Mädchen durften sich von Schulfreundinnen einladen lassen, und sie durften manchmal auch selbst Gastgeber sein — eine Möglichkeit, die große Begeisterung auslöste. Jede Woche einmal wurde im Bar-Kochba-Turnverein geturnt. Schließlich — und das war eigentlich wichtiger als alles andere — feierte man gemeinsam die jüdischen Feste. Im Mittelpunkt stand der Freitagabend, »immer wieder aufs neue ein Quell reinster Freude«. Liebevoll bereiteten sich die Kinder darauf vor. Im Handarbeitsunterricht stellten sie Berchesdecken, Sederschüsseln und Mazzothkörbe her, und im Herbst gab es viel zu tun, um Schmuck für das Laubhüttenfest zu basteln. »Die Paulinenkinder« nannten sich die Mädchen stolz. Sie fühlten sich nicht als Zöglinge eines Waisenhauses. Am liebsten hätten sie dieses Haus in »Kinderheim Paulinenstift« umbenannt.[16]

Außer Gertrud Benzian sorgten noch eine Erzieherin, eine Wirtschafterin und die Hausmeistersfrau, übrigens eine Christin, für das Wohl der Kinder. Natürlich packten auch die älteren Mädchen im Hause mit an. Sie allein wären aber mit der vielen Arbeit nicht fertig geworden, hätte es nicht auch noch die fleißigen »Hasen« gegeben, schulentlassene Mädchen, die im Paulinenstift als Hauswirtschaftslehrlinge eingestellt und unter Anleitung der Erwachsenen in allen Zweigen der Haushaltsführung ausgebildet wurden. Von den fünf »Hasen« des Jahres 1921 kamen drei von auswärts und schliefen in einem kleinen Raum unter dem Dach, während sich die beiden Hamburgerinnen jeden Morgen pünktlich am Laufgraben 37 einstellten.[17] Es wurde viel gearbeitet, aber auch viel gelacht, gesungen, »geklönt« und

Ehemaliges Mädchenwaisenhaus Paulinenstift im Laufgraben 37. (MHG)

Kindergruppe des Paulinenstifts, 1925. (Privatbesitz)

Elisabeth Mirabeau (vorn, 2. v. r., sitzend), Leiterin des Paulinenstifts mit Kolleginnen und Haushaltungsschülerinnen, 1937. (Privatbesitz)

manchmal diskutiert. Einmal wöchentlich fanden sich alle abends zur »Aussprache« bei Gertrud Benzian ein. Im Laufe der Woche hatte es immer kleinere und größere Probleme mit den Kindern gegeben; beim gemeinsamen Gespräch lernte man eine Menge über Psychologie und Erziehung. Das Haushaltungsjahr — darüber waren sich die fünf einig — war eine herrliche Zeit!

Die Hauswirtschaftslehrlinge bewährten sich so gut, daß mehr Platz für ihre Unterbringung geschaffen werden mußte. 1929 gab es Bauarbeiten: ein zweites Obergeschoß entstand, mit Zimmern für 8—12 »Hasen«.[18] Im September 1931 nahm das Paulinenstift auch die Kleinkinder auf, die bisher im Heim Wilhelminenhöhe in Blankenese untergebracht gewesen waren. »Geist und Atmosphäre eines Elternhauses« sollten dem Paulinenstift mehr noch als früher das Gepräge geben, und dazu brauchte man das Zusammenleben von Kindern aller Altersstufen. 11 Kleinkinder und 16 Schulkinder füllten im Sommer 1932 das Haus mit Leben. Acht »Hasen«, darunter zwei Zöglinge des Paulinenstifts, waren von früh bis spät mit vielerlei häuslichen Arbeiten beschäftigt.[19] Eine Hausbeamtin als technische Lehrerin und eine Kinderpflegerin für die Kleinsten ergänzten das Personal, unterstützt von einer Praktikantin, der fröhlichen Alice Gramm, die im Paulinenstift aufgewachsen war. »Mit größter Liebe und Aufopferung« betreute sie die Jüngsten.[20] Viele pädagogische Wünsche und Vorstellungen von Gertrud Benzian waren Wirklichkeit geworden, und es herrschte große Trauer, als sie im Spätsommer 1934 starb.

Erste Jahre unter der NS-Herrschaft (1934—1938)

Die letzten Jahre ihres Lebens waren von tiefer Sorge um die politische Lage in Deutschland überschattet gewesen. Auch die Kinder spürten die wachsende Unsicherheit. Längst mochten sie sich in den kleinen Straßen, Gängen und Höfen des Grindelviertels nicht mehr so frei bewegen wie früher. Manchmal lauerten hinter den Torbögen, die zu Hinterhäusern führten, größere Jungen mit den Schirmmützen der HJ. Unversehens tauchten sie vor den jüdischen Kindern auf, versperrten ihnen den Weg, rempelten sie an und beschimpften sie. Das kam jetzt immer häufiger vor. Wie gut war es dann, im Haus am Laufgraben bei vertrauten Menschen Zuflucht zu finden! Aber Gertrud Benzian fehlte, und es fehlten auch andere Lehrerinnen und Freundinnen, die schon ausgewandert waren.

»Ich hoffe, daß es Ihnen gut in Tel-Aviv gefällt. In der Erdkundestunde nehmen wir gerade Palästina durch und sprechen eingehend davon«, schrieb die 13jährige Ruth von der Wall an ihre Lehrerin Lilli Traumann. Und am Schluß ihres langen Briefes fragte sie sehnsuchtsvoll: »Wann kommen Sie wieder? Nun viele Grüße. Ihre frühere, und jetzt noch dankbare Schülerin Ruth.«[21] Auch andere Lehrerinnen wurden vermißt. »Schade, daß Fräulein Strauß uns nicht schreibt, ich möchte so gern von ihr hören!« schrieb Ruth. Einige Mitschülerinnen lebten schon in fernen Ländern und hatten Heimweh. »Von Bummy höre ich noch, ich habe schon 13 Briefe von ihr ... Sie wohnt nicht mit ihrer Mutter zusammen, und das ist schon traurig. Ich glaube, ihr geht es nicht so gut. Sie ist in einem College.«[22] Am 7. Januar 1935 gedachte man im Paulinenstift Gertrud Benzians: »Gestern abend hatten wir eine kleine Feier, weil Fräulein Benzian Geburtstag hätte. Wir lasen ihre letzten Briefe aus der Schweiz und dann noch Legenden, die sie sehr gern las. Zum Schluß gab es Schlagsahne. Da habe ich gesagt: ›So schön wie die schmeckt war auch die Zeit, in der sie noch bei uns war.‹«[23]

Es hing jetzt viel davon ab, eine Nachfolgerin für Gertrud Benzian zu finden, die den außerordentlichen Schwierigkeiten gewachsen war. Nachdem die Kindergärtnerin Gustel Gorski das Paulinenstift ein Jahr lang vertretungsweise geleitet hatte, entschied sich die Verwaltung des Stifts, Elisabeth Mirabeau zur Leiterin zu wählen. Der Gewerbelehrerin und Leiterin der »Wirtschaftlichen Frauenschule auf dem Lande« in Wolfratshausen ging ein sehr guter Ruf voraus, und so war mit Sicherheit zu erwarten, daß sie sich bewähren würde. Sie hatte Erfahrung in der Durchführung von landwirtschaftlichen und hauswirtschaftlichen Kursen, die als Vorbereitung zur Auswanderung nach Palästina geeignet waren, und nichts brauchte man jetzt nötiger.[24]

Mit großer Tatkraft machte sich Elisabeth Mirabeau ans Werk. Zunächst galt es, das Haus am Laufgraben noch wohnlicher zu machen; vor allem die Schlafräume machten einen unpersönlichen Eindruck. Eine Nähmaschine wurde angeschafft, bunte Bettdecken und freundliche Vorhänge entstanden. Eifrig verzierten die Kinder ihre Nachtschränkchen. Jede Bewohnerin des Paulinenstifts sollte sich zu Hause fühlen.[25]

Vor allem aber ging es Elisabeth Mirabeau darum, im Paulinenstift eine staatlich anerkannte Haushaltungsschule einzurichten, in der die praktische Ausbildung der Lehrlinge durch einen umfassenden theoretischen Unterricht ergänzt wurde. Gemeinsam mit Dr. Ernst Loewenberg entwarf sie einen Lehrplan, der neben den hauswirtschaftlichen Fächern u.a. Englisch und Hebräisch vorsah. Als Lehrziel hieß es: »Die Haushaltslehrlinge sollen nach einjähriger Ausbildung befähigt sein, in einem Haushalt selbständig zu arbeiten oder einen Wirtschaftsberuf aufbauen zu können.« Der Plan wurde von der Unterrichtsbehörde und vom Gemeindevorstand genehmigt. Die Schülerinnen der Haushaltungsschule waren von der Verpflichtung zum Besuch der hauswirtschaftlichen Berufsschule befreit.[26]

Eine Dachkammer wurde zum Schulzimmer umgebaut. Durch einen Zufall ergab sich die Möglichkeit, eine Parterrewohnung im Nebenhaus zu mieten, so daß Schülerinnen aus umliegenden Orten aufgenommen werden konnten, die sich auf ihre Auswanderung vorbereiten wollten. Auf die schulentlassenen Mädchen wartete harte Arbeit: In vier Abteilungen arbeiteten sie umschichtig in der Küche und der Waschküche, im Haus und in der Kleinkinderabteilung. Der Nachmittag bis abends sieben Uhr gehörte dem theoretischen Unterricht. Einmal wöchentlich gab es einen gemeinsamen Arbeitsabend, an dem die Schülerinnen ihre Kleidung ausbesserten. Wie sehr genoß man nach solch einer Woche die Ruhe des Schabbaths! Der Freitagabend wurde so festlich wie möglich begangen. Nach dem gemeinsamen Essen wurde gesungen und vorgelesen. Vorübergehend vergaß man fast die wachsende Not.[27]

Schon vier Jahre dauerte die NS-Herrschaft. Immer schwieriger wurde es, die Kinder gut zu ernähren, denn die Waisenhäuser wurden selbstverständlich streng rituell geführt, und durch das Schächtverbot gab es seit Jahren kein Fleisch mehr. Aber das war längst nicht so schlimm wie die Sorge um Angehörige. Manchmal mußte man einem Kind sagen, daß sein Vater verschwunden war. Die Sicherheit der Familien war gefährdet, und wenn einmal die Post ausblieb, war die Angst der auswärtigen Schülerinnen groß. Mit allen Kräften bemühten sich die Verantwortlichen in den beiden Waisenhäusern, das Gefühl der Bedrohung und Unsicherheit von den Kindern fernzuhalten; aber nicht immer gelang es. Täglich war jetzt von Auswanderung die Rede, und das bedeutete den Verlust der Heimat, den Aufbruch in Fremde und Ungewißheit. Es bedeutete Abschied von Menschen, die man liebgewonnen hatte. Dennoch war natürlich jeder glücklich, der ein Zertifikat für die Auswanderung mit der Jugend-Alijah bekommen hatte. Die vorgeschriebene Ausstattung wurde mit Spenden aus der Gemeinde finanziert.[28]

Am 18. September 1938 verließ auch Elisabeth Mirabeau Hamburg, um in die USA auszuwandern. Edith Rosenthal, ihre bewährte Mitarbeiterin, übernahm die Leitung des Paulinenstifts.[29] An eine einigermaßen ruhige und kontinuierliche Arbeit war in beiden Waisenhäusern inzwischen kaum noch zu denken. Fast täglich trafen neue Schützlinge ein, Kinder aus allen Teilen Deutschlands, die in Hamburg eine der beiden jüdischen Schulen besuchen sollten. Nach der Polen-Aktion und den Schrecken des November-Pogroms suchten auch Jungen und Mädchen Zuflucht, deren Eltern überstürzt geflüchtet waren und ihre Kinder zurücklassen mußten. Viele waren verstört und heimwehkrank.

Und doch gab es noch Freuden: wenn z.B. jede Woche eine Gruppe von Kindern zum Besuch bei der Familie des Oberrabbiners in der Ostmarkstraße aufbrach. »Im Haus ist es auch manchmal ganz fröhlich«, schrieb Dr. Joseph Carlebach an seine Tochter Mirjam in Palästina. »Am Schabbat (Samstag) kommen immer die Kleinen aus dem Paulinenstift zum Frühstück zu uns ins Haus und erzählen uns was vor und bringen viel kindliche Stimmung. Besonders Evas kleiner Liebling Erwin klettert an mir hoch und läßt sich in seiner Liebesbedürftigkeit ein bißchen verziehen.«[30]

Hildegard Cohen — Weg in den Tod mit den Waisenkindern

Im Juli 1939 emigrierte auch Edith Rosenthal.[31] Ihre Nachfolgerin wurde Dr. Martha Rosin; wenig später, im Juli 1940, gelang es ihr ebenfalls, in die USA auszuwandern.[32] Wer sollte sie ersetzen? Ratlosigkeit und Trauer herrschten im Waisenhaus am Papendamm 3: Am 15. April 1940 war Waisenvater Raphael Plaut gestorben. Julius Gottschalk wurde zu seinem Nachfolger ernannt. Gemeinsam mit seiner Frau und den Kindern Hermann, Ernst und Karola zog er im Frühsommer 1940 ins Waisenhaus.[33] Im Paulinenstift trat Hildegard Cohen als neue Leiterin an die Stelle von Martha Rosin.[34]

Über die verzweifelte Not der letzten Zeit im Paulinenstift wäre kaum etwas bekannt, wenn nicht vier Briefe aus dem Jahre 1941 erhalten geblieben wären, die Hildegard Cohen an ihre Freundin Trude Simonsohn in New York gerichtet hat.[35] Durch Vermittlung von Trude hoffte Hildegard auch ihren Verlobten Max Warisch zu erreichen, den sie in einem Lager in Südfrankreich gefangen wußte; direkt konnte sie ihm nicht schreiben. So sprach sie in den Briefen an die Freundin manchmal auch Max an.[36]

Hildegard Cohen war 1934 als Jüdin aus ihrem geliebten Lehrerinnenberuf entlassen worden. Sie hatte sich seitdem mit kaufmännischer Tätigkeit und privaten Sprachstunden für Erwachsene einigermaßen durchgeschlagen, sehnte sich aber nach der Arbeit mit Kindern und war daher trotz aller Bedrängnis glücklich über ihre neue Anstellung. »Im Paulinenstift habe ich mich vollkommen eingearbeitet, es kommt mir vor, als ob ich hier schon ewig wäre«, schrieb sie am 7. Januar 1941 an ihre Freundin. Dabei verschwieg sie nicht

Kinder des Paulinenstifts, 1925. (Privatbesitz)

ihre bedrückenden Sorgen: Vergeblich wartete sie mit ihrer Mutter, ihrem Bruder Waldemar und dessen Verlobter Lotti Schreiber auf die Einreisepapiere in die USA, obwohl alle nötigen Schritte längst in die Wege geleitet worden waren. Am meisten quälte sie jedoch der Gedanke an das Schicksal ihres Verlobten. Am 19. Oktober 1941 berichtete sie Trude Simonsohn:

»Daß ich sehr deprimiert bin, könnt Ihr Euch wohl denken. Doch andererseits bin ich gefaßt und hoffe nur, daß wir es alle gesundheitlich überstehen werden. Stellt Euch einmal vor, in den letzten 14 Tagen hatten wir bei uns im Heim 30 alte Leute zusätzlich untergebracht, jetzt sind sie schon wieder weg. Ihr werdet mir kaum glauben, wie mir diese zusätzliche Arbeit Freude gemacht hat. Ich hätte nie gedacht, daß ich so gut mit alten Leuten fertig werden kann.«

Tag für Tag änderte sich die Situation. Am 22. Oktober brachte die Post Einschreibbriefe in viele Häuser, in denen Juden wohnten, auch in die Waisenhäuser am Papendamm und am Laufgraben. Sie enthielten eine furchtbare Nachricht von der Geheimen Staatspolizei: »Ihre Evakuierung nach Litzmannstadt ist angeordnet.«[37] Der »Evakuierungsbefehl« betraf mehrere Kinder in beiden Heimen. Wieder mußte gepackt werden, wieder gab es Abschied; und wie anders war dieser Abschied als vor wenigen Jahren, wenn die Ausreise in ein Land bevorstand, das Rettung bedeutete! Am 2. November schrieb Hildegard Cohen:

»Am 22.10., als so viele meiner Bekannten sehr traurige Post bekamen, Ihr wißt wohl, um was es sich handelt, erhielt ich Deinen lieben Brief. Er war so herzlich und gut geschrieben, daß ich Dir nur von Herzen dafür dankbar sein kann. Es ist gut zu wissen, daß man so treue Freunde hat wie Ihr es seid, und doch, Ihr seid so weit entfernt und könnt uns dadurch so wenig helfen und Euch auch vielleicht nicht richtig in unsere Situation hineindenken. Auf jeden Fall heißt es für uns, Zähne zusammenbeißen und hoffen und zu Gott bitten, daß Ihr alle etwas für uns tun könnt. Noch ist unsere Familie beisammen und wir sind alle gesund. Aber mit unseren Nerven sind wir alle überreizt. Auch in meiner Arbeitsstätte hat sich bereits vieles geändert und Arbeit bringt dies alles so viel, daß eine Nacht durchschlafen fast wie ein Märchen klingt. ... Mein liebes Mäxchen, die schöne Zeit, die wir hier gemeinsam verlebten, erscheint mir nur noch wie ein Traum. Und trotzdem hatten wir damals schon Sorgen, aber sie scheinen einem heute wie ein Nichts.«

Wenige Tage später gab es erneut Evakuierungsbefehle, und wieder waren auch Kinder der Waisenhäuser betroffen. Hildegards letzter Brief vom 12. November 1941 spiegelt ihre tiefe Verzweiflung wider:

»Viel Neues habe ich Dir nicht zu berichten, nur daß Waldy am Sonnabend verreist ist.[38] Wann meine Mutter und ich ihm folgen, wissen wir noch nicht. Wir müssen alles dem Schicksal überlassen, Du kennst ja meinen Bruder, er ist ein tapferer Kerl, und ich hoffe, daß er auch trotz der Schwierigkeiten durchhalten wird. Meine Schwägerin ist mit ihm gegangen, diese Möglichkeit bestand, und bekanntlich ist es ja so, daß geteiltes Leid halbes Leid ist. Meine Mutter ist jetzt vorläufig bei mir im Heim, wo sie sich verhältnismäßig wohl fühlt und wohlfühlen kann, denn alle sind besonders nett zu ihr. Unser Heim hat sich allerdings auch sehr verkleinert, denn alle auswärtigen Zöglinge sind zu ihren Eltern zurückgekehrt, und außerdem haben wir andere auch verloren, da sie mit meinem Bruder zusammen sind. Daß ich natürlich

aufs tiefste deprimiert bin, kannst Du und all die anderen Lieben Dir wohl denken, doch heißt es, den Kopf hochhalten, vor allem für mich, die ich ein Heim zu leiten habe. Aber wie schwer fällt mir dieses manchmal!!! Ottis Freundin ist schwer erkrankt, sie liegt auf Leben und Tod im Krankenhaus, man kann ihr nur wünschen, daß es mit ihr zu Ende geht.

Von dir, lieber Max, hörte ich auch schon lange nichts mehr, hoffentlich geht es wenigstens Dir einigermaßen. Wer hätte das gedacht, daß wir noch einmal so getrennt würden, ob wir uns wohl je wiedersehen? Ich bezweifle es. Und trotz allem habe ich Arbeit in Haufen, aber jetzt ist es nicht mehr so, daß die Arbeit einen die Sorgen vergessen läßt, sondern sie übermannen einen so, daß sie einen bei der Arbeit lähmen und man nichts Reelles schafft. ... Ihr Lieben, wenn Ihr wieder einmal etwas für uns tun könnt, vergeßt uns nicht, aber das brauche ich Euch ja nicht erst zu schreiben, ich weiß, daß uns ein ewiges Band der Freundschaft umschließt, auch wenn wir nichts mehr voneinander hören sollten. Für heute seid alle sehr, sehr herzlich gegrüßt von Eurer sehr traurigen Hildy.«

Schon im Sommer 1941 war die Haushaltungsschule aufgelöst worden.[39] Kurz nach den November-Deportationen mußte Hildegard Cohen mit den restlichen Kindern und Mitarbeiterinnen des Stifts zum Waisenhaus am Papendamm 3 umziehen. Das Haus am Laufgraben wurde unter der Leitung von Julius Gottschalk »Jüdisches Alters- und Pflegeheim«, bis auch die letzten dieser Alten und Gebrechlichen in den Tod geschickt wurden — mit ihnen die Familie Gottschalk.[40] Am Papendamm 3 herrschten Not und Enge, da auch dieses Haus jetzt neben den Kindern alte Menschen aufnehmen mußte. Im Juni 1942 wurden sie gezwungen, nochmals zusammenzurücken. Mehr als 70 Kinder mit ihren Lehrern und Lehrerinnen waren auf Antrag der Hamburger Schulverwaltung aus ihrem Schulhaus an der Carolinenstraße 35 vertrieben worden und wurden nirgends aufgenommen. Im hoffnungslos überfüllten »Schlößchen« drängten sie sich an fünf Vormittagen in der Woche zusammen und erhielten einen notdürftigen Unterricht, bis auch diese »Schule« am 30. Juni 1942 von den Nationalsozialisten verboten wurde.[41]

Nur wenige Tage später kam der Deportationsbefehl für Hildegard Cohen, ihre Mitarbeiter und Mitarbeiterinnen und 14 Zöglinge des Waisenhauses, die Jüngsten noch nicht drei Jahre alt. Hildegards Mutter war inzwischen gestorben. Am 10. Juli 1942 begann der Transport zu einem unbekannten Ziel.[42]

Dr. Berthold Simonsohn, ehemals Geschäftsführer der Bezirksstelle Nordwestdeutschland der »Reichsvereinigung der Juden in Deutschland«, schrieb am 9. August 1946 an Trude Simonsohn, die seit dem Kriegsende vergeblich nach ihrer verschollenen Freundin geforscht hatte: »Frau Hildegard Cohen aus Hamburg habe ich gut gekannt. Sie hat zuletzt das Waisenhaus am Papendamm geleitet. Sie ist am

Schülerinnen des Ober-Lyzeums Hedwig Sieg in Altona, um 1920. Vorn 3.v.l.: Hildegard Cohen; 2.v.r.: Emma Simonsohn. (Privatbesitz)

10.7.1942 mit den Resten des Waisenhauses in einem Transport abgefahren, der angeblich hätte nach Warschau gehen sollen. Er ist jedoch höchstwahrscheinlich nach Auschwitz gegangen und man hat nie von einem Transportteilnehmer ein Lebenszeichen erhalten. Ich selbst habe sie zusammen mit ihren Kindern noch auf dem Bahnhof Ludwigslust zuletzt gesprochen. Sie fuhr mit den Kindern zusammen und war sehr gefaßt, zumal ja auch niemand diese Art des Schicksals von uns geahnt hatte.«[43]

Anmerkungen

[1] C.Z. Klötzel, Eine jüdische Jugend in Hamburg vor dem Ersten Weltkrieg, Hamburg o.J., S. 5.
[2] Irmgard Stein, Jüdische Baudenkmäler in Hamburg, Hamburg 1984, S. 112.
[3] Moritz Warburg, geb. 1838 in Hamburg, gest. 1910 in Hamburg.
[4] Das Waisenhaus hatte sich vorher in der 2. Marktstraße Nr. 4 (heute: Markusstraße) in der Hamburger Neustadt befunden. Vgl. Irmgard Stein, Jüdische Baudenkmäler in Hamburg, a.a.O., S. 112.
[5] Staatsarchiv Hamburg, Familie Plaut, B II/4, Hamburger Familienblatt vom 14.9.1933, Nr. 37, S. 3. 50-Jahr-Feier des Hamburgischen Deutsch-Israelitischen Waiseninstituts.
[6] C.Z. Klötzel, Eine jüdische Jugend in Hamburg, a.a.O., S. 7.
[7] Ebenda, S. 11f.
[8] Eduard Schloß, geb. Juni 1883 in Obbach bei Schweinfurt, Ausbildung in der Israelitischen Lehrerbildungsanstalt zu Würzburg, 1913–1915 Leiter des jüdischen Waisenhauses in Emden, 1915–1920 Direktor des Knaben-Waisenhauses am Papendamm. Verheiratet seit 1913 mit Minna Schloß geb. Schloß. Nach 1920 Lehrer an der Talmud-Tora-Schule und Leiter des Knabenhorts. Auswanderung 1938. Gest. 1940 in New York.
Auskunft von Frau Rachel Cohen geb. Schloß, Israel, Brief vom 2.3.1987.
[9] Raphael Plaut, geb. 12.9.1876 in Willingshausen/Hessen. Ausbildung am Lehrerseminar in Kassel. Leiter der jüdischen Volksschule in Sohrau/Oberschlesien. »Waisenvater« am Papendamm 3 seit 1920; gest. 15.4.1940 in Hamburg.
[10] Israelitisches Familienblatt, Ausgabe C, Hamburger Ausgabe vom 9.1.1936. Raphael Plaut 60 Jahre.
[11] Das Paulinenstift war zunächst eine selbständige Anstalt. 1920 wurde es von der Deutsch-Israelitischen Gemeinde in Hamburg übernommen.
[12] Auskunft von Frau Fanny Bahnsen, Hamburg.
[13] Gertrud Benzian, geb. 1882 in Hamburg. Von 1902 bis 1918 Lehrerin an der Israelitischen Töchterschule. Anschließend Ausbildung am Sozialpädagogischen Institut unter Gertrud Bäumer und Marie Baum. Erzieherin am jüd. Waisenhaus Berlin. Geschäftsführerin im Jüdischen Frauenbund. Seit 1920 Leiterin des Paulinenstifts, gest. 1934 in Hamburg.
[14] Gertrud Benzian, Das Paulinenstift zu Hamburg. Zur Reform der Anstaltserziehung. In: Der Jude, Jg. 8, 1934, S. 743.
[15] Ebenda, S. 746.
[16] Ebenda, S. 744.
[17] Auskunft von Frau Line Kamienietzki geb. Nathan, Israel, die zu den ersten fünf »Hasen« am Paulinenstift gehörte.
[18] Irmgard Stein, Jüdische Baudenkmäler in Hamburg, a.a.O., S. 113.
[19] Gemeindeblatt der Deutsch-Israelitischen Gemeinde in Hamburg, Nr. 6, 22.7.32. Bericht von Dr. Max Plaut.
[20] Alice Gramm, geb. 6.2.1908 in Verden, deportiert nach Auschwitz am 11.7.1942. Zitat von Frau Elisabeth Leibson geb. Mirabeau, New York. Brief vom 3.3.1990.
[21] Ruth von der Wall an Lilli Traumann, Brief vom 4.2.1934. Privatbesitz.
[22] Ruth von der Wall an Lilli Traumann, Brief vom 8.1.1935. Bianca Strauß, eine sehr beliebte Lehrerin der jüdischen Mädchenschule, war ebenfalls schon nach Palästina ausgewandert.
[23] Ebenda.
[24] Staatsarchiv Hamburg, Vorstand – Protokolle 1934–1937, Jüdische Gemeinden 297 Bd. 22. Elisabeth Mirabeau wurde am 1.7.1935 zur Leiterin erwählt.
[25] Elisabeth Leibson geb. Mirabeau, New York, schriftlicher Bericht vom Februar 1990.
[26] Ebenda.
[27] Vgl. Anm. 25.
[28] Ebenda.
[29] Ebenda.
[30] Miriam Gillis-Carlebach, Jüdischer Alltag als humaner Widerstand, 1939–1941. Hamburg 1990. Brief an Mirjam vom 8.4.1940. Laut Anm. 315 wurde die Halbwaise Erwin Kopf, geb. 18.11.1932, am 25.10.41 mit seiner Mutter und einem Bruder nach Lodz deportiert.
[31] Auskunft vom Staatsarchiv Hamburg.
[32] Auskunft vom Staatsarchiv Hamburg.
[33] Julius Gottschalk, geb. 30.8.1898 in Esens, und Minna G. geb. v.d. Walde, geb. 5.2.1903 in Hamburg. Beide wurden mit ihren drei Kindern am 23.6.1943 nach Theresienstadt deportiert.
[34] Hildegard Cohen, geb. 10.4.1900 in Hamburg. Lehrbefähigung für Höhere Schulen. 1923 bis 1934 Lehrerin an der Höheren Mädchenschule von Erna Luetgens, Osterstraße. Seit Sommer 1940 Leiterin des Paulinenstifts und zuletzt der zusammengelegten Waisenhäuser am Papendamm 3. Am 11.7.1942 nach Auschwitz deportiert.
Vgl. zum folgenden Abschnitt: Ursula Randt, »Vergeßt uns nicht«. Hildegard Cohen, Lehrerin und letzte Leiterin des Mädchen-Waisenhauses »Paulinenstift«. In: Reiner Lehberger/Hans-Peter de Lorent (Hrsg.): »Die Fahne hoch«, Schulpolitik und Schulalltag in Hamburg unterm Hakenkreuz. Hamburg 1986, S. 325–328.
[35] Hildegard Cohen, Hamburg, an Trude Simonsohn, New York, Briefe vom 7.1.1941, 19.10.41, 2.11.41, 12.11.41.
[36] Max Warisch, geb. 25.6.1895 in Hamburg, gest. 1942 in Auschwitz. Im Frühjahr 1941 befand sich Max Warisch im Camp de Gurs in Südfrankreich.
[37] Der erste große Deportationstransport nach Lodz verließ Hamburg am 25.10.1941.
[38] Waldemar Cohen, geb. 2.2.1903 in Hamburg, war am 8.11.1941 nach Minsk deportiert worden. Hildegard schreibt »verreist«, da alle Briefe zensiert wurden. Daher erwähnte sie auch vorher nicht den »Evakuierungsbefehl«, »sehr traurige Post«.
[39] Staatsarchiv Hamburg, TT 46, Fanny David an Dr. Jonas, 4.7.1941. Die Haushaltungsschule wurde mit Wirkung vom 1.6.1941 aufgelöst.
[40] Vgl. Deutsch-Jüdische Gesellschaft Hamburg (Hrsg.), Wegweiser zu ehemaligen jüdischen Stätten in den Stadtteilen Eimsbüttel/Rotherbaum (I), Heft 2, Hamburg 1985, S. 90, Anm. 499.
[41] Vgl. Ursula Randt, Carolinenstraße 35, Geschichte der Mädchenschule der Deutsch-Israelitischen Gemeinde in Hamburg 1884–1942, Hamburg 1984.
[42] Staatsarchiv Hamburg, 5. Deportation, Geheime Staatspolizei, Staatspolizeileitstelle Hamburg, Namentliche Liste der 299 Juden, die am 11.7.1942 aus Hamburg ausgewandert sind. Der Transport, dessen Ziel mit »unbekannt« angegeben wurde, ging nach Auschwitz.
Bei folgenden Kindern wurde als Anschrift »Papendamm 3« angegeben: Bela Anschlawski, geb. 2.10.39, Esther Ascher, geb. 5.9.28, Hannelore Ascher, geb. 3.1.26, Ellen Ingrid Berger, geb. 17.12.24, Hanni Bernstein, geb. 9.3.28, Karl-Heinz Bloch, geb. 9.2.33, Dan Croner, geb. 28.3.39, Zita Feldmann, geb. 1.11.38, Jacob Fertig, geb. 16.1.27, Gerda Polak, geb. 20.7.29, Miriam Rothschild, geb. 17.8.33, Regina Rothschild, geb. 5.12.28, Inge Polak, geb. 11.11.27, Ilonka Hofmann, geb. 11.10.37. Außer Hildegard Cohen und Alice Gramm gehörten zu den erwachsenen Betreuern: Else Grunert geb. Mayer, geb. 20.9.91, Julius Hamburger, geb. 23.11.10, Bertha Kleve geb. Schlesinger, geb. 14.12.89.
[43] Dr. Berthold Simonsohn, Davos, an Trude Simonsohn, Forest Hills, 9.8.1946. Dr. Berthold Simonsohn wurde nach Theresienstadt deportiert und hat überlebt.

Erika Hirsch

Die Henry-Jones-Loge und jüdische Vereine

»Zur Zeit der Regierung Sr. Majestät Wilhelms II des deutschen Kaisers, als in der Freien und Hansestadt Herr Bürgermeister Dr. Burchard einem Hohen Senate und Herr Landgerichtspräsident Engel der Bürgerschaft präsidierten, am zwei und zwanzigsten Oktober 1903/ersten Chewan 5604 3 Uhr Nachmittags haben sich hier eine große Anzahl von Bbr. der Henry-Jones-Loge, Gesellschaftern des Logenheims, sowie Vorsteher, Repräsentanten und Geistliche der Deutsch-Israelitischen und Portugiesisch-Jüdischen Gemeinde, die Vorstände der der Henry Jones-Loge näher verbündeten Institutionen und sonstige geladenen Gäste zusammengefunden und unter den üblichen Hammerschlägen die feierliche Handlung der Grundsteinlegung vollzogen.« (Aus der Urkunde zur Grundsteinlegung des Logenheims für die Henry-Jones-Loge)

Ein Grundstein wird gelegt

Das Ereignis, von dem hier die Rede ist, fand in der Hartungstraße 9/11 statt. Um 1900 befand sich dort das sogenannte Pfennig'sche Wohnhaus, das jetzt unter Einbeziehung der nebengelegenen Grundstücksteile für einen neuen Zweck um- und ausgebaut wurde. Besitzer war nun die Henry-Jones-Loge, die eine geeignete Unterkunft für ihre immer zahlreicher gewordenen Aktivitäten benötigte. Das Haus sollte ein »Heim allen mit der Loge in Verbindung stehenden Institutionen« werden. Gustav Tuch, ein angesehener Hamburger Kaufmann und Vorsitzender der Logenheim-Gesellschaft, begleitete bei der Grundsteinlegung seine Hammerschläge mit Worten, die die leitmotivischen Werte dieses Wirkungsfeldes beschrieben: »Hingebungs-

Präsidialsitz im Logenheim, Hartungstraße 9-11, um 1904. (Sta HH)

voll dem Menschenthum zu dienen, / Und treu der Pflichten reinste auszuüben, / Erhebt zur Würde, adelt unsern Sinn.«[1]

In der Hartungstraße 9/11 sind heute die »Hamburger Kammerspiele« untergebracht. Ein Gang durch das Haus zeigt noch heute Spuren seiner früheren Bestimmung, insbesondere den in jüngster Zeit freigelegten Grundriß des Logensaales. Dort befand sich das Zentrum einer besonderen Welt mit einem eigenen Habitus und rituellen Gepflogenheiten, die nichts damit zu tun hatten, daß die, die sie lebten, einer anderen Religion angehörten: Die Henry-Jones-Loge war ein jüdischer Orden in der Freimaurertradition. Grundsteinlegung und Bezug des Logenhauses in der Hartungstraße markierten Höhepunkte in einer neuen Bewegung, die um 1880 reichsweit ihren Ausgang genommen hatte. Die Henry-Jones-Loge, eine regionale Vereinigung des jüdischen Ordens Bne Briß (Söhne des Bundes), war in Hamburg wichtigster Repräsentant dieser Bewegung. 1887 gegründet, war ihre Mitgliederzahl von ursprünglich 39 um 1900 auf ungefähr 170 angestiegen.[2] Sie hatte zahlreiche weitere Vereinsgründungen veranlaßt. Die Bewegung war ausgelöst durch eine neue Welle der Judenfeindschaft, die im Gefolge der Wirtschaftskrise der 70er Jahre ihre Anhänger gefunden hatte.[3] Nach einer langen Phase sozialer Integration machte das auf die Möglichkeit aufmerksam, daß das Selbstverständnis als »Bürger jüdischen Glaubens« nicht so konfliktfrei lebbar sein könnte wie lange Zeit angenommen. Die neue Judenfeindschaft weckte Ängste, die verstärkt wurden von Nachrichten über Pogrome in Rußland sowie die Ankunft zahlreicher osteuropäisch-jüdischer Flüchtlinge.

Anfangs waren es einzelne, die versuchten, sich in einem zunächst beschränkten öffentlichen Rahmen Gehör zu verschaffen. Als z.B. 1882 in Hamburg eine kleine Broschüre »Die Judenhetze in Rußland und ihre Ursachen. Zugleich ein Mahnwort an Deutschland« erschien, dankte ein anonymer Verfasser dem (nichtjüdischen) Autor: »Nicht minder Dank verdienen Sie für den warnenden Mahnruf, welcher dem deutschen Volke den gähnenden Abdruck zum Bewußtsein bringt, der unter den blumenreichen Phrasen eines Stöcker, Marr und Konsorten vergraben liegt. Am meisten aber zolle ich Ihnen meine Anerkennung dafür, daß Sie als Christ diese schwierige und in mancher Beziehung undankbare Aufgabe übernommen haben; ist es doch heutzutage nicht mehr alltäglich, daß der Christ gerade dem Juden Gerechtigkeit widerfahren zu lassen geneigt ist. Das eben ist das Traurige für uns Juden, daß wir nicht als Menschen, als berechtigte Mitglieder des gesellschaftlichen Organismus, sondern eben nur als Juden d.h. als etwas Fremdartiges, dem Volkskörper entbehrliches beurteilt und behandelt werden.«[4]

Der Verfasser dürfte allerdings damals in Hamburg noch kaum Gehör gefunden haben. Man war allgemein der Ansicht, daß der »gesunde Hamburger Bürgersinn« judenfeindlicher Propaganda kaum Raum geben würde, was zunächst auch der Fall zu sein schien.[5] In den 90er Jahren wurde dann aber auch in Hamburg die »Judenfrage« thematisiert — nicht nur von judenfeindlicher Propaganda. Es gab eine Reihe von Broschüren, in denen jüdische Verfasser Gedanken über die Zukunft der Juden veröffentlichten. Eine erste jüdische Zeitung, die »Menorah«, wurde herausgegeben. Einzelne Stimmen riefen zum Zusammenschluß auf, Komitees begannen, Vorbereitungen zu treffen, um dann in einer öffentlichen Gründungsversammlung einen neuen Verein ins Leben zu rufen. Diese Vereine waren jüdisch, weil sie Juden als Mitglieder vereinigten und weil sie jüdische Belange als Aufgabe wählten. Sie wurden in der jüdischen Umwelt häufig mit großer Skepsis betrachtet und für nicht mehr zeitgemäß befunden.

Als 1903 der Grundstein für das Logenhaus gelegt wurde, bestanden schon einige solcher Vereine, meist als »eingetragener Verein« eingebunden in die gesetzlichen Rahmenbedingungen des bürgerlichen Rechts. Die im Deutschen Reich einzigartige organisatorische Konstruktion des Gemeindelebens in Hamburg mag dieser Entwicklung förderlich gewesen sein. Hier bot die Gemeinde als öffentlich-rechtliche Körperschaft lediglich die äußere Klammer des Zusammenhalts mit eingeschränkten Zuständigkeitsbereichen im überwiegend verwaltenden Bereich. Mit der Religionsausübung waren die beiden Kultusverbände, der libe-

Logenhaus in der Hartungstraße 9-11, um 1904. (Sta HH)

rale Tempelverband und der orthodoxe Synagogenverband, befaßt.⁶ Ein neues Anliegen als Verein zu betreiben, insbesondere ein umstrittenes, war in der Hamburger Judenheit durchaus nichts Ungewöhnliches. So gründeten sich gegen Ende des Jahrhunderts im Zuge von Polarisierungen im Synagogenverband sowohl an seinem liberalisierungsbereiten wie an seinem streng orthodoxen Rand gesonderte Gruppierungen. Sowohl die »Neue Dammtor-Synagoge« (später dritter Kultusverband) als auch die »Beerdigungsbrüderschaft Langenfelde« etablierten sich als Vereine.⁷ Beider Anliegen betrafen Belange der Religion. Ausdrückliches Anliegen der meisten neuen jüdischen Vereine war indessen, religiöse Fragen nicht zu behandeln; generell legten die Statuten religiöse (wie auch politische) Neutralität fest.

Noch etwas anderes begünstigte in Hamburg die Konstituierung neuer jüdischer Vereine. Sie entstanden zu einer Zeit, als sich der Umzug aus dem Stadtzentrum in die neuen Wohngebiete vor dem Dammtor vollzog. Als die Henry-Jones-Loge den Grundstein für ihr neues Heim legte, stand die Entwicklung einer Infrastruktur jüdischen Lebens am Grindel erst in den Anfängen. Die Loge hatte auch in dieser Hinsicht durch ihre Namensgebung Akzente gesetzt. Heinrich Jonas, ein in die USA emigrierter, gebürtiger Hamburger, hatte 1843 in einer Welt ohne traditionsreiche jüdische Gemeinden als Orientierungspol den Bne-Briß-Orden gegründet. Bei der Grundsteinlegung des Logenhauses führte Gustav Tuch aus:

»Wir leben hier in Hamburg nicht in schroffen und auch nicht in völlig neu zu regelnden Verhältnissen, wie sie in Amerika vor sechzig Jahren in Formen gebracht werden mußten. Aber wir haben doch auf zweierlei unsere Aufmerksamkeit zu lenken. Wir sehen erstens die gewaltige Leistung, die aus opferwilliger Selbständigkeit in den Vereinigten Staaten blühende jüdische Gemeinwesen und Kongregationen überall hat hervorgehen lassen. Wir sehen zweitens eine gewisse Analogie mit unseren eigenen Zuständen. Denn auch in Hamburg besteht keine religiöse Zwangsgemeinde. Da ist es denn für uns Bne Briß ein gern geübtes Werk, der Gemeinde in ihren Leistungen nach dem Maße unserer Kräfte zur Seite zu stehen. Die jüdische Idee in ihrer geschichtlichen Entwicklung ist stark genug, ihre Anhänger aus eigenem Willen in gemeinsamer Bethätigung so fest zu verbinden, wie es unter Beugung der Geister und Gewissen nimmer sich erringen läßt. Das Haus, das wir hier erbauen wollen, soll eine Burg sein freiwillig, hingebend und opferwillig übernommener Pflichten reinsten und edelsten Menschentums. Das möge der heute gesetzte Grundstein versinnbildlichen.«⁸

»Zedaka« und Toynbee-hall: Sozialarbeit der Henry-Jones-Loge

Zu den alten Traditionen des Judentums gehört, »zedaka« zu sammeln. Zedaka ist ein religiöses Gebot der Wohltätigkeit, die dem Grundsatz äußerster Diskretion bei der Vergabe eines Almosens folgt.⁹ Es gab in Hamburg sehr viele jüdische Wohltätigkeitsvereine. Einige konnten ihre Geschichte bis in die Anfänge der Gemeindegeschichte zurückverfolgen. In ihren Satzungen hatten sie phantasievolle Wege gefunden zu verhindern, daß zwischen Spender und Empfänger einer milden Gabe ein direkter Bezug bestand. Das Verfahren hatte Kritiker, weil die Diskretion zum Mißbrauch verleiten konnte.¹⁰ Dennoch wurde diese Tradition beibehalten, bot sie doch auch weniger Begüterten die Möglichkeit, mit einem geringen Mitgliedsbeitrag einem religiösen Gebot Folge zu leisten. Als eine ihrer ersten Maßnahmen versuchte die Henry-Jones-Loge, dieses neben dem Armenwesen der Gemeinde gewachsene Wohltätigkeitsnetz 1892 mit der Gründung des »Verbandes hiesiger israelitischer Wohltätigkeitsvereine« in veränderter Form zu betreiben.¹¹ Das Vorhaben scheiterte. Die Anliegen der Henry Jones-Loge folgten modernen Vorstellungen von Sozialarbeit, die sich nicht im strukturellen Zusammenwirken mit traditioneller Wohltätigkeit verwirklichen ließen. Als die Loge 1912 nach 25jähriger Tätigkeit eine erste Bilanz ihrer Arbeit zog, hieß es etwas boshaft: »Daß diese Anregung von den außenstehenden Vereinen, deren Vorstände in vollster Verkennung des Zweckes dieses Verbandes Furcht hatten, daß ihre Befugnisse als Vorsteher Einbuße erleiden könnten, keinen Anklang fand, ist bedauerlich.«¹²

Der gleichen Quelle ist die erfolgreiche Entwicklung anderer Initiativen der Loge zu entnehmen, die in den folgenden Jahren die Grundlagen eines jüdischen Sozialsystems bildeten. Träger waren jeweils selbständige Vereinigungen. Es entstanden 1893 der »Israelitisch-humanitäre Frauenverein«, 1894 die »Arbeitsstätte« als Gegengewicht zur sogenannten Judenmission, das Konzept für »Knabenhandfertigkeitskurse« und als weitere Maßnahme im Ausbildungsbereich das »Kuratorium zur Ausbildung jüdischer Krankenpflegerinnen«, 1895 eine jüdische Haushaltungsschule.¹³ Um 1900 wurde ein jüdischer Arbeitsnachweis eingerichtet.¹⁴

Ein neuer Weg der Sozialarbeit wurde 1901 mit der Gründung des »Gemeinschaftsheims« beschritten. Vorbild waren die Toynbee-halls in England, wo Angehörige verschiedener Bevölkerungsschichten in gegenseitiger Annäherung soziale Gegensätze überwinden sollten. Nach dieser Idee Thomas Carlyles, des »großen Erweckers des sozialen Gewissens der oberen Klassen«, sollten Toynbee-halls der Volksbildung, der Unterhaltung und der Unterweisung in der Lösung alltäglicher Probleme dienen.¹⁵ Das Gemeinschaftsheim, das im Logenhaus in der Hartungstraße das zweite Stockwerk bezog, nahm allerdings eine andere Geschichte. Zwar lud eine Anzeige in der Presse bei der Eröffnung »Gäste aus allen socialen Schichten, soweit der Raum reicht« ein und kostenlos wurde Tee und Gebäck in Aussicht gestellt¹⁶, aber bald mußte man einsehen, daß einkommensschwächere Besucher nicht zum Stammpublikum gehörten.¹⁷ Gründe werden offensichtlich, wenn man z.B. in einer Zeitungsmeldung aus dem Jahre 1904 lesen kann, daß ein im Gemeinschaftsheim gegründeter »Damenchor-

Restaurant im Logenheim Hartungstr. 9—11; 3. v. r.: Siegfried Heilbron; 4. v. r.: Moritz Karlsberg, um 1904. (Sta HH)

verein« ausdrücklich um Mitglieder »aus den besseren Kreisen« warb.[18] Das Gemeinschaftsheim wurde zu einem Ort regen geselligen und kulturellen Lebens — für diejenigen sozialen Schichten, die im wesentlichen die neue Bewegung trugen: Angehörige des gehobenen Mittelstandes.

Die »Hydra des Judenhasses«

Das Bild der ihr mächtiges Haupt hebenden »Hydra des Judenhasses« ist später von jüdischer Seite in der unmittelbaren Vorphase des Nationalsozialismus verwendet worden.[19] Als sich 1912 der Verfasser der Logenfestschrift dieses Bildes bediente, um die Gründungsintentionen jüdischer Logen in Deutschland zu beschreiben[20], war dies mehr Ausdruck subjektiv empfundener Verletzung und Verunsicherung als die Wahrnehmung einer realen Gefahr, die die Judenfeindschaft vor dem Ersten Weltkrieg noch nicht darstellte. Die Verunsicherung hatte sehr viel mit der Emanzipationsgeschichte der Juden in Deutschland zu tun. Die endgültige reichsweite rechtliche Gleichstellung war erst 1871 erfolgt. In Hamburg währte sie zwar schon länger, aber hier wie überall in Deutschland war ihre Vorenthaltung mit Besonderheiten jüdischer Lebensweise begründet worden. Diese Besonderheiten hatten manchmal ihren Ursprung in der Ausübung der jüdischen Religion, waren aber in weiten Bereichen Ergebnis einer besonderen Geschichte als ausgegrenzte Minderheit. Von jüdischer Seite war in der Hansestadt insbesondere zu Beginn des 19. Jahrhunderts in spezifischer Weise damit umgegangen worden. Eine Reihe innerjüdischer Maßnahmen sollten die Besonderheiten möglichst weitgehend verschwinden lassen — knapp auf die Formel einer »Assimilation ... als bewußter und planmäßig betriebener Vorgang« gebracht.[21] Auf die neue Judenfeindschaft um 1900 wurde auf vergleichbare Weise reagiert. Insbesondere in dem Sozialwerk der Loge finden sich davon Spuren.

So sollte die Ausbildung jüdischer Krankenpflegerinnen zeigen, daß auch »das jüdische Weib geneigt und geeignet ist, die schwere Berufspflicht einer Krankenschwester auf sich zu nehmen, in der idealsten Nächstenliebe mit den christlichen Schwestern zu wetteifern.«[22] Die Knabenhandfertigkeitskurse waren eingerichtet worden, damit »in die jungen Herzen ... der erste Keim für die Liebe zum Handwerk« gepflanzt werden konnte.[23] Das Handwerk war kein Erwerbszweig mehr, dessen Ausübung von den Ertragsbedingungen her gesehen unbedingt erfolgversprechend war. Früher hatte es die Juden aus den Zünften (in Hamburg hießen sie Ämter) ausgeschlossen, und das Ergebnis war den Juden vorgeworfen worden als Indiz vermeintlicher Unfähigkeit zu produktiver Arbeit.[24] Die Henry-Jones-Loge war nicht die einzige Kraft, die sich um 1900 des jüdischen

Handwerks annahm. 1889 gründete sich ein »Verein zur Förderung der Handwerke und technischen Berufsarten unter den Juden«[25], 1906 sogar eine jüdische Standesvereinigung von Handwerkern verschiedener Branchen. Der »Verein jüdischer Handwerker und Gewerbetreibender zu Hamburg« vertrat auch energisch die Interessen seiner Mitglieder, wenn etwa jüdische Institutionen Aufträge anderweitig vergaben.[26]

Die »Hydra des Judenhasses« rührte an einen weiteren wunden Punkt. Für den »Bürger jüdischen Glaubens« war die Religion Privatsache; vielen war sie überhaupt kein einigendes Band mehr. Was aber machte dann das Judesein aus? Die Antisemiten wußten mit ihren negativen Stigmatisierungen eine Antwort. Es gab zahlreiche Ansätze, sie argumentativ zu widerlegen. In zunehmendem Maße wurde das als nicht ausreichend empfunden, wenn nicht zugleich auch Elemente einer positiven, jüdisch-säkularisierten Gruppenidentität dagegengesetzt werden konnten. Man machte sich auf die Suche, setzte sich mit der besonderen Geschichte der Juden auseinander, beschäftigte sich mit literarischen Aufarbeitungen des Judeseins, entdeckte jüdische Volkskunde. Die Sorge nahm Raum, es könnte zu wenig an Substantiellem übriggeblieben sein und dieses wenige würde dem Antisemitismus nicht standhalten.

Von Anfang an hatte die Henry-Jones-Loge ein eigenes Vortragswesen organisiert. 1892 ging daraus der »Hamburgische Verein für jüdische Geschichte und Literatur« hervor.[27] 1896 forderte die Loge dazu auf, Zeugnisse jüdischer Lebensweise für eine Sammlung zur Verfügung zu stellen. Ein Aufruf appellierte an die Bereitschaft der Spender, »in seiner Verteidigung gegen den äußeren Feind« der »Väter Erbe« zu schützen, denn »nichts steiger(e) den Wert eines Gutes höher, als die Gefahr, es zu verlieren.« Der Aufruf bezeichnete das religiöse Schrifttum als »Bollwerk«, es gelte auch das »Volkstum« zu bewahren: »nicht sowohl denkend zu schätzen und zu schützen, was unsere Väter lehrten, als liebend zu erfassen und zu erhalten, was sie lebten.«[28] Bald darauf trat ein »Komitee der Henry-Jones-Loge (U. O. B. B) für jüdische Volkskunde« an die Öffentlichkeit. Die »Gesellschaft für jüdische Volkskunde« konstituierte sich dann im Februar 1898.[29] Zur Jahrhundertwende begann — auch auf Initiative der Loge — die Planung zur Einrichtung einer jüdischen »Bibliothek und Lesehalle«. Jüdische Leser fänden in den allgemeinen Bibliotheken zu wenig Gelegenheit, »den Geist mit dem zu beschäftigen, was für die Juden Bedürfnis ist.« Gedacht war an Themenbereiche wie »die Vorgänge in der Judenheit auf dem weiten Erdenrund«, »Vergangenheit und Gegenwart« sowie »Sitte unseres Stammes«.[30]

»Volk« und »Stamm« waren neue Kategorien des Judeseins, für die das neue jüdische Vereinswesen den Orientierungs- und Handlungsrahmen bot. Relativ scharf klangen bei der Planung der Bibliothek Nuancen an, die das Neue in Abgrenzung zum Bestehenden formulierten: »Zahlreich sind und kräftig blühen und tragen segensreiche Früchte alle diejenigen Anstalten und Vereinigungen in Hamburg, die das materielle Wohl der Gemeindemitglieder zum Zwecke haben. Hungrige werden gesättigt, Nackte gekleidet, Kranke gepflegt, Obdachlose untergebracht. Ebenso gedeihen die Institute zur Erhaltung jüdischer Religiosität. Soll jedoch das Judentum nicht verkümmern noch stagnieren, sondern mit der allgemeinen Kultur wachsen und fortschreiten, so ist dafür zu sorgen, daß die geistige Bildung der Juden stete Nahrung finde ...«.[31]

Gerade die Bibliothek und Lesehalle, die zunächst im Logenhaus untergebracht wurde, erlebte später eine beispielhafte Reintegration in den Aufgabenbereich der Gemeinde. Schon 1909 wurde sie organisatorisch »durch die dankenswerte Förderung des Gemeindevorstandes« neu gegründet. Sie wurde in der Bieberstraße 4 untergebracht, betreut von einem Trägerverein mit Vertretern vieler Vereine, der Gemeinde und des liberalen Tempelverbandes.[32]

Das »schöne Blau des Ideals.« Die Henry-Jones-Loge und der Zionismus

Das Logenheim bot auch vielen nicht mit der Henry Jones-Loge direkt verbundenen Vereinen Raum für ihre regelmäßigen Treffen und Veranstaltungen. Dazu gehörte auch die »Zionistische Ortsgruppe«. In Hamburg waren die Beziehungen zwischen Zionisten und Nichtzionisten auffällig gut. Hier konnte sogar 1909 ein Zionistenkongreß stattfinden, der erste auf deutschem Boden. Die Zionisten wurden aber auch hier kritisiert, weil sie mit ihrer Begrifflichkeit einer »jüdischen Nation« die Gefühle deutsch-jüdischer Patrioten verletzten, weil sie als radikal galten, übernational organisiert waren, mit revolutionären Kräften in Rußland zu kontaktieren schienen und weil ihre Utopie befremdete. Vor dem Ersten Weltkrieg standen die Zeichen schlecht für die zionistische Grundidee Herzlscher Prägung, in Palästina eine »öffentlich-rechtlich gesicherte Heimstätte« für »das jüdische Volk« zu schaffen.[33] Wirksamkeit vor Ort bestimmte die Arbeit der 1898 gegründeten Zionistischen Ortsgruppe, die wie die Henry-Jones-Loge ein eigenes Netz von Vereinen initiierte.

Während es in anderen Städten eine starke Ablehnung der Bne Briß-Logen gegenüber dem Zionismus gab, reichten in Hamburg die Wurzeln guter Beziehungen zwischen dieser Bewegung und der Henry-Jones-Loge bis in ihre Gründungsphase zurück. Es heißt in der Festschrift der Henry Jones-Loge: »Mitte der 80er Jahre des vorigen Jahrhunderts blühte hier ein kleiner, aber eifriger Verein, ›Ahawas Zion‹, eine Vereinigung ideal gesinnter junger Juden. Hier wurde zunächst Propaganda für die Idee der Gründung einer Loge gemacht.«[34] Worin der Eifer bestand, wurde allerdings nicht erwähnt.

Ahawas Zion (Zionsverein) war eine Gruppierung der sogenannten Chowewe-Zion-Bewegung, die lange vor Theodor Herzl eine Lösung der »Judenfrage« in Palästina suchte. Chowewe Zion war in Osteuropa entstanden, wo jüdisches Leben noch von traditionellem Geist bestimmt war. Die Bewegung nahm die alte religiöse Zionssehnsucht,

Zionistische Ortsgruppe Hamburg-Altona.

Kursus über
„Die Grundfragen des Zionismus"
Nächster Vortrag:
Donnerstag, den 8. Januar 1914, pünktlich 9 Uhr
im Logenheim, Hartungstr.
Dr. A. Brünn
„Unsere politische Situation und unser Endziel".
Der Kursus findet von jetzt ab alle 14 Tage am Donnerstag statt am Dienstag statt. Gäste willkommen. Einschreibegebühr wird nicht erhoben.

Misrachi-Gruppe der Zionistischen Ortsgruppe Hamburg-Altona.

Montag, den 5. Januar 1914, 9 Uhr abends
im Logenheim, Hartungstraße 9/11
Vortrag
des Herrn Nahum Goldmann, Frankfurt a./Main:
„Geistige Strömungen im heutigen Palästina."
Diskussion.
Um regen Besuch, auch von Nichtmitgliedern, bittet
Der Vorstand.

Als Fortsetzung des Kurses
„Die Grundlagen des Zionismus"
wird am Dienstag, den 6. Januar, Herr Dr. G. Bloede über das Thema **„Von Heß bis Herzl"** sprechen.

Deutsch-Israelitischer Synagogen-Verband zu Hamburg.

Aus: »Hamburger Jüdische Nachrichten« vom 24.12.1913.

die Hoffnung, daß der Messias die Juden in das Heilige Land einer glücklicheren Zukunft zuführen würde, in sich auf und gab ihr eine weltliche Perspektive: Siedlungen in Palästina sollten Orte der Zuflucht und Regeneration sein, sollten die bedrückenden wirtschaftlichen Verhältnisse, unter denen die Masse der Juden in Osteuropa lebte, beenden. [35]

Dem 1885 gegründeten Hamburger Ahawas Zion gehörte z.B. Salomon Goldschmidt an, dessen Familie eine hebräische Buchhandlung führte. Junge Menschen wie er suchten zu der Zeit nicht ernsthaft für sich selbst eine Zukunft in Palästina. Sie waren von einer Idee erfüllt, erschreckt über die »himmelschreiende Not und die sich immer erneuernden Klagen unserer Brüder in Rußland, Rumänien und Marokko« und wollten sich »der Bewegung zugunsten der Kolonisation Palästinas durch Juden nach Kräften« anschließen. [36]

Der Verein war gegründet worden, nachdem eine erste Welle osteuropäisch-jüdischer Flüchtlinge in der Hansestadt angekommen war, die nur eine Station der Weiterreise (nicht nach Palästina, sondern meistens nach Übersee und England) sein sollte. Die Flüchtlinge widersetzten sich den westeuropäischen Standards in Aussehen und Auftreten. Sie sprachen »Jargon«, waren befremdlich »jüdisch« und auf beängstigende Weise geeignet, ein sehr unliebsames Bild »des Juden« abzugeben. Niemand wußte, wie sich die Lage in Rußland weiter entwickeln würde und ob noch mehr Flüchtlinge zu erwarten waren. In Hamburg gründeten sich Vereinigungen zur finanziellen Unterstützung, zur Betreuung ihres Aufenthaltes und gegebenenfalls zur Organisierung ihrer Weiterbeförderung. [37] Während diese Vereine ein durchaus auch traditionelles Gepräge hatten, war Ahawas Zion der erste Verein eines neuen Typs, der das Judesein thematisierte und dabei so unpopuläre Auffassungen wie die vertrat, daß »Amalgamierung und Assimilierung« vollständig unmöglich und der jüdische »Stamm« zur »christlichen Bevölkerung gänzlich heterogen« sei. [38]

Regelmäßige Berichte des Ahawas Zion an die Zeitschrift »Selbstemanzipation«, Forum insbesondere des westeuropäischen Spektrums der Chowewe-Zion-Bewegung, belegen die Kontaktnahme zwischen dem Zionsverein und den Gründern der Henry-Jones-Loge. Bei der Kontaktnahme spielte Moses Deutschländer eine wichtige Rolle. Moses Deutschländer, ein Lehrer, löste 1888/89 den ersten Präsidenten der Henry-Jones-Loge, den Kaufmann August Arnhold, nach dessen Tod ab. Moses Deutschländer gehörte später auch der Zionistischen Ortsgruppe an.

Von dem Zionsverein war bald nichts mehr zu hören. Berichte an die »Selbstemanzipation« unterblieben, personelle Veränderungen in der Vereinsleitung sind in den letzten Meldungen noch nachweisbar. Salomon Goldschmidt wurde für kurze Zeit Schriftführer [39], die Festschrift der Loge erwähnt dann u.a. ihn und Moses Deutschländer als diejenigen Logenbrüder, die sich in einem jetzt gegründeten »Verein zur Gründung einer B.-B.-Loge« besonders um die Propaganda verdient gemacht hatten. [40]

Die Utopie des Ahawas Zion fand Eingang in die Henry-Jones-Loge, wurde wahrscheinlich in ihren Grundzügen als Idee von faszinierendem Pragmatismus erkannt. Entsprechende Aktivitäten sind eng mit dem Namen Gustav Tuch verknüpft. Der über 50jährige trat der eben gegründeten Henry-Jones-Loge bei. Er »kam zögernd, ... ein eifriger Anhänger der Assimilations-Idee, jetzt abgestoßen und im tiefsten Herzen verwundet durch die antisemitische Bewegung, war er bewußt-jüdischen Bestrebungen seit langem entfremdet«. Gustav Tuch war lange Zeit Präsident der Loge, drückte ihr, so die Festschrift, »durch zwei Jahrzehnte ... den Stempel seines vornehmen Geistes auf.« [41]

Zu Beginn der 90er Jahre nahm die Massenflucht aus Rußland große Ausmaße an. In den jüdischen Hilfsorganisationen diskutierte man die Möglichkeiten kollektiver Ansiedlung der Flüchtlinge. Länder wie beispielsweise Argentinien waren bevorzugte Ziele. Es gab auch bereits Pressemeldungen gescheiterter Kolonisationsvorhaben. [42] Gustav Tuch führte einen Briefwechsel mit dem jungen Kölner Rechtsanwalt Dr. Max Bodenheimer, der 1891 eine Broschüre mit dem Titel »Wohin mit den russischen Juden?« verfaßt hat. Das Heftchen enthielt detaillierte Pläne zur Kolonisation Palästinas. Gustav Tuch beschäftigte die Frage, woran es läge, »daß die Einwanderer ... bis auf einen kleinen Teil weder die physische Kraft noch die zähe Ausdauer (hätten), welche notwendig sind, jungfräulichen Boden der Kultur zu erschließen, den Wald zu lichten und die zum Erfolg führenden Entbehrungen zu ertragen«.[43] Bodenheimer hatte die Antwort in »Wohin mit den russischen Juden« schon gegeben: Die »auf religiösen und historischen Gründen beruhende Vorliebe, für das heilige Land, (wird) den Einwanderern die nötige moralische Stütze gewähren, um die ersten Schwierigkeiten einer Neuansiedlung leichter zu überwinden.«[44]

1896 erschien »Der Judenstaat« von Theodor Herzl, und Bodenheimer wurde einer der wichtigsten Funktionäre der Zionistischen Bewegung.[45] Die Gründung der Hamburger Zionistischen Ortsgruppe erfolgte 1898. Sie betonte in den ersten Jahren ihres Bestehens immer wieder, daß ihre Bestrebungen zur Unterbringung der osteuropäischen Flüchtlinge galten. Prägnant hieß es bei ihrer Gründung, daß »der Name Zion« als Vorspann diene, der »das Ziel mit dem schönen Blau des Ideals« färbe.[46]

Als Gustav Tuch am 2. Februar 1909 starb, ehrte ihn die Generalversammlung der Zionistischen Ortsgruppe durch Erheben von den Sitzen und widmete ihm einen Nachruf.[47] Als einziger Nichtzionist hatte er noch am 14.1.1909 an einer vertraulichen Sitzung teilgenommen, bei der es um den für Hamburg geplanten Zionistenkongreß ging. Gustav Tuch befürwortete Hamburg als Kongreßort, meinte aber — sehr hanseatisch — »man würde keine allzu rauhe Seite in den Verhandlungen herauskehren dürfen.«[48]

»Die antisemitische Fabel von dem ›krummbeinigen Juden‹«

Gustav Tuchs letzte Lebensphase war erfüllt von einer intensiven Auseinandersetzung um die insbesondere seit den 90er Jahren sich verbreitende Ansicht einer vermeintlich minderwertigen »jüdischen Rasse«. Zwei Vorträge zu diesem Thema hielt er noch im Januar 1909 im Logenheim. Seine Zuhörerschaft kam aus der Henry-Jones-Loge, dem Verein für jüdische Geschichte und Literatur und der Zionistischen Ortsgruppe, die ein gemeinsames Vortragswesen durchführten. »Sprach man früher von Menschenrassen, so dachte man an weiße, schwarze, gelbe, braune und kupferfarbene Leute. Etwa seit Mitte des vorigen Jahrhunderts haben die Gelehrten andere Einteilungen gemacht. Seitdem sie mit der Abstammungstheorie, der Zuchtwahl, dem Kampf ums Leben sich immer entschiedener beschäftigen, haben sie die Menschen nicht nur nach Farben geschieden, sondern sie beachten auch die äußere Schädelform, Augen, Nase, Ohren, Lippen, Kinn, Art des Haarwuchses, nahmen Messungen nach Höhe und Breite vor, achteten genauer auf den Gehirninhalt und teilten die Menschen fortan in 12, später wieder in 7 Rassen ...« Gewissenhaft unterschied Gustav Tuch zwischen »allseits geschätzten und würdigen Gelehrten, die ihre beruflichen Ziele und Aufgaben mit Ernst und Ruhe« verfolgten, und »gewisse(n) Klopffechter(n), denen es weniger um wissenschaftliche Forschung,

Gustav Tuch, Präsident der Henry-Jones-Loge, um 1900. (Sta HH)

als um Zwiespalt und unlautere Leidenschaftlichkeit zu tun sei.«[49]

1909 reihte sich die Auseinandersetzung mit angeblichen jüdischen »Rasseeigenschaften« ein in die Suche vieler Juden nach einer weltlichen Selbstdefinition als »Volk«, »Stamm« oder »Nation«. Nur ein Vierteljahrhundert später sollte die Beurteilung z.B. der äußeren Schädelform zur staatstragenden Ideologie gehören und Gustav Tuchs Sohn Theodor, 1909 43 Jahre alt, ihr zum Opfer fallen.[50] Gustav Tuch konstatierte besorgt, daß Werke wie Houston Steward Chamberlains »Grundlagen des 19. Jahrhunderts« binnen weniger Jahre eine große Popularität erlangt hatten. Diese und andere Schriften waren wegbereitend für die »Rassenlehre« des Nationalsozialismus.[51] Eine Gefahr für die Juden wurde damals aber nur aus einer anderen Perspektive wahrgenommen, in die lebensbedrohende Verhältnisse des »unzivilisierten« Rußland gehörten und deren Folgen es hier zu mildern galt. 1903 und 1905 erschütterten Pogrome dort die Menschen: »Tausende und Abertausende unserer Brüder sind auf grausame Art und Weise hingeschlachtet worden, ohne daß sich eine Hand zu ihrer Hülfe geregt hätte; das Gewissen Europas schweigt, eben weil es Juden sind. Die Juden sind also ganz allein auf sich angewiesen«, hieß es im November 1905 bei der Protestversammlung im Logenheim.[52]

Bei dieser Versammlung hatte die Zionistische Ortsgruppe zu einer Spendenaktion zugunsten jüdischer Selbstwehr in Rußland aufgerufen. Auch Gustav Tuch war dem Aufruf gefolgt.[53] Das Anliegen war charakteristisch für eine

Zeit, in der die Judenfeindschaft hier sich »antisemitisch« zu äußern, d.h. ein insbesondere auf äußerlich-körperliche Merkmale ausgerichtetes Feindbild zu propagieren, begann. Jüdische Selbstwehr, das ließ Vorstellungen kräftiger Körperlichkeit zu, die als prinzipielle Fähigkeit unter Beweis zu stellen auf vielfältige Weise zur innerjüdischen Aufgabe gemacht wurde. Gustav Tuch trug 1909 vor: »Allein neben dem andersartigen Typus sollen es Prunksucht, Vordringlichkeit, Sonderbarkeit der Haltung und der Bewegung sein, die dem Nichtjuden als unsympathisch gelten. Das Vorhandensein dieser Schwächen in mehr als gewöhnlichem Maße erkennen wir an. Doch dürfen wir gleichzeitig sagen, daß sie nirgends eifriger und entschiedener als in unsern eignen Kreisen kritisiert und — das dürfen wir der Wahrheit gemäß hinzufügen — erfolgreich bekämpft wurden ...«.[54]

Prägnant und äußerst anschaulich brachte 1899 ein Artikel im Israelitischen Familienblatt Wunschvorstellungen, die an Bemühungen um körperliche »Regeneration« geknüpft wurden, zum Ausdruck. Der Verfasser beschrieb seine Eindrücke einer landwirtschaftlichen jüdischen Siedlung in Argentinien. Er malte ein Bild aus von geschickt lassowerfenden Viehtreibern, »bedächtig hinter dem ... Pfluge einher(schreitenden)« Landwirten und »wuchtig auf ein breites Bandeisen« einhiebenden Schmiedegesellen. Es schienen sich hier, so der Artikel, »die letzten Spuren ihrer semitischen Abstammung völlig verwischt zu haben«.[55] Im Zeichen der Bemühungen um eine positive äußerlich-körperliche Selbstdarstellung entstanden zwei Bereiche jüdischer Vereinsinitiative: die Turn- und die Bodenkulturbewegung. Dr. Ernst Tuch, der jüngere Sohn Gustav Tuchs, war in beiden führend tätig.

1898 prägte der II. Zionistenkongreß das Wort vom »Muskeljudentum« — Auftakt für die jüdische Turnbewegung. Ernst Tuch gehörte zu den Gründern eines ersten jüdischen Turnvereins, des Berliner »Bar Kochba«. Dieser Verein, benannt nach einem alttestamentarischen Widerstandshelden gegen die römische Besatzung, bezeichnete sich als »nationaljüdisch« und charakterisierte so sein enges Verhältnis zum Zionismus.[56] Auch in Hamburg fand sich zu dieser Zeit eine Gruppe jüdischer Turner zusammen, aus der dann die »Jüdische Turnerschaft von 1902« hervorging.[57]

Die jüdische Turnbewegung widerlegte »die antisemitische Fabel von dem ›krummbeinigen Juden‹«[58], war Ausdruck neuen jüdischen Selbstbewußtseins in der nachgewachsenen Generation. Als der IX. Zionistenkongreß in Hamburg tagte, veranstaltete Ernst Tuch mit einer eigenen Gruppe jüdischer Sportler ein Schauturnen. Weil die sich als »deutschjüdisch« verstehende Turnerschaft von 1902 den Beitritt einer so großen Gruppe »nationaljüdischer« Turner fürchtete, gründete Ernst Tuch 1910 in Hamburg einen zweiten jüdischen Turnverein »Bar Kochba«.[59] Wenn künftig dessen Rudermannschaft im »schmucke(n) Vierer ›Bar Kochba‹ die blau-weiße Flagge mit dem Davidstern ... auf der Alster und bei Tagestouren auf der Elbe wehen« ließ, auch noch den »schlanke(n) Zweier ›Maccabi‹« für Trai-

Aus: »Der Makkabi« vom September 1930. (Privatbesitz)

ningszwecke parat hielt[60], so belegen sportliche Erfolge eindrucksvoll in der Praxis, was der Arzt Dr. Max Besser, ein Vorstandsmitglied der Zionistischen Ortsgruppe, auf einem Vortragsabend des Bar Kochba im Logenheim vortrug: »Eine anthropologische Unterscheidung zwischen Ariern und Semiten sei verfehlt«, die vermeintliche Minderwertigkeit letzterer wissenschaftlich nicht zu beweisen.[61]

Die jüdische Turnbewegung stellte sich in die Tradition Friedrich Ludwig Jahns, des »Turnvaters«.[62] Danach war Turnen patriotische Pflichterfüllung und wurde als Vorbereitung für den Heeresdienst betrachtet. Ernst Tuch führte im Israelitischen Familienblatt eine außerordentlich feinsinnige Begriffsanalyse vor, um zu zeigen, daß ein nationaljüdisches Turnverständnis vaterländische Gefühle nicht beeinträchtige.[63] Dr. Ernst Tuch ist »Onkel Ernst« in den Lebenserinnerungen Arie Goral-Sternheims. Er erinnert sich an den Onkel als exerzierenden Soldaten zu Beginn des Ersten Weltkrieges auf der Moorweide. Für ihn »verkörperte und lebte (dieser) jene zumeist zu Unrecht beschworene deutsch-jüdische Symbiose in seinem ans Tragische grenzenden Idealismus«, »Soldatsein und Uniform (entsprachen) wenig seinem Wesen, seiner Grazie und seinem Geist«, den »bis an die Decke reichenden Bücherborden« in der Wohnung des Privatgelehrten.

Arie Goral-Sternheim berichtet auch davon, daß sein Onkel gemeinsam mit seiner Frau zeitweilig auf dem Lande lebte und dort Kartoffeln und Gemüse anbaute, sich »auf ein neues Leben durch körperliche Arbeit« vorbereitete.[64] Er lebte dort privat das, was er als Generalsekretär des von seinem Vater initiierten »Verein zur Förderung der Bodenkultur unter den Juden« mit großem gesellschaftlichen Engagement betrieben hatte. Dieser 1898 reichsweit gegründete Verein, der auch in Hamburg eine Ortsgruppe hatte, unterstützte Projekte, die jungen Juden eine Ausbildung in landwirtschaftlichen Berufen ermöglichen sollte.[65] Die Faszination der Vorstellung »starke(n) gefestigte(n) jüdische(n) Bauernstand(es)« lag in der besonderen Naturverbundenheit dieser Tätigkeit, »zu welcher Kraft und Energie« gehöre.[66]

Diese frühen Bemühungen um »jüdische Bodenkultur« scheiterten, tatsächlich gab es ja auch keine ökonomische Notwendigkeit für sie. Erst nach 1933 erhielten sie einen praktischen Sinn. Es gibt wohl kaum nennenswerte Kontinuitäten zwischen diesen frühen landwirtschaftlichen Versuchen im Umfeld der Logen und den späteren »Kibbuzim« z.B. des in Osteuropa gegründeten »Hechaluz«.

Ernst Tuch blieb nicht mehr die Zeit, ein »neues Leben durch körperliche Arbeit« zu führen. Er überlebte das Ende des Ersten Weltkrieges nur um wenige Jahre und starb im Alter von fünfzig Jahren am 29. Dezember 1922.

Ein »säkularisiertes talmudisches Erbe«

Noch während des Krieges begann Ernst Tuch, die in Hamburg zahlreich gegründeten jüdischen Jugendvereine in einem Dachverband zusammenzuschließen. »Das gerade war ja in der jüdischen Geschichte das furchtbar Tragische, daß wir nie eine Jugend hatten. Auch unsere jungen Menschen waren alt«, führte er 1917 bei der Chanukkafeier der »Arbeits-Gemeinschaft jüdischer Jugendvereine Hamburgs« aus.[67] Diese Vereinigung war ein neuartiger Versuch gemeinsamen Wirkens. Wo zu Beginn des neuen jüdischen Vereinswesens Neutralität, d.h. Nichtbehandlung strittiger Punkte, zum Prinzip geworden war, hatte insbesondere das politische Klima des Vorkriegsnationalismus erbitterte Fronten geschaffen. Dem Gemeindevorstand beschrieb Ernst Tuch im Februar 1918 die Ziele der Arbeits-Gemeinschaft als »Förderung jeder bewußt-jüdischen Richtung, Veredelung der Kampfesformen, Ablehnung jeder Majorisierung«.[68] Er wollte den »Kampf der Meinungen« als »breite Basis gemeinschaftlichen Schaffens« statt »falscher Neutralität«.[69]

Seinem 1909 geborenen Neffen Walter Sternheim war diese neue Art der Auseinandersetzung bereits zum so selbstverständlichen Bestandteil jüdischen Lebens geworden, daß er sie als besondere Form jüdischer Ausdrucksfähigkeit und Dialogbereitschaft, als »säkularisiertes talmudisches Erbe« bezeichnet hat: »Diese Kultur hatte verschiedene Zentren, die aber nicht isoliert voneinander waren, sondern zwischen denen die vielfältigsten Kommunikationen für Begegnung und Austausch von Ideen sorgten. Basis war die Bereitschaft und Fähigkeit zur Diskussion. Man war begierig auf sie und stellte sich ihr. Wer nicht zur Auseinandersetzung bereit und fähig war, machte sich suspekt.«[70]

Um 1900 waren die Foren möglicher Auseinandersetzung noch begrenzt gewesen und die neue Bewegung noch zu wenig konsolidiert, um sie allzusehr zu strapazieren. Gelegentlich kam es zu heftigen Leserbriefkontroversen im Israelitischen Familienblatt. 1903 z.B. gab ein Palästina-Abend im Gemeinschaftsheim Anlaß zu einem öffentlichen Schlagabtausch in der Zeitung zwischen den beiden Altonaer Medizinern Dr. Louis Frank und Dr. Julius Möller. Beide streng religiös, stritten über die angeblich religionsfeindlichen Äußerungen des Referenten, eines bekannten Zionisten.[71] Schon ein Jahrzehnt später verliefen solche Kontroversen ganz anders, weil sich um diverse inhaltliche Anliegen inzwischen weitere Vereine gegründet hatten. So gab es jetzt den orthodox-zionistischen »Misrachi«, dem Dr. Frank lange Zeit vorstand. Es hatte sich auch eine orthodox-antizionistische Vereinigung, die »Moria« gegründet, die Dr. Möller energisch verteidigte, als sich 1913 als neue weltweite toratreue Vereinigung, die »Agudath Jisroel«, gründete.[72]

1913 war das Jahr großer öffentlicher Kundgebungen, deren Konfliktstoff nicht in Hamburg entstanden war, aber auch hier ausgetragen wurde. Am 30. Mai, einem Sonntag, fand im großen Saal des Curio-Hauses der öffentliche Streit um die sogenannten Richtlinien staat. Zehn orthodoxe Vereinigungen hatten zu einer Protestversammlung gegen die Bemühungen liberaler Rabbiner aufgerufen, religiöse Grundsätze so neu zu formulieren, daß sie als zeitgemäß angesehen werden konnten. Die Versammlungsleitung führte Louis Frank.[73] Nur zwei Wochen vergingen bis zur nächsten öffentlichen, von Ernst Tuch geleiteten Protestversammlung. Aufgerufen hatten diesmal sieben nationaljüdische Vereinigungen. Sie machten Front gegen den Beschluß des »Centralvereins deutscher Staatsbürger jüdischen Glaubens«, künftig jüdisch-national denkende Zionisten gegebenenfalls auszuschließen.[74] Fragen des Weltgeschehens prägten die jüdisch-öffentlichen Diskussionen. Sie nahmen erbitterte Formen an, wenn es darum ging, als jüdische Deutsche die Treue zum Kaiser und Reich unter Beweis zu stellen.

Damals war man nicht glücklich über die »Spaltungen und Parteiungen« im Judentum und suchte verunsichert nach dem »zugrundeliegenden einigenden Element.«[75] Die Auseinandersetzung mit dem Antisemitismus war in dieser Zeit ein wenig in den Hintergrund getreten — nicht durchgängig: Im Dezember 1913 veranstaltete die Jugendgruppe der »Moria« im Logenheim eine öffentliche Protestversammlung gegen den erwachenden Antisemitismus im »Wandervogel«.[76]

Ernst Tuchs Arbeits-Gemeinschaft der jüdischen Jugendvereine Hamburgs führte die Jugendlichen der unterschiedlichen Richtungen zusammen. Hier waren alle repräsentiert: die Orthodoxie mit der Jugendgruppe »Agudath Jisroel«, die Liberalen mit einer eigenen Jugendorganisation, der klassisch-neutrale 1896 von der Henry-Jones-Loge initiierte »Jüdische Jugendbund«, der den Zionisten nahestehende jüdische Wanderbund »Blau-weiß«, die beiden Turnvereine, Vereinigungen ehemaliger Schüler bzw. Schülerinnen der Talmud-Tora- und der Bieberstraßenschule.[77] Der Wille zum Zusammenschluß hielt an. Als sich 1928 ein »Hamburgischer Landesausschuß jüdischer Jugendorganisationen« gründete, waren sogar fünfzehn Vereinigungen unterschiedlichster Ausrichtung vertreten.[78]

Die Tradition wird erhalten: der Verein »Mekor Chajim«

»Mekor Chajim« (Quelle des Lebens), ein Jugendverein, ordnete sich keinem der erwähnten Zusammenschlüsse zu. Seine Geschichte blieb zwar nicht unbeeinflußt von den neuen Wegen jüdischer Selbstsuche, nahm aber eine eigene Entwicklung. Er tradierte über mehr als siebzig Jahre alte Werte jüdisch-religiösen Lebens.

Mekor Chajim war ein »Lern«verein. »Lernen« ist die intensive Auseinandersetzung religiöser Juden mit dem Schrifttum.[79] Thora und Talmud zu studieren, bedeutet, sich die Einsicht in das komplizierte Regelsystem der jüdischen Religion zu verschaffen, zu wissen, warum man eine in vielem andere Kultur als die der Umwelt lebte. »Lernen« ist bei religiösen Juden Pflicht der Männer von früher Jugend an. Wie die alten Wohltätigkeitsvereine gehörten auch »Lernvereine« stets zum Leben in der Hamburger jüdischen Gemeinde, sind schon in den Lebenserinnerungen der Glückel von Hameln erwähnt.[80] Manche hatten eine lange Lebensdauer, andere gründeten sich sporadisch. Mekor Chajim kam eine besondere Bedeutung zu, weil seine Geschichte so eindrucksvoll Zeugnis von der Innovationskraft des orthodoxen Judentums gibt.

»Trotz der Ausflüsse der neu anbrechenden Zeit, die mit dem Fallen der Ghettoschranken auch an dem alten heiligen Bau des gesetzestreuen Judentums rüttelten, fanden an der Wiederaufrichtung der geistigen Macht des Judentums sich dennoch immer begeisterte Männer, die die alten, im Schmelztiegel der Zeiten bewährten Gesetze hochhielten«, schrieb Salomon Goldschmidt 1912. In diesem Jahr feierten die ca. 240 Mitglieder des »Mekor Chajim« das 50jährige Bestehen ihres Vereins. Salomon Goldschmidt, der dem Verein selbst angehörte, verfaßte zum 50jährigen Bestehen aus alten Protokollen u.a. Dokumenten eine Chronik dieses Vereins.[81]

Mekor Chajim war 1862 gegründet worden. Seit einem Jahr gab es in Hamburg die neue Verfassung, der Rechtsstatus der Juden war neu definiert. Der damalige Oberrabbiner Anschel Stern regte die Gründung dieses Jugend-»Lern«vereins an, noch bevor sich der Synagogenverband, nach Auffassung religiöser Juden die Nachfolgegemeinde im eigentlichen Sinne, 1867 etablierte. Hier sollte die schulentlassene Jugend unter Anleitung eines Lehrers »der streng orthodoxen Richtung« ihre Studien betreiben. Der Verein bezog eigene Räumlichkeiten in der »Alten und Neuen Klaus«, einer privaten Synagoge, die später auch zum Grindel verlegt wurde und deren Gebäude in der Rutschbahn erhalten geblieben sind.

In den ersten Jahrzehnten seines Bestehens war die Begeisterung für den Verein unter den Jugendlichen nicht sehr groß. Stets wurde mangelnde Disziplin beklagt, obwohl unentschuldigtes Fehlen in der genauestens festgelegten »Lern«-ordnung mit einer Geldbuße geahndet wurde. 1901 schließlich gab der Vorsitzende zu bedenken, daß die Jugendlichen »anderweitig zu sehr in Anspruch genommen seien«. Es waren Versuche unternommen worden, durch gesellige Abende die Attraktivität des Vereinslebens zu steigern. Es hatte auch so etwas wie eine kleinere Rebellion gegeben. 1892 wurde von einer Gruppe von sechs Mitgliedern gefordert, »das Lernen der Mischna ... nicht fortzusetzen und überhaupt vom Mischnajos nur diejenigen Abschnitte vortragen zu lassen, welche für unsere Zeit noch praktischen Wert haben«. Der Antrag wurde mit der Begründung abgelehnt, es bleibe so »nur ein kleiner Teil übrig«, und die Mischna müsse »dann gänzlich vom Lehrplan gestrichen werden.«[82]

Zu den Bemühungen um mehr Attraktivität gehörte auch die Organisierung eines öffentlichen Vortragswesens, erstmalig durchgeführt im Winterhalbjahr 1883/84. Themen waren z.B. »Gesetzesstudium und Volksbildung zur Zeit des Talmud«, oder »Die Anfänge des hebräischen Buchdrucks und dessen Einfluß auf das jüdisch-religiöse Leben«, oder »Schiller und die Bibel«. Zu Recht hebt Salomon Goldschmidt hervor, daß Mekor Chajim der erste Hamburger jüdische Verein war, der mit einem Vortragsprogramm an die Öffentlichkeit trat. Es hatte zwar im Verein Kritiker, erregte aber doch »namhaftes Interesse« und hob das Vereinsprestige. Daß das öffentliche Vortragswesen 1889 eingestellt wurde, führte Goldschmidt auf die Gründung neuer jüdischer Vereine zurück, die ebenfalls ein Vortragsprogramm angeboten hätten.

Das »Lernen« indessen ging weiter. Goldschmidt schrieb: »Wir erkannten, daß auch ... im Kreise unseres Judentums, das seine heiligen Güter gegen den inneren und äußeren Feind mit aller Kraft zu verteidigen hat, ... Wissen diese Kraft steigern macht und stärkt«. Die Mitgliedschaft im Mekor Chajim begann — trotz Krisen — stetig zu wachsen. Er verlegte einige seiner Veranstaltungen zum Grindel, nahm gelegentlich die Räume des Logenheims in der Hartungstraße in Anspruch und suchte sich schließlich

Verein Mekor Chajim e. V., Grindelhof 46.
Lernplan

Sonntag	morgens 8½–9½	גמרא עבודה זרה	Rabb. Dr. M. Lewin
	mittags 12–1	גמרא מכות	Oberrabbiner Dr. S. Spitzer
Montag	abends 7½–8½	חיי אדם	Herr K. Rothschild
Dienstag	abends 8–9	Vortrag תהלים משניות	Rabbiner Dr. S. Bamberger
Mittwoch	abends 8–9	ש"ע אורח חיים עם מגן אברהם	Oberrabbiner Dr. S. Spitzer
Donnerst.	abends 8–9	חומש עם רש"י	Herr J. Katzenstein
Freitag	abends 8–9	משניות	Rabbiner Dr. M. Jacobson
Sonnab.	abends 8½	גמרא	Oberrabbiner Dr. S. Spitzer

Um recht zahlreichen Besuch bittet Die Verwaltung.

Aus: Gemeindeblatt der DIG zu Hamburg vom 10.10.1925.

ein eigenes Vereinslokal vor dem Dammtor. 1907 bezog er Räumlichkeiten in der Israelitischen Töchterschule in der Bieberstraße 4. 1914 erfolgte der Umzug in ein Gebäude im Garten hinter dem Rabbinatshaus Grindelhof 46, das heute noch steht. Hundert Personen boten die neuen Räumlichkeiten Platz. Der Verein mußte 1939 seine Auflösung beantragen.[83]

»... aus einer gewissen zurückweisenden Entrüstung andernteils ...«

»Lernen« obliegt den Männern. Den Frauen weist die jüdische Religion die private Sphäre zu. In gläubigen Familien lebt sie die Religion, indem sie u.a. den Haushalt rituell führt, den Sabbat und die Feste feierlich gestaltet. Ihre Bedeutung für den Erhalt des Judentums ist sehr groß, auch wenn der einzige Raum ihres öffentlichen Wirkens die Wohltätigkeitsarbeit bildet.[84] Um 1900 war es der weitaus kleinere Teil der jüdischen Familien, die ihr Leben entsprechend der Thora gestalteten. Das große Gewicht der Frauen wurde auch in denjenigen Kreisen erkannt, die auf weltlicher Grundlage nach einer jüdischen Identität suchten. Es finden sich interessante Überlagerungen von jüdischer Tradition und neuer Selbstfindung in jüdischen Vereinen für diese Zeit. Als beispielsweise der Mekor Chajim sein öffentliches Vortragswesen begann, wurde im Verein ein Antrag gestellt, auch Frauen den Zutritt zu erlauben. Er wurde aber »aus Mangel an Unterstützung einestheils, aus einer gewissen zurückweisenden Entrüstung andernteils wieder zurückgezogen«. Für »solch kühne Neuerung« sei die Zeit »noch nicht reif« gewesen, so der Kommentar Salomon Goldschmidts 1912. Der Verfasser der im gleichen Jahr erschienenen Festschrift der Henry-Jones-Loge indessen fand offenbar nichts dabei, den vom Orden gegründeten »Israelitisch-humanitären Frauenverein« als den »Familien-Verein« zu bezeichnen[85] — was ihm nicht gerecht wurde.

Der »Israelitisch-humanitäre Frauenverein« war vermutlich als »Schwesternloge« konzipiert gewesen, als Vereinigung also der Ehefrauen der Logenbrüder zur Unterstützung ihrer Tätigkeit, wie es sie im Freimaurerorden gab.[86] Wurde überhaupt gelegentlich eine Frau als Vorsitzende erwähnt — nominell stand Gustav Tuch an der Spitze — so war es dessen Ehefrau.[87] Sidonie Werner hingegen, die eigentlich treibende Kraft des Vereins, unverheiratet und selbst berufstätig, wurde erst nach dem Tode Gustav Tuchs Vorsitzende. Es ist nicht so recht einschätzbar, ob Kritik anklang, als Sidonie Werner 1918 anläßlich des 25jährigen Jubiläums des Israelitisch-humanitären Frauenvereines darauf hinwies und auch betonte: »Es war ... nicht so leicht, diesen Mann zu verstehen, der die Schale seines Daseins mit den Werken der Nächstenliebe füllte«.[88] Tatsache war, daß der »Israelitisch-humanitäre Frauenverein« in mancher Hinsicht nicht dem mit seiner Gründung verknüpften Rollenverständnis entsprach.

Sidonie Werner gehörte zu dem engeren Umfeld Bertha

Aus: »Hamburger Jüdische Nachrichten« vom 7.1.1914.

Pappenheims. Die aus einer Frankfurter orthodoxen Familie stammende Feministin war die charismatische Leiterin des 1904 gegründeten überregionalen »Jüdischen Frauenbundes«, dem der Israelitisch-humanitäre Frauenverein als Zweigverein angeschlossen war. Sidonie Werner und Bertha Pappenheim erkannten frühzeitig ein Aufgabenfeld für jüdische Frauen, das — auf Initiative der Henry Jones-Loge — vom Bne-Briß-Orden wahrgenommen wurde, den Kampf gegen den Mädchenhandel.

Das war ein sehr sensibler Bereich, der für Hamburg als Auswandererhafen eine besondere Bedeutung hatte: Die Lage in Osteuropa bot offensichtlich Voraussetzungen für einen hohen jüdischen Anteil am Mädchenhandel. Hamburg war gewissermaßen »Umschlagplatz« für die zumeist für überseeische Häfen bestimmte »Ware«. Sensibel war der Bereich insbesondere in zweierlei Hinsicht. Zum einen ergaben entsprechende Nachforschungen bald, daß nicht allein Armut, Pogromgefahr und Flucht den Mädchenhandel begünstigten, sondern daß zusätzlich zu diesen äußeren Rahmenbedingungen auch in Osteuropa noch weitgehend ungebrochen gelebte religiös geprägte Traditionen den im Mädchenhandel tätigen Agenten ihr Wirken erleichterten. Scheinehen waren z.B. ein gängiger Trick, die Mädchen von zu Hause fortzulocken: Vermittelte Eheschließungen sehr junger Mädchen waren noch durchaus üblich. Bertha Pappenheim nahm in dieser Hinsicht kein Blatt vor den Mund und behauptete überdies, »Frauen würden in der Religion nur als Geschlechtswesen angesehen und auch von der jüdischen Gesellschaft als solche behandelt«[89].

Der Mädchenhandel war zum anderen deshalb ein so sensibler Bereich, weil er den Antisemitismus schüren konnte. Sidonie Werner, die gemäßigtere der beiden Frauen, fürchtete denn auch, »das Aufsehen könne den Juden schaden, ohne den Frauen zu helfen«. Bertha Pappenheim hingegen war der Ansicht, »daß das Judentum sich der Komplizenschaft schuldig machen würde, wenn es nicht gegen diese Verbrechen vorginge«.[90]

Der Kampf gegen den Mädchenhandel forderte Positionen heraus, die in Loyalitätskonflikten entweder gegenüber der angegriffenen Judenheit oder gegenüber dem angegriffenen Geschlecht münden konnten. Für Sidonie Werner war die Situation gewiß nicht immer einfach. 1860 geboren, war sie eine Frau, die »in jüdischen Kreisen ... ärgerlich gegen den männlichen Sexismus zu Felde« gezogen sein soll,[91] zugleich aber wie ihre männlichen Mitstreiter um ein neues Gruppenbewußtsein rang und sich von »Zufallsjüdinnen« abgrenzte.[92] Überdies dürfte die Basis im »Israelitisch-humanitären Frauenverein« noch wesentlich gemäßigter gewesen sein und kaum ein Forum frauenrechtlerischer Ambitionen abgegeben haben. Beredtes Zeugnis, wie Sidonie Werner mit diesem Problem umging, gibt die Art und Weise, wie sie die Gründung des »Jüdischen Frauenbundes« im Israelitisch-humanitären Frauenverein »verkaufte«. Sie erklärte, der Bund sei auf Anregung des Tempelpredigers Dr. David Leimdörfer zustande gekommen. Schon 1900 sei ihm ein derartiger Gedanke gekommen, weil die ethische Gemeinschaft die Erfüllung der sozialen Aufgaben fördere und das planvolle Herangehen auch die Erweiterung größerer Ziele ermögliche.[93] Kathinka Leimdörfer war von Anfang an Mitglied im Israelitisch-humanitären Frauenverein,[94] ihr Ehemann dürfte zur Henry-Jones-Loge gehört haben.

Tatsächlich war der »Jüdische Frauenbund« aus den ersten Impulsen zum Kampf der Frauen gegen den Mädchenhandel entstanden. Auftakt war 1902 eine Konferenz in Hamburg mit zahlreichen auswärtigen Vertretern jüdischer Vereinigungen und Institutionen, auf der über künftige Strategien im Kampf gegen den Mädchenhandel beraten wurde. Bertha Pappenheim war anwesend und hörte hier das erste Mal von dem Problem. Der »Israelitisch-humanitäre Frauenverein« war wahrscheinlich ebenfalls bei der Konferenz vertreten, vermutlich durch Sidonie Werner. Der Beschluß zur Gründung des »Jüdischen Frauenbundes« erfolgte kurz darauf, war Ergebnis von Gesprächen zwischen Bertha Pappenheim und Sidonie Werner.[95]

Erst Anfang 1907 trat der Jüdische Frauenbund das erste Mal öffentlich in Hamburg auf. Im Logenheim Hartungstraße wurde ausführlich über den Kampf der Frauen gegen den Mädchenhandel gesprochen, Bertha Pappenheim regte vorbeugend die Gründung von Heimen für gefährdete jüdische Mädchen an und, getrennt davon, Heime für jene, die »sich schon vergangen haben«.[96] Das war hart an der Grenze des Tabus. Der Gedanke wurde gleichwohl aufgegriffen, und bald darauf fand sich ein Kreis von Frauen zur Planung eines Hamburger jüdischen Mädchenheimes zusammen, unter Sidonie Werners Vorsitz konstituierte sich Ende 1908 ein Trägerverein.[97] Im Januar 1909 wurde das Heim in der Bogenstraße eingeweiht. Es war ein Heim für gefährdete Mädchen, »teils von armen Eltern aus der Fremde«, wie Sidonie Werner in ihrer Rede bei der Einweihung der Räumlichkeiten sich ausdrückte. Sie unterließ es nicht zu betonen, daß die Anregung von Gustav Tuch ausgegangen sei,[98] wie es das später auch meist hieß.

1909 gründete die Henry-Jones-Loge eine »richtige« Schwesternloge. Der Festschrift zufolge sollte sie »den Zusammenschluß der Frauen und Töchter unserer Brüder pflegen und unter ihnen das Interesse an der Logenarbeit wecken und fördern«.[99]

Das »sichere Gefühl«

Leidenschaftlich trat Sidonie Werner 1918 bei ihrer Rede anläßlich des 25jährigen Bestehens des »Israelitisch-humanitären Frauenvereins« für das Gemeindewahlrecht der Frauen ein: »Ihr Männer, die ihr hier in Hamburg die Verantwortung für das Fortbestehen und für die Höherentwicklung des Judentums traget: Seid rasch in Eurem Entschluß und rasch im Handeln ... Uns treibt das sichere Gefühl, daß die kommende Zeit uns vor Neuordnungen, Umgestaltungen stellen wird, die zu bewältigen das Zusammenwirken von Männern und Frauen fordern wird, die mit Entschlossenheit, Disziplin und Selbstverleugnung ihre ganze Kraft werden einsetzen müssen, um das zu retten und festzuhalten, was den eisernen Bestand unseres Lebens bildet ...«.[100]

Sidonie Werner erlebte selbst nicht mehr, in welch ungeahnter Dimension sich ihre Befürchtungen — unter ganz anderen als den von ihr erwarteten gesellschaftlichen Rahmenbedingungen — realisieren würden. Sie starb 1932. Ihre Rede vom 24. November 1918 hielt sie kaum zwei Wochen nach Abschluß des Waffenstillstandes. Die »Zeit der Regierung Sr. Majestät Wilhelms II« war vorbei, in vier Tagen würde die Thronverzichtserklärung unterzeichnet werden. Die Republik war ausgerufen.

Die meisten jüdischen Vereine hatten den Krieg überdauert. Das Spektrum jüdischer Vereine wurde jetzt noch reichhaltiger,[101] seine Ausdrucksformen noch intensiver. Sie belebten den von Arie Goral-Sternheim als »quicklebendigen Grindel« beschriebenen Stadtteil,[102] waren Foren unterschiedlichster jüdisch-ideologischer Positionen.

Inmitten einer »etablierte(n) kleinbürgerlich hanseatische(n) Spießigkeit« vertraten kleinere Gruppierungen sozialistische Positionen. Ein Generationskonflikt besonderer Art machte sich bemerkbar. Arie Goral-Sternheim schreibt: »Vater ... mochte die aus dem Osten nicht, die Ostjuden, die machen nur Risches (Antisemitismus), sagte er. Daß auch er ›Risches‹ machte, wir alle, wie wir auch sein mochten, wie wir uns auch gaben, das sah er nicht: er sah es erst, als es zu spät war. Sein Judesein war nun einmal verhäkelt mit dem kaisertreuen Bürgertum«. Aus dieser Perspektive avancierte der Centralverein deutscher Staatsbürger jüdischen Glaubens, der zwar auf überregionaler Ebene sehr viele Mitglieder hatte, aber dessen Hamburger Ortsgruppe nie große Bedeutung erlangte, zum »Centralverein jüdischer Staatsbürger deutschen Glaubens«.[103] Es waren die jungen Menschen, die später die Gefahren des Nationalsozialismus viel schneller erkennen sollten. In Holland, England, Frankreich, Palästina wurden sie zu Flüchtlingen. Ihre Väter hingegen lebten in dem sicheren Gefühl, daß ihnen, die dem »Vaterland« soviel gegeben hatten, niemand etwas wirklich anhaben könnte.

Die Gemeinde bemühte sich darum, die jüdische Jugend zu integrieren. 1928 erwarb sie das Haus Johnsallee 54, das allen jüdischen Jugendvereinen zur Nutzung offenstand. Besonderen Anziehungspunkt bot die hier untergebrachte Bibliothek mit ihrem Leiter Professor Dr. Isaak Markon, für dessen Austellung Ende 1928 als Bibliothekar die Gemeinde schließlich die Kosten bereitgestellt hatte. Ein Artikel im Gemeindeblatt gab bei Antritt des neuen Wirkungsfeldes des Petersburger Gelehrten der Hoffnung Ausdruck, daß von »der Tätigkeit des Herrn Professor Markon reiche(r) Segen namentlich auf dem Gebiete der Pflege des geistigen Lebens und der Heranbildung der jüdischen Jugend« erwartet werde.[104] Sie nahm das Angebot offenbar auf. In liebevoller Erinnerung schildert ihn ein damals jugendlicher Besucher der Bibliothek: »Markon, der saß immer da wie ein Seebär, mit seinem Schnautzbart. Er hatte immer ein Glas Tee vor sich, typisch russisch. Wenn man ein Buch verlangt hat, und er keine Lust gehabt, aufzustehen und es herunterzuholen, dann hat er gesagt: ›Und ohne dem können Sie schon nicht leben?‹ Dann mußte man frech sein und sagen, ja, ohne dem kann ich nicht leben. Dann ist er aufgestanden und hat das Buch geholt«.[105]

Die Bibliothek und Lesehalle zog 1931 um in die Benekkestraße 6. Sie war nicht wegzudenken aus dem jüdischen Leben am Grindel. Das Gemeindeblatt schrieb 1929, sie fülle »eine lange empfundene Lücke im Leben der Gemeinde aus«, 1932 hieß es sogar, sie sei eine der »bedeutendsten Aktivposten« der Gemeinde, verbinde ihre Mitglieder »mit dem Geist des Judentums und der Wissenschaft, die von jeher Israels wertvollstes Besitztum waren«.[106]

Es war ein weiter Weg gewesen seit den ersten Bemühungen um eine jüdische Bibliothek und Lesehalle im Jahre 1900, als die Henry-Jones-Loge insbesondere der Jugend einen Weg weisen wollte, damit sie »erstarke in dem Glauben an die glückliche Zukunft unseres Volkes und sich ausrüste mit allen geistigen und sittlichen Waffen gegen Unduldsamkeit und Vorurteil«.[107]

Die Geschichte der Bibliothek und Lesehalle zeigt beispielhaft, welchen Anteil jüdische Vereine für eine »Renaissance jüdischen Bewußtseins«[108] haben konnten. Es war vermutlich die 1909 anläßlich der Bibliotheksneugründung konstituierte Trägervereinigung aus Vertretern u.a. zahlreicher Einzelvereine, die — inzwischen in etwas anderer Zusammensetzung — 1921/22 an die Gemeinde mit der Bitte um stärkere finanzielle Unterstützung herantrat. Unter den entsprechenden Schriftstücken finden sich Namen, die auch vor dem Krieg in der Trägervereinigung vertreten waren, z.B. der inzwischen fast siebzigjährige Mitbegründer der Henry-Jones-Loge Moses Deutschländer, Dr. Leimdörfer, der Arzt Dr. Ernst Kalmus, ein Funktionär der zionistischen Bewegung, der früher die Zionistische Ortsgruppe in der Bibliothek repräsentierte. Ein Sitzungsprotokoll vom 19. September 1922 nennt die vertretenen Einzelvereine. Die Henry-Jones-Loge und eine weitere 1909 gegründete Bne-Briß-Loge, die Steinthal-Loge, die Gesellschaft für jüdische Volkskunde und die Zionistische Ortsgruppe waren vor dem Krieg vertreten und auch jetzt noch dabei. Neue Vereine waren dazugekommen, andere sind nicht mehr erwähnt. Die Struktur als solche war aber noch die gleiche.[109]

Die Bibliothek war geschlossen worden, nachdem sie im Juni 1921 ihren bisherigen Standort in der Bieberstraße 4 hatte verlassen müssen. Notdürftig war sie untergebracht worden in den Räumen der orthodoxen Jugendvereinigung der Agudath Jisroel in der Bornstraße 2.[110]

Das Treffen für die Bibliothek und Lesehalle vom 19. September 1922 fand im Gemeindehaus in der Rothenbaumchaussee 38 statt. Dort konzentrierte sich jetzt, so ein zeitgenössischer Bericht, das »sozialpolitische Leben« der Gemeinde.[111] 1916 zum Grindel umgezogen, löste das Gemeindehaus wohl allmählich das Logenheim als weltlichen »Sammelpunkt von Kräften« ab[112]. Es fanden in der Hartungstaße 9/11 aber noch, wie Arie Goral-Sternheim beschreibt, »Vordiskussionen«, später z.B. im Curio-Haus vor größerem Publikum geführte Auseinandersetzungen, statt.[113]

Das Logenheim wurde inzwischen von drei jüdischen Logen unterhalten, die Räume standen weiterhin auch anderen Initiativen zur Verfügung. In den zwanziger Jahren unterhielt die Zionistische Ortsgruppe hier ihr Büro.[114] Logenvertreter nahmen zwar an verschiedenen Beratungen im Gemeindegeschehen teil, aber die wesentlich auch von der Henry-Jones-Loge initiierte Bewegung neuer jüdischer Selbstfindung ging auf in einer farbigen Vielfalt jüdischer Lebenswelt mit vielen Facetten.

Als die Weltwirtschaftskrise kam, mußten die Logen das Haus Hartungstraße 9/11 verkaufen. Fünf Jahre lang war der »Bauverein Hamburger Anthroposophen e.V.« der Eigentümer. Es wurde weiterhin für kulturelle Veranstaltungen beispielsweise des Gemeinschaftsheims und als Vereinslokal für jüdische Vereine genutzt. Nach umfangreichen Umbauten wurde das Gebäude im Januar 1938 einer neuen Bestimmung übergeben. Private Aufwendungen jüdischer Spender ermöglichten seine Nutzung als jüdisches Gemeinschaftshaus, in dem der »Jüdische Kulturbund« den isoliert lebenden Menschen mit seinen Ausführungen einen kulturellen und gesellschaftlichen Mittelpunkt bot.[115]

Im Oktober 1941 begannen die Deportationen, die bis Jahresende die Mehrheit der noch in Hamburg lebenden Juden nach Lodz, Riga und Minsk »evakuierten«. Am 24. Oktober 1941 hatten sich die ersten jüdischen Männer, Frauen und Kinder in der Moorweidenstraße einzufinden. Die Gemeinde sorgte für sie, organisierte in unermüdlichem Einsatz Beratung, Ausstattung, Verpflegung. Sie unterhielt eine Volksküche, die bei ihrer Schließung Ende 1942 im ehemaligen Logenheim in der Hartungstraße untergebracht war. Am 11. Juli 1942 war von hier aus ein erster Transport direkt nach Auschwitz gegangen. Die Sprachregelung »Evakuierung« war aufgegeben worden, es hieß »Abwanderung«, ein Wort das wohl noch »geeigneter« erschien, das Geschehen zu verschleiern.[116]

Anmerkungen

[1] Staatsarchiv Hamburg, Politische Polizei SA 85, ZA Israelitisches Familienblatt vom 26.10.1903.

[2] Vgl. allgemein Louis Maretzki, Geschichte des Ordens Bne Briß in Deutschland 1882–1907. Berlin 1907; Thomas Held, Juden und Freimaurer in Hamburg. Eine historisch-qualifizierende Untersuchung. Unveröffentlichte Magisterarbeit Hamburg 1983. Zu den Mitgliederzahlen Staatsarchiv Hamburg, Politische Polizei SA 85, Brief vom 11.1.1887; ZA Israelitisches Familienblatt vom 26.10.1903.

[3] Vgl. Wanda Kampmann, Deutsche und Juden. Studien zur Geschichte des deutschen Judentums. Heidelberg 1963. S. 225ff.

[4] Die Judenhetze in Rußland und ihre Ursachen. Zugleich ein Mahnwort an Deutschland. Von einem Christen. Mit zum Besten des »Unterstützungs-Comite's für hülfsbedürftige aus Rußland vertriebene Juden« zu Hamburg. Hamburg 1882.

[5] So stellte ein Flugblatt aus dem Jahre 1884 z.B. fest, daß »Hamburg beinahe unberührt geblieben (ist) von diesem Kampfe gegen die Judenherrschaft und ihre Anhänger«. Zit. nach Helga Krohn, Die Juden in Hamburg. Die politische, soziale und kulturelle Entwicklung einer Großstadtgemeinde nach der Emanzipation 1848–1918. Hamburg 1974. S. 186.

[6] Ebenda, S. 125 ff.

[7] Zur neuen Dammtor-Synagoge vgl. ebenda, S. 140 f.; Staatsarchiv Hamburg, Vereinsregister B 1973–52, Satzungen der Israelitischen Beerdigungs-Brüderschaft Langenfelde zu Hamburg. Handschr. Hamburg, März 1901. Die Vereinigung gründete sich im Zusammenhang mit den Auseinandersetzungen um die Benutzung des allgemeinen Zentralfriedhofes Ohlsdorf um 1890. Vgl. Helga Krohn, Die Juden in Hamburg, a.a.O., S. 130 f.

[8] Staatsarchiv Hamburg, Politische Polizei SA 85, ZA Israelitisches Familienblatt vom 26.10.1903. Zu Heinrich Jonas, der nach der Emigration seinen Namen amerikanisierte, s. auch Festschrift zur Feier des 25jährigen Bestehens der Henry-Jones-Loge XVII Nr. 367 U.O.B.B. Hamburg 1912, S. III ff.

[9] Vgl. F. Oppenheim u.a. (Hrsg.). Lexikon des Judentums. Gütersloh 1967.

[10] Vgl. z.B. Adolf Diamant, 150 Jahre jüdische Wohlfahrtspflege in Berlin. In: Allgemeine jüdische Wochenzeitung vom 25.11.1983.

[11] Festschrift der Henry-Jones-Loge, a.a.O., S. X.

[12] Ebenda, S. Xf. Auch die Vereine, die sich anschlossen, wurden nicht sehr aktiv. Die Tätigkeit des Dachverbandes ruhte ab 1897. Vgl. auch Handbuch für Wohltätigkeit in Hamburg. Hrsg. vom Armenkollegium und in dessen Auftrage bearbeitet von Hermann Joachim. Hamburg 1901.

[13] Festschrift der Henry-Jones-Loge, a.a.O., S. XI.

[14] Vgl. Louis Maretzki, Geschichte des Ordens Bne Briß, a.a.O.

[15] Vgl. Werner Picht, Toynbee Hall und die englische Settlement-Bewegung. Ein Beitrag zur Geschichte der sozialen Bewegung in England. Tübingen 1913.

[16] Staatsarchiv Hamburg, Politische Polizei SA 85, ZA Israelitisches Familienblatt vom 21.10.1901.

[17] Ebenda, Bericht des jüdischen Gemeinschaftsheims. Winterhalbjahr 1910–11.

[18] Ebenda, ZA Israelitisches Familienblatt vom 22.2.1904.

[19] Jahrbuch für die jüdischen Gemeinden Schleswig-Holsteins und der Hansestädte und der Landesgemeinde Oldenburg. Herausgegeben von dem Verbande der Jüdischen Gemeinden Schleswig-Holsteins und der Hansestädte e.V., Nr. 3 1931/32, S. 3.

[20] Festschrift der Henry-Jones-Loge, a.a.O., S. VII.

[21] Vgl. Helga Krohn, Die Juden in Hamburg, a.a.O., S. 9

[22] Vgl. Louis Maretzki, Geschichte des Ordens Bne Briß, a.a.O., S. 224 ff.

[23] Ebenda, S. 231.

[24] Vgl. Sucher B. Weinryb, Der Kampf um die Berufsumschichtung: Ein Ausschnitt aus Geschichte der Juden in Deutschland. Jüdische Lesehefte Nr. 13. Hrsg. A. Leschnitzer. Berlin 1936.

[25] Staatsarchiv Hamburg, Politische Polizei SA 847, Flugblatt vom April 1902, Hamburg.

[26] Ebenda, Politische Polizei SA, 1267, ZA Deutsch-Israelitisches Familienblatt vom 13.5.1913.

[27] Festschrift der Henry-Jones-Loge, a.a.O., S. IX.

[28] Zit. bei Louis Maretzki, Geschichte des Ordens Bne Briß, a.a.O., S. 160 f.; vgl. auch Helga Krohn, Die Juden in Hamburg, a.a.O., S. 169.

[29] Staatsarchiv Hamburg, Politische Polizei SA 518, Flugblatt vom September 1897; ebenda, ZA Hamburger Fremdenblatt vom 27.2.1898. U.O.B.B. ist die Abkürzung für »Unabhängiger Orden Bne Briß«.

[30] Ebenda, Politische Polizei SA 85, ZA Israelitisches Familienblatt vom 4.11.1900.

[31] Ebenda.

[32] Festschrift der Henry-Jones-Loge, a.a.O., S. XII; Staatsarchiv Hamburg, Politische Polizei SA 85, Jüdische Bibliothek und Lesehalle. Hamburg o.J.

[33] Vgl. Wanda Kampmann, Deutsche und Juden, a.a.O., S. 394 ff.

[34] Festschrift der Henry-Jones-Loge, a.a.O., S. VII.

[35] Vgl. Wanda Kampmann, Deutsche und Juden, a.a.O., S. 382 ff.

[36] Der Gründungsaufruf des Vereins ist abgedruckt in: Jehuda Reinharz (Hrsg.), Dokumente zur Geschichte des deutschen Zionismus 1882–1933. Tübingen 1981, S. 13 ff.

[37] Staatsarchiv Hamburg, Auswandereramt II F 5, Über Aus- und Rückwanderung. Vortrag gehalten am Mittwoch, 17. September 1902 in Hamburg von Paul Laskar.

[38] Gründungsaufruf des Ahawas Zion (vgl. Anm. 36).

[39] Selbstemanzipation, Nr. 3 vom 2.2.1886.

[40] Festschrift der Henry-Jones-Loge, a.a.O., S. VII.

[41] Ebenda, S. XV.

[42] Staatsarchiv Hamburg, Politische Polizei SA 85, u.a. ZA Hamburgischer Correspondent vom 1.5.1892. Rückblickend schrieb der Hamburger Kaufmann Hermann Gumpertz: »Argentinien hat uns in Hamburg viel Enttäuschung bereitet. Kräftige, tüchtige Ackerbauern und Handwerker sind von dort zurückgekehrt mit der Angabe, es dort nicht aushalten zu können.« Zionistisches Zentralarchiv Jerusalem, A/15 file II/6, Brief an Max Bodenheimer vom 4.7.1895.

[43] Ebenda, Brief vom 22.6.1895.

[44] Abgedruckt in: Der Durchbruch des politischen Zionismus in Köln 1890–1900. Eine Dokumentation. Brief, Protokolle, Flugblätter, Reden. Bearbeitet von Henriette Hannah Bodenheimer. Köln 1978. S. 47 ff., hier S. 52.

[45] Max Bodenheimer wurde später der Präsident der Zionistischen Vereinigung für Deutschland.

[46] Staatsarchiv Hamburg, Politische Polizei SA 559, ZA Israelitisches Familienblatt, o.D. (Ende August 1898).

[47] Ebenda, ZA Israelitisches Familienblatt vom 26.4.1909.

[48] Zionistisches Zentralarchiv Jerusalem, Z/2 file 89, Sitzungsprotokoll v. 14.1.1909.

[49] Streifzüge durch Houston Steward Chambererlain's Grundlagen des XIX. Jahrhunderts (20.1.1909), Jüdische Rasse und jüdische Idee (25.1.1909), abgedruckt in der Festschrift der Henry-Jones-Loge, S. 1 ff., hier S. 25.

[50] Deportiert am 19.7.1942 nach Theresienstadt. Gedenkbuch für die jüdischen Opfer des Nationalsozialismus in Hamburg. Hamburg 1965, S. 73.

[51] Vgl. Wanda Kampmann, Deutsche und Juden, a.a.O., S. 293 ff.

[52] Staatsarchiv Hamburg, Politische Polizei SA 559, ZA Hamburger Fremdenblatt vom 1.12.1905.

[53] Ebenda, Politische Polizei SA 755, ZA Israelitisches Familienblatt vom 27.11.1905.

[54] Festschrift der Henry-Jones-Loge, a.a.O., S. 29.

[55] Staatsarchiv Hamburg, Politische Polizei SA 575, ZA Israelitisches Familienblatt vom 28.6.1899.

[56] Vgl. Barkochba, Makkabi in Deutschland. Im Auftrage der Vereinigung ehemaliger Barkochbaner-Hakoaner hrsg. von Robert Atlasz. Tel Aviv 1977. S. 6 f. Bar Kochba war Führer eines Aufstandes der Juden gegen die römische Besatzung.

[57] Staatsarchiv Hamburg, Politische Polizei SA 581, ZA Israelitisches Familienblatt vom 7.12.1898; ebenda, Jüdische Gemeinde 822 (Vorwort zur revidierten Satzung des Vereins).

[58] Ebenda, Auswandereramt II E III P 23, Israelitisches Familienblatt vom 20.2.1902.
[59] Ebenda, Politische Polizei S 2706–27, ZA Israelitisches Familienblatt vom 14.3.1910; Politische Polizei SA 1504, ZA Hamburger Familienblatt vom 3.1.1910; ZA Hamburger Fremdenblatt vom 17.3.1910.
[60] Ebenda, ZA Hamburger Familienblatt vom 27.1.1913. Der Beiname »Makkabi« kennzeichnete die Angehörigen eines aufständischen althebräischen Fürstengeschlechts.
[61] Staatsarchiv Hamburg, Politische Polizei SA 1504, ZA Israelitisches Familienblatt vom 8.5.1911.
[62] Vgl. Wolfgang Stump, Friedrich Ludwig Jahn in seiner Zeit: Vom ancien régime zur bürgerlichen Revolution und nationalen Demokratie. In: Horst Ueberhorst (Hrsg.), Friedrich Ludwig Jahn 1778/1978. Bonn-Bad Godesberg 1978, S. 27–50.
[63] Staatsarchiv Hamburg, Politische Polizei Sa 861, ZA Israelitisches Familienblatt vom 8.10.1903.
[64] Vgl. Arie Goral-Sternheim, Jeckepotz. Eine jüdisch-deutsche Jugend 1914–1933. Hamburg 1989, S. 31 ff.
[65] Staatsarchiv Hamburg, Politische Polizei SA 575, ZA Israelitisches Familienblatt vom 1.2.1899.
[66] Ebenda, ZA Israelitisches Familienblatt vom 30.5.1901, 28.10.1901.
[67] Vgl. Ernst Tuch, Wesen und Ziele der Arbeitsgemeinschaft der jüdischen Jugendvereine Hamburgs. Hamburg (1917).
[68] Staatsarchiv Hamburg, Jüdische Gemeinde 834, Brief vom 10.2.1918.
[69] Vgl. auch Staatsarchiv Hamburg, Politische Polizei SA 1424, Arbeitsgemeinschaft der jüdischen Jugendvereinigungen Hamburgs. In: Mitteilungen des Verbandes der jüdischen Jugendvereine Deutschlands. Berlin, den 15. August 1916, Jg. 6/7, Heft 2, S. 51 ff.
[70] Arie Goral-Sternheim, Jeckepotz, a.a.O., S. 143.
[71] Staatsarchiv Hamburg, Politische Polizei SA 85, ZA Israelitisches Familienblatt vom 21.12.1903, 28.12.1903.
[72] Vgl. Misrachi, Festschrift hrsg. anläßlich des 25jährigen Jubiläums der Misrachi Weltorganisation vom Zentralbüro des Misrachi für Deutschland. Berlin 1927. »Agudas Jisroel«. Berichte und Materialien hrsg. vom Provisorischen Comité der «Agudas Jisroel» zu Frankfurt/Main (1913).
[73] Staatsarchiv Hamburg, Politische Polizei SA 85, ZA Hamburger Familienblatt vom 25.3.1913.
[74] Ebenda, Politische Polizei SA 559, ZA Neue Hamburger Zeitung vom 21.4.1913. Zum »Centralverein« vgl. Arnold Paucker, Zur Problematik einer jüdischen Abwehrstrategie in der deutschen Gesellschaft. In: Juden im Wilhelminischen Deutschland. Hrsg. W.E. Mosse, A. Paucker. Tübingen 1976, S. 479–548.
[75] Im deutschen Reich, Jg. 20, Nr. 7/8 (Juli/August 1914).
[76] Staatsarchiv Hamburg, Politische Polizei SA 1490, ZA Hamburger Fremdenblatt vom 20.12.1913.
[77] Ernst Tuch, Wesen und Ziele der Arbeitsgemeinschaft der jüdischen Jugendvereine Hamburgs, a.a.O., S. 1. Staatsarchiv Hamburg, Politische Polizei, SA 1424 Arbeitsgemeinschaft der jüdischen Jugendvereinigungen in Hamburg.
[78] Vgl. Ina Lorenz, Die Juden in Hamburg zur Zeit der Weimarer Republik. Eine Dokumentation. Hamburg 1987, Bd. 1, S. 878.
[79] Vgl. S.Ph. De Vries, Jüdische Riten und Symbole, 2. Aufl. Wiesbaden 1982, S. 10, S. 307 ff.
[80] Denkwürdigkeiten der Glückel von Hameln. Übersetzt von Alfred Feilchefeld. Berlin 1913, S. 212.
[81] Salomon Goldschmidt, Geschichte des Vereins Mekor Chajim. Festschrift zur Fünfzigjahrfeier. (Hamburg 1912).
[82] Die Mischna ist ein Teil des Talmuds.
[83] Vgl. Irmgard Stein, Jüdische Baudenkmäler in Hamburg. Hamburg 1984, S. 105.
[84] Vgl. Ulla Hinnenberg/Erika Hirsch, »Viele Töchter halten sich tugendsam« Jüdische Frauen aus Altona in vier Jahrhunderten. In: Aufgeweckt. Frauenalltag in vier Jahrhunderten. Frauengeschichtsgruppe des Stadtteilarchivs Ottensen (Hrsg.). Hamburg 1988, S. 111–114.
[85] Festschrift der Henry-Jones-Loge, a.a.O., S. XI.
[86] Vgl. Marion Kaplan, Die jüdische Frauenbewegung in Deutschland. Organisation und Ziele des Jüdischen Frauenbundes 1904–1938. Hamburg 1981, S. 71 ff.
[87] Hamburg-Altonaer Israelitischer Kalender auf das Jahr der Welt 5661. Hamburg 1900, S. 63.
[88] Staatsarchiv Hamburg, Jüdische Gemeinde 793, Festrede vom 24. November 1918.
[89] Vgl. Marion Kaplan, Die jüdische Frauenbewegung, a.a.O., S. 181 ff., hier S. 202.
[90] Ebenda, S. 142 und 198.
[91] Ebenda, S. 142.
[92] Staatsarchiv Hamburg, Jüdische Gemeinde 793, Festrede vom 24. November 1918.
[93] Ebenda, Politische Polizei SA 1515, ZA Hamburger Fremdenblatt vom 7.2.1903.
[94] Ebenda, Jüdische Gemeinde 793, Festrede vom 24. November 1918.
[95] Vgl. Marion Kaplan, Die jüdische Frauenbewegung, a.a.O., S. 197 f.
[96] Staatsarchiv Hamburg, Politische Polizei 1023, ZA Hamburger Familienblatt vom 27.2.1907.
[97] Ebenda, ZA Hamburger Fremdenblattt vom 12.11.1908.
[98] Ebenda, Politische Polizei SA 1379, ZA Generalanzeiger vom 23.1.1909.
[99] Festschrift der Henry-Jones-Loge, a.a.O., S. XIII.
[100] Staatsarchiv Hamburg, Jüdische Gemeinde 793, Festrede vom 24. November 1918.
[101] Vgl. die Auflistungen in den Jahrbüchern für die jüdischen Gemeinden Schleswig-Holsteins und der Hansestädte.
[102] Arie Goral-Sternheim, Jeckepotz, a.a.O., S. 170.
[103] Ebenda, S. 139 und 162.
[104] Gemeindeblatt vom 10.1.1929, abgedruckt bei Ina Lorenz, Die Juden in Hamburg zur Zeit der Weimarer Republik, a.a.O., Bd. 2, S. 817 f.
[105] Interview vom 13.10.1987, Stadtteilarchiv Ottensen.
[106] Gemeindeblatt vom 12.12.1929 und vom 25.1.1932, abgedruckt bei Ina Lorenz, Die Juden in Hamburg zur Zeit der Weimarer Republik, a.a.O., Bd. 2, S. 819 f.
[107] Louis Maretzki, Geschichte des Ordens Bne Briss, a.a.O., S. 180.
[108] Staatsarchiv Hamburg, Politische Polizei Sa 1467, ZA Israelitisches Familienblatt vom 25.10.1909.
[109] Vgl. Ina Lorenz, Die Juden in Hamburg zur Zeit der Weimarer Republik, a.a.O., S. 810 ff.; Staatsarchiv Hamburg, Politische Polizei SA 85, Flugblatt o.J. (vermutlich 1912).
[110] Vgl. Ina Lorenz, Die Juden in Hamburg zur Zeit der Weimarer Republik, a.a.O., Bd. 2, S. 810.
[111] Zit. Nach Irmgard Stein, Jüdische Baudenkmäler in Hamburg, a.a.O., S. 101.
[112] Staatsarchiv Hamburg, Politische Polizei SA 85, Israelitisches Gemeinschaftsheim (Frühjahr 1907).
[113] Arie Goral-Sternheim, Jeckepotz, a.a.O., S. 113.
[114] Vgl. Irmgard Stein, Jüdische Baudenkmäler in Hamburg, a.a.O., S. 106.
[115] Vgl. ebenda, S. 106 ff.
[116] Vgl. Gedenkbuch für die jüdischen Opfer des Nationalsozialismus in Hamburg, a.a.O., S. IX ff.; Käthe Starke, Der Führer schenkt den Juden eine Stadt. Berlin 1975; Irmgard Stein, Jüdische Baudenkmäler in Hamburg, a.a.O., S. 106. Im Ersten Weltkrieg war eine Volksküche in den Kellerräumen des Logenheims untergebracht, die damals der Israelitisch-humanitäre Frauenverein betrieb.

Ursula Wamser/Wilfried Weinke

Antisemitismus

Anfänge des politisch organisierten Antisemitismus in Hamburg

Politisch organisierter Antisemitismus entwickelte sich in Hamburg gegen Ende des 19. Jahrhunderts als eine aggressive Gegenbewegung zur Emanzipation und rechtlichen Gleichstellung der deutschen Juden.[1] In den nach der bürgerlichen Revolution von 1848 verfaßten »Grundrechten der Deutschen« war die bürgerliche und staatsbürgerliche Gleichstellung der Juden erstmals manifestiert worden. Ihre Gültigkeit erstreckte sich auch auf Hamburg und erhielt Ende Februar 1849 durch die »Provisorische Verordnung behufs Ausführung des § 16 der Grundrechte des deutschen Volkes in bezug auf die Israeliten«[2] Gesetzeskraft. Allerdings blieben noch Einschränkungen bestehen, die erst mit der neuen Hamburger Verfassung von 1860 und den 1864 ergänzend erlassenen Gesetzen aufgehoben wurden. Hierzu gehörte auch die Anerkennung der jüdischen Gemeinde als bloße Religionsgesellschaft.[3] Die verfassungsrechtliche Gleichstellung eröffnete den Juden in wachsendem Maße gesellschaftliche und politische Partizipation, freiere Entfaltung im Wirtschaftsleben und neue Zugangsmöglichkeiten zu höheren Staatsämtern. Viele nutzten jetzt die Möglichkeit zum Erwerb des Bürgerrechts.[4] Dieser Kampf um rechtliche und politische Gleichstellung war seit 1814 durch eine von Teilen der Hamburger Judenheit forcierte Assimilation und von religiösen Reformbestrebungen begleitet worden.

Viele Juden näherten sich dabei politisch liberalen Kräften und Parteien an, die ihrem gesellschaftlichen Emanzipationsprozeß positiv und fördernd gegenüberstanden.

Die jüdische Emanzipationsbewegung sah sich jedoch von Anfang an auch ablehnenden Kräften gegenüber, die sich in der zweiten Hälfte des 19. Jahrhunderts vermehrt in antisemitischen Organisationen zusammenschlossen. Ihre unterschiedlichen Ausgangspunkte und Motive umfaßten

Handzettel, um 1920. (Sta HH)

Judenfeindschaft aus gesellschaftlich elitärem Standesdenken, aus religiös begründeten Traditionen, deutsch-völkischer Ideologie und aus wirtschaftlichen Interessen. Ihre organisatorischen Bündnisse waren hinsichtlich der sozialen und gesellschaftlichen Zugehörigkeit ihrer Mitglieder äußerst heterogen. Das alle Gruppierungen einigende Element war und blieb jahrzehntelang ein von Rassismus geprägter Haß gegen Juden. Das Judentum wurde zum Verursacher sozialer Mißstände und wirtschaftlicher Existenzbedrohung erklärt, das man in scheinbarer Unterlegenheit gegenüber dem wachsenden Einfluß der Arbeiterbewegung und ihrer Massenorganisationen ebenso wie gegenüber den rasanten Veränderungen des kapitalistischen Wirtschaftssystems bekämpfen wollte.

Hamburg gehörte bereits gegen Ende des 19. Jahrhunderts zu den Zentren des organisierten politischen Antisemitismus in Deutschland. Diese beschämende Vorreiterrolle verdankte die Hansestadt den hier zahlenmäßig besonders stark vertretenen deutschvölkischen und antisemitischen Parteien, Verbänden und Bünden sowie deren Presseorganen und Verlagen. Führende Repräsentanten der Antisemitenparteien waren gebürtige Hamburger, Mitglieder der Hamburger Bürgerschaft oder in staatlichen Positionen tätig. Im Reichstagswahljahr 1890 waren erstmals massiv politische Kräfte und Exponenten in der Hamburger Öffentlichkeit aufgetreten, deren Wirken und Programmatik den Beginn des organisierten politischen Anitsemitismus signalisierten.[5]

Im Vorfeld der Reichstagswahl von 1890 und mit der Wiederzulassung sozialdemokratischer und sozialistischer Organisationen nach Aufhebung des Sozialistengesetzes vermehrten sich die Stimmen, die aus Furcht vor politischem Umsturz und aus wirtschaftlichem Neid den linken Kräften und den Juden den Kampf ansagten.

Die erste öffentliche, vom Hamburger Senat genehmigte, antisemitische Versammlung, fand laut Polizeibericht am 25. Juli 1890 unter Beteiligung von ca. 2.000 Zuhörern statt. Das Vortragsthema des damals bereits bekannten Antisemiten Otto Böckel lautete »Der Antisemitismus, eine wirtschaftliche Notwehr«.[6]

Der »Antisemitische Wahlverein von 1890«

Schon im Februar 1890 war der »Antisemitische Wahlverein von 1890« mit dem erklärten Ziel gegründet worden, »die Judenemanzipation auf gesetzlichem Wege« aufzuheben und die Juden unter ein »Fremdengesetz« zu stellen. Zugleich verstand sich der »Antisemitische Wahlverein« als Mittelstandsbündnis, um vor allem den Kampf gegen die jüdische Geschäftskonkurrenz zu organisieren und parlamentarisch zu vertreten. Vorsitzender wurde der Hamburger Friedrich Raab, dessen Tätigkeit den Zusammenschluß und die Vergrößerung der antisemitischen Bewegung erheblich beförderte.

»Hamburg wurde für die ganze Bewegung vorbildlich. Hier trug sie den Stempel Raabschen Geistes, hier wurde

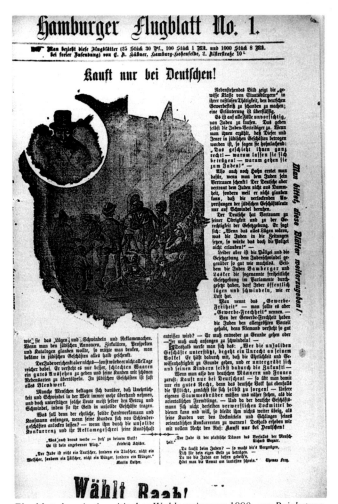

Flugblatt des »Antisemitischen Wahlvereins von 1890« zur Reichstagswahl von 1893. (Sta HH)

praktische politische Arbeit geleistet«[7] lobte der religiösmissionarische Antisemit Johannes Irwahn anläßlich der Vereinigung antisemitischer Kleinparteien zur »Deutschsozialen Reformpartei« 1894.[8] Bereits im Gründungsjahr verzeichneten die Deutschsozialen in Hamburg über 3.000 Mitglieder. Ihre reichsweit vertriebene Zeitung »Das deutsche Blatt« wurde seit 1894 in der »Hanseatischen Druck- und Verlagsanstalt eGmbH« gedruckt.[9]

Der nur knapp vier Jahre bestehende »Antisemitische Wahlverein« vergrößerte die antisemitische Wählerschaft in Hamburg von 482 im Jahre 1890 auf 8014 Wählerstimmen bei der Reichstagswahl 1893.[10]

Der »Deutschnationale Handlungsgehilfen-Verband«

Wirksame Unterstützung erhielten die Deutschsozialen durch den 1893 gegründeten »Deutschen Handlungsgehilfen-Verband«, der sich 1896 in »Deutschnationaler Handlungsgehilfen-Verband« (DHV) umbenannte und unter diesem Namen bis zum Ende der Weimarer Republik zum mitgliederstärksten Angestelltenverband Deutschlands

Verwaltungshauptsitz des DHV, um 1932. Foto: Johann Hamann (LBH)

anwuchs. Seine Mitgliederbasis bestand überwiegend aus kaufmännischen Angestellten national-völkischer Gesinnung. Ihren Kampf um die Verbesserung ihrer sozialen und wirtschaftlichen Verhältnisse führten die deutschnationalen Handlungsgehilfen in strenger Abgrenzung zu liberalen und sozialdemokratischen Verbänden mit dem expliziten Feindbild des wirtschaftlich erfolgreichen, kapitalistischen Juden. Dem Ziel entsprechend waren »Juden und nachweislich von Juden abstammende Personen von der Aufnahme (in den Verband) ausgeschlossen«[11]. Seine strikt antisemitische Ausrichtung wurde auch in den zwanziger und dreißiger Jahren beibehalten und erhielt durch die Kriegsniederlage Deutschlands, die Novemberrevolution und die Weimarer Krisenjahre politische Verstärkung. Die hohe Mitgliederzahl und die enge personelle Verflechtung mit anderen völkisch-nationalen Organisationen sowie ihnen politisch verbundenen Unternehmen wie der Hanseatischen Verlagsanstalt und dem Versicherungskonzern »Deutscher Ring«, statteten den DHV mit beträchtlichen Finanzmitteln aus. Um 1930 verzeichnete der DHV als größte Angestellten-Gewerkschaft in Deutschland rund 380.000 Mitglieder. Ausdruck organisatorischen Selbstbewußtseins und zugleich Machtanspruchs war der im Auftrag des DHV 1931 fertiggestellte Verwaltungsneubau am Holstenplatz, dem heutigen Karl-Muck-Platz.[12] Der mächtige und weithin sichtbare erste Hochhausbau Hamburgs diente bis zur freiwillig vollzogenen Eingliederung in die nationalsozialistische »Deutsche Arbeitsfront« und der Ende 1934 aufgegebenen organisatorischen Selbständigkeit als reichsweite Verwaltungszentrale. Der DHV entwickelte sich im Laufe der Weimarer Republik zum politischen Wegbereiter des staatlichen Antisemitismus und war zugleich entscheidende Massenbasis für die Nationalsozialistische Deutsche Arbeiterpartei (NSDAP). Etliche politische Funktionäre der Hamburger NSDAP hatten ihre politischen Karrieren im DHV begonnen, so z.B. der seit 1926 als NSDAP-Ortsgruppenleiter und 1928 für kurze Zeit als Gauleiter amtierende Dr. Albert Krebs.

Der »Deutschvölkische Schutz- und Trutzbund«

Der antisemitisch ausgerichtete »Alldeutsche Verband« verfügte in Hamburg seit 1904 mit 1.900 Mitgliederrn über die zweitgrößte Ortsgruppe in Deutschland. Sein Verbandsvorsitzender Heinrich Claß war ein entschiedener Verfechter des Rassenantisemitismus. Nach dem Zusammenbruch des Kaiserrreichs, dem Waffenstillstandsersuchen der Obersten Heeresleitung und der Einsetzung einer parlamentarischen Regierung sahen sich Antisemiten wie Heinrich Claß in die politische Opposition gedrängt. Sie sahen nunmehr den geeigneten Zeitpunkt gekommen, die unerwünschte politische »Lage zu Fanfaren gegen das Judentum und die Juden als Blitzableiter für alles Unrecht zu benutzen«[13]. Zur Durchsetzung dieses Ziels betrieben führende Mitglieder des Alldeutschen Verbandes in den folgenden Wochen den erfolgreichen organisatorischen Zusammenschluß kleinerer Antisemitenverbände, deren Zentralen alle in Hamburg ansässig waren, zum »Deutschvölkischen Schutz- und Trutzbund«. Zu den hierin verschmolzenen Organisationen gehörten neben dem »Alldeutschen Verband« und dem »Deutschvölkischen Bund« der »Reichshammerbund«, der 1912 in Hamburg als reichsweiter Verband gegründet wurde. Trotz seiner unbedeutenden Mitgliederzahlen tat sich der »Reichshammerbund« als außerordentlich aggressiver Wegbereiter für die antisemitische Bewegung hervor.[14] Die Hamburger Ortsgruppe des »Reichshammerbundes« war unter der Leitung der führenden DHV-Funktionäre Alfred Roth und Walter Otto die

Handzettel, um 1920. (Sta HH)

aktivste und zugleich mit über 100 Mitgliedern im Jahre 1913 die größte Ortsgruppe im Reich.

Die im Herbst 1919 vollzogene Gründung des »Deutschvölkischen Schutz- und Trutzbundes« war ein Signal gegen die Revolution und die Politik der neuen demokratischen Republik. Noch im Gründungsjahr entwickelte sich der »Deutschvölkische Schutz- und Trutzbund« mit über 25.000 Mitgliedern zur stärksten antisemitischen Organisation in Deutschland. In der Hamburger Hauptgeschäftsstelle liefen wöchentlich mehrere hundert Aufnahmegesuche ein. Im Februar 1920 wurden mehr als 45.000, im Dezember bereits mehr als 110.000 Mitglieder gezählt. Bei seiner durch die staatlichen Ordnungsbehörden veranlaßten Auflösung im Sommer 1922 verfügte der »Deutschvölkische Schutz- und Trutzbund« über annähernd 180.000 Mitglieder.[15] Der Bund trat mit hemmungsloser antisemitischer Hetze und Verleumdung an die Öffentlichkeit und benutzte in einem bis dahin ungewöhnlichem Ausmaß gedruckte Massenpropaganda. Hierzu gehörten insbesondere kleine Flugblätter und Klebezettel, die massenhaft an Häuserwänden, Toreinfahrten und vor allem an Schaufenstern jüdischer Geschäfte angebracht wurden.

Der »Deutschvölkische Schutz- und Trutzbund« war personell mit gleichgesinnten Verbänden verflochten und verfügte über engste Beziehungen zur Reichswehr, zur Polizei und den Freikorps. Seine antidemokratische und antirepublikanische Politik bereitete trotz der relativ kurzen organisatorischen Existenz des Schutz- und Trutzbundes dem Rechtsradikalismus in Hamburg wie im gesamten Reich den Weg. In der Politik der NSDAP sahen die ehemaligen Mitglieder des Schutz- und Trutzbundes eine willkommene Kontinuität. Sein ehemaliger Vorsitzender von Hertzberg bekannte Ende 1933 in einem Rückblick auf das Jahr stolz:

»Seit Monaten sehen wir zu unserer Freude den rücksichtslosen Kampf der staatlichen Gewalt gegen die Vormacht des Judentums auf allen Lebensgebieten des deutschen Volkes, in der staatlichen Verwaltung, in der Wirtschaft und auf den Gebieten der Kultur. Als der Arierparagraph zur Bereinigung des öffentlichen Lebens kam, da stand vielen braven Leuten der Verstand still vor so unermeßlichem Neuem, an das sie noch nie gedacht hatten.«[16]

Flugblatt des »Deutschvölkischen Schutz- und Trutzbundes«, um 1920. (Sta HH)

Weltkriegserfahrungen

Der Beginn des Ersten Weltkrieges unter den kaiserlichen Parolen von Vaterlandsverteidigung und Burgfriedenspolitik rief unter den deutschen Juden ein starkes patriotisches Echo hervor. Führende jüdische Verbände wie die »Zionistische Vereinigung für Deutschland« (ZVfD) und der »Centralverein deutscher Staatsbürger jüdischen Glaubens« riefen alle wehrfähigen jüdischen Männer zur Kriegsteilnahme auf.[17] Tausende Freiwillige folgten den Aufrufen an die Front. Unter den Kriegsfreiwilligen waren auch zahlreiche Lehrer der jüdischen Schulen.[18] Die in der Heimat verbliebenen Angehörigen, jüdischen Institutionen und Einrichtungen gaben den Frontkämpfern auf vielfache Weise Unterstützung und hohe Anerkennung. An den jüdischen Mädchen- und Knabenschulen Hamburgs wurde stetig über den Krieg berichtet. Schülerinnen und Schüler nähten, sammelten und ergriffen vielfältige Aktivitäten zur Unterstützung der deutschen Soldaten. Praktische Solidarität kam jedoch nicht nur aus den Schulen und Waisenheimen. Nahezu alle gesellschaftlichen Institutionen der jüdischen Gemeinde Hamburgs, ihre Kultusverbände ebenso wie die Vielzahl caritativer Einrichtungen und Organisationen veranstalteten Bittgottesdienste, Spendenaktionen und Sammlungen.

Der mit großen Hoffnungen auf vollständige gesellschaftliche Anerkennung verbundene Patriotismus der jüdischen Kriegsteilnehmer und ihrer Familien fand im Herbst 1916 eine jähe Unterbrechung. Auch für die Hamburger Juden unerwartet und in hohem Maße beschämend wurde im Oktober 1916 vom preußischen Kriegsministerium eine statistische Erhebung der Soldaten jüdischen Glaubens, die sogenannte Judenstatistik, in den Verbänden der preußischen Armee verfügt. Eine Erfassung der übrigen Konfessionen war nicht angeordnet worden![19]

»Fortgesetzt laufen beim Kriegsministerium aus der Bevölkerung Klagen darüber ein, daß eine unverhältnismäßig große Anzahl wehrpflichtiger Angehöriger des israelitischen Glaubens vom Heeresdienst befreit ist oder sich von diesem unter allen nur möglichen Vorwänden drückt. Auch soll es nach diesen Mitteilungen eine große Zahl im Heeresdienst stehender Juden verstanden haben, eine Verwendung außerhalb der vordersten Front, also in dem Etappen und Heimatsgebiet und in Beamten- und Schreiberstellen zu finden.

Um diese Klagen nachzuprüfen und ihnen gegebenenfalls entgegentreten zu können, ersucht das Kriegsministerium ergebenst um gefällige Aufstellung einer Nachweisung nach dem anliegenden Muster 1 und 2.«[20]

Das »Israelitische Familienblatt« kommentierte: »Die Veranstaltung (der Judenstatistik, Anm. d. Verf.) an sich ist ein Zugeständnis an den Antisemitismus, das dieser schon auszunutzen verstehen wird.«[21]

Dies bestätigte sich sehr bald. Der tatsächliche Effekt des ministeriellen Erlasses war das Gegenteil seiner vermeintlichen Intention. Ein im Zeichen patriotischer Vaterlandsverteidigung bisher latent verborgener Antisemitismus wurde unter Mißachtung der realen statistischen Daten neu belebt, die alten antisemitischen Klischees waren schnell wieder da. Unverständnis und Enttäuschung prägte das Denken vieler Juden über diesen politischen wie ethischen »Rückfall«.

Der Hamburger Bankier Max M. Warburg versuchte die verantwortlichen Stellen zu einer klaren Stellungnahme und deutlich positiven Würdigung der jüdischen Kriegsteilnahme zu bewegen. Seine Initiative blieb erfolglos.[22] Bald verringerte sich die bislang vorbildliche Spendenfreudigkeit jüdischer Unternehmen und Einzelpersonen. Eine verständliche Reaktion, die wiederum von Antisemiten der Kriegs- und Nachkriegszeit, allen voran von denjenigen, die nie aus den Militärstiefeln herausgekommen waren und in einer demokratischen Republik eine Bedrohung ihrer Existenz sahen, zu den vielfach kolportierten Vorwürfen vom »Drückeberger« und »Vaterlands-Verräter« benutzt wurde.

Was immer in den Folgejahren bis zum Ende der Weimarer Republik von jüdischen Organisationen zur Widerlegung solcher Klischees unternommen wurde, vermochte nicht, die Verleumder und ihre böswillige Hetze verstummen zu lassen.

Aus: »Hamburger Jüdische Nachrichten« vom 5. August 1914.

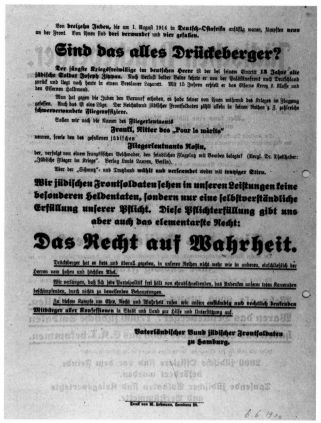

Flugblatt anläßlich der Reichstagswahl vom 6.6.1920. (Sta HH)

Die vor allem von Deutschnationalen und Völkischen zutiefst als Unrecht empfundene Kriegsniederlage und der mit den Siegermächten ausgehandelte Versailler »Schmachfrieden« wurden zum permanenten Sündenfall stilisiert, den nach Auffassung dieser Kreise nur die Juden verschuldet hatten.

Krise und Hakenkreuz

»Es genügt nicht, einzelnen Juden ganz leise zuzuflüstern, daß man kein Antisemit sei, oder daß man in seinem Antisemitismus mit einigen Juden eine Ausnahme mache.«[23]

Max M. Warburg, 1933

Die negativen Folgen der Weltwirtschaftskrise begannen sich in Hamburg aufgrund des starken Außenhandels erst Ende 1929 — später als im übrigen Reich — voll auszuwirken. Wachsende Haushaltsdefizite mit hoher Staatsverschuldung, erhebliche Kürzungen staatlicher Unterstützungsleistungen und sozialer Dienste bei gleichzeitig drastischem Anstieg der Arbeitslosen- und Fürsorgeempfängerzahlen zeigten jedoch bald krasse Folgen sozialer Verelendung und gesellschaftlicher Destabilisierung.[24] Kleinbetriebe und mittelständische Unternehmen gerieten in Überschuldung und Existenznot. Fast alle Industrie-, Handwerks- und Handelsbetriebe, insbesondere auch die Hamburger Hafenwirtschaft, erlitten größere Verluste. Konkurse und Massenentlassungen verbreiteten angesichts ungewisser Zukunftsaussichten Ängste und Konkurrenzdruck innerhalb der Arbeiter- und Angestelltenschaft. Die unabsehbare Dauer der ökonomischen Konjunkturkrise schürte zudem die Bereitschaft zu politischer Radikalisierung und gesellschaftlicher Stigmatisierung. Lange bestehende soziale und politische Konflikte begannen sich zuzuspitzen.

Deutliche Zeichen dieser Krisenentwicklung waren die hohen Stimmenergebnisse der rechten Parteien, vor allem der Deutschnationalen Volkspartei (DNVP) und der Nationalsozialistischen Deutschen Arbeiterpartei (NSDAP) bei den Reichstags- und Bürgerschaftswahlen. War die NSDAP bei den Reichstagswahlen des Jahres 1928 mit 2,6% der Wählerstimmen noch eine verhältnismäßig unbedeutende Partei geblieben, so konnte sie bei den folgenden Reichstagswahlen in Hamburg erhebliche Zuwächse verbuchen:

am 14.09.1930	NSDAP 19,2%	(DNVP 4,2%)
am 31.07.1932	NSDAP 33,7%	(DNVP 5,2%)
am 06.11.1932	NSDAP 27,2%	(DNVP 9,3%)
am 05.03.1933	NSDAP 38,8%	(DNVP 8,0%)

Die Bürgerschaftswahl vom 27. September 1931 hatte dem sozialdemokratisch geführten Koalitionssenat in Hamburg keine Mehrheit gebracht. Nach Selbstauflösung der Bürgerschaft wurden für den 24.4.1932 Neuwahlen ausge-

Die letzten freien Bürgerschaftswahlen in Hamburg

	Wahl-beteili-gung %	gültige Stimmen	NSDAP Völk. Block	DNVP	DVP Natio-nallib.	WP	DDP/DStp Fort-schrittsp.	SPD	USPD	KPD	NS	NN	DVP	WP	DDP	SPD	USPD	KPD
															% der gültigen Stimmen			
B 1928	79,0	686 330	14 760	94 048	85 507	20 136	87 553	246 685	706	114 257	2,2	13,7	12,5	2,9	12,8	35,9	0,1	16,7
B 1931	83,8	771 482	202 506	43 278	36 927	11 375	67 105	214 553	484	168 674	26,3	5,6	4,8	1,5	8,7	27,8	0,1	21,9
B 1932	80,5	748 438	233 750	32 356	23 807	4 880	84 146	226 242	–	119 481	31,2	4,3	3,2	0,7	11,3	30,2	–	16,0

schrieben. Das Ergebnis der Wiederholungswahl fiel für die Liberalen, die Sozialdemokratische Partei Deutschlands (SPD) und die Kommunistische Partei Deutschlands (KPD) katastrophal aus. Die NSDAP wurde erstmals stärkste Fraktion in der Bürgerschaft.

In den aneinandergrenzenden Stadtteilen Eimsbüttel-Rotherbaum-Harvestehude-Eppendorf, in denen Mitte der zwanziger Jahre mehr als zwei Drittel der jüdischen Gesamtbevölkerung Hamburgs wohnten, erzielte die NSDAP bei den letzten Bürgerschaftswahlen 1932 in drei Stadtteilen jeweils mehr als ein Drittel der Wählerstimmen. In der traditionellen Hochburg der Arbeiterparteien SPD und KPD, in Eimsbüttel, blieb sie bei 25,8% (1931) und 31,1% (1932), wurde jedoch 1932 auch hier stärkste Partei.

Stadtteilergebnisse der letzten Bürgerschaftswahlen (in Prozent)[25]

Rotherbaum	NSDAP	DNVP	DVP	DDP/Stp.	SPD	KPD
1931	36,5	8,3	7,3	13,0	18,9	9,7
1932	39,5	6,8	5,0	20,0	18,2	6,2
Harvestehude						
1931	34,5	12,4	10,9	15,8	14,8	6,4
1932	38,1	9,7	7,6	22,5	14,1	4,3
Eppendorf						
1931	28,7	6,2	6,7	11,0	25,2	15,9
1932	33,4	5,2	4,2	15,0	26,6	11,0
Eimsbüttel						
1931	25,8	4,5	4,2	9,2	27,9	21,9
1932	31,1	3,6	2,6	11,6	29,9	16,4

Gewalt als Mittel zur Macht

Die wahltaktische Doppelstrategie der NSDAP hatte Erfolg gezeigt: Massive und gewaltsame Agitation nach dem Motto »Kampf um die Straße« verbunden mit dem durch NSDAP-Gauleiter Karl Kaufmann[26] betriebenen Kurs einer zeitweiligen Zusammenarbeit mit national-konservativen Kreisen des gehobenen Bürgertums wie auch mit dem deutsch-völkischen Kampfverband »Stahlhelm«. Die personelle und finanzielle Unterstützung durch den Deutschnationalen Handlungsgehilfenverband (DHV) und das allmählich ausgebaute Bündnis mit Teilen des Hamburger Finanzbürgertums sowie führenden Wirtschaftsverbänden machte die bisherige »Mittelstands- und Protestpartei« salonfähig und ließ dem erheblich gestiegenen Propaganda- und Organisationsbedarf gewünschte Kassenmittel zufließen. So konnte die Hamburger NSDAP beispielsweise seit Anfang 1931 über eine eigene Tageszeitung verfügen, das unverhohlen antisemitische »Hamburger Tageblatt«, und für ihre gedruckte Massenpropaganda insbesondere auf die dem DHV gehörende »Hanseatische Verlagsanstalt« zurückgreifen.

Lange bevor der NSDAP-Gau Hamburg mit seinem Tageblatt das Hamburger Presseklima radikalisierte, wurden bereits die Vorläufer, die nationalsozialistische Wochenzeitung »Hamburger Volksblatt« und die »Hansische Warte« in Hamburg angeboten. Für deren Verbreitung als auch für die überregionaler völkischer Blätter konnte auch am Grindel seit Ende der zwanziger Jahre auf die NSDAP-Anhängerschaft unter den kleineren Händlern und Gewerbetreibenden zurückgegriffen werden.

Im September 1929 wandte sich Martin Wolkowski aus der Sedanstraße 8 im Namen betroffener jüdischer Bürger an den Gemeindevorstand, um sich gegen die Verbreitung und Zurschaustellung rassistischer Presseerzeugnisse zu wehren.

»Der Zigarrenhändler Wilhelm Krische, hier Schröderstift- und Rentzelstraßenecke, überbietet sich in den letzten Monaten in der Förderung antisemitischer Verhetzung der urteilslosen Menge durch immer auffälliger und provozierender gestalteten Aushang aller antisemitischen Hetzblätter in lückenloser Kollektion. Neben dem ›Völkischen Beobachter‹, der ›Ludendorff-Warte‹, ›Hansischen Warte‹, dem ›Angriff‹, ›Fridericus‹ etc. ist es besonders das übelste dieser Machwerke, der ehrenwerte ›Stürmer‹, welcher von Krische an auffallendster Stelle — auf einem Extra-Aushängebrett — dem meist ziemlich zahlreich vor seinem Laden auf drei Straßenbahnlinien wartenden Publikum buchstäblich ›unter die Nase gehalten‹ wird. Eigentlich heißt es diesem blutrünstigen Radaublatt zuviel Ehre erweisen, wenn man sich überhaupt mit ihm befaßt. Wenn man aber — wie wir — fast täglich Gelegenheit hat, die gierigen Blicke der vielen Jugendlichen — und nicht nur dieser — zu beobachten, welche Zeile für Zeile dieser von dreisten Lügen und blutrünstigen Anklagen gegen die Judenheit strotzenden Pamphlete verschlingen, so kann man sich der Einsicht nicht verschließen, daß hier eine ernste Gefahr für die Sicherheit der Hamburger Juden in Bildung begriffen ist, welcher man nicht früh genug vorbeugen kann.«[27]

Das nationalsozialistische Tageblatt tat sich in seinen Angriffen gegen Juden bald in der Tonart des einschlägig bekannten »Stürmer« hervor, verstärkte seine Wirkung zudem durch Diffamierung konkreter Personen und Organisationen aus Hamburg und Umgebung. Fettgedruckte Schlagzeilen wie »Die Hamburger Juden werden frech! Sie lassen Flugblätter verteilen.« häuften sich. Unter dieser Überschrift schrieb das »Hamburger Tageblatt« am 18.4.1932:

»In den letzten Tagen wird Hamburg von einem Flugblatt überschwemmt, das vom »Central-Verein Deutscher Staatsbürger jüdischen Glaubens O.G. Hamburg« herausgegeben wird und in dem eine Frechheit des Auftretens jüdischer Agitatoren zum Ausdruck kommt, wie sie seit den Novembertagen 1918 noch nicht wieder erreicht wurde. Wir glauben es ja gern, daß nach dem SA-Verbot in den jüdischen Synagogen Dankgottesdienste abgehalten wurden und die jüdische Weltpresse, die noch vor einigen Tagen in großer Aufmachung die Welt auf die Gefahr von jüdischen Pogromen in Deutschland aufmerksam machte, vor Begeisterung kaum an sich halten kann. Wenn aber jetzt die Hamburger Juden es wagen, in der Öffentlichkeit Flugblätter zur Verteilung bringen zu lassen, die die nationalsozialistische Freiheitsbewegung als Barbarei bezeichnen, so nennen wir das eine ungeheuerliche Provokation und eine Frechheit, die sich die Juden ihrem Wirtsvolk gegenüber nicht ungestraft herausnehmen dürfen.«

Im weiteren Text breitet das Tageblatt antisemitische Schlagworte der NSDAP aus, um seiner Leserschaft die menschliche, rassische, religiöse und geistige Minderwertigkeit der Juden als Belastung des deutschen »Volkskörpers« vorzuführen. Am Schluß heißt es: »Es bleibt dabei trotz aller feierlichen Erklärungen der Juden: Der Jüdische Geist ist der Geist der Zersetzung, der die Barbarei über Deutschland heraufbeschwört. Darum muß er aus dem deutschen Raum gebannt werden, eher gibt es keinen inneren Frieden, eher erringen wir nicht die Achtung der Welt, weil sie zu wenig vom deutschen Geist erfährt.«[28]

Den publizistischen Hintergrund für diese Angriffe bot das vom Centralverein erstellte Flugblatt »Deutsche Männer und Frauen!«, das u.a. als Beilage des »Hamburger Fremdenblattes« vom 13.4.1932 Verbreitung fand. Inhaltlich skizzierte es politisch und historisch begründete Gegendarstellungen antisemitischer Vorurteile.[29] Wenige Tage später stellte das »Hamburger Tageblatt« in einem großen Artikel »Sechzehn bescheidene Anfragen an den Zentralverein deutscher Staatsbürger jüdischen Glaubens«. Hierin wurden erneut die von Antisemiten schon zu Beginn der Weimarer Republik benutzten Stereotypen und Vorurteile aufgegriffen, um zugleich selbst polemische Antworten vor-

(Sta HH)

Plakat der NSDAP zur Reichstagswahl vom 14.9.1930. (Sta HH)

zuführen. Die Palette der Vorwürfe reicht vom Drückebergertum im 1. Weltkrieg, jüdischer Presse- und Zeitungsdominanz, vererbtem jüdischen Gaunertum bis hin zu blutigen und mystischen Talmud-Mißdeutungen.

Auch hier ist das Fazit zugleich Zielbestimmung: »Wir wollen die Herrschaft der Juden brechen. Wollen sie als Gastvolk in Deutschland bleiben, so soll ihnen das gestattet sein. Aber wir verlangen das Ausscheiden der Juden aus allen verantwortlichen Stellen des öffentlichen Lebens. Wir wollen keine jüdischen Minister, keine jüdischen Polizeiherren, keine jüdischen Ärzte und Richter. Wir wollen keine jüdische, sondern eine deutsche Kultur. Wir wollen uns keine Asiaten oder Halbasiaten als Volksgenossen aufdrängen lassen. Hinaus mit dem Gesindel, mit dem uns Rußland und Polen beglückt hat.

Deutschland den Deutschen!«[30]

Naziüberfälle häufen sich

Der Alltag der Juden vom Grindel wurde durch die radikale Rechtsentwicklung immer spürbarer erfaßt. Spürbar auch da, wo große Teile der assimilierten und orthodoxen jüdischen Bevölkerung die NS-Presse kaum zur Kenntnis nehmen wollten und diese wie die gesamte Nazibewegung für einen vorübergehenden Spuk hielten. SA-Überfälle und Propagandamärsche nationalsozialistischer Sturmabteilungen, anonyme Drohungen und öffentliche Belästigungen waren bald keine Ausnahmeerscheinungen mehr.

»Nazis überfallen jüdische Jugendliche« meldete das »Hamburger Echo« am 3.7.1931. Nationalsozialisten hatten Angehörige der Jugend-Gemeinschaft jüdischer Arbeitnehmer, die von einer in der Johnsallee abgehaltenen Betstunde kamen, überfallen und einige schwer mißhandelt. Am 24.7.1931 berichtete die gleiche Zeitung über einen weiteren Überfall:

»Zu dem Überfall von SA-Leuten auf die Flugblattverteiler der Sozialistischen Studentengruppe am Donnerstag in der Nähe der Universität ist noch nachzutragen, daß der berüchtigte Sturmführer der Nazis, Sailliez, mit neun anderen SA-Leuten erst versuchte, die Flugblattverteilung mit Gewalt zu verhindern. Die sozialistischen Studenten setzten sich energisch zur Wehr, wobei es ihnen gelang, den Rädelsführer Sailliez festzuhalten, bis die Polizei kam und ihn in Gewahrsam nahm. Währenddessen fielen die übrigen SA-Leute blindwütig über den alleinstehenden Flugblattverteiler Rolf Berendsohn, sozialistischer Student und Neffe des Hamburger Professors Berendsohn her, schlugen auf ihn ein, rissen ihn zu Boden und traten ihn mit Füßen, so daß man den Überfallenen schwer verletzt ins Universitätsgebäude tragen mußte. Ein Krankenwagen brachte den jungen Berendsohn ins Eppendorfer Krankenhaus, wo er mit einem doppelten Schlüsselbeinbruch, mit einem Bluterguß am Auge und mit einer schweren Gehirnerschütterung daniederliegt.«

Für den in der sozialistisch-zionistischen Jugendbewegung engagierten Hamburger Arie Goral-Sternheim gab es schon früh eindeutige Anzeichen des politischen Antisemitismus. »Die Juden des Grindel boten ein bevorzugtes Haßobjekt und Angriffsziel für Antisemiten und Nazis. Schon Anfang der dreißiger Jahre war es zeitweilig gefährlich, am Abend über die Grindelallee zu gehen. In der Gegend vom Schlump und im Sternschanzenpark lauerten oft genug SA-Schlägertrupps Juden auf. Jüdische Organisationen warnten immer wieder vor dem Anwachsen dieser Gefahr. Aber stets erfolgten allein beschwichtigende Erklärungen seitens der Obrigkeit, der zuständigen Behördenstellen und der Polizei.«[31]

Die Präsenz uniformierter SA-Angehöriger begann am Grindel schon seit Mitte der zwanziger Jahre zuzunehmen. Die Aufhebung des NSDAP-Verbots in Hamburg[32] hatte im März 1925 zur Gründung einer neuen Ortsgruppe und bald danach zur Bildung des NSDAP-Bezirks Rotherbaum geführt. Seine ersten Mitglieder kamen aus dem Grindelviertel, dem kleinbürgerlichen Viertel vom Rothenbaum.[33] Hier wurde der in einem Kellerlokal Ecke Bundesstraße/Grindelallee gelegene »Schinkenkrug« — gegenüber dem damaligen Wilhelm-Gymnasium — zum ersten NS-Verkehrslokal und Versammlungsort für SA-Sturmtrupps im Stadtteil. Weitere Treffpunkte kamen in der näheren Umgebung bald hinzu. Nazis wurden am Grindel unübersehbar und vor allem unüberhörbar. Die Wahlerfolge Anfang der 30er Jahre ermutigten Parteianhänger zu immer provokanteren Straßenaktivitäten und Überfällen auf politische Gegner. Die jüdischen Bewohner wurden unfreiwillige Zeugen der dröhnende »Kampflieder« und »Juda verrecke!« skandierenden SA-Marschkolonnen.

Luise Solmitz, begeisterte NSDAP-Anhängerin aus Hamburg-Eimsbüttel, beschrieb in ihren Tagebuchaufzeichnungen ihre Emotionen während eines nächtlichen Fackelzuges am 6.2.1933 von Nationalsozialisten und Stahlhelmern. Der Fackelzug führte vom Lübecker Tor zum Kaiser-Friedrich-Ufer in Eimsbüttel:

»Wir waren wie berauscht vor Begeisterung, geblendet vom Licht der Fackeln gerade vor unseren Gesichtern und immer in Ihrem Dunst, wie in einer süßen Wolke von Weihrauch. Und vor uns Männer, Männer, Männer, braun, bunt, grau, braun, eine Flut von einer Stunde und 20 Minuten. Im zuckenden Licht der Fackeln meinte man nur einige Typen zu sehen, die immer wiederkehren, aber es waren 22–25.000 verschiedene Gesichter! Neben uns hob ein kleiner Junge von 3 Jahren immer wieder die winzige Hand ›Heil Hitler, Heil Hitlermann!‹ Ein SA-Mann hatte morgens zu Gisela gesagt: ›Jetzt heißt es nicht mehr »Heil Hitler«, jetzt heißt es »Heil Deutschland«.‹ ›Juda verrecke‹, wurde auch mal gerufen und vom Judenblut gesungen, das vom Messer spritzen solle.«[34]

Es ist keinesfalls verwunderlich, daß bereits am 5. März 1933, dem Tag der Reichstagswahl, Hakenkreuzfahnen als untrügliche Zeichen nationalsozialistischer Machtansprüche auf den Polizeikasernen in der Bundesstraße und in der Sedanstraße gehißt wurden. Arie Goral-Sternheim hebt diesen Vorgang in seinem autobiographischen Bericht als »Fanal« für die Juden Hamburgs hervor:

»Es ist wahrscheinlich in keiner Geschichte Hamburgs über die Tage der Machtübergabe 1933 besonders hervorgehoben, daß das erste Hissen der Hakenkreuzfahne an einem öffentlichen Gebäude ausgerechnet und wohl auch berechnet im Zentrum der jüdischen Wohngegend vom Grindel stattfand. Über den Vorgang selbst gibt es zwar im Zusammenhang der Haltung der Polizei den einen oder anderen Bericht, soviel mir bekannt ist, geht keiner dieser Berichte darauf ein, daß dieses provokatorische Hissen der NS-Fahne, die bereits vor der Machtübergabe am 8. März 1933 durch die Neuwahl des Senats, nämlich am 5. März erfolgte und zwar auf der Polizeikaserne in der Bundesstraße, damit für die jüdischen Einwohner ein deutliches Zeichen dafür war, daß die bürgerlichen ›demokratischen‹ Parteien vor der NSDAP kapitulierten. Praktisch bedeutete das, daß damit die letzte Hoffnung auf Schutz vor den Nazis und SA durch die Polizei endgültig illusorisch geworden war. Der oberste Polizeiherr war nun Richter, der Standartenführer der SA.«[35]

Diese Machtdemonstration wurde durch die Regierungsbildung am 8. März 1933 manifestiert. Die NSDAP stellte jetzt in Hamburg erstmalig den Bürgermeister (Carl Vincent Krogmann) und sechs weitere Senatoren; die DNVP besetzte zwei Senatorenämter; der Stahlhelm zwei, DVP und Deutsche Staatspartei je eines. Die linke, republikanische und demokratische Opposition war damit ausgeschaltet.

Störung religiösen Lebens

Antisemitische Ausschreitungen und Provokationen galten Anfang der dreißiger Jahre gezielt solchen jüdischen Einrichtungen, die für die Hamburger Juden in organisatorischer, sozialer und vor allem religiöser Hinsicht bedeutend waren, so z.B. dem Logenhaus in der Hartungstraße, dem Gemeindehaus in der Rothenbaumchaussee, Synagogen und Friedhöfen.

Die Deutsch-Israelitische Gemeinde registrierte diese Entwicklung mit großer Besorgnis und bemühte sich im Vertrauen auf die Rechts- und Staatsorgane Hamburgs intensiv um öffentlichen Schutz und um polizeiliche Aufklärung der Gewalttaten. Ohne selbst als öffentlich-rechtliches Vertretungsorgan der Kultusverbände offensiv in die Hamburger Politik eingreifen zu wollen, beschloß der Gemeindevorstand in Abstimmung und auf Drängen der jüdischen Nachbargemeinden sowie zionistischer Gruppen im Winter 1930/31 die Einsetzung eines beratenden »Politischen Ausschusses zur Abwehr des Antisemitismus«. Zur Förderung des gleichen Zieles sollten gleichzeitig Gespräche mit führenden Repräsentanten Hamburger Behörden und Ämter geführt und verstärkt Aufklärungs- und Öffentlichkeitsarbeit geleistet werden. Vorrangig blieb jedoch die Stärkung des geistigen, sozialen und gemeindlichen Zusammenhalts.

Joseph Bachrach, wohnhaft Grindelhof 56, teilte dem Vorstand der DIG am 8. September 1930 mit:

»In diesem Zusammenhang sei darauf hingewiesen, daß die Spiegelscheiben verschiedener jüdischer Läden in der Nacht von Sonnabend, den 6. cr. auf Sonntag, den 7. cr. mit antisemitischen Plakaten beklebt wurden und ferner, daß Herr Rabbiner S. J. Rabinow am Sonnabend, den 6. cr. abends in der Bornstraße von antisemitischen Horden belästigt wurde.«[36]

Am 18.12.1930 informierte das »Gemeindeblatt der Deutsch-Israelitischen Gemeinde zu Hamburg« über ein Gespräch mit Hamburgs Polizeipräsidenten Hugo Campe über die politische Lage der Juden. Hierin versicherte Campe dem Gemeindevertreter Rechtsanwalt Dr. Hermann Samson, daß die Hamburger Juden in jedem Falle auf den Schutz der Hamburger Polizei rechnen könnten.[37]

Der Winter 1930/31 stand deutlich im Zeichen gewaltsamer Übergriffe und verstärkter Polizeipräsenz. Die Gemeinde hatte zum Schutz ihrer Gläubigen den Polizeibehörden genauestens Ort und Dauer der Gottesdienste mitzuteilen. So wurde beispielsweise zum Gottesdienst am 14. Dezember 1930 vorab mitgeteilt, daß er am Grindel in den Synagogen am Bornplatz, in der Rutschbahn 11, in der Heinrich Barthstr. 5 jeweils um 16.00 Uhr beginnen und etwa 40 Minuten dauern werde; in der Beneckestraße 4, der Dammtor-Synagoge, werde der Gottesdienst bis ca. 17.00 Uhr dauern.[38]

Am 21.3.1931 veröffentlichte der liberale »Hamburger Anzeiger« eine Resolution des Repräsentantenkollegiums der Deutsch-Israelitischen Gemeinde, in der, einem Glaubensbekenntnis gleich, die Sorgen und Hoffnungen der Hamburger Juden formuliert wurden:

»Die Deutsch-Israelitische Gemeinde steht als eine religiöse Gemeinschaft jenseits jeden politischen Kampfes. Sie gibt aber den Empfindungen weiter Kreise Ausdruck, indem sie in wachsender Sorge und mit eindringlichstem Ernst darauf hinweist, daß die furchtbaren Verbrechen die Früchte jener zügellosen und rohen Verhetzung sind, wie sie durch Beschimpfungen, Verleumdung und fortgesetzte Herabsetzung aller Einrichtungen bisher insbesondere gegen die jüdischen Menschen in Deutschland gerichtet gewesen und in letzter Zeit immer mehr gegen alle wirklichen oder vermeintlichen Gegner und den Staat selbst hemmungslos in Anwendung gebracht worden ist.

Sie weiß, daß Regierung und Behörden, wie alle in Frage kommenden Instanzen unserer Stadt, stets alles getan haben und tun, um den öffentlichen Frieden für alle zu gewährleisten. Sie erwartet aber, daß Staat und Behörden, wie die Parteien und alle rechtlich Denkenden, dieser zügellosen Verleumdungshetze mit allem Nachdruck Einhalt gebieten.«[39]

Die reichsweit vertriebene CV-Zeitung des »Centralverein deutscher Staatsbürger jüdischen Glaubens« berichtete in ihrer Ausgabe vom 21.8.1931 über die erste Synagogenschändung in Hamburg. Die eindeutig antireligiöse Handlung traf die in der Hamburger Neustadt, in der Markusstraße gelegene Synagoge der Portugiesischen Gemeinde.

»Wie uns aus Hamburg gemeldet wird, ist die Synagoge in der Marcusstraße in der Nacht zum 18. August in der unglaublichsten Weise geschändet worden. Sämtliches Altargerät in der Heiligen Lade wurde herausgerissen, in barbarischer Weise demoliert. Die Absicht der Schändung geht daraus hervor, daß nichts, auch von dem Silberzeug nichts, entwendet wurde. Von den Tätern fehlt jede Spur.«[40] Angst und Beunruhigung erfaßte die Jüdische Gemeinde in ganz Hamburg. Beredtes Zeugnis dieser Stimmung ist ein wenige Wochen später, am 18.10.1931, bekanntgemachtes Schreiben des Vorstandes der Deutsch-Israelitischen Gemeinde:

»An sämtliche Synagogenverwaltungen in Hamburg. Der Vorstand der Deutsch-Israelitischen Gemeinde richtet an sämtliche Synagogenbesucher unter Hinweis auf die gegenwärtige Lage und unter besonderem Hinweis auf die Gärung innerhalb der Bevölkerung aus Anlaß der bevorstehenden Wahlen zur Bürgerschaft die dringende Bitte, nach Schluß der Gottesdienste Ansammlungen vor den Gotteshäusern zu vermeiden und alsbald den Heimweg anzutreten. Es muß alles vermieden werden, was zu unliebsamen Zusammenstößen Anlaß geben könnte.«[41]

Warnungen dieser Art waren gerade am Sabbat und an hohen jüdischen Feiertagen dazu angetan, die religiöse Ruhe und Geborgenheit der Gemeindemitglieder zu stören. Die Notwendigkeit solch präventiver Aufrufe und Benachrichtigungen an die Polizei schienen auch in den Folgejahren notwendig. 1932 teilte der Gemeindevorstand den Rabbinern mit, daß sie ihre Besucher durch Aushänge im Synagogenraum darauf hinzuweisen hätten, insbesondere jede Ansammlung vor der Synagoge zu vermeiden und sich nach jedem Gottesdienst umgehend nach Hause zu begeben und daß der Gemeindevorstand die Hamburger Polizeibehörde erneut ersucht hatte, »sämtliche Synagogen unter besonderen Schutz zu nehmen.«[42]

Mahnungen dieser Art waren allerdings keine Neuheit. Viele der Älteren, der Gemeinderepräsentanten und Rabbiner fühlten sich bedrückt an überwunden geglaubte Zeiten erinnert, als Synagogenbauten in Hamburg, Altona und Wandsbek noch auf verdeckten Hinterhofgrundstücken standen und das synagogale Gemeindeleben vor der nichtjüdischen Bevölkerung verborgen bleiben mußte.

Ähnliche Bedrohungen hatten Hamburger Juden auch zu Beginn der Weimarer Republik erlebt. Nach der militärischen Kapitulation Deutschlands, der Revolution 1918 und dem von Rechten als »Schmachfrieden« bekämpften Versailler Vertrag hatten judenfeindliche Kampagnen und Schriften in Hamburg Hochkonjunktur. Auch damals schon, im September 1919, hatte sich der Gemeindevorstand gezwungen gesehen, die Gläubigen zu ihrem eigenen Schutz um »Unauffälligkeit« zu bitten:

An Synagogenverband, Tempel-Verband, Neue-Dammtor-Synagoge, Vereinigte Alte und Neue Klaus, Keliath-Jofi

und Agudas Jescharim Verein, Synagoge Steindamm, Synagogen-Kommission der Oppenheimer Stiftung.
Streng vertraulich!
Mit Rücksicht auf die hier einlaufenden Gerüchte, wonach an den hohen Feiertagen Ausschreitungen geplant wären, regen wir bei Ihnen an, die Synagogenbesucher von der Kanzel herab veranlassen zu wollen, sowohl Ansammlungen vor den Gotteshäusern zu vermeiden als auch nach Schluß der Gottesdienste ohne Aufenthalt vor dem Gotteshause den Heimweg anzutreten.[43]

Friedhofsschändungen

Anfang der 30er Jahre entluden sich judenfeindliche Handlungen wiederholt gezielt an den für religiöse Juden heiligen Begräbnisplätzen. Der Grindel mit seinem traditionsreichen jüdischen Friedhof in der Rentzelstraße war bevorzugtes Objekt antisemitischer Zerstörungswut. Die Gemeinde versuchte ihrerseits, die Hamburgischen Staatsorgane um Schutz der religiösen Stätten und zugleich um Verfolgung und Bestrafung der Täter anzuhalten. Nur in wenigen Fällen führte dies zum Erfolg.

Im März 1931 beantwortete Hamburgs Bürgermeister Carl Petersen ein vom Israelitischen Familienblatt an ihn gerichtetes Schreiben[44], in dem er um eine zu veröffentlichende persönliche Stellungnahme zu den aktuellen Friedhofsschändungen gebeten worden war. Dort hieß es:

»Sehr geehrte Schriftleitung!
Auf Ihr Schreiben vom 13. d.M. erwidere ich Ihnen ergebenst, daß ich selbstverständlich wie jeder anständig denkende Mensch die Schändungen jüdischer Friedhöfe auf das schärfste verurteile. Wenn ich Sie dennoch bitte, von einer besonders formulierten Meinungsäußerung darüber absehen zu wollen, so geschieht das lediglich deshalb, weil ich der Ansicht bin, damit nur allzu Selbstverständliches zu sagen.
Mit vorzüglicher Hochachtung
gez. Petersen«[45]

Mit diesem Schreiben an das »Israelitische Familienblatt« drückte Hamburgs regierender Bürgermeister Petersen eine damals vor allem in konservativen und bürgerlich-liberalen Kreisen verbreitete Auffassung aus, die sowohl zur Beruhigung in den eigenen Reihen als auch zur Beschwichtigung gegenüber erheblich verunsicherten jüdischen Kreisen dienen sollte. Auf einer vom »Centralverein deutscher Staatsbürger jüdischen Glaubens« Ende März 1931 in der Aula des Heinrich-Hertz-Realgymnasiums veranstalteten Kundgebung zum Thema »Gegen den Ungeist« brachte Carl Petersen erneut Solidarität mit der jüdischen Bevölkerung zum Ausdruck:

»Ich empfinde es als meine Menschenpflicht, als Deutscher zu protestieren gegen das, was jetzt in Deuuschland geschieht. Für uns alle gilt es, sich zu bekennen zu einem gerechten, geistigen, humanitären Deutschland und damit das Urteil zu sprechen über alles, was jetzt an Leidenschaft, Haß und Kleingeistigkeit unser geliebtes Vaterland durchzittert.«[46]

Vertreter von SPD und Reichsbanner, DVP, Zentrum und radikaldemokratischer Partei bekundeten ähnlich solidarische Anteilnahme.

Zweifelsohne waren Veranstaltungen dieser Art politisch und psychologisch für die jüdische Öffentlichkeit in Hamburg bedeutsam. Sie stärkten Vertrauen und Hoffnungen in die republikanischen und demokratischen Kräfte der Politik.

Dennoch, diese Solidarität blieb ganz überwiegend verbal und individuell. Je stärker die Anfeindungen und Drohungen Rechtsradikaler wurden, desto mehr gerieten die verbale Emphase und das schweigend-untätige Selbstverständnis führender Politiker zu eher ohnmächtigen Zeichen. In der praktischen Konsequenz lief vor allem Letzteres auf Tolerierung antisemitischer Politik und Unterstützung ihrer Träger hinaus.

Keinesfalls entsprach die von einigen Politikern geäußerte Empörung über geschändete jüdische Begräbnisplätze und Beleidigungen religiösen Lebens einem breiten demokratischen Selbstverständnis innerhalb der Bevölkerung; nur wenige schenkten solchen Vorgängen überhaupt Aufmerksamkeit und brachten dieses öffentlich zum Ausdruck. Die mahnenden Stimmen linksintellektueller Kritiker und Schriftsteller fanden wenig Verbreitung und Resonanz.

Über öffentliche Versammlungen und Demonstrationen Hamburger Bürger und Bürgerinnen in Parteinahme für die jüdische Minderheit berichteten bürgerlich-liberale Zeitungen nur anläßlich besonderer Ereignisse oder Reden.

Kontinuierlicher in der Berichterstattung und entschiedener in der Kritik blieb bis zu ihrem im März 1933 vom NSDAP-geführten Senat erlassenen Verbot die sozialdemokratische Presse, vor allem das »Hamburger Echo«.

Dennoch wurde auch hier der von Nationalsozialisten geschürte Judenhaß in seiner Tiefenwirkung unterschätzt und blieb ein Randthema der politischen Auseinandersetzung. In noch krasserer Weise trifft dies für die kommunistische Presse, vor allem die »Hamburger Volkszeitung« zu, deren Kräfte hauptsächlich im parteipolitischen und ideologischen Abwehrkampf gegen den »Hauptfeind der Arbeiterklasse«, den drohenden Faschismus, gebunden waren.

Die Haltung der KPD blieb während der Weimarer Republik von der Ambivalenz geprägt, den Antisemitismus als Instrument des Großkapitals abzulehnen und zugleich jüdischen Kapitalisten den Kampf anzusagen. Zudem befand sich die Mehrheit der Kommunisten im politischen Gegensatz zur zionistischen Bewegung und deren Autonomiebestrebungen. Das jüdische Siedlungsexperiment Birobidschan im Osten der Sowjetunion, an dem sich in den dreißiger Jahren auch einige Hamburger Juden beteiligten, war von kommunistischer Seite ebenso umstritten wie eine Staatsgründung in Palästina.[47]

Die Dimension der aus völkischem Antisemitismus erwachsenden Bedrohung gegen die jüdische Minderheit wurde auch von Kommunisten lange Zeit verhängnisvoll unterschätzt. Die im Verlauf der Weimarer Republik ideologisch verhärtete Frontstellung der beiden Arbeiter-

Grabstellen auf dem Grindelfriedhof. (Sta HH)

parteien SPD und KPD untereinander trug zudem dazu bei, daß der praktizierte Antifaschismus den Blickwinkel auf die Gefährdung anderer Bevölkerungsgruppen einengte.

Meist blieb es den jüdischen Presseorganen vorbehalten, die Öffentlichkeit über antisemitische Ausschreitungen ausführlicher zu informieren. So berichtete das »Hamburger Familienblatt« in seiner Ausgabe vom 14. Januar 1932 auf der Titelseite ausführlich über eine spektakuläre Gerichtsverhandlung gegen zwei junge Männer, die, auf frischer Tat ertappt, der Grabschändung auf dem Friedhof in der Rentzelstraße überführt werden konnten. Beide wurden im Eilverfahren zunächst zu neun bzw. sechs Monaten Gefängnisstrafe verurteilt.[48] Ein ungewöhnlicher Fall, zumindest hinsichtlich der unverzüglichen Tatfeststellung und Verurteilung. Keineswegs ungewöhnlich war die Friedhofsschändung selbst, wie der als Zeuge geladene Syndikus der Deutsch-Israelitischen-Gemeinde Dr. Nathan während der Verhandlung deutlich machte. Bei zahlreichen früheren Fällen habe sich die betroffene Gemeinde geschämt, »diese Dinge in der Öffentlichkeit bekanntzugeben«.[49] Dr. Nathan erläuterte während der Verhandlung, daß die Friedhofsmauer vor der Bürgerschaftswahl u.a. mit Hakenkreuzen und »Deutschland erwache« beschmiert gewesen sei.

Die Tatsache der unverzüglichen Strafverfolgung führte dazu, daß auch andere nichtjüdische Zeitungen auf den Hergang und den Prozeßverlauf im Januar 1932 näher eingingen. Das »Hamburger Echo« hatte bereits am 5.1.1932, unmittelbar nach Veröffentlichung des Polizeiberichtes geschrieben:

» › Zwei Nazis schänden jüdische Gräber. Auf dem Israelitischen Friedhof Rentzelstraße gefaßt « ‹.

Festgenommen wurden der 28jährige Heizungsmonteur Ludwig K. und der 25jährige Motorenschlosser Franz J., die beide in Eimsbüttel wohnen. Die Festgenommenen, die Mitglieder in der NSDAP sind, hatten in der Nacht zum Dienstag auf dem Israelitischen Friedhof an der Rentzelstraße mehrere Grabsteine gewaltsam umgerissen, den Aufsatz eines Grabes beschädigt und durch Steinwürfe weitere Grabsteine gleichfalls lediert. Ein Ordnungspolizist faßte die beiden Grabschänder in dem Augenblick ab, als sie auf ihrem Rückwege vom Tatort die Kirchhofsmauer überstiegen.«

In seiner darauffolgenden Ausgabe berichtete das »Hamburger Echo« über ein Schnellgerichtsverfahren. Auch die Abendausgabe des »Hamburger Fremdenblatt« vom 7. Januar, der »Hamburgische Correspondent«, der »Hamburger Anzeiger« und die deutschnationalen »Hamburger Nachrichten« berichteten über die Schändungen auf dem Grindelfriedhof. Letztere ergänzten den abgedruckten offiziellen Polizeibericht durch eine Erklärung der NSDAP-Gauleitung, um den nach ihrer Sichtweise »Betroffenen« das Wort zu geben.

Angesichts derartiger Presseresonanz sah sich auch das

Aus: »Hamburger Anzeiger« vom 6.1.1932.

nationalsozialistische »Hamburger Tageblatt« zu einer scheinbaren Distanzierung herausgefordert: » ›schon wieder Grabschändung durch ›Nationalsozialisten‹. Die Polizei teilt mit, daß in der letzten Nacht zwei Männer abgefaßt sind, als sie in der Rentzelstraße auf dem israelitischen Friedhof Steine umwarfen. Beide Täter sollen angegeben haben, daß sie Nationalsozialisten sind.

Die Gauleitung teilt auf Rückfrage mit, daß sie bislang noch nicht feststellen konnte, ob es sich tatsächlich um Nationalsozialisten handelt. Sollte es sich bewahrheiten und sollten die Leute Parteimitglieder sein, so hat ihr Handeln sofortigen Parteiausschluß zur Folge. Die Partei hat es nicht nötig, mit derartig kindischen Dingen zu arbeiten. — Wir kommen auf die Angelegenheit zurück.«[50]

In einem im Juli 1932 durchgeführten Berufungsverfahren wurde das Strafmaß für den zum Tatzeitpunkt noch nicht vorbestraften Angeklagten Franz Jordan von sechs auf vier Monate Gefängnis gemindert. Der Vorsitzende Richter gab gleichzeitig bekannt, daß der zu neun Monaten verurteilte Täter Krautsdörfer nach 2wöchiger Haft beurlaubt worden und seitdem flüchtig sei. »Er (der Richter, Anm. der Verf.) habe einen Steckbrief beim Amtsgericht beantragt, dies sei jedoch vom Amtsgericht abgelehnt worden, so daß die Tatsache bestehe, daß Krautsdörfer sich seiner rechtskräftigen Strafe entziehe, ohne daß seitens der Vollstreckungsbehörde auch nur ein Steckbrief erlassen werde, um hierdurch zu ermöglichen, daß die Strafe verbüßt werde.«[51]

Weitere von der Deutsch-Israelitischen Gemeinde zur Anzeige gebrachte Friedhofsschändungen, bei denen das Beschmieren der zur Verbindungsbahn gelegenen Friedhofsmauer am häufigsten vorkam, blieben ohne strafrechtlich relevante Verfolgung der Täter. In einem Ende Oktober 1932 von der Deutsch-Israelitischen Gemeinde unter namentlicher Angabe des Täters zur Anzeige gebrachten Fall wurde die Strafverfolgung seitens der Staatsanwaltschaft abgelehnt.[52]

Bündnissuche und Abwehrkampf

Die Deutsch-Israelitische Gemeinde, ihre führenden Repräsentanten, Vertreter anderer jüdischer Institutionen und Einzelpersonen suchten angesichts zunehmender Radikalisierung im politischen Leben Hamburgs verstärkt nach Unterstützern und Bündnissen zur Abwehr des Antisemitismus. Hierzu gehörte bis zur Machtübergabe an die Nationalsozialisten auch, hohe Staatsbeamte und Institutionen durch schriftliche Eingaben zu stärkerem Schutz für die jüdische Bevölkerung und zum Einschreiten gegenüber antisemitischen Vorfällen zu veranlassen. Die erhoffte praktische Resonanz blieb auf den verschiedenen Ebenen verwaltungs- und polizeirechtlicher Zuständigkeiten meist gering.

Am 30. Oktober 1931 unterrichtete der Vorstand der Deutsch-Israelitischen Gemeinde die »Senatskommission für die Angelegenheiten der Religionsgemeinschaften« über neuerliche Grabschändungen am Grindel. Zwei Schreiben an die Hamburger Staatspolizei vom 22. Oktober und 30. Oktober 1931 waren beigefügt:

Wir beziehen uns auf ihre Mitteilung vom 22. d.M. betreffend die Beschädigung bzw. Zerstörung von Grabsteinmarmorplatten auf unserem Begräbnisplatz am Durchschnitt. In der Annahme, daß die Beschädigungen in verbrecherischer Absicht ausgeführt worden sind, setzen wir für die Ermittlung des oder der Täter eine Belohnung von 500 RM aus. Wir bitten, uns über das Ergebnis Ihrer Ermittlungen zu berichten.

In diesem Zusammenhang weisen wir darauf hin, daß einige Zeit vor den Bürgerschaftswahlen bereits die Mauer des gleichen Begräbnisplatzes durch rote Farbe in der empörendsten Weise besudelt wurde, der Polizeibehörde haben wir am 1.9. hierüber Anzeige erstattet. Bedauerlicherweise war ein ausreichender Beweis gegen die vermutlichen Täter, wie die Staatsanwaltschaft uns zu A.-Z.XI.4147 1931 unter dem 28. d.M. mitteilt, nicht zu erbringen.«[53]

Die an die Gemeinde, Rothenbaumchaussee 38, gerichtete kurze Antwort der Senatskommission drückte deren

»lebhaftes Bedauern« und zugleich die »Hoffnung« aus, »daß es den Bemühungen der Polizeibehörde gelingen möge, die Täter zur Rechenschaft zu ziehen.«[54]

Diese Hoffnung hatte jedoch schon aufgegeben werden müssen, wie im zitierten Vorstandsschreiben bereits mitgeteilt worden war.

Auch andere Versuche, Unterstützung von einflußreichen Persönlichkeiten zu erhalten, scheiterten. So bemühte sich auf Bitten des Gemeindevorstands der in der Hamburger Öffentlichkeit angesehene und bekannte Aby S. Warburg am 7.1.1932 um einen überkonfessionellen Aufruf prominenter Kirchenmänner und Politiker Hamburgs zur Verurteilung der Friedhofsfrevel.

Dieser Versuch scheiterte und offenbarte stattdessen in eindringlicher Weise die bereits Anfang 1932 eingetretene politische Isolierung der Juden in Hamburg.

Zu den von Aby S. Warburg um Solidarität gebetenen Persönlichkeiten gehörte auch einer der fünf Hauptpastoren der Evangelischen Kirche in Hamburg, Dr. Heinz Beckmann. Seine Antwort: ...»Wenn ich meine persönliche Meinung sagen darf, so halte ich in unseren Tagen der Erregung nicht all zu viel von öffentlichen Erklärungen. ... Aber selbst wenn ich mir von einer solchen öffentlichen Erklärung etwas Entscheidendes verspräche, könnte ich persönlich die Sache unmöglich in die Hand nehmen, da ich, wie ich schon sagte, nicht der nächstverantwortliche Mann in der Kirche bin. Etwas ganz anderes wäre es, wenn etwa der Senat zu einem solchen öffentlichen Schritt entschlossen wäre und sich nun seinerseits an die Religionsgemeinschaften wendete, ihn in diesen seinen Friedensreden zu unterstützen. ... Daß aber im übrigen möglichst wenig erklärt und möglichst wenig kundgegeben, aber möglichst eindrucksvoll gelebt und dargestellt wird, was in den Herzen der Gläubigen wirkt und lebt.«[55]

Dieser diplomatische Rückzug eines leitenden Kirchenrepräsentanten bedeutete nicht nur für die Gemeindevertreter eine schwere Enttäuschung, er war zugleich als Ausdruck politischen Anpassungswillens ein warnendes Signal.

Vor dem Hintergrund der weiteren politischen Entwicklung und Haltung der Hamburgischen Landeskirche nimmt sich die Antwort des Hauptpastors Beckmann jedoch vergleichsweise freundlich aus. 1933 war durch personelle Neubesetzung der Kirchenleitung mit Hauptpastor Franz Tügel ein entscheidender Schritt in Richtung offener Unterstützung der NS-Herrscher getan. Für die Hamburger Juden war diese Entwicklung zutiefst bedrohlich. Der aktive Nationalsozialist und an St. Jacobi tätige Pastor Tügel wurde 1933 Oberkirchenrat und 1934 zum Bischof der Hamburgischen Landeskirche ernannt.[56] Er verband sein Kirchenamt mit entschiedener politischer Fürsprache für die NSDAP, organisierte in deren Auftrag kirchlich gebundene Nationalsozialisten in der Vereinigung »Deutsche Christen« und enthielt sich jeder Parteinahme für bedrohte Juden, selbst in den Jahren offener Verfolgung und Vernichtung war er zu Hilfeleistungen nicht bereit.

Seine nationalsozialistische Weltanschauung und sein Anpassungswille gingen soweit, daß er selbst Bitten evangelischer Amtskollegen aus der Schweiz, sich zugunsten des in KZ-Haft erkrankten Pastors Martin Niemöller einzusetzen, rigoros ablehnte. Seine im kirchlichen Antijudaismus wie im politischen Antisemitismus gleichsam verhaftete Judenfeindlichkeit machte Bischof Tügel anläßlich des im Novemberpogrom 1938 verhafteten jüdischen Amtskollegen Leo aus Hannover schriftlich deutlich: »Ich stehe persönlich auf einem scharfen antisemitischen Standpunkt. Ich habe diesen Standpunkt seit mindestens dreißig Jahren vertreten, also längst, ehe er sich in unserem Volk durchgesetzt hatte.«[57]

An der in den letzten Jahren der Weimarer Republik um Bündnisse und politische Unterstützung bemühten Gemeindepolitik beteiligten sich unterschiedliche jüdische Vereine und Organisationen. Dabei förderte besonders die persönliche Präsenz bekannter Hamburger Juden in verschiedenen Organisationen die Zusammenarbeit und Solidarität im Abwehrkampf gegen Antisemitismus und Nationalsozialismus.

Dennoch, Unterschiede haben in der Einschätzung von Dauer und konkreter Bedrohung judenfeindlicher Entwicklungen ebenso bestanden wie in den jeweils für nötig erachteten Abwehrkämpfen.

Die politische Bandbreite organisierter jüdischer Abwehrstrategien lag zwischen der zionistischen Zielsetzung einer konsequent forcierten Auswanderungspolitik und dem auf stärkere Assimilation und Integration in das deutsche Vaterland drängenden »Centralverband deutscher Staatsbürger jüdischen Glaubens«. Angesichts wachsender Bedrohung gab es unter Beibehaltung der organisationsspezifischen Richtungen jedoch verschiedene Ansätze für gemeinsames Handeln.

1890 war der »Verein zur Abwehr des Antisemitismus« von Nichtjuden gegründet worden. Die Mehrheit seiner Mitglieder gehörte jedoch zum jüdischen Bürgertum und stand politisch der Deutschen Demokratischen Partei (DDP) nahe. Zahlreiche Mitglieder der Hamburger Gemeinde gehörten dem Verein an. Der Mitinhaber des Bankhauses M.M. Warburg & Co., Aby S. Warburg, hatte die Leitung der Hamburger Ortsgruppe übernommen. Organisatorisch und inhaltlich gab es eine intensive Zusammenarbeit mit dem »Centralverein deutscher Staatsbürger jüdischen Glaubens«.[58]

Centralverein deutscher Staatsbürger jüdischen Glaubens

Hauptzweck des 1893 gegründeten »Centralverein deutscher Staatsbürger jüdischen Glaubens« (CV) war politische Aufklärung zur jüdischen Selbstverteidigung und Abwehr des Antisemitismus. Mit kämpferischen Schriften, Flugblättern, Veranstaltungen sowie der Herausgabe der »CV-Zeitung« versuchten die Ortsgruppen des Centralvereins kontinuierlich über völkische Ideologie, das Eindringen nationalsozialistischer Anhänger in Reichswehr, Schutzpolizei, städtische Verwaltungsämter und die politische Entwicklung in Deutschland aufzuklären. Die am Ende der Weimarer Republik bedeutendste Publikation war ein im Sommer 1932 fertiggestelltes umfangreiches »Weißbuch«, das dem greisen Reichspräsidenten von Hindenburg übergeben wurde. Es war eine Zusammenstellung von Dokumenten über NS-Terroranschläge, rassistischen Textbeispielen führender Nationalsozialisten, antijüdischen Gesetzesinitiativen zur Vertreibung der Juden aus Kultur- und öffentlichem Leben u.a. Die im Antwortschreiben von Hindenburgs zum Ausdruck gebrachte Absicht, die »verfassungsmäßigen Rechte aller Staatsbürger zu schützen« wurde vom Centralverein voller Genugtuung veröffentlicht.[59] Verstärkte Aktivitäten anderer jüdischer Vereine und Gruppen führten in den letzten Republikjahren zu einer geringeren Aktivität der Hamburger Ortsgruppe.[60]

Verkannt und zutiefst problematisch blieb innerhalb des Centralvereins die Bewertung von Nationalbewußtsein und Staatsbürgerschaft für die Juden am Ende der Weimarer Republik. Die Betonung des Deutschtums und der unbedingten staatspolitischen Loyalität der deutschen Juden waren zum konstitutiven Argument des »Centralvereins deutscher Staatsbürger jüdischen Glaubens« geworden. Die Fixierung auf den allen jüdischen Glaubensfragen übergeordneten Wert des Deutschtums wurde angesichts zunehmender gesellschaftlicher Diskriminierung auch nach der Machtübernahme der Nazis aufrechterhalten und als einziger Weg einer erhofften gesellschaftlichen Integration weiter propagiert.[61]

Der programmatische Abwehrkampf fand am 30. Januar 1933 sein Ende. Eine noch so vorsichtige legalistische Abwehrarbeit war nach Errichtung der nationalsozialistischen Diktatur für keine jüdische Organisation mehr möglich. Daran ändert auch die Tatsache nichts, daß der Centralverein noch einige Jahre unter den Nationalsozialisten eine defensive Schattenexistenz führen konnte. Am 21. Oktober 1936 mußte er sich in »Jüdischer Centralverein« umbenennen; Anfang 1939 wurde er wie alle anderen jüdischen politischen Organisationen zwangsweise aufgelöst.

Reichsbund jüdischer Frontsoldaten

Ähnlich in der Hervorhebung nationaldeutscher Identität trat der nach dem 1. Weltkrieg als soldatische Vereinigung gegründete Hamburger »Vaterländische Bund jüdischer Frontsoldaten«, die Ortsgruppe des »Reichsbundes jüdischer Frontsoldaten« an die Öffentlichkeit. Unermüdlich nahm der Bund in Schriften, Aufrufen und Veranstaltungen zum Ehrengedenken für die gefallenen Glaubensbrüder den Kampf gegen antisemitische Verleumdungen zum jüdischen »Drückebergertum« im ersten Weltkrieg auf. Vertreter von Gemeinde und Kultusverbänden unterstützen diesbezügliche Initiativen. Anläßlich des 10jährigen Bestehens des »Vaterländischen Bundes jüdischer Frontsoldaten in Hamburg« wurde 1929 eine Festschrift erstellt, in der erneut der bedeutende jüdische Anteil unter den Soldaten und Opfern des 1. Weltkrieges aufgeführt wurde.

»Von etwa 230.000 Hamburger Kriegsteilnehmern sind etwa 32.000 gefallen = zirka 13,9%, von etwa 2.900 jüdischen Hamburger Kriegsteilnehmern sind 457 gefallen = zirka 15,8%. Aus diesen für Hamburg gewonnenen Zahlen ergibt sich, daß die Hamburger Juden nicht nur fast völlig in gleicher Weise an dem Kriege teilgenommen haben, sondern darüber hinaus, daß ihr Anteil an dem Blutopfer eher nicht unerheblich den Durchschnittssatz des für die Allgemeinheit festgestellten Anteils der Gefallenen an der Kriegsteilnehmerzahl übertrifft.«[62]

Im Juli 1932 führte die Hamburger Ortsgruppe eine Veranstaltungsreihe zur gleichen Thematik durch, über die das Hamburger Fremdenblatt auf seiner Titelseite unter der Überschrift »Aufklärungskampagne des Reichsbundes jüdischer Frontsoldaten« ausführlich berichtete. So nahmen nach Meldung der Zeitung an der ersten Versammlung im Curiohaus 500 Gäste teil, von denen die Mehrheit Nichtjuden gewesen sein sollen, unter ihnen vor allem Angehörige von Krieger- und Kameradschaftsvereinen.[63]

Auf der Ebene militärischer Traditionspflege erreichte der »Vaterländische Bund jüdischer Frontsoldaten« noch 1932 hohe staatliche Ehrenbezeigungen, die trügerische Hoffnungen auf dauerhafte Anerkennung als deutsche Juden schürten. Hierzu gehörte anläßlich des 85. Geburtstages des Reichspräsidenten von Hindenburg am 2.10.1932 die Übergabe des vom »Reichsbund jüdischer Frontsoldaten« erstellten »Gefallenengedenkbuches«. Hindenburg bestätigte den Empfang mit »kameradschaftlichem Gruß« und »In ehrfurchtsvoller Erinnerung an die auch aus Ihren Reihen für das Vaterland gefallenen Kameraden ...«[64] Die Hoffnung, durch diese neuerliche Militärstatistik »die unwürdige Diskussion über die Höhe der ›jüdischen Blutopfer‹ im Weltkrieg endlich zum Verstummen zu bringen«, war zu diesem Zeitpunkt längst illusorisch.[65]

Reichsbanner Schwarz-Rot-Gold

Gewaltsame Ausschreitungen und Drohungen gegen Juden und jüdische Religionseinrichtungen brachten die Frage nach aktiver körperlicher Selbstwehr und einer nötigen Abwehrorganisation auch in der Hamburger Gemeinde auf die Tagesordnung. Die Aufstellung eigener Wehrverbände wurde rigoros abgelehnt. Die Frage einer jüdischen Beteiligung an bereits bestehenden republikanischen Verbänden wie dem sozialdemokratischen »Reichsbanner Schwarz-Rot-Gold« wurde allerdings wohlwollend offengehalten. In Hamburg hatte sich ein nicht geringer Anteil jüdischer Sozialisten und Sozialdemokraten bereits bei seiner Gründung dem gezielt auch unter Juden werbenden Reichsbanner angeschlossen. Der am 16.12.1931 von Reichsbanner, Gewerkschaften und Arbeitersportverbänden gegründeten antifaschistischen »Eisernen Front« traten ebenfalls Hamburger Juden bei. Das »Reichsbanner Schwarz-Rot-Gold« erhielt weiterhin vom »Vaterländischen Bund jüdischer Frontsoldaten« aktive Unterstützung.[66]

Zu den nach Stadtbezirken aufgeteilten Gruppen

An die jüdische Bevölkerung Groß-Hamburgs!

Die nächsten Wochen und Monate werden nach einer längeren Zeit der äußeren Ruhe auch dem gleichgültigsten unter uns wieder einmal beweisen, daß alle größeren Entscheidungen in Deutschland, insbesondere Umsturzversuche, immer noch unter antisemitischer Flagge geführt werden.

Gerade wir in Hamburg werden nicht nur bei den Reichstags-Wahlkämpfen auf diese immer wiederkehrende Tatsache stoßen, sondern uns in den ersten Junitagen anläßlich der Stahlhelmtagung durch Augenschein überzeugen können, welches Ausmaß die angeblich zurückgegangene antisemitische Welle noch heute besitzt.

Die in antisemitischen Kampforganisationen zusammengeschlossenen Kreise zählen nach Millionen! Die Hamburger Wahlen haben gezeigt, daß die völkischen Radikalen (Nationalsozialisten) gewaltig an Einfluß gewonnen haben.

Das Reichsbanner Schwarz-Rot-Gold ist die einzige Kampforganisation, die der Gegenseite in bezug auf Zahl, Disziplin und Entschlossenheit ihrer Mitglieder gewachsen ist, und die einzige Organisation, die als eine ihrer vornehmsten Aufgaben den Kampf gegen die Schmach des Antisemitismus betrachtet.

Wir in Hamburg besitzen innerhalb des Ortsvereins eine eigene Kameradschaft: Abteilung 7, die stets auf dem Platze sein wird, wenn es sich um tatkräftige Abwehr antisemitischer bzw. republikanischer Angriffe handelt!

Leider hat bisher unsere Abteilung um ihre Existenz finanziell schwer kämpfen müssen.

Pflicht eines jeden Juden ist es daher, das Reichsbanner zu unterstützen. Das kann geschehen, 1. durch Beitritt als aktives Mitglied; 2. durch passive Mitgliedschaft und monatliche Beiträge, die jeder nach seinem Können leisten mag.

Wir laden gleichzeitig zu unserem Vortrags- und Werbeabend im Logenheim Dienstag, 13. März, 20.30 Uhr pünktlich, ein! Redner: Senator P. Stubmann, M. d. B. — Oberstleutnant Friedrichs, M. d. B. — Studienrat H. Landahl, M. d. B. — Professor Dr. W. Berendsohn, Privatdozent. Die Redner sprechen über: „Die Stellung der jüdischen Bevölkerung im Volksstaat" und „Reichsbanner und Antisemitismus". Eintritt frei!

Reichsbanner Schwarz-Rot-Gold, Abteilung 7.
Geschäftsstelle: Robert Meyer, Hamburg 13, Heinr. Barthstr. 11.

Aus: »Gemeindeblatt der DIG« vom 10.3.1928.

Der gebürtige Hamburger Helmut Eschwege in Reichsbanner-Uniform, um 1929. (Privatbesitz)

gehörte am Grindel die Abteilung 7 des Reichsbanner Schwarz-Rot-Gold. Die Geschäftsstelle dieser Abteilung war unter dem Namen Robert Meyer in der Heinrich-Barthstr. 11 ansässig. Seit Ende der zwanziger Jahre wurden am Grindel regelmäßige Treffen abgehalten, zu denen man in der Geschäftsstelle oder in einer Kneipe Heinrich-Barth-Straße / Ecke Rutschbahn zusammenkam.[67]

Für größere Veranstaltungen stand u.a. das Logenhaus in der Hartungstraße zur Verfügung.

Die Zusammenarbeit im Rahmen dieser Selbstschutzorganisationen bedeutete für alle aktiv Beteiligten nicht nur politische Gemeinsamkeit, sondern auch persönlichen Rückhalt und Ermutigung in Zeiten zunehmender Isolierung und Diskriminierung. Politische Solidarität von und mit Nichtjuden war auch jenseits der Wehrorganisationen in den Organisationen der Arbeiterbewegung, in KPD, SPD, SAP und kleineren Gruppen ein Faktor kontinuierlicher Erfahrung. Er traf jedoch zahlenmäßig nur auf einen begrenzten Kreis linksgerichteter Juden zu.

Kindheitserfahrungen

Antisemitismus war im Umfeld schulischer Institutionen im Verlauf der zwanziger Jahre immer vorhanden, doch wechselnd stark ausgeprägt. Zahlreiche Berichte ehemaliger jüdischer Schüler sowie staatliche Akten, hier vor allem Akten der Oberschulbehörde, geben darüber Auskunft, daß judenfeindliche Aktivitäten innerhalb angesehener, humanistischer Bildungsinstitutionen in Hamburg Kontinuität hatten.

Nach der Novemberrevolution 1918 wurde auch im schulischen Kontext Antisemitismus hauptsächlich von rechtsradikalen Vereinigungen verbreitet, seit dem Reichstagswahlkampf im Juni 1919 vor allem vom »Deutschvölkischen Schutz- und Trutzbund«. Gymnasiasten schienen für sie ein durchaus geeignetes Klientel zu sein. Die in weiten Teilen der Hamburger Lehrerschaft ausgeprägte vaterländisch-konservative Grundhaltung bot in manchen Fällen zudem die politisch-ideologische Grundierung judenfeindlicher Beeinflussung. Teils wurden Schüler von ihren Lehrern selbst dazu aufgefordert, Klebezettel und Flugblätter antisemitischen Inhalts zu verbreiten, teils wurde dies stillschweigend übersehen. Beschwerden gegen solche Vorgänge kamen ganz überwiegend aus der Elternschaft jüdi-

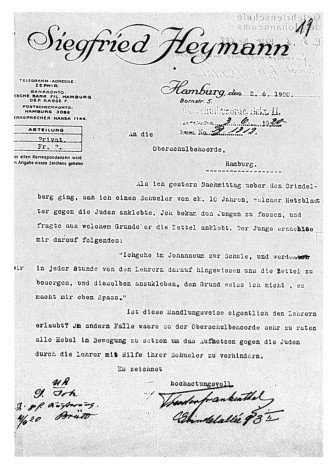

(Sta HH)   (Sta HH)

scher Kinder an nichtjüdischen Schulen sowie von jüdischen Bürgern, die von antisemitischen Handlungen auf der Straße betroffen waren. So waren auch Beschwerden eingegangen, daß selbst zehnjährige Schüler »Hetzzettel gegen die Juden« an Häuser klebten und daß Schüler, »welche direkt aus der Schule kamen«, »ganze Stapel Pamphlete des Schutz- und Trutz-Bundes in den Händen trugen und sich befleißigten, damit die Häuser zu beschmutzen«.[68]

Die Oberschulbehörde mußte in den ersten Jahren der Weimarer Republik wiederholt gegen antisemitische Vorgänge an Schulen protestieren und Lehrer und Leitung zum Einschreiten gegen diese Vorgänge auffordern; so z.B. am Heinrich-Hertz-Realgymnasium. Die Schule hatte innerhalb Hamburgs ein hohes Ansehen und galt insbesondere unter den Juden in Harvestehude, Rotherbaum und Eppendorf als aufgeklärt und religiös tolerant. Die am Schlump, Ecke Bundesstraße gelegene Schule hatte einen traditionell höheren Anteil jüdischer Schüler und Schülerinnen. Etwa ein Drittel der Schülerschaft stammte aus liberalen und assimilierten jüdischen Familien.

Trotz dieser integrativen Rahmenbedingung gab es 1919 und 1920 auch am Heinrich-Hertz-Realgymnasium antisemitische Zwischenfälle. Schüler hatten Flugblätter und Werbezettel des Deutschvölkischen Schutz- und Trutzbundes mit deutlich judenfeindlichem Inhalt verteilt. Jüdische Schüler wurden mit Namen wie »Judenbengel« und »Itzig« beschimpft, wurden wiederholt im Schulkeller eingesperrt, gewaltsam auf dem Schulhof »getauft« und mißhandelt.[69] Auch an anderen Schulen am Grindel wurden antisemitische Flugblätter und Zettel in Umlauf gebracht. Die Oberschulbehörde wurde mehrfach darauf hingewiesen und zum Schutz der jüdischen Schüler aufgefordert. Daraufhin schickte sie im März 1921 ein Rundschreiben an die Leitungen aller öffentlichen und privaten Schulen, in dem sie diese Aktivitäten scharf verurteilte und die Lehrerschaft aufforderte, dem entgegenzuwirken.[70]

Behördenintern behandelte Vorfälle genannter Art wurden in der frühen Weimarer Zeit in ihrer politisch-ideologischen Wirkung unterschätzt, zum Teil sogar als individuelles Fehlverhalten unpolitischer Natur bagatellisiert. Berichte in der Lokalpresse waren verhältnismäßig selten.

Das »Hamburger Echo« informierte am 16.12.1923 unter seiner Rubrik »Tagesbericht« wie folgt:

»Antisemitische Hetze in den Höheren Schulen.

In verschiedenen Höheren Schulen Hamburgs ist in diesen Tagen am Schwarzen Brett ein Aufruf der Deutschen Pfadfinderschaft angebracht, in dem zum Eintritt aufgefordert wird. Dabei heißt es: »Der Präses der Oberschulbehörde hat, sobald er von dieser gegen die jüdischen Schüler gerichteten antisemitischen Anrempelei von Mitschülern erfuhr, angeordnet, daß die Aufrufe unverzüglich zu entfernen sind. ...«

Gegen Mitte der zwanziger Jahre ebbte die Flut der antisemitischen Schriften und Kampagnen in Hamburg merklich ab. Wenige Jahre stärkerer Akzeptanz und gesellschaftlicher Integration prägten das, was in späteren Erinnerungen das gute Neben- und Miteinander jüdischer und nichtjüdischer Menschen am Grindel entscheidend prägte.

Im Zeichen der ökonomischen Krise zeigte sich das Aufflackern judenfeindlicher Stimmung erneut auch im schulischen Umfeld.

Nationalsozialistische Propaganda hatte die Beeinflussung Jugendlicher und Kinder von Anfang an auf ihre Fahnen geschrieben. Zugleich zielte die nationalsozialistische Rassenpolitik auf allmähliche Isolierung und Aussonderung der jüdischen Schüler und Schülerinnen.[71] Massive NS-Werbekampagnen und antisemitische Agitation wurden im Schulalltag zunehmend offen ausgetragen. An der Oberrealschule Eppendorf gründeten Schüler im Januar 1929 eine erste Ortsgruppe des NS-Schülerbundes (NSS).[72] An anderen Schulen wurde diesem Beispiel bald gefolgt. NS-Symbole und Flugblätter fanden im schulischen Umfeld schnelle Verbreitung, zumal dem NSS durch personelle und organisatorische Verflechtung mit dem rechtsradikalen Deutschnationalen Handlungsgehilfen-Verband Gelder zuflossen. Aktive Freizeitangebote, Versammlungen und Fahrten erhöhten für Mädchen und Jungen seine Attraktivität. Das noch 1929 erlassene Verbot des NS-Schülerbundes an Hamburgs Schulen wurde durch lockere Verbindungen und Zellengründungen unterlaufen, so am Wilhelm-Gymnasium, der Lichtwark-Schule und anderen höheren Schulen.

Für viele jüdische Kinder begann damit eine Zeit nicht endender Konfrontation. Mit Spottversen, Tätlichkeiten und diskriminierender Behandlung wurde ihnen demonstriert, daß sie als jüdische Mädchen oder Jungen die sozialen »Störenfriede« zu sein hatten, nicht länger derselben Gemeinschaft angehören sollten; die verletzbar, ausgrenzbar und später abschiebbar zu sein hatten. Abschiebbar von den gemeinsamen Schulen, den gemeinsamen Spielplätzen, Parkanlagen, Turn- und Schwimmhallen. Die so vertraute christliche Umwelt entwarf verzerrende Feindbilder vom bösen und häßlichen Juden, deren tödlicher Sinn von den Kindern und ihren Eltern vor den Jahren des nationalsozialistischen Terrors kaum erahnt werden konnte.

Den meisten jüdischen Kindern waren judenverhöhnende Verse und Spottnamen aus der Schulzeit leidvoll bekannt. Noch im hohen Alter erinnern sich viele an die Texte.[73]

»Hallo, die Synagoge brennt, das Judenvolk,
es flieht und rennt, und der Rabbiner,
der sammelt seine Hühner, zu führen in das gelobte Land«.[74]

Solch Kinderspott verband sich nicht selten mit handfesten Prügeleien. Wer nicht stark genug war, um sich gegen die meist in der Überzahl befindlichen Angreifer zu wehren, mußte wegzulaufen versuchen. Dies bedeutete jedoch, ständig Angst vor Wiederholungen und ähnlichen Begegnungen auf den vertrauten Schulwegen haben zu müssen. Nicht immer konnten Erfahrungen dieser Art durch Familie und die schulische Gemeinschaft aufgehoben oder verdrängt werden.

Das Leben am Grindel war jedoch auch immer von guten Beziehungen und Freundschaften zwischen jüdischen und nichtjüdischen Kindern, zwischen Juden und Nichtjuden aller Alters- und Sozialgruppen geprägt. Jahrelang hatten die gemeinsamen Kinderspiele auf der Straße und bei gegenseitigen Familienbesuchen zum Alltag gehört. Viele dieser Freundschaften wurden erst nach der Machtübernahme der Nazis oder bei Auswanderung der jüdischen Familien auseinandergerissen.

Gert Koppel, 1927 in Hamburg geboren, von 1934 bis 1939 Schüler an der Talmud-Tora-Schule, erinnert sich:

»Ich selber als Junge hatte eigentlich nur einen Freund, woran ich mich erinnern könnte, der ein christlicher Junge war. Er wohnte im selben Haus. Ich kann mich sehr gut an ihn erinnern. Ein kleiner blonder Junge, etwa ein halbes Jahr älter als ich. Und wir spielten auf der Straße, als Hitler die Macht ergriff, wir waren zusammen auf der Straße, als alle Leute eine Minute stehen blieben, um den inzwischen verstorbenen Präsidenten Hindenburg zu ehren. Wir waren gute Kameraden. Dann — vielleicht 1934, ich weiß nicht mehr genau wann, zog er um, aber nicht weg, sondern er zog nur in das Haus gegenüber von meinem Haus ein. Und dort dauerte es dann nicht lange, da machte er Freundschaft mit einem etwas älteren Jungen, der dort in dem neuen Haus wohnte. Und zuerst spielten wir noch zu dritt, aber nachher wurde ich mehr und mehr ausgeschlossen. Und eines Tages kam Wolfgang auf mich zu,, und sagte zu mir: » Gert, ab jetzt wollen wir überhaupt nicht mehr zusammen spielen.« »Warum?« fragte ich. Ich konnte mir das an und für sich noch gar nicht erklären. »Das ist ganz einfach. Weil Du bist Jude und ich nicht. Und die Juden sind böse Menschen, Juden tun nur schlechte Sachen und ich will überhaupt nie wieder mit Dir sprechen.« Das gab mir damals einen großen Schock.«[75]

Zwölf Jahre lang, von 1922—1934, besuchte Adolf Wolfermann die Talmud-Tora-Schule im Grindelhof. Seine Eltern waren Lehrer an der Israelitischen Töchterschule in der Carolinenstraße. Die Mutter hatte ihren Beruf jedoch nach der Heirat aufgeben müssen. Sein Vater war als nationalbewußter Deutscher stolz auf seine Teilnahme am Ersten Weltkrieg. Adolf Wolfermann wurde sehr jüdisch und orthodox erzogen:

»Als ich zur Schule kam, als sechs- und siebenjähriger Junge, hat mich meine Mutter die ersten zwei Jahre zur Schule gebracht.

Aber später dann, wir haben im Hoheluft-Viertel gewohnt, Ecke Roonstraße und Bismarckstraße, bin ich allein zur Schule gegangen, über den Grindelberg oder die Bogenstraße zum Schlump. Bis zum Schlump ist alles normal gegangen. Dann mußte ich durch die Rutschbahn und Rappstraße, Dillstraße oder Bornstraße zum Grindelhof. Und in der Bornstraße oder sogar schon in der Rutschbahn bekam ich dann so ein beklemmendes Gefühl, denn dort waren meist größere Jungen, Halbstarke, die haben uns auf-

gelauert und uns als Juden beschimpft. Das war schon vor 1933. Und dann haben sie uns auch gelegentlich verhauen, verprügelt. So bin ich also mit ziemlich bedrückten Gefühlen zur Schule gegangen. Ich bin ein-, zweimal selbst verhauen worden. Und ich erinnere mich noch, als ich schon größer war, das war vielleicht im Jahre 1931 oder 1932, da bin ich durch die Bornstraße gegangen. Ein paar größere Jungen haben mich überfallen und mich als Juden beschimpft und geschlagen. Ich hab dann einen Polizisten gesehen, bin zu ihm gegangen und hab alles erzählt. Und der antwortete einfach: ›Ach, weißt Du, meide doch diese Straße.‹ Das war alles, was er darüber zu sagen hatte.«[76]

Was die einstigen Kinder vom Grindel erlebten und noch heute erinnern, waren die Vorboten einer in wenigen Jahren nationalsozialistischer Herrschaft entwickelten grenzenlosen Rohheit. Vieles wie die Kinderverse waren Symptom und Spiegel psychologischer und sozialer Wirkungsmechanismen gesellschaftlich vermittelter Haßbilder. In ihnen wird noch heute historische Kontinuität sichtbar: Gesellschaftlich Minderprivilegierte suchen Kompensation für persönlich erlittene Mißerfolge, für soziale und meist auch ökonomische Minderwertigkeit. Das im Antisemitismus tradierte, in Krisenzeiten besonders laut und radikal propagierte Feindbild des »Juden« wird schnell als Ventil erkannt und kollektiv aufgegriffen: von Erwachsenen, Jugendlichen und Kindern der großen Mehrheit. Es trifft: Erwachsene, Jugendliche und Kinder — einer wesentlich schwächeren Minderheit.

»Notiz«

Am 14.10.1932 verfaßte der Syndikus der Deutsch-Israelitischen Gemeinde, Dr. N.M. Nathan, folgende »kleine Notiz«, die im Bestand der jüdischen Gemeinde im Hamburger Staatsarchiv aufbewahrt ist:

»Infolge von Unruhen im Gemeindehaus Rothenbaumchaussee waren wir am Donnerstag, den 6. Oktober 1932, zweimal genötigt, die Polizei um Schutz anzurufen. Das zweite Mal telefonierte Fräulein Elias mit der Wache Hartungstr., und nachdem sie sich mit ›Deutsch-Israelische Gemeinde‹ gemeldet hatte, sagte der Beamte am Telefon ›Schon wieder die Juden, was ist denn nun schon wieder‹ und äußerte sich dann weiter ›Man muß der Sache doch mal auf den Grund gehen, es geht nicht, daß man dauernd die Polizei für die Juden in Anspruch nimmt, die sowieso in Deutschland nur geduldet sind.‹

Aus diesem Grund sprach ich Sonnabend, den 8. Oktober, mit Fräulein Elias in dem Polizeibüro Hartungstr. vor und erklärte dem leitenden Beamten, daß wir zwar der Äußerung des betreffenden Beamten keine besondere Bedeutung beilegten und deshalb die ganze Angelegenheit auch nicht weiter verfolgen würden, daß wir aber doch zum Ausdruck bringen wollten, daß der Beamte sich entschieden im Ausdruck vergriffen habe. Das wurde vom leitenden Beamten mit dem Versprechen zugegeben, daß er in der Angelegenheit ernstliche Rücksprache nehmen wolle.«[77]

Dr. Nathan Max Nathan, seit 1912 Syndikus der DIG, wurde am 19.7.1942 nach Theresienstadt deportiert. (Sta HH)

Der Grindelfriedhof

Fast 200 Jahre lang hatten Hamburger Juden eine kleine innerstädtische Fläche am Grindel als Begräbnisplatz nutzen können. Er lag zwischen den Straßen Verbindungsbahn, Rentzelstraße und Durchschnitt«.

Seine Einrichtung war unmittelbar Folge des deutsch-dänischen Krieges. Hamburg hatte 1711 die Grenzen (Tore) nach dem zu Dänemark gehörenden Altona gesperrt. Damit konnten die Hamburger Juden nicht länger traditionsgemäß die jüdischen Begräbnisplätze in Altona und Ottensen nutzen. Im gleichen Jahr erteilte der Hamburger Senat den Juden Hamburgs die Genehmigung zur Einrichtung eines innerstädtischen Grindelfriedhofs, den »Friedhof vor dem Dammtor«,[78] später unter Grindelfriedhof bekannt. In Karten des 19. Jahrhunderts findet sich auch die Bezeichnung »Juden Kirchhof«. In den ersten Jahrzehnten des 19. Jahrhunderts erreichten die Hamburger Jüdischen Gemeinden vom Hamburger Senat mehrere notwendige Flächenerweiterungen. Seit 1834 diente der Grindelfriedhof als Hauptbegräbnisplatz der Hamburger Gemeinde.

Der Grindelfriedhof wurde jedoch bereits Anfang des 20. Jahrhunderts, 1909, auf Anordnung des Hamburgischen Senats endgültig als Begräbnisplatz geschlossen. Die Gemeinde hatte daraufhin darum gebeten, »..., daß jedenfalls die Grabstellen, in denen die Toten ruhen, die das jüdische Religionsgesetz als Eigentum der Verstorbenen und daher als für ewige Zeiten unverletzlich erklärt, niemals angetastet werden dürfen ...«[79]

Die Gemeinde nutzte fortan einen jüdischen Begräbnisplatz in Ohlsdorf, der Teil des großen Hamburger Hauptfriedhofes ist. Der Grindelfriedhof blieb bis zu seiner zwangsweisen Aufhebung im Jahre 1937 am Grindel erhalten. Die Gemeinde hatte bereits in den zwanziger und Anfang der dreißiger Jahre vehement um den Bestand des Friedhofes kämpfen müssen, als zugunsten staatlicher Straßenerweiterungsbauten an der Verbindungsbahn und an der Rentzelstraße Teile des Friedhofsgrundstückes an die Stadt zurückgegeben werden mußten. Dieser Vorgang hatte zu harten Kämpfen mit der Hamburger Baubehörde, aber auch zu religiös begründeten innerjüdischen Auseinandersetzungen geführt. Im Juni 1929 stimmte der Gemeindevorstand den baulichen Änderungen, und zwar einer notwendigen Tieferlegung der Gräber und der Übernahme der Hauptkosten hierfür zu. In dem beachtenswerten Dokument vom 11. Juni 1929 heißt es dazu:

»In Erwägung dieser Tatsache haben die geforderten geldlichen Opfer im Betrag von etwa 100.000 RM, ..., einen bedeutsamen moralischen Wert für einen uns in Zukunft etwa noch bevorstehenden Kampf um die Erhaltung des Grindelfriedhofes in seiner nun zu schaffenden Gestaltung. Das Ansehen, das die hamburger Kehilla in deutschen Landen und in der Welt genießt, erfordert gebieterisch, daß die Bedeutung dieser eminent jüdischen Pflicht der jüdischen Welt beispielgebend kundgetan werde.«[80]

Im Sommer 1937 fand unter Leitung des Hamburger Oberrabbinats, vertreten durch den amtierenden Oberrabbiner Dr. Joseph Carlebach, die erzwungene Exhumierung und Überführung der Gräber auf den Ohlsdorfer Friedhof statt. Zu den bekanntesten jüdischen Grabstätten am Grindel gehörten die des Vorkämpfers der bürgerlichen Emanzipation der Juden, Gabriel Riesser; des Predigers Dr. Naphtali Frankfurter, des Chacham Isaak Bernays sowie vieler anderer berühmter Rabbiner und Familien. Grabmale, Steine und die nach jüdischer Religion ebenfalls zur ewigen Ruhe bestatteten nicht mehr gebrauchsfähigen Torarollen wurden dem neuen Begräbnisplatz ebenfalls zugeführt. Diese Verlegung der jüdischen Gräber erfolgte in einer Zeit offener Judenfeindschaft und allgegenwärtiger gesellschaftlicher Diskriminierung.

Anmerkungen

[1] Vgl. Günter Marwedel, Geschichte der Juden in Hamburg, Altona und Wandsbek, Hamburg 1982, S. 45f.

[2] Ebenda S. 33f.

[3] Die Neugestaltung der Gemeindestatuten wurde 1867 abgeschlossen. Als eine der grundlegenden Änderungen war eine Trennung von Kultus und Gemeindeverwaltung erfolgt. Zur Aufgabenteilung und Reorganisation der Jüdischen Gemeinde in der 2. Hälfte des 19. Jahrhunderts vgl. die umfassende Darstellung von Helga Krohn, Die Juden in Hamburg. Die politische, soziale und kulturelle Entwicklung einer jüdischen Großstadtgemeinde nach der Emanzipation 1848–1918, Hamburg 1974, S. 47–64 und S. 123–142 und S. 173–181; ebenso Günter Marwedel, Geschichte der Juden in Hamburg, a.a.O., S. 33ff.

[4] Vgl. Helga Krohn, Die Juden in Hamburg, a.a.O., S. 30.

[5] Vereine mit antisemitischer Zielsetzung hatte es bereits vor dieser Zeit gegeben. Ihr Einfluß und ihr Wirken waren jedoch sehr begrenzt geblieben und fanden erst in den Parteizusammenschlüssen und Neugründungen der 90er Jahre entsprechende Resonanz. In den siebziger Jahren hatte der Hamburger Schriftsteller Wilhelm Marr unter den Antisemiten eine führende Rolle gespielt; durch Marrs Publikationen und Reden wurde insbesondere ein rassistisch begründeter Antisemitismus verbreitet; vgl. hierzu auch Günter Marwedel, Geschichte der Juden in Hamburg, a.a.O., S. 37.
Zu den antisemitischen Vorläufern gehörte auch der von dem Hamburger Friedrich Raab (1859–1917) gegründete Verein »Litteraria«; Raab begründete seine politische Karriere in der Folgezeit in antisemitischen Vereinigungen: 1894 als Vorsitzender des Vereins der »Deutschsozialen Reformpartei« in Hamburg, 1896 Vorsitzender des »Landesverbandes der Deutschsozialen Reformpartei für Schleswig-Holstein und Hamburg« in Kiel, zugleich im Parteivorstand; 1897–1903 Mitglied der Hamburger Bürgerschaft, 1898–1911 Mitglied des Reichstages. Zu Fr. Raab vgl. Iris Hamel, Völkischer Verband und nationale Gewerkschaft. Der Deutschnationale Handlungsgehilfen-Verband 1893–1933, Frankfurt/Main 1969, S. 45.

[6] Im Verlauf dieser antisemitischen Versammlung kam es zu wilden Tumulten. Staatsarchiv Hamburg, Politische Polizei S 576 IIa, Polizeibericht vom 28. Juli 1890; vgl. hierzu auch Helga Krohn, Die Juden in Hamburg, a.a.O., S. 188.

[7] Iris Hamel, Völkischer Verband und nationale Gewerkschaft, a.a.O., S. 51.

[8] »Antisemitischer Wahlverein von 1890«, Flugblätter »Hamburger Flugblatt No. 1« und »Wen sollen wir wählen?«, Hamburg 1893, Staatsarchiv Hamburg, Plankammer. Der Wahlverein wurde am 2. November 1894 in Hamburg aufgelöst und konstituierte sich unter Vorsitz Friedrich Raabs als »Verein der Deutschsozialen Reformpartei« neu. Vgl. Iris Hamel, Völkischer Verband und nationale Gewerkschaft, a.a.O., S. 51.

[9] Die »Hanseatische Druck- und Verlagsanstalt eGmbH« wurde am 14.12.1893 amtlich zugelassen. Mit ihren Vorsitzenden Fr. Raab und Wilhelm Steigner stand sie der völkischen Bewegung sehr nahe; vgl. Ursula Büttner, Politische Gerechtigkeit und sozialer Geist. Hamburg zur Zeit der Weimarer Republik, Hamburg 1985, S. 127; vgl. auch Iris Hamel, Völkischer Verband und nationale Gewerkschaft, a.a.O., S. 50f.

[10] Iris Hamel, Völkischer Verband und nationale Gewerkschaft, a.a.O., S. 50.

[11] Ebenda, S. 53, Statuten des DHV »§ 2 Mitgliedschaft.«

[12] Vgl. hierzu Ulrich Bauche, Hamburg in historischen Luftbildern. Braunschweig 1980, S. 38.

[13] Rede des Konstantin Freiherr von Gebsattel auf dem Treffen der Alldeutschen Verbandsführung in Berlin am 19./20. Oktober 1918. Zitiert nach Uwe Lohalm, Völkischer Radikalismus. Die Geschichte des Deutschvölkischen Schutz- und Trutz-Bundes 1919–1923, Hamburg 1970, S. 53.

[14] Ebenda, S. 56–66.

[15] Ebenda, S. 89.

[16] Ebenda, S. 331.

[17] Vgl. Hamburger Familienblatt vom 10.8.1914; vgl. hierzu auch Ina Lorenz, Die Juden in Hamburg zur Zeit der Weimarer Republik. Eine Dokumentation, 2 Bde., Hamburg 1987, Bd. 1 CXXXVII.

[18] Vgl. Kapitel »Jüdische Schulen am Grindel«, besonders den Abschnitt zu Direktor Goldschmidt.

[19] Vgl. hierzu Ina Lorenz, Die Juden in Hamburg zur Zeit der Weimarer Republik, a.a.O., S. CXXXVII.

[20] Bundesarchiv Koblenz, R43F/908 7–9; 1. Erlaß des preußischen Kriegsministeriums zur Zählung der jüdischen Soldaten vom 11. Oktober 1916. Zitiert nach: Militärgeschichtliches Forschungsamt (Hrsg.), Deutsche Jüdische Soldaten 1914–1945. Katalog zur Wanderausstellung des Militärgeschichtlichen Forschungsamtes, Bonn 1987, S. 54.

[21] Ebenda, S. 56.

[22] Ebenda, S. 56f. und 59.

[23] CV-Zeitung vom 26.1.1933, Auszug einer Rede Max Warburgs anläßlich einer Jahresversammlung des »Hilfsvereins der deutschen

Juden« in Berlin am 23.1.1933; vgl. auch »Jüdische Rundschau« vom 27.1.1933.

[24] Vgl. hierzu Ursula Büttner, Politische Gerechtigkeit und sozialer Geist, a.a.O., S. 233ff.

[25] Vgl. Ursula Büttner, Hamburg in der Staats- und Wirtschaftskrise 1928–31, Hamburg 1982, Tabellarischer Anhang 2 a+b, S. 665ff.; Statistisches Jahrbuch der Freien und Hansestadt Hamburg. Hrsg. vom Statistischen Landesamt, Jahrgänge 1926/27 – 1933/34.

[26] Karl Kaufmann war seit dem 1.5.1929 Gauleiter, seit 1933 zugleich Reichsstatthalter in Hamburg.

[27] Schreiben Martin Wolkowskis vom 23.9.1929 an den Vorstand der Deutsch-Israelitischen Gemeinde, zitiert nach: Ina Lorenz, Die Juden in Hamburg zur Zeit der Weimarer Republik, Bd. 2, S. 1027f., (CAHJP AHW 268).

[28] Hamburger Tageblatt vom 18.4.1932 (O.G. steht für Ortsgruppe).

[29] Der vollständige Text des Flugblatts ist abgedruckt in: Werner Jochmann, Nationalsozialismus und Revolution. Ursprung und Geschichte der NSDAP in Hamburg 1922–1933. Dokumente. Frankfurt a.M. 1963, S. 375ff.; Arnold Paucker, Der jüdische Abwehrkampf gegen Antisemitismus und Nationalsozialismus in den letzten Jahren der Weimarer Republik, Hamburg 1968, S. 206ff. Eine Kommentierung findet sich in seinem Buch auf S. 272.

[30] Hamburger Tageblatt vom 22.4.1932.

[31] Arie Goral-Sternheim, Jeckepotz. Eine jüdisch-deutsche Jugend 1914–1933. Hamburg 1989, S. 147f.

[32] Für Hamburg wurde das seit dem 25. November 1922 geltende NSDAP-Verbot am 4. September 1924 aufgehoben. Grundlage hierfür war ein am 26.7.1924 gefaßter Reichstagsbeschluß. In Hamburg bestand seit 1922 eine erste NSDAP-Ortsgruppe, seit September 1922 ebenfalls eine SA-Gruppe; vgl. hierzu Werner Jochmann, Nationalsozialismus und Revolution, a.a.O., S. 36f.

[33] Mitte der zwanziger Jahre wohnten ca. 77% der NSDAP-Mitglieder des Bezirks Rotherbaum am Grindel, Mitglieder aus den großbürgerlichen Wohnbezirken im östlichen Rotherbaum und im angrenzenden Winterhude kamen erst später hinzu. Vgl. hierzu Thomas Krause, Hamburg wird braun. Der Aufstieg der NSDAP 1921–1933, Hamburg 1987, S. 105.

[34] Auszüge aus den Tagebüchern von Frau Luise Solmitz. 4. Januar 1932 bis 5. März 1933. Archivbestand der Forschungsstelle für die Geschichte des Nationalsozialismus in Hamburg; zitiert nach: Werner Jochmann, Nationalsozialismus und Revolution, a.a.O., S. 423. In einem späteren Zusatz wurde von Frau Solmitz am Ende der zitierten Textstelle eingefügt »Wer nahm das damals ernst?!«. W. Jochmann weist in einer Anmerkung darauf hin, der Tagebuchverfasserin seien nach dem März '33 »unter dem Eindruck der Ereignisse erhebliche Zweifel gekommen. Ihre Einstellung zu der politischen Entwicklung hat sich im Laufe der Jahre geändert.«, a.a.O., S. 400. Wolfgang Benz bemerkt dazu, daß die politische Kehrtwende auf persönliche Betroffenheit von Frau Solmitz zurückgeht: Als Ehefrau eines Juden fielen auch sie und ihre Tochter seit 1935 unter die Bestimmungen der Nürnberger Gesetze; vgl. Wolfgang Benz (Hrsg.), Die Juden in Deutschland 1933–1945. Leben unter nationalsozialistischer Herrschaft. München 1988, S. 19.

[35] Arie Goral-Sternheim, Jeckepotz, a.a.O., S. 110f.; Alfred Richter (NSDAP) löste den seit 1926 amtierenden sozialdemokratischen Polizeisenator Adolf Schönfelder ab. Seine Amtseinsetzung war ein von Nationalsozialisten in Hamburg seit langem geplanter politischer Coup, dem ein auf Parteiebene lanciertes Schreiben des Reichsinnenministers am Abend des 5. März 1933 zur Durchsetzung verhalf.
Die Flaggenaktion in den Polizeikasernen fand innerhalb weniger Stunden auch in anderen Stadtteilen Nachahmer. Geplant und durchgeführt wurde sie von NSDAP-Mitgliedern und zugleich diensthabenden Polizisten verschiedener Ränge. In manchen Kasernen gelang es der eingesetzten Ordnungspolizei, die unrechtmäße Beflaggung rückgängig zu machen, am Grindel wurde ihnen der Gehorsam verweigert. Vgl. hierzu: Henning Timpke (Hrsg.), Dokumente zur Gleichstellung des Landes Hamburg 1933, Hamburg 1983, S. 39 und S. 54–74.
Anhänger von NSDAP und DNVP, die in Hamburg gemeinsam 46,8% der Reichstagswählerstimmen erreicht hatten, begannen ganze Straßenzüge und besondere öffentliche Gebäude lautstark und siegessicher »in Besitz« zu nehmen. Dazu gehörte ebenfalls, daß NSDAP-Gauleiter Karl Kaufmann SA-Trupps damit beauftragte, die Hakenkreuzfahne auch auf dem Rathaus zu hissen. Vgl. hierzu auch: Ludwig Eiber, Arbeiterwiderstand gegen Faschismus und Krieg 1933–1945, in: Ulrich Bauche, Ludwig Eiber, Ursula Wamser, Wilfried Weinke (Hrsg.), Wir sind die Kraft. Arbeiterbewegung in Hamburg von den Anfängen bis 1945, Hamburg 1988, S. 271ff.

[36] Ina Lorenz, Die Juden in Hamburg zur Zeit der Weimarer Republik, a.a.O., Bd. 2, Dok. 25, S. 1034 (CAHJP AHW 268). Aus der Vielzahl der in den Akten der jüdischen Gemeinde erhaltenen und in Presseberichten dokumentierten antisemitischen Vorfälle können an dieser Stelle nur einige signifikante Beispiele hervorgehoben werden, um die vielfältigen Initiativen und den von jüdischer Seite ermessenen Handlungsspielraum in der Abwehr des Antisemitismus vor 1933 anzudeuten.

[37] Vgl. Gemeindeblatt der Deutsch-Israelitischen Gemeinde zu Hamburg vom 18.12.1930.

[38] Vgl. Ina Lorenz, Die Juden in Hamburg zur Zeit der Weimarer Republik, a.a.O., Bd. 2, S. 1045ff.; CAHJP AHW 268.

[39] Eine Erklärung fast identischen Wortlauts wurde am 1.4.1931 im Gemeindeblatt veröffentlicht.

[40] Ina Lorenz, Die Juden in Hamburg zur Zeit der Weimarer Republik, a.a.O., Dok. 38, S. 1050.

[41] Ebenda, Dok. 40, S. 1051f. (CAHJP AHW 268); die laut Dokument »bevorstehenden Wahlen« fanden erst am 24. April 1932 statt, jedoch war der amtierende Senat vom 3. Oktober 1931 zurückgetreten, nachdem die Bürgerschaftswahl vom September 1931 keine regierungsfähige Mehrheit für die bisherige Senatskoalition aus SPD, Staatspartei und DVP erbracht hatte. Die Gemeinde befürchtete damit zu Recht eine Fortsetzung der aufgeheizten Wahlkampfstimmung.

[42] Vgl. Staatsarchiv Hamburg, JG 268; Film SA 1052; vgl. auch Ina Lorenz, Die Juden in Hamburg zur Zeit der Weimarer Republik, a.a.O., S. 1070 (CAHJP AHW 268).

[43] Staatsarchiv Hamburg, JG 267, Schreiben der DIG vom 23.9.1919

[44] Staatsarchiv Hamburg, Staatliche Pressestelle I-IV, 4437, Schreiben des Israelitischen Familienblattes vom 13.3.1931.

[45] Ebenda, Schreiben Bürgermeister Petersens an das Israelitische Familienblatt vom 19.3.1931.
In den Jahren 1924–1933 war Carl Petersen Bürgermeister in Hamburg; davon in den Jahren 1930 – September 1931 in der Funktion des Zweiten Bürgermeisters. Carl Petersen war Mitglied der DDP, die sich ab Juli 1930 Deutsche Staatspartei nannte.

[46] Hamburger Anzeiger vom 27.3.1931; vgl. auch die ausführliche Berichterstattung des Hamburger Echo vom 27.3.1931.

[47] Die Diskussion über jüdische Nationalität und Auswanderung wurde durch das 1931 erschienene Buch des jüdischen Kommunisten Otto Heller »Der Untergang des Judentums« besonders innerhalb linksgerichteter und zionistischer Kreise zur heftigen Kontroverse. Heller trat in seinem Buch insbesondere für die jüdische Auswanderung nach Birobidschan ein. An diesem in der Sowjetunion seit 1928 verfolgten jüdischen Siedlungsprojekt beteiligte sich auch eine kleine Zahl Hamburger Juden. Vgl. zu Birobidschan auch Marianna Butenschön, Ein Stern für Tewje. Nur im fernen Osten der UdSSR wird jüdische Kultur gefördert, in: Die Zeit vom 16.9.1983.
Zur Kontroverse zwischen Kommunisten und Zionisten in Hamburg zu Beginn der dreißiger Jahre vgl. auch Arie Goral-Sternheim, Jeckepotz, a.a.O., S. 112–114; allgemeiner hierzu: Edmund Silberner, Kommunisten zur Judenfrage, Zur Geschichte von Theorie und Praxis des Kommunismus, Opladen 1984.

[48] Die CV-Zeitung berichtete über den gleichen Fall am 8.1.1932; das Gemeindeblatt der Deutsch-Israelitischen Gemeinde am 25.1.1932.

[49] Hamburger Familienblatt vom 14.1.1932. Die erschreckende Zunahme antisemitischer Friedhofsschändungen wurde 1932 in der vom »Central-Verein deutscher Staatsbürger jüdischen Glaubens« herausgegebenen Schrift »Friedhofsschändungen in Deutschland 1923–1932. Dokumente der politischen und kulturellen Verwilderung unserer Zeit.«, 5. Aufl. (Berlin) 1932 dokumentiert; Staatsarchiv Ham-

burg JG 993, Bd. V.

[50] Hamburger Tageblatt vom 13.1.1932.

[51] Vgl. Ina Lorenz, Die Juden in Hamburg zur Zeit der Weimarer Republik, a.a.O., Bd. 2, S. 1069f., Dok. 55 (CAHJP AHW 660).

[52] Ebenda, a.a.O., Bd. 2, S. 1003 und S. 1071, Dok. 57 (CAHJP AHW 660).

[53] Staatsarchiv Hamburg, JA 21, Schreiben der DIG vom 30.10.1931 an die Senatskommission für die Angelegenheiten der Religionsgesellschaften.

[54] Ebenda, Antwortschreiben der Senatskommission vom 3.11.1931.

[55] Schreiben des Hauptpastors Heinz Beckmann vom 9.1.1932. Der vollständige Text ist abgedruckt in: Ina Lorenz, Die Juden in Hamburg zur Zeit der Weimarer Republik, a.a.O., Dok. 48, S. 1059f. (CAHJP AHW 660).

[56] Franz Tügel holte nach seiner Ernennung zum Bischof seinen ehemaligen Amtsbruder an der Kirche St. Pauli-Süd, Adolf Drechsler, als Hauptpastor nach St. Jacobi; der NS-Mann der ersten Stunde Drechsler blieb hier bis Anfang der sechziger Jahre unbeschadet seiner politischen Vergangenheit im Amt und wurde als Oberkirchenrat pensioniert.

[57] Werner Jochmann, Ein lutherischer Bischof zwischen politischen Hoffnungen und kirchlichen Zielen. In: ders., Gesellschaftskrise und Judenfeindschaft in Deutschland 1870–1945, Hamburg 1988, S. 294.

[58] Mit der Bedeutung des jüdischen Abwehrkampfes und der Frage nach einer angemessenen Bewertung der sozialen, politischen und religiösen Strategien angesichts der katastrophal gescheiterten deutsch-jüdischen Symbiose hat sich die historische Forschung erst in den letzten 20 Jahren verstärkt auseinandergesetzt. Dabei ist die anfängliche Geringschätzung gegenüber jüdischen Selbstverteidigungs- und Abwehrorganisationen in Deutschland vor 1933 einem historisch differenzierten und positiv würdigenden Urteil gewichen.
Vgl. Arnold Paucker, Der jüdische Abwehrkampf gegen Antisemitismus und Nationalsozialismus in den letzten Jahren der Weimarer Republik, Hamburg 1968, S. 35f.; vgl. auch Ina Lorenz, Die Juden in Hamburg zur Zeit der Weimarer Republik, a.a.O., Bd. 1, S. CXXXVII, CLI, CLVII; ausführlicher dazu: Barbara Suchy, The Verein zur Abwehr des Antisemitismus (I) — From its Beginnings to the First World War, in: Year Book, Leo Baeck Institute, XXVIII (1983); The Verein zur Abwehr des Antisemitismus (II) — From the First World War to its Dissolution in 1933, in: YB LBI XXX (1985).

[59] Arnold Paucker, Der jüdische Abwehrkampf gegen Antisemitismus und Nationalismus in den letzten Jahren der Weimarer Republik, Hamburg 1968, S. 137 ff.

[60] Vgl. Ina Lorenz, Die Juden in Hamburg zur Zeit der Weimarer Republik, a.a.O., S. 1160f; Zur Einschätzung des Deutschtums vgl. auch: Wolfgang Benz, Die Juden in Deutschland 1933 - 1945. Leben unter nationalsozialistischer Herrschaft, München 1988, S. 17ff.

[61] Ausführlich hierzu: Arnold Paucker, Der jüdische Abwehrkampf gegen Antisemitismus und Nationalsozialismus, a.a.O., S. 45ff.; ders., Zur Problematik einer jüdischen Abwehrstrategie in der deutschen Gesellschaft, in: Werner E.Mosse/ A.Paucker (Hrsg.), Juden im Wilhelminischen Deutschland 1890-1914, Tübingen 1976, S. 480ff.; Ina Lorenz, Die Juden in Hamburg zur Zeit der Weimarer Republik, a.a.O., S. CXXXII ff. und S. 1160ff.

[62] Zitiert nach: »Die Hamburger Juden im Kriege 1914–1918«. Eine statistische Abhandlung von Dr. Urias, Rechtsanwalt in Hamburg. Festschrift des Vaterländischen Bundes jüdischer Frontsoldaten in Hamburg aus Anlaß seines 10jährigen Bestehens 1919–1929, 2. Auflage 1933, S. 13; Ausführlich zur Geschichte des Reichsbundes vgl. Ulrich Dunker. Der Reichsbund jüdischer Frontsoldaten 1919–1938. Geschichte eines jüdischen Abwehrvereins, Düsseldorf 1977; Militärgeschichtliches Forschungsamt (Hrsg.), Deutsche Jüdische Soldaten 1914–1945, a.a.O.; Der Reichsbund war am 8.2.1919 gegründet worden.

[63] Hamburger Fremdenblatt vom 14.7.1932; Ina Lorenz, Die Juden in Hamburg zur Zeit der Weimarer Republik, a.a.O., S. 1156ff.

[64] Vgl. Arnold Paucker, Der jüdische Abwehrkampf, a.a.O., S. 139f.

[65] Ebenda.

[66] Vgl. Ina Lorenz, Die Juden in Hamburg zur Zeit der Weimarer Republik, a.a.O. Bd. 1, S. CL ff. und Bd. 2, S. 1001. Eine exakte zahlenmäßige Beteiligung von Juden im Reichsbanner und der Eisernen Front läßt sich aus den Hamburger Quellen nicht aufstellen.

[67] Der Aufruf des Reichsbanner Schwarz-Rot-Gold erschien am 10.3.1928 im Gemeindeblatt der DIG.

[68] Zitiert nach Uwe Lohalm, Völkischer Radikalismus, a.a.O., S. 162, zur Agitationstätigkeit völkischer Gruppen an Schulen vgl. ebenda, S. 160-164.

[69] Staatsarchiv Hamburg, Oberschulbehörde V, 154 c, Schreiben des Schulleiters Schulz vom 11.5.1920 an die Oberschulbehörde.

[70] Staatsarchiv Hamburg, Akten der Oberschulbehörde V 154c; Schreiben der Oberschulbehörde, Sektion für das Schulwesen, v. 8.3.1921.

[71] Zur Situation jüdischer Schüler und Schülerinnen in Hamburg vgl. Wolfram Müller, Jüdische Schüler, Lehrer und Schulen unterm Hakenkreuz. Ein Überblick über die Situation im höheren Schulwesen Hamburgs. In: Reiner Lehberger und Hans-Peter de Lorent (Hrsg.), »Die Fahne hoch«. Schulpolitik und Schulalltag in Hamburg unterm Hakenkreuz, Hamburg 1986, S. 282ff.

[72] Vgl. hierzu Thomas Krause, Schüler und Nationalsozialismus vor 1933. In: Hans-Peter de Lorent und Volker Ullrich (Hrsg.), »Der Traum von der freien Schule«. Schule und Schulpolitik in der Weimarer Republik, Hamburg 1988, S. 211ff.

[73] Vgl. Ruth Hingston, »Wir sind doch Hanseaten«, in : Charlotte Ueckert-Hilbert (Hrsg.), Fremd in der eigenen Stadt, Hamburg 1989, S. 166ff.; ebenfalls die dort veröffentlichten Erinnerungen von Larry Mandon, »Überall unerwünscht — für Juden keine Nächstenliebe«, S. 173ff.

[74] An diesen Spottvers aus seiner Schulzeit (1923!) erinnerte sich der Hamburger Werner Steinberg, Jahrgang 1913. Zitiert nach: Maike Bruhns u.a., »Hier war doch alles nicht so schlimm«. Wie die Nazis in Hamburg den Alltag eroberten, Hamburg 1984, S. 118.; vgl. auch: »Freunde hatte man nicht mehr. Als »Halbjude« im »Dritten Reich« — Aufzeichnungen eines Betroffenen. In: Die Zeit, Nr. 26, 19.6.1987.

[75] Gert Kopppel, Eine jüdische Kindheit in Hamburg: 1927–1939, zitiert nach dem Transkript des gleichnamigen Videofilms von Rainer Lehberger und Sybilla Leutner-Ramme, Hamburg 1990.

[76] Interviewausschnitt mit Adolf Wolfermann, New York 1987; Teile des Interviews mit Renate Zilligen sind Bestandteil der NDR-Fernsehproduktion: »Ein Ort, den ich verlassen mußte«, ... Ein Film von Renate Zilligen, Hamburg 1987; zu antisemitischen Kindheitserfahrungen siehe auch den Beitrag von Elisabeth Atkinson »Eine verlorene Welt«.

[77] Staatsarchiv Hamburg, JG 268 (CAHJP).

[78] Vgl. Helga Krohn, Die Juden in Hamburg, Hamburg 1974, S. 130ff.; Deutsch-Jüdische Gesellschaft (Hrsg.), Wegweiser zu ehemaligen Stätten jüdischen Lebens und Leidens in den Stadtteilen Eimsbüttel/ Rotherbaum I), Heft 2, Hamburg 1985, S. 98ff.; Peter Freimark, Jüdische Friedhöfe im Hamburger Raum, in: ZHG, Bd.67, Hamburg 1981, S. 117ff.

[79] Schreiben des Oberrabbiners Marcus Hirsch vom 11.6.1929 an den Vorstand der DIG, abgedruckt bei Ina Lorenz, Die Juden in Hamburg zur Zeit der Weimarer Republik, a.a.O, Bd.1, Dok. 23, S. 549ff.

[80] Ebenda.

Ursula Wamser/Wilfried Weinke

Der »Judenboykott« vom 1. April 1933

Der 1. April 1933 gehört ebenso wie der 9. November 1938 zu den Daten deutscher Geschichte, die für immer mit Unrechtshandlungen und Willkür gegen die jüdische Minderheit verbunden bleiben. Ist das im Volksmund unter dem euphemistischen Nazibegriff »Kristallnacht« bekanntgewordene Datum des 9. November 1938 zum jährlichen Anlaß politischen Gedenkens in der Bundesrepublik geworden, so ist der sogenannte »Judenboykott« vom 1. April 1933 heute nur wenigen als historisches Ereignis bekannt. An ihn wird weder durch Gedenktafeln noch in öffentlichen Veranstaltungen erinnert. Die Boykottaktionen vom 1. April 1933 leiteten einen Prozeß der schrittweisen Ausschaltung der Juden aus dem deutschen Wirtschaftsleben ein.

Auch in Hamburg hatte die Führung der NSDAP unmittelbar nach der Machtübernahme mit gezielten Propagandakampagnen gegen die jüdische Bevölkerung begonnen. Ihr Zweck war Einschüchterung und Verunsicherung; ihr Ziel Beraubung und Zerstörung der wirtschaftlichen Existenz jüdischer Menschen in der Stadt. Schon seit Mitte der zwanziger Jahre hatten Angehörige des gewerblichen Mittelstandes, in der Mehrzahl Nationalsozialisten, immer wieder einzelne Boykottaktionen durchgeführt. Auch hier hatte sich die Wirtschaftskrise Ende der zwanziger Jahre verstärkend ausgewirkt. Der sich in seiner Existenz bedroht fühlende Mittelstand war nur zu gern bereit, in der jüdischen Geschäftskonkurrenz die Ursachen der wirtschaftspolitischen Misere zu sehen. Die modernen und ökonomisch erfolgreichen Konfektions- und Warenhäuser mit ihren attraktiven Warensortimenten wurden zur Projektionsfläche für Ängste und Konkurrenzneid. Dies galt vor allem für Kaufhäuser mit jüdischen Inhabern. Gleichzeitig waren auch kleinere Einzelhandelsgeschäfte und jüdische Angehörige akademischer Berufe, hauptsächlich Ärzte und Anwälte, Drohungen und Boykottaufrufen ausgesetzt. Hatte der »Centralverein deutscher Staatsbürger jüdischen Glaubens« noch während der Weimarer Republik energisch mit publizistischen und juristischen Mitteln gegen diesen

»Wirtschaftskampf« vorzugehen versucht, so war dies seit der nationalsozialistischen Machtübernahme kaum noch möglich. Bereits 1931 hatte der vom CV in Sachen Boykottabwehr beauftragte Rechtsanwalt Hans Lazarus festgestellt:

»Im Wirtschaftskampf ist der Boykott eine erlaubte Waffe, soweit seine Zielsetzung oder seine Mittel nicht gegen die guten Sitten verstoßen. ...

Gemeingut der Rechtsprechung ist es, daß der Boykott nicht die Vernichtung des Gegners bezwecken darf. Letzteres jedoch ist das offen eingestandene Ziel des völkischen Boykotts gegen die Juden. Die Juden werden wegen einer außerhalb des Wirtschaftslebens liegenden Tatsache verfolgt und mit Boykott bedroht. Und diese Tatsache können die Juden niemals ändern.«[1]

In den nationalsozialistisch ausgerichteten Hamburger Zeitungen wurde der im Frühjahr 1933 von der NSDAP-Führung vorbereitete »Judenboykott« als sogenannte »Volksaktion« ausgegeben. Vorgeblich sollte sie ein »Abwehrkampf gegen die jüdische Greuelhetze im Ausland« sein, de facto ging es mit Schlagzeilen wie »Marschbefehl gegen die Juden!«; »Boykottiert die Juden!« und »Der Kampf ist unvermeidlich«[2] um aggressive Stimmungsmache, durch die diese Parteiaktion breiten Bevölkerungsschichten nahegebracht werden sollte. Im Vorfeld waren bereits am 12. März 1933 die Hamburger Kaufhäuser Hermann Tietz, Karstadt, EPA und Woolworth von NS-Boykott-Posten vorübergehend besetzt worden. Den unmittelbaren Auftakt bildeten die von Julius Streicher[3] angeordneten »Richtlinien für den Boykott«, die am 31. März auf der Titelseite des »Hamburger Tageblatt« unter dem Motto »Der Judenboykott beginnt — Morgen Schlag 10 Uhr!« verkündet wurden.

Der 1. April 1933 war ein Samstag und somit ein von religiösen Juden begangener Feiertag. Die kleineren jüdischen Läden und Betriebe im Grindelviertel hatten geschlossen; die größeren Geschäfte und vor allem die Kaufhäuser der Innenstadt standen ihrer Kundschaft wie jeden Samstag in Hamburg offen. Schon am frühen Vormittag waren Propagandatrupps in die Straßen der Innenstadt gezogen; vor vielen Geschäften hatten sich NSDAP-Mitglieder und SA-Männer postiert, um Passanten und Kunden zum Boykott der jüdischen Läden aufzufordern. Die mündlich wie auch mit Handzetteln und Flugblättern erfolgten Drohungen zeigten durchaus Wirkung. Auch die kleineren Läden am Grindel, die infolge der Sabbatruhe geschlossen blieben, waren vor Boykottposten und Randalierern nicht sicher; vielfach wurden Schaufensterscheiben und Fassaden mit antisemitischen Zeichen beschmiert oder mit Hetzzetteln beklebt.[4]

Staatliche und polizeiliche Zwangsmaßnahmen wie die fünfeinhalb Jahre später in der »Reichskristallnacht« erfolgten Massenverhaftungen jüdischer Männer waren im April 1933 für das erst wenige Wochen herrschende NS-Regime noch ein politisches Wagnis. Unübersehbar war der inszenierte »Judenboykott« jedoch der gewählte Vorwand für bald einsetzende staatliche Vertreibungs- und Ausgrenzungsmaßnahmen gegen die jüdische Bevölkerung. Bereits sieben Tage später, am 7. April 1933, wurde das »Gesetz zur Wiederherstellung des Berufsbeamtentums« bekanntgegeben, das Grundlage für die Entlassung »nichtarischer« Beamter in Deutschland bildete.[5]

Anmerkungen

[1] C.V.-Zeitung vom 23.10.1931; zitiert nach Wolfgang Benz (Hrsg.), Die Juden in Deutschland 1933–1945. Leben unter nationalsozialistischer Herrschaft, München 1988, S. 273.

[2] Schlagzeilen des »Hamburger Tageblatts« vom 25.3. und 30.3.1933.

[3] Julius Streicher (1885–1946) war Begründer des antisemitischen Hetzblattes »Der Stürmer« und blieb dessen Herausgeber bis zum Ende der Nazi-Herrschaft; im Frühjahr 1933 war Streicher NSDAP-Gauleiter in Franken und als Leiter des reichsweiten »Zentral-Komitee zur Abwehr der jüdischen Greuel- und Boykotthetze« tätig; Julius Streicher wurde 1946 im Nürnberger Kriegsverbrechertribunal zum Tode verurteilt.

[4] Vgl. zum Ablauf des 1. April 1933 Hans J. Robinson, Ein Versuch, sich zu behaupten, in: Tradition. Zeitschrift für Firmengeschichte und Unternehmerbiographie, Bd. 3, H. 4, München 1958, S. 197; sowie die Artikel Arie Gorals »1. April 1933, Der Judenboykott-Tag in Hamburg«. In: »Die Tageszeitung« vom 5. April 1983 sowie »Wie Hitler mir das Leben rettete. Am 1. April 1933 riefen die Nationalsozialisten zum Boykott jüdischer Geschäfte auf«. In: »Die Tageszeitung« vom 2.4.1988.

[5] Vgl. zur Situation der aus rassepolitischen Gründen entlassenen Hochschulmitglieder Eckart Krause, Ludwig Huber, Holger Fischer (Hrsg.), Hochschulalltag im »Dritten Reich«. Die Hamburger Universität 1933–1945. Berlin, Hamburg 1991.

Boykottposten in der Grindelallee 79 am 1. April 1933. (Privatbesitz)

»Am Vorabend des 1. April 1933«
Auszug aus Heinz Liepmanns
»Das Vaterland«

Ende 1933 erschien im Amsterdamer Verlag Kampen & Zoon der Roman des Hamburger Schriftstellers Heinz Liepman. Weite Teile dieses »Tatsachenromans aus dem heutigen Deutschland«, wie es im Untertitel heißt, behandeln die dortige Judenverfolgung. In dem im Pariser Exil verfaßten Vorwort vom September 1933 schrieb Heinz Liepmann:

»Die Juden waren keine Gegner. Daß man sie foltert und mordet, noch jetzt, während ich diese Zeilen schreibe, während die Sonne scheint, Kinder spielen, Menschen atmen, Blumen wachsen, — jetzt, in diesem und jedem Augenblick, das ist das, was mich nicht schlafen läßt. Zwar erließ die deutsche Regierung ein Gesetz, das den Juden verbot, Rinder und Kälber auf ihre Art zu schlachten. Aber kein Gesetz erschien, das verboten hätte, die Juden selbst zu schlachten, hundertmal grausamer, als je ein Tier geschlachtet wurde; und niemals — seit dem 30. Januar 1933 — ist ein Mensch bestraft worden, der einen Juden ermordete. Trotzdem hätten Deutsche im Juden nie etwas anderes als einen Mitmenschen gesehen, hätten die Minister der Regierung Hitler nicht selber ununterbrochen sozusagen: amtlich zu Pogromen gehetzt ... Und darum, und darum und darum, wegen zehn und hundert und tausend unschuldig Gemarterter, Zerstörter, zum Irrsinn Getriebener, widme ich dieses Buch den in Hitler-Deutschland ermordeten Juden.«

Im Vorwort zur 1979 erschienenen Neuauflage des Buches schrieb Heinrich Böll:

»Das ist der bekenntnisreiche Seufzer eines Deutschen jüdischer Herkunft, und so mag dieses Buch die jüngeren Leser daran erinnern, wieviel Deutschland aus Deutschland vertrieben, wieviel Deutschland in Deutschland ermordet und verhöhnt worden ist. Die Heimatvertreibung fing an jenem Tag an, an dem Hindenburg Hitler die Macht übergab.«

Am Freitagabend war Arthur bei seinem Vetter Alfred Kohn zum Essen eingeladen. Beide waren in der gleichen Kompanie im Feld gewesen, und hatten von August 1914 an zusammen in den Schützengräben Rußlands gelegen. Im September durchschlug beim Sturmangriff ein Granatsplitter Alfreds Bauchdecke. Alfred blieb im Drahtverhau zwischen den Stellungen hängen und schrie eine Nacht und einen halben Tag lang. Arthur hatte sich nie vorstellen können, daß ein Mensch so lange schreien kann. — Dann lag Alfred zehn Monate lang in Lazaretts und Krankenhäusern, wurde entlassen und eröffnete im Juli 1918 in der Grindelallee ein Zigarrengeschäft. Das Geschäft ging, Alfred heiratete, bekam drei Jungen, die nun als zur Schule gingen.

Seine Frau Ella streckte die Kerzen an, das Silber der Leuchter strahlte auf dem Tischtuch, das mit schönem Porzellan, Bestecken und Blumen gedeckt war.

Freitagabend: Ruhe. Häuslicher Frieden. Andacht.

»Was hast du denn, Alfred?« fragte Ella.

Alfred sah auf, strich dem ältesten Jungen übers Haar. »Ich habe heute einen Brief bekommen«, sagte er, zog ein Papier aus der Tasche und gab es seinem Vetter. Alfreds Frau sah Arthur über die Schulter. Sie lasen:

An die Judensau Alfred Kohn!
Wenn Du dreckiges Schwein nicht innerhalb einer Woche in Dein Vaterland Palästina verduftest, hängen wir Deine drei Bastarde an einen Baum. Deine Hure werfen wir in die Alster. Und Du wirst alle Deine Zigarren auffressen, bis Du verreckst!
Einige Erwachte!

»Der Brief kommt von Matthias«, sagte Alfred nach einer Weile, »er ist der Führer der S.A. Standarte 127«.

»Matthias!« rief Arthur — »das ist doch der, der den Zigarrenladen gegenüber hat. Woher weißt du das?«

»Weil er es selbst dem Briefträger und dem Angestellten von Fritsch & Sohn erzählt hat.« Arthur schwieg.

»Was hast du, Mama?« fragte der Junge. — Frau Kohn hatte den Kopf auf die Hände gelegt und weinte still vor sich hin.

»Mama!« sagte der Junge nochmal. — Aber sie hörte ihn nicht. Die Kerzen brannten herunter.

»Bist Du denn nicht zur Polizei gegangen?« fragte Arthur endlich.

Alfred lächelte. »Selbstverständlich, Arthur! Auf der Polizei hat man mir gesagt, ich soll doch nur mit diesen jüdischen Greuelmärchen aufhören. Und der Polizeioffizier fügte hinzu, er rate mir im übrigen, den Wunsch des Schreibers zu erfüllen und nach Palästina zu verduften. Daraufhin lachten die Polizisten alle, und da ging ich nach Hause. — Warum bringst du das Essen nicht, Ella?«

Die Frau stand auf, ging in die Küche und kam mit der Suppenschüssel zurück. — »Es wird nichts so heiß gegessen, wie es gekocht wird!« sagte sie, lächelte tapfer und stellte die Suppenterrine auf den Tisch. Alfred teilte die Suppe aus.

Die Suppe war vorzüglich. Die sechs aßen schweigend. Die Stube war eng und niedrig, aber sie fühlten sich hier zu Hause und mehr wollten sie nicht. Sie wollten nichts als Zigarren verkaufen, abends zusammensitzen und sich beieinander fühlen.

Alfred Kohn legte den Löffel weg, sah seine Frau an und sagte: »Ich kann nicht essen, Ella...«

Um diese Zeit zogen Truppen von S.A. und S.S. Leuten durch die Stadt. Jede Abteilung hatte ihre Bezirke, sie schwärmten aus. Ihre Führer sahen in handgezeichnete Pläne. Sie kamen vom Ortsausschuß für den Juden-Boykott, zogen durch die Hauptstraßen und durch die kleinen Gassen. Sie vergaßen keinen Winkel.

Die Laternen brannten düster. Ab und zu bleiben sie vor einem dunklen Haus stehen. »Hier!« sagte der Führer. Dann traten zwei der S.A. Leute vor und malten mit Klischees, Pinsel und Farbe ein Schild an die Mauer oder an die Fensterscheibe oder über ein anderes Schild. — »Fertig!« sagten sie dann. —

»Los!« kommandierte der Führer und sie gingen weiter, bis auf einen. Der zündete sich eine Zigarette an, entsicherte seinen Revolver und ging vor dem dunklen Haus auf und ab.

Alles blieb dunkel. Lange Minuten.

Dann klapperte ein Schlüssel. Der S.A. Mann blieb stehen, malte schnell noch etwas neben das Klischee und lächelte. Die Haustür öffnete sich langsam, es erschien ein alter Mann; er blickte sich um. Der S.A. Mann trat in den Schatten.

Der alte Mann kam näher, er trat auf das Schaufenster zu. Die Laterne flackerte, stumm lag die Gasse. Der Alte schien kurzsichtig zu sein; ganz nahe ging er an das Klischee heran. Der S.A. Mann dachte, was wird er tun? Wenn er es abkratzt, darf ich ihn in Schutzhaft nehmen, und wenn er sich weigert, darf ich schießen. Ein Jude weniger, was liegt schon daran? — —

Aber der alte Mann kratzte nichts ab. Er starrte auf den gelben Fleck:

Jüdisches Geschäft.

Und daneben:

Dir Judensau sollen die Hände abfaulen.

Was wird er machen? fragte sich der S.A. Mann. Der Alte aber tat nichts. Er streckte seine Hände aus. Sie zitterten, sie waren müde, sie hatten ein langes Leben hinter sich. Zwei Söhne waren im Krieg gefallen.

»Dir Judensau sollen die Hände abfaulen!«

Was tut er? dachte der S.A. Mann.

Nichts tat der Alte. Er ließ die Hände sinken. Die Gasse war leer und dunkel. Er schlug die Hände vors Gesicht. So ging er langsam in das dunkle Haus zurück. Der S.A. Mann sah hinauf, wo ein Fenster hell werden würde.

Es wurde kein Fenster hell.

Wilfried Weinke

»Deutschfeindliche Journalisten und Schriftsteller«: Justin Steinfeld und Heinz Liepmann

Sie beginnt mit Alexander Abusch, seine Tätigkeit wird mit »Hauptschriftleiter ›Gegen-Angriff‹« angegeben. Bei Johannes R. Becher steht unter Tätigkeit »Hetzschriftsteller, Kommunist.« Die Seite 7 listet Namen mit den Anfangsbuchstaben von K bis M auf. Unter dem Buchstaben M ist eine ganze Familie aufgelistet: Mann, Erika; Heinrich; Klaus und Thomas. In der Spalte »Tätigkeit« steht: »berüchtigte Schriftstellerfamilie, die in Büchern und Artikeln fortgesetzt gegen Deutschland hetzt.« Auf der gleichen Seite steht auch der Name Heinz Liepmann, er wird als »Verfasser von Hetzbroschüren und Artikeln in Emigrantenzeitungen« aufgelistet. 3 Seiten weiter, auf der Seite 10, wurde als »ständiger Mitarbeiter von Emigrantenzeitschriften« Justin Steinfeld erfaßt. Diese Liste stammt vom 25. November 1936, sie kursierte vermutlich als Umlauf innerhalb des Geheimen Staatspolizeiamtes in Berlin.[1] In dem beigefügten Schreiben hieß es: »Anliegend wird eine Liste deutschfeindlich tätiger Journalisten und Schriftsteller in Fotokopie mit der Bitte um Kenntnisnahme übersandt.«

Ein handschriftlicher Vermerk besagt, daß die Decknamenkartei vervollständigt wurde.

Heinz Liepmann und Justin Steinfeld sind keine Decknamen, es sind zwei miteinander befreundete Schriftsteller, die bis zu ihrer erzwungenen Flucht 1933 in Hamburg gelebt und gearbeitet haben.

Justin Steinfeld

Justin Steinfeld wurde am 27.1.1886 in Kiel als Sohn des jüdischen Manufakturwarenhändlers Martin Steinfeld und seiner Frau Julie geboren. Schon bald — vermutlich 1892 — zog die Familie mit ihren drei Kindern — Justin und seine beiden Schwestern Grete und Lotte — nach Hamburg. Zuerst wohnte man in der Rutschbahn 40, seit 1918 in der Fröbelstraße 9, einer Seitenstraße der Grindelallee. Bis auf die Zeit seiner Teilnahme als Soldat am Ersten Weltkrieg und seiner Studienjahre lebte Justin Steinfeld in Hamburg.

Justin Steinfeld in Soldatenuniform mit seinen Schwestern Grete und Lotte (v.l.n.r.), um 1915. (Privatbesitz)

Für kurze Zeit war seine Adresse mit Grindelhof 17 angegeben; Ende der zwanziger Jahre bis zur Flucht aus Hamburg wohnte er in der Hallerstraße 6.

Die Verbundenheit mit der Stadt, aber auch mit dem Stadtteil drückte sich aus in dem kleinen Text »Hamburg vergiß nicht«, den Justin Steinfeld anläßlich der Hochzeit seiner Schwester Grete mit Robert Bäuml am 21.3.1920 verfaßte. In dem »Liederstrauß für Grete und Robert« heißt es:

»Hamburg vergiß nicht. Dies ist Hamburg. Das Wasser, die grau und roten Häuser, die Wolken und der Nebel. Ein bißchen grünes Laub, und ab und zu ein wenig blauen Himmels. Vergiß das nicht. Vergiß die grünen Türme nicht, die Alster nicht und die Kanäle, Kähne und Schuten nicht und Schiffe, und die Oelplakken auf der Elbe. Vergiß sie nicht.

Denk mir an Hamburg. An Jungfernstieg und Neuerwall. An das Uhlenhorster Fährhaus und an die Sandkiste im Bornpark. Denk an die Menschen, die oft so thun als ob sie freundlich nicht wären, weil sie eben Hamburger sind. Denke daran... denk an die Familie. Und noch einmal denke an die Familie. Und das Haus in der Fröbelstraße, in dem Du solange gewohnt hast. Denk an das Haus und was da alles, alles war, und wie es war und wie es ward. Das sollst du niemals vergessen, und wenn es dir an einem anderen Ort auch so himmelhoch ergeht wie wir es herzlich wünschen. Vergiß das alles nicht, und denk auch mal daran, daß in Hamburg einer sitzt, der ein oller Knubben ist. Und der — ja was denn eigentlich — Nun eben dies hier aufgeschrieben. Vergiß nicht Hamburg.«[2]

Eigentlich hätte Justin Steinfeld wie sein Vater Kaufmann werden sollen, doch seine Interessen galten der Literatur und dem Theater. Er wurde Journalist und Theaterkritiker. Seit Mitte der zwanziger Jahre arbeitete er für die in Hamburg erscheinende »Allgemeine Künstler-Zeitung« (AKZ), einer, wie es im Untertitel hieß, »Halbmonatszeitschrift für alle Interessen unseres geistigen Lebens«. Justin Steinfeld war verantwortlich für den Wirtschaftsteil. 1926 erwarb er die Zeitung und wurde ihr Herausgeber. Seit März 1927 war die AKZ auch Mitteilungsblatt des Nordwestgaus des »Schutzverbandes deutscher Schriftsteller«, seit dem 1. Oktober 1927 erschien sie unter dem Titel »Die Tribüne«. In der Ausgabe vom 15.9.1927 war die Umbenennung angekündigt, die Zielgruppe der Zeitung umrissen: »Sie wendet sich an alle, die sich mühen für den geistigen Fortschritt, geistige Freiheit, gegen Cliquenwesen, Vorurteil und Langeweile.«

Natürlich war auch der Herausgeber Mitglied des Schutzverbandes, übrigens ebenso wie Heinz Liepmann, der im März 1932 sogar als Beisitzer zum Vorstand dieser Organisation gehörte. Als der Schutzverband im Mai 1932 eine eigene Presse-Korrespondenz einrichtete, wurde Justin Steinfeld in die dreiköpfige Redaktion gewählt.[3] Sein Neffe Martin Bäuml erinnert sich an seinen Onkel:

»Onkel Justin war eher rötlich als rothaarig und wie seine zwei Schwestern mit einer beträchtlichen Judennase ausgestattet, die immer etwas tropfte, außerdem stark kurzsichtig, alles in allem aber doch ein stattlicher Mann. Da er also rothaarig und jüdisch war, außerdem ein richtiger Intelligenzler,

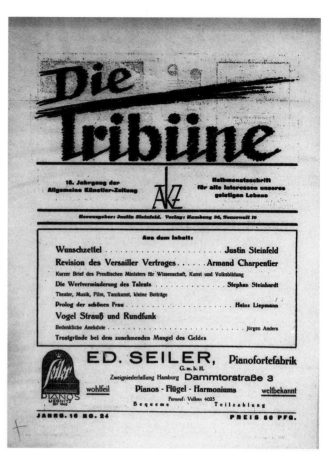

»Die Tribüne« vom 15.12.1927. (MKG)

der als sogenannter freier Schriftsteller erst in Hamburg, später in Berlin auch eine eigene Monatszeitschrift ›Die Tribüne‹ herausgab, bei einigen anderen mitschrieb, war er zum Kommunisten geradezu prädestiniert.«[4]

Tatsächlich engagierte sich Justin Steinfeld neben seiner Herausgeber-Tätigkeit nicht nur im SDS, sondern auch in der KPD nahestehenden oder mit ihr verbundenen Organisationen. So war er z.B. Referent in der »Marxistischen Arbeiterschule« (MASCH). Zur Bürgerschaftswahl im September 1931 riefen verschiedene Organisationen, wie die MASCH, die Assoziation bildender Künstler, die Internationale Arbeiter-Hilfe, der Bund proletarisch-revolutionärer Schriftsteller u.a. zu einer Kundgebung im Curio-Haus in der Rothenbaumchaussee auf. Die Veranstaltung, die am 20.9.1931 stattfand, stand unter dem Motto »Der Kampf gegen die Knebelung der Geistesfreiheit«. Als Redner sprachen neben Hans Henny Jahnn, Heinz Liepmann u.a. auch Justin Steinfeld.[5] Justin Steinfeld hatte nicht nur in der eigenen »Tribüne« und gelegentlich in der Berliner »Weltbühne«, sondern auch in den verschiedenen Programmzeitungen Hamburger Theater wie »Die Rampe« des Staatlichen Schauspielhauses Hamburg oder in »Der Freihafen« der Hamburger Kammerspiele Theaterkritiken veröffentlicht. Anläßlich des Internationalen Theaterkongresses, der vom 12. bis 20.6.1930 in Hamburg stattfand, sorgten die miteinander befreundeten Hans Hanny Jahnn, Heinz Liepmann und Justin Steinfeld für einen Zwischen-

Flugblatt zur Bürgerschaftswahl am 27.9.1931. (Sta HH)

fall, oder wie es im »Hamburger Echo« hieß, für ein »kritisches Zwischenspiel«. Während einer der Veranstaltungen des Kongresses beklagten alle drei in einer öffentlichen Resolution die durch das Fehlen Erwin Piscators spürbare »einseitige Stellung zu den Problemen des Theaters.«[6]

Auch andere Hamburger Zeitungen kamen nicht umhin, über diesen Vorfall zu berichten. In dem Informationsblatt »Der Zeitungshändler« veröffentlichte Justin Steinfeld seine Diskussionsrede. Dort schrieb er:

»*Politisches Theater ... ist eben sozialpolitisches Theater. Es kann heute kein lebendiger Mensch eine Gesinnung dokumentieren, die nicht bewußt oder unbewußt, gewollt oder unvermittelt, eine politische wäre ... Wir wollen kein parteipolitisches Theater, sondern ein menschheitspolitisches Theater! Wir wollen keine Kunstkritik durch Parteibrille gesehen, wir wollen eine menschheitspolitische Kritik. Das ist von der modernen Kritik zu fordern, und von denen, denen die Kritik dienen und helfen soll, daß sie nicht einer Partei, Gruppe oder Clique angehöre, aber, daß sie eine Gesinnung habe!*«[7]

In diesem von ihm geforderten Sinn engagierte er sich selbst, er wurde Mitglied im »Kollektiv Hamburger Schauspieler.«[8] Hanuš Burger, damals Regisseur und Dramaturg am Hamburger Thalia-Theater, war 1931 Mitbegründer des Kollektivs. Im Zusammenhang mit der Erarbeitung der zeitkritischen Revue »Unser Schaden am Bein« schrieb er über seinen Freund Justin Steinfeld:

»*Das Stück, das die Grundlage unserer Arbeit bilden sollte, hatte ich entdeckt. Es war von der Direktion meines Theaters abgelehnt worden. Ein Mann namens Jan Mangels Prigge hatte es geschrieben, und es hieß ›Unser Schaden am Bein‹. Es hatte mit dem heutigen Deutschland, dem Deutschland von 1931, zu tun. Aber es war mehr das Skelett eines Stücks ... Justin Steinfeld, unser Hausschriftsteller, würde das, was im Stück fehlte, schon ergänzen ... Und um elf Uhr, im Hinterzimmer bei Hornungs, kam die wichtigste Arbeit des Tages, die Proben unserer Truppe. Zuerst wurde eine Szene gestellt, mit eigenen, improvisierten Worten. Dann ging Justin Steinfeld, unser Schriftsteller, ein kleiner Intellektueller mit rotem, gekräuselten Haar und gelber Hornbrille, ins Vorderzimmer, und dort am gleichen Tisch mit den Beschützern, faßte er in gute Worte, was wir soeben improvisiert hatten.*«[9]

Am Vormittag des 8.5.1932 fand die Premiere von »Unser Schaden am Bein« in der Hamburger Volksoper am Millerntor statt. »*Vor dem Theater Polizei. Mindestens eine Hundertschaft stand vor den Eingängen, an den Mündungen der Nebenstraßen und quer auf dem Fahrdamm. Die nun schon üblichen Agitations-Lastautos der Nazis rumpelten vorbei. Sie waren oben offen, und zwanzig, dreißig Braunhemden standen darauf, mit Megaphonen und Fähnchen, und skandierten heiser ›Wer hat uns verraten — Sozialdemokraten‹ und das übliche ›Juda verrecke!‹ Die Theaterbesucher sahen den Autos feindselig nach.*«[10] Das zeitkritische Stück des Schauspieler-Kollektivs wurde vom Publikum begeistert gefeiert: »*Hier aber, und das war das Neue und für uns Unerwartete, wurde nicht die künstlerische Leistung mit Beifall bedacht, sondern der Inhalt, der Text selbst. Wir hatten den Menschen da unten offenbar aus der Seele gesprochen. Einfälle, Regiekunststückchen, schauspielerische Leistungen, all das nahmen diese Zuschauer als selbstverständlich hin. Da sie nie ins Theater gingen — sie lebten in entlegenen Stadtvierteln, und ein Besuch im Deutschen Schauspielhaus wäre für sie unerschwinglich gewesen —, ahnten sie nichts von unseren Stilproblemen, von unserer gewagten Konfrontation mit dem bürgerlichen Theater, das ja für sie gar nicht existierte. Textstellen jedoch, die ihnen inhaltlich etwas sagten, Wahrheiten über die Lage, in der sie sich befanden, und Vorschläge, wie man das Elend überwinden konnte, belohnten sie augenblicklich mit vergnügtem, verständnisvollem Beifall.*«[11]

Am 18. Dezember 1932 wurde in der Oper im Schillertheater eine weitere von Justin Steinfeld erarbeitete politische Revue aufgeführt. Sie trug den Titel »Dem Nagel auf den Kopf. Von Übergang und Konsequenz«. Das »Kollektiv Hamburger Schauspieler«, das bei verschiedenen Massenveranstaltungen der KPD, der Roten Hilfe u.a. Organisationen mitwirkte, plante weitere Aufführungen; der Machtantritt der Nationalsozialisten zerschlug diese Pläne.[12]

Noch vor Beginn ihrer von Willkür, Terror und Verfolgung bestimmten Herrschaft hatte Justin Steinfeld sich erneut an exponierter Stelle politisch engagiert. Nach dem

»Altonaer Blutsonntag« vom 17. Juli 1932, als es im Verlauf des Propagandamarsches von SA und SS-Einheiten durch Altona zu Schießereien kam, in deren Folge zahlreiche Menschen getötet oder verwundet wurden, wurde ein überparteilicher Untersuchungsausschuß gebildet. Der Ausschuß sollte klären, wer die Schuld an diesen Vorfällen gehabt hat; in ersten Reaktionen waren ›kommunistische Dachschützen‹ verantwortlich gemacht worden. Der Untersuchungsausschuß und das öffentliche Verfahren wurden von Justin Steinfeld geleitet. Auch die noch 1932 von der Roten Hilfe Deutschlands herausgegebene Broschüre »Die Wahrheit über den Blutsonntag in Altona. Tatsachenschilderung von Augenzeugen und Verwundeten« wurde maßgeblich von ihm verfaßt.[13]

Nach den Zeugenbefragungen und der Prüfung der Ereignisse stand für den Ausschuß fest, daß die Zahl der Opfer durch die Toleranz der Behörden und der Polizei gegenüber den Kampfformationen der NSDAP verursacht worden war.

Am 31. März 1933, am Vorabend des sogenannten »Judenboykotts« vom 1. April 1933, wurde Justin Steinfeld aus dem Altonaer Stadttheater verwiesen. Ein SA-Mann hatte ihn zum Verlassen des Hauses gezwungen; unter Protest und mit den Worten »Es ist eine Kulturschande!« soll er das Haus verlassen haben.[14]

Sein Freund Heinz Liepmann schrieb daraufhin an die Intendanz des Theaters folgenden Brief: »In der Anlage gebe ich Ihnen die noch bei mir vorhandene Karte für das Altonaer Stadttheater zurück, da ich mich infolge der mittelalterlichen Kulturschande, der Judenverfolgung, die am Freitag, dem 31. März in Ihrem Haus stattgefunden hat, außerstande sehe, sie mit der Würde von von mir vertretenen fünfzehn Ihnen bekannten deutschen Zeitungen in Einklang zu bringen.«[15] Am 10.4.1933 benutzte das Hamburger Tageblatt, die Zeitung der Hamburger NSDAP, diesen Brief zu einem wüsten antisemitischen Artikel gegen beide Schriftsteller. Unter der Überschrift »Es ist eine Kulturschande!« war zu lesen:

»Justin Steinfeld, dessen semitische Erscheinung den Hamburger Premieren bisher eine besondere Note gab, hatte sich bei der Intendanz des Altonaer Stadttheaters zwei Pressekarten für die Erstaufführung von ›Struensee‹ bestellt. Nun kennt man in eingeweihten Kreisen Herrn Steinfeld als den Herausgeber der ›Tribüne‹. Das ist eine Zeitschrift, die bis vor kurzem in kommunistisch-pazifistischen Tendenzen machte. Das schadete nichts, denn sie erschien unter Ausschluß der Öffentlichkeit... Außerdem weiß man, daß Steinfeld als Organisator eines Schauspieler-Kollektivs fungierte, das er mit seinem marxistischen Blödsinn auf die Hamburger Theaterbesucher losließ. Also Gründe genug, um ein nationales Publikum vor seiner rotlockigen Anwesenheit zu bewahren.«[16]

Die Solidaritätsaktion Heinz Liepmanns wurde verhöhnt, er selbst ebenso wie Justin Steinfeld öffentlich diffamiert: »Nun war aber die jüd. Journaille auf den Plan gerufen. Der nicht weniger rassereine Heinz Liepmann, der heute noch von den spärlichen Zinsen eines früheren literarischen Erfolges zehrt, setzte sich sofort hin und schrieb einen Brief, von wegen Judenverfolgung, Kulturschande und so ... und gab seine Freikarten zurück.«[17]

Im Bewußtsein der neuen Machtverhältnisse schrieb das nationalsozialistische Hamburger Tageblatt zum Schluß des Artikels: »Wir sind nur gespannt, was Herr Liepmann jetzt den fünfzehn von ihm vertretenen ›deutschen Zeitungen‹ mitteilen wird.«[18]

Schon bald nach diesem Vorfall muß Justin Steinfeld verhaftet und in sogenannte »Schutzhaft« genommen worden sein. Er war im »Kolafu«, dem Konzentrationslager Fuhlsbüttel in Hamburg, inhaftiert. Mit der Androhung erneuter Verhaftung im August 1933 entlassen, floh er sofort in die Tschechoslowakei.[19]

Sein Neffe Martin Bäuml berichtet: »In Knickerbockern, nur mit einem Rucksack ist er gekommen, das war wohl in letzter Minute. Später ist er nach Prag weitergereist, dem Mekka der deutschen Emigranten, die damals, solange sie noch nicht so zahlreich waren, von den Prager Tschechen, Juden und Kommunisten ganz gut aufgenommen wurden ... ›Die Wahrheit‹ — ›Parterre‹ stand auf dem Schild, eine Wochenzeitung, und dort hat Justin den Stuhl des Auslands- und Theaterkorrespondenten eingenommen. Daß er als deutscher Emigrant in der Tschechoslowakei eine Arbeitsbewilligung erhielt, hatte er wohl Max Brods und Georg Mannheimers Bekanntschaft mit T.G. Masaryk, dem Gründer und 1. Präsidenten des tschechoslowakischen Staates, zu verdanken, dessen Regierung sich überhaupt durch ein sehr freundliches Verhalten zu den vom Faschismus Verfolgten auszeichnete.«[20] Justin Steinfeld arbeitete nicht nur bei der »Wahrheit«, er schrieb u.a. auch für die »Arbeiter-Illustrierte-Zeitung«, »Die Neue Weltbühne«.[21] Hanuš Burger, der Ende 1932 als Dramaturg und Regisseur in Prag engagiert war, erinnert sich auch an andere vielfältige Aktivitäten seines Freundes Justin Steinfeld im politischen und kulturellen Leben der deutschen Emigranten.[22]

Aber auch dort unterlag er offenbar genauester Beobachtung. Ein Schreiben der Gestapo Kiel an das Geheime Staatspolizeiamt in Berlin vom 10. Juni 1939 betraf den »Aufenthalt deutscher Emigranten in der ehemaligen Tschecho-Slowakei«. Unter Nr. 10 der dort aufgelisteten Personen steht:

»Jude Justin Steinfeld, geb. am 27.2.1886 in Kiel, war von 1934 bis 1939, Anfang März, in Prag aufhältlich. Er war Herausgeber und verantwortlicher Redakteur der Zeitschrift ›Die Wahrheit‹ in Prag. In kommunistischen Veranstaltungen und Versammlungen trat er als Wortführer und Redner auf, wobei er besonders stark gegen Deutschland hetzte. Zu der Tschechischen Kommunistischen Partei soll er gute Verbindungen unterhalten haben. Anfang März 1939 ist er angeblich aus Prag verschwunden. Es wird vermutet, daß er sich z.Zt. in der Schweiz aufhält, weil ihm auf Antrag die Aufenthaltserlaubnis für die Schweiz erteilt worden ist. (Aufgeführt im Verzeichnis über flüchtig gegangene Kommunisten unter Lfd. Nr. 3565, Nachtrag vom 5.5.1937).«[23]

Justin Steinfeld war beim Einmarsch deutscher Truppen in Prag am 1.10.1938 untergetaucht. Gemeinsam mit seiner

Frau und ihrem Kind floh er, nachdem sie im April 1939 die Weichsel durchschwommen hatten,[24] über Polen nach England. Während des Krieges arbeitete er in einer Lederfabrik, er sah dies, wie er in einem Brief an Hans Henny Jahnn schrieb, zwar als »nicht angenehme, aber ... ehrliche Arbeit«[25] an. Im Brief vom 25.11. 1945 hieß es weiter: »Ich wollte nicht am B.B.C. oder an einem der Emigrantenblättchen opportunistische und leider sehr unehrliche Arbeit machen und andere Möglichkeiten gab es hier nicht, wenn man doch, mit buchstäblich keinem anderen Besitz als dem Hemd auf dem Leibe, leben mußte.«[26] Im gleichen Brief deutete er an, daß auch er während des Krieges Rückkehrabsichten gehabt hat:

Wenn ich richtig unterrichtet bin, so wollen Sie nach Hamburg oder jedenfalls nach Deutschland zurückgehen. Ich habe hier in England während der letzten Kriegsjahre das auch wollen und habe diesen meinen Standpunkt vertreten. Das war eine Zeit, wo dergleichen freilich gar nicht opportun war und man hat es mir (unter Refugees) einigermaßen übelgenommen. Die Übelnehmer sind freilich die gleichen Leute gewesen, die dann als erste nach Deutschland zurückgingen oder sich dafür meldeten, nämlich in amerikanischen Uniformen und das kann ich nun wieder nicht mitmachen ...«[27]

Justin Steinfeld blieb in England, dort starb er am 15.5.1970.

Vierzehn Jahre nach seinem Tod erschien 1984 im Neuen Malik Verlag in Kiel sein bis dahin unveröffentlichter Roman »Ein Mann liest Zeitung«. Der in Hamburg lebende Neffe Martin Bäuml hatte das Manuskript, das sich im Nachlaß Justin Steinfelds befand, vermittelt. In diesem autobiographischen Roman erzählt Justin Steinfeld von dem fiktiven Getreidehändler Leonhard Glanz. Er ist Jude, seine Firma wird nach der Machtergreifung der Nationalsozialisten »arisiert«: der arische Prokurist, der Leonhard Glanz wegen angeblicher Devisenvergehen angezeigt hatte, wird der neue Firmeninhaber. Leonhard Glanz wird inhaftiert, auch ihm gelingt die Flucht in die Tschechoslowakei. Dort, täglich in einem Kaffeehaus sitzend, liest er die Zeitung, denkt über sein erzwungenes Exil und dessen Bedingungen nach. Die gesellschaftlich-politische Entwicklung dieses Jahrhunderts, angefangen im wilhelminischen Hamburg, dessen wirtschaftlichem, kulturellem und politischem Leben in den zwanziger Jahren, dem alltäglichen Antisemitismus, dem Aufkommen und Erstarken der Nationalsozialisten, der Emigration bis hin zum Exil in der Tschechoslowakei am Vorabend des Zweiten Weltkriegs, spiegelt sich in den Reflexionen des zeitunglesenden Leonhard Glanz.

In einer Rezension im Börsenblatt des Deutschen Buchhandels schreibt Hans J. Schütz: »Steinfeld hat auf seine Weise sein Zeitalter besichtigt und mit seiner Zeit abgerechnet, mit der Verblendung, der Feigheit und dem Egoismus Europas ... Sein Buch gehört zu den besten Romanen des Exils.«[28] Eine Rezension im »Hamburger Abendblatt« trug den Titel »Nach Hamburg kehrte er nie mehr zurück. Der wiederentdeckte Justin Steinfeld.«[29] Die Rezension Walter Boehlichs im »Spiegel« vom 28.1.1985 endete mit folgenden Sätzen:

Lesen müßten das Buch vor allem diejenigen, die sich vorstellen, es könne so etwas wie Versöhnung mit den Juden geben. Lesen müssen es gleichfalls diejenigen, die sich immer mit der Gewalt arrangiert haben und sich nicht vorstellen können, daß auch sie einmal ein Asyl brauchen könnten. Sie werden es nicht lesen. Dann also wenigstens die, die Erinnerung wollen.«[30]

Justin Steinfeld: Brief aus dem Exil

Im Januar 1946 schrieb Justin Steinfeld aus seinem englischen Exil an seinen Hamburger Freund Hans Henny Jahnn. Der Brief befindet sich heute im Hans Henny Jahnn-Nachlaß in der Staats- und Universitätsbibliothek Carl von Ossietzky, Hamburg.

Justin Steinfeld,
13 Whitehorse Str.
Baldock, Herts.

8.1.1946

Lieber Hans Henny Jahnn,
ich will die Beantwortung Ihres Briefes nicht weiter hinausschieben. Ich hatte immer auf etwas Besonderes dazu gewartet, als ob in Ihrem Schreiben nicht genug Besonderes sei. Wir waren sehr froh zu hören, daß Sie mit Frau und Kind beisammen sind. Das ist ja in dieser Zeit schon viel. Vor einigen Monaten bekam ich Verbindung mit meinem alten

Justin Steinfeld in Baldock, England, um 1950. (Privatbesitz)

Freund Bernhard Karlsberg aus Hamburg. (Von der Karlsberg Reederei, Ecke Kollonaden/Jungfernstieg. Er war, obwohl ein gut Teil jünger als ich, mein eigentlicher Lehrer für den theoretischen Marxismus gewesen). Er lebt jetzt mit seinen drei Kindern in Amsterdam, wo er während der Besatzungszeit sich verborgen halten konnte. Seine Frau hingegen, Ilse, eine zarte, gütige, liebenswerte junge Frau, ist von den Nazis erwischt, durch zahlreiche Gefängnisse geschleppt (man hat ihr ergebnislose Prozesse gemacht, da sie in Hamburg in politischen Organisationen tätig gewesen war) und schließlich nach Auschwitz deportiert worden, wo dann die Spur aufhört. Das hat uns am härtesten getroffen, härter als das Verschwinden des Vaters meiner Frau, der zwei Jahre im Zuchthaus Fuhlsbüttel gewesen war — er war über siebzig Jahre alt — und dessen Spur dann in Riga aufhört. Wir sind da noch relativ gut weggekommen. Die Geschwister meiner Frau sind alle in New York. Meine eine Schwester lebt mit Mann und Tochter in dürftigen Verhältnissen in Philadelphia, meine andere Schwester mit Mann und Kindern (er war Rechtsanwalt in der Czecho-Slowakei) teils von Handweberei, teils von Apfelsinenpacken in Palästina, nachdem sie als Kibbuzzim (Kollektivfarmer) Schiffbruch erlitten haben. Dergleichen sind für unsereins erstaunlich günstige Resultate. Ich bin hier mit einer jüdischen Familie aus der Czecho-Slowakei befreundet gewesen, die jetzt in die Heimat zurück sind und niemanden mehr vorgefunden haben. Beiderseitige Eltern, Geschwister, Schwäger, Neffen, Nichten, alles verschwunden. Ermordet. Alles. Die Mörder haben in der Czecho-Slowakei viel fürchterlicher gehaust als in Deutschland. Ich könnte da vieles, vieles berichten. Aber wozu dient es, ich erzähle Ihnen ja auch nichts, was Sie nicht schon wüßten. Aber glauben Sie mir, im Herzen, im Gemüt der Juden sieht es doch anders aus, als wie die Nichtjuden es sich vorstellen können. So viel Bitternis. Man muß eine sehr große Liebe zu Deutschland gehabt haben, wenn da noch etwas verblieben ist. Mir ist etwas verblieben. Mir ist verblieben, was neben meiner Frau, die überaus großartig mir geholfen hat, der eigentliche Sinn meines Lebens ist.

Nun will ich doch einiges von mir erzählen. Ich wurde im August 1933 aus der sogenannten »Schutzhaft« entlassen, unter Umständen, die mir klar machten, daß meine Neuverhaftung nur eine Frage von Tagen oder Stunden sein würde. Man hat mir dann (Partei)Befehl gegeben, sofort, lebend oder tot, zu versuchen, ins Ausland zu gehen. So kam ich, unter Umständen, die einer Wildwesterzählung nichts nachgibt, in die C.S.R. Da waren schon eine ganze Anzahl Emigranten, auch Schriftsteller und viele Journalisten, so war ich einer davon. Rudi Thomas, Chefredakteur des Prager Tagblatts, der sich später, nach der Katastrophe von München am Schreibtisch seiner Redaktion vergiftet hat, sagte mir mit all dem Sarkasmus, mit dem er sein fühlendes Herz gepanzert hatte: »Sie haben hier zwei Möglichkeiten. In die Moldau zu springen oder mit Schuhbandeln zu handeln.« Er hatte eigentlich recht, ich war dann einer der ganz wenigen, die sich durchsetzen konnten. Nach zwei Wochen Prag saß ich auf dem Redaktionsstuhl einer Prager, in deutscher Sprache erscheinenden Wochenschrift »Die Wahrheit«, wo ich dann bis über München hinaus die Außenpolitik und — meine alte Leidenschaft — Theaterkritik gemacht habe. Das große Deutsche Theater mit angegliederten Kammerspielen in Prag leitete Dr. Eger, den ich früher in Hamburg — vielleicht entsinnen Sie sich der Episode — zusammen mit Wilhelm Ehlers aus der Direktion des Deutschen Schauspielhauses gejagt hatte. Er war in Prag fleißiger und leistete auch Besseres. Meinen Posten in Prag hatte ich dem Chefredakteur und Besitzer der »Wahrheit« Dr. Georg Mannheimer zu danken, den ich später himmelhoch gebeten habe, mit mir nach Polen zu flüchten. Er lehnte ab. Er wollte wohl, wie so viele, nicht mehr leben. Die Nazis haben ihn dann auch ermordet. In Prag konnte ich mir einen guten und schönen Kreis schaffen. Ich habe dort viel mehr Anerkennung, Freundschaft und Güte gefunden, als jemals in meiner Vaterstadt Hamburg. Meine Frau kam mit dem Jungen sehr bald nach. Wir haben dort ein paar gute Jahre verbracht.

Ende 1934 oder Anfang 35, ich weiß das nicht mehr, wurde ich von der Naziregierung ausgebürgert. Es war eine Liste von 28 Leuten, alles was damals einen guten Namen hatte. Auch Brecht war dabei, Heinz Liepmann, Heinrich Mann, auch Erika und Klaus Mann. Tausend Menschen haben mich damals beglückwünscht. Sie können sich denken, was ich da heruntergeschluckt habe.

1935 erschien in Deutschland eine sogenannte »Goebbelsbroschüre«, eines der gelben Hefte für zwanzig Pfennig. Dieses hieß »Der Verrat der Prager Emigranten an der deutschen Arbeiterschaft«. Diese Sudelschrift beschäftigte sich in der Hauptsache mit mir. Zahlreiche Zitate aus meinen Aufsätzen waren da verfälscht abgedruckt. Etwa so. Mein Satz »Europa kann nicht genesen, bis nicht Deutschland das Naziregime abgeworfen hat«. Goebbels zitiert: »Europa kann nicht genesen, bis nicht Deutschland vernichtet worden ist.« So ging das seitenlang ...

Kam also München. Die Regierungen der sogenannten Weltmächte wußten natürlich, wie das weiter laufen würde. Wir in Prag wußten es auch. Die Engländer hatten damals Listen der Emigranten angefordert, soweit diese im Falle der Annexion seitens der Nazis gefährdet seien. Auf dieser Liste stand ich sehr hoch oben. Ich sollte schon im November 38 mit Flugzeug nach England. Ich lehnte damals, nach Beratung mit meiner Frau, ab. Ich bedeutete etwas für die Prager Emigration. Diejenigen, die kein Visum und Fluggelegenheit nach England bekommen konnten, wußten, daß sie in einer Mausefalle saßen. Aber man sagte etwa: Es kann noch nicht so schlimm sein. Ich habe heute den Steinfeld gesehen, na und wenn der noch da ist .... — Und also hatte ich zu bleiben.

Und so waren wir, als die Nazis kamen, noch in Prag. Dann natürlich mußte jeder sehen, wie er sein Leben rettete. Ich kam mit meiner Frau und dem Jungen nach Polen durch. Wieder zu Fuß und ohne alles. Oder nicht eigentlich zu Fuß, denn die eigentliche Grenze mußten wir schwimmend passieren. An einem frühen Apriltag. Das war kein Spaß. Dann von Polen, wo es schon mulmig wurde, per Schiff nach England. Das Schiff sollte durch den Kaiser Wilhelm Kanal. Ich erfuhr das noch rechtzeitig und protestierte beim englischen Gesandten. Der verwies mich auf das Völkerrecht, daß die Nazis niemanden auf dem Schiff, das unter polnischer Flagge fuhr, behelligen dürften. Ich sagte ihm, daß ich das Völkerrecht soweit kenne und er ja auch, daß wir beide aber nicht wüßten, wieweit die Nazis es kennten und daß England ja schließlich meinetwegen keinen Krieg erklären würde. So konnte ich erreichen, daß dieses Schiff über Kattegat fuhr. Als wir im Londoner Hafen einfuhren, zeigte ich meiner Frau den Londoner »Tower« und sagte ihr, daß ich da auch mal hineinkommen würde. Nun, ganz so viel Ehre ist mir hier ja nicht widerfahren. Aber immerhin, es war nicht der Tower. Aber doch sonst auch ganz zuverlässig. Ja, lieber Hans Henny, nun komme ich ins Plaudern und das führt zu weit.

Meine Zeit hier in England war auch sonst keine glückliche, keine gute ... Hier akzeptiert man generell überhaupt keine Ausländer. Ganz einerlei, welcher Nation, unter welchen Umständen und wie sonst auch immer. Ein Ausländer ist zweiter Klasse und wird es, auch wenn er vorübergehend gebraucht wird, immer bleiben. Das ist hier etwas selbstverständliches, daß man gar nicht davon spricht. Kein Engländer würde betonen, daß seine Nation hoch über allen anderen stünde. Er würde nur sehr überrascht aufblicken, ehrlich erstaunt und überrascht, wenn irgend jemand nicht der gleichen Ansicht ist. Von den Schriftstellern und Skribenten hier ist keiner arriviert. Keiner ... Ich hatte 1941, als ich sah, daß die Emigration hier gar keine politische Bedeutung hatte, versucht, einen Zusammenhalt aller geistigen Emigranten zu bewerkstelligen. Ich gab mich der Hoffnung hin, daß die Dachorganisation einer solchen Gemeinschaft doch irgendwie berücksichtigt werden würde, ich dachte an eine Zeit, wie wir sie jetzt erleben. (Wenn ich sie mir auch so schrecklich nicht vorgestellt hatte.) Wahrscheinlich hätte auch das nicht geholfen, aber man hätte es doch versuchen müssen. Allein es ging nicht. Es scheiterte in der Hauptsache an den Sozialdemokraten, denen noch hier und damals und noch heute der Kampf gegen die Kommunisten wichtiger war und ist, als der Kampf gegen den Faschismus. Meistens biederten sich diese Sozialdemokraten bei der Vansittard-Gruppe an ...*

Nun möchte ich doch zu Dingen kommen, die in der Zukunft liegen. In so vielen Punkten Ihres Briefes fühle ich mich bestätigt. Da ich doch hier oft und gerade in wichtigen Dingen gegen den Strom der Emigranten schwimmen mußte, konnte es nicht ausbleiben, daß ich doch manchmal zum Zweifler wurde. Nun also weiß ich, daß ich zwar auch nichts geleistet habe, aber wenigstens Richtiges gedacht und angestrebt habe. Ich sage nicht, daß ich in allem mit ihnen ganz übereinstimme. Und leider ist es ein so entscheidend wichtiger Punkt für mich — wo ich abweiche. Sie meinen, auch für den Juden Steinfeld wird eine Möglichkeit in Deutschland sein. Mag sie denn noch so bescheiden sein, es würde mir genügen. Aber ich glaube es nicht. Ich höre so viel Gegenteiliges. Ein Beispiel: Gestern sprach ich sehr ausführlich mit einem Soldaten, der als kleiner Offizier auf einer englischen Ortskommandantur in der Gegend von Köln sitzt und zur Zeit hier auf Urlaub ist. Er sprach viel von der Schäbigkeit der Deutschen, von denen sich keiner, keiner sagte er, dazu bekannt, Nationalsozialist gewesen zu sein. Er sagt, daß er doch ausführliche Akten habe und in jedem Fall genau wisse, mit wem er zu tun habe. Er meint sogar, die Leute wüßten, daß er genau den Grad ihrer schäbigen Lüge kennt, und dennoch sind sie so erbärmlich. Nun, das eben wäre, wo zu arbeiten wäre. Das schreckt mich nicht. Mich schreckt, wenn er mir erzählt, daß sich Kinder und junge Menschen gar nicht vorstellen können, daß ein Jude überhaupt ein normaler Mensch sei. Kinder finden das unglaubwürdig, so sagte er mir. Juden können keine normalen Menschen sein. Irgendwo muß ein teuflischer Klumpfuß sein, ein Teufelshorn unter den Haaren versteckt, oder sonst ein Teufelsmal. Er sagt, das habe gar nichts mit dem Wesen der Kinder zu tun, nichts mit gut oder böse. Das sei einfach in den Kindern drin. Und so und ähnlich höre ich es alle Tage. Bange machen habe ich mich nie lassen. Ich fürchte mich nicht. Aber ich glaube fast, daß hier ein für mich hoffnungsloses Beginnen wäre. Ich gehöre nicht zu den Juden, die in all diesen Jahren immer das jüdische Problem in den Mittelpunkt stellten. (Da, wo dieses Problem am Gefährlichsten und Schwierigsten ist, hatte ich es mit den Juden auszumachen). Nein, ich habe in all diesen Jahren immer wieder den armen, entsetzlich geprüften Juden klar zu machen versucht, daß es vielleicht kein größeres Leid in dieser Zeit gibt, als das ihre, aber doch viele Dinge, die unendlich viel wichtiger und entscheidender sind. Und eben darum kann ich für den Juden Steinfeld keine heilsame Möglichkeit in Deutschland sehen. Lieber Hans Henny Jahnn, es tut mir weh, zu hören, daß Sie sich in der Gesundheit geschädigt fühlen. Ich bin sehr stolz, ich fühle mich noch ganz leidlich gesund. Aber ich werde in etlichen Monaten sechzig Jahre alt. Das ist etwas und nicht mehr viel nach. Ich habe keine zehn Jahre mehr zum Abwarten. Manchmal gebe ich mich Träumereien hin, etwa der Art, daß ich, wenn es also in Deutschland nicht gehen, auf einer Deutschen Gesandtschaft in Schweden oder in Ankara etwas Tüchtiges leisten könnte, meinetwegen in Canberra (nicht so gern) oder in Washington (sehr gern). Das könnte ich sogar. Aber in Deutschland? Das ist meine Sorge. Die mich mehr quält, als die Atombombe. Da sorge ich mich nicht, so wie ich mich nicht um Giftgas gesorgt habe, als es Ihnen, mit manchem Recht, den Schlaf vieler Nächte raubte.

Was habe ich da nun erzählt? Nichts Erfreuliches, wenig Ersprießliches, und viel von meiner Ratlosigkeit. Man könnte sagen, man läßt die Dinge noch ein Etliches treiben, dann wird man klarer sehen. Vielleicht bleibt nichts anderes zu tun übrig. Aber in meinen Jahren.

Trotz allem. Sie sehen, ich habe noch viele, wenn auch unklare Hoffnungen. Ich habe meinen, oftmals etwas grau

---

* Robert Gilbert Vansittard, geb. 25.6.1881, gest. 14.2.1957, brit. Diplomat, wurde 1929 ständiger Unterstaatssekretär im Foreign Office, 1937 bis 1941 dessen Erster diplomatischer Berater.

erscheinenden Optimismus immer behalten. Und so wird vielleicht doch noch irgend etwas werden.

Ich meine immer, ich allein sei älter geworden, und wundere mich immer, daß auch die Anderen nicht stehen blieben. Ihre Tochter ist also nun ein großes, hübsches Mädchen, manchmal zu Pferde und manchmal formt sie, wie der liebe Gott, Menschen aus Lehm. Das Geschlecht des Prometheus, lieber Jahnn, und es stirbt nicht aus und soll es auch nicht. Und somit, mit herzlichen Grüßen für Ihre Frau und für Sie und vor allem von der meinigen, die durchaus jetzt zum Abendessen treibt.

Justin Steinfeld

Heinz Liepmann

Im Gemeindeblatt der Deutsch-Israelitischen Gemeinde zu Hamburg vom 10.6.1930 stand in der Spalte »Kunst, Wissenschaft und Literatur« folgende kleine Notiz:

»*Heinz Liepmann, ein Sohn unserer Gemeinde, ist durch seine Auszeichnung mit einem zweiten Preise des New Yorker Verlages Harper & Brothers, der ihm für seinen soeben erschienenen Roman ›Die Hilflosen‹ zugesprochen wurde, plötzlich in die vorderste Reihe der zeitgenössischen Schriftsteller gerückt worden ... Uns in Hamburg dürfte besonders interessieren, daß Liepmann als Schüler einer der ersten war, der dem eben begründeten Bar Kochba angehörte. Während seiner Tätigkeit als Gärtnerlehrling in Lindau am Bodensee war er im Jung-Jüdischen Wanderbund tätig und eine zeitlang auch Gauleiter für Bayern. — Einige seiner ersten Arbeiten bewegen sich auf jüdischem Gebiet. In den Jahren 1925/26 erschienen im Familienblatt aus seiner Feder die Erzählungen: ›Die verlöschende Kerze‹ und ›Die Jüdin von Worms‹, und eine Besprechung des Brodschen Romans Reubeni in der Jüdisch-liberalen Zeitung. Jüdische Momente klingen auch in seinem ersten Roman: ›Die Nächte eines alten Kindes‹ an, der offenbar manche Erinnerungen aus seiner eigenen Kindheit wiedergibt. Außerdem treten eine Anzahl jüdischer Personen in einem soeben vollendeten Roman auf, der in der Inflationszeit spielt.*«[31]

Heinz Liepmann ist der Sohn von Salomon und Hermine Liepmann, geb. Holländer. Salomon Liepmann wurde am 23.9.1878 in Hamburg geboren. Nach seiner Schulzeit in der Talmud-Tora-Schule, Kohlhöfen, und einer anschließenden kaufmännischen Lehre arbeitete er als Kaufmann. Am 4.11.1902 heiratete er die am 20.3.1871 in Mönchengladbach geborene Hermine Holländer. In Mönchengladbach kam am 20.9.1903 die Tochter Else zur Welt. 2 Jahre später, am 27.8.1905, wurde der Sohn Max Heinrich Liepmann in Osnabrück geboren. Schon bald nach seiner Geburt zog

Familie Liepmann im Fotoatelier Niendorf an der Ostsee, um 1910. V.l.n.r.: Heinz, Salomon, Hermine, Hedwig Nathan, Gerda, Tochter von Paula Liepmann, Paula Liepmann, geb. Petri, Hedwig Liepmann, Lina, Else und Paul Liepmann. (Privatbesitz)

die Familie nach Hamburg um, seit 1907 wohnte sie in der Rentzelstraße 7 im 1. Stock.

Salomon Liepmann war Mitglied des »Hamburger Zweigvereins des Hansa-Bundes für Gewerbe, Handel und Industrie«; für verschiedene Bekleidungshersteller aus Baden-Württemberg, Berlin und Köln firmierte er unter seiner Hamburger Adresse als deren Vertreter.[32]

Seine Tochter Else war Schülerin der Seminar-Mädchenschule, Hohenweide 16. In ihren Erinnerungen an die Schulzeit des Bruders schreibt sie:

»Heinz ging zur Oberrealschule vor dem Holstentor zur Schule und übersprang gleich 1 Jahr, da er lesen und schreiben von und mit mir, die ich 2 Jahre älter war, gelernt hat. — Wir wohnten bis 1913 Rentzelstraße 7, dann bis Mitte 1917 Grindelhof 62 und nach dem Tod meines Vaters Isestraße 42 bis April 1918.«[33]

Am 1.12.1911 wurde Salomon Liepmann Hamburger Staatsbürger.[34] Bei Beginn des Ersten Weltkriegs meldete er sich freiwillig, er diente als Unteroffizier im Infanterie-Regiment »Hamburg«. Im vorletzten Kriegsjahr, am 24.4.1917, wurde er schwer verwundet. Im Mai 1917 erhielt seine Frau Hermine von einem Feldwebel des Regiments folgende Benachrichtigung:

» Geehrte Frau Liepmann! Vor einigen Tagen machte ich Ihnen die traurige Mitteilung, daß Ihr Mann der Unteroffz. Liepmann am 24.4.17 durch Granatsplitter verwundet sei. Leider muß ich Ihnen heute die schmerzliche Mitteilung machen, daß er laut Bericht vom Lazarett 352 (Douai) infolge seiner schweren Verwundung am 27.5.17, 11.45 Vorm. für das liebe Vaterland gestorben ist. Da ihr Mann sich sehr durch Pflichten und Tapferkeit bei der Komp. ausgezeichnet hat, vermißt die Kompanie ihn sehr und wird ihm für immer ein ehrenvolles Andenken bewahren.«[35]

Ein Jahr nach dem Tod ihres Mannes starb Hermine Liepmann. Ihre Tochter Else erinnert sich: »Meine Mutter ... starb am 25. Februar 1918 — 10 Monate nach meinem Vater, der am 27. April 1917 für Deutschland — sein Vaterland — mit 39 Jahren starb. Heinz kam nach Bielefeld zu dem Bruder meiner Mutter und ich nach Osnabrück.«[36]

Der Verlust der Eltern im Kindesalter, die Trauer um den frühen Tod des Vaters und die Ablehnung des menschenmordenden Krieges fanden in den literarischen und journalistischen Arbeiten Heinz Liepmanns ihren Niederschlag.[37] So z.B. in seiner ersten, in einem Buch veröffentlichten Erzählung »Die Parade«[38]. Ein Junge beobachtet mit seiner Mutter paradierende Soldaten, in deren anonymisierenden Marschreihen auch der einberufene Vater sein soll. Dem Hund der Familie gelingt es sofort, ihn ausfindig zu machen; da er aber die Parade stört, wird er von einem Unteroffizier getötet. Der Schluß lautet: »Aber der Unteroffizier ist nun einer von allen, er findet ihn nicht mehr heraus, — von hinten sind sie sich alle gleich, der Unteroffizier und alle, und auch sein Vater. — — Martin hat ihn nicht mehr geliebt.«[39]

Angesichts der Wahlerfolge der Nationalsozialisten, ihrer unverhohlen antisemitischen Propaganda, aber auch eingedenk der bitteren Erfahrung deutscher Juden, denen insbesondere von deutschnationalen und völkischen Parteien und Verbänden nach dem Ersten Weltkrieg der unhaltbare Vorwurf der Drückebergerei gemacht und die Verantwortung für den »Schmachfrieden von Versailles« angelastet wurde, griff Heinz Liepmann wiederum auf eigene Erfahrungen zurück und schrieb in seinem 1930 veröffentlichten Artikel »Pogromnacht«:

»Als mein Vater dreizehn Monate im Schützengraben gelegen war, hatten sich seine Vorgesetzten an seine jüdische Nase gewöhnt, und er avancierte zum Gefreiten. Nach weiteren elf Monaten hatten sich alle Gesichter soweit einander geähnelt, daß die Unterschiede zwischen den Kreaturen verschwanden: man beförderte ihn zum Unteroffizier. Ich glaube, hätte der Krieg nur wenige Jahre länger gedauert, mein Vater hätte es bis zum jüdischen Offizier bringen können, aber ein französisches Geschoß bestätigte die Günthersche Rassenlehre von der Unfähigkeit der Juden zu höheren Kommandos, er fiel im Jahre 17. Er hinterließ ein Testament, in dem meiner Mutter aufgetragen wurde, uns zu wahrheitsliebenden Menschen und guten Deutschen zu erziehen. Meine Mutter ging uns mit bestem Beispiel voran, indem sie nur die Lebensmittel kaufte, die uns von Staats wegen rationiert wurden, uns Kindern gab sie ihr Teil mit, und verhinderte die endgültige Befolgung des letzten Willens meines Vaters, indem sie einige Monate nach seinem Tod an einer Magengeschichte starb. Meine weitere Erziehung im Sinne

Else und Heinz Liepmann, um 1908. (Privatbesitz)

Salomon Liepmann als Frontsoldat (1.Reihe links), undatiert. (Privatbesitz)

des väterlichen Testaments übernahm ein damals vierzigjähriger Schlosser, der, weil er hinkte, nicht ins Feld zu rücken brauchte und daher in der Heimat für militärische Disziplin sorgte: auf dem Heimweg von der Schule schlugen er und einige Freunde mich Zwölfjährigen blutig. Da ich mich wehrte, versetzte er mir mit umgekehrtem Krückstock einen Hieb gegen die Schläfe, einen Zentimeter über dem Auge, dessen Narbe mich noch heute ziert.«[40]

Nachdem Else und Heinz Liepmann nach dem Tod ihrer Mutter voneinander getrennt wurden, blieb Heinz bis zu seiner Schulentlassung in Bielefeld; 1921 entzog er sich aber der Vormundschaft seines Onkels und verließ Bielefeld. Das »Gemeindeblatt der Deutsch-Israelitischen Gemeinde zu Hamburg« wußte über die nun folgenden ›Wanderjahre‹ Heinz Liepmanns Näheres zu berichten:

»Unter dem Einfluß der Inflationszeit betätigte er sich sodann in den verschiedensten Berufen, in einer kaufmännischen Lehre, als Bergwerksarbeiter, als Gärtnerlehrling, endlich in irgendeinem belanglosen Betrieb in Frankfurt a.M. als Laufbursche und zuletzt wieder in kaufmännischer Tätigkeit in einem Bankgeschäft. Die Mittel, die er sich in der letzten Stellung erwarb, ermöglichten es ihm, zwei Semester auf der Universität in Frankfurt a.M. zu studieren. Dann war er, fast durch Zufall, zeitweilig Schriftsteller und wirkte später eine zeitlang in Frankfurt a.M. an der städtischen Bühne als Dramaturg, dann in gleicher Stellung zwei Jahre an den Hamburger Kammerspielen.«[41]

Vermutlich seit Mitte der zwanziger Jahre war Heinz Liepmann wieder in Hamburg. Seit 1925/26 setzte seine umfangreiche journalistische Arbeit ein. In den verschiedenen Periodika Hamburger Theater wie »Die Rampe«, »Der Vorspruch« und »Der Freihafen« veröffentlichte er von nun an regelmäßig theatertheoretische Beiträge, Schauspieler-Porträts, Würdigungen, wie z.B. zu Bernhard Shaw, Luigi Pirandello u.a., neben Buchrezensionen aber auch eigene Kurzgeschichten. Von 1926 bis 1929 erschienen eigene literarische Texte Heinz Liepmanns auch in der »Illustrierten Reichsbanner Zeitung«, die, so der Untertitel, »Erste republikanische illustrierte Zeitung«. Zwischen 1929 und 1930 veröffentlichte Heinz Liepmann auch in der von Carl von Ossietzky unter Mitarbeit von Kurt Tucholsky herausgegebenen Berliner »Weltbühne«. Auch andere Zeitungen in Berlin, Frankfurt und Köln boten ihm Möglichkeiten, vor allem eigene Kurzgeschichten zu veröffentlichen.

In Hamburg, wo er spätestens seit 1927 unter Erich Ziegel als Dramaturg an den Hamburger Kammerspielen arbeitete, publizierte er seit 1928 auch regelmäßig im sozialdemokratischen »Hamburger Echo«. Auch in der von seinem älteren Freund Justin Steinfeld herausgegebenen »Tribüne« erhielt er seit 1927 Gelegenheit, Prologe eigener Dramenentwürfe, Dichter-Porträts, Sammelrezensionen literarischer Neuerscheinungen etc. zu veröffentlichen.

In der Kartei der »Angehörigen der Deutsch-Israelitischen Gemeinde im Staate Hamburg« vom 10.10.1928 findet sich auch ein Eintrag für Heinz Liepmann. Sein Wohnort wurde dort mit Bieberstraße 9, 5. Stock, als Beruf Schriftsteller, angegeben. Laut Steuerkartei der Deutsch-Israelitischen Gemeinde Hamburg wohnte er 1929 in der Schröderstiftstraße 32;[42] die dortige Wohnung teilte er mit dem Feuilletonchef des »Hamburger Echo«, Heinrich Braune.[43] Noch 1929 zog Heinz Liepmann in den Mittelweg 40, von dort 1930 in die Badestraße 26. Im Branchenverzeichnis des Hamburger Adreßbuches von 1932 war seine Adresse in der Rubrik Schriftsteller mit Colonnaden 3 angegeben.[44]

Von 1929 bis 1930 veröffentlichte Heinz Liepmann drei umfangreiche Romane. Sein erstes Buch »Nächte eines alten Kindes« erschien 1929 in Wien und bereits 1930 wurde eine französische Übersetzung in Paris herausgegeben. Für seinen 1930 publizierten Roman »Die Hilflosen«, der teilweise in Rußland, teilweise in Deutschland, in Hamburg, spielte, erhielt er den Preis des New Yorker Harper-Verlages für junge ausländische Autoren. Unter dem Titel »Wanderers in the Mist« wurde er 1931 in New York und London veröffentlicht. Ebenfalls 1930 erschien im Wiener Phaidon-Verlag Heinz Liepmanns »Der Frieden brach aus«; auch dieser Roman wurde später ins Englische übersetzt, schon 1932 wurde er in New York, 1938 in London herausgegeben.

Heinz Liepmann, der als Journalist und Schriftsteller schon vor 1933 nationales wie internationales Renommee besaß, war Mitglied im Nordwestgau des »Schutzverbandes Deutscher Schriftsteller«, fungierte zeitweilig neben Hans Henny Jahnn, Erich Lüth u.a. als Beisitzer des Vorstandes.[45] Er nahm nicht nur an den verbandsinternen organisatorischen Angelegenheiten teil. Am 14. April 1932 veranstaltete der Schutzverband am Millerntor »Die Nacht der Fantasten«, ein Wohltätigkeitsfest zugunsten notleidender Hamburger Schriftsteller. Ein »Tingeltangel der Dichter«, eine Varieté-Schau, ein Kabarett prominenter Bühnenkünstler wurde angeboten, im vorbereitenden Festausschuß hatte neben Hans Harbeck, Hans Henny Jahnn u.a. auch Heinz Liepmann mitgeholfen. Die Redaktion für den kleinen Almanach, der zu diesem Fest erschien, lag bei Hans Harbeck und Heinz Liepmann.[46]

Nach seinen literarischen Erfolgen scheint sich Heinz Liepmann neben seinen journalistischen Arbeiten wieder

Aus: »Die Rampe. Blätter des Deutschen Schauspielhauses.«
Heft 3, 1932.

mehr dem Theater zugewandt zu haben. Ein erstes deutliches Signal seiner erneuten Hinwendung zu Fragen des Theaters setzte sein gemeinsames Auftreten mit seinen Freunden Justin Steinfeld und Hans Henny Jahnn auf dem Internationalen Theaterkongreß in Hamburg im Juni 1930.[47]

Immer wieder nahm er in seinen Artikeln Spielpläne und Inszenierungen Hamburger Theater kritisch unter die Lupe, fragte nicht nur nach deren ästhetischer Qualität, sondern vor allem nach dem aufklärerischen, politischen Wert der zur Aufführung gebrachten Stücke.[48] Ein Artikel Heinz Liepmanns im »Hamburger Echo« vom 13.3.1932 trug die programmatische Überschrift »Es gibt kein Theater ohne Politik«. Am 24.4.1932 veröffentlichte er im »Echo der Woche« den Artikel »Vor Sonnenuntergang unseres Theaters?« Dort konkretisierte er seine Forderungen an das aktuelle Theater:

» *Das Theater als politisches Instrument wurde in den letzten Jahrzehnten ungeheuer von uns vernachlässigt ... Aber der Niedergang des deutschen Theaters liegt einfach daran, daß die Bühnen in den Stilen der vergangenen Jahrzehnte arbeiten und daß sie in Form und Inhalt über Probleme diskutieren, die unsere Großeltern interessiert haben. Wir wollen unsere heutigen Probleme auf der Bühne sehen ... Nein, die Aufgaben der Theater liegen nicht in der Unterhaltung. Sie liegen in der Spiegelung unseres Alltags ...* «[49]

Am 23.2.1932 war Heinz Liepmanns eigenes, vermutlich schon 1927/28 entstandenes dreiaktiges Schauspiel »Columbus« in der Regie von Arnold Marlé im Hamburger Schauspielhaus uraufgeführt worden. Die Inszenierung wurde stürmisch gefeiert, Autor, Regisseur und Hauptdarsteller mußten sich dem Publikum mehrmals zeigen. Die Hamburger Zeitungen würdigten die Inszenierung überwiegend wohlwollend. Auch im »Hamburger Echo« erschien am 24.2.1932 eine lobende Rezension: »Denn Liepmann betrachtet die kühne Fahrt des Christoph Columbus in das unbekannte ›Dunkelmeer‹ nicht als wahnwitziges Unternehmen eines Abenteurers, den das Gold fremder Länder reizte, sondern vielmehr als einen revolutionären Kriegszug gegen die beherrschenden Mächte des Aberglaubens, die jahrhundertelang die Völker in den dumpfen Kerkern der Unwissenheit und Unfreiheit hielt.« Auch das nationalsozialistische »Hamburger Tageblatt« veröffentlichte am 25.2.1932 eine Besprechung zur Uraufführung des »Columbus«; die Zeitung nutzte die Kritik am Stück vor allem aber zu einem Angriff auf Heinz Liepmann und seine jüdische Herkunft:

»Liepmann ist wohl zweifellos Jude. Das Vorhandensein des Revolutionären und der Mangel an aufbaufähigen Gedanken bei der Anlage seines Columbus, sowie verschiedene Szenen des Schauspiels verraten es zu deutlich, wenn wir uns auch in unserer Gesamtbeurteilung von dieser Feststellung nicht leiten ließen. Immerhin müssen Deutschland und die Welt sich erfahrungsgemäß davor hüten, sich ihre Probleme von Juden lösen zu lassen. Von Liepmann haben wir in dieser Hinsicht nichts zu befürchten. Er hat uns nur in unserem Verlangen bestärkt, Gegenwartsprobleme von deutschem Blut auf der Bühne zu sehen und zu erleben.«[50]

Heinz Liepmann, der schon 1930 öffentlich gegen die Knebelung der Geistesfreiheit aufgetreten war,[51] wehrte sich — wie viele andere Schriftsteller und Journalistenkollegen — gegen den immer massiveren Terror der Nationalsozialisten und deren Vorstellungen von deutscher Kultur. Am 31.7.1932 veröffentlichte er im »Echo der Woche« einen fast ganzseitigen Artikel als Antwort auf eine Rundfunkrede Josef Goebbels'. Unter der Überschrift »Der Beginn der Barbarei in Deutschland« schrieb Heinz Liepmann:

» *... wenn jemals eine Bewegung in Deutschland den Stempel der Unkultur, der Barbarei und der Lächerlichkeit aufgedrückt bekommen hat wie die des Herrn Goebbels, so lassen sich hiermit höchstens Bewegungen des finsteren Mittelalters vergleichen. Ganz im Gegenteil zu Goebbels' durch nichts bewiesenen Behauptungen stellen wir fest und machen uns erbötig, dies zu beweisen: daß parallel mit dem Anwachsen des Nationalsozialismus die deutsche Kultur, das deutsche Geistesleben und das Niveau deutschen Denkens heruntergekommen sind.*

Deutschland war einst als das Volk der Dichter und Denker berühmt, heute könnte man es beinahe als das Volk der Richter und Henker bezeichnen, wenn all die Drohungen nationalsozialistischer Koryphäen ausgeführt werden könnten. Der Begriff des ›Köpferollens‹ war früher im politischen Leben einer reifen Nation unbekannt, gleichfalls die romantischen Gruselphantasien wie ›die Nacht der langen Messer‹ usw. «

Heinz Liepmann verwies in seinem Artikel aber nicht nur auf die menschenverachtende, verdummende Kulturlosigkeit der Nationalsozialisten, sondern auch auf deren sozialpolitische Maßnahmen, wie z.B. die angekündigte Aufhebung der Sozialversicherung. Zum Schluß seines Artikels schrieb er:

» *Aus diesen Beispielen, die beliebig vermehrt werden können, muß der Werktätige ersehen, daß es mit seiner persönlichen Freiheit und den Errungenschaften von vielen Jahrzehnten aus und vorbei ist, wenn die Nazis an die Macht kommen sollten. Er wird ein rechtloses Stimmvieh, dem man von Hitlers (also der Schwerindustrie) Gnaden die Länge der Arbeitszeit, die Tarife usw. diktiert, ohne daß er das Recht des Einspruchs hätte.*

Wer, wie die Nazis, in verhältnismäßig kurzer Zeit, eine in der Geschichte der Menschheit beispiellose Kulturleistung, wie die Deutschlands, an den Abgrund bringen kann, eine solche Bewegung muß — wenn sie nicht vollkommen verwirrt gemacht worden sind — von den Werktätigen abgelehnt werden.«

Spätestens nach diesem Artikel war Heinz Liepmann Haßobjekt Hamburger Nationalsozialisten. Als er sich mit seinem Freund Justin Steinfeld solidarisierte, der am Vorabend des sogenannten »Judenboykotts« vom 1. April 1933 aus dem Altonaer Stadttheater verwiesen wurde, schrieben die »Altonaer Nachrichten« am 8.4.1933:

»... Herr Liepmann ist ein herzlich unbedeutender Schreiberling. Aber so etwas vertritt die Würde von fünfzehn deutschen Zeitungen. So ein Kerl wird natürlich seine Empörung diesen Organen, die anständige Leute wohl kaum in die Hand nehmen, mitteilen. Herr Liepmann wird mit seiner Verleumdung wie andere seiner Rasse die Brunnen in Deutschland vergiften. Es wird Sorge dafür getragen, daß diese Gefahr nicht akut wird.«[52]

Im Frühsommer 1933 wurde Heinz Liepmann verhaftet, ins KZ Wittmoor gebracht,[53] von wo er aber sehr bald fliehen konnte. Seine Bücher standen auf der ersten »Schwarzen Liste« der von den Nationalsozialisten verbotenen Literatur.[54]

Heinz Liepmann floh nach Paris, dort schrieb er seinen Roman »Das Vaterland«, »Ein Tatsachenroman aus dem heutigen Deutschland«, wie es im Untertitel hieß. Heinz Liepmanns Vorwort datiert vom 10.9.1933, das Buch ist »den in Hitler-Deutschland ermordeten Juden« gewidmet.[55]

Nach eigenen Angaben war Heinz Liepmann sogar im Juli und September 1933 noch zweimal incognito in Deutschland.[56] »Das Vaterland« erschien 1933 im Amsterdamer Verlag P.N. van Kampen & Zoon. Am 12.2.1934 wurde er in Amsterdam verhaftet und wegen »Beleidigung des Staatsoberhaupts einer befreundeten Macht« angeklagt. Die Anklage bezog sich auf einen Satz in Heinz Liepmanns »Das Vaterland«, in dem er einen Zusammenhang zwischen der durch den Reichspräsidenten Hindenburg erfolgten Ernennung Hitlers zum Reichskanzler und Geldern der Osthilfe, die Hindenburg für sein Gut Neudeck erhalten hatte, herstellte.[57] Am 22.4.1934 wurde Heinz Liepmann von einem niederländischen Gericht zu einem Monat Gefängnis verurteilt. Von einer Abschiebung nach Deutschland bedroht, begann er offenbar noch in der Haft die Arbeit an seinem zweiten Dokumentarroman »... wird mit dem Tode bestraft«.[58] Nach seiner Haft wurde Heinz Liepmann nach Belgien abgeschoben. Die Anklage war der offensichtliche Versuch, die Herausgabe des Buches zu verhindern bzw. zu erschweren; gleichzeitig sollte sie dazu dienen, andere Exilautoren einzuschüchtern.[59]

Zurückgekehrt nach Paris, beendete Liepmann im Juli 1935 die Arbeit an »... wird mit dem Tode bestraft«. Das Buch erschien im gleichen Jahr in Zürich, eine englische Übersetzung 1936 unter dem Titel »Fires Underground.«

Beide Romane, »Das Vaterland« sowie »... wird mit dem Tode bestraft«, spielen in Hamburg, beschreiben den Terror der Nationalsozialisten unmittelbar nach ihrem Machtantritt sowie die massive Verfolgung aller politischen Gegner, die ihnen zu widerstehen versuchen.[60] In beiden Büchern verbürgte sich Heinz Liepmann für die Authentizität der eigenen oder verbürgter Erlebnisse. Im Vorwort von »Das Vaterland« schrieb er:

»Die Menschen der Länder, in denen dies Buch erscheint, sollen wissen, wie der äußerlich so bestechende Nationalsozialismus in der alltäglichen Wirklichkeit aussieht. —

Ich habe mein Vaterland — für das mein Vater 1914 freiwillig in den Krieg ging und 1917 mit einem Bauchschuß starb — Ende Juni verlassen; im Juli und September habe ich es — inkognito — noch zweimal besucht. Daß man mich — seit Februar — ununterbrochen verfolgte (und im Juni zu finden wußte), das erstaunt mich nicht. Und darüber beschwere ich mich nicht. Auch das man meine Bücher verbrannte und verfemte, ist mir nicht unverständlich, im Rahmen des Kul-

Umschlag der Erstausgabe »Das Vaterland«, Amsterdam 1933. (Universität Hamburg)

turprogrammes derjenigen (augenblicklichen) deutschen Machthaber, die mit ihren geistigen Erzeugnissen niemals gedruckt wurden. Ich beklage mich nicht darüber. Ich war ein Gegner. Wir alle, meine Millionen Kameraden, Arbeiter und Intellektuelle, wir alle waren und sind Gegner ... Und darum widme ich nicht meinen Kameraden dieses Buch. Sondern ich widme es den gemarterten und ermordeten deutschen Juden. Sie sind nicht ohne Schuld, ich beschönige nichts und verschweige nichts. Aber gequält und ermordet wurden sie schuldlos.«[61]

Am 8.6.1935 wurde Heinz Liepmann die deutsche Staatsangehörigkeit aberkannt. Auf der am 11.6.1935 veröffentlichten Liste stehen neben dem Namen von Heinz Liepmann noch die von Bertolt Brecht, Dr. Rudolf Hilferding, Dr. Max Hodann, Karl Höltermann, Erika Mann, Walter Mehring, Erich Ollenhauer, Dr. Friedrich Wolf u.a. Auch Justin Steinfeld wurde am gleichen Tag ausgebürgert.[62]

In der Begründung der Aberkennung der Staatsangehörigkeit Heinz Liepmanns hieß es:

»Heinz Liepmann, jüdischer Schriftsteller, treibt in aller Welt üble Greuelhetze durch seine Schriften und in öffentlichen Vorträgen. In Holland wurde er wegen Beleidigung des verewigten Reichspräsidenten mit Gefängnis bestraft und nach Belgien abgeschoben.«

Heinz Liepmann, der auch weiterhin journalistisch und schriftstellerisch arbeitete, ging 1935 als Korrespondent des »Pariser Tageblattes« nach London, von dort 1937 nach New York.[63] In verschiedenen Zeitungen veröffentlichte er auch dort Kurzgeschichten und Artikel. Seit 1943 schrieb er für die Zeitschrift »Time«, als deren Korrespondent er 1947 nach Hamburg zurückkehrte. Seit 1958 arbeitete er für die in Hamburg erscheinende »Welt«, neben seiner Tätigkeit für andere in- und ausländische Zeitungen veröffentlichte er hier wiederum Buch- und Theaterkritiken. Am 1.1.1962 übersiedelten Heinz Liepmann und seine Frau Ruth — Heinz Liepmann und die am 22.4.1909 geborene Ruth Lilienstein hatten 1949 geheiratet — nach Zürich; Heinz Liepmann nannte es seine »zweite Emigration«. Noch kurz vor seinem Tod erschien das von ihm im Rowohlt-Verlag herausgegebene Buch »Kriegsdienstverweigerung oder Gilt noch das Grundgesetz?«[64] Am 6.6.1966 starb Heinz Liepmann in der Schweiz.[65]

Angesichts zunehmender politischer Restauration und eines beflissenen Philosemitismus in der Bundesrepublik hatte Heinz Liepmann 1961 sein Buch »Ein deutscher Jude denkt über Deutschland nach« veröffentlicht, eine Sammlung seiner Artikel, die zwischen 1959 und 1960 in der »Welt« erschienen sind. In dem Beitrag, der auch dem Buch den Titel gab, schrieb er:

»Unsere größte Sorge ist nicht die Gegenwart, sondern der Sprung von der Vergangenheit in die Zukunft. Und wenn wir ganz ehrlich sein wollen, dann müssen wir zugeben, daß nicht nur wir die Unbefangenheit der nichtjüdischen Mitbürger uns gegenüber schmerzlich vermissen, sondern daß es auch uns noch nicht gelungen ist, unseren nichtjüdischen Mitbürgern gegenüber unbefangen zu sein. Wir möchten gerne vergessen, was in den Nazi-Jahren geschehen ist — unter der Voraussetzung, daß die Deutschen es nicht vergessen.«[66]

Ruth Liepman, Tochter des Arztes Isidor Lilienstein und seiner Frau Johanna, ist zwar nicht in Hamburg geboren, hat hier aber lange Jahre gelebt: »Hamburg ist meine Vater- und Mutterstadt, wenn sie so wollen. Mein Bruder Manfred, zehn Jahre jünger als ich, ging in die Talmud-Tora-Schule, wohl eigentlich weniger aus Überzeugung meiner Eltern, sondern weil das eben schon damals schwierig war, eine andere für jüdische Kinder offene Schule zu finden. Ich bin 1934, nachdem ich mein Doktorexamen noch bei Prof. Laun gemacht hatte, nach Holland emigriert. Mein erster Mann war Schweizer, ich bin dadurch Schweizerin geworden. Ich bin nie in die Schweiz geflohen, sondern war in Holland untergetaucht während des Krieges, sehr beschützt von Holländern und mitten in der Illegalität.«[67]

Ruth Liepman, die selbst die »Jacob Loewenberg-Schule« in der Johnsallee besuchte und ihr Abitur an der Lichtwark-Schule ablegte, schreibt über ihren Mann:

»Nun gehörte mein Mann nicht genau in den Grindel,

Umschlag der Erstausgabe »...wird mit dem Tode bestraft«, Zürich 1935. (Universität Hamburg)

Heinz Liepmann, Juli 1947. (Privatbesitz)

weder der Mittelweg noch die Badestraße liegen im Grindelgebiet und auch ich habe nie am Grindel gelebt, außer in der Zeit, als wir nach dem Krieg heirateten und dann zuerst in der Schlüterstraße wohnten und später in einem der Grindel-Hochhäuser. Aber da war das ja keine jüdische Gegend mehr ... Sicher war mein Mann immer ein couragierter Journalist und Schriftsteller. Ich will nicht sagen, daß ich meinen Mann vor dem Krieg gut gekannt hätte, aber ich wußte natürlich, wer er war. Er war damals als junger Regisseur an den Kammerspielen und gehörte eben in die Gruppe linker Intellektueller, die ›man‹ kannte.«[68]

Anmerkungen

[1] Institut für die Geschichte der Arbeiterbewegung, Zentrales Parteiarchiv, Berlin, P St 3/409, Liste betr.: Deutschfeindliche Journalisten und Schriftsteller vom 25.11.1936.

[2] Zitiert nach »Liederstrauß für Grete und Robert. Zur Hochzeitsfeier am 21.3.1920, gewidmet von den Hauspoeten.« Dieses kleine Heft wurde uns dankenswerterweise von Martin Bäuml zur Verfügung gestellt. Für seine Unterstützung unserer Arbeit durch Materialien, Hinweise und Fotos sei an dieser Stelle gedankt. Unser Dank gilt ebenfalls Thomas Flach für seine Recherchen und Hinweise.

[3] Staatsarchiv Hamburg, Staatliche Pressestelle 5268, Schutzverband deutscher Schriftsteller, Schreiben Justin Steinfelds vom 8.5.1932 an Staatsrat Alexander Zinn.

[4] Martin Bäuml, Einige Begebenheiten aus Justin Steinfeld's Leben. Unveröffentlichtes Manuskript. 16 S. Hamburg o.J., S. 3. In Auszügen abgedruckt in: Justin Steinfeld, Ein Mann liest Zeitung. Kiel 1984.

[5] Staatsarchiv Hamburg, Plankammer, Flugblätter zur Bürgerschaftswahl am 27.9.1931. Flugblatt »Der Kampf gegen die Knebelung der Geistesfreiheit«.

[6] Artikel »Internationaler Theaterkongreß«. In: Hamburger Echo vom 15. Juni 1930. Vgl. auch »Zwischenfall auf dem Theaterkongreß«. In: Hamburgischer Correspondent« vom 14.6.1930.

[7] »Diskussions-Rede Justin Steinfeld.« In: Der Zeitungshändler vom 1.7.1930.

[8] Vgl. Michael Diers, »Die Bühne betritt der Prolet« Arbeiter und Theater. In: Projektgruppe Arbeiterkultur Hamburg (Hrsg.), Vorwärts und nicht vergessen. Arbeiterkultur in Hamburg um 1930. Materialien zur Geschichte der Weimarer Republik. Berlin 1982, S. 213–248; zum »Kollektiv Hamburger Schauspieler«, S. 240ff. Für Hinweise und Fotos bedanken wir uns bei Michael Diers.

[9] Hanuš Burger, Der Frühling war es wert. Erinnerungen. Frankfurt/M., Berlin, Wien 1981, S. 42.
Bei Hornung meint das damalige »Café Hornung« in den Colonnaden. Mit »Beschützern« sind die sich im Café Hornung allabendlich einfindenden Zuhälter gemeint. Hanuš Burger möchten wir für seinen lieben Brief vom 24.1.1990 und seine Unterstützung danken.

[10] Ebenda, S. 50.

[11] Ebenda, S. 51. Vgl. auch Staatsarchiv Hamburg, Staatliche Pressestelle 5132, Kollektiv Hamburger Schauspieler. Die dort vorhandenen Artikel aus Hamburger Zeitungen geben einen guten Eindruck von der damaligen Resonanz auf die Aufführung.

[12] Vgl. Michael Diers, »Die Bühne betritt der Poet«, a.a.O., S. 243.

[13] Vgl. den Abschnitt »Die Talmud-Tora-Schüler Georg Oppenheim und Rudolf Neumann. Die Broschüre der Roten Hilfe Deutschlands befindet sich im Besitz der Gedenkstätte Ernst Thälmann, Hamburg.

[14] Zitiert nach dem Artikel »Es ist eine Kulturschande!« In: Hamburger Tageblatt vom 10.4.1933. Vgl. auch Heinz Liepmann, Das Vaterland. Ein Tatsachenroman aus Deutschland, Hamburg 1979, S. 87. Wir verweisen auf den Nachdruck seines Buches, das erstmals 1933 im Amsterdamer Verlag P.N. van Kampen & Zoon erschienen ist.

[15] Artikel »Es ist eine Kulturschande!« In: Hamburger Tageblatt vom 10.4.1933.

[16] Ebenda.

[17] Ebenda.

[18] Ebenda.

[19] Staats- und Universitätsbibliothek »Carl von Ossietzky« Hamburg, Nachlaß Hans Henny Jahnns, Brief Justin Steinfelds vom 8.1.1946 an Hans Henny Jahnn. Der Abdruck dieses Briefes wurde uns freundlicherweise von der Staats- und Universitätsbibliothek Hamburg genehmigt. Vgl. den Abschnitt »Justin Steinfeld: Ein Brief aus dem Exil«.
Vgl. auch Justin Steinfeld, Meine erste und letzte Begegnung mit Etkar Andree. In: Deutsche Volkszeitung vom 25.4.1936.

[20] Martin Bäuml, Einige Begebenheiten aus Justin Steinfeld's Leben, S. 5ff.

[21] Vgl.: Justin Steinfeld, Ein Mann liest Zeitung, a.a.O., S. 350.

[22] Brief von Hanuš Burger vom 24.1.1990. Vgl. auch Adalbert Stifter Verein e.V. (Hrsg.), Drehscheibe Prag. Deutsche Emigranten 1933–1939. München 1989. Erstaunlicherweise findet sich in diesem Ausstellungskatalog kein Hinweis auf Justin Steinfeld. Auch in dem Band 5 »Exil in der Tschechoslowakei, in Großbritannien, Skandinavien und Palästina.« der Reihe »Kunst und Literatur im antifaschistischen Exil 1933–1945«, 1987 in Leipzig herausgegeben, findet sich nur ein Hinweis auf Justin Steinfeld in Prag.

[23] Institut für die Geschichte der Arbeiterbewegung, Zentrales Parteiarchiv, Berlin, Schreiben der Gestapo Kiel vom 10. Juni 1939 an das Geheime Staatspolizeiamt in Berlin.

[24] Vgl. den Abschnitt »Justin Steinfeld: Ein Brief aus dem Exil«.
[25] Staats- und Universitätsbibliothek »Carl von Ossietzky« Hamburg, Nachlaß Hans Henny Jahnn, Brief Justin Steinfelds an Hans Henny Jahnn vom 25.11.1945.
[26] Ebenda.
[27] Ebenda.
[28] Hans J. Schütz, Ein Zeitalter wird besichtigt und mit der Zeit abgerechnet. In: Börsenblatt des Deutschen Buchhandels vom 8.11.1988.
[29] Horst Schüler, Nach Hamburg kehrte er nie mehr zurück. Der wiederentdeckte Justin Steinfeld. In: Hamburger Abendblatt vom 15.2.1985.
[30] Walter Boehlich, Exil im Prager Kaffeehaus. In: Der Spiegel vom 28.1.1985.
[31] Vgl. Gemeindeblatt der Deutsch-Israelitischen Gemeinde zu Hamburg vom 10.6.1930.
[32] Sowohl die Mitgliedskarte als auch die Besuchsanzeige Salomon Liepmanns wurde uns von Else Wolff, der Schwester Heinz Liepmanns, zur Verfügung gestellt. Für zahlreiche Hinweise zur Familiengeschichte, Materialien und Fotos, für ihre überaus umfangreiche Unterstützung unserer Arbeit haben wir ihr sehr zu danken.
[33] Brief von Else Wolff vom 11.12.1989. Vgl. auch Staatsarchiv Hamburg, Meldewesen A 30, Meldekartei 1892–1925.
[34] Staatsarchiv Hamburg, Staatsangehörigkeitsaufsicht A I f, Bd. 247; Laut Bürgerprotokoll 1911 X 2 Fol. 1.
[35] Schreiben der 3. Kompagnie, Infanterie-Regiment »Hamburg« (2. Hanseatisches Nr. 76) an Hermine Liepmann vom 2.5.1917. Der unterschreibende Feldwebel hatte sich allerdings in dem Todesdatum Salomon Liepmanns geirrt; Salomon Liepmann starb am 27.4.1917. Das Schreiben wurde uns dankenswerterweise von Else Wolff zur Verfügung gestellt.
[36] Brief von Else Wolff vom 11.12.1989.
[37] Vgl. Klaus Müller-Salget, Zum Beispiel: Heinz Liepmann. In: Gesellschaft für Exilforschung (Hrsg.), Exilforschung. Band 3. Gedanken an Deutschland im Exil und andere Themen. München 1985, S. 286–312. Klaus Müller-Salget danken wir für seine vielfältige Unterstützung.
[38] Hermann Kesten (Hrsg.), 24 Neue deutsche Erzähler. Berlin 1929.
[39] Zitiert nach dem Reprint der 2. Auflage der von Hermann Kesten herausgegebenen Anthologie »24 Neue deutsche Erzähler«, Leipzig und Weimar 1983, S. 380.
[40] Heinz Liepmann, Pogromangst. In: Die Weltbühne vom 12.8.1933. Vgl. auch Heinz Liepmann, Judentum und Marxismus. In: Heinrich Mann, Arthur Holitscher, Lion Feuchtwanger, Coudenhove-Kalergi, Max Brod u.a., Gegen die Phrase vom jüdischen Schädling. Prag 1933, S. 318–323.
[41] Vgl. Anm. 31.
[42] Beide Informationen laut Auskunft des Staatsarchiv Hamburgs vom 22.12.1989.
[43] Laut Auskunft von Heinrich Braune vom 17.3.1990. Heinrich Braune danken wir für viele Gespräche und Hinweise. Der bis zuletzt aktive Publizist und Herausgeber starb am 14.11.1990.
[44] Vgl. auch den Beginn von Heinz Liepmann, ... wird mit dem Tode bestraft. Zürich 1935. (Neudruck: Hildesheim 1986. Mit einem Nachwort von Hans-Albert Walter).
[45] Staatsarchiv Hamburg, Staatliche Pressestelle I-IV, 5268, Schutzverband deutscher Schriftsteller.
[46] Ebenda.
[47] Vgl. Heinz Liepmann, Theater-Kongreß. In: Die Weltbühne 26, 1930, S. 963–965.
[48] Heinz Liepmann, Hamburger Theater. In: Die Weltbühne 21, 1930, S. 764–767.
[49] Heinz Liepmann, Vor Sonnenuntergang unseres Theaters? In: Echo der Woche vom 24.4.1932.
[50] K.H.E., Uraufführung »Columbus«. Deutsches Schauspielhaus. In: Hamburger Tageblatt vom 25.2.1932.
[51] Vgl. Anm. 5.
[52] Zitiert nach Heinz Liepmann, Das Vaterland. Ein Tatsachenroman aus Deutschland. Hamburg 1979, S. 87. Es handelt sich hier um einen Nachdruck der 1933 in Amsterdam erschienenen Erstausgabe, allerdings sind der Name Heinz Liepmanns falsch geschrieben und der Titel nicht korrekt wiedergegeben.
[53] Vgl. Heinz Liepmann, Ein Alltag im Konzentrationslager. In: Die Neue Weltbühne 38, 1933, S. 1179–1182.
[54] Vgl. Jan Hans, Die Bücherverbrennung in Hamburg. In: Eckart Krause, Ludwig Huber, Holger Fischer (Hrsg.), Hochschulalltag im »Dritten Reich«. Die Hamburger Universität 1933–1945. Berlin, Hamburg 1991, S. 237–254. Vgl. auch Friederich Andrae, Jan Hans (Hrsg.), Schädlich und unerwünscht, verboten und verbrannt. Die Bücherverbrennung vom 10. Mai 1933 und ihre Folgen. Katalog zur gleichnamigen Ausstellung. Hamburg o.J. Jan Hans danken wir für zahlreiche Hinweise und Gespräche.
[55] Heinz Liepmann, Das Vaterland. Ein Tatsachenroman aus dem heutigen Deutschland. Amsterdam 1933, S. 13
[56] Vgl. Heinz Liepmann, Leipziger Toten-Messe. In: Das Blaue Heft 5, 1933, S. 138–139.
[57] Vgl. Heinz Liepmann, Das Vaterland, a.a.O., S. 260. Die gleiche Textstelle befindet sich im Nachdruck von 1979 auf S. 189.
[58] Vgl. sein eigenes Vorwort in »... wird mit dem Tode bestraft.« Vgl. auch Heinz Liepmann, »Geheim«-Akt Brandenburg. In: Die Neue Weltbühne 13, 1934, S. 393–396.
[58] Vgl. Hans-Albert Walter, Deutsche Exilliteratur 1933–1950. Bd. 2. Asylpraxis und Lebensbedingungen in Europa. Darmstadt, Neuwied 1972, S. 88ff sowie: Kunst und Literatur im antifaschistischen Exil 1933–1945. Bd. 6. Exil in den Niederlanden und Spanien. Frankfurt/Main 1981, S. 41–44.
[60] Jan Hans, »Lieber Gott mach mich stumm, daß ich nicht nach Wittmoor kumm!« Heinz Liepmanns Dokumentarromane aus Nazi-Hamburg. In: Inge Stephan, Hans-Gerd Winter (Hrsg.): »Liebe, die im Abgrund Anker wirft.« Autoren und literarisches Feld im Hamburg des 20. Jahrhunderts. Hamburg 1989. S. 161–174. Jan Hans betreute auch die Magisterarbeit von Michael Marshall, Nazi-Terror und Widerstand in Hamburg im Zeitroman des frühen Exils: Wirklichkeitserfahrung und Wirkungsstrategien bei Willi Bredel und Heinz Liepmann. Hamburg 1987. Vgl. auch Richard Albrecht, Nazis an der Macht: Machtübergabe, Machtübernahme und Machtausübung im Spiegel antifaschistischer Exil-Literatur — Heinz Liepmanns »Das Vaterland«. In: Wolfgang Michalka (Hrsg.), Die nationalsozialistische Machtergreifung. Paderborn, München, Wien, Zürich 1984, S. 331–343.
[61] Heinz Liepmann, Das Vaterland, a.a.O., S. 8f. Die gleiche Textstelle befindet sich im Nachdruck von 1979 auf S. 14.
[62] Vgl. Deutscher Reichsanzeiger und Preußischer Staatsanzeiger Nr. 133 vom 11.6.1935.
[63] Die Darstellung folgt für die weitere schriftstellerische und journalistische Betätigung Heinz Liepmanns der detaillierten Darstellung von Klaus Müller-Salget. (Vgl. Anm. 37).
[64] Heinz Liepmann (Hrsg.) Kriegsdienstverweigerung oder Gilt noch das Grundgesetz? Unter Mitwirkung von Günter Amendt und Heinrich Hannover. Reinbek 1966.
[65] Vgl. die Nachrufe auf Heinz Liepmann. In: Die Welt sowie Hamburger Abendblatt vom 8.6.1966
[66] Heinz Liepmann, Ein deutscher Jude denkt über Deutschland nach. München 1961, S. 21.
[67] Brief von Ruth Liepman vom 19.10.1989. Für ihre Hinweise, die sie uns trotz großer Arbeitsbelastung gegeben hat, bedanken wir uns bei Ruth Liepman, die als Literaturagentin in Zürich arbeitet und lebt. Vgl. Gabriele Kreis. Frauen im Exil. Dichtung und Wirklichkeit. Darmstadt 1988, S. 68f. sowie S. 76–81. Vgl. auch Franz Josef Görtz, Die Prinzipalin. Ruth Liepman makelt Bücher. In: Frankfurter Allgemeine Zeitung vom 21.8.1987 sowie der namentlich nicht gekennzeichnete Artikel »Ruth Liepman. Die Literaturagentin wird achtzig«. In: Frankfurter Allgemeine Zeitung vom 22.4.1989.
[68] Brief von Ruth Liepman vom 19.10.1989.

Ursula Randt

Die Zerschlagung des jüdischen Schulwesens

Es wird heute kaum noch Menschen geben, die Bertha Hirsch gekannt haben. Sie war Schulsekretärin: klug, gewissenhaft, fleißig, dazu ein warmherziger Mensch, zu dem man seine Sorgen tragen konnte. Unbeschreibliche Sorgen.

Bertha Hirsch

Bertha Hirsch hat an der Talmud-Tora-Schule gearbeitet und danach an der letzten jüdischen Schule Hamburgs in der Carolinenstr. 35. Sie hätte 1936/37 gute Möglichkeiten gehabt auszuwandern. Man bat sie zu bleiben; sie war unentbehrlich für die Schule geworden. Sie blieb und wurde 1943 in den Tod geschickt.[1] Wenn es heute möglich ist, den Leidensweg ihrer Schule bis in alle Einzelheiten nachzuzeichnen, dann ist es zu einem Teil Bertha Hirschs Verdienst. Endlose Zahlenreihen, Namenslisten, Anträge an die Gestapo entstanden auf ihrer Schreibmaschine. Viele Dokumente der Not, des Überlebenswillens, aber auch der Härte und Gleichgültigkeit sind durch ihre Hände gegangen und wurden sorgsam abgelegt. Fast vier Jahrzehnte lang lagerten sie im Hamburger Staatsarchiv, ohne gelesen zu werden. Erst allmählich begann man sich zu erinnern: 1982 wurde das Schulhaus Carolinenstr. 35 unter Denkmalschutz gestellt, und seit dem 10. Mai 1984 trägt das Gebäude eine Gedenktafel. Ihr Text läßt kaum ahnen, daß hier im Oktober 1941 noch 343 Kinder, 23 Lehrer und Lehrerinnen, die Sekretärin, die Hausmeisterfamilie, die Reinemachefrauen zusammen gelebt, gelitten und sicher auch gehofft haben — die meisten vergebens.[2] Es gab kein Entrinnen. Irgendwo in fernen Ghettos und Lagern verlieren sich ihre Spuren.

Erste Jahre unter dem NS-Regime

Ostern 1938 hatte man noch 729 Schüler und 556 Schülerinnen an den beiden jüdischen Schulen gezählt.[3] Bis zu diesem Zeitpunkt hatte man vergleichsweise ungestört arbei-

Mädchenklasse der Talmud-Tora-Schule mit ihrem Lehrer Heinemann Schloß, 1938. 1. Reihe, 2.v.l.: Miriam Carlebach. (Privatbesitz)

ten können. »Das Fortbestehen privater jüdischer Schulen entlastet die öffentlichen Schulen von jüdischen Elementen und entspricht insofern den Grundtendenzen des nationalsozialistischen Staates«, hieß es in einem amtlichen Schreiben aus dem Jahr 1934.[4] Mit dieser Begründung wurden die hohen staatlichen Subventionen für die Talmud-Tora-Schule, die 1933 zunächst gestrichen worden waren, 1935 wieder bewilligt. Damit war die ärgste finanzielle Not erst einmal gebannt.[5]

Von einem normalen Schulalltag wie vor 1933 konnte natürlich nicht die Rede sein. Seit der »Machtergreifung« durch die Nationalsozialisten hatten sich tiefgreifende Veränderungen vollzogen. Schon im Frühjahr 1933 hatte sich der Schulvorstand der Talmud-Tora-Schule entschlossen, jüdische Schülerinnen aus staatlichen Schulen in die Unterprima aufzunehmen, da es zu ungewiß erschienen war, ob es ihnen erlaubt sein würde, gemeinsam mit ihren »arischen« Klassenkameradinnen die Reifeprüfung abzulegen. Zum erstenmal in der langen Geschichte der Talmud-Tora zogen Mädchen in das Haus Grindelhof 30 ein! Fünf Oberprimanerinnen bestanden dort 1934 das Abitur, und von nun an folgten Jahr für Jahr weitere Abiturientinnen, deren Leistungen sich übrigens neben denen der Jungen durchaus sehen lassen konnten.[6] Neue Gesichter gab es nicht nur in den Oberklassen, wenn auch die Koedukation vorerst auf Obersekunda, Unter- und Oberprima beschränkt war. Mehr und mehr Kinder, die bisher allgemeine Schulen besucht hatten, suchten Zuflucht in den jüdischen Schulen. »Es war geradezu rührend, wie diese Jungen in der gesicherten Atmosphäre der jüdischen Schule nach den schweren Erlebnissen auflebten und wie sie innerlich sich um den Zugang zur religiösen Welt bemühten«, erinnerte sich später Dr. Ernst Loewenberg.[7] Er selbst, der Sohn von Jakob Loewenberg, hatte als Studienrat an der fortschrittlichen Lichtwarkschule gearbeitet, bis er 1934 aus dem staatlichen Schuldienst entlassen wurde und Aufnahme an der Talmud-Tora fand. Und Miriam Carlebach berichtete von der Mädchenschule: »Da kamen Mädel aus anderen Schulen, die dort sehr schlechte Erfahrungen gemacht hatten, die dort verhöhnt und auch angegriffen wurden ... Sie haben nicht gewagt, gerade zu sitzen, sondern saßen so geduckt. Sehr viele haben auch tagelang geweint und konnten das nicht verarbeiten.«[8]

Die meisten dieser »Neuen« kamen aus Familien, denen Judentum und jüdisches Leben längst fremd geworden war. »So müssen wir im ›Königtum Gottes‹ die religiöse Welt erneuern«, schrieb damals Ernst Loewenberg. »Es muß Aufgabe der Schule sein, auch denen, die heute noch dem religiösen Leben fernstehen, Zugang zu schaffen zur religiösen Form ... Denn wir wollen keine Theologie und keine Philosophie, sondern lebendiges Judentum«.[9] Viele besannen sich darauf, daß in den Jahrtausenden der Diaspora jüdische Identität durch den T'nach, die Heiligen Schriften, bewahrt worden war — eine unerschöpfliche Quelle der Kraft. Gleichzeitig begriffen viele, die bisher dem Zionismus ablehnend gegenübergestanden hatten, den nationalen Gedanken. Das neue Gefühl beschrieb der Untersekundaner Rolf Friedmann 1937 in einem Klassenaufsatz: Zahlreiche deutsche Juden hätten ihr Judentum »nur als lästige Äußerlichkeit« empfunden. »Aber dann wurden sie im Jahre 1933 plötzlich auf die Tatsache gestoßen, daß sie Juden waren und das Schicksal des jüdischen Volkes teilen mußten. Galuth! Wandern! Ob sie wollten oder nicht! Das Schicksal hatte sie besiegt! — Hat es denn überhaupt Zweck, das Schicksal zu bekämpfen? Wir sehen doch, daß wir unterliegen müssen! Lieben wir es doch! Wir können dem Schicksal doch nicht entrinnen! Das ist die Konsequenz, aus der heraus viele Menschen ihr Judentum lieben. Das ist auch die Konsequenz, aus der heraus viele Menschen Zionisten werden. Sie sagen: Wenn das Schicksal von mir will, daß ich Jude sein muß, ... ja ..., dann ..., dann will ich auch diesem mir vom Schicksal zuerkannten Volke restlos dienen, restlos, indem ich ihm zu helfen suche, einen *eigenen* Boden, eine *eigene* Scholle und somit neue Kultur zu schaffen.«[10] Das war alles andere als müder Fatalismus. Aus der neugewonnenen Identität wuchs ein starkes Gefühl der Zusammengehörigkeit, Stolz auf die eigene Geschichte, Kraft zu Aufbruch und Neubeginn.

Schon im Sommer 1933 hatte Lilli Traumann, Lehrerin an der Mädchenschule Carolinenstraße 35,[11] mit ihrer 2. Grundschulklasse ein Singspiel aufgeführt, das den Kindern Mut machen sollte: Da versammelt sich nachts bei strömendem Regen eine Schar kleiner Tiere, Ameise, Schnecke, Glühwürmchen und Käfer, unter dem Schutz

Schülerinnen der Israelitischen Töchterschule bei der Aufführung des Theaterstücks »Das Abenteuer im Walde«, 1931. Links oben: Cecilie Landau. (Privatbesitz)

Mädchengruppe in der Israelitischen Töchterschule, 1931. (Privatbesitz)

Lehrer Jacob Katzenstein in der Bibliothek der Talmud-Tora-Schule, Grindelhof 30, um 1935. (Privatbesitz)

eines großen Pilzes. Gegen Morgen werden sie von einer Kröte vertrieben. Singend wandern sie der aufgehenden Sonne entgegen: »Licht aus! Hurra! Der Morgen graut. Nur unverzagt auf Gott vertraut! Wir wandern aus!«[12] Bald darauf nahm die junge Zionistin Abschied von Hamburg, um am Aufbau in Palästina mitzuwirken. — Der Musikwissenschaftler Robert Müller-Hartmann, von der Universität Hamburg entlassen, fand als Musiklehrer Anstellung an der jüdischen Mädchenschule.[13] »Die Reise um die Erde« hieß sein Singspiel, das die Kinder 1935 mit großer Begeisterung einstudierten und aufführten.[14] Unmerklich wurden sie dabei mit fremden Ländern und Menschen vertraut. Hindemiths »Wir bauen eine Stadt« folgte bald darauf; für die musikalische Begleitung sorgten Mitglieder des Talmud-Tora-Schulorchesters. Die Aufführung am 30. März 1936 zur Schulentlassungsfeier von fast 80 Schülerinnen wurde ein großer Erfolg. An diesem Tage hielt Dr. Jonas eine Ansprache, die vielen unvergeßlich blieb. Niemals, so sagte er, habe das Judentum den Lebensmut verloren.[15]

Für die jüdischen Schulen stellte Dr. Joseph Jacobsen, Musiklehrer an der Talmud-Tora-Schule,[16] ein Schulmusikbuch mit deutschen, hebräischen und jiddischen Liedern zusammen. »Hawa naschira«, »Auf, laßt uns singen«, wurde zu einer Quelle geistigen Widerstandes.[17] Wieder und wieder erklang: »Die Gedanken sind frei!« — Viele hörten jetzt zum erstenmal in ihrem Leben die hebräischen Worte der »Hatikwa« mit ihrem Kehrreim: »... solange ist unsere Hoffnung nicht verloren, die alte Hoffnung, ins Land unserer Väter zurückzukehren, in die Stadt, in der David einst wohnte.« — Alte biblische Texte bekamen einen neuen Sinn: »Kommt, laßt uns bauen die Mauer Jeruschalajims, daß wir nicht ferner zur Schmach seien. Nachts wachen und am Tage Arbeit.«[18]

Der Religions- und Hebräischlehrer B.S. Jacobson[19] schrieb neben der anstrengenden Schularbeit »Volk und Tora«, ein umfangreiches Geschichts- und Religionsbuch. Darin standen Aussagen wie diese: »Seit dem Mittelalter gehörten Juden zur beherrschten und ausgebeuteten Klasse ... Das war eine geistig nie zu versklavende Herrengruppe, deren ›Halsstarrigkeit‹ den Haß und Druck der Umwelt steigerte. Die Juden waren nie ein Pariavolk. Blieb doch jahrhundertelang die Bibel ihre tägliche Geistesnahrung.«[20] Diesmal schlugen die nationalsozialistischen Zensoren sofort zu: Die gesamte Auflage — 3.000 Exemplare — mußte eingestampft werden. Nur ganz wenige Exemplare entgingen der Vernichtung.[21]

»Trennung und Abschied liegen über dem jüdischen Leben«, schrieb Ernst Loewenberg im September 1938.[22] Er selbst stand kurz vor seiner Emigration. Seit fünf Jahren hatten sich die Aktenordner der beiden jüdischen Schulen mit den Abgangszeugnissen ausgewanderter Schülerinnen und Schüler gefüllt. »Mit den besten Wünschen für ihre (seine) Zukunft« hatte man sie — meistens mitten im Schuljahr — entlassen müssen. Aber von Anfang an hatte es auch Trennung aus anderem, schlimmeren Grund gegeben: Verhaftung! Schon Anfang Juni 1933 waren die beiden Oberprimaner Michael Rabinowitsch und Ernst Levy abends in einem Haus in der Grindelallee bei einer verbotenen politischen Versammlung überrascht und festgenommen worden. Nach 16tägiger »Schutzhaft« wurde Levy entlassen und flüchtete bald darauf nach Schweden. Rabinowitsch, der die sowjetische Staatsbürgerschaft besaß, wurde in Handschellen an Bord eines Schiffes gebracht und nach Rußland abgeschoben.[23] 1935 verschwand der junge Referendar Heinz Leidersdorf: verhaftet und wegen Hochverrats angeklagt und verurteilt.[24] Der Lehrer Eduard Schloß wurde wegen eines geringfügigen Verkehrsdelikts festgenommen. Diesmal gelang es der mutigen Intervention von Direktor Spier bei der Gestapo, den Kollegen aus dem KZ Oranienburg zu befreien.[25] Trotzdem — nirgends fühlte man sich so sicher wie im Schutz der beiden jüdischen Schulen. Hier war man unter Gleichgesinnten und konnte offen reden. Pädagogisch befand man sich in einer Oase, denn von der Gleichschaltung des Schulwesens im Sinne nationalsozialistischer Ideologie war man natürlich ausgenommen. Und hatte die Oberschulbehörde nicht immer Interesse am Gedeihen der jüdischen Schulen gezeigt? Konnte Oberschulrat Dr. Oberdörffer nicht nach wie vor als ein echter Freund gelten? Draußen auf dem Schulweg war es geraten, in Gruppen zu gehen, um sich gegen Anfeindungen und

Angriffe nichtjüdischer Schüler besser schützen zu können. Aber sowie die Schultür sich hinter einem schloß, konnte man aufatmen. Was sollte einem jetzt noch geschehen?

»Kristallnacht«

Am 7. November 1938 ging eine Meldung durch alle deutschen Sender: Botschaftssekretär Ernst vom Rath war in Paris von dem 17jährigen Herschel Grünspan aus Hannover niedergeschossen und schwer verletzt worden. Am Tage darauf sah man unweit der Bornplatz-Synagoge einen mit Steinen beladenen Lastwagen-Anhänger stehen; weit und breit gab es keine Baustelle.[26] Am Abend des 9. November meldete der Rundfunk, daß vom Rath seinen Verletzungen erlegen sei.

Der 10. November war ein Donnerstag. Wie jeden Morgen fuhr Dr. Hugo Mandelbaum[27] mit seinem Fahrrad durch die Straße Rutschbahn zur Talmud-Tora-Schule. Vor der Klaus-Synagoge an der Rutschbahn 11a hatte sich eine dichte Menschenmenge versammelt und versperrte den Blick durch den Torweg auf das kleine Lehrhaus. Papierfetzen, Scherben und Holztrümmer lagen auf dem Weg; Polizisten und SA-Männer forderten die Leute auf, weiterzugehen. Rasch und voller banger Ahnungen fuhr Dr. Mandelbaum weiter. Als er in den Grindelhof einbog, stand da die Schule unversehrt, Lehrer und Schüler hatten sich fast vollzählig eingestellt. Der Unterricht begann in drückender Stille.[28]

Plötzlich waren die Männer von der Gestapo da. Unauffällig und beinahe lautlos waren sie vorgefahren. Sie standen auf einmal im Büro von Direktor Spier und befahlen ihm, dafür zu sorgen, daß alle Lehrer und die Schüler der Oberklassen sich in der Turnhalle versammelten. Die jüngeren Schüler hätten in den Klassen zu bleiben und sich ruhig zu verhalten. Einige Lehrer durften vorerst in den Korridoren Aufsicht führen. Polizei hielt alle Ein- und Ausgänge besetzt. Die Gestapo-Beamten hatten vorbereitete Listen bei sich und riefen die Namen derjenigen auf, die sie verhaften wollten. Zuletzt kamen die aufsichtführenden Lehrer dran. Im ersten Stock standen Dr. Mandelbaum und Dr. Jacobsen, als zwei Beamte in Zivil mit Listen auf sie zukamen. Was sich dann ereignete, hat Dr. Mandelbaum später so geschildert: »Sie sagten zu ihm (Dr. Jacobsen), er solle jemanden zu seiner Frau nach Hause schicken, daß sie ihm etwas zum Essen zur Polizei bringen solle, da sie nicht wüßten, wann er etwas zu essen bekommen würde. Er deutete auf mich, ich könnte gehen, worauf sie mich riefen und baten, den Auftrag auszuführen. Ich antwortete, daß ich das Gebäude nicht verlassen könne, da es von der Gestapo verschlossen sei. Sie sagten, mit ihnen zusammen könnte ich das Gebäude verlassen. Und so kam ich ohne Verhaftung aus der Talmud-Tora heraus.«[29] Unbeschreiblich das Entsetzen von Frau Jacobsen, als sie von der Verhaftung ihres Mannes erfuhr. Dr. Mandelbaum begleitete die verzweifelte Frau zur Polizeiwache Sedanstraße, wo die Verhafteten inzwischen eingetroffen waren. Keiner beachtete ihn; vielmehr bedeutete man ihm, er könne gehen. Noch am gleichen Tag flüchtete der junge Lehrer aus Hamburg und hielt sich tagelang in der Lüneburger Heide versteckt.[30]

Es waren nicht viele Lehrer, die verschont geblieben waren. Noch in der Polizeistation Sedanstraße wurde Direktor Arthur Spier eine Treppe hinuntergestoßen und erheblich verletzt. Alle Verhafteten wurden ins überfüllte Zuchthaus Fuhlsbüttel überführt, einige von ihnen am nächsten Tag ins KZ Oranienburg-Sachsenhausen weitertransportiert. Das gleiche Schicksal erlitten einige der älteren Schüler.[31] Der 13jährige Schüler Manfred Bundheim kam am Morgen des 10. November 1938 nicht zur Schule. In aller Frühe war er aufgestanden, um noch vor dem Unterricht sein Morgengebet in der »Alten und Neuen Klaus« zu verrichten. Als er sich in der Dunkelheit mit dem Fahrrad der kleinen Synagoge näherte, hörte er das Krachen der Holzmöbel und Bersten der Glasfenster. Zwei jüdische Männer hielten ihn an und beschworen ihn, so schnell wie möglich andere Beter zu warnen. Manfred jagte los. Auch am Bornplatz waren die Zerstörer schon am Werke. »Ich hörte das Zerbersten der großen Scheiben, die eingeschlagen wurden, sah einen umnebelten, rauchenden, rötlichen Schein im Innern der großen, mir so heiligen ›Bornplatzschul‹. Ich fühlte Entsetzen, Grauen, Ohnmacht unseres jüdischen Glaubens, aber ich fühlte auch einen inneren Zorn, ein Wissen: ›Wir sind die, die im Recht sind‹, eine Art Stärke gegen die äußere Macht.« Bisher hatte Manfred Beleidigungen und tätliche Angriffe ohne Gegenwehr über sich ergehen

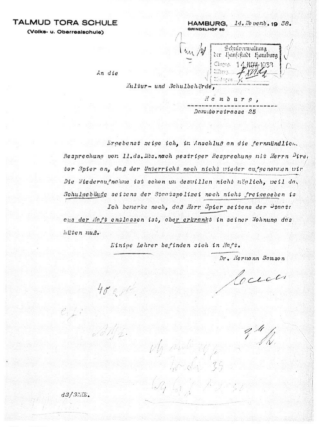

(Sta HH)

lassen. An diesem Morgen erwachte in ihm ein leidenschaftlicher Widerstandswille. »Jetzt geht es um alles! Ich lasse mich nicht mit eigenem Willen zu Boden boxen, nicht mehr!! Jetzt schlage ich zurück, energisch, stark, angreifend!!«[32]

In der jüdischen Mädchenschule hatte der Unterricht pünktlich wie jeden Tag angefangen. Es war ein unbekannter Revierbeamter der Schutzpolizei, der Direktor Dr. Jonas warnte: HJ plane einen Überfall.[33] Dr. Jonas ließ die Schülerinnen sich sofort auf dem Schulhof versammeln und forderte sie auf, schnell und »vorsichtig in Paaren«[34] nach Hause zu gehen. Am Abend des 10. November waren die Männer in den Ledermänteln an seiner Wohnungstür am Woldsenweg 5. Sie fanden nur Frau Dr. Jonas und die 14jährige Tochter Esther. Der Direktor der Mädchenschule war nicht zu Hause und entging so der Verhaftung.[35] Für die Gefangenen und ihre Familien brachen qualvolle Tage und Wochen an. Polizeioberinspektor Göttsche von der Gestapo veranlaßte nach wenigen Tagen Spiers Entlassung und gab den Befehl, auch die anderen Lehrer der Talmud-Tora-Schule zu entlassen, damit der Unterricht wieder aufgenommen werden konnte.[36] Nach und nach kamen sie zurück; die Gestapo gab die Schule wieder frei.

Der Schüler Gert Koppel — damals zehn Jahre alt — vergaß niemals den Anblick, den seine Lehrer boten: »Wie sahen sie aus! Sie hatten einige furchtbare Tage im KZ verbracht. Wenn wir auch von ihnen nicht hörten, wie sie geschlagen wurden, denn darüber durften sie nicht reden, so sahen sie wegen der vollkommen abgeschorenen Haare (und evtl. Bärte) ganz furchtbar aus, ein schrecklicher Eindruck auf uns Kinder. Mancher humpelte auch, man schlug im KZ während der langen Stunden des Stehens besonders gern mit Stöcken auf ihre Beine.«[37]

Furcht und Entsetzen hatte jetzt alle gepackt. Flucht! Das war der Gedanke, der alle beherrschte. Vielen gelang es in den folgenden Monaten zu fliehen, aber ebenso viele sahen keine Möglichkeit zu entkommen. Am 2. Mai 1939 schrieb Arthur Spier in einem Rundbrief an die Kollegen in der Emigration: »Selbstverständlich sinnen und denken alle Kollegen wie alle Schüler über die Möglichkeiten ihrer schnellsten Auswanderung nach. Darin lassen wir uns auch nicht beirren, wenn wir aus Berichten von Ihnen, liebe Kollegen, oder von anderen Freunden die ungeheuren Schwierigkeiten immer wieder vor Augen geführt bekommen, die uns, wo auch immer, im Ausland erwarten. Wir wissen genau, daß wir alle, der eine früher, der andere etwas später, Deutschland verlassen werden und daß diejenigen glücklicher sind, die es früher getan haben.«[38]

Kindertransporte

Noch im November 1938 tauchte in den jüdischen Schulen ein neues Wort auf: Kindertransport. Einige Länder, darunter England und Belgien, waren bereit, jüdische Kinder aus Deutschland aufzunehmen — ohne ihre Eltern. Die Sicherheit der Kinder mußte um den Preis der Trennung erkauft werden. Göttsche beauftragte Arthur Spier, die Auswanderung der Kinder unverzüglich in die Wege zu leiten.[39] Transporte wurden in Eile zusammengestellt. Spier führte vorbereitende Gespräche mit ausländischen Hilfsorganisationen und begleitete im Dezember 1938 und im März 1939 selbst Transporte nach England.[40] In gleicher Mission durfte auch Dr. Jonas ins Ausland fahren. Die Schulverwaltung beurlaubte sie für 10—12 Tage, und pünktlich meldeten sie sich in Hamburg zum Dienstantritt zurück.[41] Frau Charlotte Carlebach, die Frau von Oberrabbiner Joseph Carlebach, war nach London gereist, um an Ort und Stelle die nötigen Regelungen zu treffen.[42] Noch am 8. August fuhr Spier erneut nach London, um mit der Organisation »Movement for the Care of Children from Germany« über die Aufnahme weiterer Kinder zu verhandeln.[43]. Zu spät. Der Kriegsausbruch vereitelte alle weiteren Anstrengungen.

Auflösung der Mädchenschule

Durch die große Fluchtwelle, die nach den Pogromen vom November 1938 einsetzte, ging die Zahl der Schüler und Schülerinnen rasch zurück und betrug im Frühjahr 1939 nur

Klasse der Talmud-Tora-Schule 1937, ein Jahr vor ihrem Abitur, mit Direktor Spier (3. v. links). (Privatbesitz)

Auf dem Schulhof der Talmud-Tora-Schule, 1939. (Privatbesitz)

noch 600.⁴⁴ Daher wurde zum 1. April 1939 die Mädchenschule aufgelöst. Alle Mädchen zogen zur Talmud-Tora-Schule um, wo sie nun gemeinsam mit den Jungen unterrichtet wurden. Das Haus in der Carolinenstraße stand vorübergehend leer.⁴⁵ Doch viel Zeit zum Eingewöhnen blieb nicht. Schon im Juli 1939 beschloß Reichsstatthalter Karl Kaufmann, die beiden Schulgebäude am Grindelhof der Hochschule für Lehrerbildung zur Verfügung zu stellen. Er befahl die Rückverlegung der gesamten Schule in die Carolinenstraße.⁴⁶ Mitte September 1939 gab es wieder einen Umzug, diesmal zurück in die ehemalige Mädchenschule der Gemeinde. Noch im gleichen Jahr gingen die beiden Gebäude am Grindelhof in den Besitz der Hansestadt Hamburg über. Der Kaufpreis von 221.600 RM wurde freilich nicht ausgezahlt, sondern für »Wohlfahrtslasten« verrechnet.⁴⁷ Der Verlust traf die Gemeinde schwer. Die Schule war Zentrum für zahlreiche Aufgaben gewesen, die weit über die Unterrichtung der Kinder am Vormittag hinausgingen, und das Gebäude Grindelhof 30 war unter hohen Unkosten dafür hergerichtet worden. Fortbildungs- und Berufsunterricht für zahlreiche schulentlassene Jugendliche, die in Lehrwerkstätten ausgebildet wurden, hatte bisher nachmittags am Grindelhof 30 stattgefunden. Seit die Benutzung öffentlicher Sportplätze und Turnhallen für Juden verboten war, kamen abends Jugendliche und Erwachsene zum Sportunterricht in die Turnhalle und auf den Schulhof. An Sprachkursen zur Vorbereitung Erwachsener für die Auswanderung hatten im Mai 1939 noch über 300 Menschen teilgenommen⁴⁸. Die Räume der Carolinenstraße 35 reichten für alle diese Veranstaltungen nicht aus. Trotzdem wurde die Arbeit fortgeführt, so gut es eben ging. (Bis zum Frühjahr 1940 durfte auch noch das Nebengebäude der Talmud-Tora-Schule weiterbenutzt werden.)

Hamburg wurde Mittelpunkt des jüdischen Schulwesens

In aller Not und Bedrängnis wuchs ein starker Selbstbehauptungs- und Überlebenswille der Verfolgten. Unter Direktor Spier war Hamburg zum Mittelpunkt jüdischen Schul- und Erziehungswesens geworden. Jugendliche aus dem ganzen Reichsgebiet strömten hier zusammen, um Einrichtungen zur Vorbereitung der Auswanderung zu besuchen, die der Talmud-Tora-Schule organisatorisch verbunden waren: Lehrwerkstätten für Schlosserei und Tischlerei, ein Lehrgang für Gärtner, eine Fachschule für Schneiderinnen, eine Haushaltungsschule sowie Sprach- und Handelskurse für Auswanderer. In Rissen und Blankenese gab es drei Vorbereitungslager für die Auswanderung nach Palästina; dort wurde Landwirtschaft und Viehzucht gelehrt. Die meisten auswärtigen Schüler fanden hilfsbereite Aufnahme bei jüdischen Familien.⁴⁹ Übrigens unterstand die gesamte Schulorganisation seit 1938 der totalen Kontrolle der Gestapo; jeder Zu- und Abgang mußte umgehend gemeldet werden.⁵⁰ In diesen Jahren bewies Spier, daß sein organisatorisches Können und sein

(Privatbesitz)

Geschick im Umgang mit Behörden zu Recht gerühmt wurden. Mit Staunen nahm man zur Kenntnis, daß sogar Gestapo-Chef Göttsche ein Ohr für die Anliegen des jüdischen Schulleiters hatte. So richtete sich die Hoffnung vieler Verzweifelter immer wieder auf Spier.

Nach Kriegsbeginn: Der Name wird genommen

Im November 1939 verlor die Talmud-Tora-Schule ihren Namen. Sie mußte sich nun »Volks- und Oberschule für Juden« nennen. Ende Dezember wurde sie nochmals umbenannt, diesmal in »Volks- und Höhere Schule für Juden«.⁵¹ Zuletzt blieb nur noch die Bezeichnung »Jüdische Schule in Hamburg«.⁵²

Im Spätherbst nach Kriegsbeginn bereitete man sich noch einmal auf Reifeprüfungen vor. Es waren die letzten in der Geschichte der Schule. Seit 1932 — damals erfolgte die Anerkennung der Talmud-Tora-Schule als prüfungsberechtigte Oberrealschule — hatten 59 Schüler und 15 Schülerinnen dort das Abitur bestanden.⁵³ Für die Prüfung im zeitigen Frühjahr 1940 meldeten sich nur noch zwei Abiturienten: Oskar Judelowitz aus Libau in Lettland und Rolf Levisohn aus Hamburg. Beide erhielten das Reifezeugnis.⁵⁴ Judelowitz wollte in seine lettische Heimat zurückkehren. Sein weiteres Schicksal ist unbekannt. Levisohn, einziger Sohn eines Bücherrevisors, war von Geburt an körperbehindert. Er litt an Zwergwuchs, seine Hände waren verkrüppelt. So war er für die Nationalsozialisten doppelt stigmatisiert: als Jude und als »Krüppel«. Im November 1938 hatte die Gestapo den 18jährigen von der Straße weg verhaftet und sechs Wochen lang im KZ Oranienburg-Sachsenhausen gefangengehalten. Seit seiner Entlassung bemühte er sich ebenso verzweifelt wie vergeblich um Auswanderung. Mit dem ersten großen Transport von Hamburg nach Litzmannstadt im Oktober 1941 schickte die Gestapo ihn und seine Eltern in den Tod.[55]

Die Gestapo ernennt

Kurz nach den letzten Prüfungen am 1. März 1940 richtete die Geheime Staatspolizei folgendes Schreiben an Spier: »Das Geheime Sicherheitsamt in Berlin hat Sie mit Zustimmung der zuständigen Reichsministerien zum Leiter des gesamten jüdischen Schulwesens im Reich bestellt. Zunächst werden Sie beauftragt, im Judenreservat Polen ein jüdisches allgemeines Unterrichtswerk nach dem Vorbild der entsprechenden Einrichtungen im Altreich aufzubauen. Nähere Anweisungen erfolgen bei Übernahme Ihres Amtes nach Ihrer Rückkehr aus dem Ausland.«[56]

Der Hinweis auf die »Rückkehr aus dem Ausland« bezog sich auf einen mehr als ungewöhnlichen Auftrag: Spier sollte nach New York reisen und dort von der Familie Warburg Geld für das geplante »Reservat« beschaffen. Göttsche hatte ihm diesen Auftrag mündlich unterbreitet.[57] Anscheinend wurde das Unternehmen als Auswanderung getarnt, denn Spier richtete ein entsprechendes Schreiben an die Schulbehörde[58], und von der Jüdischen Gemeinde erreichten ihn Briefe voller Dank und Anerkennung.[59] Doch Göttsche scheint fest mit seiner Rückkehr gerechnet zu haben. Er hatte sich geirrt: Spier blieb in New York.

Zum Direktor der »Volks- und Höheren Schule für Juden« in der Carolinenstraße 35 wurde Dr. Jonas bestimmt.[60] Die Ernennung zum Schulleiter der letzten jüdischen Schule in Hamburg kam einem Todesurteil gleich: Die Gestapo verbot Jonas die Auswanderung, die er bereits für sich und seine Familie ins Auge gefaßt hatte.[61] Jetzt erst begann das letzte und dunkelste Kapitel der Schule.

Am 1. Oktober 1941 wurden dort noch 343 Schüler und Schülerinnen unterrichtet, darunter 299 Kinder vom 1. bis zum 8. Schuljahr, 158 Jungen und 141 Mädchen. 10 Lehrer und 13 Lehrerinnen bildeten das Kollegium.[62] 8 von ihnen bezogen vorzeitig winzige »Ruhegelder« und arbeiteten ehrenamtlich weiter.[63] Die Gehälter der anderen waren derart gekürzt worden, daß sie kaum noch für das wenige reichten, was Juden erlaubt war zu kaufen. Schon 1939 waren die staatlichen Subventionen gestrichen worden, und die »Reichsvereinigung der Juden«, der die Schule seit dem Juli 1939 unterstellt war, besaß kaum noch Mittel, um sie zu unterhalten.[64]

Das letzte Schulzeugnis von Sara Carlebach. Mit dem Stempelaufdruck »Abgewandert« wurde im behördlichen Sprachgebrauch die Deportation bezeichnet. (CAHJP)

Gelber Stern und Deportationen

Es war eine Schule ohne Beispiel in Hamburg. Seit kurzem waren alle Menschen in diesem Haus mit dem gelben Stern gezeichnet, vom 6jährigen ABC-Schützen angefangen (es gab 34 dieser jüngsten »Sternkinder«. 11 Jungen und 23 Mädchen) bis zum Schulleiter, der Sekretärin, dem Hausmeister.[65]

Der »Kennzeichnungspflicht« durch den Stern war eine endlose Kette von Maßnahmen zur Entrechtung und Diskriminierung vorangegangen, und weitere folgten. Es gab kein Entkommen mehr. Im Herbst 1941 wurde die Auswanderung von Juden aus dem Deutschen Reich verboten.[66]

Dennoch kamen die Deportationen überraschend. Am 25. Oktober ging der erste Transport mit 1.034 Menschen nach Litzmannstadt (germanisierter Name der polnischen Stadt Lodz). Die Lehrerinnen Rebecca Rothschildt und Henriette Arndt hatten den »Evakuierungsbefehl« erhalten, ebenso Dr. Dorothea Bernstein, Siegbert Frankenthal und Gustav Kron, die erst im Laufe des Schuljahrs 1940/41 aus dem Kollegium ausgeschieden waren. Zahlreiche Kinder mußten mit ihnen die Reise antreten.[67] Der nächste Transport mit 965 Personen verließ Hamburg am 8. November. Das Ziel war Minsk. Sophie London und Emil Nachum mußten diesen Zug besteigen. Schon am 18. November ging ein weiterer Transport mit 402 Menschen nach Minsk, unter ihnen Elsa Behrend, Leopold Hirsch und

Johanna Keibel. Mindestens 80 Schulkinder aus Hamburg verschwanden in diesen Novembertagen im überfüllten Ghetto der weißrussischen Stadt.[68]

Der vierte Transport nach Riga am 6. Dezember mit 747 Personen führte Ernst Streim, Naftali Eldod, Jettchen Heilbut, Therese Loewenthal und Margot Massé bei eisiger Kälte in den Tod. Unter den vielen Kindern der Schule Carolinenstraße 35, die diesmal zu den Opfern zählten, waren auch Ruth, Noemi und Sara Carlebach. Zusammen mit ihrem Vater Dr. Joseph Carlebach, dem wortgewaltigen Oberrabbiner von Hamburg und Amtsvorgänger von Spier an der Talmud-Tora-Schule, und ihrer Mutter Charlotte geb. Preuss traten sie den Weg in die Vernichtung an. Nur der Sohn Salomon überlebte.[69]

Leoni Briske, die junge Sportlehrerin, floh Mitte November zu ihren Angehörigen nach Berlin. Sie fand alle in furchtbarer Aufregung; auch von dort rollten die Deportationszüge nach dem Osten. Bis zum 5. Dezember hatte sie Aufenthaltsgenehmigung, da sie heiraten wollte.[70] Aber sie kehrte nicht zurück nach Hamburg. Ein letztes Lebenszeichen galt Bertha Hirsch: »Ich hoffe, daß alles klappt und ich wenigstens so lange mit meinen Angehörigen zusammenbleiben kann, bis die Reihe an uns alle kommt. Alles, alles Gute und 1000 Dank! Wenn ich Sie nicht gehabt hätte! Grüßen Sie bitte alle.«[71]

Bertha Hirsch bewahrte den flüchtig beschriebenen Notizzettel. Sie schrieb in diesen Tagen Zahlen nieder, die 100fachen Tod bedeuteten. Sie ordnete die »halbjährlichen Zeugnisse« der verschwundenen Kinder und versah sie mit dem Stempel »abgewandert« und dem Datum.[72] Nach dem 6. Dezember setzten die Deportationen bis zum Juli 1942 aus. 76 Kinder und 11 Lehrer waren im Schulhaus Carolinenstraße 35 zurückgeblieben.[73] Auch den Hausmeister Julius Meyer, einen klugen, tatkräftigen Mann, seine Frau Gerda, das Töchterchen Ruth und die Schwiegereltern hatte man noch verschont.[74]

Streit um das Schulhaus Carolinenstraße

In Hamburg war Weihnachten. Am 24. Dezember 1941 ging bei der Bauabteilung der Schulverwaltung ein Schreiben ein: Dr. Jonas teilte mit, daß er 70 zweisitzige und 5 dreisitzige Schulbänke abzugeben habe. Dem Angebot war eine telefonische Anfrage der Schulverwaltung vorangegangen. Die Angelegenheit wurde überprüft und festgestellt, daß nicht nur 70, sondern 89 Zweisitzer angekauft werden konnten. Von dem billigen Angebot wurde gern Gebrauch gemacht: Schulmobiliar war knapp.[75]

Das Haus in der Carolinenstraße war zu groß für die wenigen Menschen geworden, die dort noch aus- und eingingen. Zu dieser Feststellung kaum auch die Schulverwaltung, als sie im März 1942 Ausschau nach Schulraum für die Sprachheilschule rechts der Alster hielt, die ihre Räume im Gebäude Felix-Dahn-Str. 7 zu Beginn des Sommersemesters der Lehrerbildungsanstalt zur Verfügung stellen sollte.[76] Die zentral gelegene jüdische Schule mit ihren kleinen Klassenzimmern schien wie geschaffen für die Bedürfnisse einer Sonderschule; dagegen mußte sie nach Meinung der Schulverwaltung als »großer Luxus« für die »Judenkinder« angesehen werden.[77]

Die Schulverwaltung setzte sich mit der Geheimen Staatspolizei in Verbindung und bat um sofortige Räumung des Gebäudes. Von dort kam unerwarteter Widerstand: Göttsche erklärte sich nur unter der Bedingung einverstanden, daß den jüdischen Kindern Ersatzraum beschafft würde.[78] Die Schulverwaltung schlug einen völlig abgeschlossenen Flügel im 3. Stock einer Volksschule nahe der Sternschanze vor. Doch von dort erhob sich wütender Protest gegen die unerwünschte Einquartierung. Der »unbestreitbar gute Ruf« der Schule »würde mit einem Schlage schwer gefährdet werden«. Der Schulrat bestätigte, daß die Bedenken berechtigt seien.[79]

Die Zeit drängte. Doch Göttsche beharrte hartnäckig auf seiner Forderung nach Ersatzraum. In einem Schreiben vom 29. April 1942 setzte der Reichsstatthalter den ergebnislosen Verhandlungen ein Ende. Er verfügte, daß »die Unterrichtung von Judenkindern in Schulen ab sofort aufzuhören« habe. Ersatzraum müsse selbstverständlich nicht gestellt werden.[80]

Am 6. Mai bat Jonas die Gestapo um Fahrterlaubnis für 3 Lehrer und 5 Schüler nach Bahrenfeld und zurück, Straßenbahnlinien 12 und 25. Ein Teil der Bücherei und der Lehrmittelsammlung sollte dort untergebracht werden. Am 15. Mai erfolgte die Schlüsselübergabe an die Schulverwaltung. Kurz darauf zogen die Kinder der Sprachheilschule mit ihren Lehrern in die Carolinenstraße 35 ein.[81]

Zuflucht im Waisenhaus Papendamm

Die letzten jüdischen Schulkinder Hamburgs suchten mit ihren Lehrerinnen und Lehrern Zuflucht im jüdischen Knabenwaisenhaus am Papendamm 3.[82] Das Haus war als Heim für 30 elternlose Kinder bestimmt und eignete sich nicht als Schule. Dennoch rückte man hier zusammen und nahm den Unterricht — so gut es ging — wieder auf. Fast das gesamte Inventar mußte in der Carolinenstraße zurückbleiben. Zufrieden stellte der zuständige Schulrat fest: »Gleichzeitig ist neben Lehrmitteln wertvolles Schulinventar zu außerordentlich annehmbaren Preisen in den Besitz der Schulverwaltung gekommen.«[83]

Nur noch 8 Lehrkräfte sorgten am Papendamm für ihre Schützlinge; einige mußten noch im Dezember 1941 vom Jüdischen Religionsverband entlassen werden, da man für die wenigen Kinder mit einem sehr kleinen Kollegium auskam. Im Januar 1942 war Rebecka Cohn neu eingestellt worden; sie hatte schon seit längerer Zeit nur noch »Ruhegeld« bezogen und arbeitete »ehrenamtlich«. In ihren Papieren wird ihr »gütiges und frohes Wesen«, ihre »heitere Wesensart« hervorgehoben. Ihr vertraute man die letzten sieben Erstklässler an, unter ihnen Ruth Meyer, die 6jährige Tochter des Hausmeisters.[84]

Am 30. Juni mußten alle jüdischen Schulen im Reich

Erzieherin Alice Gramm im Waisenhaus Paulinenstift, 1937. Alice Gramm wurde gemeinsam mit vielen ihrer Heimkinder am 11.7.1942 nach Auschwitz deportiert und dort ermordet. (Privatbesitz)

schließen, wurde jeder Unterricht für jüdische Kinder verboten.[85] Wie im Dezember, so gab es zu diesem Zeitpunkt wieder 76 Schüler und Schülerinnen in der Jüdischen Schule; vorübergehend war die Zahl noch einmal auf 84 angestiegen. Jedes der Kinder bekam zum Abschluß ein Zeugnis.[86] Für die ganz Kleinen schrieb Rebecka Cohn Berichte. Da heißt es z.B. über die kleine Regine Jacobsen: »Regine ist ein sehr lebhaftes Kind, das mit großem Interesse dem Unterricht folgt. Ihre Leistungen im Lesen sind sehr gut. Das Gelesene kann sie gut wiedererzählen. Sie rechnet schnell und sicher. Regine schreibt gute Diktate. Besonders gut sind Regines Leistungen im Hebräischen. R. ist musikalisch begabt. — Sie hat das Klassenziel erreicht.«

Auch Daniel Cohen und Ruth Meyer wurden als »musikalisch begabt« bezeichnet. Daniel war »ein besonders guter Rechner«, und Ruth konnte gut erzählen und liebte Geschichten aus der Bibel. Jeder der sieben Berichte charakterisierte die Kinder lebendig und liebevoll. Keines dieser Jüngsten erlebte das Ende des Krieges.[87]

Auschwitz

Nur 11 Tage nachdem Regine das erste und letzte Zeugnis ihres Lebens in Empfang genommen hatte, mußte sie eine lange Fahrt antreten. Ziel: Auschwitz. Im gleichen Zug fuhren 21 weitere Schulkinder, die Lehrerinnen und Lehrer Rebecka Cohn, Flora Rosenbaum, Elisabeth Kassel, Richard Levi und Julius Hamburger dem Tod entgegen.[88] Am 15. Juli nahm ein Transport nach Theresienstadt neben Arthur Toczek und Lilli Freimann vier Schüler mit auf den letzten Weg. Am 19. Juli 1942 kam die Reihe an Dr. Walter Bacher, Dr. Jonas, seine Frau, die Ärztin Dr. Marie-Anna Jonas, und die einzige Tochter Esther. Nur Esther Jonas überlebte; sie wurde 1945 von den Amerikanern aus dem KZ Mauthausen befreit.[89] Für die ganze Familie des Hausmeisters Julius Meyer dagegen gab es ebensowenig eine Rückkehr wie für zwölf Hamburger Schulkinder dieses Transports. Zwölf weitere Kinder durften noch bis 1943 in Hamburg bleiben. Dann führte auch ihr Weg nach Theresienstadt oder Auschwitz. Unter den Deportierten des Jahres 1943 waren schließlich Jeanette Baer und Bertha Hirsch, die unermüdliche Chronistin der Jüdischen Schule.[90]

Einige der letzten 76 Kinder blieben von den Deportationen verschont, vor allem »Mischlinge«. Ihr »deutschblütiger« Anteil verlieh ihnen eine größere Überlebenschance.[91]

Von allen deportierten Kindern der Schule sind nur elf zurückgekehrt, sieben Jungen und vier Mädchen.[92]

Die letzten 28 Lehrerinnen und Lehrer, die 1941 noch in der Carolinenstraße 35 unterrichtet hatten, kamen bis auf drei um: Noël Fürst, der begabte Musiklehrer, führte eine »Mischehe« und durfte deshalb weiterleben. Jacob Katzenstein war dänischer Staatsangehöriger und kehrte 1943 nach Kopenhagen zurück. Von dort verhalfen dänische Freunde ihm und seiner großen Familie zur Flucht nach Schweden; er ist in Israel gestorben. Max Meyerstein ist es noch im Sommer 1941 gelungen, nach den USA auszuwandern.[93] Ende 1942 erwarb die Hansestadt Hamburg das Gebäude Carolinenstraße 35 und die dahinter gelegene Turnhalle für 100.000 RM.[94] Das wenige Inventar der Schule aus dem Knabenwaisenhaus wurde ebenfalls liquidiert. Noch monatelang stritten sich Schul- und Sozialverwaltung um die letzte Hinterlassenschaft der Verjagten und Ermordeten.[95]

Am 7. September 1942 hat ein Verwaltungsbeamter auf der Schulliste, die am 1. Oktober 1941 an die Schulverwaltung gesandt worden war, mit dicker Feder in steiler deutscher Schrift mit roter Tinte vermerkt: »a) Die Judenschule wurde am 30.6.42 geschlossen.

b) Die Personalakten wurden ans Archiv abgegeben.«[96]

[Schulliste form - Gemeindeverwaltung der Hansestadt Hamburg, Schulverwaltung, F XIV b 6, Schuljahr: 1941/42, Stand vom 1. Oktober 1941, Schule: Carolinenstraße 35, Zahl der Schüler: 299, Zahl der Schülerstunden: 285, Zahl der Klassen: 10, Durchschnittl. Klassenbesetz.: 30]

Lfd. Nr.	Klassenbezeichnung	Gesamtschülerzahl		davon landverschickt Ostern 1942 zu entlassen		Klassenlehrer		Zahl der wöchentl. Schülerstunden		
		Jg.	Mdl.	Jg.	Mdl.	Familienname	Rufname	Grundzahl	Mehr-/durch Teilung	Gesamtzahl
1.	1.	11	23			Rothschild	Rebecca	19	–	19
2.	2	18	9			Hirsch	Leopold Israel	25		25
3.	3	10	16			Rosenbaum	Flora Sara	27		27
4.	4	18	14			Hamburger	Julius Israel	27		27
5.	5	18	12			Katzenstein	Jacob	29	12	41
6.	6	24	18			Arndt	Henriette Sara	30	23	53
7.	7	16	18			Streim	Ernst Israel	33	23	56
8.	8a	37	–			Nachum	Emil Israel	35	–	35
9.	8b	–	25			Bacher	Dr. Walt. Israel	37	–	37
10.	H1	6	6			Kassel	Elis. Sara	23	–	23

(Sta HH)

Anmerkungen

»Die Zerschlagung des jüdischen Schulwesens« ist die erweiterte Form eines Beitrags, der 1985 in folgendem Sammelband erschien: Ursel Hochmuth/Hans-Peter de Lorent (Hrsg.), Hamburg: Schule unterm Hakenkreuz. Hamburg 1985.
Wir danken den Herausgebern für die freundliche Genehmigung zum Nachdruck.

[1] Bertha Hirsch, geb. 4.7.1902 in Hamburg, deportiert nach Theresienstadt am 5.5.1943. Vgl. Gedenkbuch für die jüdischen Opfer des Nationalsozialismus in Hamburg, Hamburg 1965, S. 78.

[2] Staatsarchiv Hamburg, TT 51, Jüdische Schule an Jüdischen Religionsverband, Angaben über die Anzahl der Lehrpersonen, Schüler, Angestellten und Reinmachefrauen vom 16.10.1941.(CAHJP)

[3] Staatsarchiv Hamburg, TT 63, Schülerzahlen Ostern 1938/ 31. Januar 1939, 1.2.1939. (CAHJP)

[4] Staatsarchiv Hamburg, Senatskanzlei, Präs.Abt., 1934, A II/I, Aufhebung der Privatschulen, 5.12.1934.

[5] Staatsarchiv Hamburg, Schulwesen-Personalakten A 717, Personalakte Spier. Handschriftlich aufgezeichnete Erinnerungen, 1980.

[6] Staatsarchiv Hamburg, TT 63, Talmud-Tora-Schule an Landesunterrichtsbehörde, Liste von Schülerinnen, die für die Klassen Obersekunda, Unterprima und Oberprima angemeldet worden sind, 28.4.1933. (CAHJP)

[7] The Central Archives for the History of the Jewish People, Jerusalem, AHU/ 4039, Ernst Loewenberg, Mein Leben vor und nach dem 30. Januar 1933. Von der Staatsschule zur jüdischen Schule. II Talmud-Tora-Schule, S. 27.
Prof.Dr. Ernst Loewenberg, geb. 15.6.1896 in Hamburg, gest. 19.1.1987 in Brookline, USA. Studienrat an der Lichtwarkschule in Hamburg bis zur Entlassung aus dem Staatsdienst 1934, danach an der Talmud-Tora-Schule. Emigration nach den USA im September 1938. 1940-1962 Lehrer an der Groton School, 1962-1965 Hochschullehrer an der Brandeis University.

[8] Miriam Gillis-Carlebach, Bericht vom 30.1.1989, Tonband-Aufnahme.

[9] Wie Anm. 7, Ernst Loewenberg, Von der deutschen in die jüdische Schule. Aus: Jüdische Rundschau Nr. 76/77, 21.9.1934.

[10] The Central Archives for the History of the Jewish People, Jerusalem, TT 39, Prüfungsarbeiten der Untersekunda, Ostern 1937. Rolf Friedmann zum Thema: Wie weit gilt für uns heute Schillers Wort: In deiner Brust sind deines Schicksals Sterne.

[11] Lilli Popper geb. Traumann, geb. 14.11.1903 in Hamburg, gest. 19.3.1990 in Tel Aviv, Israel. Lehrerin an der Israelitischen Töchterschule von 1926 bis Dezember 1933. Im Dezember 1933 wanderte Lilli Traumann nach dem damaligen Palästina aus.

[12] Lilli Traumann, Das Abenteuer im Walde, Spiel nach einem Märchen von Johannes Trojan. Illustriert und geschrieben von Susi Traumann. Das Original befindet sich im Besitz von Frau Susi Lewinsky geb. Traumann, San Francisco, USA.

[13] Robert Müller-Hartmann, geb. 11.10.1884 in Hamburg, gest. 15.12.1950 in Dorking (England). Müller-Hartmann war von 1933 bis zu seiner Emigration 1937 Musiklehrer an der Mädchenschule Carolinenstr. 35.

[14] Singspielaufführung in der Mädchenschule. In: Israelitisches Familienblatt, Ausgabe für Hamburg, April 1935.

[15] Von der Schule ins Leben. Abschiedsfeier in der Mädchenschule der D.I.G. In: Israelitisches Familienblatt, Ausgabe für Hamburg, 2.4.1936.

[16] Dr. Joseph Jacobsen, geb. 24.11.1897 in Hamburg, gest. 15.1.1943 in England. Seit 1924 Studienrat für Englisch, Französisch, Hebräisch, Musik an der Talmud-Tora-Schule. Ausgewandert 15.3.1939.

[17] Hawa naschira! Auf, laßt uns singen! Herausgegeben von Joseph Jacobsen und Erwin Jospe. Leipzig 1935.

[18] Gert Koppel, TTR-Schüler von 1934 bis 1939, erinnert sich an »Die Gedanken sind frei«. — »Hatikwa« heißt »Hoffnung«. Die Hatikwa ist die Nationalhymne Israels. — »Kommt, laßt uns bauen...«: nach Nehemia 2, 17 und 4,16.

[19] B.S. Jacobson (Bernhard Salomon), geb. 5.2.1901 in Hamburg. Akademischer Religionslehrer an der TTR seit 1925. Ausgewandert am 31.12.1938, gest. 1973 in Israel.

[20] B.S. Jacobson, Volk und Tora, S. 137.

[21] »Volk und Tora« erschien 1936; im Dezember 1937 mußte die ganze Auflage eingestampft werden. (Bescheinigung der Firma Julius Rohde, Hamburg, vom 13.7.38 über die Einstampfung im Privatbesitz von Frau Edith Jacobson, Israel.)

[22] Vgl. Anm. 7, Ernst Loewenberg, Aus dem Hamburger Gemeindeleben: Rudolf Samson. Anlage 18: Jüd. Gemeindeblatt, 16. Sept. 1938, S. 2-3.

[23] Staatsarchiv Hamburg, TT 10, Sitzung des Schulvorstands vom 28.6.1933. (CAHJP). Ernst Levy ging später nach Holland, fiel den Deutschen in die Hände und kam um. Adolf Wolfermann, ehemals Mitschüler von Levy und Rabinowitsch, erinnert sich an die Abschiebung Rabinowitschs, dessen weiteres Schicksal unbekannt ist.

[24] Staatsarchiv Hamburg, TT 10, Schulvorstandssitzung vom 27.11.1935. (CAHJP) Vgl. Beitrag »Der Studienreferendar Heinz Leidersdorf« in diesem Buch.

[25] Vgl. Anm. 5. Auch Rahel Cohen, geb. Schloß, berichtet in ihrem Brief v. 2.3.1987, daß ihr Vater verhaftet und ins KZ gebracht worden war, weil er die Straße bei »Rot« überquert hatte.

[26] Mitgeteilt von Herrn Ernst Ephraim Joel, geb. 1923 in Hamburg, am 12.9.86. Die Familie Joel wohnte gegenüber der Bornplatz-Synagoge am Grindelhof 19 und beobachtete Vorbereitungen für den Pogrom.

[27] Prof.Dr. Hugo Mandelbaum, geb. 18.10.01 in Sommerhausen bei Würzburg, seit 1923 Elementarlehrer an der TTR. 1925 Abitur am Realgymnasium des Johanneums als Externer, 1925-1930 Studium der Mathematik, Geographie und Geologie, 1934 Doktorat in Ozeanographie in Hamburg. Auswanderung nach England März 1939, nach den USA 1940. Seit 1948 Professor für Mathematik und Geologie an der Wayne State University in Detroit. Prof. Mandelbaum lebt seit 1971 in Jerusalem.

[28] Prof. Hugo Mandelbaum, Interview vom 18.3.1986.

[29] Prof. Hugo Mandelbaum, Brief an das Museum für Hamburgische Geschichte vom 23.1.1986.

[30] Vgl. Anm. 28.

[31] Staatsarchiv Hamburg, Schulwesen-Personalakten, A 717, Personalakte Spier. Handschriftlich aufgezeichnete Erinnerungen, 1980.
[32] Joseph Ben Brit, Israel, Erinnerungen des Manfred-Moritz Bundheim, geb. 11.2.1925 in Hamburg. Die Kristallnacht. Handgeschriebenes Manuskript, 1988. Privatbesitz.
[33] Deutschland-Berichte der Sozialdemokratischen Partei Deutschlands (Sopade) 1934—1940, Fünfter Jahrgang, 1938, S. 1357.
[34] Ruth Hingston geb. Frank, England, Bericht an das Museum für Hamburgische Geschichte, 1986.
[35] Aussage von Esther Bauer geb. Jonas, New York.
[36] Vgl. Anm. 5.
[37] Gert Koppel, Brief vom 26.5.1986. Privatbesitz.
[38] Arthur Spier, Brief an unsere Kollegen in Amerika, Südamerika, England, Luxemburg, Holland, Palästina. Hamburg, 2.5.1939. Zur Verfügung gestellt von Frau Edith Jacobson, Israel. Privatbesitz.
[39] Staatsarchiv Hamburg, TT 73, Spier an Frau Exiner, c/o Movement for the Care of Children from Germany Ltd., 8.8.1939. (CAHJP)
[40] Staatsarchiv Hamburg, Schulwesen-Personalakten A 717, Personalakte Spier, Bescheinigung vom 12.12.1938, Blatt 2.
[41] Aussage von Esther Bauer geb. Jonas.
[42] Staatsarchiv Hamburg, TT 73, Spier an Councillor Leo Hirschfeld, London, 18.7.1939.(CAHJP)
[43] Vgl. Anm. 39.
[44] Staatsarchiv Hamburg, TT 63, Schülerzahlen Mai, Juni, Juli 1939, 1.2.1939. (CAHJP)
[45] Staatsarchiv Hamburg, TT 51, Spier an Gestapo, 20.9.1939. (CAHJP)
[46] Staatsarchiv Hamburg, OSB VI-2-F II a 9, Aktenvermerk, 8.7.1939.
[47] Staatsarchiv Hamburg, TT 84, Entwurf des Kaufvertrages, undatiert. (CAHJP)
[48] Staatsarchiv Hamburg, TT 63, Spier an die Liegenschaftsverwaltung, 11.5.1939. (CAHJP)
[49] Staatsarchiv Hamburg, TT 51, Bericht über die in Hamburg bestehenden Einrichtungen der Reichsvereinigung der Juden in Deutschland zur Förderung bzw. zur Vorbereitung der Auswanderung. Spier an Geheime Staatspolizei, 4.12.39. (CAHJP)
[50] Staatsarchiv Hamburg, TT 63, Spier an Schulverwaltung, 14.9.1938. (CAHJP)
[51] Staatsarchiv Hamburg, TT 73, Mitteilung der Volks- und Höheren Schule für Juden an Allgemeine Ortskrankenkasse, 28.12.1939. (CAHJP)
[52] Staatsarchiv Hamburg, TT 71, Reichsvereinigung der Juden in Deutschland an Jüdische Kultusvereinigung Hamburg, 14.5.1941. In diesem Schreiben heißt es: »Die höhere Schule in Hamburg fällt fort.« — Der Name »Jüdische Schule in Hamburg« wird vom Mai 1941 an regelmäßig gebraucht. (CAHJP)
[53] Staatsarchiv Hamburg, TT 41, Verzeichnis der Abiturienten, 28.2.1940. (CAHJP)
[54] Ebenda.
[55] Ursula Randt, Carolinenstraße 35, Geschichte der Mädchenschule der Deutsch-Israelitischen Gemeinde in Hamburg 1884-1942, S. 83 ff.
[56] Staatsarchiv Hamburg, Schulwesen-Personalakten 717, Personalakte Spier, Geheime Staatspolizei an Spier, 1.3.1940.
[57] Ebd., Handschriftliche Erinnerungen, 1980.
[58] Staatsarchiv Hamburg, Spier an Schulverwaltung, 4.3.1940.
[59] Staatsarchiv Hamburg, Schulwesen-Personalakten A 717, Personalakte Spier, der Vorstand des Jüdischen Religionsverbandes an Spier, 19.2. und 1.3.1940.
[60] Staatsarchiv Hamburg, OSB II, B 236, Nr. 4, Nachtrag zu der für Dr. Alberto Jonas ausgestellten Bescheinigung vom 28.3.1939, 3.12.1940.
[61] Aussage von Esther Bauer geb. Jonas.
[62] Staatsarchiv Hamburg, TT 51, Jüdische Schule in Hamburg an Jüdischen Religionsverband, Angaben über Anzahl der Lehrpersonen, Schüler, Angestellten und Reinmachefrauen vom 16.10.1941. (CAHJP)
[63] Ebenda.
[64] Staatsarchiv Hamburg, OSB VI-2-F II a 9, Schulverwaltung an Staatsverwaltung der Hansestadt Hamburg, 11.9.1939.
[65] Das Tragen des Davidsternes war seit dem 1. September 1941 vorgeschrieben.
[66] Gesetzliche und Verwaltungsmaßnahmen gegen die Juden in Deutschland. In: Werner Jochmann (Hrsg.), Leo Lippmann. Mein Leben und meine amtliche Tätigkeit. Erinnerungen und ein Beitrag zur Finanzgeschichte Hamburgs. Hamburg 1964, S. 669-702
[67] Gedenkbuch für die jüdischen Opfer des Nationalsozialismus in Hamburg, Hamburg 1965.
[68] Ebenda, S. 15 ff.
[69] Ebenda.
[70] Staatsarchiv Hamburg, TT 50, Leoni Briske an Dr. Jonas, 20.11.1941. (CAHJP)
[71] Staatsarchiv Hamburg, TT 50, Leoni Briske an Bertha Hirsch, undatiert. (CAHJP)
[72] StA Hbg, TT 17, Halbjährliche Zeugnisse. (CAHJP)
[73] Staatsarchiv Hamburg, TT 51, Jüdische Schule in Hamburg an Jüdischen Religionsverband, Angaben über die Anzahl der Lehrpersonen etc. am 1. Januar 1942, 18.1.1942. (CAHJP)
[74] Ebd.
[75] Staatsarchiv Hamburg, OSB VI, E V d 52 b, Dr. Jonas an Schulverwaltung, 23.12.1941. Schulverwaltung an Geheime Staatspolizei, 28.3.1942.
[76] Staatsarchiv Hamburg, OSB VI, E V d 52 b.
[77] Ebenda.
[78] Staatsarchiv Hamburg, OSB VI, E V d 52 b, Schulverwaltung an Liegenschaftsverwaltung, 10.4.1942. Schreiben der Volksschule an Schulverwaltung, 2.4.1942.
[79] Staatsarchiv Hamburg, OSB VI, E V d 52 b.
[80] Staatsarchiv Hamburg, OSB VI, E V d 52 b, Der Höhere SS- und Polizeiführer an Geheime Staatspolizei, 29.4.1942.
[81] Staatsarchiv Hamburg, OSB VI, E V d 52 b, Schulverwaltung an Liegenschaftsverwaltung, 6.6.1942. In seiner Schrift »40 Jahre Dienst an sprachkranken Hamburger Kindern. Chronik der Schule für Sprachkranke am rechten Alsterufer Karolinenstraße 35«, erschienen Hamburg 1962, gab der Verfasser Hans Wendpap das Jahr 1943 als Übergabedatum an.
[82] Leo Lippmann, Der Jüdische Religionsverband Hamburg im Jahre 1942. Die Liquidation der jüdischen Stiftungen und Vereine in Hamburg, Hamburg 1943, S. 5 f.
[83] Staatsarchiv Hamburg, OSB VI, E V d 52 b, Schulverwaltung an Liegenschaftsverwaltung, 6.6.1942.
[84] Staatsarchiv Hamburg, TT 26, Abgangszeugnisse und -berichte vom 30.6.1942. (CAHJP)
[85] Vgl. Wolfgang Scheffler, Judenverfolgung im Dritten Reich, Berlin 1960, S. 122.
[86] Staatsarchiv Hamburg, TT 26, Abgangszeugnisse und -berichte vom 30.6.1942. (CAHJP)
[87] Ebenda.
[88] Gedenkbuch für die jüdischen Opfer des Nationalsozialismus, Hamburg 1965, S. 46 ff.
[89] Aussage von Esther Bauer geb. Jonas.
[90] Vgl. Anm. 88, S. 81 sowie S. 78.
[91] Von den letzten Kindern, deren Deportationsdaten nicht ermittelt werden konnten, waren die meisten »Mischlinge«.
[92] Staatsarchiv Hamburg, Deportierten-Kartei, Rückkehrer.
[93] Staatsarchiv Hamburg, Steuerkartei der Jüdischen Gemeinde Hamburg. — Dr. Daniel Cohen, Jerusalem, gab Auskunft über Jacob Katzenstein.
[94] Bezirksamt Hamburg-Mitte, Liegenschaftsamt, 92.97-120/27 Nr. 337 des Urkundenregisters für 1942. Verhandelt 1.11./18.12.1942.
[95] Ursula Randt, Carolinenstr. 35, a.a.O. S. 100 ff.
[96] Staatsarchiv Hamburg, OSB VI-2-F XVI d 1/2, Schulliste vom 1.10.1941.

Christiane Pritzlaff

»Das soll das Leben sein? ... Wozu bin ich geboren?«
Rolf Levisohn (11.9.1920–Mai 1942)

Schriftliches Abitur Dezember 1939, es war das letzte Abitur an der Talmud-Tora-Schule, der orthodoxen jüdischen Volks- und Oberrealschule in Hamburg. Zwei Schüler waren für die Prüfung gemeldet: Oskar Judelowitz und Rolf Levisohn. Im Fach Deutsch wählte Rolf Levisohn das Thema: »Unglück selber taugt nicht viel, doch es hat drei gute Kinder: Kraft, Erfahrung, Mitgefühl«. Erfahrung mit Unglück hatte der am 11. September 1920 in Hamburg geborene ehemalige Lichtwarkschüler in seinem kurzen Leben bereits reichlich gehabt: von Geburt an körperbehindert, Jude in einem Staat, in dem Nationalsozialisten herrschten. Was es hieß, in Deutschland Jude zu sein, hatte er schon mehrfach erlebt: 1935 mußte er die Lichtwarkschule verlassen, 1938 wurde er für sechs Wochen ins Konzentrationslager Oranienburg-Sachsenhausen verschleppt, seit dem 1. Januar 1939 mußte er sich Rolf »Israel« Levisohn nennen, der Kriegsbeginn am 1. September 1939 verringerte seine Auswanderungschancen weiter.

In seinem Abituraufsatz brach die eigene Not aus ihm hervor, als er die Verzweiflung vom Unglück betroffener Menschen beschrieb: »Das soll das Leben sein? rufen sie aus. Wozu bin ich geboren? Ich will nicht mehr leben! Warum geschah mir dieses Unglück?«[1] Im Sinne der Themenstellung wies er auf Kräfte, die aus der Heimsuchung sich entwickeln könnten, wenn er später fortfuhr: »Doch dann kommt eine Stunde im Leben eines solchen Menschen, in welcher sich ein starker Kampf in seinem Innern entspinnt. Zwei Gewalten kämpfen um den letzten, entscheidenden Sieg. Unterliege oder versuche den Kampf aufs Neue, heißt die Parole ... Alle Kräfte in ihm sammeln sich zu dem einen entscheidenden Kampf. Doch wenn er siegreich beendet ist, kommt eine himmlische Ruhe über

Rolf Levisohn, um 1930. (Privatbesitz)

ihn, und ein Mensch mit tieferen Gedanken und feineren Empfindungen tritt neu in das Leben ein.«² Auch aus dem folgenden sprach die eigene bittere Erfahrung: »Es gibt aber auch Menschen, denen das Schicksal gleich ein unglückliches Los mit auf den Lebensweg gibt. Ein Los, welches ihnen fürs Leben aufgestempelt ist, das sie tragen müssen ohne Hoffnung, ohne es einmal abwerfen zu können.«³ Aber auch so ein Schicksal, meinte er, kann bewältigt werden, wenn der erwähnte Kampf überwunden wird. »... dann fühlt er«, hieß es in dem Aufsatz, »in sich eine ungeheure Kraft, das Leben zu meistern. Er hat den Schmerz des ewigen Entbehrenmüssens ausgekostet, er weiß auch, daß es Dinge in der Welt gibt, die ihm hundertfach das bittere verlorene Glück entschädigen können.«⁴

Die Schulkameraden der Lichtwarkschule haben freundliche Erinnerungen an ihn. Hella B. erzählt, daß er ein sehr lebhafter Junge gewesen sei, der von allen liebevoll »little boy« genannt wurde. Hans Levy, ebenfalls Klassenkamerad an der Lichtwarkschule, auch Jude, berichtet, daß die ganze Klasse ihn unterstützt und nett behandelt habe, vermutet aber, daß er außerhalb der Schule einsam war. Klassenphotos von 1931 und 1932 zeigen den nachdenklich blickenden 11- bzw. 12jährigen durchaus der Gemeinschaft zugehörig, nicht abseits.

Und doch fragten die Klassenkameraden nicht, was aus ihm wird, als er die Schule verließ und auf die Talmud-Tora-Schule überwechselte. Über den 18jährigen hieß es Jahre später in einem Gutachten der Talmud-Tora-Schule, das anläßlich seiner Reifeprüfung erstellt wurde, u.a.: »Levisohn ist ein geistig beweglicher und vielseitig interessierter Schüler. Seine körperliche Behinderung — Zwergwuchs und verkrüppelte Hände — hat keinen ungünstigen Einfluß auf seine charakterliche Entwicklung gehabt. Er ist anständig, hilfsbereit und freundlich, packt auch bei körperlich anstrengenden Arbeiten kräftig zu ... Seine schulischen Leistungen entsprechen dem durchschnittlichen Stande eines Schülers der Klasse 8. Deutsche Literatur und Geschichte interessieren ihn besonders. Seine allgemeine menschliche Reife ist nicht zu bezweifeln.«⁵ Nicht zu bezweifeln ist auch die wichtige Rolle, die das Elternhaus bei seiner Entwicklung spielte. Die ehemaligen Klassenkameraden, die nicht Nachmittagsfreunde waren, wissen darüber wenig. Aus den Schulakten ist zu ersehen, daß der Vater Bücherrevisor war, als Frontkämpfer im 1. Weltkrieg mit dem EK II und dem Hanseatenkreuz ausgezeichnet wurde und mit seiner Frau, einer Tochter und dem Sohn Rolf in Barmbek in der Gluckstraße 24 lebte.⁶ Die wirtschaftlichen Verhältnisse der Familie waren bescheiden, eine Auswanderung war schon deshalb schwierig. Wie sehr der Sohn sie angestrebt hatte, ging aus dem erwähnten Gutachten hervor, in dem es hieß: »Im November 1938 traf ihn das Unglück, bei der behördlichen Sonderaktion verhaftet zu werden. Er kam für sechs Wochen in das Konzentrationslager Oranienburg-Sachsenhausen. Dieses Erlebnis bedrückte ihn schwer, da in Hamburg sonst fast keine Schüler von diesen Maßnahmen erfaßt wurden. Er war seitdem ständig, aber zu seinem großen Leidwesen bisher vergeblich, um baldige Auswanderung bemüht.«⁷ Nach der sogenannten Reichskristallnacht war er — wie 6.000 andere jüdische »Schutzhäftlinge« aus dem gesamten Reich — in das KZ Oranienburg-Sachsenhausen eingeliefert worden.

Jacob Minski aus Hamburg, ebenfalls ins KZ Oranienburg-Sachsenhausen verschleppt — er sprach von 10.000 Häftlingen z.Zt. seines Aufenthaltes — wurde später mit demselben Transport wie das Ehepaar Levisohn und Sohn Rolf nach Lodz deportiert. Er überlebte diesen und noch andere Schreckensorte. Von den Quälereien im KZ Oranienburg-Sachsenhausen berichtete er, daß die Häftlinge u.a. 24 Stunden bewegungslos in großer Kälte stehen mußten, daß sie im Laufschritt schwere Steine transportieren sollten, und das bei Glatteis, und daß für diejenigen, die bei sogenannten sportlichen Übungen wie Marschieren versagten, eine »Erleichterung« derart vorgesehen war, daß sie laufen und sich hinlegen mußten, laufen, hinlegen, ausgestreckt in ganzer Länge, im Winter, im Schnee. Als Strafe für »Ungehorsame« war stundenlanges Stehen nach der Arbeit vor einem elektrisch geladenen Stacheldrahtzaun vorgesehen. 10.000 Volt erwarteten denjenigen, der ihn berührte. Viele berührten den Zaun, stürzten sich hinein, weil sie einfach nicht länger stehen konnten.⁸

Mit Erfahrungen in dieser Hölle schrieb Rolf Levisohn am 14.12.1939 seinen Abituraufsatz. Sie lagen erst ein Jahr zurück, als er in seinem Aufsatz das Fazit zog: »So dürfen wir wohl zusammenfassend sagen, daß wohl das Unglück für den Menschen im Augenblick etwas Entsetzliches ist, daß aber gerade durch das Unglück ein Mensch zur Vollkommenheit gelangt.«⁹

Die Zukunft sollte jedoch düsterer aussehen als alles bisher Erlebte. Als er am 12. Januar 1940 die Reifeprüfung bestand, die unter dem Vorsitz von Oberschulrat Dr. Oberdörffer abgenommen wurde, stand ihm die Welt nicht offen. Dennoch hatte er wohl noch immer ein Ziel, den Traum »Auswanderung« zu verwirklichen. So meldete er sich nach dem Abitur für eine Lehre in der Lehrwerkstätte für Schlosserei, die zu den jüdischen Einrichtungen zur Förderung und Vorbereitung der Auswanderung gehörte und sich in der Weidenallee 8—10 befand. Berufsumschichtung und Erstausbildung waren dort möglich. Rolf hatte eine Probezeit als Schlosser durchlaufen müssen, aber schon am 4. März 1940 erhielt sein Vater vom Jüdischen Religionsverband die gute Nachricht, daß Rolf für die Ausbildung in der Schlosserei »gut geeignet« sei und endgültig in die Lehrwerkstätte aufgenommen würde.¹⁰ Eine Hoffnung inmitten aller Hoffnungslosigkeit. Aber ihm blieben nur noch zwei Jahre und zwei Monate Lebenszeit. Wie oft wird er, als Jude und als Behinderter in der Nazizeit doppelt stigmatisiert, die Aussichtslosigkeit seines Lebenskampfes erfahren haben? Wie oft wird er trotz allem gehofft haben? Im Oktober 1941 kam dann die entscheidende Wende. Am 25. des Monats mußten er und seine Eltern den ersten Transport von Hamburg nach Lodz besteigen, das von Deutschen inzwischen in Litzmannstadt umbenannt worden war.¹¹ Einen Tag vor dem Abtransport hatten sie sich im Gebäude der Provinzialloge für Niedersachsen, Moorweidenstraße, einzufinden.

Getto Lodz (Litzmannstadt). (Dokumentenhaus Neuengamme)

Wörtlich hieß es: »Ihre Evakuierung nach Litzmannstadt ist angeordnet. Ihr Vermögen wird mit sofortiger Wirkung beschlagnahmt, jede Verfügung über Vermögen wird bestraft.«[12] Dr. Plaut, der Vorsitzende der Jüdischen Gemeinde in Hamburg 1938—1943 berichtet über die Deportationsmaßnahmen der Gestapo weiter: »Es folgten genaue Anweisungen über Mitnahme von Reisegepäck, Wegzehrung und Taschengeld. 50 kg Gepäck (Wäsche, Kleidung und Decken), Mundvorrat für zwei Tage wurden erlaubt. Die Transportteilnehmer hatten außerdem ein mitgesandtes Vermögensverzeichnis auszufüllen und mit dem übrigen Bargeld im Versammlungslokal abzuliefern. Nach Verlassen der Wohnung mußte der Schlüssel auf dem zuständigen Polizeirevier abgeliefert werden. Die Wohnungen wurden zunächst polizeilich versiegelt. Auf Grund der Beschlagnahmeverfügung zog später der Oberfinanzpräsident das Eigentum der evakuierten Juden zugunsten des Reiches ein.«[13]

Zwei Tage dauerte die Reise nach Lodz. Das Ghetto umfaßte die nördlichen, besonders verwahrlosten Armenviertel: die Altstadt von Lodz und den Vorort Balut. Trotz der Überfüllung des Ghettos — aus einem Gebiet von 4 qkm waren 160.000 Juden aus Lodz und Umgebung »eingesiedelt« worden, so daß bereits in dieser Zeit durchschnittlich sechs Menschen auf ein Zimmer kamen — wurden immer mehr Menschen dorthin gebracht. Im Oktober/November 1941 kamen weitere 20.000 Menschen aus Berlin, Hamburg, Frankfurt/Main, Düsseldorf, Köln, Emden, Luxemburg, Wien und Prag. Die Levisohns gehörten zu ihnen. Die Häuser, in denen diese Menschen wohnen sollten, waren ohne sanitäre Einrichtungen, zum großen Teil aus Holz, viele baufällig. Jacob Minski nannte die Zustände und das Leben in diesem Ghetto unvorstellbar: erschreckende hygienische Bedingungen, Hunger, Typhus, rote Ruhr herrschten von Ende 1941 bis September 1942. Medikamente, Kleidung und Heizmaterial fehlten. Durch Mauer, Stacheldraht und bewaffnete Posten wurden die unter solchen Bedingungen Gefangenen von der Außenwelt hermetisch abgeriegelt. Im »Sonderbefehl für den Schußwaffengebrauch bei der Bewachung des Ghettos Litzmannstadt« hieß es u.a.: ... »Jeder Jude, der irgendwelche Schmuggelware oder Geld über den Zaun wirft oder über den Zaun geworfene Gegenstände in Empfang nimmt, wird, wenn er unmittelbar dabei angetroffen wird, ohne Anruf erschossen. Jeder Jude, der sich nach der Sperrstunde (21 Uhr) unmittelbar am Zaun zu schaffen macht, wird ohne Anruf erschossen. Auch innerhalb des Ghettos müssen die Juden Passierscheine haben, wenn sie nach 21 Uhr die Straße betreten.«[14] Sämtliche Ghettobewohner wurden listenmäßig erfaßt und registriert. Eine sogenannte jüdische Selbstverwaltung, von den Nazis als Prellbock zwischen ihnen und den Ghettobewohnern eingerichtet, war mit der Aufrechterhaltung der Ordnung nach innen beauftragt. Dem Judenältesten unterstanden ein Zentrales Sekretariat und das Zentrale Büro der Arbeitsressorts. Seine Selbständigkeit und Macht bestand darin, die Befehle der Nazis auszuführen, denn sie bestimmten Preise, Löhne, Rationen, Arbeitseinsatz, Arbeitszeit, Nahrung, das gesamte Wirtschaftsleben. Die Ernährung lag unter den Sätzen, die Strafgefangenen zugebilligt wurden. Bei den ihnen zugewiesenen Lebensmitteln konnten die Ghettobewohner, die im wesentlichen im wehrwirtschaftlichen Interesse tätig waren, auf Dauer nicht arbeitsfähig bleiben. Die Sterbeziffern stiegen rapide an.

Auf der Namensliste der Juden, die im Ghetto Lodz wohnten, ist die Adresse von Rolf und seinen Eltern mit Rubensgasse 2 angegeben. Unter der Rubrik »Beruf« steht bei Rolf Schlosser. Von dem Hamburger Transport nach Lodz überlebten nur drei Menschen. Rolf Levisohn und seine Eltern gehörten nicht zu ihnen. Die Ghettoliste zeigt, daß Rolfs Vater Albert am 18. Februar 1942, bereits vier Wochen nach seiner Ankunft in Lodz, im Alter von 51 Jahren gestorben ist. Die Todesursache wurde nicht angegeben.[15] Zwei Monate später im April erhielten ein Großteil der Ghettobewohner die Aufforderung, sich zu einer medizinischen Untersuchung zu melden. Das Ghetto war in Aufruhr. Hilflosigkeit und Angst herrschten. Die Mediziner-Kommission, die aus deutschen Ärzten und Gestapobeamten bestand, arbeitete vom 20.–25. April. Da sich nicht genug Einwohner zur Untersuchung einfanden, holten Soldaten sie gewaltsam aus ihren Wohnungen. Am 25. April wurden Rolf Levisohn und seine Mutter abgeholt und zu einer Sammelstelle gebracht, wo sie acht Tage blieben. Jede registrierte Person erhielt nach der Untersuchung einen Stempel auf den Brustkorb und eine Suppe. Bis zum 1. Mai unterbrach die Kommission ihre Arbeit. Die Ghettobewohner beherrschte nur ein Gedanke: Was wird weiter geschehen?[16] Am 4. Mai wurden Rolf und seine Mutter nach Chelmno »ausgesiedelt«.[17] »Aussiedeln« nach Chelmno bedeutete Vernichtung durch Giftgas. Chelmno, die Nazis nannten den Ort Kulmhof, lag achtzig Kilometer nordwestlich von Lodz, inmitten einer Region, in der früher viele Juden lebten. Vom 7. Dezember 1941 bis Frühjahr 1943 und von Juni 1944 bis Januar 1945 wurden hier 400.000 Juden in Vergasungswagen umgebracht. Der kleine Ort Chelmno umfaßte 30 bis 40 Häuser, die meisten von Polen bewohnt. Inmitten des Ortes, etwas abseits der Straße, ein verfallenes Schloß, ein früherer Herrensitz mit Herrenhaus, Park, Nebengebäuden und Kirche. In diesem Bereich wohnten die SS-Angehörigen des »Sonderkommandos Kulmhof«, hier befand sich der Sammelplatz für die Opfer und der Ort der Ermordungen. Im 4 km entfernten »Waldlager«, das aus drei unterschiedlich großen Lichtungen bestand, wurden Leichen in Massengräbern vergraben. Das Sonderkommando bestand aus 15 Mann der Sicherheitspolizei und 80 bis 100 Mann des Schutzpolizeikommandos. Die Schutzpolizisten wurden beim Transport an der Mühle von Zawadki, in Chelmno, im Schloß und im Waldlager eingesetzt. Die Wachmannschaften brachten die mit einer Kleinbahn bis Powiercie transportierten Juden zur Mühle von Zawadki, bewachten sie während der einen Nacht, die sie dort bleiben mußten, sorgten für eine »reibungslose Verladung« der Menschen auf Lkws, mit denen sie in das Schloß nach Chelmno gebracht wurden. Auf dem Schloßhof mußten die Deportierten eine Ansprache hören, die ihnen vorlog, daß sie in ein Arbeitslager nach Österreich kämen. Baden und Entlausen sei vorher notwendig. Nachdem sich die Juden im Schloß entkleiden mußten, kamen sie durch den Keller auf eine hölzerne Rampe, vor der ein Gaswagen so stand, daß die Menschen keine Möglichkeit mehr zur Flucht hatten. Wenn 30 bis 40 Personen im Wagen waren, wurden die Flügeltüren des Wagens geschlossen. Etwa eineinhalb Stunden waren von der Ankunft im Schloßhof bis zu diesem Zeitpunkt vergangen. Nun wurde die Verbindung von Auspuff und Wageninnerem hergestellt, der Motor in Betrieb gesetzt und 10 Minuten laufen gelassen. Furchtbares Stöhnen, Schreien der Kinder, Frauen und Männer im Wageninnern setzte ein. Sie klopften an die Wände. Nach 10 Minuten verstummten sie. Die so Getöteten wurden in die im Waldlager vorbereiteten Massengräber gebracht.[18]

Frau Levisohn war 46 Jahre, ihr Sohn Rolf 21, als sie diesen letzten Weg am 4. Mai 1942 von Lodz nach Chelmno antreten mußten. Das Todesdatum wird der 5. Mai 1942 gewesen sein.

Die einzig Überlebende der Familie ist Rolfs Schwester, die rechtzeitig in die USA entkommen konnte.

Anmerkungen

[1] Staatsarchiv Hamburg, TT 41, Rolf Levisohn, Prüfungsaufsatz, 14.12.1939 (CAHJP).

[2] Ebenda.

[3] Ebenda.

[4] Ebenda.

[5] Ebenda, Gutachten über Rolf Levisohn, 28.2.1939.

[6] Ebenda, Personalblatt Rolf Levisohn.

[7] Ebenda, Gutachten über Rolf Levisohn, 28.2.1939.

[8] The Story of Jacob Minski, Second Typing, Spool 71, S. 48–54 (1453–1459). – In: Topical Autobiographies of Displaced Person Camps with a psychological and anthropological analysis by David P. Boder, Chapter XXXI (Guide to unpublished Materials of the Holocaust Period. Edited by Jehuda Bauer, Volume V, Jerusalem 1975. Hamburg, Deportations to Lodz 0–36/8/1409).

[9] Vgl. Anm. 1.

[10] Staatsarchiv Hamburg, TT 46, Mitteilung des Jüdischen Religionsverbandes an Albert Levisohn, 4.3.1940.

[11] Die jüdischen Opfer des Nationalsozialismus in Hamburg. Hamburg 1965.

[12] Max Plaut: Die Deportationsmaßnahmen der Geheimen Staatspolizei in Hamburg. – In: Die jüdischen Opfer des Nationalsozialismus in Hamburg. Hamburg ²1982, S. XI.

[13] Ebenda, S. XI.

[14] Gerda Zorn: Nach Ostland geht unser Ritt. Deutsche Eroberungspolitik zwischen Germanisierung und Völkermord. Berlin, Bonn 1980, S. 91.

[15] Namensliste der Juden, die im Ghetto Lodz wohnhaft waren. Yad Vashem.

[16] The Chronicle of the Lodz Ghetto 1941–1944. Edited by Lucjan Dobroszycki. Yale University Press. New Haven and London, S. 150–160.

[17] Auf der Namensliste der Juden, die im Ghetto Lodz wohnhaft waren, ist das Datum der »Aussiedlung« für Rolf und seine Mutter der 25.4.1942. In der Chronik des Ghetto Lodz, S. 150–151 wird davon berichtet, daß am 25.4.1942 Menschen aus ihren Wohnungen geholt wurden, unter der Angabe, sie müßten sich einer medizinischen Untersuchung unterziehen. Die Menschen wurden auf eine Sammelstelle gebracht und verweilten dort acht Tage. Am 4. Mai wurden sie nach Chelmno transportiert. Das Datum, daß sich auf der Liste der Juden im Ghetto Lodz als Aussiedlungstermin befindet, bezieht sich auf die Überweisung auf den Sammelplatz und nicht auf den Transport nach Chelmno.

[18] Vgl. Eugen Kogon u.a. (Hrsg.): Nationalsozialistische Massentötungen durch Giftgas. Eine Dokumentation. Frankfurt a.M. ²1986, Kap. V, S. 110–145 und Claude Lanzmann: Shoah. Düsseldorf 1986, S. 105–117.

Barbara Müller-Wesemann

»Seid trotz der schweren Last stets heiter«
Der Jüdische Kulturbund Hamburg (1934–1941)

»Es ist wahrscheinlich, daß in hundert Jahren unsere Nachkommen bei einem Rückblick auf diese Zeit danach fragen werden, mit welcher Kraft wir das Stück unseres Schicksals geformt haben, dessen Gestaltung uns freistand. Vielleicht werden sie in dem Gehalt, den wir unseren und unserer Jugend Mußestunden zu geben verstanden, etwas von der Würde wiedererkennen, die viele Seiten der jüdischen Geschichte aufzeichnet.«[1]

Der Besucher betrat das Jüdische Gemeinschaftshaus von der Hartungstraße her über eine kleine Treppe und befand sich in einem schlichten mattweißen Foyer mit kuppelartiger Deckenbeleuchtung. Zwischen zwei Garderobentresen wies eine Tür in das Restaurant Hellmann. Rechter Hand führten vier Stufen in den etwas tiefer gelegenen Vortragssaal, dem sich zur Straße hin eine Bibliothek anschloß. Linker Hand führte der Weg in den Keller zu Werkstätten, zwei Kegelbahnen und einem Klubzimmer. Vom Foyer aus gelangte der Besucher über Marmortreppen in den ersten Stock und damit in das Zentrum des Hauses, das Theater. In dem ganz in Gelb gehaltenen, nach hinten leicht ansteigenden Saal fanden rund 450 Zuschauer Platz. Die 6 Meter breite und 8 Meter tiefe Bühne wurde von einem Silberrahmen umspannt und mündete in einen gemauerten Kuppelhorizont. Mit einem kompletten Schnürboden, einer fahrbaren Brücke und einer Beleuchtungsanlage[2] war die Technik mit dem Wesentlichen ausgestattet. Den Rang des Theaters mit seinen schmalen Seitenbalkons erreichte der Besucher über den 2. Stock. Hier oben befanden sich auch die Büros der Verwaltung.

Am Sonntag, dem 9. Januar 1938, wurde das Gebäude seiner Bestimmung übergeben: Es sollte als Jüdisches Gemeinschaftshaus Treffpunkt für alle noch in Hamburg lebenden Juden werden. Der Bankier Max M. Warburg, einer der engagiertesten Förderer des Projekts, umriß in seiner Eröffnungsrede die Aufgaben des Hauses:

Aus: Monatsblätter des Jüdischen Kulturbundes Hamburg, 10, 1937.

» Wir sind verantwortlich für die Geister und Gemüter der Menschen, die nicht zertreten werden dürfen in den Nöten und Sorgen des Alltags, die nicht zermalmt werden dürfen von dem Kleinkrieg des Lebens, die nicht verloren gehen dürfen in trüber Luft und in unruhigem Treiben. (...) Nach dem Kampf des Lebens draußen sei hier eine Stätte der Ablenkung, der Entspannung, des Spiels, der freien, vom Zwange der Notwendigkeiten gelösten Beschauung der Wirklichkeit, des Friedens. «[3]

Die »Jüdische Gemeinschaftshaus GmbH« war ein Jahr zuvor vom Jüdischen Kulturbund Hamburg und mehreren Privatpersonen gegründet worden. Mit Hilfe eines unverzinslichen Darlehens der Deutsch-Israelitischen Gemeinde konnte das Haus in der Hartungstraße, das von 1904 bis 1930 Sitz der Henry-Jones-Loge und zahlreicher anderer jüdischer Organisatonen gewesen war, zum Preis von 75.000 RM erworben werden. Der Umbau durch die Architekten Fritz Block, Ernst Hochfeld und Hans Gerson hatte weitere 220.000 RM gekostet und war von jüdischen Firmen und vielen Privatpersonen finanziert worden.

Ausschließlich jüdische Handwerker hatten damit vorübergehend Arbeit gefunden. Am Abend des Einweihungstages erlebte der Besucher gemeinsam mit allen am Bau Beteiligten die Premiere von Shakespeares »Romeo und Julia«. Es spielte — zum ersten Mal seit seinem Einzug in das Gemeinschaftshaus — das Ensemble des Jüdischen Kulturbundes Hamburg. Die Aufgabe des Theaters sah Max Warburg so:

» Ich kenne keine bessere Hilfe als jene Erhebung und Freude, die das Kunstwerk gibt. Wir appellieren nicht an die Welt des Scheins, sondern an jene tiefere Wahrheit, die der Künstler gestaltet und lebendig macht. Wer diese Wahrheit empfindet, wird frei. So ist uns das Theater eine moralische Kraftquelle. «[4]

Seit dem Machtantritt der Nationalsozialisten waren jüdische Künstler aus den deutschen Kulturbetrieben ausgeschlossen. Wer an seinem Beruf festhielt, stand vor der Alternative zu emigrieren oder sich um ein Engagement im Jüdischen Kulturbund zu bewerben, dem einzigen Forum, in dem jüdische Kulturschaffende für ein ausschließlich jüdisches Publikum tätig sein durften. Diese Institution war im Sommer 1933 in Berlin gegründet worden und hatte sich innerhalb eines Jahres über ganz Deutschland verbreitet. Ihr Ziel war es, die materielle Not der nunmehr arbeitslosen jüdischen Künstler zu lindern und der jüdischen Bevölkerung Ersatz zu schaffen für die kulturellen Bereiche, in denen sie immer weniger geduldet wurden.[5] Unter strenger Kontrolle des ›Reichskulturwalters‹ Hans Hinkel vom Reichsministerium für Volksaufklärung und Propaganda gehörten dem Kulturbund 1935 rund 2.500 aktive Künstler und weitere 70.000 Mitglieder an. Die Programmgestaltung wurde sowohl vom Reichspropagandaministerium als auch von den örtlichen Behörden ständig überwacht. Rechtzeitig vor Saisonbeginn mußte der vollständige Spielplan vorgelegt werden. Sechs Wochen vor der Premiere wurde jeder Text, jede Inszenierung, jedes Konzertprogramm nochmals einzeln überprüft. In allen Vorstellungen waren Gestapobe-

Eingangshalle des Gemeinschaftshauses, Februar 1938. Foto: Erich Kastan. (SUB)

amte anwesend. Verboten war die Aufführung deutscher Klassiker und Romantiker sowie linksgerichteter Autoren. Ab 1936 waren die Werke sämtlicher nichtjüdischer deutscher Autoren untersagt. Ausländische Dramatik wurde nur dann freigegeben, wenn die Autoren länger als 50 Jahre tot waren und somit keine Tantiemenforderungen erhoben werden konnten. Ausnahmen wurden nur bei Dramatikern gemacht, die wie z.B. Franz Molnar und J.B. Priestley auf ihre Tantiemen verzichteten. Ende 1937 durfte die Musik Beethovens nicht mehr ins Konzertprogramm aufgenommen werden; 1938 wurde dieses Verbot auf Mozart und Händel ausgeweitet.[6]

In der Hansestadt Hamburg, deren jüdische Gemeinde im Jahre 1933 etwa 16.000 Mitglieder verzeichnete, konstituierte sich der Kulturbund am 12. Januar 1934, vorerst unter dem Namen »Jüdische Gesellschaft für Kunst und Wissenschaft«. An der Spitze des achtundzwanzigköpfigen Kuratoriums stand der Rechtsanwalt Rudolf Samson, Vorstandsvorsitzender war Dr. Ferdinand Gowa, den künstlerischen Beirat stellten der Komponist Robert Müller-Hartmann und der Maler Kurt Löwengard. Die künstlerische Leitung übernahm Leopold Sachse, der langjährige Intendant des Hamburger Stadttheaters. Die Gesellschaft war zunächst eine reine Besucherorganisation. Bei ihrem überwiegend musikalischen Programm konnte sie in Hamburg auf ein Kammerorchester, ein Streichquartett, verschiedene Chöre und zahlreiche Solisten, darunter Richard Goldschmied (Klavier), Bertha Dehn (Violine) und Dr. Jacob Sakom (Cello) zurückgreifen. Für die großen Konzerte wurden die Kulturbundorchester aus Berlin und Frankfurt/Main eingeladen.

So waren es auch die Berliner Musiker, die unter der Leitung von Josef Rosenstock am 20. November 1934 die Konzertreihe im großen Saal des Conventgartens in der Kaiser-Wilhelm-Straße eröffneten. Bis Jahresende folgten in der Musikhalle eine Lesung von Ludwig Hardt aus dem Thomas-Mann-Roman »Joseph und seine Brüder« und ein Liederabend mit dem Bariton Wilhelm Guttmann. Am 25. und 26. Dezember fanden im Curiohaus an der Rothenbaum-

(Privatbesitz)

chaussee zwei ›Heitere Abende‹ mit den Sängern Ilse Pola und Paul Schwarz, dem Pianisten Bernhard Abramowitsch und der Diseuse Annemarie Hase statt.

Mit Beginn des Jahres 1935 waren die Veranstaltungen nur noch Mitgliedern zugänglich. Zur Mitgliedschaft berechtigt waren »Juden, Nichtarier und deren arische Ehegatten«[7]. Der Monatsbeitrag betrug 1 RM; als Gegenleistung wurde ein kleines künstlerisches, literarisches oder wissenschaftliches Programm geboten. Die Mitglieder verpflichteten sich, zum Preis von RM 1,-- bis RM 3,50 die von Oktober bis Mai einmal im Monat stattfindende große Veranstaltung zu besuchen.

Weiterhin wurden monatlich 2 Abende mit wechselndem Programm und in unregelmäßigen Abständen zusätzliche Sonderprogramme angeboten. Mitgliedsausweise erhielt man in der Geschäftsstelle, Börsenbrücke 8. Sie waren mit einem Lichtbild versehen und zu jeder Veranstaltung mitzubringen. Der Kartenverkauf durch öffentliche Theaterkassen war nicht gestattet. Er wurde über Zahlstellen in Altona, Eppendorf und im Grindelviertel abgewickelt. Dazu gehörten u.a. der Optiker Broches, Grindelallee 115, und der »Jüdische Buchvertrieb« Eva von der Dunk, Hallerstraße 76.[8] Veranstaltungshinweise waren ausschließlich in jüdischen Zeitungen zugelassen.

Das Interesse der jüdischen Bevölkerung an den Konzerten des Kulturbundes war unterschiedlich hoch. Der große Saal des Conventgartens neben dem Curiohaus und dem Gabriel-Riesser-Saal im Tempel an der Oberstraße die Hauptspielstätte, war mit seinen 2.000 Plätzen nur bei ganz besonderen Anlässen ausverkauft. Ein solcher Anlaß war die Aufführung von »Awodath hakodesch«, einem Oratorium von Ernest Bloch. Das Orchester des Jüdischen Kulturbundes Rhein-Main unter der Leitung von Hans Wilhelm Steinberg und ein Chor von 80 Hamburger Berufs- und Laiensängern brachten das Werk am 21. April 1936 zur Aufführung. Stürmisch gefeiert wurden auch der Tenor Josef Schmidt und die Altistin Sabine Kalter. Die Sängerin, seit 1915 Mitglied der Hamburger Oper, emigrierte 1935 nach England und kam wiederholt zu Konzerten in die Hansestadt. Anläßlich ihres letzten Gastspiels, das sie im Dezember 1937 mit Liedern und Arien von Mahler, Wolf-Ferrari, Hugo Wolf, Dvorak, Händel und Bizet gab, hieß es im »Israelitischen Familienblatt«:

»Es gibt Variationen für Beifall und Erfolg, aber es gibt auch einen Superlativ, für den Worte nicht ausreichen. Einen solchen Erfolg errang Sabine Kalter mit ihrem Kulturbundkonzert am letzten Montag. Beifallsstürme wäre nicht das rechte Wort für dieses Übermaß an Begeisterung, das die ›kalten‹ Hamburger aufbrachten, um ihrer Sabine Kalter ihren Dank zu zollen und darüber hinaus Sympathiebeweise zu geben.«[9]

Das Jahr 1935 brachte entscheidende Veränderungen mit sich. Im April wurde in Berlin der »Reichsverband der Jüdischen Kulturbünde in Deutschland« gegründet. In Personalunion mit dem Berliner Kulturbund war dieser von den Nationalsozialisten angeordnete Dachverband Koordinator und zugleich Kontrollinstanz für die inzwischen in 100 Städten eingerichteten 112 Bünde. Im Juli wurde der »Jüdischen Gesellschaft für Kunst und Wissenschaft« die Theaterkonzession erteilt; ab August nannte sie sich »Jüdischer Kulturbund Hamburg«. An die Stelle des in die USA emigrierten Leopold Sachse trat Hans Buxbaum, vor 1933 Regisseur und Theaterleiter in Frankfurt, Duisburg und Bochum. Trotz der durch Emigration bedingten Fluktuation der Künstler gelang es ihm, ein Ensemble mit Hamburger und auswärtigen Mitgliedern aufzubauen. Die Kriterien der Auswahl waren streng; nicht die soziale Situation des Bewerbers durfte vorrangig über seine Aufnahme entscheiden, sondern seine künstlerische Qualität. 1936 verfügte die Hamburger Truppe über 287 freie Mitarbeiter einschließlich Technikern und Verwaltungspersonal; 1938 waren 13 Darsteller fest, 17 weitere zeitweise engagiert.

Kurt Behrens, vormals Dirigent an der Hamburger Volksoper, übernahm gemeinsam mit Lutz Proskauer das Amt des Kapellmeisters; Anny Gowa und Alfred Müller, der seit 10 Jahren für Hamburger Theater tätig war, sowie die Berliner Heinz Condell und Hans Sondheimer zeichneten für das Bühnenbild verantwortlich; Käte Friedheim entwarf die Kostüme. Jakob Kaufmann, 15 Jahre lang Leiter der Werkstätten im Hamburger Stadttheater, übernahm diese Aufgabe nun im Kulturbund. Ende 1937 wechselte Harry Blumenthal aus Berlin als technischer Leiter in die Hansestadt.[10]

Im Januar 1937 ernannte der Reichsverband der Jüdischen Kulturbünde das Hamburger Ensemble, neben Berlin und Köln die dritte Theatertruppe, offiziell zu seinem ›Reiseensemble‹, um so die kulturelle Versorgung der jüdischen Bevölkerung zu verbessern und gleichzeitig das Wirkungsfeld der Künstler zu erweitern. Die Tourneen erstreckten sich auf rund 40 Städte, zum einen in Richtung Osten nach Leipzig, Dresden, Breslau, Oberschlesien, zum anderen in Richtung Westen über Frankfurt, Mannheim, Karlsruhe bis nach Stuttgart und Ulm.

Zur Konzeption seiner Arbeit notierte Hans Buxbaum:

»Künstlerische und kulturelle Werte können nicht aus dem Boden gestampft oder angeordnet werden, sie müssen

wachsen und reifen und langsam zur Entwicklung kommen. Wie also könnte, im großen gesehen, der Spielplan zum Beispiel eines Theaters des Kulturbundes sich ausrichten? Er müßte zwei Funktionen erfüllen: dem neuen jüdischen Publikum den Übergang zu einer neuen kulturellen Situation erleichtern und diesem neuen Inhalt in irgendeiner Weise gebührenden Ausdruck geben. Das heißt, er sollte alles bringen, was den jüdischen Menschen angeht.«[11]

Diese »neue kulturelle« Situation, in der kraft Gesetzes[12] Künstler und Publikum aus Theatern und Konzertsälen vertrieben wurden, hatte in jüdischen Kreisen die Diskussion um jüdische Identität und die Neugestaltung jüdischer Kultur ausgelöst. Der Aufbau des kulturellen Eigenlebens in einem immer enger werdenden Raum wurde bestimmt durch die ethische Verpflichtung gegenüber dem gemeinsamen kulturellen Erbe; die Wahrung und Verbreitung von Kunst als Quelle der Überlebenskraft entsprach einem im jüdischen Glauben verankerten Gebot. Ernst Loewenberg schrieb dazu in den »Monatsblättern«:

» Wir wollen und müssen wahren, was Zeiten und Länder an geistigen Gehalten uns gaben, wir wollen und müssen eine jüdische Welt aufbauen, die aus den Urzeiten her unser Wesen formte. So sind aus der Erschütterung des Geschehens die jüdischen Menschen heute dem Religiösen offen und offen der Kunst. Denn wo spüren wir unmittelbarer das Wirken des Göttlichen im Menschen als im Reiche der Kunst?«[13]

Hans Buxbaum, in dessen Regie 23 der insgesamt 26 Inszenierungen entstanden, beteiligte sich an dieser Auseinandersetzung auch im Rahmen seiner praktischen Arbeit. Den Auftakt bildete am 15. September 1935 Richard Beer-Hofmanns »Jaakobs Traum« mit Hans Heinz Friedeberg in der Hauptrolle. Buxbaum nannte es »das Drama des jüdischen Menschen schlechthin«[14]; mit seinem alttestamentarischen Sujet ragte das Werk heraus aus dem übrigen Hamburger Repertoire. »Der Sänger seiner Trauer (Jusik)« von Ossip Dymov (Januar 1937), »Amcha« von Scholem Alejchem (November 1937) und »Der Pojaz« von Georg Hirschfeld (Oktober 1938), drei weitere Werke mit jüdischer Thematik, waren eher dem märchenhaften oder dem volkstümlichen Genre zuzuordnen. Zum überwiegenden Teil setzte sich der Spielplan aus fremdsprachigen Klassikern, zeitgenössischen Werken, Konversations- und Gesellschaftskomödien zusammen. Die Autoren hießen Shakespeare und Calderon, John B. Priestley und Franz Molnar, George Bernard Shaw, Oscar Wilde und Arthur Schnitzler. Diese Wahl entsprach — auch wenn man die Auflagen der Zensur berücksichtigt — weniger einer jüdischen Programmatik als vielmehr den Idealen eines deutschen bürgerlichen Bildungstheaters.

Die durch die Staatstheater verwöhnten Besucher hatten hohe Erwartungen an die Schauspielkunst und die Bühnentechnik. Die Mehrheit der Zuschauer verlangte nach Unterhaltung, Spannung, Verzauberung, wollte lachen und den Alltag für eine Weile vergessen. Ohne auf den Anspruch zu verzichten, ein »künstlerisch wertvolles Programm«[15] durchzusetzen, versuchte die Theaterleitung, den Bedürfnissen der sehr heterogenen Zuschauerschaft gerecht zu werden. Auf Grund permanenter finanzieller Engpässe war der Kulturbund auf jeden Mitgliedsbeitrag, jede bezahlte Eintrittskarte angewiesen, und so wurde seine Arbeit zu einer Gratwanderung zwischen Kultur- und Geschäftstheater.

Auf der kleinen Bühne im 2. Stock des Conventgartens, die in ihrer technischen Ausstattung kaum den Standard einer Laienbühne erreichte, ging das Ensemble ohne Fundus und ohne Budget an die Arbeit. Ihm gehörten u.a. an: Kurt Appel und Fritz Benscher, Klaus Brill, Erna Cohn-Lorenz und Liselotte Cohn (Rosen), Ruth Festersen, Hans Heinz Friedeberg, Carl Heinz Jaffé, Edith Hersslik, Max Koninski, Willy Kruszynski, Ursula Lieblich, Fritz Melchior, Kurt Schindler, Max Wächter und vor allem Julius Kobler, der in einer zeitgenössischen Rezension so gezeichnet wurde:

»Die prächtigste Figur des Spiels, der Graf, dem die Politik eine Lust und die Jagd eine Leidenschaft ist, wurde durch Julius Kobler zur persona grata des Abends. Wenn er seine Funkansprache zur Wahl abhaspelt, durch Knurrigkeit Zufriedenheit zu verdecken sucht, dann werden beim Schreiber dieser nachschmeckenden Betrachtung wehmütige Erinnerungen an die Hamburger Glanzzeit dieses saftigen Charakterspielers wach.«[16]

Der 1866 in Damboriz, Mähren, geborene Schauspieler und Regisseur war bereits seit 1905 in Hamburg engagiert, zunächst am Thalia Theater, seit 1917 am Deutschen Schauspielhaus. Die Spannbreite seiner Kunst reichte von komischen und naiven über dämonische bis zu tragischen Rollen: mit Figuren wie Schigolch (Wedekind: »Erdgeist«), Shylock (Shakespeare: »Der Kaufmann von Venedig«), Rappelkopf (Raimund: »Alpenkönig und Menschenfeind«), Dorfrichter Adam ((Kleist: »Der zerbrochene Krug«), Fuhrmann Henschel (Hauptmann), Arpagon (Molière: »Der Geizige«) erwies sich Kobler als einer der herausragenden Darsteller in der Geschichte des Deutschen Schauspielhauses. 1934 wurde Kobler entlassen. Am 10. Juni hatte er auf der Bühne des Schauspielhauses seinen letzten Auftritt als Bürgermeister Zirngibl in A.J. Lippls bayrischer Moritat »Die Pfingstorgel«.

Im Kulturbund bestimmten Koblers schauspielerische Glanzleistungen und seine Popularität ganz entscheidend die Qualität und den Erfolg der Theaterarbeit. »Dieser große Menschengestalter«[17] war auch in Nebenrollen noch so beeindruckend, daß selbst ein schwaches Stück allein durch seine Präsenz zu einem gewaltigen Erlebnis wurde. Als Hans Buxbaum 1938 nach England emigrierte, übernahm Kobler die Regie zu Klabunds »XYZ« und zu Hirschfelds »Der Pojaz«, der letzten Theaterproduktion des Kulturbundes am 23. Oktober.

Im Tanzbereich war die Ausdruckstänzerin, Choreographin und Tanzpädagogin Erika Milee die dominierende Künstlerin. Nach ihrer Ausbildung bei Rudolf von Laban und einem Volontariat bei Kurt Jooss hatte die gebürtige Hamburgerin 1928 eine Schule in der Rothenbaumchaussee 99 eröffnet. Sie widersetzte sich, ebenso wie der Kabarettist Willy Hagen, erfolgreich einer 1936 erlassenen Aufforderung der Reichskulturkammer an die jüdischen Künstler, eventuelle Künstlernamen abzulegen, und nannte sich auch weiterhin Erika Milee. 1938 definierte sie Tanz in den folgenden Worten:

»Tanzen ist die Sprache des Körpers. Tanzen ist Gesang der Glieder. Das innere Klingen der Seele schwingt im Tanze mit. Die stummen Bewegungen des Körpers lassen seelische Erlebnisse ertönen, und die leisen Melodien des Herzens werden im Tanzrhythmus laut.«[18]

Ihren ersten Auftritt im Kulturbund hatte Erika Milee am 28. April 1935 auf der Bühne des Curiohauses. Mit ihrer Kindertanzgruppe zeigte sie in eigener Choreographie »Das Tanzspiel vom Zauberberg« in den Kostümen von Anny Gowa und der musikalischen Begleitung von Werner Singer. Es folgten Tanzeinlagen in Shakespeares »Komödie der Irrungen« im Dezember 1935; »Der Sieg der Makkabäer«, eine chorische Tanzfeier nach der Idee von Meir Gertner und mit der Musik von Oswald Behrens wurde ein Jahr später im Conventgarten uraufgeführt. Auf der Bühne des Gemeinschaftshauses gestaltete die Künstlerin im September 1938 gemeinsam mit ihren Kinder- und Ausbildungsklassen einen Abend mit Ausdruckstänzen und einer pantomimischen Revue unter dem Titel »Ein Tag bei den Micky-Mäusen«.

Susanne Pander war neben Erika Milee eine weitere Repräsentantin für Tanz im Kulturbund Hamburg. Ihre Schule befand sich in der Brahmsallee. Susanne Panders Programme umfaßten neben Ausdrucks- und Stepptanz Akrobatik, Pantomime und Folklore.

»Kabarett in ganz neuer Form« versprach Willy Hagen (Künstlername: Leo Raphaeli) schon mit seiner 1933 gegründeten »Rosenroten Brille«, die ein Jahr später in der »Jüdischen Gesellschaft für Kunst und Wissenschaft« aufging. Auch Hagen war den Hamburgern nicht unbekannt.

Der 1878 in Erfurt geborene Künstler hatte sein Debüt 1903 als Jean in Strindbergs »Fräulein Julie« im Carl-Schultze-Theater auf der Reeperbahn. Seit 1906 konnte man ihn im Intimen Theater am Jungfernstieg, im Café Opera am Gänsemarkt und im Theater an der Alster im Hamburger Hof erleben; von 1913 bis 1921 leitete er das Kleine Theater an den Großen Bleichen. Seine Abende im Kulturbund mit Titeln wie »Eine Möwe macht noch keinen Winter«, »Es ist angerichtet« und »Kleine Anzeigen« füllten mühelos den großen Saal des Conventgartens. Hagens Programme wurden von den zuständigen Behörden immer wieder beanstandet und entschärft; er selbst erhielt mehrfach Auftrittsverbot. Als Leiter der Kleinkunst lud er die Berliner Kollegen Willy Rosen (vormals Kabarett der Komiker) und Max Ehrlich in die Hansestadt ein. »Vorhang auf« hieß ihre Revue am 5. November 1936, mit der sie für den wieder einmal verbotenen Willy Hagen einsprangen.[19] In der Werbeveranstaltung »Der Kulturbund rast« traten die Berliner und Hamburger Künstler am 11. Juni 1938 gemeinsam auf. Der Abend begann wegen des späten Sabbatausgangs erst um 22.30 Uhr und endete um 3 Uhr früh. Neben Sketchen und einer Tombola wurden Preiskegeln, Preistanzen, Würfelspiele und ›eine große amerikanische Versteigerung eines Maulwurfcapes‹ angeboten.

»10.45: ›Werbung‹, ein ganz kurzer Sketch, heißt es im Programm. Er ist ebenso kurz wie melancholisch. Der unglückliche Werber für den Kulturbund irrt von Tür zu Tür und holt sich seine Absagen. Dem ist es zu viel Theater und zu wenig Musik, dem zu viel Musik und zu wenig Theater, dem ist es zu jüdisch und dem zu unjüdisch, dem zu teuer, und dem zu billig (Verzeihung, das hat keiner gesagt), und der eine, der sich schließlich abonniert, — dem passen die Nachbarn nicht. Ein amüsanter Notschrei. Übrigens der Verfasser: Max Wächter.

Hans Buxbaum. Aus: Programm des Jüdischen Kulturbundes vom Januar 1938.

Julius Kobler (1866 - 1942). Aus: Programm des Jüdischen Kulturbundes vom Januar 1938.

Kurt Löwengard. Aus: Maike Bruhns, Kurt Löwengard (1895 - 1940). Ein vergessener Hamburger Maler. Hamburg 1989.

10.55: Leo der Raphaeli konferiert seinen eigenen Sketch ›Programmgestaltung‹. Oben sitzt der ›Herr Kulturbund‹ mit wallendem Bart und befragt sein Publikum. Das ist ganz bescheiden, es verlangt nur die Bergner, Toscanini und andere billige Kräfte, einigt sich aber schließlich auf ein kräftiges Abendbrot mit verbilligtem Eintrittspreis.«[20]

›Heitere Abende‹ fanden weiterhin statt mit dem ›zeichnenden‹ Schauspieler Fritz Melchior und der Diseuse Dela Lipinskaja. Alfons Fink trug Beispiele jüdischen Humors vor, Max Wächter präsentierte Handpuppenspiele. Otto Bernstein und Joseph Plaut sprachen Texte von Christian Andersen, Richard Beer-Hofmann, Mark Twain u.a.

Am 17. März 1934 eröffnete die »Jüdische Gesellschaft für Kunst und Wissenschaft« im Haus der Deutsch-Israelitischen Gemeinde in der Heimhuderstraße ihre erste Kunstausstellung mit Werken aus jüdischem Privatbesitz. Wie Rudolf Samson im Katalog erklärte, sollte nicht der jüdische Künstler, sondern der jüdische Sammler beweisen, welches Stück Kulturarbeit er seit Generationen geleistet hatte.[21] Über 60 Künstler waren in dieser von Kurt Löwengard eingerichteten Bilderschau zu sehen. Eine zweite Ausstellung über jüdisches Kunsthandwerk ergänzte die Gemäldesammlung. Für sie zeichnete Friedrich Adler, bis 1933 Professor an der Kunstgewerbeschule Hamburg, verantwortlich. Auf zwei Chanukka-Messen im Dezember 1935 und 1936 hatten die jüdischen Kunsthandwerker wiederum Gelegenheit, ihre Arbeiten vorzustellen.

Ende 1936 gab der Kulturbund seine erste graphische Mappe heraus. Sie erschien in einer Auflage von 100 Exemplaren. Mit seinem Einzug in das Gemeinschaftshaus richtete der Kulturbund eine ständige Ausstellung mit Werken seiner bildenden Künstler ein. Unter ihnen befanden sich mehrere Mitglieder der 1919 gegründeten und 1933 aufgelösten Künstlergruppe »Hamburgische Sezession«, die Hamburg in den zwanziger Jahren den Ruf eingebracht hatte, die Stadt mit den phantasievollsten Künstlerfesten zu sein. Seit der Machtübernahme der Nationalsozialisten lebten sie abseits der kunstinteressierten allgemeinen Öffentlichkeit. Vom NS-Regime wurden sie gleich zweifach verurteilt: als Juden und als »entartete« Künstler. Zu der Generation von Malern und Bildhauern, deren künstlerische Entwicklung unterbrochen, wenn nicht gar abgebrochen wurde, zählten Prof. Friedrich Adler, Alma del Banco, Erich Brill, Lore Eber-Feldberg, Paul William Henle, Kurt Löwengard, Ludwig Neu, Anita Rée und Gretchen Wohlwill.[22]

Im Jahre 1936 war mit 5.800 Mitgliedern knapp ein Drittel der Hamburger Juden im Kulturbund engagiert. Der Kulturbund Lübeck, seit der Spielzeit 1935/1936 Zweigstelle der Hamburger Organisation, brachte weitere 100 Mitglieder ein. In der Spielzeit 1935/36 zählte man 25.773 Besucher in 49 Veranstaltungen; 1936/37 wurden 21.084 Karten für insgesamt 41 Programme verkauft. 1937/38 stieg die Zahl der Veranstaltungen auf 110, die der Besucher auf 43.127. Im September 1937 wurde der Mitgliedsbeitrag aufgehoben und jedes Mitglied zur festen Abnahme von Karten verpflichtet. Pro Monat war eine große Veranstal-

Ausstellungsplakat von 1936. Holzschnitt von Kurt Löwengard. (MHG)

tung (Orchesterkonzert, Schauspiel) und ein kleines Programm (Solistenabend, Kammermusik) vorgesehen; Förderer mit einem Jahresbeitrag von RM 120,-- hatten Zutritt zu allen Veranstaltungen. Die Hoffnung, daß sich mit Hilfe des festen Mitgliedersystems die laufenden Kosten decken würden, erfüllte sich nicht: Neben Gagen, Gehältern, Betriebskosten fielen zusätzlich Abgaben an den Reichsverband und an die »Staatliche Genehmigte Gesellschaft zur Verwertung Musikalischer Urheberrechte« (STAGMA) an. Am Ende der Spielzeit 1937/38 ergab sich ein Fehlbetrag von RM 22.500. Wie in den Jahren zuvor mußten die jüdische Gemeinde und private Spender einspringen, um das Defizit auszugleichen. In den Monatsblättern des Jüdischen Kulturbundes Hamburg, die von September 1936 bis Oktober 1938 regelmäßig erschienen und neben dem laufenden Programm Photos, aktuelle Berichte, überregionale Nachrichten und Essays enthielten, wurde daher immer wieder an die Leser appelliert, weitere Mitglieder zu werben, um so die Existenz des Bundes zu sichern.

Zum Ende der Spielzeit 1937/38 veröffentlichte die Geschäftsleitung eine Bilanz der vier bisherigen Spielzeiten: Von 1934 bis 1938 hatten 284 Theateraufführungen und 63 Konzerte stattgefunden. Die Zahl der Vorträge und Rezitations-Abende belief sich auf 79, die der Kleinkunst-Abende auf 30. 5 Kunstausstellungen waren zu verzeichnen, 8 Tanzabende, 5 Werbe-Abende und 3 Kinderveranstaltungen.

Aus: Jüdisches Gemeindeblatt vom 8.4.1938.

»Wir bauen weiter« hieß es in einer ausführlichen Programmvorschau für die Saison 1938/39, und niemand ahnte, daß nur noch ein Bruchteil des neuen Spielplans Realität werden sollte.

Am 8. November 1938, einen Tag nach dem Attentat Herschel Grünspans auf den Legationsrat der deutschen Botschaft in Paris, wurden alle Kulturbünde in Deutschland geschlossen. In der Nacht vom 9. zum 10. November brannten die Synagogen, wurden Geschäfte geplündert und Tausende von Menschen verschleppt. Seit dem 12. November 1938 war Juden der Besuch von Theatern, Kinos und Konzertsälen verboten. Im Januar 1939 wurde der Kulturbund Hamburg als eigenständiger Verein zwangsweise aufgelöst.[23] Auf Anordnung der Reichskulturkammer blieb die Institution als solche jedoch bestehen; alle bisherigen Bünde wurden als Ortsverbände dem »Jüdischen Kulturbund in Deutschland e.V.« mit Sitz in Berlin unterstellt. Ihm wurden jetzt auch die jüdische Presse und die gesamte Buchproduktion angeschlossen.[24]

Die Hamburger Zweigstelle hatte von nun an kein eigenes Schauspiel-Ensemble mehr, doch die noch in Hamburg lebenden Künstler gestalteten nahezu jeden Monat gemeinsam mit Berliner Kollegen »Bunte Abende«, »Heitere Nachmittage«, Kammerkonzerte und Lesungen. Mit vier Gastspielen kam die Berliner Theatertruppe in das Hamburger Gemeinschaftshaus: am 19. Februar 1939 mit Franz Molnars »Die Fee«, am 15./16. März 1939 mit Eugène Scribes »Zweikampf der Liebe«, am 18./19. Mai 1941 mit Aldo de Benedettos »30 Sekunden Liebe«, am 7./8. September 1941 mit Molnars »Spiel im Schloß«.

Die wichtigste Rolle im Programm der Zweigstellen spielte nunmehr das bislang vernachlässigte Kino. Ein Vorführer reiste von Ort zu Ort, um zwei bis drei Tage lang deutsche, französische und amerikanische Spielfilme zu zeigen. Nach Hamburg kam er nicht, denn der größte Filialbetrieb des Kulturbundes — 1939 zählte er 3.500 Mitglieder — verfügte in der Hartungstraße über eine eigene Tonfilmanlage. Auf der großen Leinwand im ehemaligen Theatersaal machte »Tarantella« von Robert Z. Leonard mit Jeanette MacDonald in der Hauptrolle am 28. Februar 1939 den Anfang. Von Harry Blumenthal technisch betreut, wurden über 120 Spielfilme und ebenso viele Kurzfilme im Vorprogramm gezeigt. Die zwanzigjährige Graphikerin Marion Baruch entwarf die Filmplakate. Das Angebot war nahezu identisch mit dem der öffentlichen Kinos; die Publikumslieblinge hießen hier wie dort Gustav Gründgens, Heinz Rühmann, Marika Rökk und Zarah Leander.

Am 11. September 1941 wurde der Jüdische Kulturbund in Deutschland durch die Geheime Staatspolizei liquidiert.[25] Das Haus in der Hartungstraße diente wenige Wochen später als Proviant- und Versorgungsstelle für die jetzt einsetzenden Deportationen. Am 11. Juli 1942 wurde es Sammelstätte für einen der beiden Hamburger Transporte nach Auschwitz.[26]

Der Jüdische Kulturbund trug in jenen Jahren äußerster politischer und individueller Bedrängnis dazu bei, den Betroffenen eine geistige, künstlerische und materielle Existenz zu erhalten. Er war ein Ort der Zuflucht und des Trostes, ein Ort der Selbstbehauptung und der Solidarität für Künstler und Publikum. Angesichts wachsender Isolierung und Demütigung wurde durch die Begegnung mit den Künsten nicht nur das Gefühl kollektiver Identität wachgerufen, sondern gleichermaßen das Bewußtsein unverlierbarer menschlicher Würde aufrechterhalten. Als Angehörige eines durch die Jahrhunderte immer wieder vertriebenen Volkes ging es den Verfechtern des Kulturbundes um den Erhalt und die Weitergabe jenes kulturellen Gutes, das ihnen von Generation zu Generation vererbt worden war und die jüdischen Menschen geprägt hatte. Jüdische Identität bedeutete darum auch die Rückbesinnung auf den jüdischen Glauben; das unbeirrte Festhalten an Kunst und Kultur galt vielen als Erfüllung eines heiligen Auftrags. In ihrer Weigerung, die Bindung an die europäische Kultur und damit ihre geistige Tradition zu verleugnen, leisteten Künstler und Publikum darüber hinaus eine für sie mögliche Form von Widerstand.[27]

Zum anderen wurde der Kulturbund von den Nationalsozialisten nicht nur toleriert, sondern ausdrücklich unterstützt.[28] Seine Gründung und seine mit großem Engagement betriebene Organisation war politisch opportun und kam dem Regime in mehrfacher Hinsicht entgegen:

Die von den öffentlichen Podien verbannten jüdischen Künstler fanden hier ein neues Betätigungsfeld. Arbeitslosigkeit größeren Ausmaßes und die eventuelle »Infiltration

KOPF IN DER SCHLINGE

Kriminalstück in 3 Akten von
John Bradley

Regie: Hans Buxbaum

Bühnenbild: Anny Gowa

Technische Leitung: Harry Blumenthal

PERSONEN:

William Mason	Julius Kobler
Frank Dearden	Fritz Melchior
Harriet Dearden	Friedl Münzer
Sir Henry Henningway	Kurt Schindler
Lady Isabell Henningway	Erna Cohn (Lorenz)
Percy Grainger	Max Koninski
Eine elegante Dame	Edith Hersslik
James	Max Wächter

Pause nach dem 2. Akt

Programmzettel des Jüdischen Kulturbundes Hamburg vom Mai 1938. (MHG)

der Privatbühnen durch arbeitslose Juden«[29] wurden auf diese Weise verhindert. Die Konzentration in einem geschlossenen Verband erleichterte die Ghettoisierung und Kontrolle über Künstler und Publikum.[30] Gegenüber dem Ausland konnte der NS-Staat den Kulturbund als ein Aushängeschild für eine ›tolerante Judenpolitik‹ benutzen und der »Greuelhetze« der Emigranten zeitweise entgegenstellen.[31] Die Arbeitsmöglichkeiten im Kulturbund täuschten manches seiner Mitglieder über das Ausmaß der existentiellen Gefährdung und die Dringlichkeit, Deutschland zu verlassen. Als der Kulturbund 1941 liquidiert wurde, war es Juden kaum mehr möglich zu emigrieren.[32]

Das Schicksal der Hamburger Künstler nach der Auflösung des Kulturbundes ist in vielen Fällen bis heute unbekannt geblieben. Von den folgenden Mitgliedern sind einige wenige Daten des weiteren Lebensweges bekannt:

Hans Buxbaum, Robert Müller-Hartmann, Lore Eber-Feldberg, Paul Henle und Kurt Löwengard emigrierten nach England, Gretchen Wohlwill gelang die Flucht nach Portugal, Erika Milee und Max Wächter nach Südamerika, Hans Heinz Friedeberg, Fritz Melchior, Heinz Condell, Fritz Block und Ernst Hochfeld erhielten Visa für die USA.

Dem schwer erkrankten Julius Kobler verweigerte das Universitätskrankenhaus Eppendorf die lebensrettende Operation.[33] Er starb am 22. Juni 1942. Deportiert und ermordet wurden Friedrich Adler, Marion Baruch, Otto Bernstein, Jenny Bernstein-Schaffer, Harry Blumenthal, Erich Brill, Max Ehrlich, Willy Hagen, Willy Rosen.

Der Besucher, der heute das Gebäude von der Hartungstraße her betritt, kann rechter Hand auf einer Bronzetafel lesen, daß dieses Haus seit 1904 Sitz der Henry-Jones-Loge war, daß es als Jüdisches Gemeinschaftshaus 1938 Zentrum jüdischen kulturellen Lebens wurde und daß es nunmehr die Hamburger Kammerspiele beherbergt. An seine Geschichte bis 1941 und an seine Bestimmung zur Zeit der Deportationen erinnert weiter nichts.

Anmerkungen

Der vorliegende Aufsatz basiert im wesentlichen auf Forschungen der Verfasserin im Archiv des Leo-Baeck-Instituts New York. Ferner wurden zwei grundlegende Arbeiten zum Jüdischen Kulturbund in Deutschland hinzugezogen: Herbert Freeden, Jüdisches Theater in Nazideutschland, Tübingen 1964, und Volker Dahm, Kulturelles und geistiges Leben. In: Die Juden in Deutschland 1933–1945. Hrsg. von Wolfgang Benz. München 1988, S. 75–267. Für den Jüdischen Kulturbund Hamburg liegt bislang nur eine Arbeit vor: Hans Jürgen Uekötter, Der Jüdische Kulturbund Hamburg. Ein Beitrag zur deutsch-jüdischen Geschichte im nationalsozialistischen Deutschland. (Schriftliche Hausarbeit für das Erste Staatsexamen) Hamburg 1986. Auch ihr verdankt die Verfasserin wesentliche Informationen.

Die Überschrift ist ein Zitat aus: Max M. Warburg, Begrüßungsworte zur Einweihung des Jüdischen Gemeinschaftshauses in Hamburg am 9.1.1938, Staatsarchiv Hamburg 622-1, Familie Plaut, B 12. Das zitierte Motto war zugleich Titel der ersten Ausstellung zum »Jüdischen Kulturbund Hamburg 1934–1941«, die im November 1990 in den Hamburger Kammerspielen gezeigt wurde.

[1] Dr. Hans Liebeschütz in »Monatsblätter des Jüdischen Kulturbundes Hamburg«, August 1938, S.6.

JÜDISCHER KULTURBUND HAMBURG E.V.
Hamburg 13, Hartungstraße 9—11 · Telefon 44 54 48
Geschäftsstunden: Montag bis Freitag von 9—16 Uhr
Bankkonto: M. M. Warburg & Co. K.-G. — Postscheckkonto: Hamburg 440 67

Jeder Jude werde Mitglied!

Jedes Mitglied werbe neue Mitglieder!

Der jüdische Kulturbund ringt um seine Existenz!

Es kommt auf die Mitgliedschaft Jedes Juden an!

Anzeige aus: Monatsblätter des Jüdischen Kulturbundes Hamburg vom Oktober 1938. (SUB)

(Sta HH)

[2] Die Beleuchtungsanlage verfügte über 10 Scheinwerfer, 1 Dreifarben-Fußrampe, 2 Oberlichter, 1 Horizontlampe.

[3] Vgl. Max M. Warburg, a.a.O., S. 3 und 6.

[4] Vgl. Max M. Warburg, a.a.O., S. 3.

[5] Vgl. Herbert Freeden: Jüdisches Theater in Nazideutschland. Tübingen 1964, S. 22. Obwohl der Besuch von Kinos, Theatern und Konzertsälen Juden erst am 12. November 1938 offiziell verboten wurde, galten sie lange vorher als »unerwünscht«.

[6] Vgl. Herbert Freeden, a.a.O., S. 48f.

[7] Werbebrief der Jüdischen Gesellschaft für Kunst und Wissenschaft, Dezember 1934.

[8] Vgl. Programm des Jüdischen Kulturbundes Hamburg 1935/36

[9] Israelitisches Familienblatt vom 9.12.1937, S. 9.

[10] Im Nachlaß Harry Blumenthals befand sich ein Album mit vielen Photos, die die Arbeiten des Jüdischen Kulturbundes Berlin und Hamburg dokumentieren. Durch Vermittlung des Instituts für die Geschichte der deutschen Juden, Hamburg, wird dieses Album heute im Museum für Hamburgische Geschichte aufbewahrt.

[11] Hans Buxbaum in »Monatsblätter des Jüdischen Kulturbundes Hamburg«, Juni 1937, S. 3.

[12] u.a. Gesetz zur Wiederherstellung des Berufsbeamtentums vom 7.4.1933. Reichskulturkammergesetz vom 22.9.1933, Theatergesetz vom 15.5.1934, Reichs- und Staatsangehörigkeitsgesetz vom 15.5.1935 samt Verordnungen.

[13] Dr. Ernst Loewenberg in »Monatsblätter des Jüdischen Kulturbundes Hamburg«, August 1937, S. 28.

[14] Programm des Jüdischen Kulturbundes, September 1935.

[15] Dr. Joseph Carlebach, Programm des Jüdischen Kulturbundes, September 1935, S. 5.

[16] Jüdische Rundschau vom 10.10.1937, S. 7, anläßlich der Aufführung von Bus-Feketes Stück »Jean«.

[17] Israelitisches Familienblatt vom 16.1.1936, S. 3.

[18] Erika Milee, ›Vom Tanzen‹, in »Monatsblätter des Jüdischen Kulturbundes Hamburg, Juli 1938, S. 17ff.

[19] »Monatsblätter des Jüdischen Kulturbundes Hamburg«, Oktober 1936, S. 28 und Programmzettel vom 5.11.1936.

[20] Israelitisches Familienblatt vom 16.6.1938, S. 16a.

[21] Der Katalog enthält außer dem Text von Rudolf Samson eine Liste der ausgestellten Künstler; er befindet sich im Leo-Beack-Institut New York.

[22] Vgl. hierzu Maike Bruhns, »Ich kann mich in so einer Welt nie mehr zurechtfinden«. Jüdische Künstler der Hamburgischen Sezession. Begleitheft zur Ausstellung im Altonaer Museum in Hamburg vom 18.10.1989 bis 14.1.1990;
Maike Bruhns, Kurt Löwengard (1895–1940). Ein vergessener Hamburger Maler. Hamburg 1989. (Veröffentlichungen des Vereins für Hamburgische Geschichte, Bd. 35).

[23] Schreiben des Kulturbundes Hamburg an das Vereinsregister vom 10.1.1939.

[24] Jüdisches Nachrichtenblatt vom 30.12.1938, S. 1.

[25] Schreiben der Geheimen Staatspolizei vom 11.9.1941. In: Herbert Freeden, a.a.O., S. 164.

[26] Deutsch-Jüdische Gesellschaft Hamburg (Hrsg.): »Wegweiser zu ehemaligen jüdischen Stätten in Hamburg«, Heft 3, 1989, S. 68ff.

[27] Vgl. Herbert Freeden, a.a.O., S. 6.

[28] Vgl. Hans Hinkel, Die Judenfrage in unserer Politik. In: Die Bühne. Berlin 1936, S. 514f.

[29] Vgl. Volker Dahm, a.a.O., S. 87.

[30] »Beethoven, Goethe, Mozart verboten«. Das geistige Getto der jüdischen Kulturbünde. In: Pariser Tageszeitung, 16.5.1937, o.V.

[31] Vgl. Hans Hinkel, ebd.

[32] Mit dem 23.10.1941 galt für die jüdische Bevölkerung Deutschlands ein totales Auswanderungsverbot.

[33] Gemäß dem Erlaß der Landesunterrichtsbehörde vom 23.1.1936 auf Vorschlag der Gesundheitsbehörde, jüdische Kranke im Universitätskrankenhaus Eppendorf außer in extremen Notfällen nicht mehr zu behandeln.

Max M. Warburg, Begrüßungsworte zur Einweihung des Jüdischen Gemeinschaftshauses in Hamburg am 9. Januar 1938 (Auszüge)

Die Ausschaltung aus vielen Betätigungsgebieten macht es uns heute unmöglich, für das Land, in dem wir geboren sind, so zu arbeiten, wie wir bereit sind. Das ist eine Tatsache, die schwer auf uns lastet und geeignet ist, jede Freude zu dämpfen. Aber so harte Prüfungen die Zeit uns auferlegt, führt sie doch andererseits uns wieder zurück zum Ursprung unseres Wesens und zu den Wurzeln unserer Kraft, zur Treue zum Judentum ...

Das jüdische Gemeinschaftshaus, das wir heute eröffnen, will vielen zur Freude, und niemandem zu Leide sein. Es will nicht in einen Wettbewerb eintreten mit den Stätten, an denen wir uns sonst betätigen, gewiß auch nicht mit den Gotteshäusern, wo unser gemeinsamer Ernst zu voller Klarheit aufwacht. Wir wollen etwas anderes, wollen dieses Haus mit einem besonderen Sinn erfüllen ...

Das Gemeinschaftshaus, das in besonderer Zeit gebaut wurde, muß eine besondere Weihe erfahren. »Scholaum Aleichem« ist unser Gruß! Unser Volk soll, sei es im Heiligen Lande, sei es in der ganzen Welt, für den Frieden zu wirken suchen. Wir können aber für den Frieden nicht besser arbeiten, als wenn wir in erster Linie selbst in unseren Reihen Frieden halten und alle kleinen Gegensätze überbrücken. Das ist heute mehr denn je nötig. In diesem Haus wollen wir versuchen, das uns Einigende zu unterstreichen. Wer in dieser Zeit der Not rechthaberisch streitet, ist wahrlich ein schlechter Schicksalsgenosse.

Nach dem Kampf des Lebens draußen sei hier eine Stätte der Ablenkung, der Entspannung, des Spiels, der freien, vom Zwange der Notwendigkeit gelösten Beschauung der Wirklichkeit, des Friedens. »Es gibt eine Zeit des Kampfes und eine Zeit des Friedens«, sagt der Prediger, »Eis milchomoh we-eis scholaum.«

Unsere Sorgen sind oft übergroß, und wir laufen Gefahr, daß sie uns erdrücken werden, wenn wir nicht uns die historische Entwicklung vor Augen halten. Wir leben in einer Zeit des Überganges, der Auseinandersetzung in der ganzen Welt. Von diesen gewaltigen Auseinandersetzungen ist die jüdische Frage, so sehr sie uns angeht und bedrückt, nur eine Teilfrage.

Auch diese Zeit der Prüfung müssen wir mit Haltung ertragen, den Tatsachen ins Auge sehen und dürfen über unseren Sorgen die Lebensbejahung nicht verlieren.

Der jüdische Mensch in Deutschland ist wieder zurückgeführt worden zu sich selbst. Ob er wollte oder nicht, ob er sich seines Judentums von jeher mit Stolz bewußt war oder ob er auf dem Wege seiner oftmals nur imaginären Emanzipation sich immer mehr von dem Jude-Sein entfernt hatte, ob er gläubig geblieben war im Sinne der alten Lehre oder geglaubt hatte, alles Dogmatische als antiquierten Ballast hinter sich werfen zu können, — heute ist er Jude, er ist Jude mit allen den seelischen Hemmungen, mit allen Problemen und Sorgen, die ihm die Zeit als Jude auferlegt! Jude ist er aber auch als ein Mensch, der sich wieder zurückbesinnt auf seine und seiner Vorfahren Vergangenheit und der wieder den Anschluß sucht an die Quellen, aus denen er hervorgegangen ist und den Faden anknüpft, der gerissen oder gelockert war, — das Band der Gemeinschaft des Judentums.

Diese Räume, traditionell angelehnt an das Gemeinschaftshaus der Jüdischen Geschichte, sollen in des Wortes engster Bedeutung ein Sinnbild werden der Gemeinschaft. Sie sollen der bescheidene Rahmen sein, in dem die Juden Hamburgs sich zusammenfinden, um nach den Sorgen des Alltags ihre Gedanken an Geistigem, an Schönem und Heiterem aufzurichten.

In diesem Sinne lassen Sie mich die Verse wiederholen, die ich nach dem Anbringen der Mesusa heute gesagt habe:

Legt ab beim Eintritt eure Sorgen,
Von gestern, heute und von morgen!
So lange Ihr in diesem Hause,
Macht in der Sorgenreihe Pause!
Gemeinschaftlich mit all' den andern,
Die nicht ergriffen von dem Wandern,
Sucht Freude hier und auch die Kraft,
Die das Zusammenhalten schafft!
Seid trotz der schweren Last stets heiter!
Der liebe Gott sorgt für Euch weiter!

Max M. Warburg (1867 - 1946). Foto: E. Bieber. (Sta HH)

Farbpostkarte, um 1910 (LBI)

מֹשֶׁה הִלֵּל אֲרִיאֵל
לֵאָה מֵאִיר אָשֵׁר
אֲשֶׁר לָמָּה
נֵרִי אַל נָא מֵאִיר

Seite aus der Hebräisch-Fibel »Licht und Freude«. Die von Lehrer Hugo Mandelbaum entwickelte Fibel wurde von dem Kunsterzieher Kallmann Rothschild illustriert. Die Fibel wurde den Schülern im Verlauf des Schuljahres blattweise – nicht mehr als abgeschlossenes Buch – ausgegeben. (Privatbesitz)

Aus dem Klassenheft der Klasse 8a der Mädchenschule der Deutsch-Israelitischen Gemeinde Hamburg, 1932. (Privatbesitz)

Briefe der Schülerinnen Ursel Salomon und Lotte Rosenberg vom Januar 1934 an ihre Lehrerin Lilli Traumann, die nach Palästina emigriert war. (Privatbesitz)

Blick vom Dach des elterlichen Hauses in der Grindelallee zur Sedan- und zur Bundesstraße. Im Hintergrund der Giebel des Heinrich-Hertz-Realgymnasiums. Ölgemälde David Goldschmidts von 1913. (MHG)

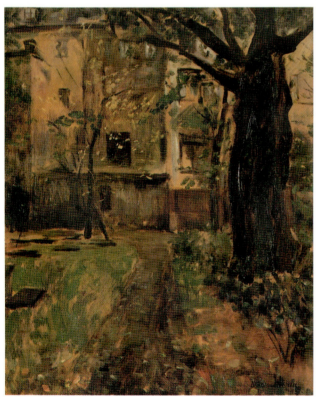

Ansicht eines Hausgartens, möglicherweise in der Grindelallee 162. Ölgemälde David Goldschmidts von 1931. (MHG)

Porträt von Ilse-Irene Goldschmidt, der Schwester David Goldschmidts. Ölgemälde von 1927. (MHG)

Porträt von Sigmund Goldschmidt, des Bruders David Goldschmidts. Ölgemälde von 1924. (MHG)

Antisemitische Aufkleber, um 1920. (StA HH)

Antisemitischer Handzettel der Deutschnationalen Volkspartei, undatiert. (StA HH)

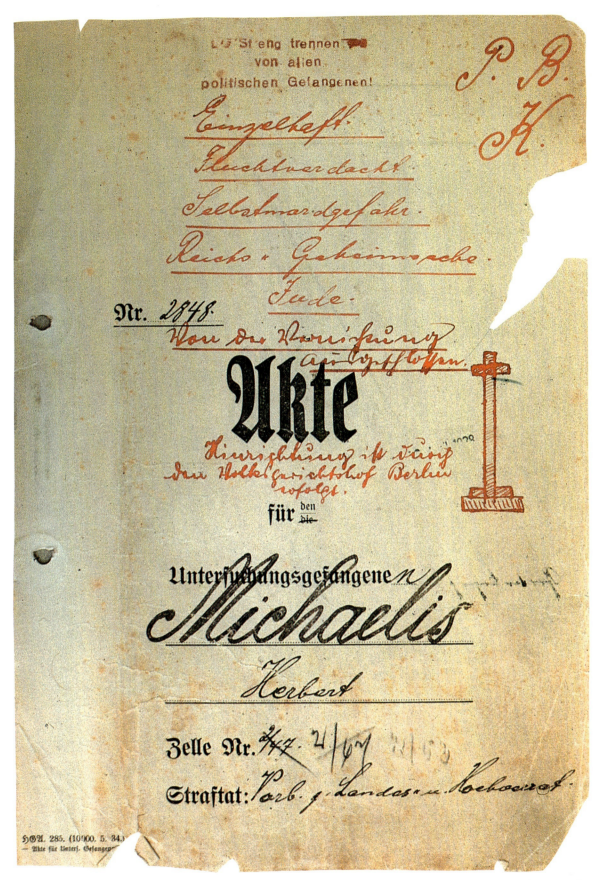

Deckblatt der Akte des Untersuchungsgefangenen Herbert Michaelis. Herbert Michaelis wurde durch den in Hamburg tagenden 2. Senat des Volksgerichtshofes am 2.3.1939 zum Tode verurteilt und am 14.6.1939 in Berlin-Plötzensee hingerichtet. (IGA)

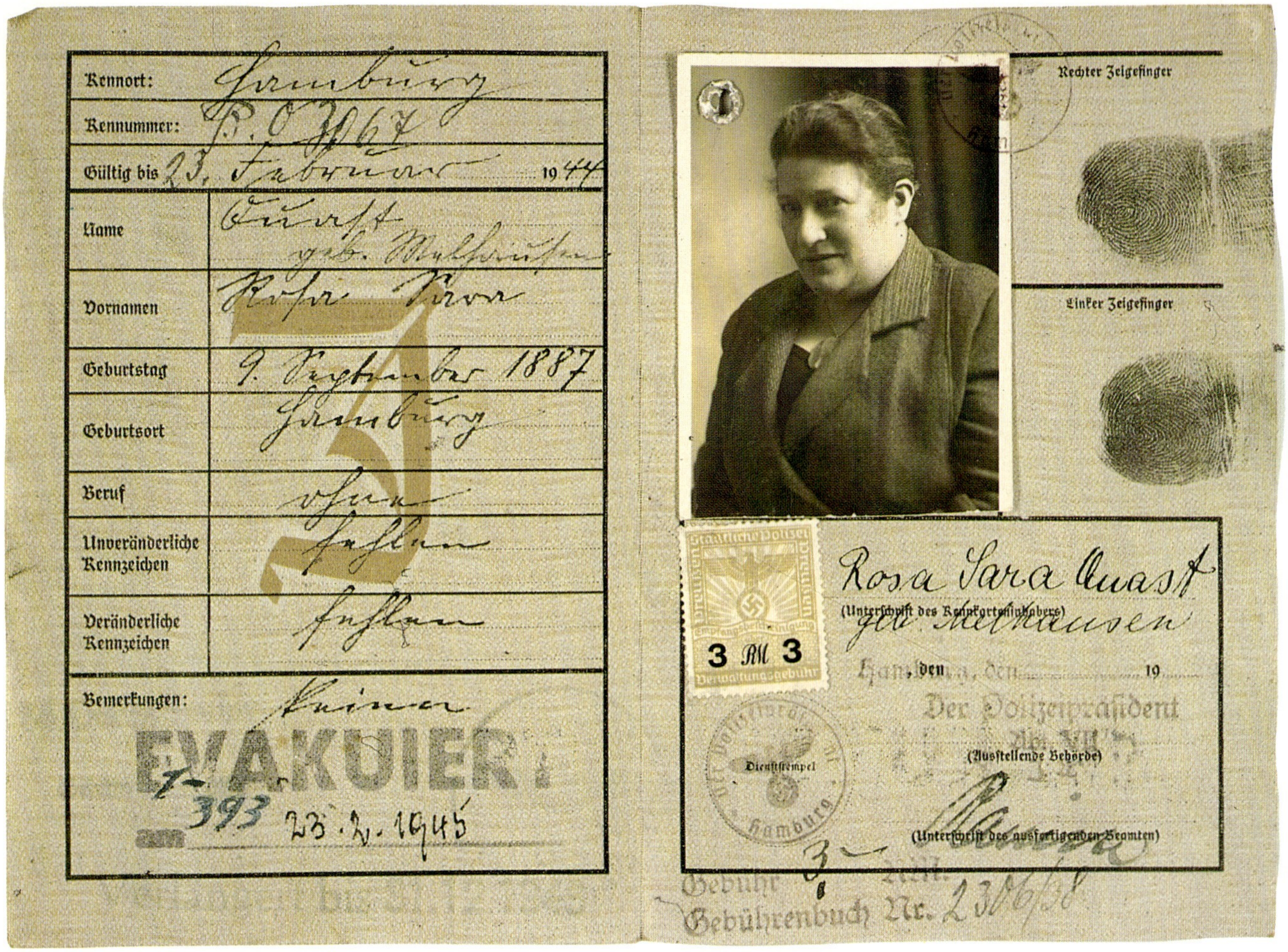
Kennort: Hamburg
Gültig bis 23. Februar 1944
Name Quast
Vornamen Rosa Sara
Geburtstag 9. September 1887
Geburtsort Hamburg
Beruf ohne
Unveränderliche Kennzeichen fehlen
Veränderliche Kennzeichen fehlen
Bemerkungen: keine
EVAKUIERT
am 393 23.2.1945
Rechter Zeigefinger
Linker Zeigefinger
3 RM 3
Verwaltungsgebühr
Rosa Sara Quast
(Unterschrift des Kennkarteninhabers)
Hamburg, den 19
Der Polizeipräsident
(Ausstellende Behörde)
Dienststempel
(Unterschrift des ausfertigenden Beamten)
Gebühr 3.– RM.
Gebührenbuch Nr. 2306/38

Kennkarte von Rosa Quast. (ETG)

Ulrich Bauche

Frühe Bilder des Malers David Jacob Goldschmidt

Für die Ausstellung »Jüdisches Leben am Grindel« hatten ihre Autoren 1986 noch vergeblich nach künstlerischen Bildzeugnissen gesucht.[1] Unter den nicht zahlreich überlieferten Werken bekannter Künstlerinnen und Künstler jüdischer Herkunft fanden sich keine Ansichten aus dem Stadtteil Rotherbaum oder Bildnisse jüdischer Menschen, die dort gewohnt und gewirkt hatten.

Die Ausstellung und ihr Presseecho bewirkten aber, daß das Museum für Hamburgische Geschichte auf Werke zweier in Hamburg bis dahin völlig vergessener bildender Künstler aufmerksam gemacht wurde. Der erste war Ivan Seligmann, der in den 20er Jahren ein über Hamburg hinaus bekannter Gebrauchsgraphiker war.[2] Er hatte in der Bornstraße 20 gewohnt. 1942 vor der Deportation übergab er eine große Mappe ausgesuchter Arbeiten einem befreundeten nichtjüdischen Nachbarn zu treuen Händen.[3] Seligmann überlebte die Deportation nicht. Der Nachbar wanderte nach 1950 aus Deutschland aus und übertrug vorher die Mappe einem Malerfreund, der sie für eventuelle rechtmäßige Erben Seligmanns aufbewahrte. Angeregt durch die Ausstellung 1986 suchte der Besitzer der Mappe zu den israelischen Beteiligten Verbindung, zeigte die Mappe Naftali Bar-Giora Bamberger und dem Verfasser und übergab sie zum Verbleib in Israel. Dieses erhaltene graphische Werk Ivan Seligmanns befindet sich jetzt im Israel-Museum in Jerusalem. Das Museum für Hamburgische Geschichte besitzt eine vollständige Farbfotoreproduktion davon.[4]

Der zweite Künstler, der im Zusammenhang mit der Ausstellung 1986 für uns neu entdeckt wurde, ist David Goldschmidt. Als freier Maler, der in seinem Frühwerk auch Ansichten aus dem Grindelgebiet und Porträts seiner Familie, die dort wohnte, geschaffen hatte, besitzt er für uns noch größere Bedeutung.

Als David Goldschmidt am 17. Mai 1981 in Lugano verstarb, wo er seit längerem ansässig gewesen war, hatte er ein internationales Renommee. Seine Bilder befinden sich in zahlreichen Museen und Sammlungen, vornehmlich in der Schweiz, aber auch in Israel, Frankreich, Deutschland und zahlreichen anderen Ländern.[5] In Hamburg dagegen war David Goldschmidt so gut wie vergessen. Es ist der Initia-

Titelseite einer Festzeitung anläßlich der Barmizwah von David Goldschmidt, 1908. Lithographie von David Goldschmidt. (MHG)

David Goldschmidt, um 1975. (Privatbesitz)

tive seiner Witwe, Dr. Fritzi Goldschmidt, Lugano, zu verdanken, daß die Erinnerung und das Interesse an David Goldschmidt in Hamburg geweckt wurden. So erwarben die Hamburger Kunsthalle und das Museum für Hamburgische Geschichte Gemälde aus seiner Hamburger Schaffenszeit, die von den Schülerjahren bis zur Emigration 1936 reichte.

David Jacob Goldschmidt wurde am 9. Juli 1896 in Hamburg geboren. Sein Vater Jacob Goldschmidt war Privatbankier und Versicherungskaufmann und stammte aus einer in Hamburg schon seit Jahrhunderten ansässig gewesenen jüdischen Familie. Es existiert eine Bleistiftzeichnung von David, in der sein Urgroßvater, Salomon Goldschmidt, als wohlhabender Mann nach einer alten Miniatur wiedergegeben ist. Davids Mutter Thekla, geborene Seligmann, stammte aus Karlsruhe. Der Sohn hat seine Mutter wohl kurze Zeit vor ihrem Tod 1923 porträtiert. Das strenge, etwas steife Bild befindet sich im Künstlernachlaß in Lugano.[6]

Die Familie Goldschmidt lebte offenbar in der Bindung an die jüdische Orthodoxie. Die anläßlich seiner Barmizwa am 18. Juli 1908 von David gezeichnete Festzeitung zeigt als Titelbild das Innere einer großen Synagoge, bei der Aufrufung eines Knaben zur Toralesung.[7] Die gleiche Festzeitung enthält auch eine gezeichnete Ansicht des Wohnhauses der Familie Goldschmidt, Grindelallee 162. Sie zeigt eine typische dreigeschossige Reihenvilla des gehobenen bürgerlichen Zuschnitts mit Vorgarten, Freitreppe, geschlossener Veranda und offenem Balkon darüber. Das Haus war um 1870/80 zwischen Heinrich-Barth-Straße und Rutschbahn erbaut worden.[8] David besuchte das Heinrich-Hertz-Realgymnasium bis zum Abitur. Früh wurde seine zeichnerisch-malerische Begabung sichtbar und von Familie und Schule gefördert. Aus dieser Zeit blieben mehrere Arbeiten gelungener Gestaltung und beachtlichen Könnens erhalten, von denen das Museum für Hamburgische Geschichte zwei Stücke erwarb: Die aquarellierte Zeichnung von 1910 zeigt die Ansicht einer Freitreppe im Wallringpark nahe dem Holstenwall.[9] Das 1913 entstandene Ölgemälde gibt den Blick vom Dach des elterlichen Hauses über die Dächer der gegenüberliegenden Straßenseite zur Sedanstraße und zur Bundesstraße wieder.[10] Im Hintergrund erkennt man die barockisierenden Giebel des Heinrich-Hertz-Realgymnasiums Ecke Bundesstraße und Beim Schlump. In der flächigen Farbgebung und kleinteiligen Ornamentierung ebenso wie in der stilisierten Signatur ist das Bild dem Jugendstil verbunden.

Im Ersten Weltkrieg diente David Goldschmidt 1915 bis 1917 als Soldat. Von der folgenden Studienzeit im Fach Volkswirtschaft wird berichtet, daß das Kunststudium ihn mehr beschäftigte und begeisterte. Er erscheint seit 1920 als Mitinhaber der väterlichen Firma im Hamburger Adreßbuch. Seine Wohnadresse bleibt bis 1929 das väterliche Haus in der Grindelallee.

Durch den Besuch von Kunstschulen und durch Hospitationen in Malerateliers bildete sich David Goldschmidt in seinem zweiten Beruf als Maler aus. 1923 bescheinigte ihm Gustav Pauli, Direktor der Hamburger Kunsthalle, die Mit-

Porträt Jakob Goldschmidts, gemalt 1924. (MHG)

gliedschaft im Berufsverband, der Hamburgischen Künstlerschaft.[11]

Auslandsreisen nutzte Goldschmidt zum Besuch der großen europäischen Galerien. Dort kopierte er hauptsächlich Porträtmaler des Barock. Vom Nationalmuseum Prado in Madrid ist die Genehmigung zum Kopieren von 1922 erhalten geblieben.[12] Porträtgemälde seiner Verwandten und Bekannten bilden einen Schwerpunkt seines Schaffens in den zwanziger Jahren.

Das Porträt seines Vaters, gemalt 1924, zeigt einen älteren Herrn, korrekt gekleidet in dunklem Anzug, schwarzer schmaler Halsbinde, goldener Uhrkette über der Weste und einem schwarzen Hausbarett.[13] Aus dem schmalen Gesicht mit hoher Stirn und dunklen gebogenen Brauen schauen leicht gekniffene Augen hinter goldgeränderter Brille sinnend am Betrachter vorbei. Die Ähnlichkeit dieses Gesichts mit einem Porträtfoto des Sohnes David rund fünfzig Jahre später ist sehr auffallend.[14] Der Vater ist in einem geradekantigen, lederbezogenen Sessel mit hoher Rückenlehne dargestellt. Die auf den Oberschenkeln ruhenden Hände halten ein gefaltetes Zeitungsblatt, dessen Kopfzeile »Hamburger« in Frakturschrift zum Fremdenblatt ergänzt werden kann. Das liberal-konservative Fremdenblatt war die von Hamburger Juden am meisten gelesene Tageszeitung. Das Porträt charakterisiert Jacob Goldschmidt besonders durch die eingenommene Sitzhaltung in selbstbewußter Gelassenheit.

Im Gegensatz dazu stellt David seinen jüngeren Bruder Sigmund wiederum hauptsächlich durch die gewählte Körperhaltung als angespannt, von innerer Unruhe bewegt dar. Das Porträt des Bruders ist ebenfalls 1924 entstanden.[15] Sigmund hatte Rechtswissenschaft studiert, und 1924 war etwa die Zeit seines ersten juristischen Staatsexamens. In den folgenden Jahren erscheint er als Referendar unter der Anschrift seines Vaterhauses in den Adreßbüchern. Die Jahrgänge 1933 bis 1935 nennen ihn als Dr. jur. und Rechtsanwalt ebenfalls unter Grindelallee 162.[16] Im Gegensatz zum Porträt des Vaters, das von warmen Brauntönen des Hintergrundes bestimmt ist, zeigt das Porträt des Bruders dunkel-graublaue Farben für den Hintergrund: Ein Innenraum, der von hinten durch ein Fenster mit vorgezogener Tüllgardine schwach erhellt wird, das aber weitgehend verdeckt wird von dem davor plazierten Dargestellten. Er sitzt breitbeinig auf einer Chaiselongue, etwas gekrümmt mit herabfallenden Schultern. Die Hände, die rechte herabhängend, die linke etwas Zusammengeknülltes fassend, bilden den nach rechts unten verschobenen hellen Gegenpart zum Fensterausschnitt oben links und der hellen Gesichtspartie in der oberen Bildmitte. Der schmale Kopf mit dunklem Haar über hoher Stirn läßt durch Hell-Dunkel-Kontrast die Gesichtszüge schärfer erscheinen: bohrender Blick durch schmal gerandete Brille, lange gerade Nase, schmaler geschwungener Mund. Die Kleidung, dunkelblauer Anzug mit Weste, schwarze Krawatte und steifer Hemdkragen, ist auf die Sitzhaltung hin mit entsprechendem Faltenwurf gezeichnet.

In diesem Bild hat David Goldschmidt seinen Bruder als Intellektuellen dargestellt. Der Bruder emigrierte nach Palästina/Israel und starb dort 1950.

Ein tragisches jüdisches Schicksal verbindet sich auch mit dem Bildnis seiner Schwester Ilse-Irene. Sie gehört zu den Opfern der Deportationen.[17] Das Porträt der Schwester hat David 1927 gemalt.[18] Es zeigt den Kopf annähernd en face mit einer leichten Wendung nach rechts. Braune wellige Haare mit linksseitigem Scheitel fassen ein schmales ovales Gesicht ein. Die großen dunklen Augen, die längliche schmale Nase und die geschlossenen leicht geschwungenen Lippen sind in einem ernsten, fast traurigen Ausdruck vereint. Die bogenförmige Schulterpartie, von dunkelblauem Kleid bedeckt, läßt nur einen schmalen Halsausschnitt frei. Das Bild wurde 1990 von Frau Fritzi Goldschmidt dem Museum für Hamburgische Geschichte geschenkt.

In Israel, im Kibbuz Kfar Hanoar Hadatti, wird David Goldschmidts Porträt des Oberrabbiners Dr. Joseph Carlebach bewahrt. Es zeigt ihn im Brustbild mit weichem breiten Hut und dunklem Mantel.[19] Nach der Malweise zu urteilen — der relativ dünne Farbauftrag bei kräftigem Pinselduktus läßt zum Teil die Grundierung durchscheinen — könnte das Gemälde Anfang der dreißiger Jahre entstanden sein. Zu dieser Zeit amtierte Dr. Joseph Carlebach als Oberrabbiner der Jüdischen Gemeinde in Altona.[20] Und von 1928 bis 1934 erscheint David Goldschmidt als Besitzer bzw. Bewohner des Etagenwohnhauses Wohlers Allee 38 in Altona.[21] In dieser Straße befanden sich mehrere jüdische Gemeindeeinrichtungen.[22] Und Begegnungen zwischen dem malenden und Kunst sammelnden Versicherungskaufmann und dem in der Kunstgeschichte versierten Oberrabbiner sind sehr wahrscheinlich.

Das Haus in der Wohlers Allee stellte auch die Verbindung zu den Familien Kirchberg und Hillberger her, die dort wohnten und deren Mitglieder David Goldschmidt in mehreren Gemälden porträtiert hat. In seinen späteren Ausstellungen in der Schweiz war mehrmals als ein markantes frühes Werk »Die Kartoffelschälerin« von 1927 präsentiert.[23] Das lebhaft farbige Bild zeigt eine ältere bäuerlich gekleidete Frau mit einer Blechwanne auf dem Schoß, breitbeinig sitzend, umgeben von einer weiteren Wanne, verschiedenen Körben und auf dem Vordergrund ausgebreitetem Gemüse. Als Modell hierfür hat Therese Kirchberg sich verkleiden lassen und posiert. Frau Kirchberg ist auch auf einem Gemälde von 1929 zusammen mit ihrer Tochter und dem Enkel Karl-Heinz Hillberger als Sitzgruppe in bürgerlichem Interieur mit Ledersofa und breitgerahmten Bildern an der Wand dargestellt.[24] Von dem Knaben Karl-Heinz malte Goldschmidt 1928 ein Einzelporträt.[25] K. H. Hillberger hat nach 1945 in befreundeter Verbindung zu David Goldschmidt gestanden.

Anregungen für Menschendarstellungen, die in den zwanziger Jahren in Goldschmidts Schaffen offenbar dominieren, fand er aber nicht nur in seiner nächsten Umgebung. Das Bildnis eines vollbärtigen Mannes mittleren Alters mit stark geröteter Nase, vollen Lippen, verschmitzten kleinen Augen und weit aus der Stirn gerücktem Haaransatz, gemalt 1927, wurde auf vielen Ausstellungen Goldschmidts gezeigt.[26] Es fesselt durch seine rottonige Farbigkeit und eindringliche Menschendarstellung und wurde mit dem Titel »Clochard« benannt.

Zu den Porträtierten gehörten andererseits auch Persönlichkeiten des öffentlichen Lebens. Die Hamburger Kunsthalle besitzt das Gemälde »Journalist Hauser aus Dresden«.[27] Dieses 1925 gemalte Bild variiert die bis zu den Knien sichtbare Sitzfigur wie beim Porträt des Bruders. Doch im Gegensatz zu diesem wurde Hauser in gefälliger Gelassenheit, leicht vorgeneigt, die linke Schulter nach vorn zeigend, zu einem schönen Bild komponiert.

Stärker als in den Porträts schuf David Goldschmidt zu seiner Hamburger Zeit in den Landschaftsbildern harmonische Augenweiden. Dazu war er sehr stark in der Motivwahl von Sujets norddeutsch-hamburgischer Maler seiner Vätergeneration beeinflußt. Niederdeutsche Bauernhäuser und verwandte ländliche Bauten nehmen in seinem frühen Schaffen einen vorrangigen Platz ein. Das begann sicherlich schon in der Ausbildungszeit. Dafür ist das Ölgemälde, Ansicht eines norddeutschen Hallenhauses mit »Grootdör« inmitten eines Baumbestandes, gemalt 1911, ein Beispiel. Es gehört zu den von der Hamburger Kunsthalle erworbenen Bildern.[28] Ebenfalls dort befindet sich die 1925 geschaffene Ansicht der alten Dorfschmiede in Wohldorf.[29] Hier kommen schon stärker impressionistische Auffassungen zur Geltung. In Wohldorf besaß die Familie Goldschmidt ein Sommerhaus.

Ölgemälde »Galeasse«, gemalt 1931. (Hamburger Kunsthalle)

Wie ein konsequent durchgeführtes impressionistisches Experiment im Frühschaffen erscheint eine Ansicht der Elbe, gesehen vom hohen Geestrand bei Blankenese flußabwärts.[30] In diesem 1925 datierten Werk sind gegenständliche Konturen durch pastos aufgetragene Farbelemente weitgehend überspielt. Unter den Malwerken der Hamburger Zeit bedeutet dieses Bild Goldschmidts weitesten Vorstoß in die Moderne.

In den folgenden Jahren bleibt er bei einer impressionistischen Gestaltungsweise, die Umriß und Körperlichkeit stärker zur Geltung bringt. Ein weiteres Beispiel für eine bewährte und beliebte Motivgattung ist das Gemälde »Galeasse« von 1931.[31] Es zeigt ein solches plattbodiges, mit Seitenschwertern ausgestattetes Segelschiff der norddeutschen Küstengewässer, auf das Slip eines ländlichen Schiffbauplatzes aufgezogen. Im Sonnenschein werfen neben der Gleitbahn stehende Bäume spielerische Schatten auf die Bordwand.

Eine für David Goldschmidt charakteristische Malweise, kleine lichte Punkte vor dunklerem Hintergrund bei einer in sich abgestimmten Farbtonigkeit, läßt sich an seinen wie Landschaften aufgefaßten Ansichten aus dem Hamburger Stadtbild gut erkennen. Unter mehreren solchen, Anfang der 30er Jahre gemalten Bildern erwarb das Museum für Hamburgische Geschichte die Ansicht eines Hausgartens.[32]

Nach der Überlieferung soll der Garten hinter dem Haus Grindelallee 162 dargestellt sein. Im Vordergrund schaffen braune, grüne und gelbe Farbtöne den Eindruck eines leicht verwilderten Gartens mit in die Tiefe führendem Weg und einem dick knorrigen dunklen Baumstamm rechts. Den Hintergrund bilden die Rückfronten viergeschossiger Häuser, zum Teil mit Hinterflügeln. Auch hier bestimmen herbstliche Töne die sehr einheitliche und dennoch lebendige Farbgestaltung. Das Gartenbild gehört offenbar zu den letzten Ansichten aus Goldschmidts Vaterstadt. Und es ist auffallend, daß wieder ein Motiv aus der unmittelbaren Lebensumgebung gewählt wurde. Das Wohnhaus Grindelallee 162 war seit 1931 auch der Sitz des Bankgeschäfts Jacob Goldschmidts geworden. Auch das Versicherungsgeschäft Lange & Co., an dem David beteiligt war, hatte in den Jahren der Wirtschaftskrise hier seine Adresse. 1935 wurde das Haus unter dem Druck der NS-Politik aufgegeben. Vater Jacob und Sohn David führten laut Adreßbuch für die folgenden Jahre die Anschrift Klosterallee 22 in Harvestehude. Für David ist dabei als Beruf Kunstmaler eingetragen. Der Vater zog offenbar noch zweimal um; als Wohnungen sind noch Hallerstraße 8 und Hansastraße 63 genannt. Am 10.2.1942 verstarb Jacob Goldschmidt.

David J. Goldschmidt beteiligte sich an Ausstellungen des Jüdischen Kulturbundes in Hamburg. Auch in der

»Ausstellung von Werken jüdischer Künstler«, veranstaltet 1936 vom Reichsverband der Jüdischen Kulturbünde im Jüdischen Museum in der Oranienburger Straße in Berlin, war Goldschmidt unter den vierzehn Hamburger Künstlerinnen und Künstlern. Ihre Werke füllten dort einen eigenen Raum.[33]

David Goldschmidt emigrierte 1936 in die Schweiz. Er konnte sich als Künstler behaupten und wurde im Kanton St. Gallen eingebürgert. Schon in den Jahren vorher hatten ihn Reisen nach Dänemark, Frankreich und Italien geführt. In der Schweiz hat er seinen impressionistischen Malstil weiter entwickelt. Seine Farbgebung wurde sowohl lichter als auch bunter, der vielseitig variierte Bildaufbau spielerischer, als er es in den Hamburger Werken gewesen war. Die farbenfreudigen hellen Töne bestimmen besonders die zahlreichen Landschaftsbilder von seinen Reisen und Aufenthalten im mediterranen Raum, so in den 50er Jahren in Israel, seit den 60er Jahren hauptsächlich in Südfrankreich.

Das umfangreiche malerische Werk hat einen benennbaren Ausgangspunkt: Es ist das Wohngebiet am Grindel in Hamburg, das sich David Goldschmidt in Schüler- und Studienjahren als Bildwelt erschloß. Die in beträchtlicher Zahl vor Beschlagnahme und Zerstörung geretteten Bilder gehören zu den selten gewordenen Zeugnissen für die in einem eigenen künstlerischen Ausdruck gestaltete Verwurzelung von Juden in ihrer Hamburger Heimat.

Anmerkungen

[1] Zur Ausstellung vgl. Ulrich Bauche, Zwei Ausstellungen zum jüdischen Leben in Hamburg. In: Anzeiger des Germanischen Nationalmuseums 1988, Nürnberg 1989, S. 63-72.

[2] Vgl. Zeitschrift »Das Plakat«, Berlin, Jahrgang 1921, Heft 7/8, S. 386 und 396.

[3] Vgl. Die jüdischen Opfer des Nationalsozialismus in Hamburg, berichtigte 2. Auflage Hamburg 1982, S. 62: Ivan S. Seligmann, geb. 11.11.1891, deportiert am 15.7.1942.

[4] MHG Fotosammlung 1987, 543-649.

[5] Im Künstlernachlaß in Lugano sind Kataloge und Berichte von Einzelausstellungen, wie in der »Galerie Chantepierre« in Aubonne und in der »Galerie Royale« in Paris, sowie von zahlreichen Kollektivausstellungen, an denen David Goldschmidt beteiligt war, gesammelt.

[6] Hinweise und Reproduktionen von vielen Gemälden und Aquarellen verdanke ich Frau Dr. Fritzi Goldschmidt.

[7] Festzeitung mit dem imitierten verkleinerten Zeitungstitel »Die Hamburger Woche«, Lithographie, 12 Seiten, 21 x 16,7 cm, MHG-Einzelblattsammlung.

[8] Zum Haustyp vgl. Hermann Hipp, Harvestehude — Rotherbaum, Arbeitshefte zur Denkmalpflege in Hamburg Nr. 3, Hamburg 1976, S. 63 ff.

[9] Wasserfarben auf Papier (Gouache), 26,5 x 45 cm, signiert unten rechts »DJG 14.7.1910«, MHG-Einzelblattsammlung 1988, 27.

[10] Ölfarben auf Malkarton, 32,4 x 45,1 cm, signiert unten links »DG 1913«, MHG 1988, 32.

[11] Bescheinigung auf Briefbogen der »Kunsthalle zu Hamburg« vom 11. September 1923, Künstlernachlaß in Lugano.

[12] Genehmigung vom 22. September 1922, Künstlernachlaß in Lugano.

[13] Gemälde signiert oben links: »D. Goldschmidt 1924«, Künstlernachlaß in Lugano. Jacob Goldschmidt war Vorsitzender des Kuratoriums der rabbinischen Lehranstalt »Jeschiwah e.V.« in Hamburg, in der Dr. Joseph Carlebach als Vorsitzender des rabbinischen Rates wirkte. Vgl. dazu Ina Lorenz, Die Juden in Hamburg zur Zeit der Weimarer Republik, Bd. 2, Hamburg 1987, S. 792-808.

[14] Foto von Trude Fleischmann um 1975, Künstlernachlaß in Lugano.

[15] Ölfarben auf Leinen, 70 x 59 cm, signiert oben links: »D. Goldschmidt Jan. 24«; MHG 1988, 20, als Geschenk von Dr. Fritzi Goldschmidt.

[16] Im Hamburger Adreßbuch 1930 ist die Anschrift Rutschbahn 18 angegeben; für 1931 und 32 fehlen die Angaben.

[17] Die jüdischen Opfer (wie Anm. 3), S. 84: Ilse Goldschmidt, geb. 11.9.1902, Deportation aus der Krankenanstalt Langenhorn.

[18] Ölfarben auf Leinen, beschnitten, 35 x 33 cm, signiert »D. Goldschmidt 1927« MHG 1990, 70.

[19] Fotoreproduktion in schwarz-weiß. MHG Fotosammlung 1990.

[20] Vgl. Miriam Gilles-Carlebach, Jüdischer Alltag als humaner Widerstand, Dokumente des Hamburger Oberrabbiners Dr. Jospeh Carlebach 1939-1941, Hamburg 1990, S. 24 ff.

[21] Hamburger Adreßbuch, Ausgabe 1928-1931 für Altona, Wohlers Allee 38, Eigentümer D.J. Goldschmidt, Grindelallee 162, Versicherungsmakler in Fa. Lange & Co.; in den Ausgaben 1932-1934 Eigentümer E. Friedmann, als Wohnungsinhaber D. J. Goldschmidt, Kaufmann.

[22] Über das Volksheim der »Hochdeutschen Israeliten-Gemeinde Altona«, Wohlers Allee 58, und der Vereinssynagoge Wohlers Allee 62; vgl. Irmgard Stein, Jüdische Baudenkmäler in Hamburg, Hamburg 1984, S. 133.

[23] Ölfarben auf Leinen, 46 x 43 cm, signiert unten rechts »D. Goldschmidt 1927«, vgl. Mario De Micheli: David Goldschmidt (1896-1981), Mappe mit Reproduktionen, o.J.

[24] Ölfarben auf Leinen, 51 x 41 cm, Privatbesitz, vgl. Katalog David Goldschmidt, Cademi Galleria D'arte Moderna, Ascona 1982.

[25] Ölfarben auf Leinen, 65,5 x 50 cm, Privatbesitz Hamburg. K. H. Hillberger (1919—1988) war Direktor der Hamburgischen Landesbank.

[26] Ölgemälde auf Leinwand, 46 x 43 cm, signiert unten rechts »D. Goldschmidt 1927«. Privatbesitz in der Schweiz.

[27] Ölgemälde auf Leinwand, 100,5 x 82,8 cm, signiert oben rechts »Goldschmidt, Juni 25«, Gemäldesammlung der HKH Nr. 5331.

[28] Ölgemälde auf Leinwand, 46,2 x 66 cm, signiert unten links »Goldschmidt/D.G. 1911«. Gemäldesammlung der HKH, Nr. 5328. Vgl. Idea, Jahrbuch der Hamburger Kunsthalle III, 1984, S. 205 f.

[29] Ölgemälde auf Malkarton, 50 x 64 cm,m signiert unten links »D. J. Goldschmidt 9/25«. Gemäldesammlung der HKH, Nr. 5329

[30] Ölgemälde auf Malkarton, 37,6 x 50 cm, signiert unten links »Goldschmidt 13/7.25«. Gemäldesammlung der HKH, Nr. 5330.

[31] Ölgemälde auf Sperrholz, 50,3 x 70,9 cm, signiert unten links »D. Goldschmidt 1931«. Gemäldesammlung der HKH, Nr. 5327.

[32] Ölgemälde auf Karton, 50 x 42 cm, signiert unten rechts »D. Goldschmidt 1931«. MHG Inv.-Nr. 1988, 32.

[33] Zur Eröffnung der Ausstellung am 26. April 1936 vgl. Mitteilungsblatt des Jüdischen Kulturbundes in Hamburg, April 1936, und Kurt Löwengard, Bildende Kunst, in: Mitteilungsblatt des Jüdischen Kulturbundes, Juni 1936.

Ursula Wamser / Wilfried Weinke

Gescheiterte Auswanderung Jacob Goldschmidts

Akten des Oberfinanzpräsidenten Hamburg belegen Auswanderungsbemühungen von Jacob Goldschmidt, des Vaters David Goldschmidts.

Ein Schreiben des Finanzamtes Rechtes Alsterufer an den Steuerfahndungsdienst Hamburg vom 3. März 1939 — es betraf den Antrag auf Ausstellung einer steuerlichen Unbedenklichkeitsbescheinigung — weist aus, daß Jacob Goldschmidt nach London auswandern wollte.[1] Mitte August 1939 hatte der 73jährige schon die notwendigen Formblätter für seine offenbar unmittelbar bevorstehende Auswanderung ausgefüllt: den Fragebogen für die Versendung von Umzugsgut und die Umzugsgutverzeichnisse für Hand- und Reisegepäck.[2] Ein handschriftlicher Bericht der Devisenstelle vom 24. August 1939 schloß mit der Bemerkung, daß der Antragsteller am 5. September 1939 auswandern will.[3] Der Kriegsbeginn vereitelte wohl diese Absicht Jacob Goldschmidts; er war gezwungen, weiterhin in Hamburg zu leben.

Ein halbes Jahr später, am 6. Mai 1940, schrieb der mittlerweile in der Hartungstraße 12 wohnende Jacob Goldschmidt an den Oberfinanzpräsidenten in Hamburg und äußerte folgende Bitte:

»Mein Bruder Samson Israel Goldschmidt hat ein Legat zum Andenken an unseren Vater David Simon Goldschmidt und seinen Schwiegervater Dr. R. Lee, Oberrabbiner in Altona errichtet. Aus seinem Legat sollten zunächst die Abkömmlinge der beiden Letztgenannten im Falle der Not unterstützt werden. Außer mir ist nur noch der Sohn des eben genannten Samson Israel Goldschmidt in Deutschland (abgesehen von meiner unten erwähnten Tochter). Ich habe bis Ende Mai a.cr. mein Auskommen; dann bin ich vollkommen mittellos und weiß nicht, wie ich dann meinen Lebensunterhalt bestreiten soll. Ich stehe im 75ten Lebensjahr, bin kränklich und habe ständig einen Arzt und Medikamente nötig. Außerdem habe ich für meine schwer leidende Tochter monatlich eine Unterstützung an den Hamburgischen Staat zu zahlen. Aus diesem Grunde ergeht meine höfliche Bitte an Sie, dem Jüdischen Religionsverband e.V. Hamburg 13, Beneckestr. 2 (welchem die Legate unterstellt sind) die Erlaubnis zu erteilen, daß aus obigem Legat ab 1. Juni 1940 monatlich RM 200,- (in Worten Reichsmark Zweihundert) an mich ausgezahlt werden.«[4]

Ein handschriftlicher Aktenvermerk der Devisenstelle Hamburg vom 14.12.1940 belegt, daß Jacob Goldschmidt seit August des Jahres aus dem Legat seines Bruders die beantragte monatliche Zahlung erhielt. Allerdings sollte sie im Dezember 1940 »auf RM 180,-- und weiter heruntergesetzt werden«, weil »Jacob Israel Goldschmidt eine Schenkung von RM 1000 durch Frl. Gretchen D. (Abk. durch Verf.) Hamburg auf ein beschränkt verfügbares Sicherungskonto bei einer Devisenbank zu teil wurde.«[5]

Als Jacob Goldschmidt am 10. Januar 1941 darum bat, von diesem Konto 100 RM monatlich abzuheben[6], wurde er von der Devisenstelle Hamburg am 14.1.1941 per Zustellungsurkunde und unter Strafandrohung aufgefordert, innerhalb einer Woche seine Vermögensverhältnisse zu erklären.[7] Am 15.1.1941 teilte Jacob Goldschmidt der Devisenstelle mit, daß sein gesamtes Vermögen sich auf 85,04 RM belief, dem standen feste Ausgaben für Miete, Lebensunterhalt und ärztliche Behandlung in Höhe von 265,-- RM gegenüber. In einem Zusatz schrieb er, daß er seinen Lebensunterhalt aus einer Stiftung bestreite. Vor allem aber wies der 75jährige auf seinen Gesundheitszustand hin, er war schwer herzleidend und in ständiger ärztlicher Behandlung.[8]

Am 23.1.1941 benachrichtigte die Devisenstelle Jacob Goldschmidt, daß man von einer Sicherungsanordnung gegen ihn absehen würde und er über sein Guthaben auf seinem beschränkt verfügbaren Sicherungskonto genehmigungsfrei verfügen könne.

Die Akte 567/40 des Oberfinanzpräsidenten Hamburg endet mit einem Schreiben von Fräulein D. aus Hamburg, das sie am 13. August 1941 an die Devisenstelle richtete. Darin bat sie um Nachricht, ob gegen eine weitere freiwillige Zuwendung in Höhe von RM 1.000,-- an Jacob Goldschmidt devisenrechtliche Bedenken bestünden.[9] Ob Jacob Goldschmidt dieses Geld erhalten hat und es für seinen Lebensunterhalt hat nutzen können, bleibt offen. Jacob Goldschmidt starb am 10.2.1942 in Hamburg.

Anmerkungen

[1] Staatsarchiv Hamburg, Oberfinanzpräsident Hamburg, 314—15, Sign. 7601, Schreiben des Finanzamtes Rechtes Alsterufer an den Steuerfahndungsdienst Hamburg vom 3. März 1939.

[2] Ebenda, Umzugsgutverzeichnis für Hand- und Reisegepäck zum Auswanderungsantrag von Jacob Goldschmidt vom 11. August 1939.

[3] Ebenda, Handschriftlicher Bericht der Devisenstelle vom 24.8.1939.

[4] Staatsarchiv Hamburg, Oberfinanzpräsident Hamburg, 314—15, Sign. 567/40, Schreiben Jacob Goldschmidts an den Herren Oberfinanzpräsidenten zu Hamburg vom 6. Mai 1940.

[5] Ebenda, Handschriftlicher Vermerk der Devisenstelle Hamburg vom 14.12.1940.

[6] Ebenda, Schreiben Jacob Goldschmidts an die Devisenstelle vom 10. Januar 1941.

[7] Ebenda, Schreiben der Devisenstelle an Jacob Goldschmidt vom 14.1.1941.

[8] Ebenda, Vermögenserklärung und Auflistung der Lebenshaltungskosten Jacob Goldschmidts an den Oberfinanzpräsidenten Hamburg vom 15.1.1941.

[9] Ebenda, Schreiben von Frau G.F.D. an den Herrn Oberfinanzpräsidenten Hamburg vom 13. August 1941.

Wilfried Weinke

Erika Milee: »Ich lebe und sterbe für den Tanz«

»Ich lebe und sterbe für den Tanz.« Mit diesem Zitat überschrieb das Hamburger Abendblatt am 24.12.1987 ein Porträt der Tänzerin Erika Milee. Die gleiche Zeitung berichtete im Januar 1989, daß Erika Milee zur Ehrenvorsitzenden des »Kreises Hamburger Ballettfreunde« ernannt wurde. Im September des gleichen Jahres, anläßlich der Eröffnung von John Neumeiers Ballettzentrum in der Caspar-Voght-Straße, benannte man ein jährlich zu vergebendes Ballett-Stipendium nach der 81jährigen Tanzpädagogin.[1]

»Tanz bestimmte ihr Leben.«, »Ein Leben voller Kraft und Grazie.«, »Im Geiste Rudolf von Labans.«, so oder ähnlich lauteten die Schlagzeilen in der Hamburger Presse, wenn es galt, Erika Milee und ihr künstlerisches Schaffen zu würdigen. Selten allerdings wurde deutlich gesagt, warum Erika Milee am 9. Oktober 1939, kurz nach Beginn des Zweiten Weltkrieges, Hamburg und damit Deutschland verließ.

Erika Michelson wurde am 24.12.1907 in Hamburg als Tochter jüdischer Eltern geboren. Ihre Mutter Margarete, geborene Leeser, stammte aus Stadtoldendorf in Niedersachsen. Ihr Vater, Simon Arje Michelson, 1858 in Bauske in Kurland geboren, kam 1882 nach Hamburg. Im Februar 1900, bis dahin russischer Staatsangehöriger, wurde er eingebürgert. Ursprünglich Kaufmann und Malz-Extrakt-Fabrikant, war er zuerst Bürobeamter bei der HAPAG. Im Hamburger Adreßbuch von 1905 konnte man bald darauf lesen: »Michelson, Simon Arje. Passagierannahme für die Hamburg-Amerika-Linie«. Schon zu dieser Zeit machte er sich selbständig und gründete eine Firma für Bouillon-Präparate.

Erika Milee, so ihr späterer Künstlername, wuchs in einer der Musik und der Kunst sehr zugewandten Familie auf. Der Vater war ein Liebhaber der Operette, die Mutter malte und sang, alle Geschwister, Hildegard, Lilly, Fritz und auch Erika musizierten. Schon sehr früh, gerade sieben Jahre alt, erhielt sie ihren ersten Tanzunterricht bei Gertrud Zimmermann, später bei Paul Theodor Etbauer. Nach ihrer Schulzeit, einer kaufmännischen Lehre und einer dreimonatigen »Berufstätigkeit« begann Erika Milee 1926 ihre Ausbil-

Ausflug nach Helgoland, 1934. V.l.n.r.: Erich Kohn, Erika Milee, Annelie Berendsohn, N.N., Kurt Salomon. (Privatbesitz)

dung bei Rudolf von Laban, dessen Hamburger Schule am Schwanenwik von Albrecht Knust geleitet wurde. Während dieser Zeit gab Erika Milee selbst schon Tanzunterricht, so z.B. in den Sommermonaten am Timmendorfer Strand, oder trat mit eigenen Solo-Tänzen in Hamburger Schauburgen auf, nicht zuletzt, um ihre Ausbildung zu finanzieren und unabhängig zu sein. Sie nahm teil an Labans Aufführungen von Glucks »Orpheus« und Beethovens »Ritterballett«, wirkte mit in Labans eigenem chorischen Werk »Titan«, aufgeführt im Zirkus Busch, sowie an Labans Freilichtaufführungen im Hamburger Stadtpark. 1928 legte sie ihr Abschlußexamen bei Rudolf von Laban in Berlin ab; auch weiterhin blieb sie ihrem Lehrer, seinen Ideen und choreographischen Neuerungen verbunden.[2]

1928 eröffnete sie ihre eigene Schule für chorischen Tanz, Gymnastik und Bühnentanz, die »Milee Schule Hamburg« in der Rothenbaumchaussee. Auf dem Tänzerkongreß in München 1930 lernte sie Kurt Jooss kennen. Fasziniert von seinen Choreographien, ging sie an die Folkwangschule nach Essen. Am dortigen Opernhaus tanzte sie u.a. in Jooss' Werken »Pulcinella«, »Coppelia« und »Der verlorene Sohn«. Nach einem Jahr kehrte sie nach Hamburg zurück und arbeitete hier in ihrer eigenen Tanz- und Ausbildungsstätte. Noch im Januar und Februar 1933 tanzte sie auf dem Hamburger Künstlerfest »Himmel auf Zeit« im Curio-Haus.

Mit der Machtübertragung an die Nationalsozialisten traf deren antijüdische Politik auch Erika Milee. Öffentliche Auftritte waren nur noch innerhalb des »Jüdischen Kulturbundes« möglich. Eine ihrer ersten Aufführungen im Rahmen des Kulturbundes war das chorische Tanzwerk »Der Sieg der Makkabäer«, das im Conventgarten aufgeführt wurde. Mit ihrer Kindertanzgruppe zeigte sie im Mai 1937 »Ein Tag bei den Mickey-Mäusen«, eine »pantomimische Kurz-Revue in 10 Bildern«, wie es im Untertitel hieß. Dieser Tanzabend fand im Gabriel-Riesser-Saal in der Oberstraße statt.

Am Beginn jeder ihrer Vorstellungen standen jeweils Solodarbietungen. So berichtete das »Jüdische Gemeindeblatt« vom 14.10.1938 über einen Auftritt im Gemeinschaftshaus in der Hartungstraße: »Der erste Teil des Programms wirkte durch die Art der künstlerischen Zusammenstellung, die Exaktheit und den Schwung der Ausführung. Einer seiner Höhepunkte, das Andante religioso, das von Erika Milee selbst gezeigt wurde, gefiel besonders durch die tiefe und stille Bewegtheit seiner Harmonien, seines Rhythmus. Auch der Klassische Walzer brachte die Ausdrucksfähigkeit der Künstlerin bestens zur Geltung.«[3]

Doch diese Erfolge innerhalb der kleinen jüdischen Öffentlichkeit verdrängten nicht die tägliche Angst vor Bedrohung und Verfolgung. Im Oktober 1939 gelang Erika Milee die Flucht nach Italien, indem sie sich einer italienischen Tanzgruppe anschließen konnte. Ihr Emigrationsweg führte über Italien und Portugal nach Südamerika, nach Paraguay. Dort, in Ascuncion, erhielt sie eine Berufung an das »Ateneo Paraquayo Ascuncion« als »Directora Escuela Municipal de Danzas«; sie wurde Direktorin der Abteilung

Erika Milee, in: Slawischer Tanz, um 1938. Foto: Erich Kastan. (Privatbesitz)

Tanz. In einem Interview erinnerte sich Erika Milee: »Als ich in Paraquay 1941 ankam, lehrte ich im Ateneo der Akademie für Theater, Musik und Malerei den Tanz und veranstaltete mit meiner Schülergruppe Tanzabende ... Ich erinnere mich auch ganz besonders an ein Festival zum »Dia de las Americas« am 14. April, mit 500 Mitwirkenden der Normalschule im Stadium der Liga Paraquayo de Football. Ich nannte es »Quadro Choreographicos caladeiscopio«: Harmonie, Zerstörung, Auswirkung, Trauer, Befreiung, Aufbau. Im Wiederaufbau am Schluß ließ ich mit 150 Fakkeln in den Händen der Schüler und Schülerinnen ein V bilden — in der Mitte mit allen Fahnen Südamerikas, im Zentrum Paraquay und United States. Und es wurde ein großer Friedenshymnus gesungen. Der Eindruck war großartig und unvergeßlich. Die Musik dazu war von meinem verstorbenen Bruder komponiert.«[4]

Tourneen mit ihrer Tanzgruppe führten nach Brasilien, Uruquay und Argentinien, große Erfolge feierte Erika Milee in den verschiedenen Staatstheatern südamerikanischer Metropolen. 1953 ging sie nach Londrina im Norden Brasiliens und arbeitete dort in einem eigenen Tanzstudio.

Nach zwanzigjähriger, erfolgreicher Arbeit in Südamerika kehrte Erika Milee 1959 nach Hamburg zurück. Schon ein Jahr später betrieb sie wieder eine eigene Schule in der Eichenstraße in Eimsbüttel. Als Tanzpädagogin, so z.B. mit einem Lehrauftrag an der Heinrich-Hertz-Schule, und

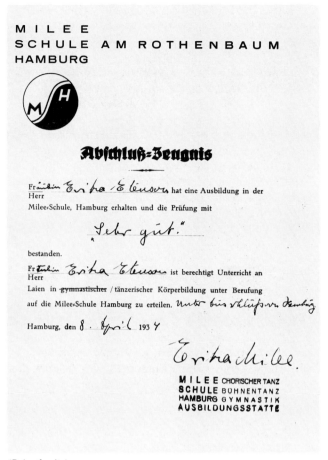

(Privatbesitz)

Choreographin war sie aktiv bis in die jüngste Zeit. Ihrer unermüdlichen Begeisterung für den Tanz entspricht es, daß sie 1976 Mitbegründerin des »Kreises Hamburger Ballettfreunde« wurde.

Erika Milee kehrte in ihre Heimatstadt zurück, obwohl sie mit Hamburg viele leidvolle Erinnerungen verknüpft. Ihre Mutter, Margarete Michelson, wurde 65jährig am 19.7.1942 nach Theresienstadt deportiert. Auch ihre Schwester Lilly gehörte zu den Opfern der Deportationen aus Hamburg. Die Schwester Hildegard, die mit ihrem Mann nach Frankreich fliehen konnte, fiel dort in die Hände der Gestapo und wurde nach Auschwitz deportiert. Jenseits der Trauer ist es aber nicht der Haß, vielmehr der Wunsch nach Harmonie, Humanität und Versöhnung, der Erika Milees Leben und Wirken bestimmt. Dem Tanz mißt sie dabei besondere Bedeutung zu. In ihrem Artikel »Vom Tanzen« schrieb sie:

»Wieder ist der Tanz Herr, und die Musik nur Begleiterin. Wieder sind die Gesetzesregeln des natürlichen Körpers und nicht die unnatürlichen Formen eines künstlichen Schemas die Triebkräfte des Tanzes. Dadurch ist der Tanz ein so wichtiges Erziehungsmittel. Durch ihn gelingt es uns, den Körper gesund, und die Seele froh, unseren Leib beweglich, und unser Gemüt heiter zu machen. Denn tanzend, frei tanzend, schön und rhythmisch-künstlerisch tanzend, tanzen wir das Leben, tanzen wir die inneren Harmonien.«[5]

Anmerkungen

[1] »Ehrentitel für Erika Milee«. In: Hamburger Abendblatt vom 26.1.1989 sowie »Ballett-Stipendium«. In: Hamburger Abendblatt vom 21.9.1989. Auch im 1989 erschienenen Katalog »Flugkraft in goldene Ferne... Bühnentanz in Hamburg seit 1900« findet sich ein kurzes Porträt Erika Milees. Die bisher präziseste Würdigung schrieb bislang Kurt Peters. Sein Artikel »Eine Wanderin zwischen den Welten. Erika Milee zum 80. Geburtstag« erschien im »Ballett-Journal. Das Tanzarchiv. Zeitschrift für Tanzpädagogik und Ballett-Theater« vom 1. Februar 1988.

[2] »Im Geiste Rudolf von Labans. Die Tanzpädagogin Erika Milee wird 65.« In: Die Welt vom 22.12.1972.

[3] »Tanzabend Milee«. In: Jüdisches Gemeindeblatt für das Gebiet der Hansestadt Hamburg vom 14.10.1938.

[4] »Erika Milee. Erinnerungen zwischen Tanz und Träumen.« In: La Tribuna vom 4.8.1981.

[5] Erika Milee »Vom Tanzen«. In: »Ballett-Journal. Das Tanzarchiv. Zeitschrift für Tanzpädagogik und Ballett-Theater« vom 1. Februar 1988.

»Ich wollte unter eigenem Namen bekannt werden«
Interview mit Erika Milee

Anläßlich eines Empfangs zu Ehren ehemaliger jüdischer Bürger Hamburgs begegnete uns eine lebhafte ältere Dame: Erika Milee.

Diesem Zufall verdanken wir intensive Gespräche über ihr Leben als Künstlerin in Hamburg und in der Emigration und — immer wieder — über ihre Liebe zum Tanz.

Sie sind 1907 in Hamburg geboren. In welchem Stadtteil?

Ich bin in Oben Borgfelde geboren, was mir jetzt ganz besonders gut gefällt, weil da gerade John Neumeier mit seinem Ballettzentrum ganz in der Nähe, in Hamm in der Caspar-Voght-Straße, eingezogen ist. Als wäre es wirklich etwas Symbolisches, daß ich in dieser Gegend geboren bin.

Was haben Ihre Eltern beruflich gemacht?

Mein Vater kam aus der Nähe von Riga, aus Bauske. Er hatte zwölf Geschwister. Als Ältester wurde er nach Hamburg vorausgeschickt und hat in der Brüderstraße 6 ein Haus für die ganze Familie gemietet. Sein Vater, mein Großvater, hat damals mit Gummischuhen, mit Galoschen, hier angefangen. Mein Vater, Simon Arje Michelson, arbeitete bei der HAPAG, und zwar in der Auswanderer-Abteilung auf der Veddel. Wir sind ja dann nachher zur Von-Essen-Str. 5, Ecke Blumenau gezogen. Ich erinnere mich genau, weil mein Vater immer so früh aufstehen mußte, im Morgengrauen.

Er war lange bei der HAPAG. Später hat er eine Bouillon-Fabrik aufgemacht und hat dann auch die HAPAG beliefert. Mein Vater hieß ja Simon, und meine Mutter machte daraus »Monsi«, »Monsis Fleischextrakt«. Ich erinnere mich noch genau an die vielen Auszeichnungen und Medaillen, die bei uns zu Hause hingen.

Wo sind Sie zur Schule gegangen?

Ich besuchte die Timmansche Höhere Mädchenschule in der Wagnerstraße. Da hatte ich fabelhafte Lehrkräfte, so z.B. Frau Pergamenter, die mich besonders durch ihren Geschichtsunterricht begeisterte. Oder auch durch »Die Nibelungen«, das ist mir in Erinnerung geblieben, weil sie es so fabelhaft vermittelte. Sie war Jüdin, das wußte ich damals aber noch nicht.

Ich wäre gern in die Löwenberg-Schule gegangen, aber das war zu aufwendig. Meine Mutter meinte, das wäre eine reine Modenschau dort in der Schule, und ich sollte ja auch etwas lernen. Wir wohnten ja damals in Eilbek, und ich bin dann in das Privatlyzeum Meyer & Busse in der Papenhuder Straße gekommen. Das war dort sehr exklusiv, aber ich habe mich da wohlgefühlt. Und bei Gertrud Zimmermann, die machte rhythmische Gymnastik im Uhlenhorster Weg, bei ihr erhielt ich meinen ersten Unterricht im Tanzen.

Beides sind ja keine jüdischen Schulen gewesen. Gibt es eine Erklärung dafür, daß Sie keine jüdische Schulen besuchten?

Mein Vater hat sich da gar nicht eingemischt, das war Sache meiner Mutter. Mein Vater sagte immer, laß die Kinder. Meine Mutter war wohl die bessere Pädagogin. Sie wollte gern, daß ich eine deutsche Schule besuche und nicht eine jüdische. Ich sollte eine Allgemeinbildung erhalten.

In dem Katalog »Flugkraft in goldene Ferne...« heißt es, daß Sie schon als 7jährige die ersten Tanzstunden erhielten. Wie kam es zu dieser frühen Förderung?

Ja, das hing mit Gertrud Zimmermann zusammen. Auf einer Reise mit meiner Mutter hatten wir sie kennengelernt. Und sie hielt mich für begabt. Ach, mit sieben Jahren stimmt ja auch nicht, angefangen hat es mit drei Jahren. Ich habe mich eigentlich immer schon — unbewußt — zur Musik bewegt. So bin ich z.B. mit meiner Mutter nach Timmendorf in die Sommerfrische gefahren, wir hatten uns da ein Haus gemietet. Beim Kurkonzert habe ich getanzt, wußte aber nicht, daß es Tanz war. Alle haben geklatscht, das hat mich überhaupt nicht beeindruckt. Ich werde auch meine Memoiren, sollte ich sie schreiben, unter das Motto stellen: »Wie andere mit Milch bin ich mit Musik großgeworden.« Auch meine Geschwister waren musikalisch, meine Schwestern spielten beide Klavier, mein Bruder Fritz spielte wunderbar Geige. Wir hatten in der Von-Essen-Straße einen Spiegelschrank im Korridor. Und wenn die dann im Salon zusammen musiziert haben, ich war ja die Jüngste und mußte immer ein bißchen früher ins Bett, dann habe ich auf dem Korridor zwei Leuchter, so Bronzefiguren mit roten Lampen, rechts und links neben den Spiegel gestellt, wie Scheinwerfer. Ich hatte damals ganz lange Zöpfe und habe mir Perlen hineingeflochten. Wie ich darauf gekommen bin, weiß ich nicht. Deshalb sage ich, wenn es ein Vorleben gibt, dann war ich wohl mal eine indische Tempeltänzerin. Solche Bewegungen, an denen habe ich mich berauscht. — Und wenn dann die Tür aufging, dann raste ich in mein Zimmer, bin schnell zurück, ich durfte ja eigentlich nicht mehr auf sein.

Ihr Familienname ist Michelson, ihr Künstlername »Milee«. Wie kam es zu diesem Pseudonym?

Ich war noch bei Laban, war eine Werkstudentin und habe mir in Abendkursen alles selbst verdient. Ich wollte mir auch nie etwas geben lassen, ich wollte es aus eigener Kraft schaffen. Da habe ich zu meiner Mutter gesagt, ich fahre in den Ferien nach Timmendorf und will da Sommerkurse geben. Und meine Mutter sagte: »Ja, und unser Name?« »Dann gebe ich mir eben einen eigenen Namen.« Meine Mutter war ja eine geborene Leeser, so haben wir aus Michelson und Leeser eben »Milee« gemacht. Ich wollte ja auch aus eigener Kraft und unter eigenem Namen bekannt werden.

Und dann habe ich gesagt, ich hatte nur 10 Mark in der Tasche, ich fahre los, entweder komme ich nach zwei Tagen wieder oder ich bleibe da. Ich habe große Plakate mitgenommen: »Hamburger Bewegungschöre Rudolf von Laban: Kursleiterin: Erika Milee«, habe sie an einer Badekarre festgemacht, und dann kamen die Zuschauer. Ich habe damals mit Gruppenunterricht für Kinder und Erwachsene — Stunde 1 Mark — angefangen. Da war ich 16 Jahre alt.

In Hamburg wird bezogen auf die Zeit des Nationalsozialismus behauptet, hier war doch alles nicht so schlimm. Ist Antisemitismus für Sie in Hamburg vor 1933 spürbar gewesen?

Ja, weil ich doch raus mußte.

Das waren doch schon die Auswirkungen antijüdischer Politik nach 1933. Aber vor der Machtübergabe?

Ich persönlich habe keinen Antisemitismus erlebt, vielleicht war ich die Ausnahme. Ich habe nur die Auswirkungen gespürt, so z.B. in der »Kristallnacht«, als sie meinen Bruder Fritz abholen wollten, was Gott sei Dank verhindert werden konnte. Das war ja schon in der Rothenbaumchaussee, wo ich auch meine Schule hatte. Da wohnten wir oben. Diese Räume hatte ich ja gefunden, um aus der Von-Essen-Straße herauszukommen, wo ein Nazi-Lokal direkt bei uns schräg gegenüber lag. Immer mit diesen Nazi-Liedern, in Marschtritten bei uns vorüber, da kam man ja nun nicht mehr mit. Das war ja furchtbar. Also insofern, nicht persönlich, aber ich habe es miterlebt.

Was bedeutete es für Sie, jüdischer Herkunft zu sein; was bedeutete es für Ihre Eltern?

Mein Vater war ein sehr religiöser und bewußter Jude. Er erlebte noch die Vorwehen von Hitler, er hat darunter sehr gelitten. Gottseidank hat er aber das Entscheidende nicht mehr miterlebt, weil er 1932 gestorben ist.

(SUB)

Wie hat Ihre Mutter auf den Nationalsozialismus reagiert?

Meine Mutter hat nicht gesehen, wie es sich entwickelte. Wie furchtbar viele andere auch, das können Sie sich gar nicht vorstellen. Ich habe viel mehr gesehen. Und Nina, die Tochter von Onkel Julius Michelson, Chirurg und zuständiger Arzt des damaligen Hamburger Stadttheaters, die hat immer von Pogromen gesprochen. Die war die erste, die nach Holland ging, ist aber von dort deportiert worden, nach Auschwitz.

Was bedeutet es für Sie, jüdischer Herkunft zu sein?

Ich habe es nie verleugnet. Ich habe mich als Jüdin gefühlt, auch zu dem Judentum bekannt, auch ohne dieses Wissen von Kultur, Geschichte usw. Ich war Jüdin, ohne jüdisch erzogen zu sein. Ich habe auch nicht dieses Haßgefühl gekannt; ich konnte nicht jeden Deutschen als Nazi verurteilen.

Sie hatten eine Tanzschule in der Rothenbaumchaussee, in der Nähe des Grindel also, dem Zentrum jüdischen Lebens in Hamburg in der Zeit vor 1933. Was bedeutete Ihnen dieser Stadtteil?

Ich habe den Grindel fast wie ein Ghetto empfunden, es gab dort fast nur jüdische Menschen, ich hatte den Eindruck, daß es ein absolut jüdisches Viertel war. Die meisten meiner jüdischen und halbjüdischen Schüler wohnten am Grindel. Die Synagogen waren dort, ich erinnere mich auch an die Talmud-Tora-Schule, ich hatte aber keinen Bezug zu diesem Stadtteil.

Nach ihrer Rückkehr vom Opernhaus in Essen traten Sie in Hamburg noch 1933 mit eigenen Tänzen auf.

Ja, es war eines der großen Hamburger Künstlerfeste im Curio-Haus. Es stand unter dem Motto »Himmel auf Zeit«. Es war das letzte Künstlerfest, an dem jüdische Künstler und Schauspieler mitwirken konnten. Uns allen, die wir hinterher zusammensaßen, war klar, daß es das letzte Mal war.

In welcher Weise haben Sie die Einschränkungen jüdischen Lebens durch die Nationalsozialisten und deren Gesetze gespürt?

Ich habe jeden Tag versucht, rauszukommen. Es war eine furchtbare Angst, ein Zustand, an den ich mich ungern erinnere.

Was bedeutete für Sie die Tätigkeit im »Jüdischen Kulturbund« in Hamburg?

Dem »Jüdischen Kulturbund« habe ich mich sehr verbunden gefühlt. Da waren großartige Regisseure, obgleich die ja unter Druck arbeiten mußten. Sie mußten ja den Kulturbund gründen, um speziell nach außen zu verbergen, was im Hintergrund mit den Juden geschah. Das Kulturbund Theater, das war ja hier in der Hartungstraße, dort habe ich die Micky-Maus-Revue gezeigt, unter anderem. Zuerst habe ich »Der Sieg der Makkabäer« aufgeführt. Das Libretto war von Meir Gertner und Oswald Behrens, der zeitweise mein Pianist war, der hat die ganze Musik komponiert. Und dieses biblische Thema haben wir im Conventgarten aufgeführt, dort, wo jetzt der Axel-Springer-Verlag ist.

Wie war die Atmosphäre bei diesen Aufführungen?

Die Atmosphäre war sehr gut, die Menschen waren dankbar. Sie haben es ja auch gelesen, daß die Leute sogar in Theresienstadt unter den schrecklichsten Umständen sich immer an die Kunst und das Produktive geklammert haben. Es war ein wirklicher Trost. Und in dem Moment haben sie sich ganz diesen Dingen hingegeben, aber dadurch auch manchmal versäumt, zur rechten Zeit rauszugehen.

Ursula Wamser/Wilfried Weinke

Menschen jüdischer Herkunft im Widerstand

» Widerstand bedeutet, sich ständig mit seinem Gewissen auseinanderzusetzen und täglich neu Entscheidungen zu fällen, die das Handeln bestimmen. Es bedeutet, sein Ziel im Auge zu behalten, auch wenn der Weg immer allein gegangen werden muß. Es bedeutet zu akzeptieren, daß Menschen, die man liebt, nicht verstehen und nicht folgen können. «

Vorbemerkung

Eine Tafel der Ausstellung »Ehemals in Hamburg zu Hause: Jüdisches Leben am Grindel. Bornplatz-Synagoge und Talmud-Tora-Schule« trug den Titel »Selbstbehauptung und Widerstand«. Dort wurde über den »Hilfsausschuß der vereinigten jüdischen Organisationen Hamburgs«, den Jüdischen Kulturbund Hamburg und den Widerstand Hamburger Juden berichtet. Der Schlußsatz des Tafeltextes lautete: »Der aktive Widerstand Hamburger Juden und Jüdinnen ist nur ungenügend dokumentiert. Aber es hat ihn gegeben.« In der Ausstellung konnte nur auf den Widerstand des jüdischen Rechtsanwalts Herbert Michaelis eingegangen werden.[1] Der Name Walter Gutmann war den Ausstellungsgestaltern damals unbekannt. Nur in anonymisierter Form konnte auf seine ungewöhnliche und mutige Widerstandsaktion nach dem Reichspogrom vom 9./10. November 1938 hingewiesen werden.[2]

Umfangreich ist mittlerweile die Literatur zum Widerstand in Deutschland zwischen 1933 bis 1945.[3] Auch zum Widerstand in Hamburg liegen zahlreiche Veröffentlichungen vor.[4] Speziellere Untersuchungen thematisieren den jüdischen Widerstand in Deutschland.[5] Schon 1965 referierte Lucien Steinberg vom »Centre de Documentation Juive Contemporaine« in Paris über »Den Anteil der Juden am Widerstand in Deutschland«.[6] Der in Hamburg geborene Helmut Eschwege berichtete 1970 über den Widerstand deutscher Juden gegen das nationalsozialistische Regime.[7] In seiner 1988 gehaltenen Rede vermerkt Arnold Paucker hierzu:

Der illegale, antifaschistische jüdische Widerstand ist bis 1970 von der deutsch-jüdischen Geschichtswissenschaft so gut wie ausgeklammert worden. Gegen Widerstand gab es leider Widerstand... Die Unterlassungssünden beruhen ferner auf der Tatsache, daß der politische Widerstand gegen den Faschismus von einer jugendlichen Minderheit getragen wurde, die mit der etablierten jüdischen Gemeinschaft oft nur lose verbunden war und die schon deswegen von den älteren, jüdischen Historikern einfach ignoriert wurde.«[8]

In der von der Forschungsstelle für die Geschichte des Nationalsozialismus in Hamburg herausgegebenen Reihe »Hamburger Beiträge zur Sozial- und Zeitgeschichte« veröffentlichten Konrad Kwiet und Helmut Eschwege 1984 ihre Studie »Selbstbehauptung und Widerstand. Deutsche Juden im Kampf um Existenz und Menschenwürde 1933–1945«.[9]

Auch in jüngster Zeit widmeten sich neueste Publikationen speziellen Bereichen jüdischen Widerstands. Ferdinand Krohs Buch »David kämpft« lieferte Beispiele verschiedener Widerstandsaktivitäten und Hilfsaktionen, so z.B. der zionistischen Pionierorganisation »Hechaluz«[10]. Arno Lustiger veröffentlichte 1989 sein Buch »Schalom Libertad«.[11] Der Autor würdigt mit seiner Publikation die große Beteiligung von Juden am spanischen Bürgerkrieg; nach Schätzungen Arno Lustigers nahmen 6.000 bis 8.000 Freiwillige jüdischer Herkunft innerhalb der Internationalen Brigaden an der Verteidigung der spanischen Republik teil.

Anläßlich der 1987 von der KZ-Gedenkstätte Neuengamme durchgeführten Veranstaltungsreihe »Gehabt hab' ich ein Heim ...« sprach der heute in Dresden lebende Helmut Eschwege über den Widerstand deutscher Juden. Arie Goral interviewte den gebürtigen Hamburger Helmut Eschwege und fragte ihn: »Warum dauerte es so viele Jahre, bis man einsah und zugab, daß die Juden, soweit es überhaupt möglich war, Widerstand leisteten? Warum galt die immer wieder kolportierte Stereotype, die Juden hätten keinen Widerstand geleistet und hätten sich wie Schafe zur Schlachtbank führen lassen? ... ich erlebe es immer wieder, daß auch Menschen, die der Linken angehören und es darum besser wissen sollten, nur von Opfern, die sich nicht wehrten, sprechen. Einen jüdischen Widerstand gibt es für sie nicht. Nicht anders ist es bei Jugendlichen. Soweit sie etwas von der Verfolgung der Juden im Schulunterricht erfuhren, so wurde der jüdische Widerstand ausgeklammert. Liegt darin eine Absicht?«

»Möglicherweise eine Absicht, in jedem Fall eine grobe Wahrheitsklitterung und unentschuldbare Geschichtsfälschung. Juden waren in vielfacher Weise mitbeteiligt am antinazistischen Widerstand, oft sogar führend ... Jedenfalls gab es einen individuellen, gesellschaftlichen, politischen, kulturellen und auch physischen Widerstand der Juden gegen das NS-Regime. Dieser Widerstand manifestierte sich in den verschiedensten Abwehr- und Überlebensstrategien. Natürlich variierten Formen und Intensität.«[12]

In ihrem Buch liefern Konrad Kwiet und Helmut Eschwege folgende Definition von Widerstand: »Als Widerstand wird jede Handlung bezeichnet, die darauf ausgerichtet war, der Ideologie und Politik des Nationalsozialismus entgegenzuarbeiten. Dies schließt auch Handlungen von Juden und jüdischen Organisationen ein, die sich entgegen ihren Intentionen objektiv gegen den Nationalsozialis-

```
Begl. Abschrift.
14 J 629/37g    6 J 44/38g
H 85.87/38      2 H 84/38.
```

Im Namen des Deutschen Volkes

In der Strafsache gegen

1) den früheren Rechtsanwalt Herbert M i c h a e l i s aus Hamburg, Isestraße 23, geboren am 3. September 1898 in Hamburg, verheiratet,
2) den Eisendreher Bruno R i e b o l d t aus Hamburg, Rombergstraße 9, geboren am 14. Februar 1900 in Hamburg, geschieden,
3) den Schlossergesellen Dagobert Biermann aus Hamburg, Hohe Straße 41, geboren am 13. November 1904 in Hamburg, verheiratet,
4) den Ewerführer Karl D i e t r i c h aus Hamburg, Hohe Straße 41, geboren am 7. Juli 1907 in Kiel, ledig,
5) den Retoucheur Franz G a e d e aus Lübeck, Sadowastraße 5/7, geboren am 29. Dezember 1911 in Hannover, verheiratet,
6) den Tischlergesellen Richard P ü s c h e l aus Hamburg, Talstraße 59, geboren am 8. März 1905 in Dresden, geschieden,
7) den Zigarrenhändler Hans S c h u l t z aus Hamburg, Alter Steinweg 19, geboren am 24. Februar 1893 in Hamburg, geschieden,
8) den Gelegenheitsarbeiter Hugo K a l u s c h a aus Hamburg, Talstraße 99, geboren am 25. Juli 1901 in Wiklitz (Tschechoslowakei, verheiratet,
sämtlich zur Zeit in dieser Sache in gerichtlicher Untersuchungshaft,

wegen Vorbereitung zum Hochverrat und Landesverrats
hat der Volksgerichtshof, 2. Senat, in der öffentlichen Sitzung vom 2. März 1939 in Hamburg auf Grund der mündlichen Verhandlungen vom 15., 16., 17., 18., 28. Februar 1939 und vom 1. März 1939, an welchen teilgenommen haben

als Richter:
Vizepräsident des Volksgerichtshofs Engert
als Vorsitzender,
Volksgerichtsrat Dr. Albrecht,
Oberst der Schutzpolizei Schroers,

Urteil des 2. Senats des in Hamburg tagenden Volksgerichtshofes gegen Herbert Michaelis und andere vom 2. März 1939. (Institut für die Geschichte der Arbeiterbewegung)

mus richteten und damit als eine Herausforderung und Gefährdung des Regimes angesehen wurden. Es waren Handlungsweisen, die sich dem allgemeinen Rollenverhalten widersetzten, das von der jüdischen Bevölkerungsgruppe im nationalsozialistischen Herrschaftssystem erwartet wurde. Dieser Widerstand wird als offene Abweichung vom verordneten Modell definiert.«[13] Sie unterscheiden weiter zwischen einer weitgefaßten Definition von Widerstand, die jedes nonkonforme Verhalten, jede Verweigerung erwarteter Verhaltensnormen meint. Neben dieser auch als Resistenz oder Opposition bezeichneten Auffassung von Widerstand steht dessen engere Auslegung als Antifaschismus.

» Widerstand im engeren Sinne wird als Antifaschismus verstanden. Er impliziert eine politische Programmatik und Organisierung, strebt nach Transparenz, will die gesamte Bevölkerung oder wenigstens Teilgruppen erreichen und mobilisieren. Zu diesem politischen Widerstand gehören alle Aktivitäten, die im Rahmen des organisierten Antifaschismus ausgeübt wurden.«[14]

Auf diesen antifaschistischen Widerstand bezogen sich auch unsere Recherchen. Neben der Eingrenzung des Begriffs Widerstand stellte sich bei der Suche nach beteiligten Personen auch die Frage, was unter jüdisch verstanden werden soll, wer als Jude zu bezeichnen ist. Konrad Kwiet und Helmut Eschwege trafen bei der Zusammenfügung ihrer Forschungsergebnisse folgende Definition: »Jude ist, wer sich zur jüdischen Gemeinschaft bekennt. Diese Definition erfaßt zunächst nur die 1933 knapp 500.000 Juden, die von den Nationalsozialisten als ›Glaubensjuden‹ oder ›Volljuden‹ mosaischen Glaubens bezeichnet wurden. Die Definition wird allerdings der historischen Realität nicht ganz gerecht. Sie schließt den Kreis derer aus, die sich von der Bindung des Judentums gelöst hatten, nach wie vor aber von der Umwelt als ›Juden‹ eingestuft und behandelt wurden. Wir verwenden in diesem Fall den Begriff Deutsche jüdischer Herkunft. Die pragmatische Differenzierung in deutsche Juden und Deutsche jüdischer Herkunft, die sich freilich in der Praxis nicht immer durchführen läßt, erlaubt es, all jene deutschen Antifaschisten jüdischer Herkunft miteinzubeziehen, die in den Reihen der verschiedenen politischen Widerstandsorganisationen gekämpft haben.«[15]

Zur Charakterisierung des jüdischen Anteils am Widerstand in Deutschland schrieb Lucien Steinberg:

» Wie in ganz Westeuropa fühlten sich die meisten deutschen Juden ganz und gar deutsch. Eines konnten auch die NS-Verfolgungen nicht erreichen: eine Anzahl von deutschen Juden, vor allem diejenigen, die politisch organisiert oder mindestens überzeugt waren, fühlten sich auch weiterhin als Deutsche und handelten als Deutsche innerhalb des deutschen Widerstandes. Es gab viele jüdische Sozialisten (aller Schattierungen) und Kommunisten, die weiter im Rahmen der illegalen Tätigkeit dieser Parteien kämpften und sehr oft starben. Hierzu ist aber noch etwas erwähnenswert. Am Anfang mochte die »jüdische Motivation« eine gewisse Rolle gespielt haben, aber meistens war das nicht der Fall. Der jüdische Kommunist, der jüdische Sozialist, der jüdische Demokrat war nicht nur zunächst Kommunist, Sozialist, Demokrat und nachher Jude, sondern sehr oft fühlte er sich lediglich als deutscher Kommunist, Sozialist, Demokrat. Aber im Laufe der Zeit wurde er dazu gebracht, bewußt oder unbewußt, willig oder unwillig, sich als Jude zu bekennen und als Jude zu handeln.

Dies geschah notwendigerweise dadurch, daß die Juden von der deutschen Gesellschaft, vom deutschen Leben, allmählich ausgestoßen wurden. Die Einführung des Judensterns, die erst im September 1941 stattfand, war eigentlich nur die Krönung dieses Prozesses.«[16]

In diesem Sinne haben wir uns bemüht, Menschen jüdischer Herkunft ausfindig zu machen, die sich in Hamburg am Widerstand beteiligt haben. In verschiedenen staatlichen Archiven sind wir dabei fündig geworden. In Hamburg selbst sind nach Auskunft der Staatsanwaltschaften fast alle Straf- und Prozeßakten entweder durch bewußte Zerstörung oder durch Bombardierung vernichtet worden. Karteien und Registraturen der jeweiligen Gerichte ergaben aber allerdings erste Informationen.

Großen Anteil an den Möglichkeiten unserer Darstellung hatten unsere Recherchen in staatlichen Archiven außerhalb Hamburgs. Im Institut für die Geschichte der Arbeiterbewegung in Berlin, dem ehemaligen Institut für Marxismus-Leninismus, stießen wir auf umfangreiche Aktenbestände der NS-Reichsanwaltschaften, darunter auch Prozeßakten des Hanseatischen Oberlandesgerichts. Diese boten uns die Möglichkeit, Widerstandsaktivitäten und -aktionen der uns namentlich bekannten Jüdinnen und Juden — wenn auch aus der Sicht der verfolgenden Behörden — zu benennen. Vielfach wurde uns auch erst durch die Ausführungen zu den persönlichen Verhältnissen der angeklagten Personen möglich, erste Aussagen zur Biographie, zum schulischen und beruflichen Werdegang, dem Wohnort etc. zu treffen. Es hat uns aus verständlichen Gründen nicht genügt, den Widerstand von Menschen jüdischer Herkunft aus der Sicht ihrer Verfolger zu beschreiben.

Wir haben uns vor allem bemüht, uns mit den Beteiligten selbst — soweit dies 50 Jahre nach den Ereignissen überhaupt noch möglich ist — direkt in Verbindung zu setzen. In den meisten Fällen kamen wir zu spät: wenn einige auch die Verfolgung, Inhaftierung oder Emigration überlebt haben, so sind viele, einige von ihnen erst vor wenigen Jahren, gestorben. Dennoch hatten wir das Glück, bei den meisten Anfragen auf Angehörige, Verwandte oder Freunde zu treffen, die uns sofort und bereitwillig Auskunft gaben. Für fast alle galt, daß sie erstmals nach ihren Angehörigen oder Freunden und deren illegaler Tätigkeit im Widerstand befragt wurden!

Die sich durch unsere Briefe und Nachfragen entwickelnden intensiven Korrespondenzen ermöglichten uns, in den Porträts der Menschen jüdischer Herkunft, die sich am Widerstand in Hamburg beteiligten, neben die Perspektive der Verfolger die persönliche Sicht und die Informationen der Angehörigen oder Freude zu stellen.

Bei alldem kam es uns nicht darauf an, nachzuweisen, wie hoch der Anteil der Menschen jüdischer Herkunft am

Widerstand war, wie niedrig ihre Zahl im Vergleich zur Größe der jüdischen Gemeinde in Hamburg war. Uns kam es auch nicht darauf an, zu sagen, in welchem Maße sie sich den jeweils im Widerstand agierenden illegalen Parteien oder Gruppierungen angeschlossen hatten.

Uns interessierten die am Widerstand beteiligten Menschen jüdischer Herkunft, ihr Werdegang, ihr gesellschaftlicher-politischer Hintergrund, wenn möglich die Beweggründe für ihre illegale politische Arbeit, ihr Leben nach der Verurteilung und Inhaftierung, ihr Leben in der Emigration und in ihrer neuen »Heimat«. Wir waren bei all unseren Recherchen so vermessen, nach einem Bezug zu dem von uns beschriebenen Stadtteil, dem Grindel, zu suchen und zu fragen. Wir sind dabei zugleich überrascht und erstaunt, wie viele Informationen wir selbst so viele Jahre nach den tatsächlichen Ereignissen zusammentragen konnten.

Uns kam es bei unseren Nachforschungen darauf an, Menschen, die zu Unrecht in Vergessenheit geraten sind, die aus unterschiedlichen Gründen verschwiegen oder in falscher Parteinahme vereinnahmt worden sind, aus der Anonymität zu lösen und auf sie in würdigender Weise aufmerksam zu machen.

Bei der Frage nach der Wirksamkeit ihres Widerstandes wird man zu berücksichtigen haben, was Werner Jochmann, der ehemalige Leiter der Forschungsstelle für die Geschichte des Nationalsozialismus in Hamburg, in der Einleitung des Buches von Konrad Kwiet und Helmut Eschwege schrieb:

»Das Studium dieses Werkes sollte vor allem zum Nachdenken darüber anregen, wie schwer die Mehrheit der deutschen Bevölkerung den Juden durch Teilnahmslosigkeit, durch die Inhumanität des Wegsehens und die Hinnahme offensichtlicher Diskriminierung die Wahrung der Menschenwürde machte. Weil der überwiegende Teil des Volkes die Juden im Stich ließ, die Schaffung eines Ausnahmerechts duldete, erleichterte er den Nationalsozialisten ihre Vernichtungspläne.«[17]

Anmerkungen

[1] Vgl. den Abschnitt »Der Fall des Hamburger Rechtsanwalts Herbert Michaelis«.

[2] Vgl. den Abschnitt »J'accuse — Ich klage an. — Eine Widerstandsaktion nach dem 9. November 1938.«

[3] Vgl. Günter Weisenborn, Der lautlose Aufstand. Bericht über die Widerstandsbewegung des deutschen Volkes 1933–1945. Hamburg 1953; Hermann Langbein, ... nicht wie die Schafe zur Schlachtbank. Widerstand in den nationalsozialistischen Konzentrationslagern 1938–1945. Frankfurt/Main 1980; Richard Löwenthal, Patrik von zur Mühlen (Hrsg.), Widerstand und Verweigerung in Deutschland 1933 bis 1945. Bonn 1984; Bundeszentrale für politische Bildung (Hrsg.), Widerstand und Exil 1933–1945. Bonn 1986.

[4] Vgl. Ursel Hochmuth, Gertrud Meyer, Streiflichter aus dem Hamburger Widerstand 1933–1945. Berichte und Dokumente. Frankfurt/Main 1969; Gertrud Meyer, Nacht über Hamburg. Berichte und Dokumente 1933–1945. Frankfurt/Main 1971; Karl Ditt, Sozialdemokraten im Widerstand. Hamburg in der Anfangsphase des Dritten Reichs. Hamburg 1984; Ludwig Eiber, Arbeiterwiderstand gegen Faschismus und Krieg 1933–1945. In: Ulrich Bauche, Ludwig Eiber, Ursula Wamser, Wilfried Weinke (Hrsg.), »Wir sind die Kraft« Arbeiterbewegung in Hamburg von den Anfängen bis 1945. Hamburg 1988, S. 271–315.

[5] Vgl. den am 3.11.1988 in der Gedenkstätte deutscher Widerstand gehaltenen Vortrag von Arnold Paucker, Jüdischer Widerstand in Deutschland. Tatsachen und Problematik. Berlin 1989, sowie Wolfgang Benz, Überleben im Untergrund 1943–1945. In: Wolfgang Benz (Hrsg.), Die Juden in Deutschland 1933–1945. Leben unter nationalsozialistischer Herrschaft. München 1988, S. 660–700.

[6] Lucien Steinberg, Der Anteil der Juden am Widerstand in Deutschland. In: Studien und Berichte aus dem Forschungsinstitut der Friedrich-Ebert-Stiftung, Bad Godesberg 1965, S. 113–143.

[7] Helmut Eschwege, Resistance of German Jews against the Nazi Regime. In: Year Book XV of the Leo Baeck Institute. London 1970, S. 143–180.

Für zahlreiche Hinweise und ausführliche Gespräche bedanken wir uns bei Helmut Eschwege.

[8] Arnold Paucker, Jüdischer Widerstand in Deutschland a.a.O., S. 4f.

[9] Konrad Kwiet, Helmut Eschwege, Selbstbehauptung und Widerstand. Deutsche Juden im Kampf um Existenz und Menschenwürde 1933–1945. Hamburg 1984.

[10] Ferdinand Kroh, David kämpft. Vom jüdischen Widerstand gegen Hitler. Hamburg 1988.

[11] Arno Lustiger, Schalom Libertad! Juden im spanischen Bürgerkrieg. Frankfurt/Main 1989. Vgl. auch Arie Goral, Jüdische Opfer für Spaniens Freiheit. Zu Arno Lustigers außergewöhnlicher Dokumentation »Schalom Libertad«. In: Allgemeine jüdische Wochenzeitung vom 22. September 1989.

[12] Jüdischer Widerstand unter Hitler — eine notwendige aktuelle Erinnerung. Arie Goral im Gespräch mit dem Schriftsteller Helmut Eschwege. In: Die Tageszeitung Hamburg vom 20.11.1087.

[13] Konrad Kwiet, Helmut Eschwege, Selbstbehauptung und Widerstand, a.a.O., S. 18f. Vgl. hierzu Joseph Walk, Jüdische Erziehung als geistiger Widerstand. In: Arnold Paucker, Die Juden im nationalsozialistischen Deutschland. The Jews in Nazi Germany 1933–1943. Tübingen 1986, S. 230–249 sowie Miriam Gillis-Carlebach, Jüdischer Alltag als humaner Widerstand 1939–1941. Dokumente des Hamburger Oberrabbiners Dr. Joseph Carlebach aus den Jahren 1939–1941. Hamburg 1990.

[14] Konrad Kwiet, Helmut Eschwege, Selbstbehauptung und Widerstand, a.a.O., S. 19.

[15] Ebenda.

[16] Lucien Steinberg, Der Anteil der Juden am Widerstand in Deutschland, a.a.O., S. 116f.

[17] Konrad Kwiet, Helmut Eschwege, Selbstbehauptung und Widerstand, a.a.O., S. 10.

Die Talmud-Tora-Schüler Georg Oppenheim und Rudolf Neumann

Beide, Georg Oppenheim und Rudolf Neumann, sind in Hamburg geboren. Beide wohnten lange Zeit am Grindel und besuchten die am Grindelhof gelegene Talmud-Tora-Schule. Beide waren am 18.7.1933 in sogenannte »Schutzhaft« genommen worden. Beide wurden am 6. November 1934 vom Generalstaatsanwalt beim Hanseatischen Oberlandesgericht wegen Vorbereitung zum Hochverrat angeklagt.[1]

Georg Oppenheim wurde am 5.12.1906 in Hamburg geboren. Nach dem Besuch der Talmud-Tora-Schule war er zwischenzeitlich als kaufmännischer Angestellter tätig. Als Externer bestand er Ende 1927 das Abitur an der Oberrealschule Am Holstentor. Im Anschluß studierte Georg Oppenheim in Hamburg Rechtswissenschaft. Im Dezember 1931 absolvierte er das Referendar-Examen. Aufgrund des

»Gesetzes zur Wiederherstellung des Berufsbeamtentums« wurde er, weil er Jude war, am 20.6.1933 aus dem Staatsdienst entlassen.

Schon während seiner Studienzeit hatte sich Georg Oppenheim politisch engagiert. Er trat in die Sozialistischen Studiengruppen ein, später wurde er Mitglieder der SPD, stand jedoch bald in kritischem Widerspruch zu ihrer Politik.

»Während seiner Zugehörigkeit zur Sozialdemokratischen Partei studierte er nach seinen Angaben eingehend die Werke des Marxismus und kam dabei innerlich zu der Überzeugung, daß die Sozialdemokratische Partei den Kampf für den Marxismus nicht richtig führe und daß die Fortsetzung des Marxismus der Leninismus sei. Der Beschuldigte kam weiter zu der Überzeugung, daß der Weg Deutschlands, wenn er nicht zur Arbeiterdiktatur führen würde, unbedingt zum Nationalsozialismus gehen müsse. Er trat daher aus der Sozialdemokratischen Partei aus und sympathisierte von nun an mit dem Kommunismus. Der KPD trat er jedoch nicht bei, da durch Senatsbeschluß für Beamte der Beitritt zur KPD verboten war.«[2]

Durch den Journalisten und Herausgeber der »Tribüne« Justin Steinfeld[3], einem Verwandten Georg Oppenheims, wurde er in den Untersuchungsausschuß zum »Altonaer Blutsonntag« geholt.

Am Sonntag, dem 17. Juli 1932, war es anläßlich eines Propagandamarsches von SA und SS durch traditionelle Arbeiterwohnviertel in Altona zu gewaltsamen Auseinandersetzungen gekommen. In ihrem Verlauf starben 18 Menschen, die meisten durch Polizeikugeln. Zahlreiche Personen wurden verhaftet, darunter vier, die nach der Machtübernahme durch die Nationalsozialisten von einem Sondergericht am 2. Juni 1933 zum Tode verurteilt und am 1. August 1933 hingerichtet wurden.[4] Reichskanzler von Papen benutzte die Ereignisse im damals noch zu Preußen gehörenden Altona als Vorwand, bestehende Pläne zum Sturz der sozialdemokratisch geführten Regierung in die Tat umzusetzen.[5]

Wenige Wochen nach dem »Altonaer Blutsonntag« wurde ein — vermutlich durch die »Rote Hilfe Deutschland« initiierter — überparteilicher Untersuchungsausschuß gebildet. Justin Steinfeld, der diesen Ausschuß und das öffentliche Verfahren leitete, schrieb dazu:

»Der Untersuchungsausschuß bestand aus Menschen verschiedenster Berufe und Weltanschauung, Kaufleute, Wissenschaftler, Handwerker, Lehrer, Ärzte, Künstler und Juristen waren in ihm vertreten. Für die Voruntersuchung, die Vernehmung mehrerer hundert Zeugen und die Klärung der juristischen Fragen hatten sich zahlreiche Anwälte und Referendare zur Verfügung gestellt, die den verschiedensten Parteien angehörten oder überhaupt nicht politisch organisiert waren.«[6]

Auch Georg Oppenheim beteiligte sich aktiv an der Arbeit des Ausschusses. Die Anklageschrift gegen ihn vom 6.11.1934 vermerkte dazu: »Als Mitglied des Juristenausschusses vernahm er angebliche Zeugen der Zusammenstöße des Altonaer Blutsonntags und nahm an der Abfas-

Flora Neumann und Georg Oppenheim, um 1960. (Privatbesitz)

sung des juristischen Gutachtens teil. Das Gutachten kam zu dem Schluß, daß Schuld an den Zusammenstößen in Altona nicht die Kommunisten, sondern lediglich die Polizei hätte.«[7]

Nach der Machtübernahme der Nationalsozialisten nahm Georg Oppenheim am illegalen Widerstand der KPD teil. Schon Ende 1932/Anfang 1933 hatte die KPD mit einem Verbot der Partei gerechnet und sich auf die Illegalität vorbereitet. Die nach größeren Stadtgebieten organisierte Stadtteilorganisation wurde zugunsten kleiner Organisationseinheiten umgebildet.

Georg Oppenheim gehörte zum Stadtteil Sternschanze, der von dem Bildhauer Johannes Auerbach als politischem Leiter geführt wurde. Vermutlich seit einem Schulungstreffen der Gruppe zu Pfingsten 1933 war Georg Oppenheim Agitprop-Leiter der illegalen Stadtteilleitung der KPD. Durch Johannes Auerbach wurde er u.a. damit beauftragt, »Abziehapparate zu besorgen und für politische Arbeit der Zellen Sorge zu tragen.«[8] Ferner schrieb er Berichte über die Arbeit der Stadtteilgruppe an die Bezirksleitung der KPD. Hans Christoffers, der Instrukteur der illegalen KPD für die Stadtteile Altstadt, Neustadt und St. Pauli, besuchte ihn mehrmals in seiner Wohnung in der Schlüterstraße 79. Er diktierte ihm Berichte an die Bezirksleitung und Entwürfe für Flugblätter, die von Georg Oppenheim zur Vervielfältigung auf Wachsbogen geschrieben wurden.[9] Ebenso besprachen sie organisatorische Frage, wie z.B. die regelmäßige Verteilung von Schulungsmaterialien an die Mitglieder.

Die Fortsetzung seiner illegalen Arbeit, die Beschaffung der Abzieh-Apparate und die Durchführung weiterer geplanter Schulungskurse wurde durch seine Verhaftung im Juli 1933 verhindert.

Auch der am 7.8.1908 in Hamburg geborene Rudolf Neumann war Schüler der Talmud-Tora-Schule. Nach seinem Schulabschluß absolvierte er eine Lehre und wurde Elektriker. Auch er engagierte sich politisch, er wurde Mitglied der »Jugend-Gemeinschaft jüdischer Arbeitnehmer« (JJA). Er besuchte deren Veranstaltungen, ging regelmäßig zu deren Treffen im Jugendheim der Deutsch-Israelitischen Gemeinde in der Johnsallee 54. Dort lernte er auch die am 23.2.1911 geborene Flora Andrade, seine spätere Frau, kennen. Nach ihrem Schulabschluß an der Mädchenschule der Deutsch-Israelitischen Gemeinde in der Carolinenstraße war sie zunächst arbeitslos geworden, später fand sie Arbeit in der Wollspinnerei Semper in Bahrenfeld, wo sie gemeinsam mit ihrer Schwester Paula im Akkord arbeitete.

»Paula und ich arbeiteten im Schichtdienst: eine Woche von 6 bis 15 Uhr, die andere Woche von 15 bis 24 Uhr. Wir waren oft todmüde. Trotz allem gefiel es mir nicht, so weiterzuleben. Ich wollte nicht nur arbeiten und gar nichts aus meinem Leben machen.

Und so kam ich auf den Gedanken, mich einer Jugendgruppe anzuschließen. In der Jugendgruppe — es war die JJA (Jüdische Jungarbeiter), in der Johnsallee hatten wir das Jugendheim, es waren dort auch noch andere Gruppierungen wie die DJJ, die deutsch-jüdische Jugend, die fühlten sich erst als Deutsche, dann als Juden, und dann war da der Jüdische Wanderbund, der vollkommen unpolitisch war, und die Zionisten.

In der jüdischen Jugendgruppe lernte ich Menschen kennen, mit denen ich reden konnte. Ich nahm an einem Kurs teil über Karl Marx, das Kapital, Engels und Hegels Dialektik. Oft fielen mir die Augen zu vor Müdigkeit, aber ich wollte mein junges Leben nicht nur verschlafen. Hatte ich Spätdienst, konnte ich sowieso nicht teilnehmen ...

Ja, wenn ich auch todmüde war, so blieb doch etwas haften, und ich verstand den Kampf der Arbeiterfrauen immer mehr. In der Arbeiterjugend lernte ich vor 57 Jahren meinen Mann kennen ...« [10]

1931 heirateten sie, ihre jüdische Trauung fand am 4.9.1931 in der Bornplatz-Synagoge statt.

Ebenso wie Georg Oppenheim beteiligte sich Rudolf Neumann am Widerstand der KPD gegen den Nationalsozialismus und arbeitete in der illegalen Stadtteilgruppe Sternschanze mit. Von dem Bauarbeiter Hermann Hempel, der ebenfalls zur Widerstandsgruppe um Hans Christoffers, Johannes Auerbach, Georg Oppenheim u.a. gehörte, erhielt er fast täglich die Post, Päckchen und weitere illegale Informationsblätter. Als Kurier der Stadtteilgruppe sorgte er für die Weiterleitung. Auch an dem Schulungstreffen Pfingsten 1933 hatte er teilgenommen. Rudolf Neumann wurde ebenso wie Georg Oppenheim im Juli 1933 verhaftet; vom 18.7.1933 bis 6.2.1934 war er in »Schutzhaft«.

»Das erste Mal wurde mein Mann 1933 als Antifaschist verhaftet. Ich durfte seine schmutzige Wäsche aus dem Lager Fuhlsbüttel abholen und stellte fest, daß sie mit Blut beschmiert war. Besuchen durfte ich meinen Mann nicht.« [11]

Rudi Neumann (rechts) während der Pflichtarbeit auf dem Jüdischen Friedhof an der Rentzelstraße, 1937. (Privatbesitz)

Nach seiner Entlassung mußte Rudolf Neumann in Waltershof Pflichtarbeit leisten. In seinem gelernten Beruf als Elektriker durfte er nicht arbeiten. Am 31.10.1934 wurde er erneut verhaftet. Nach der Anklageerhebung vom 6. November 1934 fällte das Hanseatische Oberlandesgericht am 22.11.1934 das Urteil. Rudolf Neumann wurde zu einem Jahr Gefängnis, Georg Oppenheim zu zwei Jahren Zuchthaus verurteilt.[12] Beide waren in Hamburg-Fuhlsbüttel inhaftiert. Georg Oppenheim wurde am 22.4.1936 aus der Haft entlassen. Über die Tschechoslowakei emigrierte er nach England; dort starb Georg Oppenheim Mitte der 80er Jahre.

Im Oktober 1935 war die Haftzeit Rudolf Neumanns beendet. Vier Monate vorher, am 1.6.1935, war sein Sohn Bernd zur Welt gekommen. Den Namen Bernd hatte ihm Flora Neumann zur Erinnerung an Bernhard Karlsberg,[13] einem gemeinsamen Freund Flora und Rudolf Neumanns aus der »Jugend-Gemeinschaft jüdischer Arbeitnehmer«, gegeben.

Nach seiner Haftentlassung wurde Rudolf Neumann erneut zur Pflichtarbeit herangezogen. Als 1937 der alte Jüdische Friedhof an der Rentzelstraße zugunsten einer Straßenverbreiterung zwangsgeräumt wurde,[14] mußte Rudolf Neumann bei der Räumung und Umbettung der Gräber mitarbeiten:

»Rudi mußte wieder Pflichtarbeit machen. Ecke Rentzelstraße war ein alter jüdischer Friedhof. Er mußte mit anderen die Gräber öffnen und die restlichen Gebeine der Toten auf den jüdischen Friedhof in Ohlsdorf bringen. Das war gewiß keine angenehme Arbeit!« [15]

Als in seinem Bekanntenkreis erneut Verhaftungen

durchgeführt wurden,[16] floh Rudolf Neumann 1938 mit dem Fahrrad nach Belgien. Ein halbes Jahr später gelang auch seiner Frau Flora zusammen mit ihrem Sohn Bernd die Flucht aus Hamburg.

»Als ich in Brüssel ankam, stand Rudi auf dem Bahnhof. Er war unrasiert, sah übermüdet aus. Er nahm seinen Sohn auf den Arm und jubelte: ›Ihr habt es geschafft, jetzt kann nichts mehr passieren!‹ Er nahm dann mich in die Arme, küßte mich und meinte: ›Jetzt fangen wir von vorne an!‹

Nichtjüdische politische Emigranten aus Deutschland nahmen uns für die ersten Nächte auf. Wir schliefen auf der Erde einer Mansarde in Brüssel, wurden von Wanzen zerstochen. Es machte uns nichts aus, denn wir waren freie Menschen. Alle Unannehmlichkeiten waren nur halb so schlimm ... Leicht war das Leben in der Emigration nicht. Wir hatten keine Arbeitserlaubnis, aber wir waren glücklich. Wir kamen mit vielen politisch und rassisch verfolgten Emigranten zusammen, unter denen eine große Solidarität herrschte. Das machte vieles leichter.«[17]

Doch die Verfolgung Flora, Rudolf und Bernd Neumanns war noch nicht beendet. Nach dem Einmarsch deutscher Truppen in Belgien 1940 wurden sie wieder voneinander getrennt. Rudolf Neumann kam in ein Internierungslager nach Südfrankreich. *»Rudi verabschiedete sich von mir mit den Worten: ›Wir kommen bald zurück. Der Krieg wird nicht lange dauern.‹ Daraus wurden fünf lange Jahre des Schreckens.«*[18] Aus Frankreich wurde Rudolf Neumann nach Auschwitz deportiert, seine Befreiung erlebte er im Konzentrationslager Buchenwald.

Angesichts der Razzien, der Verhaftungen und der systematischen Verfolgung versuchte Flora ihren Sohn Bernd in Sicherheit zu bringen.

»Als ich eine Aufforderung erhielt, mich mit meinem Sohn zum Arbeitseinsatz zu melden, entschloß ich mich, Bernie ebenfalls ins Kloster zu bringen. Denn mir war klar, daß die Deutschen uns nicht mit Kindern in ein Arbeitslager einweisen würden ... Bernie war sieben Jahre alt und schrie: ›Mutti, laß mich doch nicht allein!‹ Es war die erste Trennung von meinem Kind. Ich hätte schreien können.«[19]

1942 wurde Flora Neuman, die sich in Belgien der Untergrundbewegung angeschlossen hatte, von der Gestapo verhaftet. Nach sechs Monaten Einzelhaft wurde Flora Neumann im Januar 1943 nach Auschwitz deportiert.

Flora und Rudi Neumann überlebten wie durch ein Wunder die Schrecken der Konzentrations- und Vernichtungslager. Nach Kriegsende fand sich die Familie in Belgien wieder, auch der Sohn Bernd hatte überlebt. 1951 kamen sie wieder nach Hamburg zurück, ihr Sohn Bernd wanderte 1953 als 18jähriger nach Israel aus. Im August 1987, anläßlich des 80. Geburtstags Rudolf Neumanns, war in einer Hamburger Zeitung zu lesen:

»Onkel Rudi ist knorrig, einsilbig, hilfsbereit, schmunzelig, ruppig. Sagt: ›Guck mal, da oben!‹, stupst einem die Nase und lacht sich schlapp. Er liebt das Leben.

Seine Nummer am Arm ist 178121. Auch meine Tante Flora liebt das Leben. Sie ist klein, kulleräugig, hat dichtes schwarzes Haar. Sie ist lebhaft, fröhlich, warm, spontan und sinnenfreudig. Ihre KZ-Nummer ist 74559. Am linken Arm. Viel hübscher, viel leserlicher, liebevoller geschrieben als Rudis Nummer. Beide nicht auszuradieren. Im Sommer hören sie oft ›Guck mal, wie verrückt. Die hat ihre Telefonnummer am Arm.‹

Onkel Rudi wäscht für die Hamburger Jüdische Gemeinde die jüdischen Toten und kleidet sie an. Ehrenamtlich. Seit 30 Jahren. Er bereitet die Toten zur letzten Ruhe vor, zum Gedenken an seine Eltern und an seine fünf Geschwister, die alle von den Nazis ermordet wurden. Die größte Tragödie seines Lebens.«[20]

Flora und Rudolf Neumann leben in Hamburg, sie nehmen auch heute noch an politischen Veranstaltungen und Diskussionen teil. Flora Neumann wurde im Februar 1991 80 Jahre alt. In diesem Jahr wollen sie im September ihren 60. Hochzeitstag feiern.

Flora und Rudi Neumann mit ihrem Sohn Bernd in Belgien, 1946. (Privatbesitz)

Anmerkungen

[1] Institut für die Geschichte der Arbeiterbewegung, Zentrales Parteiarchiv, Berlin, NJ 470, Anklageschrift des Generalstaatsanwalts bei dem Hanseatischen Oberlandesgericht vom 6.11.1934. In der zum Widerstand in Hamburg veröffentlichten Literatur gab es bisher keine Informationen über Georg Oppenheim und Rudolf Neumann.

[2] Ebenda, S. 16.

[3] Vgl. zu Justin Steinfeld den Abschnitt »Deutschfeindliche Journalisten und Schriftsteller:« Justin Steinfeld und Heinz Liepmann.

[4] Vgl. zum »Altonaer Blutsonntag« Helmut Heins u.a., Bruno Tesch und Gefährten — Erinnerungen an den »Altonaer Blutsonntag«. Her-

ausgegeben von der VVN-Bund der Antifaschisten, Hamburg. Hamburg 1983; sowie Heinrich Breloer, Horst Königstein, Blutgeld. Materialien zu einer deutschen Geschichte. Köln 1982.

[5] Vgl. Wolfgang Kopitzsch, Der »Altonaer Blutsonntag« In: Arno Herzig, Dieter Langewiesche, Arnold Sywottek (Hrsg.), Arbeiter in Hamburg. Unterschichten, Arbeiter und Arbeiterbewegung seit dem ausgehenden 18. Jahrhundert. Hamburg 1983, S. 509−516.

[6] Justin Steinfeld, Thälmann und der Blutsonntag. In: Die Neue Weltbühne vom 24. Mai 1934.

[7] Anklageschrift des Generalstaatsanwalts bei dem Hanseatischen Oberlandesgericht vom 6.11.1934, S. 16 (vgl. Anm. 1). Vgl. auch Alphonse Kahn, Das sind keine Menschen mehr! Als junger Jurist im überparteilichen Untersuchungsausschuß. In: Helmut Heins u.a., Bruno Tesch und Gefährten, a.a.O., S. 63−65. Die Ergebnisse der Untersuchungen wurden 1932 unter dem Titel »Die Wahrheit über den Blutsonntag in Altona. Tatsachenschilderungen von Augenzeugen und Verwundeten« von der »Roten Hilfe Deutschlands« im Berliner Tribunal-Verlag als 16seitige Broschüre herausgegeben. Auch Erich Lüth, nach 1945 Pressesprecher des Hamburger Senats, hatte an dem überparteilichen Untersuchungsausschuß teilgenommen. Zu den damaligen Vorgängen sagte er 1982: »Wenn die Kommunisten das Feuer auf den Zug eröffnet hätten, dann hätte es auch viel mehr tote SA-Männer gegeben.« Zitiert nach: Heinrich Breloer, Horst Königstein, Blutgeld, a.a.O., S. 34.

[8] Anklageschrift des Generalstaatsanwalts bei dem Hanseatischen Oberlandesgericht vom 6.11.1934, S. 10 f. (vgl. Anm. 1).

[9] Ebenda, S. 17 f.

[10] Flora Neumann, Wir dürfen nicht vergessen! Maschinengeschriebenes Manuskript. 44 S. Hamburg o.J. (1988), S. 6.

[11] Flora Neumann, Jetzt kann nichts mehr passieren ... Die Geschichte eines Hamburger Ehepaares, das die Hölle des Konzentrationslagers überlebte. In: Hamburger Abendblatt vom 29.4.1985. In einer vierteiligen Serie unter dem Titel »Die Frau mit der Auschwitz-Nummer 74559« druckte das Hamburger Abendblatt vom 29.4.1985 bis zum 3.5.1985 die Geschichte Flora Neumanns ab. Unter dem Titel »Belgisches Exil, Widerstand, Deportation« hat sie in Auszügen Eingang gefunden in das von Charlotte Ueckert-Hilbert herausgegebene Buch »Fremd in der eigenen Stadt. Erinnerungen jüdischer Emigranten aus Hamburg«, Hamburg 1989.

[12] Laut Auskunft der Staatsanwaltschaft bei dem Hanseatischen Oberlandesgericht vom 18.3.1991.

[13] Vgl. zu Bernhard Karlsberg den Abschnitt »Ein Niederländer aus Überzeugung: Bernhard Karlsberg«.

[14] Vgl. den Artikel »Wiederbeisetzung der Gebeine des Chachams Isaac Bernays auf dem Begräbnisplatz der Gemeinde in Ohlsdorf.« In: Jüdisches Gemeindeblatt vom 14. Mai 1937. Eines der den Text illustrierenden Fotos zeigt — wie es in der Bildunterschrift heißt — die »Räumung des unter dem jetzigen Bürgersteig gelegenen Friedhofsteils.«

[15] Flora Neumann, Wir dürfen nicht vergessen, a.a.O., S. 10.

[16] Institut für die Geschichte der Arbeiterbewegung, Zentrales Parteiarchiv, Berlin, NJ 13917, Schreiben der Staatsanwaltschaft bei dem Hanseatischen Oberlandesgericht an den Reichsanwalt beim Volksgerichtshof Berlin vom 15.5.1937. Die in diesem Schreiben aufgelisteten Ermittlungen, Verhaftungen und Verhöre sind eingeflossen in die Darstellung »Ein Niederländer aus Überzeugung: Bernhard Karlsberg.«

[17] Flora Neumann, Wir dürfen nicht vergessen, a.a.O., S. 12 f.

[18] Ebenda, S. 13.

[19] Flora Neumann, »Mutti, laß mich doch nicht allein!« In: Hamburger Abendblatt vom 30.4./1.5.1985.

[20] Peggy Parnass, Trotz alledem: Einfach ein Mensch. Ein Leben als Jude und Kommunist in Deutschland. Rudi Neumann wird 80. In: Hamburger Rundschau vom 6.8.1987. Vgl. auch Arie Goral, Ein »junger« Jude von 80 Jahren. In: Allgemeine jüdische Wochenzeitung vom 7.8.1987.

Flora und Rudi Neumann danken wir für viele intensive Gespräche über ihr eigenes Leben, aber auch über andere Menschen jüdischer Herkunft, die sich am Widerstand in Hamburg beteiligten. Wir danken ihnen auch für die Überlassung von Fotos und anderen Materialien.

Der Studienreferendar Heinz Leidersdorf

»Kommt Ihr nie von jenen beiden Polen los, die eine Unzulänglichkeit des Denkens uns heraufbeschworen hat? : Eines bestehe nur durch sein Gegenteil! — Ob nicht eine Wirklichkeit sich auftun mag, in der das Licht auch ohne Schatten Licht bleibt, und das Gute gut auch ohne Hölle. Wir wissen nicht um diese Welt.«[1]

Dieses Zitat findet sich im Nachlaß des 1987 verstorbenen Hamburger Schriftstellers und Dramaturgen Heinrich Christian Meier.[2] Es stammt aus dem Text »Gespräch unter Sternen. Ein unsachlicher Dialog.«, 1927 in Hamburg von Heinz Leidersdorf verfaßt. Neben diesem expressionistisch anmutenden Dialog-Text zweier Personen enthält der Nachlaß Heinrich Christian Meiers die Titelseite eines Filmmanuskripts von Heinz Leidersdorf mit dem Titel »Feuer. Bilder aus dem Hamburger Brand von 1842.«, vermutlich im Januar 1928 geschrieben. Außerdem existiert der undatierte Entwurf eines Briefes Heinrich Christian Meiers an Heinz Leidersdorf. Der Brief endet mit dem Gruß »Ihr ehrlicher Kamerad Meier«.

Am 16. Mai 1984 schrieb Heinrich Christian Meier einen ausführlichen Brief an Dr. Ulrich Bauche, Hauptkustos des Museums für Hamburgische Geschichte. Im Brief heißt es:
» *Zwar ist der Name ›Heinz Leidersdorf‹ in den Listen der verfolgten Antifaschisten und der Opfer nicht ganz unbekannt. Aber beim Stöbern in meinem Archiv hier sind Erinnerung und lebendige Zeugenschaft für das, was etwa 1928−35 passierte, zur Stärke eines Albdrucks bei mir angewachsen. Der junge Oberlehrer Heinz Leidersdorf ist ein Freund meiner Familie gewesen, auch meiner Schwester, und meine Mutter hatte ihn besonders gern. Er war ein hilfsbereiter weltoffener junger Mann, ein kluger Naturwissenschaftler, doch mit Interesse für bildende Kunst und Musik, natürlich auch Literatur.* «[3]

Aufgrund der engen Freundschaft zu Heinz Leidersdorf entschloß sich Heinrich Christian Meier, eine »Heinz Leidersdorf Stiftung« ins Leben zu rufen. Dieser Plan, bei dem er auf die Unterstützung von seiten des Museums hoffte, konnte bisher nicht verwirklicht werden; auch der Tod Heinrich Christian Meiers verhinderte die Realisation.

Heinz Leidersdorf wurde am 26.2.1906 als Sohn des Kaufmanns Hugo Leidersdorf und seiner Frau Adele in Neuhaus an der Elbe geboren.[4] Dort besuchte er die Volksschule, seit 1918 das Gymnasium in Lübeck, seit 1922 das Gymnasium in Lüneburg, wo er auch 1924 die Reifeprüfung bestand. Im Anschluß studierte er Biologie und Chemie an den Universitäten Köln, Marburg und Hamburg; hier schloß er 1933 sein Studium ab. Heinz Leidersdorfs weiterer beruflicher Werdegang bleibt etwas undeutlich. Heinrich Christian Meier behauptete, daß Heinz Leidersdorf seit 1932 Studienassessor an einem Hamburger Gymnasium war, seit 1933 an die Talmud-Tora-Schule versetzt wurde.[5] Die Anklageschrift des Reichsanwalts beim Volksgerichtshof vom 26.11.1936 vermerkte, daß sich Heinz Leidersdorf bemühte, durch Vermittlung von Verwandten nach Südafrika auszuwandern. Da dieser Plan scheiterte, soll er sich an die jüdische Berufsberatung gewandt haben. Durch deren Vermittlung wurde er laut Anklageschrift »ab Oktober 1934 gegen eine monatliche Vergütung von RM 40 an einer Hamburger jüdischen Realschule im Grindelhof Studienreferendar; im übrigen verdiente er sich seinen Lebensunterhalt durch Erteilung von Privatstunden.«[6] In einer statistischen Übersicht der Talmud-Tora-Oberrealschule vom 7. Mai 1935 stand sein Name im Verzeichnis der in der Schule wirkenden Lehrkräfte. In der Rubrik »Lehrkräfte, die an dieser Schule einzelne Stunden erteilen«, wurde der Studienreferendar Heinz Leidersdorf mit neun Wochenstunden aufgeführt.[7] Ein halbes Jahr später tagte der Schulvorstand der Talmud-Tora-Schule. Im Protokoll der Sitzung vom 27.11.1935 konnte man folgenden Eintrag lesen: »Ferner wird die Angelegenheit des Studienreferendars Leidersdorf erwähnt, der von der Staatspolizei verhaftet worden ist und des Hochverrats beschuldigt wird. Herr Leidersdorf stand in keinerlei Angestelltenverhältnis zur Schule, er war ihr von der Landesunterrichtsbehörde zur pädagogischen Ausbildung überwiesen.«[8]

Diese kühle, distanzierende Stellungnahme des Schulvorstandes entsprach wohl auch Heinz Leidersdorfs eigener Wahrnehmung des Verhältnisses des Kollegiums zu ihm. Heinrich Christian Meier schrieb dazu in seinem Brief:

»*Er beschwerte sich bei mir mehrfach darüber, daß dort das ganze Kollegium gegen ihn sei, weil er Marxist war. Er war nicht der Mensch, der dies verborgen hätte. Natürlich war er für die besorgten Lehrer dort eine gewisse Belastung, und er erzählte mir mit großer Bitterkeit, daß diese ›Kollegen‹ auf dem Schulhof Sportstunden abhielten, die alles das wiederholten, bis zum deutschen Gruß, was die Nazis ihnen vormachten. Dieselben ›nationalgesinnten Kollegen‹ gaben ihm aber nicht einmal die Hand und verließen das Lehrerzimmer, wenn Heinz Leidersdorf anwesend war.*«[9]

Tatsächlich war Heinz Leidersdorf am 2. November 1935 festgenommen und in sogenannte Schutzhaft überführt worden. Gemeinsam mit dem kaufmännischen Angestellten Walter Munter und dem Schriftsetzer Wilhelm Defert wurde er wegen Vorbereitung zum Hochverrat angeklagt.

Laut Anklageschrift soll Heinz Leidersdorf 1928 Mitglied der KPD gewesen, 1931 auch der »Roten Studentengruppe« an der Hamburger Universität beigetreten sein. Heinz Leidersdorf, der bis zu seiner Verhaftung in der Hansastraße 82 wohnte, soll innerhalb der KPD Unterkassierer im Stadtteil Eppendorf und Vertrauensmann der KPD in der Studentengruppe gewesen sein. 1931 wurde er, so die Anklageschrift, »angeblich wegen unangebrachter Parteikritik«[10] aus der KPD ausgeschlossen.

Vermutlich seit 1932 schloß sich Heinz Leidersdorf ebenso wie Walter Munter und Wilhelm Defert der »Vereinigten Linken Opposition der KPD (Bolschewiki-Leninisten)«, einer Abspaltung des 1928 gegründeten »Lenin-Bundes« an.[11] Detailliert ging die Anklageschrift auf die Richtungskämpfe und Spaltungen innerhalb der KPD vor 1933 ein. Neugründungen, deren führende Persönlichkeiten und die Benennung der jeweiligen Publikationsorgane

(Institut für die Geschichte der Arbeiterbewegung)

flossen in die Darstellung »Die hochverräterischen Ziele der deutschen Trotzkigruppe« ein.[12] Hiermit war die aus »Lenin-Bund« und »Vereinigte Linke Opposition der KPD (Bolschewiki-Leninisten)« hervorgegangene Gruppe der »Internationalen Kommunisten Deutschlands (IKD)« gemeint, die, wie es in der Anklageschrift hieß, »noch heute zu Trotzki steht und eine Sektion der Internationalen Kommunisten Liga — IV. Internationale (IKL)« ist.[13] Diese Gruppe soll 1935 im »Groß-Hamburger Gebiet« 100 Mitglieder gehabt haben. Als Leiter wurden »die Juden Erich Kohn und Georg Jungclas« genannt. Der am 22.2.1902 in Halberstadt geborene Georg Jungclas, der bis zum Mai 1933 in der Sillemstraße gewohnt hat, wurde besonders hervorgehoben; er soll im persönlichen Briefwechsel mit Trotzki gestanden haben.[14]

Die Anklage warf Heinz Leidersdorf vor, sich an der Herausgabe, Herstellung und Verbreitung illegaler Materialien sowie an regelmäßigen Zusammenkünften beteiligt zu haben. Diese Treffen dienten der politischen Schulung, bis zum Juli 1933 sollen sie vierzehntägig in Privatwohnungen stattgefunden haben. Weitere Treffpunkte sollen der »Künstlerkeller« in der Alten Rabenstraße und die »Hansische Hochschule für bildende Künste« gewesen sein.

Im April oder Mai 1933 floh Georg Jungclas nach Dänemark, die Führung der Gruppe übernahmen laut Anklage Erich Kohn, Walter Munter und Heinz Leidersdorf. Zur

Verteilung von selbstverfaßten Informationsmaterialien und Flugblättern traf man sich u.a. in der Wohnung von Erich Kohn in der Bornstraße.

Schon einmal waren Walter Munter und Heinz Leidersdorf bei der Herstellung von Flugblättern von SA-Männern überrascht worden, der Vorfall blieb aber ohne Folgen. Am 25. Juli 1933 allerdings wurden sie und Erich Kohn »wegen des Verdachts staatsfeindlicher Betätigung festgenommen und in Schutzhaft überführt«.[15] Curt Bär, Lehrer und Mitglied des »Internationalen Sozialistischen Kampfbundes«, seit August 1933 im berüchtigten Konzentrationslager Fuhlsbüttel, kurz »Kolafu« genannt, inhaftiert, schreibt in seinen Erinnerungen:

»In Kolafu verbrachte ich zunächst zwei oder drei Wochen in einer mit drei Häftlingen belegten Ein-Mann-Zelle ... Da saßen wir drei Politischen also zunächst in einer Art Vorbeugehaft in einer Zelle in Kolafu; noch hatten wir alle drei ja nichts Illegales verbrochen. Außer mir waren das ein KPD-Mitglied und der Trotzkist Heinz Leidersdorf, der am Ende seiner Lehrerausbildung als Biologe stand, Jude. ... In der gebotenen geringen Lautstärke haben wir lange Gespräche geführt zur ›Vergangenheitsbewältigung‹, wie man heute sagen würde. Mit Leidersdorf verband mich außerdem unser gemeinsames Interesse an Problemen der Biologie und anderer naturwissenschaftlicher Gebiete.«[16]

Da — erstaunlicherweise — beschlagnahmtes Material während der Ermittlungen verlorengegangen sein soll, wurden Erich Kohn, Walter Munter und Heinz Leidersdorf Anfang September 1933 aus der Haft entlassen.

Kurze Zeit danach haben sie ihre illegale Arbeit wieder fortgesetzt. Auf Wanderungen in Blankenese und Rissen trafen sie sich auch mit anderen Gruppenmitgliedern, diskutierten und tauschten Informationen aus. Kurz vor Weihnachten 1933 floh auch Erich Kohn nach Kopenhagen; die Leitung der Gruppe soll seitdem bei Heinz Leidersdorf, Walter Munter und Wilhelm Defert gelegen haben. Von Heinz Leidersdorf sollen in der folgenden Zeit illegale Druckschriften verfaßt worden sein; auch soll er die politischen Grundlinien der Gruppe bestimmt haben.

Um die Jahreswende 1933/34 gab es Kontakte zum »Internationalen Sozialistischen Kampfbund«. Sie entstanden aus der gemeinsamen Haftzeit Heinz Leidersdorfs mit Curt Bär. In seiner Autobiographie erinnerte sich dieser:

»In Verfolgung eines USG-Aufbaus knüpften wir Kontakte an zu anderen linken Gruppen. Unter anderem nahm ich Verbindung auf zu meiner KZ-Bekanntschaft Heinz Leidersdorf, inzwischen Studienreferendar an der jüdischen Talmud-Thora-Realschule in Hamburg-Grindel, der eine illegale Trotzki-Gruppe leitete. Ferner mit dem Kommunisten Otto Mende aus dem Bekanntenkreis meiner Schwester. Diese beiden Kontaktleute wurden für ihre Gruppen von mir mit Reinhart-Briefen versorgt, selbstverständlich mit der gegenseitigen Verabredung, unsere Namen geheimzuhalten — auch gegenüber ihren illegalen Mitarbeitern.«[17]

Auch wenn die Anklageschrift vermerkte, daß es zu keiner Annäherung der Gruppen gekommen ist, führte die Verletzung konspirativer Regeln zur Verhaftung Curt Bärs.[18]

Während des Jahres 1934 erhielt die Gruppe der »Internationalen Kommunisten Deutschlands« um Heinz Leidersdorf weiterhin illegale Druckschriften sowie regelmäßig auch die in Paris erscheinende Zeitung »Unser Wort«. Die Materialien kamen durch Kuriere aus Berlin und Kopenhagen, wurden zum Teil mit der Schreibmaschine vervielfältigt und weitergegeben. Um die Broschüren und Flugblätter unauffällig verteilen zu können, übernahmen Gruppenmitglieder, die im Kaffeehandel tätig oder Pächter eines Zeitungskiosks waren, diese Aufgabe. Die Verbindungen der Hamburger Gruppe, die Mitte 1934 laut Anklageschrift ca. 40 Personen umfaßte, zur illegalen Reichsleitung in Berlin wurden weiterhin aufrechterhalten. Deren Aufforderung, einen Hamburger Genossen zu einer in Zürich geplanten Konferenz zu schicken, wurde allerdings abgelehnt; die Kontakte zu Georg Jungclas und Erich Kohn in Kopenhagen waren der Hamburger Gruppe wichtiger.

Auch um die Informationsübermittlung aus Kopenhagen zu sichern, fuhr Heinz Leidersdorf um die Jahreswende 1934/35 in die dänische Hauptstadt und traf sich dort mit den aus Hamburg Geflohenen. Nach einem Aufenthalt von fast einer Woche kehrte Heinz Leidersdorf nach Hamburg zurück. Um über den Stand der Hamburger Organisation zu berichten, fuhr er im Juli/August erneut nach Kopenhagen. Seine Berichte sollen laut Anklage durch Georg Jungclas und Erich Kohn auch in der Zeitung »Unser Wort« erschienen sein.[19]

Bis zu ihrer Verhaftung trafen sich die Hamburger Mitglieder der »Internationalen Kommunisten Deutschlands« regelmäßig auf illegalen Zusammenkünften, zum Teil auch in der Wohnung der Mutter Heinz Leidersdorfs in der Grubesallee in Rahlstedt. Man organisierte die gruppeninterne Verteilung illegaler Druckschriften und Informationsmaterialien. Im September 1935 wurde auf den Treffen wiederholt auch über Verbindungen zu Edo Fimmen, dem Vorsitzenden der »Internationalen Transportarbeiter-Föderation« (ITF), berichtet; vermutlich handelte es sich um Informationen, die sich aus den Kontakten Heinz Leidersdorfs zum »Internationalen Sozialistischen Kampfbund« ergaben.[20]

Als sich Hamburger Mitglieder der »Internationalen Kommunisten Deutschlands« vor der Kunsthalle mit einem Kurier aus Berlin treffen wollten, um von ihm illegale Druckschriften zu erhalten, wurden alle Beteiligten, darunter auch Heinz Leidersdorf, verhaftet. In einem beschlagnahmten Koffer wurden mehr als 150 Exemplare der Zeitung »Unser Wort« sowie weitere Materialien gefunden und beschlagnahmt.[21]

Die Anklageschrift vom 26.11.1936, die sich ausführlich mit dem Inhalt der illegalen Druckschrifften beschäftigte,[22] endete mit dem Antrag, »die Hauptverhandlung vor dem 2. Senat des Volksgerichtshofs anzuordnen«.[23] Im Prozeß »Walter Munter und Andere« wurde Heinz Leidersdorf am 19.2.1937 zu neun Jahren Zuchthaus verurteilt. Einen Teil seiner Strafe mußte er im Zuchthaus Bremen-Oslebshausen verbringen, dort sah ihn wiederum Curt Bär, der dort seit Weihnachten 1937 inhaftiert war:

»Wie Prawitt habe ich auch Leidersdorf in Osleb wieder zu sehen bekommen, und zwar im Gänsemarsch der Freistunde der Einzelhäftlinge. In Kontakt habe ich mit ihm nicht kommen können. Er sah schon damals sehr abgezehrt aus. Er scheint seine ganze Osleb-Zeit ... in Einzelhaft geblieben zu sein, als Jude eben noch schlechter behandelt als andere Politische.«[24]

Gertrud Meyer zitierte in ihrem 1971 erschienenen Buch »Nacht über Hamburg. Berichte und Dokumente 1933–1945« aus dem Vollstreckungsband:

»Strafbeginn: 19.2.1937; Strafende: 19.11.1944; Urteil: 9 Jahre Zuchthaus, abzgl. 15 Monate U-Haft ... Mitteilung des Abgangs eines Gefangenen an den Reichsanwalt beim Volksgerichtshof, Berlin. Heinz Israel Leidersdorf ... ist am 14.1.1943 ... entlassen und anderweitig überstellt. Auf Anordnung des Reichsministers der Justiz gilt die Strafe als unterbrochen.«[25]

In seinem Brief an Dr. Ulrich Bauche schrieb Heinrich Christian Meier: »Du wirst erschrocken sein über die Größe des Unglücks, das über diese jüdische Familie gekommen ist...«.[26] Heinz Leidersdorfs älterer Bruder starb als Soldat im Ersten Weltkrieg.[27] Der Vater Hugo Leidersdorf nahm sich am 27.11.1933 das Leben[28], seine Ehefrau Adele wurde am 6.12.1941 im Alter von 63 Jahren nach Riga deportiert und dort ermordet.[29] Ihr Sohn Heinz wurde im Januar 1943 deportiert, nach Auschwitz.[30]

Anmerkungen

[1] Heinz Leidersdorf, Gespräch unter Sternen. Ein unsachlicher Dialog. Hamburg 1927, S. 5. Dieser unveröffentlichte Text wie auch die anderen im Nachlaß Heinrich Christian Meiers befindlichen Materialien zu Heinz Leidersdorf wurde uns dankenswerterweise durch das Einverständnis von Elfriede Meyer, der Schwester Heinrich Cristian Meiers, und Prof. Dr. Hans Dieter Loose, dem Leiter des Staatsarchivs Hamburg, zugänglich gemacht.

[2] Nachlaß Heinrich Christian Meier, Staatsarchiv Hamburg, Arbeitssignatur 131.

[3] Brief Heinrich Christian Meiers an Dr. Ulrich Bauche, vom 16. Mai 1984.

[4] Alle biographischen Daten folgen — wenn nicht anders zitiert — den Angaben zu den persönlichen Verhältnissen von Heinz Leidersdorf, zitiert nach der Anklage des Reichsanwalts beim Volksgerichtshof vom 26. November 1936. Institut für die Geschichte der Arbeiterbewegung, Zentrales Parteiarchiv, Berlin, NJ 11296.

[5] Brief Heinrich Christian Meiers an Dr. Ulrich Bauche, Hamburg, vom 16. Mai 1984.

[6] Anklageschrift vom 26. November 1936, S. 4. Vgl. Anm. 4.

[7] Staatsarchiv Hamburg, 362-2 II, Oberschulbehörde II, B 215, Nr. 6, Talmud-Tora-Realschule, Statistik 1876-1938, Statistische Übersicht vom 7.5.1935.

[8] Staatsarchiv Hamburg, TT 10, Protokolle der Schulvorstandssitzungen 1925-1938, Sitzung des Schulvorstandes der Talmud-Tora-Schule vom 22.11.1935.

[9] Brief Heinrich Christian Meiers an Dr. Ulrich Bauche, Hamburg, vom 16. Mai 1984.

[10] Anklageschrift vom 26. November 1936, S. 4; Vgl. Anm. 4

[11] Vgl. hierzu die noch immer grundlegende Arbeit von Rüdiger Zimmermann, Der Leninbund. Linke Kommunisten in der Weimarer Republik. Düsseldorf 1978. Vgl. zu den linken Splittergruppen in der deutschen Arbeiterbewegung am Ende der Weimarer Republik das entsprechende Kapitel bei Jan Foitzik, Zwischen den Fronten. Zur Politik, Organisation und Funktion linker politischer Kleinorganisationen im Widerstand 1933 bis 1939/40, Bonn 1986, S. 23–46, sowie speziell den Abschnitt »Linke Opposition der KPD«, S. 65–66.

[12] Anklageschrift vom 26. November 1936, S. 5f, vgl. auch Anm. 4.

[13] Ebenda, S. 6, vgl. auch Anm. 4.

[14] Ebenda, S. 6f., vgl. auch Georg Jungclas, 1902–1975. Eine politische Dokumentation. Von der proletarischen Freidenkerjugend im Ersten Weltkrieg zur Linken der Siebziger Jahre, Hamburg 1980.

[15] Anklageschrift vom 26. November 1936, S. 9f. Vgl. Anm. 4

[16] Curt Bär, Von Göttingen über Osleb nach Godesberg. Politische Erinnerungen eines Hamburger Pädagogen 1919–1945, Hamburg 1979, S. 74. Eine Kurzfassung seiner Hafterfahrungen findet sich auch in: Ursel Hochmuth/Hans Peter de Lorent (Hrsg.), Hamburg: Schule unterm Hakenkreuz. Hamburg 1985, S. 167-171.

[17] Curt Bär, Von Göttingen über Osleb nach Godesberg, a.a.O., S. 83.

[18] Vgl. Anklageschrift vom 26. November 1936, S. 14. Vgl. Anm. 4; vgl. auch Curt Bär, Von Göttingen über Osleb nach Godesberg, a.a.O. S. 92.

[19] Laut Anklageschrift vom 26. November 1936, S. 27. Vgl. Anm. 4

[20] Ebenda, S. 34 f.

[21] Ebenda, S. 42f.

[22] Ebenda, Abschnitt IV. Der Inhalt der illegalen Druckschriften, S. 50–58.

[23] Ebenda, S. 61.

[24] Curt Bär, Von Göttingen über Osleb nach Godesberg, a.a.O., S. 135.

[25] Gertrud Meyer, Nacht über Hamburg. Berichte und Dokumente 1933–1945, Frankfurt 1971, S. 87.

[26] Brief Heinrich Christian Meiers an Dr. Ulrich Bauche Hamburg, vom 16. Mai 1984.

[27] Brief Elfriede Meyers an die Verf. vom 26.5.1990.

[28] Abschrift aus dem Sterberegister des Standesamtes Rahlstedt vom 30.11.1933, ausgestellt vom Standesamt Wandsbek am 20.3.1990.

Angaben Heinrich Christian Meiers, daß Hugo Leidersdorf Gemischtwarenhändler und zeitweise Bürgermeister von Rahlstedt gewesen sein soll, ließen sich trotz Nachfragen sowohl beim Ortsamt Rahlstedt als auch beim Bürgerverein Rahlstedt nicht belegen.

[29] Laut Eintragung im Gedenkbuch für die jüdischen Opfer des Nationalsozialismus in Hamburg, Hamburg 1965, S. 40; vgl. auch Astrid Louven, Die Juden in Wandsbek. 1604–1940. Spuren der Erinnerung. Hamburg 1989.

[30] Gertrud Meyer, Nacht über Hamburg, a.a.O, s. 87; Vgl. auch Ursel Hochmuth/ Gertrud Meyer, Streiflichter aus dem Hamburger Widerstand 1933–1945, Frankfurt a.M. 1969, S. 236 und S. 284. Eine Eintragung im Gedenkbuch für die jüdischen Opfer des Nationalsozialismus in Hamburg fehlt bis heute.

Aus der jüdischen Jugendbewegung in den Widerstand: Kurt van der Walde, Marion Deutschland, Werner Philip

Im Mai 1936 telegrafierte die Hamburger Gestapo an das Geheime Staatspolizeiamt in Berlin, Verhaftungen wurden gemeldet. Unter den Verhafteten war der 21jährige Kurt van der Walde. Im Telegramm hieß es:

»V. d. Walde organisierte im Kreis Rotherbaum den Neuaufbau des KJVD. Er schaffte Verbindung und beteiligte sich vom Mai 35 bis Februar 1935 an komm. Schulungskursen. V.d.W. ist Jude.«[1]

Daß Kurt van der Walde jüdischer Herkunft war, wurde in dem Telegramm doppelt unterstrichen.

Kurt van der Walde wurde am 7.5.1936 verhaftet. In vorangegangenen Verhaftungsaktionen waren schon am 17.4.1936 Werner Philip und am 30.4.1936 Marion

> **Preußische Geheime Staatspolizei — Geheimes Staatspolizeiamt**
> Nachrichten-Uebermittlung
>
> V. D. WALDE, KURT, KFM. ANGESTELLTER, GEBM 20.1.15.
> POSEN, WOHN. HAMBURG -- V. D. WALTE ORGANISIERTE IM KREIS
> ROTHERBAUM DEN NEUAUFBAU DES KJVD. ER SCHAFFTE VERBINDUNG
> UND BETEILIGTE SICH VOM MAI 35 BIS FEBRUAR 1936 AN KOMM.
> SCHULUNGSKURSEN. V. D. W. IST JUDE. --
> DEHNCKE, WALTER, LAGERVERWALTER, GEB. 8.4.10 IN
> HAMBURG, WOH. HAMBURG -- D. WAR POL. LEITER DES ILLEGL. KJVD.
> EIMSBUETTEL. D. WURDE 1933 ZU EINEM JAHR GEFAENGNIS WEG.
> VERD. KOMM. UMTRIEBE VERURTEILT. NACH SEINER STRAFVERBUESSUNG
> NAHM ER SOFORT WIEDER VERBINDUNG MIT SEINEN GEN. AUF. ER
> ARBEITETE DANN IN VERBINDUNG MIT DER FLUECHTIG GEGANGENEN
> BRINKMEYER WEITER AM AUFBAU DES KJVD. D. STEHT IM ERWERB U.
> IST MITGL. DER DAF. --

(Institut für die Geschichte der Arbeiterbewegung)

Deutschland festgenommen worden.[2] Gemeinsam mit weiteren Jugendlichen wurden sie am 7.1.1937 vom Generalstaatsanwalt beim Hanseatischen Oberlandesgericht angeklagt, »zur Vorbereitung des Hochverrats einen organisatorischen Zusammenhalt«[3] hergestellt bzw. aufrechterhalten zu haben. Sie wurden beschuldigt, »zunächst im kleinen Kreis (Dreier-Gruppen) kommunistische Schulung betrieben zu haben.«[4] Ferner sei das Ziel ihrer Arbeit gewesen, »die einzelnen Teilnehmer in ihrer kommunistischen Einstellung zu festigen«, damit sie »nach erfolgter Schulung ... auch als Leiter neuer Schulungsgruppen eingesetzt werden«.[5] Der ebenfalls am 7.1.1937 angeklagte Schlossergeselle Rudolf Mokry wurde beschuldigt, gemeinsam mit anderen diese Form der illegalen Arbeit organisiert und aufgebaut zu haben.[6] Am 22.4.1937 wurde Rudolf Mokry vom Hanseatischen Oberlandesgericht zu sechs Jahren Zuchthaus verurteilt.[7] In der Urteilsbegründung hieß es, daß »eine Gruppe von oppositionellen Kommunisten ... unter der Führung des Angeklagten Mokry ... den Versuch gemacht haben eine illegale kommunistische Organisation aufzubauen. Als Besonderheit dieser Gruppe ist dabei hervorzuheben, daß an ihr ein erheblicher Prozentsatz von Intellektuellen, von Jugendlichen und Nichtariern beteiligt war.«[8] Rudolf Mokry, der Ende 1932 aus der KPD ausgeschlossen worden war, arbeitete zusammen mit dem ebenfalls aus der KPD ausgeschlossenen Otto Baumann und dem ehemaligen SAJ-Mitglied Otto Mende. Sowohl Otto Baumann als auch Otto Mende hatten sich nach 1933 am illegalen Widerstand der Gruppe um Hans Westermann beteiligt.[9] Über den Tischlerlehrling Karl-Heinz Rebstock, der sich nach dem Machtantritt der Nationalsozialisten am illegalen Widerstand des Kommunistischen Jugendverbandes Deutschland (KJVD) beteiligte, gab es Verbindungen zu Jugendlichen aus der Sozialistischen Arbeiterjugend, der Bündischen Jugend und jüdischen Jugendgruppen.[10]

Aus dem Deutsch-jüdischen Wanderbund »Kameraden« kamen Kurt van der Walde, Marion Deutschland, Werner Philip; alle drei waren jüdischer Herkunft.

Kurt van der Walde wurde am 20.1.1915 in Posen geboren. Nach dem Besuch einer Privatschule wechselte er zum Heinrich-Hertz-Gymnasium über, wo er 1933 das Abitur bestand. Bei der Firma Lavy begann er eine kaufmännische Lehre, auch nach Abschluß seiner Lehrzeit arbeitete er dort als kaufmännischer Angestellter. Von 1929 bis 1933 war Kurt van der Walde Mitglied im Wanderbund »Kameraden«, 1934/35 gehörte er dem später aufgelösten »Schwarzen Fähnlein« an. Zum Zeitpunkt seiner Verhaftung wohnte er bei seinen Eltern in der Haynstraße 5.

Marion Deutschland wurde am 3.4.1914 als Tochter des Chemikers Dr. Arnold Deutschland und seiner Frau Irene in Berlin geboren. 1922 zog die Familie nach Hamburg. Marion Deutschland besuchte hier die »Jacob Loewenberg Schule« in der Johnsallee. »Sie war eine sehr gute und beliebte Schülerin, besonders künstlerisch begabt und wirkte bei allen Schulaufführungen, Rezitationen etc. mit«.[11] Die Schule schloß sie mit der mittleren Reife ab.

Ihr Vater, der vier Jahre lang als Soldat im Ersten Weltkrieg gedient hatte und mit einer Typhusinfektion zurückgekehrt war, starb nach erneuter Krankheit 1926 im Alter von 40 Jahren. Nach seinem Tod arbeitete die Mutter Irene als Lehrerin in der Schule Breitenfelderstraße. Nach dem Machtantritt der Nationalsozialisten wurde Irene Deutschland, weil sie Jüdin war, fristlos aus dem Schuldienst entlassen. Sie zog nach Berlin zurück, wo sie in einer jüdischen Privatschule weiterarbeiten konnte.

Marion Deutschland besuchte nach ihrem Schulabschluß für ein Jahr die Handelsschule. Bis zum April 1933 arbeitete sie als Kontoristin in einem Mineralölbetrieb, danach als Sekretärin in einer Privatbank. Bis zu ihrer Verhaftung wohnte sie am Eppendorfer Baum 11.

»Inzwischen war sie mit 14 oder 15 Jahren in den Deutsch-jüdischen Wanderbund ›Kameraden‹ eingetreten, der teilweise sozialistisch eingestellt war. Von dort trat sie in die kommunistische Jugendgruppe ein, die ja nach 1933 verboten war. Wir hatten ein paarmal Haussuchungen von der Polizei, da Marion weiter sehr aktiv in der Bewegung war.«[12]

Laut Anklageschrift vom 7.1.1937 war sie seit Anfang 1931 bis 1933 Mitglied der »Internationalen Arbeiter-Hilfe« (IAH) sowie Mitglied des Kommunistischen Jugendverbandes Deutschland. Hier soll sie zeitweise Agit-Prop-Leiterin gewesen sein.[13]

Werner Philip wurde am 14.2.1910 in Hamburg geboren. Sein Vater William Philip war Pfandleiher, beide wohnten in der Hochallee 8. Von 1916 bis 1925 besuchte Werner Philip die »Anton-Rée-Realschule« in Hamburg. Nach der mittleren Reife absolvierte er eine Kaufmannslehre in Braunschweig, nach deren Beendigung kehrte er nach Hamburg zurück und arbeitete im Pfandleihgeschäft seines Vaters. Von 1925 bis 1932 war auch er Mitglied der »Kameraden«.

Der Anstoß für den Aufbau einer antifaschistischen Jugendorganisation kam von Rudolf Mokry, Walter Rothgiesser, dem Freund und späteren Mann Marion Deutschlands, und Karl-Heinz Rebstock.

Auf einer Fahrt in die Lüneburger Heide Ostern 1935 hatten sie beschlossen, illegale Schulungstreffen als ersten Schritt für den Aufbau einer solchen Jugendgruppe durchzuführen. Alle drei beteiligten sich aktiv an diesen Schulungen. Während der gemeinsamen Treffen, die entweder als Wanderfahrten oder -ausflüge getarnt waren oder abwechselnd in den Wohnungen der Beteiligten stattfanden, wurden Bücher, die aus dem Besitz Rudolf Mokrys stammten, gelesen und diskutiert. Laut Anklage handelte es sich z.B. um Lenins »Der Imperialismus als höchstes Stadium des Kapitalismus«, Karl Marx »Das Kapital«, aber auch um Bücher von Trotzki, Stalin und Sinowjew. Referate, so z.B. über das Thema »Lohn, Preis und Politik«, wurden angefertigt und diskutiert.[14]

Auch Kurt van der Walde, Marion Deutschland und Werner Philip nahmen an diesen Schulungen teil. In der

Marion Deutschland, 1934. Foto: Gerd Germin. (Privatbesitz)

Wohnung Marion Deutschlands, vor allem aber bei Werner Philip in der Hochallee, fanden im Mai/Juni 1935 diese illegalen Zusammenkünfte statt. Nach der Verhaftung Rudolf Mokrys im September 1935 erklärte sich Werner Philip bereit, zwei Koffer mit illegaler Literatur in Verwahrung zu nehmen. »Sämtliche Bücher packte er in eine Blechkiste, die er alsdann im Lager seines Vaters, wo sie später gefunden wurden, unterstellte.«[15] An dem Transport dieser Bücher nahm laut Anklage auch Kurt van der Walde teil.

Marion Deutschland und Kurt van der Walde sollten aufgrund ihrer Erfahrungen innerhalb des Kommunistischen Jugendverbandes Deutschland bzw. der jüdischen Jugendbewegung beim weiteren Aufbau dieser antifaschistischen Jugendgruppe Leitungsfunktionen übernehmen. Daß es sich nicht, wie fälschlicherweise in dem Gestapotelegramm behauptet, um den Wiederaufbau des KJVD handelte, belegt nicht nur die Tatsache der Beteiligung von Jugendlichen aus der jüdischen oder sozialistischen Jugend. Im Januar/Februar 1936 diskutierten die aus unterschiedlichen sozialen und politischen Zusammenhängen stammenden Jugendlichen, ob sie »die Bezeichnung RJV (Rev. Jugend-Verband) oder SJV (Soz. Jugend Verband)«[16] wählen sollten. Die Verhaftungen im April und Mai 1936 beendeten den weiteren Auf- und Ausbau dieser Jugendgruppe.

Am 4. Mai 1937 verurteilte der I. Strafsenat des Hanseatischen Oberlandesgerichts Marion Deutschland zu zwei, Werner Philip zu drei und Kurt van der Walde zu zwei Jahren und sechs Monaten Gefängnis.[17]

Alle drei waren im Konzentrationslager und Gestapogefängnis Hamburg-Fuhlsbüttel inhaftiert. Marion Deutschland, zur Zeit ihrer Verhaftung bereits schwanger, erhielt keinerlei Haftverschonung oder Erleichterung. Ihre Schwester Britta Littmann erinnert sich:

»Im Jahre 1936 wurde Marion verhaftet und kam zuerst für ein Jahr ins Untersuchungsgefängnis, dann für ein weiteres Jahr ins Zuchthaus Fuhlsbüttel. Während der Zeit, am 19. Januar 1937, hat sie ihr erstes Kind geboren, Karin-Beate. Sie durfte das Baby für 3 Monate behalten, dann kam das Kind in ein jüdisches Waisenhaus.

Marions Freund und späterer Mann, Walter Rothgiesser, war zu der Zeit nach Süd-Africa ausgewandert, um dort eine Zukunft aufzubauen. Ich wanderte im Januar 1938 nach Australien aus. Bis zu der Zeit habe ich Marion regelmäßig im Gefängnis besucht und war immer überrascht, wie mutig und zuversichtlich sie war.«[18]

Sofort nach Beendigung ihrer Haftstrafen emigrierten Marion Deutschland, Kurt van der Walde und Werner Philip. Marion Deutschland, die die Auflage erhielt, innerhalb von drei Wochen Deutschland zu verlassen, konnte gemeinsam mit ihrem Kind nach Südafrika auswandern. Kurt van der Walde, der am 4.12.1938 unter der Androhung erneuter Verhaftung und Einlieferung in ein Konzentrationslager aus der Haft entlassen worden war, mußte in einer Frist von drei Tagen aus Hamburg emigrieren. Dank der Hilfe seiner Eltern gelang es ihm, nach England zu entkommen. Auch Werner Philip konnte nach seiner Haftzeit im Mai 1939 nach Palästina emigrieren.

Ohne die Aussicht, sich wiederzusehen, mußten alle drei ihre Eltern und Angehörigen in Hamburg verlassen.

Kurz vor Beginn des Zweiten Weltkrieges war es der in Berlin lebenden Mutter Marion Deutschlands geglückt, nach Australien auszuwandern. Schon von der Deportation bedroht, gelang es auch den Eltern Kurt van der Waldes im Sommer 1942, zu einer Zeit als eine legale Auswanderung schon unmöglich war, auf abenteuerlichen Wegen über Frankreich und Spanien nach Argentinien zu entkommen.

Dem Vater Werner Philips war nach der Verhaftung und Verurteilung seines Sohnes das Pfandleihgeschäft geschlossen worden. Der am 4.8.1874 in Hamburg geborene William Philip wurde am 18.11.1941 nach Minsk deportiert. Vier Tage vorher hatte er an seinen nach Palästina emigrierten Sohn geschrieben:

»Bubbele! Susi, Inge, Paul, ich, abreisen. Alle wohlauf. Adressiere Sedanstraße. Thea's Sendung erfreute. Bleibe gesund, Guten Mutes bis Wiedervereinigung. Neuanschrift folgt baldmöglichst. Innigst Pappa, Susi.«[19]

William Philip gehört zu den jüdischen Opfern des Nationalsozialismus in Hamburg.[20] Mit ihm wurden am 18.11.1941 seine am 24.9.1903 in Hamburg geborene Tochter Susi, verheiratete Weiss, sowie deren 15jährige Tochter Inge deportiert und in Minsk ermordet.[21] Auch Herbert Paul Weiss, der Ehemann von Susi Weiss, wurde Opfer der Verfolgung Hamburger Juden; er war schon am 8.11.1941 nach Minsk deportiert worden.[22]

Werner Philip kehrte Anfang der 50er Jahre nach Hamburg zurück;

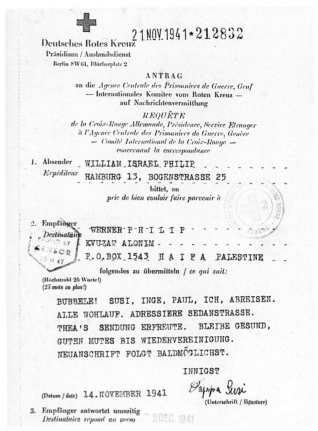

(Dokumentenhaus Neuengamme)

burg zurück; er starb hier am 10.12.1990.[23] Schon 1946 waren Kurt van der Walde, seine Frau Liesel, eine gebürtige Hamburgerin, die er in England kennengelernt hatte, und ihre Tochter Norma nach Hamburg zurückgekehrt. Nach seinem Studium arbeitete er bis zu seiner Pensionierung als Lehrer an einem Hamburger Gymnasium. Marion Rothgiesser blieb nach anfänglich schwierigen Jahren in Südafrika, sie lebte dort gemeinsam mit ihrem Mann Walter und ihren beiden Töchtern. Marion Rothgiesser starb 1965 im Alter von 51 Jahren. Ihre Schwester Britta schreibt über sie:

»Marion war ein sehr kraftvoller Mensch, hatte eine magnetische Persönlichkeit und war immer bereit, anderen zu helfen und auch ihre Weltanschauung zu verteidigen ... ich weiß nicht, ob diese Chronik irgendwelchen Wert hat für Ihr Buch, ich könnte natürlich noch viel mehr Einzelheiten schreiben, aber wozu? Jeder Einzelne unserer Generation hat so viel erlebt, daß die Geschichte der Familie Deutschland verhältnismäßig uninteressant ist.«[24]

In der bisher zum Widerstand in Hamburg veröffentlichten Literatur fanden Marion Deutschland, Werner Philip und Kurt van der Walde nur namentliche Erwähnung. Ihre Herkunft, ihr familiärer Hintergrund, ihre Form des Widerstands, ihre Verurteilung und ihr weiterer Werdegang waren kaum bekannt.

Anmerkungen

[1] Institut für die Geschichte der Arbeiterbewegung, Zentrales Parteiarchiv, Berlin, St 3/250, Undatiertes Telegramm an die Preußische Geheime Staatspolizei — Geheimes Staatspolizeiamt.

[2] Institut für die Geschichte der Arbeiterbewegung, Zentrales Parteiarchiv, Berlin, NJ 1644, Anklageschrift des Generalstaatsanwalts bei dem Hanseatischen Oberlandesgericht vom 7.1.1937.

[3] Ebenda, S. 4.

[4] Ebenda, S. 5.

[5] Ebenda.

[6] Institut für die Geschichte der Arbeiterbewegung, Zentrales Parteiarchiv, Berlin, NJ 15528, Anklageschrift des Generalstaatsanwalts bei dem Hanseatischen Oberlandesgericht vom 7.1.1937.

[7] Ebenda, NJ 15528, Urteil des Hanseatischen Oberlandesgerichts vom 22.4.1937. Rudolf Mokry kam nach seiner Strafhaft in das KZ Sachsenhausen, dort wurde er am 11.10.1944 erschossen. Vgl. zu Rudolf Mokry, Marion Deutschland, Kurt van der Walde und Werner Philip auch Ursel Hochmuth, Gertrud Meyer, Streiflichter aus dem Hamburger Widerstand. Berichte und Dokumente. Frankfurt/Main 1969, S. 39f. sowie 171f.

[8] Institut für die Geschichte der Arbeiterbewegung, Zentrales Parteiarchiv, Berlin, NJ 15528, Urteil des Hanseatischen Oberlandesgerichts vom 22.4.1937, S. 4.

[9] Vgl. zum illegalen Widerstand der Gruppe um Hans Westermann den Abschnitt »Der Studienreferendar Heinz Leidersdorf.«

[10] Vgl. Ursel Hochmuth, Gertrud Meyer, Streiflichter aus dem Hamburger Widerstand, a.a.O., S. 40.

[11] Brief von Britta Littmann, Chatswood/Australien, vom 1.8.1990. Britta Littmann, der Schwester Marion Deutschlands, danken wir für die ausführliche Korrespondenz sowie für die zur Verfügung gestellten Fotos. Alle anderen biographischen Angaben folgen — sofern nicht anders angegeben — den Angaben zu den persönlichen Verhältnissen Marion Deutschlands, zitiert nach der Anklageschrift des Generalstaatsanwalts bei dem Hanseatischen Oberlandesgericht vom 7.1.1937.

[12] Brief von Britta Littmann vom 1.8.1990.

[13] Anklageschrift vom 7.1.1937, S. 11. Laut Urteil des Hanseatischen Oberlandesgerichts vom 4.5.1937 soll sie »durch einen Dr. Karlsberg, dessen Kurse sie besuchte, ... Anfang 1931 Mitglied der ›Internationalen Arbeiterhilfe‹ (IAH) geworden sein. Vgl. hierzu den Abschnitt »Ein Niederländer aus Überzeugung: Bernhard Karlsberg.«

[14] Urteil des Hanseatischen Oberlandesgerichts vom 22.4.1937, S. 7ff. (Vgl. Anm. 7).

[15] Anklageschrift des Generalstaatsanwalts bei dem Hanseatischen Oberlandesgerichts vom 7.1.1937, S. 16 (Vgl. Anm. 2).

[16] Ebenda.

[17] Institut für die Geschichte der Arbeiterbewegung, Zentrales Parteiarchiv, Berlin, NJ 1644, Urteil des Hanseatischen Oberlandesgerichts vom 4.5.1937, S. 2.

[18] Brief von Britta Littmann vom 1.8.1990.

[19] Brief William Philips an Werner Philip vom 14.11.1941, abgedruckt in: Ulrich Bauche, Heinz Brüdigam, Ludwig Eiber, Wolfgang Wiedey (Hrsg.), Arbeit und Vernichtung. Das Konzentrationslager Neuengamme 1938–1945. Hamburg 1986, S. 46.

[20] Vgl. Gedenkbuch für die jüdischen Opfer des Nationalsozialismus in Hamburg. Hamburg 1965, S. 33.

[21] Ebenda, S. 34.

[22] Ebenda, S. 28. Vgl. zu den Deportationen aus Hamburg nach Minsk auch den autobiographischen Bericht von Heinz Rosenberg, Jahre des Schreckens ... und ich blieb übrig, daß ich Dir's ansage. Göttingen 1985.

[23] Werner Philip gebührt unser Dank. Schon als er schwer erkrankt war und im Krankenhaus lag, war er bereit, über sein Leben und das seiner Familie zu erzählen.

[24] Brief von Britta Littmann vom 1.8.1990.

»Meine Entwicklung war nicht ganz vorgeschrieben ...«

Während unserer Recherchen zum Widerstand stießen wir auf die Verhaftungsmeldung Kurt van der Waldes. Nachfragen ergaben, daß Kurt van der Walde gemeinsam mit seiner Frau Liesel seit vielen Jahren wieder in Hamburg lebt. Wir baten, sie über ihre Erfahrungen unter nationalsozialistischer Verfolgung in Hamburg und über die Jahre in der Emigration befragen zu dürfen.

Liesel und Kurt van der Walde verdanken wir intensive und wertvolle Gespräche.

Erst vor kurzem stießen wir auf dieses Telegramm, das Ihre Verhaftung meldete. Was ist richtig, was ist falsch an dieser Meldung? Bitte kommentieren Sie dieses Telegramm.

Falsch an dieser Meldung ist, daß ich im Kreis Rotherbaum den Neuaufbau des KJVD organisierte. Das lag gar nicht allein in meiner Hand. Es war ja auch nicht der KJVD, es war eine Gemeinschaft von antifaschistischen Jugendlichen, die sich zu einer noch nicht benannten Organisation zusammenschlossen, einer Organisation, von der man hoffte, daß sie sich vielleicht zu einem antifaschistischen oder revolutionären Jugendverband entwickeln könnte. Die Bezeichnung »Kommunismus« wäre gar nicht darin vorgekommen. Was richtig ist, daß Kommunisten mitgearbeitet haben, auch an führender Stelle, aber sehr viel aus der Zeit vor der Machtübergabe gelernt hatten, indem sie von keinem der anderen, die mitgearbeitet haben, verlangten, Kommunisten zu werden. Daß sie marxistische Schulungskurse abhielten, die schreiben hier kommunistische, das war wohl richtig, aber das war ja nicht die einzige Aktivität. Man hat sich ja nicht nur getroffen, um Schulungskurse abzuhalten.

Also kam diese Meldung zustande, weil die Gestapo kommunistische Jugendliche bzw. Jugendliche aus dem Umfeld der KPD beobachtet hat?

Ja, genauso. Und die haben das auch ganz stur eingeteilt. Alles, was links von der SPD war, gehörte in das Dezernat »KPD« bzw. »KJVD«. Das war ja auch eine typische Lüge, daß einer, der aus der jüdischen Jugendbewegung kam, und auch in ihr bis zuletzt mitgearbeitet hatte, sofort als Organisator des Kommunistischen Jugendverbandes gekennzeichnet wurde. Die Hervorhebung des Juden durch Unterstreichung ist allerdings für mich heute ein Beleg dafür, daß wir es als Juden später sehr schwer haben sollten. Wir vermuteten es ohnehin schon, ein Auschwitz aber war für uns damals nicht vorstellbar, diese Dimension der Bedrohung war uns nicht klar. Im Gegenteil, wir hatten ja immer noch die Hoffnung, daß der Nationalsozialismus mit Hilfe von außen oder von innen gestürzt werden könnte, sonst hätten wir uns ja gar nicht zusammengeschlossen.

Kurt van der Walde, um 1950. (Privatbesitz)

Neben dem Geburtsdatum sind es also die Treffen, die das einzig Wahre dieser Meldung darstellen?

Angestellter war ich damals, das stimmt. Am Rothenbaum habe ich mich natürlich mit vielen Freunden getroffen, das stimmt auch. Wir waren damals beiderseits der Alster organisiert, so waren einige eher verantwortlich für Gruppen in Barmbek, in Uhlenhorst usw. Daß ich ein bißchen bei der Organisation dieser parteiübergreifenden antifaschistischen Gruppe mitgewirkt habe, das ist wohl auch richtig. Der große Fehler ist eben die Hervorhebung »Neuaufbau des KJVD«.

Wie kam der Kontakt zueinander damals zustande, so daß sie sich auch als Gruppe trafen?

Das war ein langwieriger Prozeß. Ich war ja schon sehr lang, seit 1929, in der Jugendbewegung tätig. Die deutsch-jüdische Jugendbewegung, der ich angehörte, wurde 1933 verboten, die Gruppe der Jüngeren, alle etwa 13 bis 14 Jahre alt, war dann fast völlig auf sich gestellt. Für uns setzten die ganzen Schwierigkeiten sofort ein, als Jugendgruppe hatten wir überall sofort Nachteile, wir konnten z.B. in keine Jugendherberge gehen, wir erhielten keine Ermäßigung bei der Bahn usw. Und diese jungen Menschen, die fühlten sich bedroht, die sehnten sich nach einer solchen Gemeinschaft, in der wir waren. Bedroht fühlten sie sich, weil sie ja wußten, sie sind junge Juden. Und in vielen Schulen gab es schon 1933 eine große Umstellung, z.B. wurde in meiner Schule gleich der Direktor ausgewechselt und ein fürchterlicher Nazi ist an die Spitze gekommen. Das hat sich ausgewirkt, in manchen Schulen haben sich Lehrer regelrecht widerlich gegenüber jüdischen Kindern benommen. In der Nachbarschaft konnte es ihnen passieren, daß die Leute sie auf einmal anpöbelten, daß sie sich allein fühlten. Und das fühlten sie in dieser deutsch-jüdischen Jugendgruppe absolut nicht. Und vor allen Dingen, was mir selbst Mut machte, machte ihnen auch Mut, in diesem Zusammenleben.

Gab es in dieser deutsch-jüdischen Jugendbewegung, der Sie angehörten, eine politische Orientierung?

Der Verband »Kameraden«, wie er sich nannte, war im Grunde eine unpolitische, aus der bündischen Jugend hervorgegangene Gruppierung. Nur in einer Zeit solcher politischer Auseinandersetzungen wie in der Weimarer Republik bleibt es nicht aus, daß sich Strömungen entwickeln. Neben konservativen und zionistischen Orientierungen gab es natürlich auch eine Richtung, die ihre Freunde und ihren Schutz in der deutschen Linken suchten und fanden. Das war in Hamburg naheliegenderweise ausgeprägter, weil es hier eine starke Arbeiterbewegung gab. Und so ergaben sich die ersten Kontakte. Und diese alten, persönlichen Verbindungen trugen, sie entstanden bei Treffen auf Fahrten, z.B. mit Jugendlichen der SAJ, dem Kommunistischen Jugendverband, der SAP. In diesen Gruppen fühlten wir Hamburger jungen Juden uns wohl, weil wir hier keinen Unterschied spürten. Wir wurden genauso behandelt wie alle anderen. Und aufgrund ihrer Gegnerschaft gegen die Nazis und den Krieg waren sie ja automatisch unsere Freunde, das zeigte sich ja auch ganz deutlich. Sie wurden noch bessere Freunde nach 1933, ihre ganz bewußte Hinwendung zu uns, ihre Sympathie, das zeigte sich auf Fahrten usw. Solche Erlebnisse sitzen ja tief.

Haben Sie sich vor Ihrer politischen Tätigkeit nach 1933 politisch betätigt?

Vielleicht mal sporadisch, ich könnte nicht sagen, daß das eine konstante politische Betätigung gewesen ist. Ich hatte Kontakt zum Leiter des Sozialistischen Jugendverbandes Franz Bobzien, wir gingen mal zum Heimabend in Eppendorf, das hat uns zwar gefallen, aber für uns war das eine eher sporadische Sache.

Ansonsten entstand meine Tätigkeit eher aus meiner Freude heraus, mit jungen Menschen umzugehen, selbst auch aus diesen bündischen Erziehungsidealen heraus: Naturverbundenheit, Gemeinschaftsleben, solche Dinge wie Nicht-Ja-Sagen, Geradestehen, Ideale, die man eben hat als junger Mensch, die aber nicht spezifisch jüdisch waren. Durch unsere Art konnten wir hier und da bei orthodoxen Juden anecken, so wenn wir am hohen Freitag durch den Rothenbaum gingen. Dann konnte es schon passieren, daß mein Vater, der sehr bekannt war und aus orthodoxer Familie stammte, auf mich angesprochen wurde und mir dann sagte: »Das mußte Du doch nicht machen, am Sabbat da mit Deinem schönen Wanderzeug vorbeigehen.«

Ihr Vater besuchte die Synagoge am Bornplatz?

Mein Vater war ein liberaler Jude, aber war seiner Familientradition so treu, daß er den Sitz seines Vaters nicht aufgeben mochte. Und so wollte er natürlich auch, daß sein Sohn in der Bornplatz-Synagoge Barmitzwoh wurde. Und dafür habe ich dann sehr viel Hebräisch gelernt, das war für mich eine ganz neue Welt. Bedenken Sie, ich stamme aus einem sehr liberalen Elternhaus. Und ich bin auch in Schulen gegangen, die nicht betont jüdisch waren. Nun, ich bin gut »gedrillt« worden von sehr netten orthodoxen Leuten. Und ich mußte einen sehr langen Passus auswendiglernen, was ich aber gut konnte. Als mir zum Schluß nach der Barmitzwe gratuliert wurde, haben die Leute zu meinem Vater etwas Nettes sagen wollen: »Ihr Sohn ist ein richtiger Jeshiwebocher«. Das ist ein hebräischer Ausdruck. »Jeshiwe« ist die jüdische Religionsgemeinde, und »Bocher« ist ein Weiser. Und wenn das über den 13jährigen Sohn gesagt wird, dann freut sich der Vater. Also, meine Entwicklung war nicht ganz vorgeschrieben.

Hat es in Ihrer Familie Streit und Auseinandersetzungen wegen Ihres politischen Engagements gegeben?

Nein, ich hatte ein wirklich liebenswertes Elternpaar, die mir sehr viel Freiheit ließen und Vertrauen zu mir hatten. Sie waren bürgerlich liberal. Es ist für sie sehr schwer geworden, als ich verhaftet wurde. Ich hatte sie ja nicht eingeweiht, um sie zu schützen. Das war sehr schwer, ich habe auch darunter gelitten, daß sie so leiden mußten.

Sie erzählten von den ersten konspirativen Schritten, den freundschaftlichen Kontakten, dem Treffen in Dreier-Gruppen. Was bedeutet es konkret, Widerstand zu leisten?

Ich hatte ja schon gesagt, das geschah nicht plötzlich. Von diesen Leuten, mit denen ich mich traf, wußte ich, daß sie sich in ihren Jugendgruppen für die Widerstandsarbeit entschlossen hatten. Irgendwann kamen dann mal Freunde zu mir in die Wohnung und baten mich, bei einer Aktion zu helfen. Ein alter Freund aus Eppendorf fragte mich, ob ich bereit sei, in der Samstagnacht mit rauszukommen, sie wollten Parolen anmalen. Die Aufgabe war, zwischen Eppendorfer Landstraße und Martinistraße in einem Schrebergelände, an einem Weg, den viele Menschen benutzten, Parolen zu malen. Nun, und da habe ich dann Schmiere gestanden, das war schon eine verantwortliche Aufgabe. Und am nächsten Tag gingen wir dann wieder auf Fahrt, wir trafen uns am Dammtor-Bahnhof, alles war gutgegangen. Und das »Hitler bedeutet Krieg« stand ganz dick auf den Holzplanken, das war ein unbeschreibliches Gefühl. Es war ganz wenig, nur eine kleine Aktion, aber ein herrliches Gefühl: »Denen haben wir es mal gegeben.« Aber das durchzusetzen, ohne daß einer hochging, da waren alle glücklich.

»Mit unseren jüdischen Mitgliedern waren wir unerhört leichtsinnig ...«: Rudolf Levy und Gisela Peiper

»Widerstehen oder Mitmachen« lautet der Titel der Autobiographie Hellmut Kalbitzers, in der er »eigen-sinnige Ansichten und sehr persönliche Erinnerungen«[1] wiedergibt. Hellmut Kalbitzer war als Jugendlicher Mitglied des »Internationalen Sozialistischen Kampf-Bundes« (ISK).[2] 1936 wurde er von der Hamburger Gestapo verhaftet und ins Konzentrationslager Fuhlsbüttel, kurz »Kolafu« genannt, gebracht. Hellmut Kalbitzer, der nach dem Zweiten Weltkrieg Mitbegründer der Gewerkschaften und der SPD in Hamburg wurde, für die SPD Abgeordneter in der Hamburger Bürgerschaft, später auch im Bundestag war, widmete lange Passagen seiner Erinnerungen dem Widerstand und der konspirativen Arbeit. In dem Abschnitt »Kolafu« schreibt er:

»Aus dem Saalfenster von Kolafu konnte ich den Hofgang der verhafteten Frauen beobachten... Die beiden mit mir verhafteten Frauen waren nicht dabei, was mich beunruhigte und verunsicherte, da sie aufgrund ähnlicher Anschuldigungen wie ich verhaftet waren. Erst Jahre später erfuhr ich, was geschehen war: Lieschen hatte gleich gestanden, sie hätte nur ihrem (geflüchteten) Freund zuliebe die Flugblätter ungelesen weitergegeben, da sie sich überhaupt nicht für Politik interessiere. Damit hatte sie genau den Macho-Nerv der Nazis getroffen, sie bekam Hafterleichterung und durfte den Flur bohnern. Bei dieser Arbeit fand sie Gisas Zelle, obwohl natürlich kein Name an der Tür stand, und schob ihr einen Zettel unter der Tür durch, auf dem sie ihren ›Trick‹ schil-

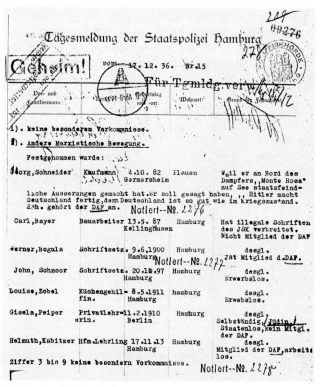

(Institut für die Geschichte der Arbeiterbewegung)

derte. Nach einigen Wochen kamen beide tatsächlich frei. Gisa, eine arbeitslose jüdische Lehrerin, flüchtete sofort und wurde später in den USA eine international bekannte Jugendpsychologin. Mit unseren jüdischen Mitgliedern waren wir unerhört leichtsinnig: Rudi Levi zum Beispiel arbeitete bis 1938 illegal und flüchtete erst in allerletzter Minute. Offenbar haben wir bis zur Kristallnacht im November 1938 die antisemitischen Morddrohungen nicht ernst genug genommen.«[3]

Bei den von Hellmut Kalbitzer genannten jüdischen Mitgliedern des ISK in Hamburg handelt es sich um Gisela Peiper und Rudolf Levy.

Rudolf Levy war kein Hamburger; er stammte aus Essen, wurde dort am 5.5.1908 als Sohn des Arztes Dr. Ernst Levy und seiner Frau Martha geboren. Nach der mittleren Reife begann Rudolf Levy eine Autoschlosserlehre, von 1926 bis 1929 besuchte er das Polytechnikum. Als Ingenieur für Flugzeugbau schloß er seine Ausbildung ab. Bis zu seiner Umsiedelung nach Hamburg arbeitete er als angestellter Autosachverständiger in Essen.

Rudolf Levy gehörte von 1924 bis 1929 dem Deutschjüdischen Wanderbund »Kameraden« an; 1928 wurde er Mitglied des »Internationalen Sozialistischen Kampf-Bundes«. Schon im Oktober 1933 wurde gegen Rudolf Levy erstmals polizeilich ermittelt, offenbar im Zusammenhang mit seinem Antrag für eine Reise nach Frankreich. Eine Hausdurchsuchung wurde durchgeführt; der Politischen Polizei in Essen war schon vorher bekannt, daß er »bis Januar 1933 die Zeitschrift ›ISK‹-Internationale Sozialistische Korrespondenz«[4] vertrieben hatte.

Am 3. November 1933 wurde gegen Rudolf Levy eine Paßsperre erlassen. Seit 1934 lebte er in Hamburg, er wohnte im Jungfrauenthal 53 und arbeitete als Sachverständiger für Kraftfahrzeuge und Verkehrswesen. Auch in Hamburg beteiligte er sich an der seit der Machtübergabe an die Nationalsozialisten illegalen Arbeit des ISK. Laut Schreiben der Gestapo, Außendienststelle Essen, vom 28.10.1939 flüchtete Rudolf Levy am 26.2.1938 nach Holland;[5] von dort emigrierte er nach Argentinien.

Am 5.11.1940 wurde ihm die deutsche Staatsangehörigkeit aberkannt.[6] Sein Guthaben von 265,41 RM auf einem Konto beim Postscheckamt Hamburg war laut Schreiben des Reichssicherheitshauptamtes Berlin vom 20.10.1942 »als dem Reiche verfallen erklärt«[7] worden.

In Argentinien arbeitete Rudolf Levy bis 1942 als Autoschlosser, seitdem bis 1976 als selbständiger Autosachverständiger. Er war Mitarbeiter von »Das Andere Deutschland« (DAD), seit August 1945 des vom DAD gegründeten »Deutschland-Hilfswerks«. Rudolf Levy starb in Argentinien am 4.7.1979.[8]

Mit der von Hellmut Kalbitzer erwähnten Gisa ist Gisela Peiper gemeint. Auch Gisela Peiper stammt nicht aus Hamburg, sie wurde am 11.2.1910 in Berlin geboren. Ihre Eltern stammten aus Polen, aufgrund der dortigen Pogrome und Verfolgungen waren sie nach Berlin emigriert. Dort betrieben sie ein kleines Lebensmittelgeschäft. Trotz bescheidener Lebens- und Wohnverhältnisse wurde Gisela Peiper durch das an Literatur und Theater interessierte Elternhaus entscheidend geprägt. In einer 1982 veröffentlichten kurzen biographischen Skizze beschrieb sie die unterschiedlichen Einflüsse ihrer Jugend:

»Ich habe niemals in meinem Leben begreifen können, wie man sich nur einer Kultur zugehörig fühlen kann oder wie man jemanden anderer Religion, Rasse oder anderen Geschlechts für minderwertig halten kann. Das gab es einfach nicht in der Welt meiner Familie. Ich liebte die deutsche Kultur, aber ich schätze auch sehr meine osteuropäisch-jüdische Herkunft. Sehr früh schon hatte ich Freude an verschiedenen religiösen Sitten. Da eine Christin uns mit im Geschäft half, hatten wir neben den Chanukkahkerzen immer einen Weihnachtsbaum stehen, und ich kannte die Weihnachtsgeschichte genauso gut wie die Geschichte der Makkabäer.«[9]

Bis zu ihrem Abitur blieb Gisela Peiper in Berlin. Es war nicht nur der Einfluß ihres sozialdemokratischen Vaters, sondern die ganze Atmosphäre, das politische und kulturelle Leben der Metropole Berlin, das sie bestimmte. Noch während der Schulzeit schloß sie sich der jüdischen Jugendbewegung an.

»Von stärkstem Einfluß auf mich war die ›Jugendbewegung‹, nicht der romantische ›Wandervogel‹, sondern eine jüdische Jugendbewegung, die sich sehr ernsthaft dafür einsetzte, auf eine bessere Welt hinzuarbeiten, aber auch ein intensives Kunstverständnis zu fördern. Man glaubte nicht, daß diese beiden Ziele sich gegenseitig ausschlossen.«[10]

Die zunehmende Politisierung aller gesellschaftlichen Bereiche am Ende der Weimarer Republik führte auch innerhalb der Jugendbewegung zu Konfrontationen und Spaltungen. Während sich viele ihrer Freunde kommunisti-

Erika und Rudolf Levy, 1948. (Privatbesitz)

schen Jugendgruppen anschlossen, suchte Gisela Peiper nach anderen Bindungen:

»Ich fand sie in einer Arbeiterjugendbewegung, deren Ideologie sich mehr auf Idealismus als auf Materialismus stützte. Sie war von Leonard Nelson, einem Philosophen, gegründet worden ...«[11]

Hiermit war der »Internationale Jugend-Bund« (IJB), der spätere »Internationale Sozialistische Kampf-Bund« (ISK) gemeint.

Nach ihrem Abitur 1929 wollte sie ein Studium beginnen, aber die eigene materielle Lage vereitelte vorerst diesen Plan. Gisela Peiper verließ zu dieser Zeit ihr Elternhaus und Berlin und zog nach Hamburg. Hier arbeitete sie zunächst in einer Flaschenfabrik, dann als Stahlarbeiterin. Nach einem Jahr Fabrikarbeit begann sie 1930 ihr Studium an der Hamburger Universität.

Gisela Peiper wollte Volksschullehrerin werden, ihre Studienfächer waren Erziehungswissenschaft, Philosophie, Psychologie und Geschichte. Im Rückblick auf ihre Studienzeit erinnert sie neben Wilhelm Flitner, Gustav Deuchler und Julius Gebhardt vor allem Ernst Cassirer, William Stern, Martha Muchow, Curt Bondy und Karl Wilker.[12] Obwohl sie ihr Studium durch Nachhilfestunden finanzieren mußte, war es nach ihrem eigenen Bekunden gerade nach der einjährigen Fabrikarbeit »der wahre Himmel«.[13]

Ihr politisches Engagement innerhalb des ISK setzte Gisela Peiper auch in Hamburg fort. In den letzten Jahren der Weimarer Republik versuchten dessen Mitglieder angesichts der Wahlerfolge der Nationalsozialisten vor dem drohenden Faschismus zu warnen. Auch Gisela Peiper beteiligte sich an den Aktivitäten des ISK; frühmorgens verteilte sie am Elbtunnel Flugblätter an Hafenarbeiter, die auf dem Weg zur Arbeit waren. Abends ging sie gemeinsam mit anderen ISK-Mitgliedern durch die hafennahen Kneipen, um Seeleute zu agitieren.

Der Abschluß ihres Studiums war überschattet vom Machtantritt der Nationalsozialisten und deren sofort einsetzender Verfolgung von Gewerkschaftern, Sozialisten, Kommunisten, Intellektuellen und Juden. Schon im Februar 1933 wurde Gisela Peiper zum ersten Mal in ihrer Wohnung verhört und vor einer Fortsetzung ihrer politischen Aktivitäten gewarnt. Ostern 1933 besuchte sie ihre Familie in Berlin. Nicht nur Gisela Peiper stand vor dem Abschluß ihrer Ausbildung, auch ihre ältere Schwester Hanna wollte ihr Medizinstudium beenden, die jüngere Schwester Ruth stand kurz vor dem Abitur. Doch die Aussichten aller drei waren perspektivlos:

»Jetzt war der Frühling 1933 da: wir durften zwar unser Studium beenden, aber jegliche Möglichkeit, in dem von uns gewählten Beruf zu arbeiten, war uns abgeschnitten, denn wir waren Juden.«[14]

Die letzten Wochen vor ihren Abschlußprüfungen waren von den ersten judenfeindlichen Maßnahmen an der Hamburger Universität bestimmt. Professor William Stern, ihr Prüfer in Psychologie, war aufgrund des »Gesetzes zur Wiederherstellung des Berufsbeamtentums« entlassen worden; das Examen, das sie noch bei ihm ablegen konnte, wurde von Nationalsozialisten überwacht.[15] In ihrer Autobiographie schreibt Gisela Peiper:

»So viele Jahre lang hatte ich mich auf dies letzte Examen gefreut und welch merkwürdiger Tag war es jetzt. Mehrere Jahre lang hatte ich buchstäblich gehungert, um mir das Studium zu ermöglichen; ich hatte mich jedes Semester Prüfungen unterzogen, um meinen Standard als Studentin mit einem Stipendium zu erhalten. Und jetzt war mir klar, daß in Deutschland für mich nach dieser letzten Anstrengung kein Platz mehr sein würde ...«[16]

Noch am Vorabend ihrer letzten Prüfungen fand in ihrem Zimmer eine Hausdurchsuchung statt. »Am Morgen wachte ich in einem durchwühlten Zimmer auf, ohne Hoffnung für die Zukunft. Das war ein eigenartiger Start, um in eine Prüfung zu gehen.«[17] Ihre schriftlichen und mündlichen Prüfungen bestand Gisela Peiper »mit Auszeichnung.« Auch das Ende ihres Studiums war nicht ohne bittere Erfahrungen:

»Während ich auf das Examen wartete, saß ich mit Studenten zusammen, die schnell zu Nazis geworden waren. Sie sagten mir, sie könnten einen ›Juden riechen‹. Aber offenbar konnten sie das bei mir nicht, bis ich ihnen sagte, daß ich Jüdin sei. Nach meinem Examen in Erziehungswissenschaft gratulierte mir Prof. Wilhelm Flitner und sagte glücklich, daß ich das kommende Genie der deutschen Schulen sei. Ich mußte ihn darüber aufklären, daß es mir niemals erlaubt sein würde, in jenen Schulen zu praktizieren.«[18]

In der folgenden Zeit verdiente sie sich ihren Lebensunterhalt durch Nachhilfestunden, Putzdienste und Aushilfsarbeiten in einer Buchhandlung.

Auch Gisela Peiper beteiligte sich am Widerstand des in

Gisela Peiper, 1936. (Privatbesitz)

der Illegalität weiterarbeitenden »Internationalen Sozialistischen Kampf-Bundes«. Über die damaligen Beweggründe schreibt sie:

»Wir kamen darin überein, daß eine der wirksamsten Waffen gegen den Nationalsozialismus das Verbreiten von Nachrichten innerhalb Deutschlands war und zwar Nachrichten des Inhalts, daß nicht alle Deutschen Nazis waren. Wir hielten es auch für wichtig, die Nazis selbst zu beunruhigen, indem wir sie wissen ließen, daß sie noch längst nicht die Unterstützung des ganzen Volkes hätten ... Ein weiterer Grund für unsere geplante Untergrundarbeit war, daß wir den Geist des Widerstandes unter allen ehrlichen Menschen ohne Rücksicht auf Religions- und Parteizugehörigkeit lebendig halten wollten. Und schließlich gab es auch ganz konkrete Aufgaben für eine Untergrundbewegung: Menschen, die in Gefahr waren, von den Nazis getötet zu werden, mußten außer Landes gebracht werden, und Nachrichten von den Widerstandsbewegungen mußten in andere Länder geschmuggelt werden, so daß von dort Hilfe kam beim Widerstand gegen dies schreckliche System.«[19]

Gisela Peiper nahm teil an den illegalen Treffen der ISK-Gruppen und deren Aktivitäten, so z.B. der Beobachtung anberaumter Scheinwahlen und der gleichzeitigen Einschüchterung und Bedrohung der Wähler.

Anläßlich eines Besuches Hitlers auf der Werft Blohm & Voss wurde über die bestellten Claqueure — als Arbeiter verkleidete SA- und SS-Einheiten — per Flugblatt berichtet. Für diese Form der Gegenaufklärung mußte die Verteilung illegaler Schriften organisiert werden:

»Unsere erste Aufgabe war, Schriften bei einigen Freunden zu verteilen und sie zu fragen, ob sie bei unseren Aktivitäten mitmachen wollten. Können Sie sich vorstellen, wie das ist, mit Anti-Nazi-Flugschriften in der Tasche herumzulaufen in der Gewißheit, sofort verhaftet zu werden, wenn auch nur eine einzige dieser Schriften bei einem gefunden würde? Würden sogar mehrere davon bei einem gefunden, so bedeutete das, daß man ein Verteiler solcher Schriften war und das die Gestapo versuchen würde, die Namen derer aus einem herauszuquetschen, zu denen man sie bringen wollte, oder die Namen derer, die sie einem gebracht hatten... Ich erinnere mich noch gut daran, als ich das erste Mal solch ein Papier bei mir trug. Ich hatte das Gefühl, meine Tasche habe ein Loch und jeder könne durch das Loch hineinsehen.«[20]

Die Jahre 1935/36 waren für Gisela Peiper von einschneidenden privaten Ereignissen gekennzeichnet. Ihr Vater starb nach einem Schlaganfall in Berlin, die ältere Schwester Hanna emigrierte mit ihrem Mann nach Palästina, die jüngere Schwester Ruth hatte eine Erlaubnis erhalten, zur Ausbildung als Krankenschwester nach England zu gehen. Im Winter 1935 wurde Gisela Peiper vom Berliner Polizeipräsidenten das 1921 verliehene preußische Bürgerrecht und die damit zugleich erhaltene deutsche Staatsbürgerschaft aberkannt.

Im Frühjahr 1936 mußte ihr Freund — und späterer Mann — Paul Konopka, der ebenfalls Mitglied des Hamburger ISK war, flüchten. Ein inhaftiertes ISK-Mitglied hatte unter dem Druck der Haft und der Vernehmungen durch die Gestapo seinen Namen genannt. Paul Konopka konnte rechtzeitig gewarnt werden und nach Holland entkommen. Die Trennung von ihm — ohne Aussicht des Wiedersehens — war für Gisela Peiper schmerzlich, die Tage bis zur Nachricht, daß er in Sicherheit war, äußerst qualvoll.

Am 17.12.1936 verhaftete die Staatspolizei Hamburg zahlreiche Mitglieder des ISK, unter ihnen auch Hellmut Kalbitzer und Gisela Peiper. Als Verhaftungsgrund wurde die Verteilung illegaler Schriften für den ISK angegeben. Besonders erwähnte die Staatspolizei, daß Gisela Peiper Jüdin und staatenlos war.

Um zwei Uhr nachts wurde sie in ihrem Zimmer in der Hartungstraße 3 verhaftet. Man brachte sie mit anderen Verhafteten in das berüchtigte Stadthaus, den Sitz der Hamburger Gestapo. Nach dem ersten Verhör wurde sie in den Keller des Gebäudes gebracht:

»Einige andere und ich wurden in einzeln stehende hölzerne Apparate gesteckt, ähnliche Gehäuse wie aufrechtstehende Särge. Man konnte sich darin weder setzen noch umdrehen, nur ganz gerade stehen. Es gab keine Fensteröffnung, es war völlig dunkel darin und man war eingeschlossen. Nach einer Nacht des Verhörtwerdens und der Drohungen, einer Nacht, in der ich gehört hatte, wie andere angekettet und geschlagen wurden, war es die Hölle, nur in einen vollkommen geschlossenen Kasten gesteckt zu werden in einer Haltung, die die reine Folter bedeutete. Zuerst hatte ich das Gefühl, ersticken zu müssen; jeder Muskel tat weh, weil ich mich nicht bewegen konnte. Meine Füße schmerzten, weil ich schon stundenlang gestanden hatte und immer noch weiter stehen mußte ... Ich verlor jegliches Zeitgefühl. Ich weiß nicht, wie lange ich in dem Sarg war.«[21]

Aus diesem unmenschlichen Verlies wurde Gisela Peiper in das Konzentrationslager Fuhlsbüttel gebracht. Dort kam sie in Einzelhaft. Ihr war es verboten, zu lesen, zu schreiben, sie war abgeschnitten von jeder Kommunikation mit anderen; diese Isolation sollte sie zur Verzweiflung bringen, sie zermürben.

»Ich lernte, wieviel es bedeutet, wenn man Lieder und Gedichte kennt, und man sie sich laut vorsagen kann. Ich lernte die unglaubliche Bedeutung einer Philosophie kennen, die einen überzeugen kann, daß das, wozu man sich bekannt hat, wichtig ist, selbst wenn man eines Tages vollkommen unbekannt und allein sterben sollte.«[22]

Durch einen Kassiber gelang es einer ebenfalls inhaftierten Freundin aus dem ISK, Gisela Peiper über ihr Verhalten während ihres Verhörs zu informieren. Dieser Hinweis war für sie sehr wichtig. Ohne in ihren Verhören jemanden preisgegeben zu haben, wurde Gisela Peiper nach sechs Wochen Einzelhaft entlassen.

»Für mich war es wichtig, Hamburg sofort zu verlassen. Ich mußte versuchen, meine Mutter aus Deutschland herauszubringen, und dann selbst einen Weg finden, aus dem Land zu kommen. Für den Untergrund in Hamburg war ich wertlos geworden, im Gegenteil, ich war zu einer Gefahr für jedermann geworden. Ich wußte genau, daß ich nicht mehr zurückkehren würde, wenn ich Hamburg jetzt verließ, und doch mußte es so aussehen, als ob ich nur meine Mutter besu-

chen wollte. Das bedeutete, daß ich alles zurücklassen mußte, was ich liebte ... «²³

Tatsächlich gelang es mit Hilfe der nach Palästina ausgewanderten Schwester, die Emigration der Mutter zu organisieren. Nach dem Verkauf des kleinen Lebensmittelladens in Berlin konnte auch die Mutter der Tochter nach Palästina folgen. Die Emigration Gisela Peipers hatte noch viele Stationen; über die Tschechoslowakei kam sie nach Österreich, auch hier wurde sie nochmals inhaftiert. Erst nach dem Einmarsch der Deutschen in Österreich gelang ihr mit dem Zug — und einem Zwischenaufenthalt in München — die Flucht nach Frankreich. Dort erst sah sie Paul Konopka wieder. Nach der Okkupation Frankreichs durch deutsche Truppen lebten beide in einem Versteck bei Bauern in Südfrankreich. Über die Schwierigkeiten, die materielle Not und den Status der Emigranten schreibt sie:

»*Die Entwürdigung, keine Nationalität zu besitzen und in einem Land zu sein, wo man nicht erwünscht ist, keinen bedeutenden Anteil am öffentlichen Leben zu haben, keine Arbeitsgelegenheit oder -erlaubnis zu haben, kann nur jemand nachfühlen, der etwas Ähnliches durchgemacht hat. Wenn ich in meinen Vorlesungen und meinen Schriften betone, daß junge Menschen, Minoritäten und alle, die sich entfremdet fühlen oder entfremdet fühlen könnten, aktiv und sinnvoll an den Angelegenheiten ihres Landes mitbeteiligt werden müssen, dann hat das mit den Erfahrungen von äußerster und totaler ›Nichtswürdigkeit‹ und einem ›Nichtdazugehören‹ zu tun.*«²⁴

Über Spanien und Portugal konnte Gisela Peiper 1941 in die USA auswandern, einige Monate später auch Paul Konopka. Nach Jahren wiederholter, erzwungener Trennung heirateten beide.

Ein Jahr nach ihrer Ankunft in den USA begann sie ein Studium im Fach Sozialarbeit.²⁵ Von 1947 bis 1978 war Gisela Konopka »Professor of Social Work« an der University of Minnesota. An der gleichen Universität gründete sie das »Zentrum für Jugendentwicklung und Jugendforschung«. Im Januar 1975 erhielt Gisela Konopka das Bundes-Verdienstkreuz 1. Klasse »in Anerkennung der um die Bundesrepublik Deutschland erworbenen Verdienste« nach dem Zweiten Weltkrieg.²⁶ Nach dem Tode ihres Mannes veröffentlichte sie 1988 in den USA ihre Autobiographie unter dem Titel »Courage and Love«. In ihrem Vorwort ist zu lesen:

»*Die Nazis waren nicht nur eine Diktatur, sondern auch ein totalitäres Regime ganz besonderer Art: Ganz bewußt, absichtlich und systematisch arbeiteten sie darauf hin, die menschliche Würde eines jeden, der mit ihren Gedanken nicht übereinstimmte oder der nicht zu der von den Herrschenden sogenannten ›Herrenrasse‹ gehörte, völlig und gründlich zu zerbrechen. Alle diese, und nicht nur die Juden, sollten nach ihrem Beschluß erniedrigt und ausgelöscht werden, und sie wurden es auch.*

Es ist nicht wahr, daß die Menschen nichts von diesem entsetzlichen Naziterror gewußt haben, obwohl viele nicht immer alle Einzelheiten kannten. Fast jeder wußte, wofür die Nazis einstanden, schon ehe sie an die Macht kamen ...

In Deutschland gab es Widerstand gegen die Nazis; zu ihm gehörte eine Vielzahl von Menschen, die ein Gewissen hatten und Mut besaßen. Zu diesen Leuten gehörten auch Juden (denen man ungerechtfertigterweise vorwirft, niemals Widerstand geleistet zu haben), Frauen (die in der Geschichte des Widerstands praktisch ausgelassen werden) und nichtjüdische Deutsche sowie viele Mitglieder der alten Arbeiterbewegungen (die man auch kaum erwähnt). Sie bekämpften die Nazis aus grundsätzlichen moralischen Überzeugungen und aus Abscheu vor rassischem Überlegenheitsdenken.«²⁷

Anmerkungen

¹ Hellmut Kalbitzer, Widerstehen oder Mitmachen. Eigen-sinnige Ansichten und sehr persönliche Erinnerungen. Hamburg 1987; Vgl. auch Ben Witter, Links ist, wo das Herz schlägt. Hellmut Kalbitzer erinnert sich. In: Die Zeit vom 20.5.1988.

² Vgl. die immer noch grundlegende Arbeit von Werner Link, Die Geschichte des Internationalen Jugend-Bundes (IJB) und des Internationalen Sozialistischen Kampf-Bundes (ISK). Ein Beitrag zur Geschichte der Arbeiterbewegung in der Weimarer Republik und im Dritten Reich. Meisenheim am Glan 1964; siehe auch den aktualisierenden Beitrag von Karl-Heinz Klär, Zwei Nelson-Bünde: Internationaler Jugend-Bund (IJB) und Internationaler Sozialistischer Kampf-Bund (ISK) im Licht neuer Quellen. In: Internationale Wissenschaftliche Korrespondenz zur Geschichte der deutschen Arbeiterbewegung, Heft 3/1982, S. 310—360. Zur Bedeutung des Widerstandes des ISK die entsprechenden Abschnitte in: Jan Foitzik, Zwischen den Fronten. Zur Politik, Organisation und Funktion linker politischer Kleinorganisationen im Widerstand 1933 bis 1939/40. Bonn 1986.

³ Hellmut Kalbitzer, Widerstehen oder Mitmachen, a.a.O., S. 61f. Emmi und Hellmut Kalbitzer möchten wir für ihre freundliche Unterstützung und ihre Hinweise herzlich danken.

Hinweise auf Gisela Peiper und Rudolf Levy finden sich auch in der Autobiographie von Curt Bär, Von Göttingen über Osleb nach Godesberg. Politische Erinnerungen eines Hamburger Lehrers 1919—1945. Hamburg 1979.

⁴ Hauptstaatsarchiv Düsseldorf, RW 58—6290, Schreiben der Politischen Polizei Essen vom 10.10.1933 an den Polizei-Präsidenten in Dortmund; Vgl. auch den anonymisierten Hinweis auf Rudolf Levy in: Konrad Kwiet, Helmut Eschwege, Selbstbehauptung und Widerstand. Deutsche Juden im Kampf um Existenz und Menschenwürde 1933—1945, Hamburg 1984, S. 85.

⁵ Hauptstaatsarchiv Düsseldorf, RW 58—6290, Schreiben der Gestapo, Außendienststelle Essen, an den Polizei-Präsidenten in Essen vom 28.10.1939.

⁶ Vgl. Deutscher Reichsanzeiger und Preußischer Staatsanzeiger vom 8.11.1940.

⁷ Hauptstaatsarchiv Düsseldorf, RW 58—33155, Schreiben des Reichssicherheitshauptamtes Berlin vom 20.10.1942 an die Geheime Staatspolizei Düsseldorf.

⁸ Brief von Erika Levy vom 25.9.1990. Frau Erika Levy, Florida/Argentinien, haben wir für Hinweise und Materialien zu danken, ebenso Hermann Levy, Buenos Aires/Argentinien, dem Bruder Rudolf Levys, für seine Korrespondenz sowie sein ausführliches Interview mit Monika Josten, einer Mitarbeiterin der Alten Synagoge Essen. Auch ihr gilt für die bereitwillige Kooperation unser Dank.

⁹ Gisela Konopka. In: Ludwig J. Pongratz (Hrsg.), Pädagogik in Selbstdarstellungen, Band IV. Hamburg 1982, S. 209.

¹⁰ Ebenda, S. 212.

¹¹ Ebenda, S. 215. Vgl. zu Leonard Nelson den Aufsatz von Susanne Miller, Leonard Nelson und die sozialistische Arbeiterbewegung. In: Walter Grab, Julius H. Schoeps (Hrsg.), Juden in der Weimarer Republik. Stuttgart 1986, S. 263—276 sowie Philosophisch-Politische Akademie Frankfurt/Main (Hrsg.), Wie Vernunft praktisch werden kann.

Zur Aktualität des philosophischen Werkes von Leonard Nelson. Ausstellungskatalog. Frankfurt am Main 1987.

[12] Gisela Konopka. In: Ludwig J. Pongratz (Hrsg.), Pädagogik in Selbstdarstellungen, a.a.O., S. 220ff.

[13] Ebenda, S. 220.

[14] Gisela Konopka, Courage and Love, Edina 1988, S. 112. Für die Überlassung ihres Buches sowie die umfangreiche Unterstützung durch Materialien und Fotos danken wir Gisela Konopka. Eine deutsche Übersetzung ihres Buches erscheint vermutlich im nächsten Jahr. Für wertvolle Hinweise auf weitere Literatur danken wir Hildegard Feidel-Mertz, Frankfurt, ebenso wie für die Vermittlung der ersten deutschen Übersetzung von »Courage and Love« durch Luisel Eidenmüller, Meisenheim. Eine weitere kurze Würdigung Gisela Konopkas findet sich in dem Buch von Hildegard Feidel-Mertz, Pädagogik im Exil nach 1933. Erziehung zum Überleben. Bilder und Texte einer Ausstellung. Frankfurt/Main 1990.

[15] Gisela Konopka. In: Ludwig J. Pongratz (Hrsg.), Pädagogik in Selbstdarstellungen, a.a.O., S. 227.

[16] Gisela Konopka, Courage and Love, a.a.O., S. 113.

[17] Ebenda, S. 114.

[18] Gisela Konopka. In: Ludwig J. Pongratz (Hrsg.), Pädagogik in Selbstdarstellungen, a.a.O., S. 227.

[19] Gisela Konopka, Courage and Love, a.a.O., S. 124

[20] Ebenda, S. 125.

[21] Ebenda, S. 158f.

[22] Gisela Konopka. In: Ludwig J. Pongratz (Hrsg.), Pädagogik in Selbstdarstellungen, a.a.O., S. 229.

[23] Gisela Konopka, Courage and Love, a.a.O., S. 184.

[24] Gisela Konopka. In: Ludwig J. Pongratz (Hrsg.), Pädagogik in Selbstdarstellungen, a.a.O., S. 231.

[25] Ebenda, S. 233.

[26] Ebenda, S. 238.

[27] Gisela Konopka, Courage and Love, a.a.O., Preface, S. Vf.

Im Archiv der sozialen Demokratie in Bonn wird der umfangreiche Bestand des »Internationalen Jugend-Bundes« und des »Internationalen Sozialistischen Kampf-Bundes« aufbewahrt. Die darin befindlichen Briefe Gisela Konopkas, die sie während ihrer Emigration oder nach ihrer Ankunft in den USA an verschiedene Mitglieder des ISK, wie z.B. Willi Eichler oder Hans Lehmann, geschrieben hat, wurden von uns eingesehen, aber für diesen Darstellungszusammenhang nicht benutzt.

Eine vergessene Widerstandskämpferin: Hilde Schottländer, geb. Stern

Am 7. März 1935 meldete die Staatspolizei Hamburg die Festname der Sozialbeamtin Hilde Schottländer, geb. Stern. Als Grund der Festnahme wurde genannt: »Hat der Latzke (s. Tagesber. v. 6.3.) Unterkunft gewährt und von der illegalen Tätigkeit derselben Kenntnis gehabt.«[1] Gemeint war die am Vortag verhaftete Stenotypistin Käte Latzke, Freundin und enge Vertraute des ehemaligen Bürgerschaftsabgeordneten der KPD Hans Westermann. Dieser war am gleichen Tag wie Hilde Schottländer verhaftet worden; als Verhaftungsgrund wurde bei ihm angegeben: »Illegale Tätigkeit für KPD. Leiter der sog. ›Westermanngruppe«.[2]

Über deren Mitglieder und ihre Tätigkeit gab es in der bisherigen Literatur zum Widerstand in Hamburg nur äußerst spärliche Informationen.[3] Der Name Hilde Schottländer blieb bisher völlig unerwähnt.[4]

Hilde Schottländer wurde am 7.4.1900 als Tochter des Philosophie- und Psychologieprofessors William Stern[5] und seiner Frau Clara, geb. Josephy, in Breslau geboren.[6] Dort besuchte sie bis zur Prima-Reife die Augusta-Schule. Als das

Clara und William Stern mit ihren Töchtern Eva (stehend) und Hilde auf einem Hamburger Künstlerfest, im Curiohaus, 1924. Foto: Max Hirsch. (Privatbesitz)

Hamburger Vorlesungswesen ihrem Vater eine ordentliche Professur anbot, kam sie gemeinsam mit ihren Eltern 1916 nach Hamburg. Nach dem Abitur besuchte sie die von Gertrud Bäumer geleitete Soziale Frauenschule.[7] 1921 arbeitete sie als Praktikantin und später als Angestellte im Arbeitsamt Hamburg.

Am 20. September 1922 heiratete sie Rudolf Schottländer[8], einen Freund ihres Bruders Günther Stern.[9] Sie zogen nach Berlin, wo Hilde Schottländer zeitweilig als Sekretärin von Gertrud Bäumer, der Herausgeberin der Monatszeitschrift »Die Frau«, des offiziellen Organs des »Bundes Deutscher Frauenvereine« arbeitete.

Aus der kurzen Ehe von Hilde und Rudolf Schottländer gingen zwei Kinder hervor. Im Dezember 1926 verließ Hilde Schottländer ihren Mann und kehrte mit ihren Kindern zurück nach Hamburg; die Ehe wurde 1927 geschieden.[10] Seit 1929 arbeitete sie wieder im Arbeitsamt Hamburg. Auf Grund »des Gesetzes zur Wiederherstellung des Berufsbeamtentums« vom 7. April 1933 wurde Hilde Schottländer im Juli 1933 entlassen, nach längerer Arbeitslosigkeit war sie bis zu ihrer Verhaftung bei der jüdischen Berufsberatung angestellt; ihre Kinder hatte sie noch vor ihrer Festnahme in einer Quäkerschule in Holland untergebracht.[11]

Ihre 1904 geborene Schwester Eva, die seit 1927 in Berlin lebte und dort Gründerin und Leiterin der jüdischen Arbeitsgemeinschaft für Kinder- und Jugendalijah war, erinnert sich:

» *Meine Schwester Hilde Schottländer, später Marchwitza, geb. 1900, war die älteste von den drei Sternkindern und wird in den Tagebüchern, die meine Mutter über ihre Kinder geführt hat, immer als außerordentlich pflichtbewußt geschildert. Meine Eltern haben immer von Anfang an, sehr hohe moralische Ansprüche an ihre Kinder gestellt, die Hilde in ihrem späteren Leben immer bemüht war, in die Tat umzusetzen. Ich bin überzeugt, daß ihre politische Tätigkeit und ihr Anschluß an linksgerichtete Kreise der Ausdruck ihres Gerechtigkeitssinnes war. Sie hat immer betont, daß sie kein Mitglied der kommunistischen Partei war, da sie jede Gewaltanwendung ablehnte. Sie schloß sich deshalb einer Widerstandsgruppe an, die mit ihrer Auffassung übereinstimmte. «*[12]

Es handelte sich um die von Hans Westermann geführte Gruppe. Der am 17.7.1890 geborene Westermann wurde 1919 Mitglied der KPD, 1921 war er Parteisekretär, von 1927 bis 1930 Mitglied der Hamburgischen Bürgerschaft. Seine Kritik an der Partei führte 1930 dazu, daß er als sogenannter »Versöhner« aus der KPD ausgeschlossen wurde.[13] Als Arbeitsgemeinschaft blieben Hans Westermann und andere ebenfalls aus der KPD Ausgeschlossene, darunter auch Käte Latzke, miteinander in Kontakt. Bis zum Juni 1933 trafen sich einige von ihnen regelmäßig, um an Hand von Zeitungsausschnitten politische Tagesfragen zu diskutieren; Käte Latzke soll für die Vervielfältigung der Ausschnitte gesorgt haben.[14] Sie und andere wurden deshalb im Oktober 1933 verhaftet, vor dem Hanseatischen Oberlandesgericht angeklagt, am 11.8.1934 aber wegen Mangels an Beweisen freigesprochen. Ein Verfahren gegen Hans Westermann, der im Juni 1933 in sogenannte »Schutzhaft« genommen, aber zu Weihnachten 1933 entlassen worden war, wurde ebenfalls eingestellt.[15] Auch nach den Haftentlassungen brachen die Verbindungen untereinander nicht ab; im Sommer 1934 sammelte Hans Westermann erneut Gleichgesinnte um sich, laut Anklageschrift waren es vor allem Hafen- und Werftarbeiter.[16] Auf gemeinsamen Treffen wurde diskutiert, Informationen und Berichte »über die Berufsgruppen und die unter den Arbeitern herrschende Stimmung«[17] ausgetauscht. Hans Westermann bemühte sich gleichzeitig wieder um Anschluß an die KPD, zu diesem Zweck fuhr er Anfang November 1934 ins Ausland, um sich dort mit Vertretern der Zentralkomitees der KPD zu treffen. Anscheinend mit Erfolg, das Urteil des Hanseatischen Oberlandesgerichtes gegen Hermann Wendt, Käte Latzke, Hilde Schottländer u.a. vom 8.10.1935 vermerkte dazu:

» *Nach seinen, insbesondere durch die Angeklagte Wendt und Latzke vermittelten Erzählungen war er auf Kosten der hamburgischen Bezirksleitung der KPD, im Saargebiet gewesen und hatte in Verhandlungen mit Mitgliedern des Zentralkomitees (Schubert und Richter) seine Wiederaufnahme in die KPD und die Möglichkeit der Wiederaufnahme*

Hilde Stern, um 1917. Foto: Rudolf Dührkoop. (Privatbesitz)

seiner Anhänger erreicht. Westermann hatte anerkennen müssen, daß seine Gruppe wegen einer falschen politischen Linie ausgeschlossen worden war, während die Parteileitung einräumte, daß die Gruppe nicht gegen die Partei gearbeitet hatte. Einzelheiten über die Rückführung der Mitglieder sollten Verhandlungen mit der hamburgischen Bezirksleitung überlassen bleiben. «[18]

Anfang Januar 1935 kehrte Hans Westermann nach Hamburg zurück. Seit seiner Haftentlassung Weihnachten 1933 war er nicht mehr polizeilich gemeldet, nach einer zweimonatigen Tätigkeit als Schneider in Altona seit Februar 1934 arbeitslos und ohne Unterstützung. Nach seiner Rückkehr nach Hamburg hielt er sich tagsüber in der Wohnung von Hilde Schottländer in der Klosterallee 31 auf.

Hilde Schottländer hat laut Anklageschrift des Hanseatischen Oberlandesgericht vom 19. August 1935 Hans Westermann Anfang 1932 auf einem Vortragsabend der »Gesellschaft der Freunde des neuen Rußland« kennengelernt.[19] Sie freundeten sich an und trafen sich regelmäßig; im Juni 1933 wurde Hans Westermann in der Wohnung Hilde Schottländers verhaftet. Auch nach seiner Haftentlassung hatte er von Juli bis September 1934 bei ihr gewohnt. Nachdem er ausgezogen war, wohnte seit Oktober 1934 Käte Latzke gemeinsam mit Hilde Schottländer in deren Wohnung in der Klosterallee. Alle drei sollen sich dort laut Anklageschrift getroffen und politische Diskussionen geführt haben; Käte Latzke und Hans Westermann sollen zudem »den Inhalt der von Frau Schottländer gehaltenen ausländischen Zeitungen für die Sitzungen«[20] — gemeint waren die Treffen Hans Westermanns mit anderen Angehörigen seiner Gruppe — ausgewertet haben. Am 6. März 1935 wurden Käte Latzke, Hilde Schottländer und Hans Westermann in der Wohnung in der Klosterallee 31 verhaftet.

Hans Westermann wurde ins Konzentrationslager Fuhlsbüttel gebracht und dort schwer mißhandelt, er starb dort am 16.3.1935. Die Anklageschrift vom 19. August 1935 behauptete, daß er »inzwischen im Konzentrationslager an einer Lungenentzündung gestorben ist«.[21]

Käte Latzke und Hilde Schottländer kamen am 5.6.1935 in Untersuchungshaft. Bei einer Durchsuchung der Wohnung Hilde Schottländers wurden »63 kommunistische und marxistische Bücher und Broschüren sowie 1.000 Blatt Durchschlagpapier sowie weitere Tageszeitungen, in denen die Artikel über Politik und Wirtschaft rot angestrichen waren, gefunden«.[22]

Dies und die Kontakte zu Hans Westermann führten dazu, daß in der Anklageschrift vom August 1935 stand, »daß die Schottländer kommunistisch eingestellt ist, und daß sie den Westermann in seiner illegalen Arbeit unterstützen wollte. Sie ermöglichte ihm überhaupt erst dadurch, daß sie ihn in ihre Wohnung aufnahm, und ihm ihre Wohnung für seine Arbeit zur Verfügung stellte, die Wiederaufbauarbeit der illegalen Westermann-Gruppe. Ihre Tätigkeit ist deshalb nicht etwa als Beihilfe anzusehen, sondern als Vorbereitungshandlung zum Hochverrat ...«[23]

Über die Verhaftung ihrer älteren Schwester und den anschließenden Prozeß schrieb Eva Michaelis-Stern: *»Die beiden Freunde aus der Gruppe, die sie bei sich versteckt hatte, sind aus ihrer Wohnung mit ihr in 1935 verhaftet worden. Sie hatten offenbar nicht gedacht, daß sie ja nicht nur politisch gefährdet war, sondern auch rassisch verfolgt wurde. Sie hat bei dem Prozeß sehr geschickt die Naive gespielt und so getan, als ob der Mann, der bei ihr gefunden wurde, ihr Liebhaber war, und sie sich für seine politische Tätigkeit nicht interessiert hätte ... Es ist ihr jedenfalls gelungen, auf die Richter den Eindruck zu machen, daß sie tatsächlich nicht politisch aktiv wie die Anderen war, und sie dadurch mit zwei Jahren Gefängnis davon gekommen ist, während die beiden anderen arischen mit ihr zusammen Verhafteten zu Zuchthaus verurteilt wurden, von wo sie später in Konzentrationslager kamen, wo sie umgebracht wurden.«*[24]

Am 8. Oktober 1935 fällte der II. Strafsenat des Hanseatischen Oberlandesgerichts in Hamburg das Urteil gegen 11 Angehörige der Westermann-Gruppe; Hilde Schottländer wurde wegen Beihilfe zur Vorbereitung eines hochverräterischen Unternehmens zu einer Gefängnisstrafe von zwei Jahren verurteilt. In der Urteilsbegründung hieß es:

»Bei Frau Schottländer ... ist zwar kommunistische Gesinnung und revolutionärer Wille sowie tätige Bejahung kommunistischer Ziele durchaus nicht ausgeschlossen. Jene könnte aus jüdischer Gegnerschaft gegen die nationalsozialistische Staats- und Gesellschaftsordnung davon erfaßt worden ... sein. Indessen lassen sich sichere Feststellungen nicht treffen.«[25]

Dennoch wurde sie verurteilt. Das niedrige Strafmaß liegt wohl darin begründet, daß das Gericht sie »nicht als unverbesserliche Staatsfeindin«[26] ansah, vor allem wohl aber in der geringen Bedeutung, die der Westermann-Gruppe zugewiesen wurde. So hieß es in der Begründung des Urteils, »daß die Westermann-Gruppe organisatorisch nicht zur KPD gehörte, ja von deren Anhängern schmähend und abweisend, mindestens mit Reserve behandelt wurde, daß die Gruppe in sich nicht organisiert und streng diszipliniert, auch zahlenmäßig nur klein war, daß in ihrem Schoß viel theoretisiert und diskutiert wurde, rechtfertige ... die Feststellung, daß die revolutionäre Stoßkraft und Gefährlichkeit bis zum Zeitpunkt des polizeilichen Zugriffs im März 1935 objektiv nur gering gewesen ist«.[27]

Nach ihrer Verurteilung wurde Hilde Schottländer in das Frauengefängnis Lübeck-Lauerhof überführt. Alle sechs Wochen durfte ihre Schwester Eva, die zu der Zeit in Berlin lebte, sie besuchen; die 15minütige Besuchszeit fand in Gegenwart eines SS-Mannes statt.

» Sie war natürlich am meisten an Berichten über ihre Kinder interessiert ... Meine Schwester versuchte mir immer klar zu machen (in versteckter Form), daß sie auf keinen Fall bereit wäre, nach der Entlassung auszuwandern, da ihre Aufgabe im Widerstand in Deutschland läge. Bei manchen Besuchen hatte ich immer den Eindruck, daß sie sehr stark war und nicht an der Freiheitsberaubung zerbrach. Während sie im Gefängnis war, hatte sie — ich weiß nicht wie — gehört, daß die beiden Freunde, die bei ihr gefunden wurden, im KZ unter Tortur umgebracht worden waren. Dieser Schock und die Verantwortung für ihre Kinder haben sie möglicherweise umgestimmt, nicht auf ihrem Verbleib in Deutschland zu bestehen. Hinzu kam, daß (zu meiner großen Erleichterung) die Gestapo dem Anwalt mitgeteilt hatte, daß sie nach den zwei Jahren nur entlassen werden würde, falls sie sich schriftlich verpflichte, Deutschland sofort nach der Entlassung zu verlassen. Zu meiner Erleichterung erklärte sie sich zu dieser Unterschrift bereit.«[28]

Nach der zweijährigen Gefängnishaft wurde Hilde Schottländer von ihrem Anwalt Dr. Ernst Kaufmann[29] und ihrer Schwester in Lübeck abgeholt. In Hamburg wurden die notwendigen Formalitäten für die Ausreise erledigt. Noch einmal wurden die Schwestern in Schrecken versetzt, als Hilde Schottländer von der Gestapo vorgeladen wurde:

» Wir waren überzeugt, daß nun alles wieder von vorne anfangen würde und überlegten, ob meine Schwester nun sofort illegal über eine Grenze fliehen sollte. Wir berieten uns mit dem Anwalt, der uns dringend riet, der Vorladung nachzukommen, und sie durch Flucht nicht noch einmal zu gefährden. Sehr schweren Herzens traten wir den Weg zurück zum Gefängnis an, zitternd, was uns dort erwarten würde. Wir konnten es kaum fassen, da der Grund der Vorladung darin bestand, daß das Gefängnis in Lübeck ihr noch ein paar Mark schuldete für dort geleistete Arbeit, die ihr nun in Hamburg ausgezahlt wurden. Wie erleichtert wir waren, ist schwer zu beschreiben.«[30]

Über Holland, wo ihre Kinder lebten, emigrierte Hilde Schottländer gemeinsam mit ihnen in die USA, wohin auch

V.l.n.r.: Hilde und Hannah Schottländer, Liesel und Günter Anders, anläßlich deren Hochzeit in den USA, 1946. (Privatbesitz)

Hans und Hilde Marchwitza, 1946. (Privatbesitz)

Clara und William Stern ausgewandert waren. In den USA lernte sie den ebenfalls aus Deutschland stammenden Schriftsteller Hans Marchwitza kennen.

Hans Marchwitza, der nach der Machtübernahme durch die Nationalsozialisten in die Schweiz ausgewandert und von dort wiederum ausgewiesen worden war, bis 1936 illegal in Frankreich legte, hatte als Offizier der Internationalen Brigaden am Spanischen Bürgerkrieg teilgenommen. Nach Frankreich zurückgekehrt, wurde er 1939 dort interniert, konnte aber 1941 mit Hilfe von amerikanischen und mexikanischen Schriftstellern nach Amerika fliehen.[31]

1945 heirateten Hilde Schottländer und Hans Marchwitza; 1946 kehrten beide nach Deutschland zurück, zuerst nach Stuttgart, 1947 nach Potsdam. Sie begleitete ihren Mann nach Prag, wo Hans Marchwitza zeitweilig Kulturattaché der Botschaft der DDR in der Tschechoslowakei war. In der DDR arbeitete sie lange Zeit als Übersetzerin und half ihrem Mann bei seiner literarischen Arbeit. Noch kurz vor ihrem Tod beendete sie ein Studium der politischen Wissenschaften.[32]

Hilde Marchwitza starb am 8. September 1961.

Anmerkungen

[1] Institut für die Geschichte der Arbeiterbewegung, Zentrales Parteiarchiv, Berlin, P St 3/27, Tagesmeldung der Staatspolizei Hamburg vom 7. März 1935.

[2] Ebenda.

[3] Vgl. Ursel Hochmuth/Gertrud Meyer, Streiflichter aus dem Hamburger Widerstand 1933–1945. Frankfurt/M. 1969, S. 147 sowie 254 ff.; Vgl. auch Konrad Kwiet/Helmut Eschwege, Selbstbehauptung und Widerstand. Deutsche Juden im Kampf um Existenz und Menschenwürde 1933–1945, Hamburg 1984, S. 77.

[4] Zwar erfährt der Vater Hilde Schottländers, der Professor Dr. William Stern, als zwangsweise entlassener Professor der Psychologie und Philosophie mehrfach Erwähnung, aber zu seiner im politischen Widerstand aktiven Tochter gibt es keinerlei Informationen.

[5] Vgl. zu William Stern den Aufsatz von Eva Michaelis Stern, William Stern 1871–1938. The Man and his Achievements. In: Year Book XVII des Leo Baeck Institute, London, Jerusalem, New York 1972, S. 143–154; Martin Tschechne, Wie klug sind meine Kinder? Späte Ehrung für William Stern, den Begründer der angewandten Psychologie. In: Die Zeit vom 27. Juni 1986, sowie Helmut Moser, Zur Entwicklung der akademischen Psychologie in Hamburg bis 1945. Eine Kontrast-Skizze als Würdigung des vergessenen Erbes von William Stern. In: Eckart Krause/Ludwig Huber/Holger Fischer (Hrsg.), Hochschulalltag im »Dritten Reich«. Die Hamburger Universität 1933–1945. Berlin, Hamburg 1991, S. 483–519.

[6] Alle folgenden biographischen Daten folgen — wenn nicht anders angegeben — den Angaben zu den persönlichen Verhältnissen von Hilde Schottländer, zitiert nach der Anklageschrift des Generalstaatsanwalts bei dem Hanseatischen Oberlandesgerichts vom 19.8.1935. Ernst-Thälmann-Gedenkstätte Hamburg.

[7] Vgl. zu Gertrud Bäumer: Karen Hagemann/Jan Kolossa, Gleiche Rechte — gleiche Pflichten? Ein Bilder-Lesebuch zu Frauenalltag und Frauenbewegung in Hamburg. Herausgegeben von der Landeszentrale für politische Bildung, Hamburg, Hamburg 1990, S. 119 ff.

[8] Vgl. Rudolf Schottländer, Trotz allem ein Deutscher. Mein Lebensweg seit Jahrhundertbeginn. Freiburg im Breisgau 1986. Vgl. zu Rudolf Schottländer: Manfred Rexin, Gegen jeden Strom. Rudolf Schottländer — ein unbequemer Gelehrter. In: Deutsches Allgemeines Sonntagsblatt vom 10.11.1985 sowie Götz Aly, Gegen Gedankenunterschlagung und Großgruppenhaß. Zum Tod des Ostberliner Philosophen Rudolf Schottländer. In: Die Tageszeitung vom 15.1.1988.

[9] Günther Stern wurde am 12.7.1902 in Breslau geboren. Er besuchte Gymnasien in Breslau und Hamburg, studierte in Hamburg, Freiburg und Berlin Philosophie. Er schloß sein Studium 1923 mit der Promotion ab. 1933 war er zur Emigration nach Frankreich, 1936 in die USA gezwungen. 1950 kehrte er nach Europa zurück. Unter seinem Pseudonym Günther Anders lebt er heute als freier Schriftsteller in Wien. Günther Anders war Mit-Initiator der internationalen Anti-Atombewegung und der Kampagne gegen den Vietnamkrieg. Vgl. Konrad Paul Liessmann, Günther Anders zur Einführung. Hamburg 1988; Werner Fuld, Günther Anders. In: Heinz Ludwig Arnold (Hrsg.), Kritisches Lexikon zur deutschsprachigen Gegenwartsliteratur. München 1985 sowie »Brecht konnte mich nicht riechen«. Ein Interview von Fritz J. Raddatz mit Günther Anders. In: Die Zeit vom 22.3.1985.

[10] Rudolf Schottländer, Trotz allem ein Deutscher, a.a.O., S. 33.

[11] Institut für die Geschichte der Arbeiterbewegung, Zentrales Parteiarchiv, Berlin, NJ 2175, Urteil des Hanseatischen Oberlandesgerichts vom 8.10.1935, S. 10.

[12] Brief von Eva Michaelis-Stern, Jerusalem, vom 12.5.1990. Für die Hilfestellung, die gute Zusammenarbeit, die zahlreichen Fotos, für alle Mühen möchten wir uns bei Frau Michaelis-Stern bedanken.

Vgl. zu ihrer eigenen Biographie und Tätigkeit Eva Michaelis-Stern, Erinnerungen an die Anfänge der Jugendalijah in Deutschland. In: Bulletin des Leo Baeck Instituts 70 (1985); dies., Return-Trip to Childhood, 1986 (Manuskript); dies., Confronting The Past, A trip to Europe. Autumn 1988 (Manuskript) sowie Angela Graf-Nold, »Eva: Besonders resistent gegen Suggestionen.« Interview mit Eva Michaelis-Stern. In: Psychologie heute, 7 (1989).

[13] Vgl. hierzu Reinhard Müller, »Rotes Arbeiter Hamburg«. Zur Politik der KPD 1924–1933; sowie Ludwig Eiber, Arbeiterwiderstand gegen Faschismus und Krieg 1933–1945. In: Ulrich Bauche, Ludwig Eiber, Ursula Wamser, Wilfried Weinke (Hrsg.), »Wir sind die Kraft«. Arbeiterbewegung in Hamburg von den Anfängen bis 1945, Hamburg 1988, S. 258–300. Vgl. auch die kritischen Anmerkungen von Curt Bär zur Vereinnahmung in die Parteigeschichtsschreibung bei Ursel Hochmuth und Gertrud Meyer, Curt Bär, von Göttingen über Osleb nach Godesberg. Politische Erinnerungen eines Hamburger Pädagogen 1919–1945. Hamburg 1979, S. 140.
[14] Laut Urteil des Hanseatischen Oberlandesgerichtes vom 8.10.1935, S. 4 (Vgl. Anm. 11).
[15] Ebenda.
[16] Ebenda, S. 5.
[17] Ebenda.
[18] Ebenda, S. 6.
[19] Laut Anklageschrift des Hanseatischen Oberlandesgerichts vom 19.8.1935, S. 17 (Vgl. Anm. 6).
[20] Laut Urteil des Hanseatischen Oberlandesgerichtes vom 8.10.1935, S. 8 (Vgl. Anm. 11).
[21] Vgl. Gedenkbuch »Kola-Fu«. Für die Opfer aus dem Konzentrationslager, Gestapogefängnis und KZ-Außenlager Fuhlsbüttel. Erstellt von Herbert Dierks. Herausgegeben von der KZ-Gedenkstätte Neuengamme, Hamburg 1987, S. 43.
[22] Laut Anklageschrift des Hanseatischen Oberlandesgerichtes vom 19.8.1935, S. 18 (Vgl. Anm. 6).
[23] Ebenda.
[24] Brief von Eva Michaelis-Stern, Jerusalem, vom 12.5.1990.
[25] Laut Urteil des Hanseatischen Oberlandesgerichtes vom 8.10.1935, S. 27 (Vgl. Anm. 11).
[26] Ebenda, S. 31.
[27] Ebenda, S. 26.
[28] Brief von Eva Michaelis-Stern, Jerusalem, vom 12.5.1990.
[29] In ihrem Brief vom 12.5.1990 beschrieb Eva Michaelis-Stern ihn folgendermaßen: »Unser Anwalt war Dr. Ernst Kaufmann, der zwar ein Jude war, aber den Nazivorstellungen von Juden in keiner Weise entsprach und wie ein englischer Gentleman wirkte. Er hatte keine Angst vor Behörden, und es machte den Nazis immer Eindruck, wenn jemand mit Sicherheit ihnen gegenüber auftrat. Er wurde später mit seiner kranken Frau deportiert. Seine Kinder konnte er noch rechtzeitig ins Ausland schicken.« Vgl. Gedenkbuch für die jüdischen Opfer des Nationalsozialismus in Hamburg, Hamburg 1965, S. 80.
[30] Brief von Eva Michaelis-Stern, Jerusalem, vom 12.5.1990.
[31] Vgl. zu Hans Marchwitza: Geschichte der deutschen Literatur. Von den Anfängen bis zur Gegenwart. Bd. 11: Literatur der Deutschen Demokratischen Republik. Berlin 1977, S. 280 ff. sowie Dr. Bärbel Schrader, Bergmann der Literatur und ein Dichter behutsamer Überzeugung. Hans Marchwitza zum Gedenken. In: Neues Deutschland vom 25.6.1980.
[32] Brief von Eva Michaelis-Stern, Jerusalem, vom 9.11.1990.

Ein Niederländer aus Überzeugung: Bernhard Karlsberg

Im Oktober 1982 erhielt der Hamburger Diplom-Soziologe Ernst Schepansky, Initiator der Ausstellung »Alltag am Grindel. Bausteine zur Rekonstruktion jüdischen Lebens am Grindel«, einen Brief aus den Niederlanden.

Darin hieß es:

»Der ›Grindel‹ war nicht nur meine Geburtsgegend. Durch ihn ging oder fuhr ich täglich zur Vorschule von Dr. Wahnschaff, zum Wilhelm-Gymnasium, zur Universität während meiner Hamburger Semester, zum Cunard-Haus Ecke Colonaden – Neuer Jungfernstieg bis zu meiner Flucht aus Deutschland bei Erscheinen meines Steckbriefs wegen Verdachts der Vorbereitung zum Hochverrat im Herbst 1935. Meine Eltern blieben in der Nähe der Grindelallee, nämlich Klosterallee 8, da mein Vater mit meinen Geschwistern und mir zur Synagoge in der Benekestraße (gegenüber Bornplatz) zu Fuß gehen mußte und wollte. Die Synagoge hatte den Namen ›Neue Dammtor-Synagoge‹. Ursprünglich war ihr Name ›Newej sholaum‹. Unter diesem Namen wurde diese gemäßigt konservative Gemeinde in St. Georg in der zweiten Hälfte des 19. Jahrhunderts gegründet. Einer der Gründer war mein Großvater Bernhard Karlsberg, der mit seiner Familie 1868 von Fränkisch Crumbach in Hessen-Darmstadt nach Hamburg übergesiedelt war.«[1]

Der Schreiber dieser Zeilen war Bernhard Karlsberg, Enkel des gleichnamigen im Brief erwähnten Großvaters.

Familiengeschichte

Akten des Hamburger Staatsarchivs weisen aus, daß sich Bernhard Karlsberg, geb. am 4.6.1829, gemeinsam mit seiner Frau Louise, geb. Moos, am 5. Juni 1868 in Hamburg angemeldet hatte. Schon sehr bald darauf stellte er ein Gesuch um Aufnahme in den Hamburgischen Staatsverband; am 6. August 1873 wurde er Hamburger Staatsangehöriger. Die Familie – die Eheleute Karlsberg hatten vier Kinder, drei Töchter und einen Sohn – wohnte zuerst in der Admiralitätsstraße, später in der Dammtorstraße. Bernhard Karlsberg war Kaufmann und Handlungsagent. Er kam 1868 nach Hamburg, weil er dem Ruf seines Onkels George Hirschmann gefolgt war; dieser war einer der ersten Agenten der britischen Cunard-Company auf dem Kontinent, zugleich Lizenzhalter für die Beförderung von Emigranten aus Preußen.[2] Seit dieser Zeit war auch der Name Karlsberg auf das engste mit der Cunard-Linie verbunden; 1868 wurde eine eigene Firma unter dem Namen Bernhard Karlsbergs gegründet. 1907 wies eine firmeneigene Festschrift der Cunard-Linie ihn als »Generalagenten für das Deutsche Reich« und als »Generalvertreter der Cunard-Linie für Deutschland« aus.[3] Als Bernhard Karlsberg 1882 schwer erkrankte, trat sein Sohn Moritz als 17jähriger in die Firma des Vaters ein. Der junge Mann, geb. am 26.4.1864, zum Zeitpunkt seines Geschäftseintritts noch Schüler des traditionsreichen Hamburger Johanneums, nahm sich dieser Aufgabe voller Bravour an. Wie sein Sohn Bernhard wiederum später voller Stolz berichtete, baute er die Firma zu einer der größten Passagier-Agenturen auf dem europäischen Kontinent aus. Er vertrat die Cunard-Company und andere britische Firmen unter dem Namen seiner eigenen Firma »Karlsberg-Spiro & Co.«.

Moritz Karlsberg war zugleich Agent der Cunard-Company für das zaristische Rußland, für Österreich, Holland und natürlich für Deutschland. 53 Jahre arbeitete er für die Cunard-Company; auch nach dem Ersten Weltkrieg setzte er seine Arbeit fort.

Neben seiner beruflichen Arbeit fanden Moritz Karlsbergs religiöse und soziale Interessen in Form engagierter Mitarbeit im jüdischen Kultusverband der »Neuen Damm-

Moritz Karlsberg mit seinen Kindern Ilse, Bernhard und Ernst, 1905. (Privatbesitz)

Bernhard Karlsberg (2.R.,3.v.l.) als Schüler des Wilhelm-Gymnasiums, um 1915. (Privatbesitz)

tor-Synagoge« ihren lebhaften Ausdruck. Seit Beginn der 20er Jahre taucht sein Name in den Anwesenheitsprotokollen gemeinsamer Sitzungen der »Deutsch-Israelitischen Gemeinde« und des Kultusverbandes auf. 1931 gehörte Moritz Karlsberg dem Repräsentanten-Kollegium der »Neuen Dammtor-Synagoge« an.[4] Außerdem war er Mitglied der »Henry-Jones-Loge«, zeitweise auch einer ihrer Geschäftsführer.

Moritz Karlsberg heiratete Bertha Emilie Simon, geb. am 12.11.1872. Aus ihrer Ehe gingen drei Kinder hervor, die Tochter Ilse und die Söhne Ernst und Bernhard.

Schülerzeit

Bernhard Karlsberg, der Verfasser des eingangs zitierten Briefes, wurde am 11.10.1899 in Hamburg geboren. Der Junge sollte ursprünglich, ebenso wie einst der Vater, das Johanneum besuchen, aufgrund des Wohnortes der Eltern in der Klosterallee wurde aber das nahegelegene Wilhelm-Gymnasium gewählt. Das alte Gebäude des Gymnasiums an der Ecke Grindelallee und Moorweidenstraße wurde für neun Jahre, von 1908 bis 1917, zum prägenden Lernort Bernhard Karlsbergs. So nachhaltig, daß er sich im hohen Alter an die unterschiedlichen Erfahrungen, an »Licht und Schatten« seiner Schulzeit erinnerte.[5] Es sind keineswegs nur freundliche Erinnerungen, wie er sagte. In seinem 1969 gegebenen Interview betonte er anfänglich schwierige Jahre am Wilhelm-Gymnasium. Es waren offenbar nur wenige jüdische Schüler in der Klasse. Möglicherweise eingedenk eigener leidvoller antisemitischer Erfahrungen hatte der Vater ihm gesagt, daß er es nicht dulden würde, wenn Bernhard ihm erzählte, daß er nicht habe helfen können, wenn andere jüdische Jungen angegriffen worden wären. Der Mahnung des Vaters folgend, verhielt sich Bernhard Karlsberg solidarisch und unterstützte einen wenig beliebten jüdischen Mitschüler gegenüber anderen Schulkameraden. Was zur Folge hatte, daß Bernhard selbst, wie er sagte, der »Feind Nr. 1« für seine Klassenkameraden wurde.[6] Trotz Erwähnung dieses Vorfalls überwog insgesamt ein Gefühl der Dankbarkeit. Es waren einzelne Lehrer und deren pädagogische Qualitäten, der Unterrichtsstoff, die menschliche Wärme des Direktors, die auf der Habenseite der Erinnerungen standen. Und doch, am Schluß der Reflexionen des 82jährigen Bernhard Karlsbergs stand eine nachdenkliche Mahnung:

»*Die erschreckende politische Urteilslosigkeit vieler deutscher Akademiker, die sich so bitter gerächt hat und in hohem Grade mit verantwortlich ist für den politischen und moralischen Untergang des deutschen Reiches, war leider auch bei manchen anderen Mitgliedern des damaligen Lehrerkollegiums zu konstatieren. So ist es verständlich, daß ich es nicht als irrelevanten Zufall betrachten kann, wenn der Verfasser unserer viel benutzten lateinischen Phrasensammlung, Lehrer unserer Schule, einer der Errichter der Hamburger Ortsgruppe der NSDAP wurde. Ehemalige Schüler und deren Angehörige, die von derartigen Lehrern und ihren Gesinnungsgenossen zur Ausrottung verurteilt waren, werden den Rest ihres Lebens neben der dankbaren Erinnerung an das, was Humanismus sie lehrte, auch den Eindruck bewahren, den die Lehre seines Gegenteils auf sie machte.*«[7]

Erster Weltkrieg

Nach dem Notabitur im Mai 1917 wurde er zum Militärdienst einberufen; Bernhard Karlsberg wurde Soldat im hamburgischen Infanterie-Regiment 76. Da er noch nicht 18 Jahre alt war, wurde er nicht an die Front geschickt.

Bernhard Karlsberg hatte während seiner Schulzeit zu den außerordentlich sprachbegabten und -begeisterten Schülern gehört. Schon im Alter von sechs Jahren hatte er bei Rabbiner Dr. Loewenthal Hebräisch gelernt. Noch 1969 berichtete er voller Begeisterung von seinem Lehrer Prof. Dibelius, der 1917, im letzten Kriegsjahr, mit seinen Schülern Shakespeares »Kaufmann von Venedig« las. Aus eigenem Interesse, er wollte später orientalische Sprachen studieren, lernte er Türkisch.

Während seiner Militärzeit meldete er sich auf eine Suchanzeige nach einem Türkisch-Dolmetscher für die deutsch-türkischen Truppenverbände in Palästina. 1918 bestand er die dafür notwendige Prüfung in Berlin und wurde bald darauf nach Konstantinopel und von dort nach Palästina geschickt, um sich an »Yildirim« zu beteiligen. »Yildirim«, zu deutsch »Blitz«, war der Deckname für die 1917 geheim geplante deutsch-türkische Offensive gegen das von den Engländern seit März 1917 besetzte Bagdad. Während seiner Tätigkeit als Dolmetscher in Palästina traf er täglich mit Ismet Inonü zusammen, dem späteren Präsidenten der Türkei und damaligen Führer eines Armeekorps. Auf der Flucht vor den seit September 1918 vorrückenden englischen Truppen gelangte er wieder nach Konstantinopel; von dort kehrte er über Odessa, die Ukraine, Brest-Litowsk zurück nach Hamburg.

Studienjahre und erste politische Aktivitäten
Nach Kriegsende begann Bernhard Karlsberg sein Studium in Kiel, seine Hauptfächer waren die Rechts- und Staatswissenschaften. Weitere Studienorte waren München, Berlin und Hamburg. Am 23.12.1921 schloß er sein Studium mit der Promotion als Doktor der Staatswissenschaften in Hamburg ab.

Schon in der Kieler Studienzeit schloß sich Bernhard Karlsberg einer zionistischen Studentenorganisation an. Als überzeugter Sozialist, zugleich aber auch überzeugter Zionist, wurde er gebeten, in einer Studentenversammlung zu Problemen der Juden in Deutschland zu sprechen. Die Veranstaltung war breit angekündigt, der Versammlungssaal überfüllt. Bevor Bernhard Karlsberg jedoch seine Rede beginnen konnte, sprach ein Student in Offiziersuniform. Er gab sich als ›rechter‹ Student zu erkennen, der von völkischen Studenten gehört hatte, daß diese den Hauptredner des Abends attackieren wollten. Er sagte dann weiter, daß man in einem solchen Falle erst ihn angreifen müsse. Nach dieser auch für ihn unerwarteten Inschutznahme konnte Bernhard Karlsberg seine Rede ungestört halten. Im nächsten Semester studierte er in Hamburg. Hier erlebte der junge Student die Besetzung Hamburgs durch die Truppen Lettow-Vorbecks und die »Zeitfreiwilligen«-Verbände am 1. Juli 1919. Bernhard Karlsberg gehörte zu den Studenten, die sich der an der Hamburger Universität ausgesprochenen Nötigung widersetzten, dieser konservativen, deutschnationalen und völkischen Truppe beizutreten. Sein rückblickender Kommentar: *»Alle diese Organisationen, und ich muß sagen, daß man dies von außen nicht wahrgenommen hat, zumindest nicht rechtzeitig genug, alle diese Organisationen mit patriotischen Namen usw. waren nichts anderes als vorbereitende Vereinigungen für die späteren Nazi-Organisationen.«*[8]

Im Dezember 1919 veröffentlichte Bernhard Karlsberg in den «Hamburger Jüdischen Nachrichten« einen Artikel, in dem er über antisemitische Strömungen innerhalb der Studentenschaft der gerade gegründeten Hamburger Universität berichtete.[9] Es sollte nicht das letzte Mal sein, daß er während seines Studiums mit Antisemiten und Deutsch-Nationalen konfrontiert sein sollte. Als er kurze Zeit später in München studierte, wurde er im März 1920 Zeuge des »Kapp-Putsches«, des rechtsextremen Umsturzversuches gegen das parlamentarische System der Weimarer Republik. Die zweifelhafte Rolle der Reichswehr erlebte Bernhard Karlsberg angesichts der Truppen unter dem Kommando des Franz Xaver Ritter von Epp, des späteren Reichsstatthalters in Bayern. Bernhard Karlsberg wurde Mitglied einer jüdischen Selbstverteidigungsorganisation, um gemeinsam mit anderen Studenten die im Münchener Gärtner-Viertel lebenden jüdischen Flüchtlinge aus Osteuropa vor antisemitischen Übergriffen zu schützen.

Nach Abschluß seines Studiums setzte Bernhard Karlsberg die Familientradition fort und arbeitete in Hamburg ebenso wie der Großvater und Vater für die Cunard-Company. Es war vor allem die amerikanische Einwanderungsgesetzgebung, die sein berufliches Tätigkeitsfeld bestimmte.

1922 heiratete er die in Hamburg geborene Ilse Mathilde Heilbron. Am 17.7.1923 kam die Tochter Rachel zur Welt, die Tochter Ruth wurde am 8.5.1925 und der Sohn Walter am 23.12.1926 geboren. Auch Bernhard Karlsberg lebte mit seiner Familie in der Nähe des Grindels in der Hansastraße.

Politisch engagierte er sich vor 1933 innerhalb der KPD; er hielt Vorträge für die »Internationale Arbeiter-Hilfe«, gab Kurse in der »Marxistischen Arbeiterschule«. Von der »Jugend-Gemeinschaft jüdischer Arbeitnehmer« wurde er als Referent eingeladen. Auch nach der Machtübergabe an die Nationalsozialisten hielt er seine politischen Verbindun-

> **Jugend - Gemeinschaft jüdisch. Arbeitnehmer**
>
> Am Donnerstag, 12. Juni 1930 um 20.30 Uhr pünktlich, im Logenheim, Hartungstraße
>
> **Öfftl. Versammlung**
>
> mit dem Thema
>
> **Zionismus und Palästina in materialiftisch. Betrachtung**
>
> Referent:
>
> **Dr. B. Karlsberg**
>
> **Freie Aussprache**
>
> Erscheint zahlreich zu dieser Versammlung!!

Aus: Gemeindeblatt der DIG vom 10.6.1930.

gen aufrecht. Bis zum Januar 1935 lebte und arbeitete Bernhard Karlsberg in Hamburg.

Der Haftbefehl
Im Herbst 1934 wurde Bernhard Karlsberg von einem Freund gewarnt. Es war der Rechtsanwalt Dr. Herbert Ruscheweyh, sozialdemokratisches Mitglied der Hamburger Bürgerschaft, von 1931 bis 1933 deren Präsident. Dr. Ruscheweyh verteidigte während dieser Zeit politische Gefangene, gemeinsam mit Bernhard Karlsberg bereitete er die Verteidigung und deren Finanzierung vor. Im Oktober 1934, als Bernhard Karlsberg Dr. Ruscheweyh in seinem Büro aufsuchte, machte dieser ihn auf eine Akte aufmerksam, in der ein Gefangener ein Geständnis abgelegt hatte, in dem wiederholt der Name Karlsberg fiel.

Bernhard Karlsberg hatte sich nach 1933 am illegalen Widerstand beteiligt. Er engagierte sich, wie er selbst sagte, an der Organisation des Widerstandes im Hamburger Hafen. Zwischen Dezember 1933 und August 1934 hatte er zudem regelmäßige Kontakte zu einer Widerstandsgruppe, die über geheime Verbindungen nach Kopenhagen verfügte. Die dänische Hauptstadt war damals Zufluchtsort zahlreicher sozialdemokratischer und kommunistischer Emigranten. Hier hatte die SPD ihr Grenzsekretariat aufgebaut, hier arbeitete die Emigrationsleitung der KPD. Mit Kurieren wurden die in Kopenhagen hergestellten Flugblätter und Broschüren zu den illegal arbeitenden Gruppen in Norddeutschland gebracht.[10]

Dr. Ruscheweyh vermutete, daß nichts passieren würde, riet Bernhard Karlsberg aber dennoch, vorsichtiger zu sein. Im Dezember 1934 schickten Bernhard und Ilse Karlsberg ihre Kinder vorsorglich in ein Kinderheim in die Schweiz. Einen Monat später kam die Schwiegermutter Franziska Heilbron zu Bernhard Karlsberg und teilte ihm voller Aufregung mit, daß im »Amtlichen Anzeiger« ein Haftbefehl gegen ihn wegen des Verdachts des Hochverrats veröffentlicht worden sei.

Flucht und erzwungenes Exil
Am 25. Januar 1935 verließ Bernhard Karlsberg Hamburg. Per Zug floh er nach Basel. Im Sommer 1935 folgte auch Ilse Karlsberg ihrem Mann in die Schweiz. Dieser hatte sich zwischenzeitlich erfolglos um eine Arbeitsmöglichkeit in England bemüht, eine Aufenthaltserlaubnis für ihn und seine Familie in Holland wurde verweigert. So flüchtete die ganze Familie nach Prag und lebte dort die nächsten zweieinhalb Jahre. Bernhard Karlsberg, der einige Wochen nach der Übersiedelung nach Prag nun doch eine Aufenthaltserlaubnis für Holland erhielt, ging nach Amsterdam. Bis 1937 arbeitete er dort in einer Untervertretung der holländischen Reichsbahn; seine Familie sah er in dieser Zeit nur während seiner Besuche in Prag. Seit Herbst 1937 konnte Bernhard Karlsberg in seinem eigenen Büro in der Herrengracht als Rechtsanwalt arbeiten. In Zusammenarbeit mit dem »Institut für Arbeiterbildung« leitete er unentgeltlich ein Beratungsbüro für Flüchtlinge. Im März 1938, nach der Besetzung Österreichs, kam auch Ilse Karlsberg mit den drei Kindern nach Amsterdam. Auch Hanna Lendner, eine Freundin der Familie aus Prag, konnte rechtzeitig vor dem Einmarsch deutscher Truppen in die Tschechoslowakei in die Niederlande geholt werden, weil ihr eine Arbeitserlaubnis besorgt werden konnte.

Noch Anfang September 1938 wanderten Bernhard Karlsbergs 64jähriger Vater und dessen Frau Bertha aus Deutschland aus; sie flüchteten aber nicht wie vorgesehen nach England, sondern blieben bei ihrem Sohn und seiner Familie. Auch die Mutter Ilse Karlsbergs, Franziska Heilbron, lebte seit Februar 1939 in Amsterdam. Im Sommer 1939 reiste Bernhard Karlsberg auf Empfehlung des Jüdischen Flüchtlingskomitees in Amsterdam nach London, weil man auch dort an einer Beratungstätigkeit für Flüchtlinge interessiert war. Dieses Arbeitsangebot konnte er allerdings nicht mehr wahrnehmen: Am 1. September überfiel die deutsche Armee Polen und der Zweite Weltkrieg begann.

Unter staatlicher Verfolgung
Am 15. Mai 1937 schrieb die Staatsanwaltschaft beim Hanseatischen Oberlandesgericht in Hamburg an den Reichsanwalt beim Volksgerichtshof in Berlin. Es betraf die »Strafsache gegen Karlsberg und Andere« wegen Vorbereitung zum Hochverrat. Es handelte sich um eine Ermitt-

Aus: Amtlicher Anzeiger vom 25.1.1935.

lungsakte, in der akribisch Personendaten, ehemalige und aktuelle Wohnorte, Haftzeiten und Auswanderungsdaten von insgesamt 27 Personen aufgelistet waren. Daten von Personen, die alle in der Nähe des Grindels wohnten und in verwandtschaftlichem oder freundschaftlichem Verhältnis zu Bernhard Karlsberg standen. Im Bericht der Staatsanwaltschaft hieß es: »Bei dem hier beschuldigten Personenkreis besteht der Verdacht, daß es sich um eine planmäßig unter Führung des Beschuldigten Karlsberg und seiner Frau arbeitende illegale kommunistische Organisation handelte, die über verschiedene Beteiligte auch Beziehungen zum Ausland hatte. Karlsberg sorgte durch Verschaffung von verbotenen Schriften und anderem Material für Schulungsstoff und hielt in seinem Hause auch regelmäßige Zusammenkünfte, offenbar zu Schulungszwecken, ab. Die Förderung der illegalen Ziele wurde durch Geldsammlungen bewirkt ... Sämtliche Beteiligte sind fast ohne Ausnahme Juden und haben früher, soweit sie nicht jüdisch-kommun. oder sozialistischen Verbänden angehört haben, mit der KPD sympathisiert.«[11]

Die meisten Angaben gingen auf die erzwungenen Aussagen Ernst Nachums zurück, der im Alter von 31 Jahren angeblich durch Selbstmord am 25.9.1936 im Konzentrationslager Fuhlsbüttel gestorben war.

Tatsächlich kannten sich einige der in der Ermittlungs-

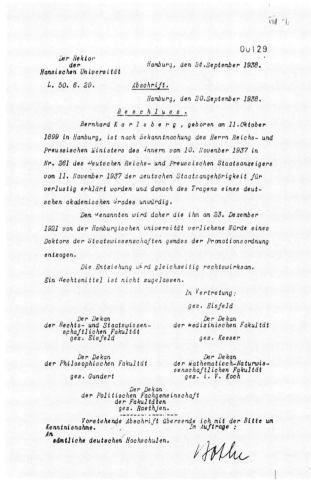

(Institut für die Geschichte der Arbeiterbewegung)

akte genannten Personen aus ihrer gemeinsamen politischen Arbeit in der »Jugend-Gemeinschaft jüdischer Arbeitnehmer«, z.B. Marion Deutschland, Rudolf Neumann und Mary Rogers. Andere — wie die Reederin Lucy Borchardt, der Zahnarzt Josef Stein, der Arzt Percy Zadik — erklärten, gelegentlich Geld zur Verteidigung politischer Gefangener gegeben zu haben. Da einige der in der Akte Genannten in anderen Strafverfahren zu Haftstrafen verurteilt worden waren, andere mittlerweile ausgewandert, oder, wie es im Sprachgebrauch der Verfolgungsbehörden hieß, »flüchtig« waren, hielt die Hamburger Staatsanwaltschaft richterliche Maßnahmen durch den Ermittlungsrichter für nicht erforderlich.

Ob es sich bei den in der »Strafsache Karlsberg und Andere« genannten Personen — wie unterstellt — um Mitglieder einer illegalen kommunistischen Organisation handelte oder hier verwandtschaftliche und gesellschaftliche Beziehungen Bernhard Karlsbergs aufgelistet worden waren, muß unbeantwortet bleiben. Der im Januar 1935 ausgeschriebene Haftbefehl aber und die dem Volksgerichtshof 1937 übersandte Ermittlungsakte führten auf jeden Fall dazu, daß Bernhard Karlsberg am 10. November 1937 die deutsche Staatsangehörigkeit aberkannt und er, seine Frau und seine drei Kinder ausgebürgert wurden.[12] Ein Jahr später, am 20.9.1938, entzog ihm die Hamburger Universität die 1921 verliehene Doktorwürde.

Untergetaucht

Am 10. Mai 1940 marschierten deutsche Truppen in den Niederlanden ein; seit dem 15. Mai 1940 waren die Niederlande deutsches Besatzungsgebiet. Von diesem Zeitpunkt bis zur Befreiung am 5. Mai 1945 mußte Bernhard Karlsberg untertauchen, da sein Haftbefehl niemals aufgehoben worden war und er mit seiner Verhaftung rechnen mußte.

Die Kinder wurden nach »Wieringen« geschickt, einem Ausbildungslager für die Kinder jüdischer Flüchtlinge. Ilse Karlsberg weigerte sich unterzutauchen; sie lebte weiterhin gemeinsam mit ihren Schwiegereltern und der eigenen Mutter in Amsterdam. Am 22. September 1940 sahen sich Ilse und Bernhard Karlsberg ein letztes Mal.

»Ich werde dieses Datum nie vergessen, am 22. September, abends, traf ich sie ... ich versuchte, sie zu überzeugen: ›Ich sagte, es wird zu gefährlich. Komm mit mir, ich habe einen Platz für Dich gefunden.‹ Sie weigerte sich strikt. Sie sagte: ›Ich werde nicht gesucht. Ich bleibe, wo ich bin.‹«[13]

Ilse Karlsberg wollte bei den Eltern bleiben und zu Haus sein, falls die Kinder zurückkehrten. Am nächsten Tag, am 23. September 1940, wurde sie verhaftet. Man sagte, man würde sie freilassen, wenn ihr Mann sich stellen würde. Ilse und Bernhard Karlsberg hatten aber vereinbart, daß sich keiner von ihnen bei einer Verhaftung auf einen solchen Vorschlag einlassen sollte, weil sie dahinter nur einen Trick vermuteten. Ilse Karlsberg wurde nach Hamburg gebracht und dort inhaftiert. Man belog sie erneut: Bernhard Karlsberg sei gefangengenommen worden und hätte ein volles Geständnis abgelegt. Sie fand einen Weg, dies ihren Angehörigen in den Niederlanden mitzuteilen. Um ihr ein Zei-

Ilse Karlsberg, April 1935. Foto: Kurt Schallenberg. (Privatbesitz) *Bernhard Karlsberg, 1965. (Privatbesitz)*

chen seiner Freiheit zu übermitteln, schrieb ihr Bernhard Karlsberg unter dem Namen seines Vaters. Am 19.6.1941 wurde das gegen sie angestrengte Verfahren wegen Vorbereitung zum Hochverrat eingestellt;[14] sie wurde freigelassen, doch unmittelbar anschließend wieder in sogenannte »Schutzhaft« genommen. Sie wurde im jüdischen Altersheim in Hamburg interniert, wo sie als Krankenschwester arbeiten mußte. Am 19.7.1942 wurde sie nach Theresienstadt deportiert, im Oktober 1944 wurde Ilse Karlsberg von dort nach Auschwitz verschleppt und ermordet.[15]

Bernhard Karlsberg, der mit gefälschten Papieren illegal lebte, beteiligte sich auch in den Niederlanden am Widerstand, und zwar in den »Freien Gruppen Amsterdam«.[16] Seine Kinder waren nicht mehr in »Wieringen«, sondern lebten in einer Wohnung, die seine spätere Frau Hanna Lendner angemietet hatte. Dort lebte auch der Ehemann der ältesten Tochter Rachel, sie hatte 1943 geheiratet.

Im Mai 1943 fiel die Tochter Ruth Karlsberg während einer Razzia der Polizei in die Hände und wurde in das Durchgangslager Westerbork in der Provinz Drente abtransportiert, ein Durchgangslager für Deportationen in die Konzentrations- und Vernichtungslager. Im Juni 1943 traf die systematische Aushebungsaktion gegen die Juden in den Niederlanden auch die Eltern Bernhard Karlsbergs und die Schwiegermutter Franziska Heilbron. Aus Westerbork wurden sie im Juli 1943 in das Todeslager Sobibor deportiert und dort ermordet. Bernhard Karlsbergs Eltern hatten schon Einreisezertifikate für Palästina, doch sie trafen nicht mehr rechtzeitig ein.[17]

Durch die Verbindungen zur Untergrundbewegung gelang es Bernhard Karlsberg und Hanna Lendner, die 18jährige Ruth zu befreien. Eine ins Lager geschmuggelte Botschaft riet ihr, sich freiwillig für die Arbeit bei den Bauern der Umgebung zu melden. Sie sollte sich dann krankmelden, was ihr die unbegleitete Rückkehr ins Lager ermöglichen würde. Zweimal scheiterte dieser Rettungsversuch, beim dritten Mal hatte er Erfolg. Am verabredeten Ort warteten Hanna Lendner und eine weitere Frau auf Ruth, ihre Lagerkleidung wurde gewechselt und auf mitgebrachten Fahrrädern flüchteten sie dann weiter.

Am gleichen Tag, an dem die Schwester Ruth befreit wurde, wurde ihre Schwester Rachel verhaftet. Auch sie wurde nach Westerbork gebracht. Wieder wurde versucht, mit Hilfe des illegalen Widerstandes die Tochter zu retten. In den Lebensmittelpaketen, im Fett versteckt, wurden ihr Botschaften und auch ein gefälschter Ausweis übermittelt. Als sie schon mit anderen zur Deportation nach Auschwitz bestimmt war, versteckte sie sich 36 Stunden lang in einem Pferdestall. Mit Hilfe des gefälschten Ausweises gelang ihr die Flucht aus dem Lager und nach Amsterdam. Dort lebte sie — untergetaucht — bis zur Befreiung der Niederlande in der Wohnung und unter dem Schutz von Hanna Lendner, gemeinsam mit ihrem Mann, ihrer Schwester Ruth und dem Bruder Walter.

Nach der Befreiung am 5. Mai 1945 eröffnete Bernhard Karlsberg wieder sein Büro in Amsterdam und half durch seine juristische Tätigkeit Emigranten und Heimatlosen. Im Zusammenhang mit den deutschen »Wiedergutmachungsgesetzen« gelang es ihm in Zusammenarbeit mit den alten und neuen jüdischen Organisationen, niederländische Schadensersatzansprüche für geraubten Hausrat und Vermögen geltend zu machen. Für seine Verdienste wurde er am 5.4.1965 zum Offizier im Orden von Oranje-Nassau ernannt.

1948 heirateten Bernhard Karlsberg und Hanna Lendner. Bis in die 70er Jahre blieb er beruflich aktiv. 1984 war er stolz, von einem Amsterdamer Gericht als Übersetzer für Latein anerkannt worden zu sein; dabei verwies er auf die gründliche Ausbildung an seinem Hamburger Gymnasium. Am 18. Januar 1985 starb Bernhard Karlsberg. In einem Nachruf hieß es: »Inzwischen war Karlsberg auch Niederländer geworden. Aus Überzeugung, wie er mir sagte. Der Mann, der mehr oder weniger zufällig in die Niederlande verschlagen worden war, hatte — namentlich während der Besetzung — hier Wurzeln gefaßt ... Nun ruht seine Feder. Bene meritus de patria, die Niederlande. Seinem Vaterland, den Niederlanden, hat er große Verdienste erwiesen.«[18]

Anmerkungen

[1] Brief Bernhard Karlsbergs an Ernst Schepansky vom 14.10.1982

[2] Die meisten der folgenden Angaben zur Familiengeschichte und zur Biographie Bernhard Karlsbergs selbst folgen — wenn nicht anders angegeben — einem Interview Bernhard Karlsbergs, das dieser im Juli 1969 Milton E. Krents vom »William E. Wiener Oral History Library of The American Jewish Committee« gab. Die Abschrift des Tonbandinterviews wurde uns freundlicherweise von Hanna und Walter Karlsberg zur Verfügung gestellt.

[3] Vgl. »In 4 1/2 Tagen über den Ocean. Cunard-Linie. New York. Liverpool. Boston 1840—1907. Ein Beitrag zur Geschichte der Transatlantischen Schiffahrt, Passagieren und Freunden gewidmet.« Hamburg o.J. (1907). — Wie gering allerdings heute das Wissen um die eigene Firmengeschichte in Hamburg, damit auch das Wissen um die zentralen Repräsentanten der Firma vor Ort ist, bezeugt auf peinliche Weise ein zum 150jährigen Firmenjubiläum 1990 erschienenes mehrfarbiges Faltblatt der Cunard-Linie.

[4] Vgl. das Kapitel »Neue Dammtor-Synagoge«. In: Ina Lorenz, Die Juden in Hamburg zur Zeit der Weimarer Republik. Eine Dokumentation, Bd. 1. Hamburg 1987, S. 696 ff.

[5] Bernhard Karlsberg, Licht und Schatten. Erinnerungen eines jüdischen Schülers um 1915. In: Peter-Rudolf Scholz (Hrsg.), Wilhelm-Gymnasium Hamburg 1881—1981. Eine Dokumentation über 100 Jahre Wilhelm-Gymnasium, Hamburg 1981, S. 80—83.

[6] Interview mit Milton Krents, S. 4 (Vgl. Anm. 2).

[7] Bernhard Karlsberg, Licht und Schatten, a.a.O., S. 83.

[8] Interview mit Milton Krents, S. 17 f. (Vgl. Anm. 2).

[9] Bernhard Karlsberg, Von der Hamburger Universität. In: »Hamburger Jüdische Nachrichten«, Nr. 13, Dezember 1919, abgedruckt in: Ina Lorenz, Die Juden in Hamburg zur Zeit der Weimarer Republik, a.a.O., Bd. 2, S. 1117—1119.

[10] Vgl. hierzu den Aufsatz von Ludwig Eiber »Arbeiterwiderstand gegen Faschismus und Krieg 1933—1945«. In: Ulrich Bauche, Ludwig Eiber, Ursula Wamser, Wilfried Weinke (Hrsg.), »Wir sind die Kraft«. Arbeiterbewegung in Hamburg von den Anfängen bis 1945, Hamburg 1988.

[11] Institut für die Geschichte der Arbeiterbewegung Berlin, Zentrales Parteiarchiv, NJ 13917. Schreiben der Staatsanwaltschaft bei dem Hanseatischen Oberlandesgericht Hamburg an den Reichsanwalt beim Volksgerichtshof vom 15. Mai 1937, S. 5.

[12] Deutscher Reichsanzeiger und Preußischer Staatsanzeiger Nr. 261 vom 11.11.1937.

[13] Interview mit Milton Krents, S. 32. (Vgl. Anm. 2).

[14] Laut Auskunft der Staatsanwaltschaft beim Hanseatischen Oberlandesgericht Hamburg vom 6.9.1990.

[15] Vgl. die Eintragung im Gedenkbuch für die jüdischen Opfer des Nationalsozialismus in Hamburg, Hamburg 1965, S. 68. Die Angabe über die Deportation Ilse Karlsbergs folgt den Aussagen von Bernhard Karlsberg im Gespräch mit Milton Krents, S. 34f. (Vgl. Anm. 2). Vgl. zu Theresienstadt auch: Käthe Starke, Der Führer schenkt den Juden eine Stadt. Bilder-Impressionen-Reportagen-Dokumente, Berlin 1975. Ein eigenes Kapitel »Abschied und Reise« widmete sie den Deportationen aus Hamburg; darin fand auch der »Transport« vom 19.7.1942 eine kurze Erwähnung. Frau Dr. Käthe Starke, die Theresienstadt überlebte, starb am 17.8.1990.

[16] Vgl. zum Widerstand in den Niederlanden den Katalog »Widerstandsmuseum Amsterdam«, Amsterdam o.J. Über eine spezielle Form des Widerstands, die materielle Not der Amsterdamer Bevölkerung, die Situation von »Untergetauchten« informiert auf der Basis von ungewöhnlich beeindruckenden Fotos der Band »Die untergetauchte Kamera. Fotografie im Widerstand. Amsterdam 1940—1945, erschienen in der Edition Photothek, Bd. 18, Berlin 1987. Zahlreiche Fotos und Dokumente zum jüdischen Leben in den Niederlanden vor und während der deutschen Besatzung enthält auch der 1985 von der Anne Frank Stiftung herausgegebene Katalog »Die Welt der Anne Frank«.

[17] Falsch und mißverständlich sind die Angaben zur Deportation von Moses und Bertha Karlsberg im Gedenkbuch für die jüdischen Opfer des Nationalsozialismus in Hamburg auf S. 107.
Vgl. zu den Deportationen aus den Niederlanden auch die entsprechende Darstellung von Raul Hilberg, Die Vernichtung der europäischen Juden. Die Gesamtgeschichte des Holocaust, Berlin 1982, S. 397 ff.

[18] A.J. van der Leeuw, Ein Niederländer aus Überzeugung. In: »Het Parool« vom 22.1.1985.

»Der Fall des Hamburger Rechtsanwalts Herbert Michaelis«[1]

»Mein Mann hatte im Gefängnis einen kennengelernt, und den traf er mal zufällig wieder, das war ein Rechtsanwalt, der hieß Herbert Michaelis. Der war auch Jude, der Mann ... Mein Bruder hat unter Lebensgefahr die Schiffe aufgesucht, wo die Waffen waren. Und denn die Schiffsnummern und alles, was er brauchte, aufgeschrieben. Und da sagte der Mensch: ›Ich habe Gelegenheit, ich habe Verbindung zur Schweiz, ich kann die Nachrichten rausschaffen‹, sagte dieser. Aber nachher ist er einem Spitzel in die Hände gefallen. Aber das haben wir ja nun nicht gewußt ... «[2]

Mit diesen Sätzen beschrieb Emma Biermann die politische Arbeit der Widerstandsgruppe ihres Mannes, des Schlossergesellen Dagobert Biermann, und des Rechtsanwaltes Herbert Michaelis. Zu der Gruppe gehörten außerdem noch der Eisendreher Bruno Rieboldt, der Ewerführer Karl Dietrich sowie der Dreher Albert Blumenstein. Ihre illegale Arbeit vom Sommer 1936 bis Anfang 1937 stand in engem Zusammenhang mit dem Spanischen Bürgerkrieg.[3] Die dort gegen die gewählte Volksfront-Regierung putschenden Generale unter Führung Francos erhielten massive militärische Unterstützung durch Hitler und Mussolini. Einer der Hauptumschlagplätze für deutsche Waffenlieferungen war Hamburg; einen Bericht über die hamburgischen Verbindungen und Zulieferungen betitelte die »Pariser Tageszeitung« vom 27. Juni 1937 mit der Überschrift »Hamburg — Der Haupthafen Francos«.[4] Detailliert listete der Artikel auf, wann welche Schiffe den Hafen mit Waffen an Franco verlassen hatten, welche Reedereien beteiligt waren, welche Kaianlagen, welche Schuppen für die Waffenlieferungen genutzt wurden. Hauptziel des illegalen Widerstandes der Gruppe um Herbert Michaelis war, das nichtfaschistische Ausland über die militärische Unterstützung Francos durch das nationalsozialistische Deutschland aufzuklären.

Leben in Hamburg
Herbert Michaelis wurde am 3. September 1898 in Hamburg als Sohn des jüdischen Kaufmanns Alfred Michaelis und seiner Ehefrau Zerline geboren.[5] Er war Schüler der Talmud-Tora-Realschule, später der Oberrealschule in Eimsbüttel. Von 1916 bis 1918 nahm Herbert Michaelis in einer Maschinengewehrkompanie am Ersten Weltkrieg teil. Er war Träger des EK II und des Hanseatenkreuzes. Nach Kriegsende arbeitete er zunächst in einem kaufmännischen Beruf; gleichzeitig studierte er Jura an der Hamburger Universität. Nach bestandenen Staatsprüfungen ließ er sich 1928 in Hamburg als Anwalt nieder. 1928 heiratete er Marie-Luise Rom, geb. am 4.10.1899 in Zürich. Aus ihrer Ehe gingen drei Söhne hervor. Die Familie wohnte in der Hansastraße 73; seine Rechtsanwaltspraxis betrieb Herbert Michaelis am Jungfernstieg.

Seit 1924 war er Mitglied der KPD. Im Gebäude der »Graphischen Industrie«, dem Verlag der Hamburger KPD, hielt er öffentliche Rechtssprechstunden ab.

Politisch verfolgt
Am 4.3.1933 ging im Hamburger Polizei-Präsidium, Abteilung Politische Polizei, eine handschriftliche Denunziation ein. Darin hieß es: »Der Rechtsanwalt Herbert Michaelis, Jungfernstieg No. 40, ist ein fanatisches Mitglied der Kommunistischen Partei. Seine Beziehungen führen für die Partei auch nach Dänemark und die Schweiz ... Gerade dieser Tage, als in Genf (Schweiz) danach die Unruhen ausbrachen, war Michaelis persönlich dort, war in der Leitung dort tätig. Von dort aus sollte der Brand nach Deutschland gebracht werden. Beim Gelingen dieser Sache waren ihm mehrere 100.000,- M von einem führenden reichen Parteimann zugedacht.«[6]

Der Denunziant blieb anonym; die Anzeige trug als Unterschrift: »Ein Hamburger, dem die Sicherheit des Staates am Herzen liegt.«

Die Ermittlungen der Staatspolizei vom März 1933, die Observation seiner Wohnung und der Rechtsanwaltspraxis blieben ohne Ergebnis. Schon kurze Zeit später, im April 1933, traf Herbert Michaelis eine weitere Anzeige. Ein SA-Mann beschuldigte ihn, kommunistischer Funktionär zu sein und sich durch Flucht entziehen zu wollen. Diese Anzeige führte zur sofortigen Durchsuchung der Wohnung und des Kontors.

In Michaelis' Schreibtisch wurden mehrere Broschüren der »Internationalen Arbeiterhilfe« und der KPD gefunden und beschlagnahmt. Bei seiner Vorladung ins Stadthaus, dem Sitz der Staatspolizei, bestritt Michaelis die Mitgliedschaft in der KPD als auch jeden Fluchtgedanken. Die unterzeichnenden Beamten kommentierten diese Aussagen in ihrem Bericht folgendermaßen: »Michaelis ist ein jüdischer Rechtsanwalt, der mit allen Wassern gewaschen ist und dessen Aussagen nur mit Vorsicht zu genießen sind.«[7]

Von der Ausübung seines Berufes allerdings wurde Herbert Michaelis »bei der Machtübernahme der NSDAP im Jahre 1933 ausgeschlossen«.[8] In der folgenden Zeit war Herbert Michaelis arbeitslos, er und seine Familie erhielten Unterstützung von Verwandten, der jüdischen Gemeinde und der öffentlichen Wohlfahrtspflege. Vom 13. Mai 1933 bis zum 18. September 1935 befand sich Herbert Michaelis in Haft. Das Landgericht Hamburg hatte ihn am 20.10.1933 gemeinsam mit seinem Vater wegen fortgesetzten, gemeinschaftlichen Betruges zu zwei Jahren Gefängnis, einer Geldstrafe sowie drei Jahren Ehrverlust verurteilt.[9] Nach seiner in Lübeck verbüßten Haft lebte Michaelis bis Oktober 1935 in Hamburg, 1936 besuchte er mit seiner Familie bis zum Januar Verwandte seiner Ehefrau in der Schweiz. Danach kehrte er nach Hamburg zurück.

Illegale Arbeit
Im Laufe des Jahres 1936 nahm Herbert Michaelis Verbindung zu Richard Bähre auf. Zusammen mit Bähre, der unmittelbare Kontakte zur illegalen Auslandsleitung der KPD in Basel hatte, plante Herbert Michaelis die Herausgabe einer illegalen Druckschrift. Es handelte sich um das im Europa-Verlag in Zürich erschienene Buch »Ich kann nicht schweigen« des ehemaligen Berichterstatters der Berliner Börsenzeitung Walter Korodi. Dies Buch, das Teile des »Braunbuches über den Reichstagsbrand« und Berichte über den sogenannten »Röhm-Putsch« vom 30. Juni 1934 enthielt, sollte, getarnt als Reklamekalender, an Rechtsanwälte, Richter und Staatsanwälte geschickt werden. Durch die Verhaftung Richard Bähres zerschlug sich der Plan. Bähre hatte noch vor seiner Verhaftung Herbert Michaelis in seine illegalen Auslandsverbindungen eingeweiht, die dieser nun allein weiter aufrechtzuerhalten versuchte.

Entweder durch die schon von Bähre beklagten Unvorsichtigkeiten der Auslandsleitung im Postverkehr oder durch Michaelis' eigenes Verhalten verursacht, wurde seine illegale Arbeit seit November 1936 durch einen Gestapospitzel namens »Becker« observiert. »Becker« wurde Michaelis durch den ihm bekannten Eisenwarenhändler Heinrich als Anarchist vorgestellt, der im Auftrage des republikanischen Spanien die Waffentransporte an Franco überwache. Nach mehreren Treffen, in denen Michaelis die Zuverlässigkeit »Beckers« überprüfen wollte, gelang es diesem, sich in das Vertrauen von Michaelis einzuschleichen und so Einblick in dessen Widerstandtätigkeit zu erhalten.

Herbert Michaelis stand in Kontakt zu dem auf der Werft Blohm & Voß arbeitenden Bruno Rieboldt und zu Dagobert Biermann. Alle drei kannten sich aus der Haftzeit in

Dagobert Biermann (3.v.l.) auf der Deutschen Werft in Finkenwerder, März 1937. Das Foto entstand 14 Tage vor seiner Verhaftung. (Privatbesitz)

Lübeck. Dagobert Biermann war ebenso wie Michaelis jüdischer Herkunft.[10] Geboren am 13. November 1904 in Hamburg, besuchte er hier die Volksschule und anschließend die Talmud-Tora-Schule bis zur Tertia. Nach abgeschlossener Schlosser- und Maschinenbauerlehre auf der Werft Blohm & Voß arbeitete er in diesem Beruf bis 1933. 1927 heiratete Dagobert Biermann Emma Dietrich; am 15. November 1936 wurde ihr Sohn Wolf geboren.

Mit 16 Jahren wurde Dagobert Biermann Mitglied des KJVD, des »Kommunistischen Jugendverbandes Deutschland«. Seit 1927 war er Mitglied der KPD, zeitweise auch der »Roten Hilfe«. Nach der Machtübernahme beteiligte er sich am illegalen Widerstand. Im Mai 1933 wurde er zusammen mit anderen wegen der Herstellung illegaler Druckschriften verhaftet und durch das Sondergericht Hamburg zu zwei Jahren Gefängnis verurteilt. Nach seiner Haftentlassung im Mai 1935 arbeitete er wieder als Schlosser auf der Deutschen Werft in Finkenwärder.

Durch Bruno Rieboldt erhielt Herbert Michaelis Informationen über Aufrüstungspläne und Rüstungsaufträge Hamburger Unternehmen, vor allem über Flugzeugmotoren- und Kriegsschiffbau bei Blohm & Voß. Detaillierte Berichte über die Waffenlieferungen nach Spanien von Januar bis März 1937 lieferten Dagobert Biermann und dessen Schwager, der Ewerführer Karl Dietrich.

Diese Nachrichten, aber auch Berichte über die Stimmungslage Hamburger Werftarbeiter, gab Herbert Michaelis im Januar und Februar 1937 über einen Mittelsmann an die Auslandsleitung weiter. Unter dem Decknamen »Erich Lareis« schrieb er am 8.1.1937:

»*Durch die Unvorsichtigkeit Eures im sicheren Ausland wohnhaften Mittelsmannes ist ein Genosse ›hochgegangen‹. Wir müssen unbedingt fordern, daß Ihr Euch für den Verkehr mit uns nur solcher Personen bedient, die unbedingt zuverlässig sind und überdies über internationale Erfahrung in der illegalen Arbeit verfügen. Mit dem hiesigen Genossen hatte ich zusammen die Arbeit hier aufzuziehen versucht. Ich führe diese nun alleine weiter und übernehme auch den Verkehr mit Euch. Mit Rücksicht auf die Gefahr, die mir durch die Unvorsichtigkeit Eurer Mittelsleute droht, nenne ich meinen wahren Namen nicht. Eure Post an mich adressiert an Erich Lareis.*«[11]

Der zweite Bericht vom 5.2.1937, der vor allem Informationen über militärische Baumaßnahmen in Hamburg und Umgebung enthielt, begann mit einer Klage über die nicht zustandegekommene Rückmeldung;[12] Herbert Michaelis kündigt Konsequenzen an:

»*Ergeht es mir bei diesem Bericht ebenso, so halte ich es für erwiesen, daß Ihr entweder die Briefe nicht empfangt oder auf sie kein Gewicht legt. In jedem Falle würde ich dann Euch nicht weiter informieren ... Ich muß im Interesse meiner Sicherheit fordern, daß die Verbindung stets schnell arbeitet. Ich kann unmöglich das umfangreich mir zufliessende Material bei mir herum tragen.*«[13]

Um die Weiterleitung dieser und zukünftiger Berichte, die in Holland zur Post gegeben wurden, zu organisieren, plante Herbert Michaelis im April 1937 selbst nach Holland zu fahren.

Verhaftung und Fluchtversuch

Diesen Plan konnte er allerdings nicht mehr durchführen; am 28. März 1937 wurden er, Dagobert Biermann und Karl Dietrich festgenommen. Bruno Rieboldt war schon zwei Tage vorher verhaftet worden. Alle wurden nach der sogenannten »Schutzhaft« ins Untersuchungsgefängnis Hamburg eingewiesen; Herbert Michaelis wurde in strenge Einzelhaft genommen.

Noch während der Untersuchungshaft ereignete sich etwas Ungewöhnliches: Herbert Michaelis unternahm am 15. September 1937 einen Fluchtversuch. Im Protokoll der »Ermittlungssache gegen Michaelis und Andere« hieß es:

»*Während der Vernehmung mit der Beschuldigten Frau Bähr (gemeint war die Frau Richard Bähres, Anm. d. Verf.) wurde bekannt, daß der Beschuldigte Michaelis verschwunden sei. Offensichtlich war es ihm gelungen, sich einem Rechtsanwalt anzuschließen und so durch die Tür ins Freie zu gelangen. Michaelis als früherer Anwalt wußte genau, wie die Anwälte sich am Sprechposten zu verhalten hatten, wenn sie nach ihren Besuchen bei den Gefangenen zurückgehen. So hat er sich mit Erfolg auch als Anwalt geriert. An der Schließtür soll nach Angaben des Beamten Ehlers gerade ein Kommen und Gehen von Anwälten und Beamten gewesen sein. Dennoch meinte Ehlers, daß er Michaelis, den er kenne, nicht herausgelassen hätte. Es wurde sofort die Staatspolizei benachrichtigt, die nach etwa 1/2 Stunde telephonisch mitteilte, daß es ihr gelungen sei, Michaelis auf der Straße in der Nähe der jüdischen Gemeinde festzunehmen.*«[14] Nach dem mißglückten Fluchtversuch wurden die Haftbedingungen von Herbert Michaelis verschärft; er wurde weiterhin von allen politischen Gefangenen streng getrennt. Fluchtverdacht und vermutete Selbstmordgefahr führten zu ständiger Beobachtung in Einzelhaft.

Verurteilung

Eineinhalb Jahre nach den Verhaftungen erhob der Oberreichsanwalt beim Volksgerichtshof die Anklage. In der 93seitigen Anklageschrift vom 10. Oktober 1938 wurde den

Festgenommenen vorgeworfen, »das hochverräterische Unternehmen, die Verfassung des Reiches mit Gewalt zu ändern, vorbereitet zu haben«. Für alle galt, daß sie im Zeitraum von Anfang 1937 bis Ende März 1937 versucht hatten, »zur Vorbereitung des Hochverrats einen organisatorischen Zusammenhalt herzustellen oder aufrechtzuerhalten«. Herbert Michaelis wurde vorgehalten, zusammen mit Bruno Rieboldt und Dagobert Biermann, »die Wehrmacht zur Erfüllung ihrer Pflicht untauglich zu machen, das Deutsche Reich gegen Angriffe auf seinen äußeren oder inneren Bestand zu schützen.«[15] Im Februar 1939 fand in Hamburg die Gerichtsverhandlung vor dem 2. Senat des Volksgerichtshofes statt. Am 2. März wurde das Urteil gefällt: Herbert Michaelis wurde zum Tode verurteilt, Bruno Rieboldt zu 12, Dagobert Biermann zu 6 Jahren Zuchthaus verurteilt. Andere Angeklagte erhielten hohe Zuchthaus- und Gefängnisstrafen, zwei, darunter der Schwager Dagobert Biermanns, wurden freigesprochen.

Die gleichgeschaltete Hamburger Presse widmete sich der Urteilsverkündung mit großer Aufmerksamkeit. Das »Hamburger Fremdenblatt« vom 4. März 1939 berichtete unter der Überschrift »Jüdischer Hochverräter zum Tode verurteilt«; einige Tage später, am 7.3.1939, veröffentlichte die gleiche Zeitung sogar ein Foto von dem Prozeß gegen Herbert Michaelis. Auf der Titelseite des »Hamburger Tageblattes«, der »Zeitung der NSDAP und der DAF, Gau Hamburg«, gleichzeitig »Amtliches Nachrichtenblatt der Staats- und Gemeindeverwaltung der Hansestadt Hamburg« vom 4. März 1939 stand in dicken Lettern »Wie ein Hamburger Jude schweren Hochverrat trieb«. Unter der Schlagzeile »Eine einzige rote Linie des Meuchelmordes« erhielten die Ausführungen des Reichsanwalts breiten Raum. Dieser beschwor »die unsichtbare weltrevolutionäre Front, die von Moskau aus dirigiert wird«, um dahinter »die weltrevolutionäre Arbeit des Judentums« zu entdecken. Immer wieder wurde das schon aus den antisemitischen Flugblättern der Weimarer Republik benutzte Bild des »Drahtziehers« herausgestellt: es sei »der Jude«, der »als kommunistisch empfindender Geheimgeselle hinter allen Kulissen zerstörenden Wirkens« stehe. Zwischenüberschriften wie »Das Märchen vom ›anständigen‹ Juden« oder »Feige Angst statt Reue« dienten der weiteren Diffamierung Herbert Michaelis' und seiner zaghaften, verzweifelten Verteidigungsversuche. Die Angriffe gipfelten in der mündlichen Urteilsbegründung: »Wenn Michaelis auch versucht hat, die Schuld anderen in die Schuhe zu schieben, so ist demgegenüber festgestellt worden, daß er der böse Geist war, der hinter den übrigen Angeklagten stand. Michaelis ist eine satanische Natur, die ausgelöscht werden muß.«[16] Ganz im Sinne nationalsozialistischer Rassengesetze hieß es weiter: »Der Gerichtshof hat dem Juden Michaelis die bürgerlichen Ehrenrechte nicht aberkannt und zwar aus folgenden Gründen: bürgerliche Ehrenrechte gewährleisten bestimmte Rechte, die einem Juden ohnehin nicht übertragen werden können. Weiter hat Michaelis als Jude von Natur aus nicht das Ehrgefühl, das für einen Deutschen als selbstverständlich gilt.«[17]

Nach der Urteilsverkündung war Herbert Michaelis weiterhin im Hamburger Untersuchungsgefängnis inhaftiert. Schon am 6. März 1939 bemühte sich der Jüdische Religionsverband Hamburg um eine Besuchserlaubnis für Oberrabbiner Dr. Joseph Carlebach, die ihm nach erster Ablehnung am 9.3.1939 genehmigt wurde. Offenbar hatte Michaelis ein Gnadengesuch einreichen lassen, das allerdings abgewiesen wurde.[18] In einem beschlagnahmten Brief vom 12.3.1939, den er an seine in Zürich lebende Frau und seine Kinder richtete, hoffte Herbert Michaelis bei aller Verzweiflung auf einen anderen Ausgang:

»O, der Wunsch, es möge uns allen gut werden, die Stunde seiner Erfüllung möge dennoch & endlich nahen. Denn auch der innere Friede, das Glück hat nach dem ›Prediger‹-Wort, 3 Kapitel, seine Zeit. Ja, Schicksal, werde uns jetzt günstig! Unser ›feste stark‹ sein, unser Wünschen & Sehnen darf uns natürlich nicht täuschen, daß wir für ein Gutes kaum eine Chance haben. Ihr aber, meine 4 innigst Gel., sollt deshalb davon umsomehr für ein langes Leben vom Guten genießen!«[19]

Im gleichen Brief beklagte sich Herbert Michaelis darüber, daß ihm abends immer Tinte und Feder abgenommen würden, weil man Selbstmordabsichten unterstellte. Michaelis schrieb dazu: »Ohne die Möglickeit zur Fortführung meiner wissenschaftlichen Arbeit wäre im Gegenteil — wenn sie überhaupt bestünde — die Gefahr einer Selbsttö-

Aus: Hamburger Fremdenblatt vom 7.3.1939.

tung viel größer. Nur die mich befriedigende geistige Arbeit hat mir etwas Ruhe gegeben. Was ich letzte Woche ohne die Arbeitsmöglichkeit litt, ist unbeschreibbar.«[20] Der Brief vom 12.3.1939, der seine Empfänger nie erreichte, schloß mit den Worten:

»*Es ist ca. 14 h. Ihr geht vielleicht gleich spazieren. Viel, viel Vergnügen & Erholung. So innig, wie nur Du es weißt, herze, küsse, kose, umarme ich Euch. Zu Euch sehnt sich & trotz aller Hoffnungslosigkeit will nicht aufhören, zu hoffen, daß jetzt endlich zu Euch gelangt Euer Herbert & Papi, der Euch so unsagbar liebt. Zum Beinweh gute Besserung!*«

Drei Monate später, am 14. Juni 1939, wurde Herbert Michaelis in Berlin-Plötzensee hingerichtet. Dagobert Biermann, der zu sechs Jahren Zuchthaus verurteilt worden und nach verschiedenen Moorlagern im Zuchthaus Bremen-Oslebshausen inhaftiert war, wurde nach Auschwitz deportiert. In einem Kassiber konnte er noch kurz vor der Deportation seiner Frau mitteilen, daß »eine nichts Gutes versprechende Reise«[21] bevorstehe und sie immer nach seinem Verbleib forschen solle. Am 22.2.1943 starb Dagobert Biermann in Auschwitz.

14 Jahre nach der Hinrichtung von Herbert Michaelis kam einer seiner in der Schweiz lebenden Söhne nach Hamburg, um »das ihm in den politischen Hintergründen ganz unklare Schicksal seines Vaters zu klären«[22]. Da seine eigenen Recherchen sich nur auf Zeitungsartikel beziehen konnten, wandte er sich im August 1953 hilfesuchend an die »Forschungsstelle für die Geschichte Hamburgs von 1933 bis 1945« und deren Leiter, Dr. Heinrich Heffter. Dieser wiederum befragte den ehemaligen Verteidiger von Herbert Michaelis. Aufgrund eines gestohlenen Panzerschrankes, in dem sich die Akte Michaelis befunden haben soll, war eine Rekonstruktion der damaligen Vorgänge nur mittels der Erinnerungen des Verteidigers möglich. Dessen nebulöser und fehlerhafter Bericht blieb, abgesehen von den Nachforschungen Ursel Hochmuths und Gertrud Meyers, für lange Zeit das einzige schriftliche Dokument, das an Herbert Michaelis und seinen antifaschistischen Widerstand erinnerte.[23]

Anmerkungen

[1] Der Titel dieses Aufsatzes bezieht sich auf einen Bericht der »Forschungsstelle für die Geschichte Hamburgs von 1933 bis 1945«. Dieser Bericht trägt den exakten Titel »Der Fall des Hamburger Rechtsanwaltes Herbert Michaelis 1939 und ist vom damaligen Leiter Dr. Heinrich Heffter 1953 angefertigt. Eine Kopie des Berichts, eine Kopie des (unvollständigen?) Briefs von Dalo Michaelis vom 18.10.1953 sowie eine Kopie des Briefes des Verteidigers von Herbert Michaelis an Dr. Heffter vom 6.11.1953 wurden uns vom ehemaligen Leiter der »Forschungsstelle für die Geschichte des Nationalsozialismus in Hamburg«, Prof. Dr. Werner Jochmann, dankenswerterweise zur Verfügung gestellt. Sie stammen aus dem Ordner 6262 »Judenverfolgung 1933–1945« der Forschungsstelle.

Aus: Hamburger Tageblatt vom 4.3. 1939.

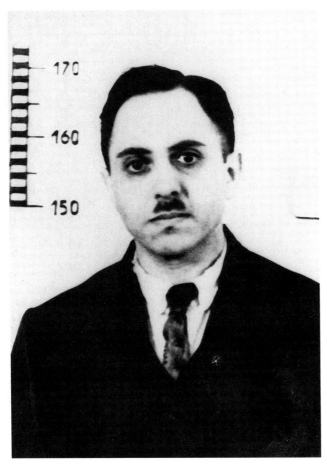

Herbert Michaelis, 1939 (Polizeifoto). (Dokumentenhaus Neuengamme)

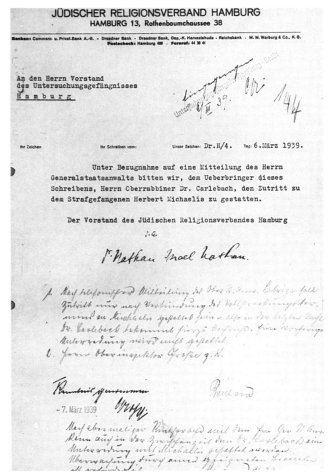

(Institut für die Geschichte der Arbeiterbewegung)

² Zitiert nach dem Film »Emma Biermann, aus dem Leben einer deutschen Kommunistin«. Film von Jens-Peter Behrend und Eike Schnitz. Sender Freies Berlin 1987.

³ Vgl. die Ausführungen Ursel Hochmuths »Hamburger Antifaschisten gegen Franco und Hitler«. In: Ursel Hochmuth/Gertrud Meyer, Streiflichter aus dem Hamburger Widerstand 1933–1945. Berichte und Dokumente. Frankfurt a.M. 1969, S. 187ff.

⁴ Ebenda, Dokumentenanhang, Dokument 21, S. 526–528.

⁵ Alle folgenden biographischen Daten folgen — wenn nicht anders zitiert — den Angaben zu den persönlichen Verhältnissen von Herbert Michaelis, zitiert nach der Anklageschrift des Oberreichsanwaltes beim Volksgerichtshof vom 10.10.1938. Institut für die Geschichte der Arbeiterbewegung, Zentrales Parteiarchiv, Berlin NJ-V-266/1.

⁶ Abschrift aus der Akte des Oberreichsanwaltes beim Volksgerichtshof gegen »Michaelis und Andere«. Institut für die Geschichte der Arbeiterbewegung, Zentrales Parteiarchiv, Berlin NJ 11476

⁷ Ebenda, zitiert nach dem Bericht der Staatspolizei vom 22.4.1933.

⁸ Laut Anklageschrift vom 10.10.1938, S. 5. (vgl. Anm. 5). Vgl. auch den Artikel »Fort mit den jüdischen Richtern und Anwälten! Erlaß des preußischen Justizkommissars Kerrl an die Gerichte.« In: »Hamburger Tageblatt« vom 2.4.1933.

⁹ Urteil des Landgerichts in Hamburg vom 20.10.1933.

¹⁰ Alle biographischen Daten zu Dagobert Biermann folgen der Anklageschrift des Oberreichsanwaltes beim Volksgerichtshof vom 10.10.1938. (Vgl. Anm. 5).

¹¹ Ebenda, S. 63

¹² Zu diesem Zeitpunkt war, ohne daß Herbert Michaelis dies wissen konnte, sein Verbindungsmann in der Schweiz bereits verhaftet.

¹³ Anklageschrift des Oberreichsanwaltes beim Volksgerichtshof vom 10.10.1938, S. 68f. (Vgl. Anm. 5)

¹⁴ Auszug aus dem Protokoll vom 15. September 1937 in der Ermittlungssache gegen Michaelis und Andere. Akte für den Untersuchungsgefangenen Michaelis. Institut für die Geschichte der Arbeiterbewegung, Zentrales Parteiarchiv, Berlin NJ 14124/4.

¹⁵ Anklageschrift des Oberreichsanwaltes beim Volksgerichtshof vom 10.10.1938, S. 3. (Vgl. Anm. 5).

¹⁶ »Hamburger Tageblatt« vom 4.3.1939.

¹⁷ Ebenda.

¹⁸ Bericht »Der Fall des Hamburger Rechtsanwaltes Herbert Michaelis 1939« der »Forschungsstelle für die Geschichte Hamburgs von 1933 bis 1945«, S. 2. (Vgl. Anm. 1).

¹⁹ Brief von Herbert Michaelis vom 12.3.1939. Aus: Akte für den Untersuchungsgefangenen Michaelis. Institut für die Geschichte der Arbeiterbewegung, Zentrales Parteiarchiv, Berlin NJ 14124/4.

²⁰ Ebenda.

²¹ Zitiert aus einem Interview mit Emmi Biermann vom 16. Mai 1990.

²² Bericht »Der Fall des Hamburger Rechtsanwalts Herbert Michaelis 1939« der »Forschungsstelle für die Geschichte Hamburgs von 1933 bis 1945«, S. 1. (Vgl. Anm. 1).

²³ Obwohl auch Konrad Kwiet und Helmut Eschwege den Bericht mit allen seinen Fehlern zur Grundlage ihrer Darstellung der Widerstandsarbeit von Herbert Michaelis heranziehen, mochten sie ihm wohl doch nicht gänzlich trauen. In der Anmerkung 122 zum 4. Kapitel ihres Buches griffen sie offenbar zu einer Notlösung und setzten ihr Fragezeichen an den Bericht in Anführungsstriche. Siehe Konrad Kwiet/Helmut Eschwege, Selbstbehauptung und Widerstand. Deutsche Juden im Kampf um Existenz und Menschenwürde 1933–1945. Hamburger Beiträge zur Sozial- und Zeitgeschichte, Bd. 19. Hamburg 1984, S. 346.

Ursula Wamser/Wilfried Weinke

Der Judenpogrom vom November 1938

»Rückfall in die Barbarei« nennt der Historiker Wolfgang Benz die Ereignisse des Novemberpogroms 1938 im nationalsozialistischen Deutschland: »Im November 1938 wurde den Juden in Deutschland, und zugleich der Weltöffentlichkeit, auf die man bislang noch Rücksicht genommen hatte, klargemacht, daß für sie die bürgerlichen Rechte und Gesetze nicht mehr galten. Mit keinem anderen Ereignis hatte das NS-Regime so eindeutig und kaltblütig demonstriert, daß es auch auf den Schein rechtsstaatlicher Tradition nun keinen Wert mehr legte. Antisemitismus und Judenfeindschaft, wie sie seit der Machtübernahme 1933 in diskriminierenden Gesetzen, im Boykott, in der Verdrängung aus der Wirtschaft demonstriert worden waren, schlugen nun um in die primitiven Formen physischer Verfolgung. Die Reichskristallnacht bildete den Scheitelpunkt des Wegs zur Endlösung.[1]«

Die Ereignisse in Hamburg am 9. und 10. November 1938 entsprechen dieser Wertung ausnahmslos.

Die Vorgeschichte

Auslöser für die Pogrome vom November 1938 war das von Herschel Grünspan, einem 17jährigen deutsch-polnischen Emigranten, am 7. November 1938 in Paris begangene Attentat auf den deutschen Legationssekretär Ernst vom Rath. Am 9. November erlag vom Rath seinen Schußverletzungen.[2] Die nationalsozialistische Partei- und Staatsführung griff das Ereignis mit allen verfügbaren Propagandamitteln als »Anschlag des internationalen Judentums« auf und startete ihren seit langem geplanten antisemitischen Vertreibungsfeldzug.

Die Familie Herschel Grünspans hatte wenige Tage vor dem Attentat ihrem Sohn postalisch mitgeteilt, daß sie Ende Oktober aus Deutschland ausgewiesen und zwangsweise in einem deutsch-polnischen Grenzort provisorisch untergebracht, völlig rechtlos einem ungewissen Schicksal ausgeliefert worden sei. Dies Wissen um die Elendssituation seiner engsten Angehörigen war Auslöser für den Attentatsplan.[3]

Das Schicksal der Familie Grünspan aus Hannover teilten Ende Oktober 1938 mehrere tausend polnische Juden, die zum Teil schon seit vielen Jahrzehnten in Deutschland ansässig gewesen waren. Die von den deutschen Polizei- und Zollbehörden zwischen dem 27. und 29.10.1938 durchgeführte Abschiebung war die schnelle Reaktion des NS-Staates auf das Ende Oktober in Kraft tretende Ausbürgerungsgesetz Polens, wodurch allen, die länger als fünf Jahre im Ausland gelebt hatten, die polnische Staatsbürgerschaft entzogen werden sollte. Diese Maßnahme richtete sich in erster Linie gegen Juden, da die keineswegs judenfreundliche Regierung Polens nach dem »Anschluß« Österreichs mit Tausenden jüdischen Rückwanderern rechnete. Da die im Deutschen Reich lebenden polnischen Juden durch diese Ausbürgerungsverordnung staatenlos wurden, nutzte Deutschland diesen Anlaß, um sich seiner ungeliebten »Ausländer« quasi über Nacht zu entledigen. Die Betroffenen hatten keine Zeit, auch nur die nötigsten persönlichen Vorkehrungen für die Abreise zu treffen, vielfach war nicht einmal Abschiednehmen von Familie und Freunden mehr möglich.

In Hamburg waren am 28.10.1938 weit über 1000 jüdische Frauen, Kinder und Männer von dieser grausamen Maßnahme betroffen. Sie wurden aus ihren Wohnungen oder von ihren Arbeitsstellen abgeholt, zu Sammelstellen gebracht und dann zwangsweise in Zügen bis an die deutsch-polnische Grenze deportiert. Zbaszyn (Bentschen) hieß einer der unfreiwilligen neuen Aufenthaltsorte der aus Hamburg Vertriebenen. Hier lebten bis zur Auflösung des Lagers im Juli 1939 durchschnittlich 5.000 bis 8.000 Menschen. Die Wohn- und Lebensumstände waren katastrophal.[4] Eine Rückkehr war nur für wenige möglich. Das Hamburger Gedenkbuch für die jüdischen Opfer des Nationalsozialismus weist aus, daß von mehr als 1.000 Deportierten der Polenaktion etwa 800 umgekommen sind.[5]

Viele der am 28.10.1938 aus Hamburg abgeschobenen Polen gehörten der »Ostjüdischen Vereinigung Groß-Hamburg«[6] an und lebten seit Jahrzehnten als streng religiöse Ostjuden am Grindel. Die Deutsch-Israelitische Gemeinde hatte den überwiegend ärmeren Ostjuden, die innerhalb der Hamburger Judenheit eine gewisse Sonderstellung einnahmen, vielfach soziale und materielle Unterstützung geboten. Seit 1929 war in der Kielortallee eine kleine Synagoge für die Ostjuden eingerichtet worden, in der Rabbiner Samuel Joseph Rabinow, Leiter der Jeshiwah in der Bieberstraße, predigte.[7]

Der Buchhändler Lambig aus der Rutschbahn

Zu den Opfern der sogenannten Polenaktion gehörte die am Grindel bekannte und sehr religiös lebende Familie Lambig. Beer Lambig, geb. am 28.11.1876 in Polen, war 1907 nach Hamburg gekommen; von Beruf Toraschreiber und Kenner religiöser Schriften, hatte er sich in der Rutschbahn mit einer kleinen hebräischen Buchhandlung eine Existenz geschaffen, in der er auch die für religiöse Juden erforderlichen Kultgegenstände verkaufte.

Buchhandlung Beer Lambig in der Rutschbahn, um 1930. (MHG)

Martin Sternschein
Hebräische Buchhandlung

Als ich fremd in die Großstadt kam;
Kleines Schild, wie's mich gefangen nahm!
Ein alter Jud, drollig mit dem Steifhut,
Stand im Geschäft und las im Stehen.
Es sprach aus ihm ein Leben, fromm und gut.
Fern allem Werden und Vergehen.
Ich stieg entrückt die schmale Treppe hinan,
Und dachte an schon längst vergang'ne Zeit.
Erinnerung mit jedem Schritt begann
An Hebräisch-Stunde einst im »Flügelkleid«.
Dies Wort ist heute wie Verheißung.
Wer glaubte, daß es solches Leben birgt!
Niemand gab mir rechte Unterweisung,
Sag', Herr, hab' ich mein Leben schon verwirkt?
Es trieb mich oftmals vor die enge Tür.
Ich wollte mit ihm reden, irgendwas ...
Ich fühlte: Er gehört so ganz zu mir ...
Sind wir nicht beide Juden ohne Haß?
Zwei Welten, West und Ost, und *doch*
Eint uns das Streben nach dem Lichte.
Wir tragen stolz das Judenjoch
Durch alle Straßen der Geschichte.
— — — Ich stand vor ihm und sprach kein Wort.
Gab ihm zum Gruß nur stumm die Hand.
Da lächelt er und nahm ein Buch vom Bord,
Was war's? Ein alter Psalmenband ...

Aus: Martin Sternschein, Jüdische Rhapsodie. Verse der Zeit. Hamburg 1935.

Beer Lambig wurde am 28.10.1938 mit seiner Familie nach Polen abgeschoben. Ihnen wurde keine Zeit mehr gegeben, sich um andere Auswanderungsmöglichkeiten, um eventuellen Verkauf oder Transport ihres Mobiliars und ihrer persönlichen Habe zu kümmern. Spätere Bemühungen der Familie, von Polen aus ein Auswanderungsland zu finden, blieben offenbar erfolglos.[8] Als die deutschen Behörden im Frühjahr 1939 die kurzzeitige Rückkehr Ausgewiesener zur Regelung privater Angelegenheiten zuließen, konnte auch Frau Pesche Lambig Mitte April 1939 noch einmal ihre Wohnung in der Rutschbahn aufsuchen, einige wenige Umzugsgüter für den Transport nach Polen aufgeben[9] und von den wenigen noch verbliebenen Freunden und Bekannten Abschied nehmen. Ob ihre persönlichen Gegenstände je an einem neuen polnischen Wohnort der Lambigs ankamen, ist ungewiß.

Ungewiß ist auch, wo und unter welchen Bedingungen Beer Lambig, seine Ehefrau und seine Kinder in Polen leben mußten und ob einer von ihnen den Holocaust überlebte. Das Hamburger Gedenkbuch der jüdischen Opfer des Nationalsozialismus weist Beer Lambig als in Auschwitz verschollen aus.

»Es war im Jahre 1934, daß Martin Sternschein bei den Freitagabenden der Jüdischen Gemeinde auftauchte und hier von seinen Versen der Zeit, die er ›Jüdische Rhapsodien‹ nannte, erzählte. Ich bat ihn, uns einiges vorzulesen, und sie fanden bei allen eine sehr gute Aufnahme. Er hatte nicht das Geld, sie in Druck zu geben.

Dann kam er in meine Sprechstunde, und wir besprachen die Angelegenheit. Ich fand jemand, der das Büchlein finanzierte. Es sollte ihn vorstellen, wo immer er bei einer Auswanderung landete.

Die kam schneller, als er glaubte. Das Büchlein kam in die Hände der Gestapo, die die Gedichte aufrührerisch fand. Er fühlte sich bedroht und floh über Nacht mit seinen »Rhapsodien« nach Dänemark.

Wir haben nichts wieder von ihm gehört. Im Jahre 37 kam ein Lebenszeichen aus Frankreich, wo er im Kreis von jungen Literaten gelandet war ... Und dann ... nichts mehr.«
Diesen Hinweis auf Walter Sternschein erhielten wir aus dem unveröffentlichten Manuskript: Senta Meyer-Gerstein, »So wie es war ...«, Ein Erinnerungsbericht, Port Orange 1986, verfaßt für die 1986 vom Museum für Hamburgische Geschichte gezeigte Ausstellung »Ehemals in Hamburg zu Hause: Jüdisches Leben am Grindel. Talmud-Tora-Schule und Bornplatz-Synagoge«.

Die Zerstörungen

Wie überall im Reich begannen auch in Hamburg Nationalsozialisten, ermutigt und gelenkt durch die NSDAP-Gauleitung unter Beteiligung von SA, SS und Polizeieinheiten, noch in der Nacht vom 9. zum 10. November 1938 mit Überfällen auf jüdische Menschen, Zerstörungen, Brandstiftung und Raub privaten wie gemeindlichen Eigentums. Das Zerstörungswerk wurde am 10. November unter teils aktiver Mithilfe zahlreicher Anwohner und Passanten, teils passiven Zuschauens am hellichten Tag fortgesetzt.

In der Hamburger Innenstadt hatten sich noch einige der traditionsreichen Konfektions- und Modehäuser wie z.B. Robinsohn, Hirschfeld und Unger trotz enormen Wettbewerbsdrucks, trotz Boykottmaßnahmen und vielerlei Behinderungen wirtschaftlich halten können. Nach den Zerstörungen und Plünderungen und der durch Verhaftung und KZ-Haft deutlichen Lebensbedrohung boten nur noch Geschäftsaufgabe und Flucht den jüdischen Firmeninhabern Aussicht auf ein Leben in Sicherheit.[10]

Während in verschiedenen Straßen der Innenstadt, so vor allem am Neuen Wall und der Schleusenbrücke, Gewalt und Vandalismus Berge von Glasscherben, zerschlagenem Mobiliar und unbenutzbaren Warenbeständen noch im Laufe des Tages hinterließen, richteten sich die Ausschreitungen am Grindel vor allem gegen die religiösen Einrichtungen. In den frühen Morgenstunden des 10. November hatten Nationalsozialisten, in Zivilkleidung und in Uniformen, die Synagogen am Grindel aufgebrochen, Glasscheiben und Mosaikfenster zerschlagen, Lampen, Kultgegenstände und Mobiliar nach draußen geworfen, Torarollen und andere religiöse Schriften zerrissen oder in Flammen aufgehen lassen. Sämtliche Synagogen, ihre Höfe und Plätze boten ein Bild der Verwüstung. Bei Bränden wurde zwar die Feuerwehr hinzugezogen, die jedoch kaum etwas zur Brandbekämpfung unternahm, sondern nur ein Übergreifen der Flammen auf die Nachbargebäude verhinderte. So verzeichnete das Einsatzprotokoll der Hamburger Feuerwehr erst am Donnerstagabend, den 10.11. um 21.50 Uhr, ein »kleines« Feuer in der Bornplatz-Synagoge, bei dem

Aus: Hamburger Tageblatt vom 10.11.1938.

eine Fußmatte und Laub als Brandherde genannt wurden. Daß das Zerstörungswerk auch noch an den folgenden Tagen fortgesetzt wurde, ergibt sich ebenfalls aus Meldungen der Feuerwehr. Am 12.10. wird für nachmittags der Brand von Papier und des Fußbodens im Dachgeschoß der Bornplatz-Synagoge gemeldet. Bei beiden Feuern wurde »Brandstiftung« als mögliche Ursache eingetragen.[11]

Fassungslosigkeit und Entsetzen bestimmten die Gefühle der Juden am Grindel. Viele wurden von ihren Wohnungen aus unfreiwillige und hilflose Zeugen der sogenannten »Volkswut«. Rettungs- und Löscharbeiten waren kaum möglich, da zusätzlich zu den draußen stattfindenden Verwüstungen durch die am Morgen des 10. November gleichzeitig einsetzenden Massenverhaftungen jüdischer Männer die persönliche Bedrohung unmittelbar in die private Sphäre, in das Familienleben eindrang.[12]

Nur wenige konnten sich durch rechtzeitige Warnung der Verhaftung durch die Gestapo entziehen. Wer sich trotzdem den geschändeten Synagogen näherte, lief Gefahr, sofort verhaftet zu werden.

Juden als Zeugen unerwünscht

So geschah es Julius Gramm, der im August 1938 als Steward arbeitslos geworden war, nachdem die Rassegesetzgebung auch auf deutschen Seeschiffen Anwendung fand. In Hamburg hatte die für jüdische Frauen und Männer zuständige Arbeitsvermittlung ihn als Kellner in das Restaurant des Jüdischen Gemeinschaftshauses in der Hartungstraße eingeteilt. Am Morgen des 10. November hatten ihn Lärm und verschiedene Schreckensmeldungen beunruhigt. Mit eigenen Augen hatte er sich ansehen wollen, was am Grindel geschah. »Als wir am Grindelhof ankamen, schlugen die Flammen aus den Fenstern von Hamburgs größter und schönster Synagoge. Es war ein gespenstiger Anblick. Vor der Synagoge warfen SA-Männer jüdische Gebetsbücher und Thorarollen auf einen brennenden Haufen. Am abstoßendsten fand ich die Gesichter der SA-Männer, von den Flammen angestrahlt. Ich hatte den Eindruck, daß, über die Befolgung von Befehlen hinaus, die SA-Männer aus eigenem Antrieb so fanatisch bei ihrem schändlichen Tun waren.«[13]

Kurze Zeit später wurden Julius Gramm und ein ihn begleitender Verwandter auf der Straße verhaftet und in die Polizeiwache Hoheluft gebracht. Mit vielen anderen jüdischen Männern mußten sie hier die Nacht verbringen, am folgenden Morgen wurden alle, je zwei Männer aneinander gefesselt, ins Stadthaus gefahren. Eine Tortur aus Schikanen und Schlägen begann für Julius Gramm. »Ältere Leute, die nicht so lange stillstehen konnten, wurden mit dem Gesicht zur Wand gestoßen, bis Blut aus Mund und Nase floß. Einige kippten vor Erschöpfung um. Man goß Wassereimer über ihnen aus, bis sie wieder zu sich kamen. Unsere Namen wurden notiert. Besonders schlimm war es für Ärzte, Anwälte und Kaufleute – sie wurden unflätig beschimpft. Über Nacht hatte man einen Teil des Gefängnisses Fuhlsbüttel in ein KZ verwandelt. Besonders schlimm waren die ersten Nächte, wenn immer wieder aus anderen Städten geflüchtete Juden eingeliefert wurden. Dann hieß es, ›Marsch marsch, Ihr verdammten Juden, in die Kojen‹, die bald überbelegt waren. An Schlaf war überhaupt nicht zu denken, weil die Neuzugekommenen noch stundenlang vor Aufregung und Angst zitterten. Überhaupt herrschte eine schwer zu beschreibende Stimmung, gemischt aus Ungewißheit und dem Gefühl, daß rohe primitive Gewalt über Kultur triumphieren würde.«[14]

Fuhlsbüttel war meist nur Durchgangsstation auf dem Weg in andere Konzentrationslager. Nicht ahnend, unter welchen menschenunwürdigen körperlichen und seelischen Strapazen die männlichen Insassen hier ohne richterliche Anklage oder Urteil ungewisse Wochen verbringen mußten, bemühten sich ihre Familien in Hamburg mit Unterstützung jüdischer Hilfsorganisationen um Auswanderungsmöglichkeiten. Die Suche nach Ausreisevisa stand unter enormem Zeitdruck, da wenige Tage nach den Massenverhaftungen der Chef der Sicherheitspolizei Heydrich nur die Entlassung jüdischer Schutzhäftlinge mit gültigen Ausreisepapieren angekündigt hatte. Zugleich wurde eine Schutzhaftbeurlaubung für »Juden, die zur Durchführung der Arisierung Ihres Betriebes oder Geschäftes unbedingt benötigt werden« in Aussicht gestellt.[15]

1938 gelang es der jüdischen Gemeinde und ihren Hilfsorganen, 511 Juden und Jüdinnen zur Auswanderung zu verhelfen. Die Gesamtzahl der Emigrierten wird jedoch höher gelegen haben, da viele noch selbst die nötigen Finanzmittel für die Auswanderung aufbringen konnten. 1939 wurden 1557 von der Gemeinde unterstützte Auswanderer gezählt; 1940 waren es noch 630.[16]

Betty Batja Rabin-Emanuel:
Aus dem Tagebuch einer 13jährigen

Betty Batja Rabin, geb. Emanuel, wurde 1925 als 2. Kind von Rosi und Isskar Emanuel in Hamburg geboren. Betty besuchte die Israelitische Töchterschule. Die Familie Emanuel lebte bis zu ihrer erzwungenen Auswanderung im April 1939 in der Rutschbahn 11. Betty Batja Rabin lebt seit 1956 in Jerusalem.

Die Tür öffnete sich. War es denn schon Zeit aufzustehen? Es war doch noch dunkel. Oma weckte uns morgens üblicherweise, aber jetzt war es Papa, das Telefon, welches nachts im elterlichen Schlafzimmer war, unter seinem Arm. Und er war in Hosenträgern, ohne Weste und Jacke. Ich hatte ihn, glaube ich, nie zuvor nicht vollkommen angezogen gesehen. Er nickte kurz in meine Richtung, schaltete das Telefon ein und drehte: »Ist das die Polizei? Ich möchte mitteilen, daß in die Synagoge hinter Rutschbahn 11 eingebrochen ist und sie demoliert wird. Sie schicken Ihre Leute? Danke.«

Gitta und ich schnellten aus unseren Betten und rannten barfuß zum Fenster des elterlichen Schlafzimmers, wo sich uns ein unheimliches Schauspiel bot: Am anderen Ende des

Hintergartens stand die Klaus. Durch seine Fenster sahen wir den brennenden Kronleuchter, von unsichtbaren Händen bewegt, wie ein Pendel vorwärts und rückwärts schwingen, in immer größerem Umlauf — Krach — Dunkel. Ein Fenster öffnete sich, ein Stuhl flog heraus, fiel zur Erde und zersplitterte. Ihm folgt noch ein Stuhl und noch einer, und dann war alles still. Was hatten sie nun vor? Wir brauchten nicht lange zu warten. Eine weiße Schlange hüpfte vom Fenstersims und glitt runter, sie schien endlos.

»Torarollen« stießen wir hervor, unsere Augen wollten es nicht glauben. Papa rannte in unser Zimmer zurück, das zur Straße lag. Er kam gleich wieder. »Ja, sie sind da. Mehrere Polizisten stehen auf der anderen Straßenseite — sie warten darauf, daß die gottlosen Vandalen ihr Werk beenden.« Und so war es auch. Die nicht-jüdischen Nachbarn, Schumann, von oben, waren in ihrem Wagen zur Polizei gefahren und hatten die Polizisten mit sich zurückgebracht.

Wir zogen uns an, frühstückten schnell und gingen zur Schule. Meine Brüder hatten einen kurzen Weg zur Talmud-Tora-Schule, aber die achtjährige Gitta und ich brauchten gute zwanzig Minuten bis in unsere jüdische Mädchenschule in der Carolinenstraße. Wir gingen immer zu Fuß und nicht mit der Straßenbahn, auch nicht im strömenden Regen oder Schnee. In gedämpften, aber aufgeregten Stimmen besprachen wir die Ereignisse in unserer Klasse. Was wir am frühen Morgen beobachtet hatten, war kein vereinzelter Vorfall, auch andere Synagogen und jüdische Geschäfte wurden zerstört und geplündert. Während wir noch unsere Erfahrungen austauschten, betrat eine fremde Lehrerin unser Klassenzimmer. Wo war unsere Klassenlehrerin?

»Sie kann heute nicht kommen. Es gibt auch heute keine Stunden.« Wir liefen zur Tür. »Bleibt an Euren Plätzen. Ihr müßt Euch gedulden. Wir haben gehört, daß die Jungens von der nichtjüdischen Volksschule nebenan heute früher als sonst entlassen werden, deshalb schicken wir jetzt erstmal die jüngeren Kinder nach Hause, um die Rowdies zu vermeiden. Ihr werdet gesagt bekommen, wann Ihr an der Reihe seid.«

Jahrzehnte später erzählte mir Gitta, daß sie rauf zu unserem Klassenzimmer stieg, um mit mir nach Hause zu gehen, es aber nicht wagte, die Tür zu öffnen, umkehrte und allein nach Hause ging.

Es dauerte mehrere Stunden, bis die Lehrerin wiederkam.

»So, jetzt seid Ihr an der Reihe. Jede paar Minuten verlassen zwei Mädchen das Schulgebäude. Und geht nicht Euren gewohnten, kürzesten Weg, sonst stoßt Ihr auf die Jungs von nebenan, geht auf Umwegen. Kommt gut nach Haus.«

Die Kinder der Familie Emanuel kurz vor ihrer Auswanderung im April 1939: Beni (15 J.), Betty (14 J.), Jacob (11 J.), Gitta (8 J.), Raphael (6 J.). (Privatbesitz)

Foto anläßlich der Auswanderung der Familie Emanuel vor ihrer Wohnung in der Rutschbahn 11, April 1939. (Privatbesitz)

Meine Freundin Miriam und ich waren zwei Stunden unterwegs. Wir überquerten uns unbekannte Teile der Stadt. Es war erstaunlich, wie unberührt sie waren, als ob heute gar nichts Außergewöhnliches passiert sei, dies waren eben Gegenden, wo kaum Juden wohnten. Gott sei Dank, Papa war noch zu Hause. Die ganze Familie war im Wohnzimmer versammelt.

»Tante Bella hat eben angerufen«, sagte Mama, »Onkel Poldi ist noch zu Hause, aber sie erwartet, daß die Gestapo ihn jeden Augenblick abholen wird wie all die anderen Männer. Sie hat keine Apfelsinen mehr für ihn und bittet einen von Euch, ihr welche zu bringen.«

Erst später habe ich mich gewundert, warum Apfelsinen so wichtig für ihn waren und weshalb das zwölfjährige Julchen, ein Jahr jünger als ich, sie nicht kaufen konnte. Mein ältester Bruder Beni bot sich an.

»Nein, Du geh lieber nicht, fünfzehnjährige Jungens sollen zwar nicht verhaftet werden, aber mit Deinem stoppeligen Kinn ... Betty, würdest Du gehn?«

Ich nahm die Tüte mit den Apfelsinen und machte mich auf den Weg, den kürzesten dies Mal. Trotzdem kam ich zu spät, Onkel Poldi war schon weg. Ich eilte zurück. Mama rief mich von der Küche: »Mach bitte dies Paket Butterbrot für Papa fertig, falls er ... ich will schnell nach oben zu Klara Jacobsen. Ihr Mann ist heute morgen schon früh weg, er wollte versuchen, Torarollen zu sichern, seitdem hat sie ihn nicht wiedergesehen. Jemand sah, wie er abgeführt wurde, und sie ist im achten Monat und fühlt sich elend.« — Ihr Baby kam ein paar Tage später zur Welt, starb nach vier Wochen und wurde an dem Tag begraben, an dem sein Vater aus dem KZ entlassen wurde. —

Während ich fort war, hatte Papa den Kindern gesagt, daß nur er heute die Haustür öffnen würde, ich wußte nichts von diesem Befehl. Es klingelte, ich ging zur Tür. Zwei große, fremde Männer fragten nach Papa. Ich führte sie ins Speisezimmer. Ich gab Papa das Butterbrotpäckchen und die Tüte Apfelsinen, die für Onkel Poldi zu spät gekommen waren. Ich hatte die Schale eingeritzt, damit sie leichter zu essen seien. Die Männer rieten Papa, seine Uhr und sonstige Wertgegenstände zu Hause zu lassen, da sie nicht für eventuellen Verlust verantwortlich sein könnten. Ihr Verhalten war so korrekt, sogar höflich, daß man sie nicht mit den Rowdies vergleichen konnte, die heute morgen die Klaus zertrümmerten. Und doch waren unsere zwei Herren Besucher nur zu dem Zweck gekommen, einen unschuldigen Menschen ins Gefängnis nach Fuhlsbüttel zu bringen. Papa bat, daß man Mama von oben holen ließ, aber die Männer erlaubten das nicht. Wortlos begleiteten wir Papa zur Haus-

Im Namen des Führers und Reichskanzlers

Dem *Grundeigentümer*
Joscher Emanuel
in Hamburg

ist auf Grund der Verordnung vom 13. Juli 1934 zur Erinnerung an den Weltkrieg 1914/1918 das von dem Reichspräsidenten Generalfeldmarschall von Hindenburg gestiftete

Ehrenkreuz für Frontkämpfer

verliehen worden.

Hamburg, den 18. Mai 1935.

Der Polizeiherr
J. V.
Kempe

Nr. 042257/35.

(POLIZEIBEHÖRDE HAMBURG)

(Privatbesitz)

tür und küßten ihn. Wir würden doch keine Szene liefern und diesen Nazis die Genugtuung geben, den Schmerz zu sehen, den sie uns verursachten. Etwas später hörten wir das Geschrei der Heimann-Kinder von der offenen Tür gegenüber unserer Wohnung. Wie konnten die Nachbarkinder nur so unkontrolliert sein und ihrem Vater die Trennung noch erschweren? Mitten in unserem Leid waren wir stolz auf unsere spartanische Erziehung — bis zum nächsten Morgen, als Herr Heimann unversehrt zu seiner Familie zurückkam. Die Gestapo-Männer, von der wilden Trauer der Kinder ergriffen, hatten versprochen, daß ihr Vater wieder nach Hause kommen würde. Und so hatte ihr würdeloses Geheule über unsere Selbstbeherrschung triumphiert. Wer wußte es, vielleicht hatte unser stolzes Benehmen unseren Vater das Leben gekostet?

Kurz nachdem Papa abgeholt worden war, kam Mama von oben zurück, entsetzt ihn nicht mehr vorzufinden. Ein paar Sekunden später verließ der qualvolle Ausdruck ihre Augen, ihr kleines, rundes Kinn schob sich vor, sie straffte ihre Schultern und blickte um sich her, als ob sie sich ermahnte: Rosi, Du kannst es Dir nicht leisten, Deinem Kummer nachzugeben. Deine fünf Kinder, Deine Mutter und die zwei fremden Jungens sind alle nun von Dir allein abhängig.

Sie schickte mich einkaufen, denn man konnte nicht wissen, wie lange noch Geschäfte, die sich bis jetzt gesträubt hatten, ein Schild ›Juden unerwünscht‹ in ihren Laden zu hängen, durchhalten würden oder könnten. Doch alles, was ich kaufen sollte, war ein viertel Pfund Kaffee von Frl. Oe. um die Ecke in der Grindelallee. Es war eine eigenartige Wahl, aber Mama erklärte mir, daß Kaffee das einzige Mittel sei gegen Omas häufige Migräneanfälle. Vor unserem Haus versuchten Straßenkinder mich zu verhauen, es gelang mir schließlich, von ihnen loszukommen. Obwohl Kaffee knapp war, holte Frl. Oe. mir ein Viertel unter dem Ladentisch hervor:

»Warum hast Du geweint und siehst so zerzaust aus?«

»Weil die Gestapo gerade meinen Vater abgeholt hat und ich mich mit anderen Kindern kloppen mußte.«

Eine Kundin drehte sich nach mir um. Eine mir völlig fremde Frau kaufte mir ein viertel Pfund Marzipankartoffeln, hakte mich ein und begleitete mich bis zu unserem Haus. Auf dem Weg erklärte sie mir: »Du darfst den Deutschen nicht dafür Vorwürfe machen für alles, was vorgeht, es ist einfach die Volkswut, die ausgebrochen ist«.

Während des Abendbrots erzählte ich der Familie meine Erlebnisse auf dem Weg zum Kaffee/Schokoladengeschäft, über die nette Dame und daß die nicht-jüdischen Nachbarn vom Parterre aus ihrer Wohnung gekommen waren und auf mich aufpaßten, bis ich sicher an unserer Haustür angelangt war.

»Es tut mir leid«, sagte Mama, »daß die Rowdies Dich geschlagen haben. Diese feigen Bengel greifen nur an, wenn sie in der Mehrzahl sind. Aber wie lieb von der Dame und den Nachbarn. Ihr seht, trotz alledem darf man nicht verallgemeinern, nicht alle Deutschen sind schlecht.«

»Rosi, Du bist sentimental«, erwiderte Oma, »Deine ›guten‹ Deutschen mögen nicht mit allem einverstanden sein, was die Nazis tun — aber nur privat. Sie haben Angst um ihre eigene Haut. Hätten sie früher ihre Meinung deutlich vertreten, als die Nazi-Partei noch schwach war, wäre es nie zu diesen Ausschreitungen gekommen«.

»Das ist alles schön und gut, Mama, aber wir dürfen nicht vergessen, daß wir deutsche Juden während Jahrhunderten Deutschlands Gastfreundschaft genossen haben«.

»Gastfreundschaft?« »Du weißt doch selbst, daß meiner Mutter Familie, ihr Emanuels und Tausende von anderen Familien viel, viel länger in Deutschland ansässig sind als eine Menge des sogenannten Herrenvolks. Wir waren immer treue, loyale Bürger, sind nicht zahllose jüdische Männer und Jungens in des Kaisers Armee im Weltkrieg gefallen, einschließlich deine zwei Cousins Leo und Samuel? Haben wir nicht unseren Teil geleistet für Deutschlands Wohl in den Berufen wie Medizin zum Beispiel, im Handel und in den Künsten? Du meinst doch nicht ernstlich, daß wir Deutschland einen besonderen Dank schulden?«

»Vielleicht ist es deshalb, weil wir hier generationenlang gelebt haben«, setzte Mama die Diskussion fort, »daß bei manchen von uns unser ursprüngliches Heimatland in Vergessenheit geraten ist.« »Ja, ich weiß«, als Oma sie zu unterbrechen suchte, »daß wir dreimal täglich für unsere Rückkehr in das Land Israel beten. Aber bis vor ein paar Jahren, wie viele deutsche Juden haben wirklich ihre Sachen gepackt und sind nach Palästina gezogen? Es waren immer nur einzelne.« Mit leiser Stimme, als ob sie zu sich selbst spräche, fuhr sie fort: »Es war einmal mein Traum, mit Isskar nach dort zu ziehen, ein Pionier zu werden und mitzuhelfen, das verödete und vernachlässigte Land aufzubauen. Aber bald nach unserer Hochzeit begannen die Verantwortlichkeiten sich zu häufen ... Vielleicht ist unser jetziges Leiden Gottes Strafe dafür, daß wir uns hier in Deutschland so zu Hause gefühlt haben, daß wir es fast vergaßen, im Exil zu leben«.

»Das alles spricht die Deutschen nicht frei«, Oma hatte das letzte Wort.

★ ★ ★

Gerichtsverfahren gegen Synagogenschändungen in Hamburg

Am 18.3.1949 berichtete die »Frankfurter Rundschau« über einen Hamburger »Prozeß gegen Synagogenschänder«. Hierin hieß es: »Vor dem Hanseatischen Schwurgericht begann am Montag der Prozeß gegen 34 ehemalige SA-Führer und Politische Leiter, die wegen Verbrechens gegen die Menschlichkeit, Landfriedensbruch und Brandstiftung angeklagt sind. Sie werden beschuldigt, in der »Kristallnacht« 1938 das jüdische Leichenhaus in Harburg angezündet und jüdischen Gottesdienst gestört zu haben. In dem voraussichtlich vier Wochen dauernden Verfahren sollen 140 Zeugen vernommen werden.«[17] Am 27. April 1949 fällte das Schwurgericht I in Hamburg das Urteil: Sechs Angeklagte wurden freigesprochen, das Verfahren gegen 12 weitere wurde eingestellt, die übrigen wurden zu — oftmals geringen — Gefängnisstrafen verurteilt.[18]

Schon zwei Jahre vorher, im Oktober 1947, beendete das Landgericht Hamburg ein Verfahren gegen den Hamburger Fuhrmann Sch. Erste Mitteilungen gegen ihn gingen zurück auf eine Anzeige der Freien Gewerkschaft, Freie Berufe, mit Sitz in der Grindelallee 162. In deren Anzeige vom 26.6.1945 gegen den im Grindel-Viertel wohnenden Sch. wurde behauptet, daß er »Hauptanführer bei der Zertrümmerung der Synagoge (Hauptsynagoge) Hamburg 13 Bornplatz im Juni 1939« gewesen sei und »sich besonders bei der Judenverfolgung aktiv beteiligt«[19] habe. Eine Verhaftung wurde gefordert, Zeugen benannt.

Die Kriminalpolizei Hamburg vernahm den angezeigten Sch. am 27. September 1945. Sch., der nach eigenen Angaben »Mitglied der NSDAP seit Mai 1937 bis zum Zusammenbruch«[20] war, gab zu Protokoll: »Der größte Teil meiner Kundschaft waren Juden, u.a. John Kugelmann (Altmetalle), Israelitische Gemeinde, Lazarus, Hirschel, Salomon, Kochinstitute (jüdische), verschiedene jüdische Schlachtereien und Israelitischer Synagogenverband ... Ich kann bis heute nicht angeben, wann überhaupt die Zerstörung der Synagogen stattfand. Ich kann mich wohl erinnern, daß eine Aktion gegen die Synagogen stattgefunden hat und habe es auch gesehen, wie sich Leute dort zu schaffen machten, denn von meiner Arbeitsstätte aus kann ich die Synagoge am Bornplatz übersehen. Es wäre einfach paradox, wenn ich mich an diesen Zerstörungsaktionen beteiligt hätte, da ich nach wie vor für jüdische Geschäfte gearbeitet habe und diese meine Brotherren waren. Ich muß also den mir gemachten Vorwurf ganz entschieden zurückweisen.«[21] Ein Schlußbericht der Kriminalpolizei, vermutlich vom 1.11.1945, lautete: »Da weitere Informationen — u.a. eine Erklärung eines Juden ergeben haben, daß sich Sch. nicht an der Zerstörung der Synagoge beteiligt hat, kann die Angelegenheit somit als erledigt betrachtet und zum Abschluß gebracht werden.«[22]

Am 21.5.1947 wurde Sch. festgenommen und in Untersuchungshaft überführt. Vom März bis Juli 1947 fanden zahlreiche Zeugenvernehmungen statt, die die Schändungen und Zerstörungen der Synagoge am Grindel behandelten. Insgesamt wurden 18 Personen vernommen, einige meldeten sich freiwillig, die meisten wurden vorgeladen. Alle Zeugen wohnten im November 1938 am Grindel, die Mehrheit von ihnen waren Bewohner der Rutschbahn.

Am 10.3.1947 machte der Zeuge R. folgende Angaben: »Ich wohnte in der fraglichen Zeit, wo die Synagoge Bornplatz zerstört wurde, in der Rutschbahn ... Am Tage der Zerstörung des Synagoge begab ich mich morgens um 6.00 Uhr aus dem Hause, um meinen Arbeitsplatz in der Fa. Blohm & Voss aufzusuchen. Hierbei führte mein Weg an der Synagoge vorbei, wobei ich Nachstehendes beobachtete:

Die Synagogentür war aufgebrochen, Fensterscheiben und -flügel ausgeschlagen und vor dem Eingang der Synagoge standen 2 Zivilisten, die scheinbar Neugierige abhalten sollten. Die wenigen Personen, die mir zu Gesicht

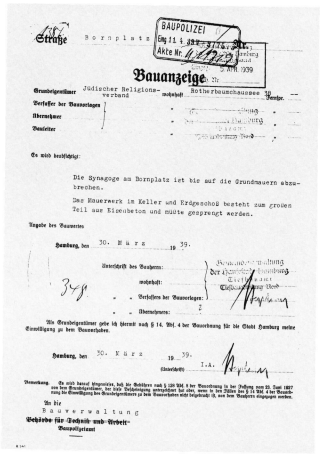

(MHG)

gekommen sind, sind mir dem Namen und der Persönlichkeit nach unbekannt. Ich habe heute den Eindruck, als ob es Personen aus anderen Bezirken bzw. Stadtteilen waren. In der Synagoge selbst war noch ein großes Gepolter. Auch hier habe ich kein bekanntes Gesicht gesehen. Jedenfalls habe ich keinen aus meiner Wohngegend dazwischen erkennen können.

Ich habe auch das Gefühl, als wenn die Zerstörung von jüdischem Eigentum staatlich organisiert war.«[23]

Am 9.4.1947 wurde die Zeugin G. vorgeladen, die folgendes aussagte: »Am 9. November 1938, als die Synagoge am Bornplatz zerstört wurde, wohnte ich am Grindelhof ... An dem fraglichen Morgen, es mag so gegen 5.30 Uhr gewesen sein, wurde ich durch den großen Lärm von der Straße her geweckt. Hieraufhin begab ich mich zum Fenster und wollte mal Ausschau halten, was die Ursache des Lärms sein könnte. Dabei stellte ich fest, daß eine große Anzahl von Männern in Zivil sich an der Synagoge zu schaffen machten. Etwa gegen 8.00 Uhr begab ich mich auf die Straße, um, wie alltäglich, meine Milch zu holen. Ich blieb einige Zeit im Hauseingang stehen, um das Leben und Treiben bei der Synagoge zu beobachten. Bei diesen Wahrnehmungen konnte ich aber keine mir namhaft bekannten Personen erkennen. Von anderen Leuten, die sich ebenfalls auf der Straße angesammelt hatten, erfuhr ich dann

Abriß der Bornplatz-Synagoge. Aus: Hamburger Tageblatt vom 14.7.1939. Die Originalbildunterschrift lautete: »Die Synagoge am Bornplatz fällt endgültig. Die Synagoge am Bornpark wird – wie bereits angekündigt – in diesen Tagen abgebrochen. Wo heute noch ein paar traurige Trümmerreste stehen, wird bald ein freundlicher Grünplatz allen Volksgenossen Freude machen.«

gesprächsweise, daß es sich bei diesen Männern, die sich an der Zerstörung der Synagoge beteiligten, um Marine-Sturmleute in Zivil handeln sollte.«[24]

Bezogen sich diese Angaben auf Schändungen der Synagoge am Bornplatz und entlasteten den Fuhrmann Sch. von einer Mittäterschaft, so kam es im Zusammenhang mit Aussagen zu Schändungen der Synagoge in der Rutschbahn zu massiven Beschuldigungen des Verhafteten. So sagte die Zeugin Z., die in der Rutschbahn wohnte, am 9.4.1947 aus: »Seit dem 1. Juli 1937 wohne ich an der oben angegebenen Adresse. Durch den übergroßen Lärm bei der Synagoge in der Rutschbahn wurde ich aufgeweckt. Um festzustellen, was die Ursache des Lärms sein könnte, begab ich mich auf den Balkon. Von dort sah ich, wie sich einige Männer an der Zerstörung der Synagoge zu schaffen machten. Ich sah, wie die Männer die Fensterkreuze einschlugen und die Gebetbücher sowie Inventar der Synagoge aus den zertrümmerten Fenstern warfen.«[25] Sie gab an, den ihr bekannten Sch. ganz deutlich erkannt zu haben, »wie er damit beschäftigt war, ein Fensterkreuz der Synagoge zu zerstören.«[26]

Auch die Zeuginnen H. und L., beide damals Wohnungsinhaberinnen in der Rutschbahn, beobachteten die Zerstörungen in der Synagoge von den rückwärtigen Balkonen ihrer Wohnungen. Beide identifizierten Sch. unabhängig voneinander als einen der Täter.[27] Die Zeugin H. gab zudem an, daß von den Beteiligten der Name des Angeklagten gerufen wurde.

Eine für Sch. entlastende Aussage gab die Zeugin P. ab, die von 1931 bis 1939 als Hauswart in der Synagoge in der Rutschbahn arbeitete. Frau P., die im Gegensatz zu anderen Zeugen nicht vorgeladen wurde, sondern freiwillig erschien, gab zu den Vorgängen am 9./10. November 1938 folgendes zu Protokoll: »An dem fraglichen Morgen wurde ich gegen 5.00 Uhr durch 3 Kriminalbeamte geweckt und aufgefordert, als Vizefrau die Synagoge zu öffnen. Ich fragte nach dem Grund ihrer Forderung, worauf mir nur im barschen Tone erwidert wurde: »Aufmachen«. Ich kam nun dieser Aufforderung nach und öffnete die Eingangstür der Synagoge. Im gleichen Moment stürmten eine größere Anzahl Männer, es müssen etwa 15 bis 20 Personen gewesen sein, welche ich nicht nicht kannte, in die jetzt geöffnete Synagoge und begannen, das Inventar der Synagoge zu zerstören. Die Personen zerschlugen die Möbel nebst der gesamten Inneneinrichtung ... Ich habe nicht gesehen, wann sich die an der Zerstörung beteiligten Personen vom Tatort entfernt haben. Ich kann auch nicht angeben, ob sich hinterher noch andere Personen zu den von mir beschriebenen Personen gesellt haben.«[28] Sie gab weiterhin an, Sch., den sie persönlich kannte, nicht unter den von ihr beobachteten Personen gesehen zu haben.

Am 16. Juli 1947 klagte der Oberstaatsanwalt bei dem Landgericht Hamburg den Fuhrmann Sch. an, sich am 9. November 1938
— »an einer öffentlichen Zusammenrottung einer Menschenmenge, die mit vereinten Kräften gegen Sachen Gewalttätigkeiten beging, teilgenommen und selbst Sachen vernichtet und zerstört,
— in einem zu religiösen Versammlungen bestimmten Orte beschimpfenden Unfug verübt,
— vorsätzlich und rechtswidrig Sachen, die dem Gottesdienst gewidmet waren, beschädigt und zerstört,
— ein Verbrechen gegen die Menschlichkeit — Verfolgung aus rassischen Gründen — begangen zu haben.«[29]

Die Strafkammer 9 des Landgerichts Hamburg sprach Sch. am 9.10.1947 wegen Mangels an Beweisen frei. Zwar konnte das Landgericht im Gegensatz zur Anklage feststellen, daß Sch., wie er selbst zugegeben hatte, nicht nur Mitglied der NSDAP war, sondern auch Mitglied der »Deutschen Arbeitsfront« (DAF) und der »Nationalsozialistischen Volkswohlfahrt« (NSV) war. Für die DAF führte Sch. Kassierungen durch und trug Zeitungen aus; für die NSV arbeitete er als »Walter für drei Häuser«[30] und beteiligte sich in Uniform an Eintopfsammlungen.

Grundlagen des Freispruchs waren aber vor allem Zweifel des Gerichts an den Aussagen der Hauptbelastungszeugen. Die Bedenken »gegen die objektive Richtigkeit ihrer Bekundungen«[31] gründeten auf den Unsicherheiten der Zeugen hinsichtlich der Identifizierung Sch.'s als aktivem Teilnehmer der Zerstörung der Synagoge; die Zeugen mochten auf Befragen des Gerichts Irrtümer in ihren Beschuldigungen nicht ausschließen. Zudem führte das Gericht in seiner Urteilsbegründung an, daß die Sichtverhältnisse und die Möglichkeiten der genauen Beobachtung selbst für die unmittelbaren Anwohner des Grundstücks an der Rutschbahn ein eindeutiges Erkennen des Angeklagten nicht zugelassen hätten. So kam das Gericht zu der Ansicht, »daß ein Irrtum der drei Zeuginnen nicht ausgeschlossen werden kann und die Behauptung des Angeklagten, daß er an der Zerstörung des Tempels nicht beteiligt gewesen sei, sehr an Wahrscheinlichkeit gewinnt.«[32]

Einen weiteren gewichtigen Grund für die Nichtbeteiligung des Angeklagten sah das Gericht in einem anderen Ergebnis der Verhandlung. Die Zeugenaussagen stimmten darin überein, »daß die Zerstörung des Tempels von einem geschlossenen Trupp, der von einer Zentralstelle eingesetzt war, vorgenommen worden sein muß und nicht von einer Menge, die sich spontan zusammengeschlossen und der sich der Angeklagte angeschlossen hatte. Hierfür spricht die Beobachtung der Zeugin M., die die Beteiligten geschlossen abrücken gesehen hat, und die Beobachtung der Zeugin P. Aus der Bekundung der Letzteren geht besonders hervor, daß es sich um einen zentral gelenkten Einsatz gehandelt haben muß. Danach ist es Aufgabe der begleitenden Kriminalbeamten gewesen, dem mit der Durchführung beauftragten Trupp den Weg freizumachen und etwa auftauchenden Widerstand zu beseitigen. Der Trupp selbst setzte sich aus Angehörigen von SA- und SS-Einheiten zusammen ...

Dafür, daß dieser Trupp von einer Zentralstelle aus eingesetzt gewesen ist, spricht ferner die Bekundung des Zeugen Sch., der ausgesagt hat, daß er, als er an dem betreffenden Morgen die Polizei angerufen hätte, von dieser die Antwort erhalten hätte, daß er sich nicht um den Vorgang im Tempel kümmern, sondern sich lieber schlafen legen solle. Hieraus ergibt sich klar, daß die Polizei von dem Vorgang verständigt war und die Anweisung erhalten hatte, nicht einzugreifen.«[33]

Aufgrund der unabhängig voneinander geleisteten, belastenden Zeugenaussagen und auch deren — auch nach einem zeitlichen Abstand von fast 10 Jahren — fester Ansicht, Sch. »tatsächlich unter den Tempelzerstörern gesehen haben«[33] zu wollen, blieb auch für das Gericht ein Verdacht bestehen, der ihm allerdings für eine Verurteilung nicht ausreichte. Unseres Wissens gibt es bis heute keine gerichtliche Verurteilung von Personen, die die Schändung und Zerstörung der Synagogen am Grindel veranlaßt oder durchgeführt haben. Die Behauptung von den »spontanen Demonstrationen« in der Pogromnacht vom 9./10. November 1938 konnte jedenfalls schon 1947 als nationalsozialistische Propagandalüge entlarvt werden.

Für den Angeklagten Sch. ging dieses Verfahren straffrei aus. Neben der Urteilsfindung scheint uns aber auch der Sprachgebrauch des Gerichts bemerkenswert zu sein: Da wurde von der Synagoge in der Rutschbahn als »Judentempel« mit der dazugehörigen »Judengemeinde« gesprochen, wurden Vorwürfe der Judenfeindschaft des Angeklagten dadurch relativiert, daß er als Fuhrmann für Juden gearbeitet hätte, zudem Gerüchte einer angeblichen Judenfeindlichkeit aus »Judenkreisen« stammten. Die Aussagen einer Hauptbelastungszeugin wurden deshalb entkräftet, da diese den Angeklagten in der Pogromnacht erst durch den Hinweis einer jüdischen Nachbarin identifiziert habe. Von dieser Frau, die 1944 in einem Konzentrationslager gestorben ist, wird im Urteil nur als von der »Jüdin Z.« gesprochen.

Bemerkenswert erscheinen uns aber auch Stereotypen in den Erinnerungen und Aussagen der Zeugen:
— Alle Zeugenaussagen beschreiben die Schändungen und Zerstörungen der Synagogen ohne Empörung, unbeteiligt, aus einer fast unparteiischen Perspektive (» ... festzustellen, was eigentlich mit der Synagoge geschah ...«; » ... um das Leben und Treiben bei der Synagoge zu beobachten ...«; » ... stellte ich fest, daß ... die Juden unter Tränen die Synagoge verließen. Ich habe mich weiter nicht auf der Straße aufgehalten.«).
— Alle entlastenden Zeugenaussagen stimmen darin überein, dem Angeklagten zu bescheinigen, nicht judenfeindlich gewesen zu sein, ja vielmehr, nicht nur für jüdische Geschäftsinhaber gearbeitet, sondern teilweise Juden sogar geholfen zu haben (» ... den Eindruck daß er bei der Synagogenzerstörung nicht zugegen ist«; » ... auch nie abfällig über die Juden geäußert«; » ... mir ist nicht bekannt geworden, daß Sch. antijüdisch eingestellt war.«).
— Alle entlastenden Zeugenaussagen weisen noch eine weitere auffällige und für den Angeklagten günstige Übereinstimmung auf, indem sie die Synagogenschänder und

-zerstörer als nicht zu identifizierende Gruppe beschreiben, deren Teilnehmer auf keinen Fall aus der unmittelbaren Wohnumgebung stammten. (»... jedenfalls habe ich keinen aus meiner Wohngegend dazwischen erkennen können«; »keinen mir Bekannten dabei gesehen«; » ... Personen aus anderen Bezirken bzw. Stadtteilen«).

Möglicherweise ergeben vertiefende Recherchen noch weitere Informationen und Materialien zum bisher äußerst dürftigen Wissensstand zu den Vorgängen in der Reichspogromnacht in Hamburg.[34] Dabei wird zu berücksichtigen sein, was Franziska Becker und Utz Jeggle in ihrer Untersuchung über den Zusammenhang von Gewalt und Gedächtnis sowie lokaler Erinnerung festgestellt haben:

»Es geht darum, die Teilnahme an den Geschehnissen gerade da aufzuspüren, wo sie achselzuckend übersehen oder heftig bestritten wird. Die Erinnerungsspuren der NS-Geschichte fordern ungewohnte Lesetechniken, die sich bemühen, aufzudecken, wie sich in der Negierung der Fakten die Erinnerung an die Taten verbirgt. Die Analysen der Formen des Vergessens wollen niemand entlasten und nichts verharmlosen, im Gegenteil, der Historiker und der Kulturwissenschaftler hat im einzelnen Fall den Auftrag, auch in der verwischten Spur Indizien dieser Spur und ihrer Tilgung aufzufinden.«[35]

Pogromgedenken

Zahlreich waren die Aktivitäten, Aufrufe, Veröffentlichungen und Veranstaltungen zum 50. Jahrestag der Pogromnacht gegen die Juden am 9./10. November 1938.[36]

Auch im deutschen Bundestag fand am 10. November 1988 eine Gedenkstunde statt. Nach der von Ida Ehre, der inzwischen verstorbenen Prinzipalin der Hamburger Kammerspiele, rezitierten »Todesfuge« von Paul Celan sprach Bundestagspräsident Philipp Jenninger. Seine Rede zum Gedenken an die nationalsozialistischen Pogrome führte zu einem Eklat, noch während der Gedenkstunde verließen zahlreiche Bundestagsabgeordnete unter Protest den Plenarsaal. Aufgrund der zahlreichen und kritischen Reaktionen auf seine Gedenkrede trat Philipp Jenninger am 11. November 1988 von seinem Amt zurück.[37]

Auch in Hamburg riefen zahlreiche Organisationen und Verbände unter dem Motto »Erinnern für die Zukunft« zu vielfältigen Veranstaltungen und Aktivitäten zum Gedenken an den 50. Jahrestag der »Reichskristallnacht« auf. Hamburger Zeitungen berichteten über die Ereignisse der Pogromnacht in der Hansestadt.[38] In einer Gedenkveranstaltung des Senats und der Bürgerschaft sowie der Jüdischen Gemeinde Hamburgs am 7.11.1988 sprachen Bürgermeister Henning Voscherau, der Vizepräsident der Bürgerschaft Hans Saalfeld und Miriam Gillis-Carlebach, die Tochter des letzten in Hamburg amtierenden Oberrabbiners. Am 9. November 1988 wurde am Grindelhof auf der Grundfläche des 1939 zwangsweise abgerissenen Synagogengebäudes die Gedenkanlage für die ehemalige Hauptsynagoge am Bornplatz eingeweiht.[39] Seit dem 9.11.1989 trägt diese Stätte zum Gedenken an den in Riga ermordeten Hamburger Oberrabbiner den Namen »Joseph-Carlebach-Platz«; ebenfalls seit 1989 heißt die Fläche vor dem Haus der Niedersächsischen Provinzialloge in der Moorweidenstraße »Platz der Jüdischen Deportierten«.

Der »Fall der Mauer«, die Öffnung der Grenze zwischen der DDR und der BRD am 9. November 1989, drängten diese Ereignisse jedoch in den Hintergrund. Die Vereinigung der beiden deutschen Staaten, in deren Folge rechtsradikale, rassistische und antisemitische Aktivitäten in Verbindung mit übersteigertem Nationalismus verstärkt offensichtbar werden, läßt bei vielen die Befürchtung entstehen, daß der 9. November in Zukunft nur noch in Zusammenhang mit dem »Fall der Mauer« und nicht mit den Pogromen und Zerstörungen des Jahres 1939 erinnert wird.[40] Solche Befürchtungen äußerte auch Miriam Gillis-Carlebach in einem Interview am 9.11.1990:

»*Wie haben Sie den 9. November 1938 in Hamburg erlebt?*«
»Ich bin am 8. November 1938 — also einen Tag vor dem Pogrom — ausgewandert. Ich war damals sechzehn Jahre alt. Als einzige unserer Familie hatte ich einen Ausweisebefehl bekommen, ich weiß nicht warum. Es gelang mir, als Touristin nach Israel einzureisen, wo ich nach einigen Schwierigkeiten auch bleiben konnte. Die Ausweisung war damals für mich mit sehr viel Angst verbunden. Noch am Tag meiner Ausreise wurde ich von der Gestapo verhört, ungefähr von zehn Uhr bis halb zwei. Um zwei Uhr ging mein Zug. Alles ging Hals über Kopf, ohne richtigen Abschied. Es war ein Riß mit der Familie, mit der Gemeinde, mit Hamburg.«
»*Fürchten Sie, daß die Begeisterung über den Fall der Mauer am 9. November 1989 das Gedenken an die Reichspogromnacht am 9. November 1938 überdecken wird?*«
»Wenn man nur den 9. November 1938 abgehakt von der gesamten Entwicklung sieht, dann besteht auch die große Gefahr, daß man später nur noch den 9. November 1989 sieht. Dann wird man sagen: Das war ja damals, was ist das heute noch wichtig, das ist jetzt vorbei. Aber das ist nicht vorbei: Die Synagogen sind nicht wieder aufgerichtet, die Juden sind nicht zurückgekommen. Der 9. November war Teil eines Prozesses, und nur wenn die jüngere Generation diesen ganzen Prozeß versteht, kann sie verhindern, daß so etwas wieder geschieht.

Für mich als Kind hat dieser Prozeß 1933 angefangen, mit dem Boykott »Shabatt«, an dem alle jüdischen Geschäfte mit dem Wort ›Jude‹ beschmiert und schwer beschädigt wurden. Diese Geschäfte, in denen ich gekauft habe, in denen ich besonders als Rabbinerstochter sehr zuvorkommend behandelt wurde und die für mich so anheimelnd waren, waren plötzlich wie ausgetötet. Wie nach einem riesigen Brand — man sah nichts als schwarze Löcher und diese herunterkleckernde Farbe und die Nazis vor den Geschäften mit den Gewehren. Meine kleine Schwester wurde an jenem Freitag am Blinddarm operiert, und mein Vater sagte am Abend: Der Schnitt ist zu ihrem Guten gemacht, aber der Schnitt, den das deutsche Judentum heute bekommen hat, der ist nicht verschmerzbar.«[41]

Erinnerungen eines Hamburger Bürgermeisters

»Am 7. November 1938 erschoß der 17jährige polnische Jude Herschel-Vivel Grynszpan in der deutschen Botschaft in Paris den Legationsrat Ernst vom Rath. Es war zweifellos ein politischer Mord, der die Verhandlungen stören sollte, die in London geführt wurden, um eine große internationale Anleihe zu erhalten. Sie sollte dazu dienen, den Juden die Ausreise aus Deutschland zu erleichtern, denn die meisten Länder lehnten es ab, mittellosen Juden die Einreise zu gestatten. Die Folge dieses Mordes war die Kristallnacht vom 9. zum 10. November 1938. Ich sah die Folgen erst, als ich am Morgen des 10. November ins Rathaus fuhr und hörte, was in der Nacht geschehen war. Wer für diesen politischen Unsinn verantwortlich gewesen ist, wird sich nicht einwandfrei feststellen lassen.

Auf jeden Fall hatten die Parteiführung und die Führung der Parteiorganisation nichts damit zu tun. Die Gauleiter, auch Kaufmann, und die obersten Führer der Organisation waren zur Gedächtnisfeier des 9. November 1923 in München. Es mag sein, daß die sehr scharfe Rede des Propagandaministers die Übergriffe veranlaßt hat. Aus der heutigen Sicht scheint es jedoch nicht ausgeschlossen zu sein, daß auch Männer des Widerstandes, vielleicht sogar die Juden selbst ein Interesse an dem Brand der Synagogen gehabt haben.«

Aus den Erinnerungen des von 1933 bis 1945 in Hamburg amtierenden Bürgermeisters Carl Vincent Krogmann. Sein Buch »Es ging um Deutschlands Zukunft 1932–1939« erschien 1976. Zitiert nach Peter Freimark, Wolfgang Kopitzsch, Der 9./10. November 1938 in Deutschland. Dokumente zur »Kristallnacht«, Hamburg 1988.

»J'accuse = Ich klage an«
Eine Widerstandsaktion nach dem 9. November 1938.

»Ich greife den Kampfruf Emile Zolas gegen den Antisemitismus auf, um meine deutschen Mitbürger und die gesamte zivilisierte Welt auf den drohenden Untergang von 500.000 schuldlosen Menschen hinzuweisen. ... Angeklagt sind der Fanatiker Hitler, der Sophist Göbbels, der Harlekin Göring, der Sadist Streicher, Himmler, des Fanatismus rauher Henkersknecht und Genossen«.[42]

Diese Zeilen sind die einzigen in Akten der Geheimen Staatspolizei überlieferten Sätze aus der 14 Seiten umfassenden Schrift »J'accuse — ich klage an«. Diese Protestschrift gegen den Naziterror in Deutschland wurde vermutlich unmittelbar nach der »Reichskristallnacht« im Zeitraum von Mitte November bis Anfang Dezember 1938 in Hamburg mit Schreibmaschine geschrieben und in mehreren 100 Exemplaren im Abzugsverfahren vervielfältigt. Verfasser war der gebürtige Hamburger Walter Gutmann. Er wurde am 12. oder 13.12.1938 in Hamburg verhaftet.

Einem Literaturhinweis folgend,[43] in dem erstmals über diese individuelle Widerstandsaktion berichtet wurde, haben wir in Hamburger und auswärtigen Archiven nach weiteren Hinweisen über das Schicksal des Verfassers gesucht. Obwohl Walter Gutmann in den Jahren 1938/39 in Hamburg verhaftet, verurteilt und inhaftiert war, enthalten die örtlichen Archive nur sehr spärliche Angaben. Nach Auskunft des Landgerichts Hamburg vom April 1990 existiert die Akte des Hanseatischen Sondergerichts zu Walter Gutmann nicht mehr, sie soll zu den gegen Kriegsende in Hamburg vernichteten Prozeßakten gehören. Lediglich Registereintragungen der Justizverwaltung für das Sondergerichtsverfahren gegen Walter Gutmann geben Aufschluß. Hier ist zu erfahren, daß Walter Gutmann am 22.1.1893 in Hamburg geboren wurde und in der Stadt als selbständiger Kaufmann tätig war. Hamburger Adreßbücher führen ihn 1927 als Kaufmann mit einem »Samen- Groß- und Kleinhandel« im Ballinhaus am Deichtormarkt, 1928 im Ballinhaus, Bauhof 1; seine Wohnanschrift wurde im Zeitraum 1927–1934 mit Horner Weg 25a angegeben, 1936 war Walter Gutmann unter Greifswalderstraße 56, zur Zeit seiner Verhaftung im Hellkamp 39 gemeldet.

Am 25.4.1939 wurde vom Generalstaatsanwalt des Hanseatischen Sondergerichts gegen den 46jährigen Kaufmann Walter Gutmann Anklage erhoben.[44] In Ermangelung jedweder Anklage- und Urteilsschriften kann die ihm zur Last gelegte Widerstandshandlung nur auf Grundlage eines Zeitungsberichts und einiger Gestapomeldungen rekonstruiert werden.

Das nationalsozialistische »Hamburger Tageblatt« berichtete am 25. Mai 1939 über den Fall und die Verurteilung Walter Gutmanns:

»Jude vertrieb Hetzschriften — Viereinhalb Jahre Gefängnis.

Vor der Kammer I des Hanseatischen Sondergerichts wurde der 46jährige Volljude Walter Israel Gutmann auf Grund des § 2 des Heimtückegesetzes zu einer Gefängnisstrafe von vier Jahren sechs Monaten verurteilt.

Die Anklage legte dem Volljuden zur Last, am 11. Dezember 1938 ein vierzehnseitiges Hetzpamphlet in einer Stückzahl von über 1.000 an Privatpersonen zum Versand gebracht zu haben. In der Verhandlung rückt der Jude von dem ›Ton‹ dieser Broschüre ab und versucht sie als den Versuch der Ehrenrettung von sich und des Judentums in Deutschland darzustellen. An nur zu vielen Stellen jedoch verliert er die Maske des ehrenhaften Fanatikers und versucht sein Heil im Ausweichen und Zurückziehen.

Am 11. Dezember 1938 hat er eine Reise von Hamburg nach Hannover, Bremen und zurück durchgeführt. In allen drei Städten hat er die getarnten Umschläge, in denen sich eine vervielfältigte Hetzschrift befand, in die Postbriefkästen gesteckt. Nach seiner Rückkehr nach Hamburg versuchte er, seinem Leben ein Ende zu bereiten. Seine Verhaftung konnte jedoch schneller erfolgen.

Der Vorsitzende des Sondergerichts kennzeichnet in seiner Urteilsbegründung den ganzen Haß, mit dem diese Schrift angefüllt ist. Die Angriffe dieses Juden seien eine einzige Unverschämtheit. Die innere Haltung dieses Juden zu dem heutigen Staat sei menschlich noch irgendwie zu ver-

Der Landrat Calau, den 17. Dezember 1938
Aktz.: V 7/8.

A b s c h r i f t .

Frankfurt (Oder), den 13. Dezemb. 1938

Geheime Staatspolizei
Staatspolizeistelle
Frankfurt/Oder
Tgb.Nr. II B 4 – M. 121.

Betrifft: Jüdische Hetzschrift.
Vorgang: Ohne.

Am 12.12.1938 wurden in Bremen mehrere im Abzugsverfahren hergestellte Hetzschriften mit dem Titel "Jaccuse. Ich klage an.", erfaßt. Die Schrift ist 14 Seiten stark, einzeilig mit Schreibmaschine geschrieben und mit Wachsbogen vervielfältigt. Sie befaßt sich mit den letzten Maßnahmen gegen die Juden. Als angeblicher Verfasser der Schrift bezeichnet sich der Jude Walter G u t m a n n , 45 Jahre, angeblich wohnhaft in Hamburg. Die Schrift ist durch die Post zum Versand gebracht und am 11.12.1938 um 23 Uhr beim Postamt 5 in Bremen aufgegeben worden. Die Anschriften der bislang erfaßten Briefe sind handschriftlich geschrieben. Auf der vorderen linken Seite des Briefumschlages ist der angebliche Absender des Briefes mit einem Stempel aufgedruckt. Hellblauer und gelbgrüner Stempeldruck. Als Absender wurden bislang 2 Bremer Firmen angegeben, die figniert sind. Es wird gebeten, die Briefumschläge der dort evtl. eingehenden Hetzschriften umgehend nach hier zu übersenden, da dieselben zur Ermittlung des Herstellers und Verbreiters benötigt werden.

In Vertretung:
gez. F l e s c h .

Abschrift übersende ich zur Kenntnis und ersuche um sofortige entsprechende weitere Veranlassung.

I.A.
gez. H e n n i n g .

An die
Ortspolizeibehörden
des K r e i s e s

Beglaubigt:

(Institut für die Geschichte der Arbeiterbewegung)

stehen. Der Staat müsse aber verlangen, daß Menschen, die in ihm zu leben wünschen, sich nach seinen Gesetzen richten. Keinem Juden sei die Ausreise in ein anderes Land verwehrt worden. Als strafmildernd wurde dem Angeklagten die Tatsache zuerkannt, daß er von 1914 bis 1916 als Soldat im Felde gewesen ist.«

Der hier wiedergegebene Sachverhalt wird in mehreren Schreiben der Geheimen Staatspolizei aus verschiedenen Gebieten des Reiches bestätigt. So berichtete die Geheime Staatspolizei, Staatspolizeistelle Darmstadt am 15. Dezember 1938 in einem Rundschreiben an alle Außendienststellen, Kreis- und Polizeiämter, daß am Darmstädter Postamt etwa 600 Schriften mit dem Titel »J'accuse = ich klage an« abgefangen wurden. Das Fahndungsersuchen der Gestapo ging davon aus, daß Walter Gutmann die Widerstandsschrift an verschiedene Adressen des gesamten Reiches und möglicherweise sogar ins Ausland geschickt haben könnte. Die Adressen auf den Umschlägen waren handschriftlich verfaßt; als Absender waren meist durch hellblaue und hellgrüne Stempelaufdrucke fingierte Firmen angegeben. Die abgefangenen Briefe enthielten Absenderstempel verschiedener Firmen mit Sitz in Hannover, Bremen und Hamburg.[45] Weiter wurde im Fahndungsschreiben behauptet: »Mehrere 100 Exemplare der Schmähschrift mit gleichem Titel sind als 2 Seiten starker Auszug zur Versendung gekommen. Gutmann befaßt sich in der Schrift unter anderem auch mit der letzten Judenaktion«.[46]

Die angegebene Zahl der im Wachsbogenabzugsverfahren hergestellten und von der Gestapo sichergestellten Exemplare ist angesichts der unterstellten alleinigen »Täterschaft« außerordentlich hoch und beachtenswert. Weiterhin setzte der von Walter Gutmann praktizierte Postverteilungsweg nicht nur persönlichen Mut, sondern auch Kenntnisse konspirativer Methoden illegaler Widerstandsarbeit voraus.

Ob Walter Gutmann tatsächlich allein für die Schrift »J'accuse« verantwortlich war, ob er sie selbst geschrieben und auch allein für die postalische Verteilung gesorgt hatte, läßt sich aus den verschiedenen Quellen jedoch nicht eindeutig beweisen. Trotz intensiver Nachforschungen haben wir bisher kein vollständiges Exemplar von »J'accuse« auffinden können. Eine umfassende Würdigung dieser Schrift kann daher gegenwärtig nicht erfolgen. Die wenigen erhaltenen Texthinweise und der angegebene Umfang der Schrift mit 14 einzeilig getippten Seiten, legen jedoch den Schluß nahe, daß ihr Verfasser aus seinem Wissen um die Entrechtung der jüdischen Minderheit in Deutschland heraus Anklage gegen Hitler und dessen Schergen erhoben hat. Ob Walter Gutmann selbst in Hamburg zu den Verhafteten in der Pogromnacht vom 9. zum 10.11.1938 gehört hatte und bald wieder freigekommen war, ist nicht bekannt. Auch die Umstände seiner Verhaftung im Dezember 1938 sind bis heute ungeklärt geblieben.

Das weitere Schicksal Walter Gutmanns während seiner Gefängnishaft kann nur aus kleinen Details und Daten zusammengestzt werden. »Gutmann hat einen Selbstmordversuch durch Vergiftung unternommen. Er befindet sich im Untersuchungslazarett und ist außer Lebensgefahr«, teilte die Gestapo Darmstadt am 15.12.1938 mit.[47] Nach seiner Verurteilung wurde Walter Gutmann in das Strafgefängnis Wolfenbüttel überführt. In dieser Haftanstalt verbrachte er ungefähr ein Jahr. Am 29.6.1940 wurde er aufgrund seines schlechten Gesundheitszustandes erneut verlegt, er kam in das Zentrallazarett nach Hamburg.

Die letzte Eintragung, die über sein Schicksal Auskunft gibt, ist einem Gefangenenbuch des Strafgefängnisses Wolfenbüttel entnommen: Am 19.12.1942 wurde Walter Gutmann in das Konzentrationslager Auschwitz gebracht.[48] Es gibt keine weiteren Lebenszeichen.

Das Hamburger Gedenkbuch für die jüdischen Opfer des Nationalsozialismus sowie das Gedenkbuch des Bundesarchivs Koblenz enthalten keinerlei Hinweise auf Walter Gutmann.

Anmerkungen

[1] Vgl. Wolfgang Benz, Die Juden in Deutschland 1933–1945. Leben unter nationalsozialistischer Herrschaft. München 1988, S. 499.

[2] Vgl. ebenda, S. 505; Hans-Jürgen Döscher »Reichskristallnacht«. Die Novemberpogrome 1938, Berlin 1988, S. 57ff. sowie zahlreiche Berichte in der Presse, hier vor allem das »Hamburger Tageblatt« in seinen Ausgaben vom 7.10.–13.10.1938.

[3] Zu den Hintergründen und möglichen Tatmotiven vgl. Hans-Jürgen Döscher, »Reichskristallnacht«, a.a.O., S. 57 bis 67.

[4] Vgl. hierzu den Bericht von Trude Maurer, Abschiebung und Attentat. Die Ausweisung der polnischen Juden und der Vorwand für die »Kristallnacht«. In: Walter H. Pehle (Hrsg.), Der Judenpogrom 1938, Von der »Reichskristallnacht« zum Völkermord. Frankfurt/M. 1988, S. 62–73 und Wolfgang Benz, Die Juden in Deutschland, a.a.O., S. 500–505.

[5] Vgl. Gedenkbuch für die jüdischen Opfer des Nationalsozialismus in Hamburg. Hamburg 1965, S. 104.

[6] 1936 mußte sich der Verein in »Verband polnischer Juden Groß-Hamburg e.V.« umbenennen; vgl. Ina Lorenz, Die Juden in Hamburg in der Zeit der Weimarer Republik, Eine Dokumentation. 2 Bde., Hamburg 1987, S. 979 und 1458.

[7] Rabbiner Rabinow wanderte 1937 über Belgien und England nach Israel aus. Vgl. hierzu Miriam Gillis-Carlebach, Jüdischer Alltag als humaner Widerstand 1939–1941. Hamburg 1990, S. 19.

[8] Auf einem im Januar 1939 ausgefüllten »Fragebogen für Auswanderer« hatte Beer Lambig als Auswanderungsziel die USA angegeben; vgl. Staatsarchiv Hamburg, Oberfinanzpräsident Hamburg 314–15, 5548.

[9] Den Hintergrund dieser Reisemöglichkeit bildeten die deutsch-polnischen Verhandlungen Anfang 1939. Deutschland genehmigte die vorübergehende Rückkehr Ausgewiesener, die bis spätestens zum 31. Juli 1939 wieder in Polen sein mußten. Das Interesse des deutschen Staates an dieser Maßnahme war kein humanitäres, sondern wirtschaftlich bedingt. Die vollkommen rechtlos und unter Zeitdruck Handelnden durften zwar persönliche Gegenstände und Mobiliar mitnehmen, ihr Kapital bzw. Liquidationserlöse aber fielen dem deutschen Staat anheim. Nutznießer dieser Regelung waren vor allem auch die Hausbesitzer, die ehemals von Juden bewohnte Räume neu vermieten konnten und sich für unverschuldet säumig gebliebene Mieten mit Vollstreckungshandlungen schadlos hielten. Vgl. hierzu auch Trude Maurer, Abschiebung und Attentat, a.a.O., S. 68f.

[10] Vgl. hierzu autobiographische Berichte: Hans Robinsohn, Ein Versuch sich zu behaupten. In: Tradition. Zeitschrift für Firmengeschichte und Unternehmerbiographie 4 (1958), S. 197–206; F. Peter Robinsohn. In: Egbert A. Hoffmann, Als die Synagogen brannten, Abendblatt-Serie zur Pogromnacht am 9. November 1938, in Hamburger Abendblatt vom 5./6.–8.11.1988; Rudolf Hirschfeld, Emigration auf Kredit. In: Charlotte Ueckert-Hilbert (Hrsg.), Fremd in der eigenen

Stadt. Erinnerungen jüdischer Emigranten aus Hamburg. Hamburg 1989, S. 93f.; zur Arisierung und Familiengeschichte Hirschfeld siehe auch: Johannes Ludwig, Boykott, Enteignung, Mord. Die »Entjudung« der deutschen Wirtschaft. Hamburg 1989, S. 212–227.

[11] Vgl. Auszüge der Feuerwehr-Melderegister vom November 1938 in: Arie Goral, JUDENPOGROMNOVEMBER 1938. Hamburger Lokal- und Provinzpresse betr. Juden, Oktober 1938 bis September 1941. Dokumentation, Vol. 2, Hamburg 1988. Zu den Synagogen nach dem Pogrom, besonders zum Abriß der Bornplatz-Synagoge, vergleiche auch in diesem Buch den Beitrag von Christiane Pritzlaff »Synagogen im Grindelviertel und ihre Zerstörung«.

[12] Vgl. hierzu auch die Ausführungen von Ursula Randt im Kapitel »Zerschlagung des jüdischen Schulwesens«.

[13] Zitiert nach: Julius Gramm, Dokumentation über eine christlich jüdische Mischehe, unveröffentlichtes Manuskript. Hamburg o.J.; Interview der Autoren mit Julius Gramm vom Juni 1989; vgl. auch Egbert A. Hoffmann, Als die Synagogen brannten, a.a.O., Hamburger Abendblatt vom 8.11.1988.

[14] Zitiert nach: Julius Gramm, Dokumentation über eine christlich jüdische Mischehe, a.a.O.

[15] Bundesarchiv Koblenz, R 58/276, Bl. 142, Fernschreiben vom 14.11.1938, Chef der Sicherheitspolizei an alle Staatspolizei(leit)stellen, nachrichtlich an die Inspektion der Konzentrationslager und an die Kommandanten der Konzentrationslager. Zitiert nach: Die jüdische Emigration aus Deutschland 1933–1941. Die Geschichte einer Austreibung. Katalog zur Ausstellung der Deutschen Bibliothek Frankfurt am Main. Frankfurt/M. 1985, S. 246.

[16] Vgl. Hans Lamm, Die Jahre des Nieder- und Untergangs — 1933 bis 1945. In: Oskar Wolfsberg-Aviad u.a., Die Drei-Gemeinde, Aus der Geschichte der jüdischen Gemeinden Altona-Hamburg-Wandsbek, München 1960, S. 115. Die von Hans Lamm angeführten Zahlen sind dem Bericht »Ein Beitrag zur Geschichte der Deutsch-Israelitischen Gemeinde in Hamburg (Jüdischer Religionsverband Hamburg e.V.) in der Zeit vom Herbst 1935 bis zum Mai 1941« entnommen.

[17] Artikel »Prozeß gegen Synagogenschänder«. In: Frankfurter Rundschau vom 18.3.1949.

[18] Staatsanwaltschaft beim Landgericht Hamburg, 14 Js 70/46, Bd. 10, Urteilsband, Urteil vom 27.4.1949.

Aus datenschutzrechtlichen Gründen wurde uns von seiten der Staatsanwaltschaft bei dem Landgericht Hamburg zur Auflage gemacht, personenbezogene Daten nur in anonymisierter Form zu veröffentlichen. Frau Helge Grabitz-Scheffler, Oberstaatsanwältin beim Landgericht Hamburg, möchten wir in diesem Zusammenhang für ihre Hinweise und ihre Unterstützung danken.

[19] Staatsanwaltschaft beim Landgericht Hamburg, 14 Js 291/47, Anzeige der Freien Gewerkschaft vom 26.6.1945.

[20] Ebenda, Bericht der Kriminalpolizei Hamburg vom 27.9.1945.

[21] Ebenda.

[22] Ebenda.

[23] Ebenda, Aussage von Herrn R. vom 10.3.1947.

[24] Ebenda, Aussage von Herrn G. vom 9.4.1947.

[25] Ebenda, Aussage von Frau Z. vom 9.4.1947.

[26] Ebenda.

[27] Ebenda, Aussage von Frau H. vom 10.4.1947 sowie Aussage von Frau L. vom 15.4.1947.

[28] Ebenda, Aussage von Frau P. vom 3.7.1947.

[29] Ebenda, Anklageschrift des Oberstaatsanwalts bei dem Landgericht in Hamburg vom 16.7.1947, S. 1.

[30] Ebenda, Urteil des Landgerichts Hamburg vom 9.10.1947, S. 2.

[31] Ebenda, S. 9.

[32] Ebenda, S. 11.

[33] Ebenda, S. 11f.

[34] Vgl. Peter Freimark, Wolfgang Kopitzsch, Der 9./10. November 1938 in Deutschland. Dokumentation zur »Kristallnacht«. Hamburg 1988. Bei dieser von der Landeszentrale für politische Bildung Hamburg herausgegebenen Broschüre handelt es sich immerhin um die fünfte durchgesehene und erweiterte Auflage.

[35] Franziska Becker, Utz Jeggle, Als ein Buch von der Empore der Synagoge herunterfiel. Vom Wegschauen der Menschen und gläsernen Wänden der Erinnerung. In: Frankfurter Rundschau vom 11.2.1989.

[36] Aus der Vielzahl der Veröffentlichungen seien hier stellvertretend genannt: Hans-Jürgen Döscher, »Reichskristallnacht«. Die Novemberpogrome 1938, Berlin 1988; »Die Synagogen brennen ...!« Die Zerstörung Frankfurts als jüdische Lebenswelt. Katalog des Historischen Museums Frankfurt am Main. Frankfurt/Main 1988; Kurt Pätzold, Irene Runge, Pogromnacht 1938. Berlin 1988; »Und lehrt sie: Gedächtnis!« Eine Ausstellung des Ministeriums für Kultur und des Staatssekretärs für Kirchenfragen in Zusammenarbeit mit dem Verband der Jüdischen Gemeinden in der DDR zum Gedenken an den faschistischen Novemberpogrom vor fünfzig Jahren. Berlin 1988.

[37] Vgl. zu den Diskussionen um die Jenninger-Rede den Artikel von Walter Jens, Ungehaltene Worte über eine gehaltene Rede. Wie Philipp Jenninger hätte reden müssen. In: Die Zeit vom 18.11.1988 sowie von Roderich Reifenrath, Warum mußte er reden? In: Frankfurter Rundschau vom 11.11.1988. Zum Vergleich mit der Rede Philipp Jenningers bietet sich die Rede Lars Clausens an, die dieser am 10.11.1988 vor dem Schleswig-Holsteinischen Landtag hielt, unter dem Titel »Die Novemberpogrome waren die Probe der Verrohung« abgedruckt in: Frankfurter Rundschau vom 12.11.1988. Allgemein hierzu auch: Y. Michal Bodeman, Was hat der Gedenktag überhaupt mit den Juden zu tun? Nachbetrachtungen zu der »Reichspogromnacht« und dem Umgang der Deutschen mit ihrer Geschichte. In: Frankfurter Rundschau vom 29.11.1988.

[38] Vgl. die Artikelserie »Vor 50 Jahren. Als die Synagogen brannten.« von Egbert A. Hoffmann im »Hamburger Abendblatt« vom 5./6./7. und 8. November 1988 sowie Axel Kintzinger, Die Feuerwehr stand tatenlos daneben. In: Die Tageszeitung, Hamburg, vom 8.11.1988.

[39] Die Reden der Gedenkveranstaltung vom 7.11.1988, zur Einweihung der Gedenkanlage am 9.11.1988 sowie der Gedenkfeier in der Synagoge am gleichen Tag sind abgedruckt in der von der Staatlichen Pressestelle Hamburg 1989 herausgegebenen Broschüre »Erinnern für die Zukunft. Zum 50. Jahrestag des November-Pogroms von 1938.«

[40] Vgl. die Artikel »Der Fall der Mauer verdrängte das Pogrom aus den Köpfen«. In: Frankfurter Rundschau vom 8.11.1990, »Erinnerungen an das Grauen und Erinnerungen an die Freude«. In: Frankfurter Rundschau vom 9.11.1990; »Gefühle der Opfer werden in Deutschland keine Rolle spielen.« In: Frankfurter Rundschau vom 14.11.1990.

[41] »Wenigstens eine Besinnungsstunde an diesem Tag.« Die Tochter des letzten Oberrabbiners, Miriam Gillis-Carlebach, erinnert sich. In: Die Tageszeitung, Hamburg, vom 9.11.1990. Siehe dazu in der gleichen Ausgabe den Artikel »Verdrängung durch Auslassung« von Gabi Haas.

[42] Bundesarchiv Koblenz, Sammlung Schumacher 210, zitiert nach Schreiben der »Geheimen Staatspolizei, Staatspolizeistelle Darmstadt« vom 15.12.1938, »An die Außendienststellen, Kreis- und Polizeiämter«.

[43] Konrad Kwiet/Helmut Eschwege, Selbstbehauptung und Widerstand. Deutsche Juden im Kampf um Existenz und Menschenwürde 1933–1945, Hamburg 1986, S. 243f.

[44] Staatsanwaltliches Ermittlungsregister, Landgericht Hamburg 11 Js Sond. 109/39. Die letzte Spalte der Eintragungen zu Walter Gutmann enthält ein rot gemaltes »T«; dieser Vermerk wurde 1947 bei der Durchsicht der Sondergerichtsurteile und anderer NS-Urteile nachträglich angefügt und bedeutet »Tilgung« der Strafe.

[45] Vgl. Anm. 42.

[46] Ebenda.

[47] Ebenda.

[48] Auskunft des Niedersächsischen Staatsarchivs in Wolfenbüttel.

Ursula Wamser/Wilfried Weinke
Die Kindertransporte

»Die Stadt Hamburg verriet ihre Bürger! Die Stadt Hamburg beraubte ihre Bürger der Menschenrechte! Die Stadt Hamburg verließ ihre Kinder, ignorierte ihre Hilfeschreie in der Wildnis. Dieses Kind lernte, niemandem zu trauen. Meine Heimatstadt nahm mir meine Jugend, meine Erziehung, meine Hoffnungen, meine Träume, meine Würde. Meine Heimatstadt nahm mir mein Recht auf Leben!«[1]

Nach dem Pogrom vom 9./10. November 1938 entschloß sich die britische Regierung am 21.11.1938, jüdische Kinder in England aufzunehmen und sie so vor der nationalsozialistischen Verfolgung zu schützen. Die jüdischen Gemeinden in Deutschland und Hilfsorganisationen im Ausland, wie das »World Movement for the Care of Children from Germany«, organisierten die Rettungsaktionen. Am 2. Dezember 1938 traf der erste Kindertransport in Harwich ein. Zwischen Dezember 1938 und Anfang September 1939 kamen per Schiff fast 10.000 Mädchen und Jungen nach England.[2]

Nur die Kinder durften nach England einreisen, sie mußten sich von ihren Eltern trennen; die meisten sahen sie nie wieder.[3]

Laut Auskunft des Hamburger Staatsarchivs vom 9.1.1991 gibt es in den dort befindlichen Akten unterschiedlicher Herkunft nur äußerst spärliche Hinweise auf diese Kindertransporte.

So enthält ein Bericht des Landesjugendamtes Hamburg vom 3.12.1938 den Vermerk, daß »von der jüdischen Gemeinde in der letzten Zeit mehrere Transporte jüdischer Kinder in ausländische Pflegestellen getätigt (Polen und England)«[4] wurden. In einem Vermerk der Devisenstelle des Oberfinanzpräsidenten Hamburg vom 6.12.1938 hieß es: »Nach Rücksprache mit ... der Paßpolizei legt die Gestapo Wert darauf, daß auch für die mit Sammeltransport aus Deutschland auswandernden Judenkinder Unbedenklichkeitsbescheinigungen der Zentralen Paßstelle für Paßzwecke vorgelegt werden. Es werden in nächster Zeit noch etwa 1.000 Judenkinder aus Hamburg auswandern.«[5] In einem Schreiben vom 5.1.1940, das sich auf einen Lehrer der Talmud-Tora-Schule bezog, der Ende 1938 und im Frühjahr 1939 Kindertransporte nach England begleitet hatte, teilte die Hamburger Gestapo der Devisenstelle mit: »Er hat für die Auswanderung jüdischer Kinder sehr gut gearbeitet. Mit seiner Hilfe sind vom November 1938 bis jetzt ungefähr 1.000 Kinder ausgewandert.«[6]

Im Sommer 1989 trafen sich in London tausend ehemalige Kinderflüchtlinge zu einer Gedenkveranstaltung an die Kindertransporte vor fünfzig Jahren.[7] Aus diesem Anlaß drehten Sabine Brüning und Peter Merseburger den Dokumentarfilm »Als sie nicht mehr deutsch sein durften. Über die Kindertransporte nach England.«[8] In diesem Film kam auch der ehemalige Hamburger Paul M. Cohn zu Wort. Auch er konnte, von seinen Eltern schmerzlich getrennt, durch einen Kindertransport vor der Verfolgung gerettet werden, er lebt heute in London. Die Auswanderungsbemühungen der Eltern scheiterten, am 26. Dezember 1941 wurden Julia und Jakob Cohn nach Riga deportiert und dort ermordet.[9]

Anmerkungen
[1] Larry Mandon, Überall unerwünscht — für Juden keine Nächstenliebe. In: Charlotte Ueckert-Hilbert (Hrsg.) Fremd in der eigenen Stadt. Erinnerungen jüdischer Emigranten aus Hamburg. Hamburg 1989, S. 179.
[2] Vgl. Karen Gershon, Wir kamen als Kinder. Eine kollektive Autobiografie. Frankfurt am Main 1988.
[3] Burkhard Müller-Ulrich, Die meisten sahen ihre Eltern nie wieder. In: Frankfurter Rundschau vom 28.7.1989 sowie Susanne Meyer, I am a Kind. 50 Jahre nach der Flucht. In: Die Zeit vom 28.7.1989. Für wertvolle Tips und ihre Hilfe möchten wir Frau Susanne Meyer danken.
[4] Laut Auskunft des Hamburger Staatsarchivs vom 9.1.1991.
[5] Ebenda.
[6] Ebenda.
[7] Souvenir Broschure. Reunion of Kindertransport. 50th Anniversary 1939—89. London o.J. (1989)
[8] Sabine Brüning/Peter Merseburger, Als sie nicht mehr deutsch sein durften. Über die Kindertransporte nach England. Dokumentarfilm. Sender Freies Berlin 1989.
[9] Vgl. Rüdiger Wersebe, Julia Cohn. Eine Kollegin verschwand spurlos. In: Ursel Hochmuth/Hans-Peter de Lorent, Hamburg: Schule unterm Hakenkreuz. Hamburg 1985, S. 201—202.

Paul M. Cohn
Kindheit in Hamburg

Ich bin am 8.1.1924 als einziges Kind meiner Eltern in Hamburg geboren. Meine Eltern waren beide in Hamburg geboren, wie auch drei meiner Großeltern. Ältere Vorfahren kamen aus Hamburg, Leipzig, Berlin, Greiffenberg, aber soweit ich es verfolgen kann, immer aus Deutschland. Sie fühlten sich als Deutsche (zumindest bis 1933); mein Vater hatte den ersten Weltkrieg als Frontkämpfer mitgemacht, wurde mehrfach verwundet und ihm wurde das Eiserne Kreuz verliehen. Die Idee auszuwandern kam ihnen nur allmählich, in dem Maße wie eine Auswanderung schwieriger wurde. Leider ist es ihnen nicht mehr gelungen.

Zur Zeit meiner Geburt wohnten wir mit meiner mütterlichen Großmutter in der Isestraße; als sie Oktober 1925 starb, zogen meine Eltern nach Winterhude um, wo sie am Lattenkamp eine Wohnung in einem Neubau gemietet hatten. Unserem Haus gegenüber fuhr die Hochbahn, die ich

Jüdische Kinder bei der Ankunft eines Kindertransports in England, Dezember 1938. (Dokumentenhaus Neuengamme)

oft beobachtete, da mich technische Dinge interessierten. Zu dieser Zeit gab es noch verhältnismäßig wenig Autos; als ich 1928 am Scharlachfieber erkrankte, wurde ich mit einem Einspänner ins Krankenhaus gebracht. Von den hinteren Fenstern unserer Wohnung sahen wir den Hof einer Wäscherei, mit mehreren Pferdewagen und ein paar Lieferautos; aber von besonderem Interesse war der kleine Hühnerhof daneben. Der Hahn ließ sich schon frühmorgens hören, gleichsam als Illustration zu »Max und Moritz«, meiner Lieblingslektüre.

Hier verbrachte ich schöne Kindheitsjahre, großenteils unberührt von der politischen und wirtschaftlichen Krise der Zwanziger Jahre. Mein Vater hatte ein Importgeschäft und meine Mutter war Lehrerin, und obwohl es nicht zum Luxus reichte, kamen wir aus. Da meine Mutter tagsüber nicht zu Hause war, hatten wir damals eine Hausgehilfin, meistens war ich jedoch auf mich allein angewiesen und spielte auch gern allein. Ich war wohl ein Stubenhocker und ging nur ungern auf die Straße. Dort gab es eine ganze Menge Kinder, unter denen ein paar ältere Jungen die Oberhand hatten.

Eine Zeitlang ging ich in einen Kindergarten, im April 1930 kam ich in die richtige Schule. Ich war sehr wißbegierig und konnte den Moment kaum abwarten. Der Unterricht gefiel mir gut, die Pausen weniger, da ich viel geneckt wurde und das nicht recht bewältigen konnte. Ich habe keinen Grund anzunehmen, daß Antisemitismus dahinter steckte (Es gab wohl noch ein oder zwei weitere jüdische Jungen in der Klasse, aber dieses Moment kam nicht zur Sprache). Unsere Klassenlehrerin war sehr nett, und ich kam gut mit ihr aus. Als sie längere Zeit wegen Krankheit abwesend war, wurden wir auf andere Klassen verteilt. Nun hatte ich einen Lehrer, der mich dauernd anfuhr und scheinbar grundlos bestrafte. Als meine Eltern bei der Schulleitung nachfragten, stellte sich heraus, daß dieser Lehrer Nationalsozialist war. Dagegen ließ sich nichts tun, und so schulten mich meine Eltern 1931 um in die Schule Meerweinstraße. Diese Schule war erst 1930 gegründet worden, meine Mutter unterrichtete dort, kannte sie also. Die Schule war sehr fortschrittlich, z.B. wurden Mädchen und Jungen gemeinsam unterrichtet. Zufällig war unsere Klassenlehrerin jüdisch; abgesehen von ihr und meiner Mutter waren dort keine weiteren jüdischen Lehrer. Während meiner 2 1/2 Jahre hier fühlte ich keinen Antisemitismus. Politisches kam auch nicht zur Sprache, selbst der Religionsunterricht war kein Zwang, da man an dessen Stelle »Lebenskunde« wählen konnte. Etwa 1932 gab es eine kleine Sensation: Ein oder zwei Jungen (nicht aus meiner Klasse) kamen in NS-Uniform zur Schule; während der Pause wurden sie wie seltene Vögel von allen Seiten bestaunt, weitere Folgen gab es nicht.

Klassenfoto der Schule Alsterdorfer Straße mit der Lehrerin Frau Rödler, 1931. Obere Reihe, 4.v.l.: Paul Cohn. (Privatbesitz)

Ab 1933 änderte sich vieles. Das Geschäft meines Vaters war in den letzten Jahren stark rückläufig und wurde um diese Zeit aufgelöst. Im April kam das »Gesetz zur Wiederherstellung des Berufsbeamtentums« heraus, und meine Mutter wurde im Oktober entlassen. Erst nach längerem Bemühen gelang es ihr, aufgrund ihrer über 25jährigen Berufstätigkeit im Staatsdienst, eine kleine Pension zu beziehen. Jetzt entschlossen sich meine Eltern, mich in die jüdische Schule am Grindelhof (Talmud Tora) zu versetzen. Diese war erheblich weiter entfernt, aber als Vorbereitung für die Oberschule, die ich ab 1934 besuchen sollte, zweckmäßig. Ich erinnere noch, daß wir dasselbe Rechenbuch in der Talmud Tora wie in der Meerweinstraße hatten, aber in der letzteren waren wir auf Seite 17, während meine neue Klasse schon auf Seite 34 war. Bald danach ließ der Klassenlehrer meine Mutter kommen und erklärte ihr, daß ich vieles nachzuholen hätte. Besonders Kopfrechnen sollte ich »bis zur Virtuosität« beherrschen. Nachdem ich mich von diesem Schock erholt hatte, legte ich mich tüchtig ins Zeug. Intensives Lernen war für mich eine ganz neue, aber angenehme Erfahrung. Am Ende des Jahres hatte ich keine Schwierigkeit mit dem Aufnahmeexamen in die Oberschule. Wäre ich in meiner alten Schule geblieben, so hätte das ganz anders ausgehen können. Allerdings war der Hauptgrund des Schulwechsels, daß ich jetzt in einer sympathischen Umgebung war. Mir wurde auch der Unterschied zwischen Schule am Grindel und meinem Zuhause in Winterhude bewußt. Dabei erlebten wir kaum offenen Antisemitismus. Viel häufiger kam es vor, daß sich jemand uns gegenüber freundlich äußerte, aber hinzufügte, daß er jetzt offiziell so und so denken und handeln müsse. Bis zu einem gewissen Grade kann dieses Verhalten jedoch die Notwendigkeit verschleiert haben, daß man als Jude auswandern mußte, um zu überleben. Das wurde einem aber erschreckend klargemacht und zugleich erschwert durch die immer mehr einschneidenden Rechtsvorschriften.

Mitte 1937 zogen wir um in die Klosterallee. Dies brachte mich nicht nur in die Nähe der Schule und anderer Schüler, sondern gab mir ein größeres Sicherheitsgefühl, da die meisten Hamburger Juden in der Grindelgegend wohnten. Die Lage der Wohnung machte es auch leichter, in die Synagoge zu gehen; wir waren nie orthodox gewesen, besuchten aber die Synagoge an hohen Feiertagen.

Diese Schuljahre waren für mich ein Genuß. Wir hatten viele promovierte Lehrer, die das Lernen zu einem Vergnügen machten. Der Deutschunterricht von Dr. Ernst Loewenberg, Sohn des Dichters Jakob Loewenberg, gab uns eine Einsicht in und Vorliebe für unsere Muttersprache, die mich nie verlassen hat. Die Englisch-Stunden schienen mehr Unterhaltung als Lernen, als ich später nach England kam, konnte ich mich ohne Schwierigkeit unterhalten. Französisch war eine Ausnahme, das habe ich erst später nachholen können. Naturwissenschaften kamen etwas zu kurz: Physik nur für ein Jahr und Chemie überhaupt nicht, da ich mit 15 abging. Der Mathematiklehrer war auch unser Klassenlehrer, er war sehr auf Disziplin bedacht, und ich war

Wohnhaus in der Klosterallee, um 1937. (Privatbesitz)

Kindertransport am 15.12.1938 nach Harwich. An Bord des Schiffes befanden sich 300 jüdische Kinder aus Hamburg und Umgebung. (Dokumentenhaus Neuengamme)

wohl etwas vorlaut. So kam es, daß sich gleich zu Anfang ein schlechtes Verhältnis zwischen uns bildete. Aber es war mein Lieblingsfach, und er war ein hervorragender Pädagoge, so daß wir allmählich einander trotzdem respektierten.

Die Frage der Auswanderung war ein dauerndes Problem, das aber 1938 sehr akut wurde. Zur Kristallnacht (9.11.38) wurde mein Vater, wie die meisten erwachsenen männlichen Juden, von der Polizei abgeholt und in das Konzentrationslager Sachsenhausen gebracht. Die Schule war jäh unterbrochen, da die meisten Lehrer in Haft waren, und meine Mutter hatte die doppelte Aufgabe, meinen Vater freizubekommen und eine Auswanderungsmöglichkeit zu finden. Das Problem war, daß wegen des schwierigen Arbeitsmarkts die meisten Länder keine Arbeitserlaubnis erteilten. Um eine Einwanderungserlaubnis zu erhalten, mußte jemand eine Garantie geben, dafür zu sorgen, daß der Einwanderer dem Staat nicht zur Last falle. Leider hatten wir keinerlei Verbindung mit dem Ausland. Der einzige Ort, für den man keine Einreiseerlaubnis brauchte, war Shanghai, und alle Schiffe dorthin waren meistens ausgebucht. Dann erklärte sich Holland bereit, Kinder ohne Garantie aufzunehmen; meine Mutter meldete mich sofort dafür an, und ich fing an, holländisch zu lernen. Nach etwa vier Monaten wurde mein Vater freigelassen. In der letzten Ansprache im KZ hieß es: »Wir entlassen Euch nur zu einem Zweck: damit ihr auswandert. Wenn Ihr das nicht tut, könntet Ihr Euch hier mal wieder finden. Und dann kommt Ihr nicht mehr raus.« Die Auswanderung war also jetzt dringend, aber so gut wie unmöglich. Vor kurzem hatte man alles Gold und Silber abgeben müssen, nur bis zu sechs Bestecke pro Haushalt durfte man behalten; beim Auswandern konnte man Mobiliar nicht mehr mitnehmen. Geld war schon früher gesperrt worden.

Im Frühling 1939 gab England bekannt, es würde jetzt auch Kinder ohne Garantie aufnehmen, und meine Eltern meldeten mich sofort dort an, da sie das Inselland als noch sicherer als Holland ansahen, was sich ja leider bald bestätigen sollte. Im April 1939 ging ich von der Schule ab, ein Jahr vor der Reifeprüfung. Die Formalitäten gingen in Ordnung, und meine Auswanderung mit einem Kindertransport war für den 21. Mai vorgesehen. Ein Flüchtlingskomitee in England hatte eine Stelle auf einer Hühnerfarm für mich gefunden. Mangels Arbeitserlaubnis durfte ich keine bezahlte Arbeit tun, aber auf der Farm sollte ich ausgebildet und im Alter von 18 Jahren in die Dominions geschickt werden, wo nicht derselbe Arbeitsmangel herrschte.

Ich war sehr bedrückt, meine Eltern zurückzulassen, aber es war mir klar, daß unsere Gesamtchancen sich nur verbessern könnten, wenn ich zunächst nach England fuhr. Meine Eltern schienen beim Abschied guten Mutes zu sein, obgleich sie wohl schon eine Vorahnung hatten, daß wir uns nicht wiedersehen würden.

Die Hühnerfarm, etwa 5.000 Hühner auf 4 1/2 ha, gehörte einem Ehepaar, das für die Arbeit Hilfe brauchte. Die eigentliche Arbeit war einfach: hauptsächlich die Hühner füttern, tränken und ausmisten, aber das nahm so etwa

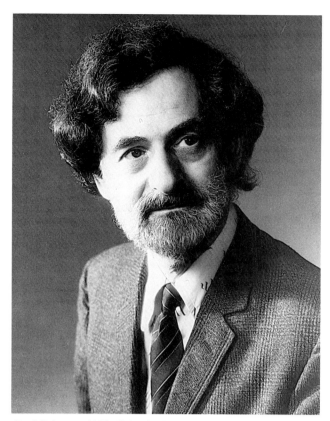
Paul Cohn, um 1980. (Privatbesitz)

70 Stunden pro Woche in Anspruch. Ich hatte nur alle zwei Wochen drei freie Nachmittage. Zwar war ich durchaus als Stadtmensch aufgewachsen, aber ich war mir bewußt, daß ich auf diese Weise ein neues Leben bekam. Über den Sommer 1939 korrespondierte ich noch eifrig mit meinen Eltern, ich verfolgte Möglichkeiten, eine Stelle für meine Eltern zu finden, so z.B. als Haushälterin und Gärtner (Mein Vater war enthusiastischer Schreber-Gärtner gewesen). Meine Bemühungen waren erfolglos, und nach Kriegsausbruch fiel auch diese Möglichkeit weg.

Ab jetzt bekam ich nur einmal im Monat einen kurzen Brief von meinen Eltern (durch das Rote Kreuz), den ich dann beantwortete. Daneben war es manchmal auch möglich, längere Briefe über Amerika durch Verwandte zu schicken, aber die Briefe wurden immer seltener, und Ende 1941 hörten diese ganz auf. Nach dem Kriegsende hörte ich dann, daß meine Eltern am 6. Dezember 1941 nach Riga deportiert worden waren und nicht zurückgekehrt sind.

Der Rest ist schnell beschrieben. Der Hühnerfarmer mußte seine Farm Ende 1941 wegen Futtermangel aufgeben. Nach kurzer Notausbildung als Feinmechaniker bekam ich eine Arbeitserlaubnis und arbeitete 4 1/2 Jahre lang in einer Fabrik. Während dieser Zeit nahm ich an Fernunterricht teil, um die Reifeprüfung abzulegen. Mit der Ermutigung des Flüchtlingskomitees absolvierte ich das ›Cambridge Scholarship Examination‹ und erhielt ein Stipendium vom »Trinity College«, Cambridge, um an der Universität Mathematik zu studieren. Ich schloß das Studium 1951 mit einer Promotion ab und verbrachte ein Jahr als »Chargé de Recherches« in Nancy, ging dann als Dozent nach Manchester, später London, zuletzt als Astor Professor an das University College London bis 1989. Seit dem bin ich im Ruhestand, aber noch in der mathematischen Forschung tätig.

Wie habe ich mich hier eingelebt? In einem Sinne sehr gut, und das liegt an der vorurteilslosen Art, in der mich englische Kollegen aufnahmen. Ich habe auch eine gebürtige Engländerin jüdischer Herkunft geheiratet, und wir haben zwei Töchter, die jetzt erwachsen sind. Aber ich bin mir meines Ursprungs bewußt, ich bin eben kein waschechter Engländer — aber Deutscher bin ich auch nicht mehr. Von Heimweh kann man nicht sprechen, das wäre zuviel gesagt. Es ist eher Sehnsucht nach etwas, was nicht mehr ist, etwa wie Schmerzen in einem Bein, das schon amputiert worden ist. In der Nachkriegszeit bin ich öfter beruflich in Deutschland gewesen, Frankfurt, Bielefeld, Darmstadt, Duisburg, Berlin und mehrmals im Forschungsinstitut Oberwolfach. Ich habe auch ein gutes Verhältnis zu deutschen Berufskollegen, aber meine Heimat ist jetzt hier.

Benno Kesstecher

Benno Kesstecher wurde am 20. März 1917 in Köln geboren. Er besuchte dort das erste jüdische Gymnasium im Rheinland, die »Jawne«. Nach der mittleren Reife siedelte er von Köln nach Hamburg um und besuchte bis zum Abitur im Jahre 1936 die Talmud-Tora-Schule im Grindelhof. Von 1936—1938 besuchte er das Lehrer- und Rabbiner-Seminar an der Israelitischen Lehrerbildungsanstalt in Würzburg und betätigte sich nebenher schriftstellerisch. Nach bestandenem Lehrerexamen ging Benno Kesstecher erneut nach Hamburg an die Talmud-Tora-Schule zurück. Hier war er von September 1938 bis zu seiner Auswanderung Ende November 1938 als Lehrer in allen Klassen- und Schulstufen der Talmud Tora tätig.[1]

Am 30. November 1938 floh er von Hamburg über Köln nach Belgien. Nach der deutschen Besetzung Belgiens fiel auch Benno Kesstecher im Juni 1940 in die Hände der Verfolger, wurde deportiert und starb im April 1945 im Konzentrationslager Neuengamme.

Die Recherchen zu Benno Kesstecher haben nur wenige Dokumente und Hinweise auf seinen Lebensweg ergeben. Die genauen Umstände seiner Emigration nach Belgien, die Jahre des Exils, die Daten seiner Deportation und seines Todes sind nicht genau bekannt. Während Dieter Corbach in einem kurzen biografischen Hinweis den Tod Benno Kesstechers mit »April 1945 im Konzentrationslager Neuengamme« angibt[2], weist die Hamburger Personalakte der Schulbehörde aus, daß Benno Kesstecher am 8.5.1945 »für tot erklärt« wurde.[3]

Anmerkungen
[1] Staatsarchiv Hamburg, Schulwesen-Personalakten, A 1392, Personalakte Benno Kesstecher.

[2] Vgl. Dieter Corbach, Die Jawne zu Köln. Zur Geschichte des ersten jüdischen Gymnasiums im Rheinland und zum Gedächtnis an Erich Klibansky. Ein Gedenkbuch. Köln 1990, S. 140.
[3] Staatsarchiv Hamburg, Schulwesen-Personalakten, A 1392, Personalakte Benno Kesstecher; laut Auskunft des Amtes für Wiedergutmachung vom 24.8.1962.

Die Gedichte »Wenn Kinder gehn ...« und »Der Auswanderer« sind entnommen aus: Benno Kesstecher, Die Wunderleiter, Gedichte«, Berlin 1938.

Wenn Kinder gehn ...

I.
Wenn Kinder gehn und alles dies verlassen,
Das einst ihr Leben war, ihr Gut, ihr Sein —
Und noch einmal mit einem Blick umfassen
Den Tisch, den Stuhl, die Truhe und den Schrein —
Und einmal noch erblicken in den Gassen
Die alten Häuser und den Brunnenstein —:
Dann scheint es, als sei all dies nie gewesen,
Ein Märchen, nachts im Traume aufgelesen.

II.
Wenn Kinder gehn — an einem leisen Abend —
Ein Zug schrillt auf — und Rauch — und ferner Laut,
Und Mütter, ihren Kopf im Gram vergrabend,
Schaun, wie man in ein Fernes, Leeres schaut —
Und dann — in seliger Erinnerung noch einmal habend
Das Kindeslächeln — wenn der Morgen graut,
Stehn sie dem Tag gegenüber, den sie nicht verstehn,
Die nur den Traum und nicht das Leben sehn ...

III.
Wenn Kinder gehn, umd eine Welt erlischt.

Dann schweigt das Leben einen Atemzug,
Und wird zum Bilde und zum Vogelflug
Hin über Gärten, die, wie ein Gedicht.
Einst blühten, als man sie im Herzen trug.
Nun ist es Herbst ... Und dumpf ist das Gewicht,
Das schicksalsschwer auf dieses Leben schlug ...
Die Mutter fragt — doch Antwort weiß sie nicht ...

Der Auswanderer

Nun ich die Heimat verlasse,
Ist mir, als geh ich dem Tode entgegen
Einen Schritt.
Denn schon im Geiste seh ich mich verlassen
Von allen Menschen, die ich so liebe,
Und von den Dingen, die ich erkannt,
Als ich ein Kind war.

Nun fahr ich in ein ander Land.
Alle Düfte sind meinem Sinne taub,

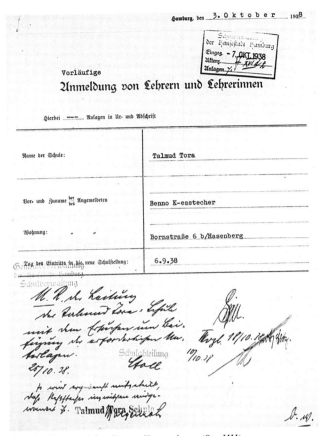

Aus der Personalakte Benno Kesstechers. (Sta HH)

Alle Wasser fließen vergebens,
Und der Menschen Augen
Sind mir wie Tiefen.
Unergründlich.
Meinem Sehnsuchtsblicke
Ist der graue Tag stumm,
Alles raunt Abschied mir zu,
Und ich nehme Abschied,
Wie einer vom Leben Abschied nimmt,
Das in ihm war.

Ja, wenn ich gehe,
Und ich gehe,
Weil ich gehen muß,
Und ich packe zusammen, was mein ist —
Dann steh ich, und die Häuser winken.
Im Abendgrau die Häuser blinken,
Die Schatten auf die Häuser sinken,
Und tief nach innen senk ich meinen Blick,
Und ich spüre, wie es zerrt in meinem Herzen.

Als wollte man es herreißen, verbrennen,
Gewaltsam von meinem Innern trennen ... —
O Leben, du hast mich zerrissen,
O Heimat, die ich lassen muß ...
Also schied Hektor von Andromache,
Also nehme ich Abschied
Und kann nicht vergessen.

Ursula Wamser / Wilfried Weinke

Entrechtung, Beraubung, Vertreibung und Mord

Die Vernichtung der deutschen Juden begann mit der staatlich organisierten Entrechtung, Beraubung und Vertreibung aus dem deutschen Wirtschaftsleben. Die von der NS-Terminologie geprägte »Entjudung der deutschen Wirtschaft« wurde zum grausamen Vorläufer millionenfacher Morde an den europäischen Juden.

Mit der Umsetzung dieser Politik begann die nationalsozialistische Partei- und Staatsführung unmittelbar nach ihrer Machtübernahme. Die einzelnen Stationen und Phasen dieses Vertreibungsprozesses waren zu keiner Zeit abstrakte, dem politischen Alltag entrückte Vorgänge. Sie fanden im öffentlichen, privaten und beruflichen Leben statt. Die bereits am Ende der Weimarer Republik spürbare gesellschaftspolitische Isolierung der Juden wurde seit April 1933 durch die gezielte öffentliche Entrechtung unwiderruflich festgeschrieben. Das »Gesetz zur Wiederherstellung des Berufsbeamtentums« richtete sich ausdrücklich gegen die Juden. Deren individuelles Leid und die zunehmende materielle Not der aus dem Staatsdienst und anderen Berufen entlassenen jüdischen Frauen und Männer wurde in der nichtjüdischen Öffentlichkeit nach 1933 nicht mehr als Unrecht zur Sprache gebracht. Die legale Regierungsopposition war auch in Hamburg seit März 1933 beseitigt, die konservativen Eliten handlungsunfähig und kaum als

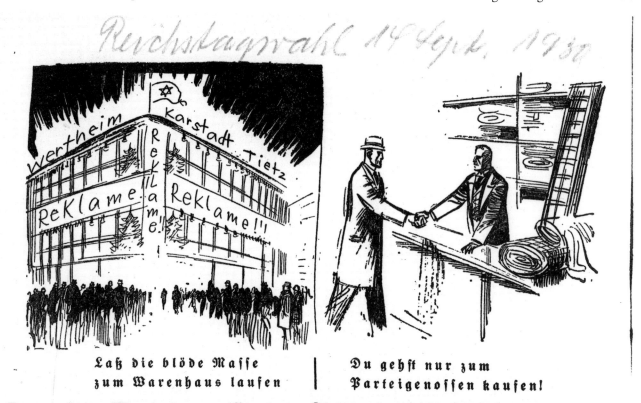

Handzettel der NSDAP von 1930. (Sta HH)

Bündnispartner zu gewinnen. Eine noch am 4. April durch Reichspräsident von Hindenburg erfolgreich vorgebrachte Intervention gegen das »Gesetz zur Wiederherstellung des Berufsbeamtentums« (Hindenburg erreichte eine Ausnahmeregelung zugunsten der jüdischen Weltkriegsteilnehmer und Beamter jüdischer Herkunft, die seit dem 1. August 1914 in Regierungsdiensten gestanden hatten[1]) blieb eine Ausnahme. Die Schonfrist währte nicht lange. Bald wurde ein Passus des Beamtengesetzes, der zum Zweck der »Vereinfachung der Verwaltung« Entlassungen ausdrücklich vorsah, zum bürokratischen Hebel gegen nichtgewünschte jüdische Kollegen. Nicht wenige profitierten von derlei rassepolitischen Maßnahmen, die bereits im Frühjahr 1933 über das beamtenrechtlich gesteckte Ziel hinausgingen und besonders in den unteren und mittleren Verwaltungsberufen für Nichtjuden begehrte Aufstiegschancen boten.[2] Zudem regelten ergänzende »Durchführungsverordnungen« zum Beamtengesetz die Ausweitung auf nichtbeamtete Berufe wir Ärzte, Zahnärzte, Zahntechniker und Anwälte. Allen noch im Staatsdienst verbliebenen Juden wurde mit einer weiteren Verordnung vom 14. November 1935 bis zum Jahresende gekündigt. Diesmal wurden nur noch Lehrer an jüdischen Schulen sowie die nach NS-Rassekriterien definierten Mischlinge von den Entlassungen ausgenommen.

»Es war nie Auswanderung, immer nur Flucht«[3]

Wesentlich komplizierter als im öffentlichen Sektor gestaltete sich die Verdrängung der Juden aus dem Bereich der privaten Wirtschaft. Die Instrumente, mit denen jedoch auch hier binnen weniger Jahre die Beraubung und Vertreibung jüdischer Menschen gelang, waren Gewalt und Boykottaktionen, Gesetze, Abschiebung und vor allem die gegen auswanderungswillige Juden extensiv ausgelegte »Reichsfluchtsteuer«.[4] Zweck der bis Ende der 30er Jahre von NS-Behörden geförderten Auswanderung war die möglichst umfassende wirtschaftliche Ausplünderung zugunsten des deutschen Staates. Darüber hinaus war es im perfiden, mitleidslosen Denken führender NS-Ideologen ein gewünschter Nebeneffekt, Judenfeindschaft zu exportieren; jüdische Emigranten sollten verarmt auswandern und den neuen Heimatländern dadurch möglichst schnell lästig werden.[5] Im Wirtschaftssektor allgemein schien dagegen noch für einige Zeit ein vorsichtigeres Vorgehen der NS-Behörden geboten. In verschiedenen Berufszweigen hatten Juden führende Positionen inne und zudem in einigen traditionellen Branchen seit Jahrzehnten bedeutenden Einfluß gewonnen. Entlassungsverordnungen wie im öffentlichen Dienst waren ad hoc nicht durchsetzbar, und selbst Einzelentlassungen aus Privatfirmen warfen noch rechtliche Probleme auf. Ein rigoroses Vorgehen mit sofortigen Zwangsliquidationen kapitalkräftiger jüdischer Firmen hätte in verschiedenen Branchenzweigen Zusammenbrüche und Schäden gebracht, die nicht im Interesse der kriegsrüstenden und nach Autarkie strebenden NS-Wirtschaft gewesen wären. Derlei finanzpolitische und wirtschaftliche Überlegungen[6] ermöglichten bis 1937 eine eingeschränkte Fortführung des jüdischen Geschäfts- und Wirtschaftslebens.[7]

Den Profit aus dieser Entwicklung zogen der deutsche Staat, die ihm zuarbeitenden Länderbehörden und nicht zuletzt die per Definition und Gesetz »arischen« Wettbewerbssieger (ganz überwiegend Parteimitglieder).

Hans J. Robinsohn, Mitinhaber des einstigen Hamburger Modehauses Gebr. Robinsohn, erinnert sich: *»Die Gründe, die meinen Vater, meinen Onkel, meinen Vetter und mich bestimmten, nicht auszuwandern, waren vielfältig. Niemand von uns wollte seine Heimat aufgeben. Auch glaubten wir, eine Auswanderung sei wirtschaftlich undurchführbar (das Schicksal belehrte uns darüber anders). Vor allem aber reichte unsere Phantasie nicht aus, sich die Maßnahmen deutlich zu machen, die man von Staat und Partei gegen jüdische Betriebe ergreifen würde. Auf einen Status minderen Rechts waren wir vorbereitet — das hatte es in allen Ghettos gegeben —, aber nicht auf den Zustand völliger Rechtlosigkeit.«[8]*

Titelblatt einer Broschüre vom Februar 1935. Die Geschäftsstelle des Hilfsausschusses befand sich im Haus der DIG, Beneckestraße 2. (Sta HH)

Helmut Eschwege (1.R., 2.v.l.) während eines Vorbereitungskurses für die Auswanderung in der Siedlerschule Wilhelminenhöhe, 1934. (Privatbesitz)

(Privatbesitz)

Aus Hamburg emigrierten im Zeitraum von 1933 bis 1937 ca. 5.000 Jüdinnen und Juden. Ein erheblicher Teil von ihnen war bereits finanziell auf Unterstützung der von der Deutsch-Israelitischen Gemeinde finanzierten Auswanderungshilfe angewiesen.[9] Exaktere Zahlen über die Auswanderung Hamburger Juden liegen gegenwärtig nicht vor. Aus Aktenbeständen des Oberfinanzpräsidenten Hamburg vom Zeitraum 1931–1945 geht hervor, daß die Hamburger Devisenstelle ca. 10.000 Auswandererakten per Einzelfall geprüft hat.[10] Es ist davon auszugehen, daß die Mehrzahl der Auswanderungsanträge zwischen 1933 und 1941 gestellt wurde. In wievielen Fällen die Emigration tatsächlich erfolgen konnte, ist bis heute nicht eindeutig geklärt.

Der Buchhändler George Kramer

Eine frühe Auswanderung gelang George Kramer und seiner Ehefrau Amalie. Die Kramers wohnten in der Rappstraße 20. Der 1862 geborene George Kramer hatte um 1913 in der Grindelallee 115 einen kleinen Buchhandel eröffnet, in dem er zugleich als Verleger tätig war. Mit einem kleinen und speziellen Büchersortiment war sein Ladengeschäft in der größten und beliebtesten Einkaufsstraße des Viertels ganz überwiegend für die Bedürfnisse der jüdischen Kundschaft da.

An ihn erinnert sich der Hamburger William Aron: »George Kramer hatte ein hebräisches Buchgeschäft und

Aus: *Hamburger Familienblatt vom Dezember 1919.*

war auch Verleger einer in deutscher Übersetzung erschienenen Ausgabe des ›Chovot Halevavoth‹ des Bachja ibn Pskuda; er war der ›Herausgeber‹ der Bambergerschen ›Raschi‹ — Übersetzung zum Pentateuch ... Dort gingen ein und aus so manche Juden, die im Hamburger Leben eine Rolle spielten ... Kramer war ein in Litauen geborener Jude, der in seiner Jugend auf einer Jeschiwah mit Rabbi Meir Berlin ›gelernt‹ hatte ... Er wanderte früh aus, ging nach Großbritannien, wo er sich seinen englischen Namen ›George‹ zulegte und kam nach Hamburg, wo er viele Jahre lebte.«[11]

Der nach dem Judenboykott vom April 1933 wachsende wirtschaftliche Druck, die rasch ansteigende Arbeitslosigkeit und Verarmung vieler Juden entzogen dem Buchladen sehr bald die Existenzgrundlage. George Kramer entschloß sich mit seiner Frau zur Auswanderung. Ende 1934 hatte das Ehepaar die nötigen Zertifikate und Anträge für ihre Auswanderung nach Palästina zusammen. Sie verließen Hamburg nicht als reiche Auswanderer, sondern lediglich mit einer kleinen Barschaft, deren Mitnahme vorab von verschiedenen Behörden zu genehmigen war: dem Präsidenten des Landesfinanzamtes, der Staatsanwaltschaft, der Zollfahndung und der Reichsbankhauptstelle in Hamburg. George Kramer war bei seiner Ausreise 72 Jahre alt, er verstarb ein Jahr später in Palästina.[12]

Obwohl eine kleine Buchhändlerexistenz ein für die Hamburger Finanzverwaltung gänzlich unwichtiger Wirtschaftsfaktor war, unterlag dieses Auswanderungsersuchen den gleichen Anfragen und Überprüfungen wie die von Inhabern bedeutend größerer Firmen. Bis Anfang 1938 bildeten die für eine Auswanderung erforderlichen geschäftlichen und privaten Vermögensangaben die behördliche Grundlage zur Festlegung der Reichsfluchtsteuer; finanzpolitische Instrumentarien wie Zeitwertfestlegungen, Sicherungsanordnungen, Sperrkonten und überhöhte Devisenumtauschkurse boten weitere Zugriffsmöglichkeiten auf das jüdische Eigentum.

Parallel dazu hatte die antisemitische Boykottbewegung nicht nur die Kundschaft vertrieben, sondern vor allem auch die Kündigung nichtjüdischer Zulieferfirmen oder Großabnehmer zur Folge. Viele Unternehmen weigerten sich, jüdische Firmen weiter zu beliefern; immer stärker wirkten sich die Reduzierung staatlicher Devisenzuteilung sowie Maßnahmen der Kartelle, die Rohstoffquoten jüdischer Mitglieder zu beschränken, aus.[13] Eine große Zahl jüdischer Geschäfts- und Firmeninhaber stand bereits Mitte der 30er Jahre vor dem Ruin und sah keinen anderen Ausweg, als durch Besitzaufgabe und Veräußerung die eigene Flucht zu erkaufen. Dabei konnte das Schicksal eines jüdischen Unternehmens entweder Liquidation oder »freiwillige« Arisierung heißen. Die »Freiwilligkeit« basierte dabei in der Möglichkeit, daß der Verkäufer einen Verkaufsvertrag mitbestimmen und der Betrieb von »arischen« Inhabern weitergeführt wurde. In jedem Fall bedeutete die derart herbeigeführte Existenzaufgabe eine erhebliche Minderbewertung und Kapitalverlust.[14]

Offene Gewalt und Vertreibung

Im Laufe des Jahres 1938 verschlechterten sich die Bedingungen für jüdische Firmen dramatisch. Die gegen die Juden gerichteten Gesetze und Gewalttätigkeiten nahmen ein bisher unvorstellbares Maß an. Sie bedeuteten de facto die Schlußphase der »Entjudung der deutschen Wirtschaft«.

Mit der am 26. April 1938 erlassenen »Verordnung über die Anmeldung des Vermögens von Juden« gelang in kurzer Zeit eine umfassende Kontrolle über das deutschen Juden gehörende Kapital im In- und Ausland. Nichteinhaltung der Anmeldepflicht hatte sofortigen Vermögensentzug und hohe Zuchthausstrafe zur Folge. Zugleich wurde bestimmt, daß eine jüdische Firma nur mit staatlicher Genehmigung verkauft werden durfte. Eine solche wurde erteilt, wenn der Preis maximal 75 Prozent des ursprünglich veranschlagten Wertes betrug. Er lag in aller Regel weit darunter. Immaterielle Werte wie Handelsmarken, Lieferverträge, Auslandsverbindungen wurden nicht angerechnet, da nichtarischen Betrieben solcherlei »Firmenwerte« nicht zugestanden wurden.

Wer trotz aller Behinderungen und Schikanen bis in diese Zeit wirtschaftlich durchgehalten hatte, wurde durch die Ereignisse der Pogromnacht vom 9./10. November und die ihnen folgenden Gesetze zur Aufgabe gezwungen.[15] Mit der »Verordnung zur Wiederherstellung des Straßenbildes bei jüdischen Gewerbebetrieben« vom 12.11.1938 wurden sämtliche Kosten der Pogromzerstörung den Juden selbst auferlegt; Versicherungsansprüche wurden konfisziert. Durch die »Verordnung über die Sühneleistung der Juden deutscher Staatsangehörigkeit« vom 12.11.1938 wurde der jüdischen Bevölkerung zusätzlich 1 Milliarde Reichsmark als »Buße« für die »feindliche« Haltung gegenüber dem deutschen Volk auferlegt. Den Höhepunkt bildete die ebenfalls am 12.11.1938 erlassene »Verordnung zur Ausschaltung der Juden aus dem deutschen Wirtschaftsleben«, das endgültige Aus für jede freie wirtschaftliche Betätigung.

Leben unter Ausnahmerecht. Das Schicksal von Elfriede Appel

Die Vielzahl der am Grindel niedergelassenen kleinen jüdischen Läden und Betriebe hatte jahrzehntelang das soziale und geschäftliche Leben am Grindel mitgeprägt und ermöglichte den nach jüdischer Tradition lebenden Gemeindemitgliedern die Befolgung ihrer religiösen Gebote. Hierfür kam den kosheren Läden, insbesondere den unter Aufsicht des Oberrabbinats stehenden Schlachtereien, große Bedeutung zu.[17]

Diesem Alltagsbereich frommen jüdischen Lebens galten

Ansicht des Modehauses Hirschfeld, Neuer Wall. (MHG)

Aus: Hamburger Tageblatt vom 30. 11. 1938.

die ersten nationalsozialistischen Verbote und Angriffe nach 1933. Bereits im März hatten Nationalsozialisten auf dem zentralen Hamburger Schlachthof jüdische Schlachter gewaltsam behindert,[18] wenige Wochen später wurde per Gesetz das Schächten von Tieren verboten.[19]

Die unter strenger Aufsicht des Oberrabbinats arbeitenden Schlachter waren durch diese Maßnahme in ihrer Existenz bedroht. Zu ihnen gehörte auch die in der Grindelallee 38 gelegene Schlachterei von Simon Appel.

In dem geräumigen und freundlich eingerichteten Ladengeschäft wurden nur koschere Fleisch- und Wurstwaren angeboten, die in eigener Fabrikation hergestellt worden waren. Die Kundschaft bestand überwiegend aus Juden des Viertels. Simon Appel, geb. am 10.5.1860 in Naumburg, seine am 16.1.1882 in Styrum geborene Ehefrau Elfriede und ihre beiden Söhne bewohnten im dreistöckigen Etagenhaus Nr. 38 die zum Laden gehörende Wohnung. An Feiertagen ging die religiös lebende Familie zum Gottesdienst in die Bornplatz-Synagoge. Hier wurde die Barmitzwah beider Jungen feierlich begangen. Simon Appel war Mitglied der Henry-Jones-Loge. »Unser Familienleben war immer wie man es sich wünschen kann, mit Liebe und Respekt und einem überwiegend jüdischen Freundeskreis«[20], erinnert sich der heute 85jährige Alfred Appel.

Er wurde am 30.1.1906 im Elternhaus in der Grindelallee 38 geboren. Alfred Appel besuchte die Talmud-Tora-Schule und war als begeisterter Sportler Mitglied im jüdischen Sportverein Bar Kochba, mit dem er als erfolgreicher Leichtathlet bei Wettkämpfen in Hamburg, Hannover und Berlin viele Siege errang. Sein am 12.02.1903 geborener Bruder John verstarb bereits mit 24 Jahren an den Folgen einer Operation.

Anfang der dreißiger Jahre zerstörten politische und private Schicksalsschläge das einst ruhige Familienleben. Der wachsende wirtschaftliche Druck und das Schächtverbot zwangen den bereits über 70jährigen Simon Appel zur Geschäftsaufgabe. Es fand sich sehr schnell ein Pächter für das Geschäft und die dazugehörende Wohnung, der nichtjüdische Schlachter Br.. Die Familie Appel bezog ein neues Zuhause in der Schröderstiftstraße 11, wo Simon Appel kurze Zeit später verstarb.

Alfred, zwischenzeitlich mit Charlotte Kriwer verheiratet, arbeitete im Altonaer Kaufhaus »EWO« in der Großen Bergstraße. Nach dem Tod des Vaters zog er mit seiner Frau und seiner Mutter nach Altona in die Gefionstraße. Ihre Lebenssituation wurde jedoch immer drückender; die Pachtzahlungen erfolgten unregelmäßig; der Polenaktion vom 28.10.1937 fielen Kollegen und Freunde zum Opfer. Zwei Wochen später wurden mehrere jüdische Angestellte der EWO in der Pogromnacht verhaftet, unter ihnen auch Alfred Appel. Zwei Gestapobeamte holten ihn in der Nacht vom 9./10. 11.1938 aus der Wohnung ab: Das Zuchthaus

Schlachterladen von Simon Appel in der Grindelallee 38. (Privatbesitz)

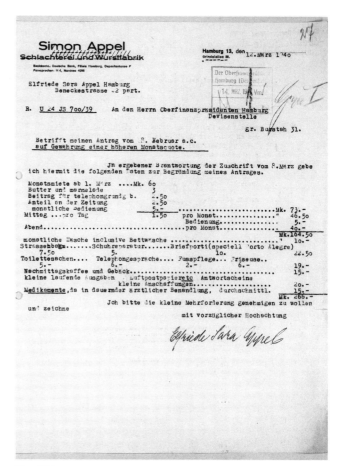

(Sta HH) (Sta HH)

Fuhlsbüttel und das Konzentrationslager Oranienburg/Sachsenhausen waren die Stationen, in denen Alfred Appel inhaftiert war, aller persönlichen Wertsachen beraubt wurde und wo er schwerste Mißhandlungen erleiden mußte.

Nach großen Anstrengungen war es seiner Frau zwischenzeitlich gelungen, für sich und ihren Mann Einreisevisa für Brasilien via Paraguay zu erhalten. Alfred Appel wurde unter der Maßgabe, den vom Vater geerbten Haus- und Grundbesitz auf seine Mutter überschreiben zu müssen und Deutschland sofort zu verlassen, Ende Dezember 1938 aus der Haft entlassen. Charlotte und Alfred Appel traten ihre Schiffspassage in die ungewisse Zukunft mit 100 RM in der Tasche an. Elfriede Appel blieb mit einigen nahen Verwandten in Hamburg zurück. Alle verzweifelten Bemühungen, von Brasilien aus die Emigration der geliebten Mutter zu bewirken, scheiterten.

Elfriede Appel erfuhr in den nun folgenden Jahren in Hamburg alle Stufen der Entrechtung und persönlichen Demütigung, die der NS-Staat systematisch entwickelt hatte.

Unmittelbar nach der Abreise des Sohnes mußte sie die Altonaer Wohnung verlassen und in das Haus Papendamm 23 ziehen; das Familiengrundstück Grindelallee 38 mußte sie samt Gebäude Anfang 1939 an den bisherigen Pächter Br. verkaufen. Br. hatte von sich aus noch im Januar 1939 einen Kaufantrag gestellt, den Elfriede Appel am 12.1.1939 unterzeichnete. Der Kaufpreis wurde auf 24.900,- RM festgesetzt, wovon ihr 18.600,- RM ausgezahlt werden sollten.[21] Zwei weitere Hypothekenforderungen über 6.583,- RM wurden ebenfalls eingetragen. Die Beträge kamen jedoch nie zur Auszahlung. Am 16. März 1939 erließ der Oberfinanzpräsident Hamburg eine »Sicherungsanordnung« gemäß § 59 Devisengesetz vom 12.12.38. Das Geld wurde auf ein Girokonto bei der M.M. Warburg & Co. K.-G., Hamburg, überwiesen, über das Elfriede Appel jedoch nicht frei verfügen durfte. Ihr wurden monatlich 300,- RM für ihren Lebensunterhalt als Verfügungsbetrag zugestanden. In der Begründung hieß es: »Frau Elfriede Appel, Wwe., geb. Vohs ist Jüdin. Es ist damit zu rechnen, daß sie in nächster Zeit auswandern wird. Nach den in letzter Zeit mit auswandernden Juden gemachten Erfahrungen ist es notwendig, Verfügungen über das Vermögen nur mit Genehmigung zuzulassen.«[22] Kopien wurden u.a. dem Finanzamt, der Reichsbankhauptstelle, der Steuer- und Zollfahndung und der Gestapo zugeleitet.

Die Demütigung kannte jedoch noch weitere Stufen. Im November 1939 wurde die Summe für ihren Lebensunterhalt auf montlich 200,- RM abgesenkt. Die Finanzbehörde hatte entschieden, daß 45,- RM für Miete und Nebenkosten, 130,- RM für den Lebensunterhalt und 25,- RM für sonstige Ausgaben genug seien.[23] Für jede Zusatzausgabe mußte sich Elfriede Appel umständlichen Bittstellungen

Elfriede Appel (links) mit ihrer Schwiegertochter Charlotte Appel, geb. Kriwer, um 1935. (Privatbesitz)

aussetzen und detailliert begründete Anträge bei der Devisenstelle des Oberfinanzpräsidenten einreichen: z.B. zur Bezahlung der durch den Jüdischen Religionsverband geleisteten Pflege der Familiengräber, für Arznei- und Arztkosten, für notwendigste Kleidungsstücke. Anfang 1940 mußte sie erneut umziehen. Ihr neues Zuhause fand sie in räumlicher Enge zusammen mit anderen jüdischen Menschen im Haus Beneckestraße 22.

Angesichts völliger Entrechtung und der schwindenden Hoffnung auf einen glücklichen Ausweg versuchte Elfriede Appel dennoch, die Auswanderung mittelloser Verwandter zu erreichen. Die von ihr beantragten Auswanderungshilfen über 200,- RM für eine Verwandte und 1.710,- RM für ihren Bruder und dessen Familie wurden bewilligt.[24] Lebensrettung geliebter Menschen wurde zu ihrem bestimmenden Lebensinhalt. Ihr eigenes Leben vermochte sie nicht mehr zu retten.

Elfriede Appel wurde am 25.10.1941 gemeinsam mit ihrer Cousine Senta Felixbrod, geb. Kriwer, nach Lodz deportiert und dort ermordet. Ein erschütternder, liebevoller Brief, den beide Frauen zwei Tage vor ihrer Deportation an Charlotte und Alfred Appel nach Porto Alegre abschickten, zeigt, daß sie erahnten, was sie erwartete.[25]

Abschiedsbrief von Elfriede Appel an ihren Sohn Alfred, seine Frau und Tochter

Hamburg, den 22.10.1941

Meine innigstgeliebten Drei!
Ich schreibe diese Woche schon wieder und Ihr werdet dann von hier nichts mehr von mir hören. Ich verreise mit Senta zu Guste Blatt, wo wir noch viele Bekannte treffen. Sorgt Euch bitte nicht um mich, ich bin froh, daß Senta bei mir ist, wir halten treu und fest zusammen und der liebe Gott wird uns beschützen. Meine Adresse werdet Ihr bald erfahren. Von Onkel Jo habt Ihr wohl schon von meinem Kabel gehört, aber nun ist es ja vorläufig zwecklos, denn die Antwort kann bis zum 24.ten nicht hier sein. Ich schreibe dann auch an Frau B., die Euch wohl auch Nachricht zukommen läßt, auch Liese, die Adressen wißt Ihr ja. Wie kommt es nur, daß ich schon bald vier Wochen nichts von Euch gehört habe, hoffentlich kommt bis Freitag noch Post. Von Tante Ida habe ich noch nichts gehört, ich werde Ihr auch noch schreiben, sie ist dort wohl ganz gut aufgehoben. Was macht mein kleiner Liebling, küßt sie tausendmal von ihrer Omi. Ich weiß sonst nichts neues zu berichten. Lebt wohl Ihr Geliebten, bleibt weiter gesund, der Allmächtige sei mit uns allen. Ich küsse Euch, mein geliebter Alfred und mein süßes Lottchen, innigst Eure sich nach Euch sehnende Mama.
Betreibt die Auswanderung nur weiter.

★ ★ ★

Handschriftlicher Zusatz von Senta Kriwer:
Meine innigstgeliebten Drei!
Verreise mit Tante Frieda zu Guste Blatt! Lieber Alfred, ich bleibe bei Deiner lieben Mutter und paß gut auf sie auf, der liebe Gott wird uns beschützen! Geliebte Lotte, nochmals auf Wiedersehen, meinen geliebten Kindern schreibe ich nur, daß ich verreist bin. Bitte schreibe ihnen recht oft liebe Lotte, ich werde wohl kaum schreiben können. In Liebe alle drei, Eure Senta.

Erinnerungen an die Familie Stoppelman

Daniel Stoppelman

Zu den in Hamburg seit Jahrzehnten bekannten jüdischen Schlachtern gehörte auch die ursprünglich aus Holland eingewanderte Familie von Daniel Stoppelman. Die Familie betrieb in der Hamburger Neustadt, in der Wexstraße 28, eine koschere Schlachterei mit streng ritueller Küche.[26] Daniel Stoppelman war ein orthodox lebender Jude. Er verstand seinen Beruf als ein für das religiöse jüdische Leben bedeutsames Handwerk. Da nach seiner Auffassung ein koscherer Schlachter die religiösen Gebote nicht nur genau kennen, sondern vor allem auch selbst streng einhalten und fromm leben mußte, hatte er gleich mehrere seiner Söhne dieses Handwerk lernen lassen.[27] Aus erster Ehe hatte Daniel Stoppelman drei Töchter und zwei Söhne, die beide am Grindel koschere Schlachtereien eröffneten. Willy Stoppelman führte seinen Laden in der Heinrich-Barth-Str. 4; sein Bruder Gerson in unmittelbarer Nähe, in der Dillstraße.

Nach dem frühen Tod seiner Ehefrau heiratete Daniel Stoppelman ein zweites Mal. Aus seiner Ehe mit Rosa Leers gingen ebenfalls fünf Kinder hervor.

Gustav Daniel Stoppelman

Von ihnen erlernte der 1893 geborene Sohn Gustav Daniel Stoppelman ebenfalls das vom Vater hoch geschätzte Handwerk. Seine Lehrzeit und sein Handwerksdiplom absolvierte er in der jüdischen Schlachterei Gebr. Loeb in Kassel.[28]

Die Hamburger Adreß- und Branchenbücher weisen aus, daß Gustav Stoppelman von 1920 bis 1927 am Holsteinischen Kamp 54 eine Schlachterei führte; von 1927 bis Anfang 1933 in der Barmbeker Marschnerstraße 23. Das im April 1933 in Kraft getretene Schächtverbot machte die Fortführung des Ladens in Barmbek aussichtslos. Gustav Stoppelman zog mit seiner Familie zum Grindel und betrieb fortan gemeinsam mit seinem Bruder Willy sowie einem weiteren Partner namens Leopold einen Schlachterladen in der Heinrich-Barth-Str. 4. Gustavs Familie wohnte zunächst im Nachbarhaus und zog kurz darauf in die Bornstraße 29. Auch von hier waren es immer nur ein paar Schritte zum Laden, wo alle erwachsenen Familienmitglieder für das Geschäft tätig waren. Zu Gustavs Familie gehörten seine 1894 geborene Frau Rachel, geb. Grünberg, die Kinder Hilde (geb. 1923) und Lothar (geb. 1928) sowie die Tante Fanny Grünberg.

Die Fortführung der koscheren Schlachterläden stand nach 1933 unter extremen Schwierigkeiten. Vor der Machtübernahme hatte jeder seine selbständige Existenz und sein Auskommen gehabt; jetzt mußten mehrere Familien von einem erheblich verkleinerten Umsatz leben.

Die Deutsch-Israelitische Gemeinde hatte gegen das Schächtverbot interveniert und erreichen können, daß ersatzweise koscheres Fleisch aus dem Ausland, überwiegend Dänemark und Polen, bezogen werden durfte. Gustav Daniel Stoppelman wurde von den Behörden zum Verteiler bestimmt, wodurch er und seine Familie im Verlauf der 30er Jahre vielen Schikanen durch die Gestapo ausgeliefert waren.[29] Immer wieder wurden plötzlich Hausdurchsuchungen und Buchhaltungsprüfungen durchgeführt.

Lothar Stoppelman erinnert sich: »Ab und zu wurde er von zu Hause abgeholt (meistens Freitag abends, um den religiösen Ruhetag zu stören) und zur Grenze nach Oberschlesien gebracht, mit der Anklage, er hätte Fleisch geschmuggelt etc., was alles natürlich nicht wahr war. Diese Verfolgung ging weiter bis zu unserer abenteuerlichen Ausreise. Noch am letzten Tag mußte meine Mutter zur Gestapo (anstelle meines Vaters, der sehr nierenkrank war und sich versteckte). Sie wurde nur freigelassen mit dem Versprechen, noch vor 12 Uhr nachts desselben Tages mit der Familie abzureisen«.[30]

Der gesamten Familie, die glücklicherweise ihre Auswanderung bereits beantragt und die nötigen Papier beisammen hatte, gelang im Juni/Juli 1938 über die Schweiz und Italien dann per Schiff die Ausreise nach Argentinien.

Willi Stoppelman, Mitinhaber des Ladens in der Heinrich-Barth-Str. 4, war mit seiner Familie bereits 1936[31] nach Holland ausgewandert.

Gerson Stoppelman

Der am 3.4.1879 in Hamburg gebürtige Gerson Stoppelman war innerhalb der Deutsch-Israelitischen Gemeinde am Grindel sehr bekannt. Er hatte sich jahrelang neben sei-

Gustav (links) und Gerson Stoppelman, um 1916. (Privatbesitz)

ner geschäftlichen Tätigkeit am Gemeindeleben aktiv beteiligt. Zudem war er Mitglied im »Verein der selbständigen jüdischen Handwerker und Gewerbetreibenden zu Groß-Hamburg von 1906 e.V.«. Auf der Liste dieses Vereins kandidierte Gerson Stoppelman im März 1930 zum Repräsentantenkollegium der Gemeinde. Mit 4.491 Stimmen wurde er in das Gemeindegremium gewählt.[32] Gerson Stoppelman setzte sich im Rahmen dieses Gemeindeamtes wiederholt vehement für den Ausbau des Wohlfahrtswesens in der Deutsch-Israelitischen Gemeinde und für eine stärkere Unterstützung der zunehmend ärmeren und alten Gemeindemitglieder ein.[33]

Auch Gerson Stoppelman versuchte sein koscheres Schlachtergeschäft für Fleisch, Wurst und Geflügel in der Dillstraße 16 nach dem Schächtverbot trotz massiver Behinderungen und Einnahmeverlusten noch einige Jahre weiterzuführen. Doch auch er sah sich 1937 dafür jeder Grundlage beraubt und beantragte für sich und seine noch bei ihm lebende Tochter Ilse die Auswanderung nach Holland. Von hier aus hoffte er, zu seinen beiden bereits in die USA ausgewanderten Töchtern Hedwig und Grete reisen zu können.[34]

Seine Ehefrau war bereits 1935 in Hamburg verstorben.

Die umständlich genauen und verzögerten Vermögensüberprüfungen seitens der Hamburger Finanz- und Steuerbehörde ergaben, daß auf Gerson Stoppelman noch eine Hypothek über 4.000,- RM eingetragen war, des weiteren Ansprüche auf eine noch nicht ausbezahlte Lebensversicherung der verstorbenen Ehefrau und die Einrichtung des Schlachterladens als Vermögenswerte vorhanden waren. Die Geldbeträge wurden auf Anordnung der Behörde auf ein Sperrkonto der M.M. Warburg & Co. K.-G. gutgeschrieben, für das Gerson Stoppelman keine Verfügungsberechtigung erhielt; die Ausreise wurde ihm jedoch gemeinsam mit seiner Tochter Ilse genehmigt.[35]

In einem Schreiben des Oberfinanzpräsidenten heißt es: »Herr Gerson Stoppelman, zuletzt Hamburg 13, Dillstraße 16 (Keller) wohnhaft, hat seinen Wohnsitz nach dem Auslande verlegt.

Gemäß § 6 Ziff. 6 Dev. Gesetz vom 4.2.1935 ist Herr Gerson Stoppelman devisenrechtlich als Ausländer anzusehen. Jede Verfügung über sein Guthaben bzw. Vermögenswerte, die gemäß Ri. I, 1, zum Devisengesetz vom 4.2.1935 als Auswanderungsguthaben bzw. Sperrforderungen gelten, dsgl. jede Zahlung an ihn bzw. zu seinen Gunsten an Inländer bedarf ... meiner Genehmigung.«[36]

Gerson und Ilse Stoppelman reisten nahezu mittellos in Holland ein und waren sehr bald auf die Unterstützung der niederländischen Flüchtlingshilfe in Rotterdam, ihrer ersten Exil-Station, angewiesen. Mehrere Schreiben von Gerson Stoppelman an den Hamburger Oberfinanzpräsidenten mit der Bitte um Auszahlung kleiner Zinsbeträge an seine in Berlin lebende mittellose Schwester Selma wurden nicht erfüllt, obwohl dies bei der amtlichen Ausreisegenehmigung zugesagt worden war. Aber auch die Lebenssituation für Vater und Tochter wurde immer schwieriger; sie waren vollends auf Unterstützung des Rotterdamer Flüchlingskomitees angewiesen und lebten hier bis etwa Ende 1939 in einem Flüchtlingscamp. Als nächste Adresse gab Gerson Stoppelman Amsterdam an. Die genauen Lebensumstände aus dieser Zeit sind nicht bekannt. Bekannt ist, daß seine Tochter Ilse noch in Holland heiratete;[37] alle weiteren Bemühungen Gerson Stoppelmans, die Hamburger Finanzbehörde zur Überweisung der Sperrguthaben oder kleiner Teilbeträge zu bewegen, blieben erfolglos. Am 24. Dezember 1939 schrieb er an die Devisenstelle:

»An die Devisenstelle in Hamburg richtet Unterzeichner die herzliche Bitte, die Gültigkeitsdauer der, bei der Holland American Lyn am 15. November 1938 gekauften Passage für Weiterreise nach USA, mir und meiner Tochter bis zu 6 Monate doch rücksichtsvoll wie gütigst verlängern zu wollen; zumal ich hier ohne jegliches Vermögen und Einkommen lebe und somit nicht in der Lage bin, in Devisen bezahlen zu können! Ich habe auf Grund der Wartenummer 8706/8707 bestimmt Aussicht auf Visumserteilung im Frühjahr 1940 und wäre ich verzweifelt, wenn als 60jähriger ich nicht das Endziel meiner Auswanderung zu meinen Kindern noch erreiche? Der Herr Beamte »Jahnike« hat Kenntnis davon, daß die Fa. Carl L. mir bislang noch nicht mein bescheidenes Umzugsgut zugesandt hat, trotzdem Solches im Dez. 1938 zoll- u. devisenrechtlich schon genehmigt war. Die jetzt bevorstehende Absendung bitte ich, wie schriftlich vereinbart war, bis Amsterdam (womöglich per Schiff) genehmigen zu wollen, da mir Bezahlung ab Grenze unmöglich ist. Inständigst richte ich hiermit an den Herrn Oberfinanzpräsidenten

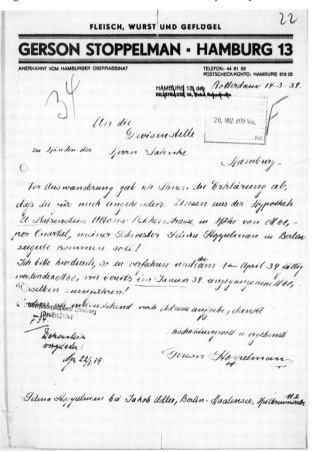

(Sta HH)

das ergebene Ersuchen, mich vor Verlust meiner letzten und einzigen Habseligkeiten › Umzugsgut u. der im Nov. 1938 gekauften Passage nach USA schützend bewahren zu wollen. ‹ Hoffend, daß meinem Ersuchen stattgegeben wird, zeichnet hochachtungsvoll und ergebenst Gerson Stoppelman.«[38]

Gerson und Ilse Stoppelman fielen nach der Besetzung Hollands durch deutsche Truppen der auch dort bald einsetzenden systematischen Verfolgung von Juden zum Opfer; Gerson Stoppelman wurde interniert und nach Deutschland deportiert. Nach Auskunft des Staatsarchivs Hamburg ist Gerson Stoppelman in Auschwitz umgekommen.[39] Seine Tochter Ilse kam in Bergen-Belsen ums Leben.[40]

Anmerkungen

[1] Vgl. hierzu Raul Hilberg, Die Vernichtung der europäischen Juden, Frankfurt/M. 1990, S. 88 f., und Norbert Kampe, ›Endlösung‹ durch Auswanderung? Zu den widersprüchlichen Zielvorstellungen antisemitischer Politik bis 1941, in: Wolfgang Michalka (Hrsg.), Der Zweite Weltkrieg. Analysen, Grundzüge, Forschungsbilanz. München 1989, S. 837.

[2] Zum Vorgehen und Umfang der rassepolitischen Entlassungen an der Hamburger Universität vgl. Eckart Krause, Ludwig Huber, Holger Fischer (Hrsg.), Hochschulalltag im »Dritten Reich«. Die Hamburger Universität 1933–1945. Berlin/Hamburg 1991.

[3] Zitiert nach Adrienne Thomas, in: Wolfgang Zadek (Hrsg.), Sie flohen vor dem Hakenkreuz. Selbstzeugnisse der Emigranten. Ein Lesebuch für Deutsche. Reinbek 1981, S. 101; vgl. hierzu Juliane Wetzel, Auswanderung aus Deutschland. In: Wolfgang Benz (Hrsg.), Die Juden in Deutschland 1933–1945. Leben unter nationalsozialistischer Herrschaft. München 1988, S. 412 ff. Die Zeitspanne von 1933 bis 1937 wird von Historikern vielfach als Phase schleichender Judenverfolgung bezeichnet. Vgl. hierzu Helmut Genschel, Die Verdrängung der Juden aus der Wirtschaft im Dritten Reich. Göttingen 1966, S. 60 ff. und S. 139.

[4] Die Reichsfluchtsteuer war zwar schon ab 1. Januar 1931 gesetzlich erhoben worden, um die durch Auswanderung mögliche Devisenflucht und den Kapitaltransfer Reichsdeutscher einzudämmen; die Nazis erkannten in diesem Gesetz jedoch ein geeignetes Instrument, um die zur Emigration getriebenen jüdischen Bürger ihrer Guthaben in erheblichem Umfang zu berauben. Die Reichsfluchtsteuer wurde mit Wirkung von 18. Mai 1934 entsprechend verändert; die Steuer betrug 1/4 des gesamten steuerpflichtigen Vermögens. Vgl. hierzu auch Wolfgang Benz, Die Juden in Deutschland 1933–1945. Leben unter nationalsozialistischer Herrschaft. München 1988, S. 425 ff. sowie Raul Hilberg, Die Vernichtung der europäischen Juden, a.a.O., S. 140 ff.

[5] Vgl. Wolfgang Benz, Die Juden in Deutschland, a.a.O., S. 426.

[6] Diese Linie wurde maßgeblich in der Amtszeit von Hjalmar Schacht vertreten; Schacht amtierte von August 1934 bis zu seinem Rücktritt November 1937 als Wirtschaftsminister; von März 1933 bis 1939 war er zugleich Reichsbankpräsident; im Mai 1935 wurde Schacht zum Generalbevollmächtigten für die Kriegswirtschaft ernannt, November 1937 trat er aufgrund von Differenzen mit der NS-Führung auch von diesem Amt zurück.

[7] Vgl. hierzu auch Hans J. Robinsohn, Ein Versuch, sich zu behaupten. In: Tradition. Zeitschrift für Firmengeschichte und Unternehmerbiographie, Bd. 3, H. 4, München 1958, S. 198; vgl. hierzu Helmut Genschel, Die Verdrängung der Juden aus der Wirtschaft, a.a.O., S. 268 f.

[8] Hans J. Robinsohn, Ein Versuch, sich zu behaupten, a.a.O., S. 197.

[9] Zahlenangaben nach Hans Lamm, Die Jahre des Nieder- und Untergangs — 1933 bis 1945, in: Oskar Wolfsberg-Aviad u.a., Die Drei-Gemeinde. Aus der Geschichte der jüdischen Gemeinden Altona — Hamburg — Wandsbek. München 1960, S. 115.

[10] Angaben nach Auskunft des Staatsarchivs Hamburg vom Dezember 1990. Die seit 1989 dem Staatsarchiv Hamburg zur Verfügung stehenden umfangreichen Aktenbestände konnten bisher lediglich grob gesichtet werden, eine detaillierte Aktenauswertung steht noch aus.

[11] Zitiert nach Seev W. Aron (William Aron), Meine Erinnerungen an die »Kehillah Kedoschah Hamburg, Ir vò em bè Yissroel«. (Jews of Hamburg, New York 1967).

[12] Staatsarchiv Hamburg, Oberfinanzpräsident Hamburg, Sign. F. 1348, Schreiben des Präsidenten des Landesfinanzamtes Hamburg an Polizeibehörde vom 24.10.1934.

[13] Vgl. hierzu Raul Hilberg, Die Vertreibung der europäischen Juden, a.a.O., S. 102 f.

[14] Der Begriff »Arisierung« setzte sich erst seit Erlaß der Nürnberger Gesetze durch. Vgl. hierzu Helmut Genschel, Die Verdrängung der Juden aus der Wirtschaft im Dritten Reich. Göttingen 1966, S. 124 ff.

[15] Vgl. Hans. J. Robinsohn, Ein Versuch, sich zu behaupten, a.a.O., S. 204–206.

[16] Vgl. zur antijüdischen Gesetzgebung und den hier erwähnten einschlägigen Verordnungen Bruno Blau, Das Ausnahmerecht für die Juden in Deutschland 1933–1945. Düsseldorf 1965, S. 8 f. und S. 53 ff.

[17] In Hamburg betrug der Anteil der Schächtungen z.B. im Juli 1925 ca. 12 Prozent aller Schlachtungen. Vgl. hierzu Schreiben der Deutsch-Israelitischen Gemeinde vom 1.10.1929. In: Ina Lorenz, Die Juden in Hamburg zur Zeit der Weimarer Republik, a.a.O., S. 787.

[18] Staatsarchiv Hamburg, Bestand 614, B 202, Schreiben der NSDAP Gauleitung GI an die SA Untergruppe HG., Hamburg, Moorweidenstr. 10, vom 27.3.1933.

[19] »Gesetz über das Schlachten von Tieren« vom 21.3.1933 und »Verordnung über das Schlachten von Tieren« vom 22.4.1933; Reichsgesetzblatt Teil I, S. 203 und 211. Vgl. hierzu auch Bruno Blau, Das Ausnahmerecht für die Juden in Deutschland, a.a.O., S. 19; Helmut Genschel, Die Verdrängung der Juden aus der Wirtschaft, a.a.O., S. 64.

[20] Brief von Alfred Appel vom 12.4.90. Die Familienangaben und Hinweise bis zur Auswanderung des Sohnes Alfred stammen aus mehreren Briefen, die im Zeitraum von Anfang 1989 bis Ende 1990 geschrieben wurden. Wir sind Herrn Alfred Appel für einen ausführlichen Briefwechsel, viele Hinweise und die uns zur Verfügung gestellten Fotos und Dokumente sehr zu Dank verpflichtet.

[21] Staatsarchiv Hamburg, Oberfinanzpräsident Hamburg, Sign. 700/39, Schreiben der Zollfahndungsstelle Hamburg an den Oberfinanzpräsidenten, Devisenstelle vom 23.2.1939.

[22] Ebenda, Schreiben des Oberfinanzpräsidenten Hamburg, Sicherungsanordnung vom 16. März 1939.

[23] Ebenda, Schreiben des Oberfinanzpräsidenten Hamburg, Devisenstelle vom 20.10.1939.

[24] Ebenda, Anträge von Frau Elfriede Appel vom 6.5.1940 und 30.10.40.

[25] Der Abschiedsbrief von Elfriede Appel wurde uns von ihrem Sohn Alfred Appel zur Verfügung gestellt.

[26] Die Schreibweise des Familiennamens mit einem »n« leitet sich aus der ursprünglich holländischen Schreibweise ab; Brief von Hilde Fleischmann vom März 1991. Wir danken Frau Hilde Fleischmann für wichtige Hinweise und Fotos zur Geschichte der Familie Stoppelman aus Hamburg.

[27] Brief von Lothar Stoppelman vom 28.10.1990. Wir danken Herrn Dr. Lothar Stoppelman für wichtige Hinweise und uns freundlicherweise zur Verfügung gestellten Fotos und Dokumente.

[28] Lothar Stoppelman, »Bericht über die Emigration einer nicht prominenten Familie von Hamburg nach Buenos Aires, Argentinien, im Juni 1938«, unveröffentlichtes Manuskript, Buenos Aires 1988. Der Auswanderungsbericht wurde von Dr. Lothar Stoppelman für die Hamburger Arbeitsstelle für deutsche Exilliteratur an der Universität Hamburg erstellt und uns freundlicherweise zur Verfügung gestellt. Wir danken in diesem Zusammenhang auch Herrn Prof. F. Trapp für freundliche Hilfestellung.

[29] Brief von Lothar Stoppelman vom 1.12.1990.

[30] Ebenda.

[31] Nach Angaben des Neffen Lothar Stoppelman gehört Willy Stop-

pelman zu den Opfern des Naziregimes; er soll in Bergen-Belsen umgekommen sein.

[32] Vgl. hierzu Ina Lorenz, Die Juden in Hamburg zur Zeit der Weimarer Republik, a.a.O., S. 237 und S.240, und S. 1091. Die Wahlliste sowie die Protokolle des Repräsentantenkollegiums enthalten jedoch die Schreibweise »Stoppelmann«.

[33] Ebenda, S. 311, 490 und 1042.

[34] Laut Auskunft von Frau Hilde Fleischmann vom März 1991 waren auch die Söhne Gerson Stoppelmans aus Deutschland geflohen; der Sohn Max emigrierte nach Palästina; Sohn Alfred war mit seiner Familie ebenfalls aus Deutschland ausgewandert, kam jedoch in einem Vernichtungslager um.

[35] Staatsarchiv Hamburg, Bestand Oberfinanzpräsident Hamburg, F. 2235, Schreiben des Finanzamtes Hamburg Rechtes Alsterufer an Oberfinanzpräsidenten Hamburg vom 21.12.1938 und Schreiben der Zollfahndungsstelle vom 20.12.1938.

[36] Ebenda, Mitteilung des Oberfinanzpräsidenten, Devisenstelle vom 30.12.1938.

[37] Brief von Frau Hilde Fleischmann vom März 1991.

[38] Staatsarchiv Hamburg, Bestand Oberfinanzpräsident, a.a.O., Postkarte Gerson Stoppelman aus Amsterdam an den Oberfinanzpräsidenten, Devisenstelle Hamburg vom 24.12.39.

[39] So auch die Auskunft seiner heute in den USA lebenden Nichte Hilde Fleischmann; Brief vom März 1991.

[40] Brief von Hilde Fleischmann vom März 1991.

Käthe Starke
Abschied und Reise

Käthe Starke gehörte zu den Hamburger Jüdinnen und Juden, die am 23.6.1943 mit einem der letzten Transporte in das KZ Theresienstadt deportiert wurden. Das Kapitel »Abschied und Reise« ihres Buches »Der Führer schenkt den Juden eine Stadt« enthält ihre Eindrücke und Erinnerungen:

Was die Schlachttiere empfinden, wenn sie dumpf zusammengepfercht im Viehwagen dahinrollen — ich weiß es aus Erfahrung.

Ein gutes Ende kann dies nicht nehmen, fühlen sie instinktiv, so wie das angefangen hat: Vom heimischen Hof geführt — mit Knüppeln und Geschrei sind dann die Treiber in ihren schweren Schaftstiefeln über die zwischen den Barrieren dichtgedrängten Rücken getrampelt, und wer in seiner Angst auszubrechen suchte, wurde gnadenlos zusammengeschlagen. — — Gewiß — die Weide — auch nicht immer schön gewesen. Heiße Sonne — wenig Schatten — Durst —. Im Frühjahr peitschte der eiskalte Wind von See oft tagelang, nächtelang den Regen waagerecht, und wir standen schutzlos, gleichgerichtet alle, ihn mit dem Kopf zu empfangen, so still, wie jetzt — aber frei. Gut war der Stall. Warm vertraut der Geruch, bekannt die Nachbarn, ihre Stimmen, ihre Gewohnheiten — ach, und jetzt — — man müßte schreien — — wenn nur niemand anfängt, zu schreien — — —. Nein — auf unserm Transport nach Theresienstadt fing niemand an zu schreien. Uns trat auch keiner in den Rücken, wie ich es elf Monate zuvor noch im Hof der Schule an der Sternschanze gesehen hatte, wenn die Alten nicht schnell genug die hohen Klapptritte an den Mannschaftswagen der Polizei erklimmen konnten.

Der Chef des Judendezernats der Geheimen Staatspolizei, Staatspolizeileitstelle Hamburg, »Herr« Göttsche, der uns mit seinem Stab das Abschiedsgeleit gab, zeigte sich mehrere Nuancen undienstlicher als gewöhnlich. Keine Filmkameras surrten, keine umgehängten Photo-Apparate machten Privataufnahmen von hübschen Helferinnen, von Elendsgestalten auf dem Bahnsteig oder von Tragbahren mit sterbenden Greisen. Es war ja vergleichsweise auch gar nichts los heute. Ein kleiner Transport von 108 Seelen nur. Aber mit diesem kleinen Transport, der die letzten Mitarbeiter der Gemeinde und die letzten Betreuten entführte, sahen die Beamten vom Judendezernat ihr Arbeitsgebiet in der Heimat entschwinden und die Front für sich in gefährliche Nähe rücken. Und das war es, was sie erweichte.

Die gelockerte Haltung war schon bei der Abwicklung der Formalitäten spürbar geworden. Wir konnten die letzte Nacht in unserm eignen Bett verbringen und wurden nicht, wie bisher üblich, Tage vorher eingesammelt und unter Verschluß gehalten. Mehrere Gesichtspunkte mögen dafür maßgeblich gewesen sein. Die früheren Transporte ließen einen Gemeinde-Apparat zurück, der, wenn auch mehr und mehr geschwächt und dezimiert, doch immer wieder aktionsfähig gemacht worden war. Es gab noch Großküchen, die die Verpflegung solcher Menschenansammlungen durchführen konnten, es gab genügend freiwillige Helfer, die Tag und Nacht Dienst taten. Wie das immer wieder geschafft wurde, ist ein Wunder an Organisation der

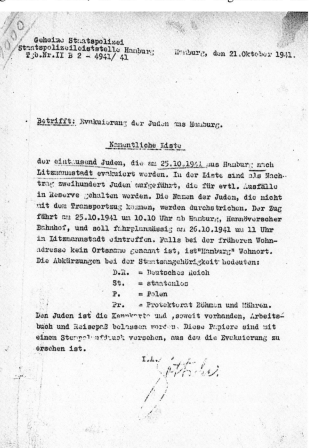

(Institut für die Geschichte der Arbeiterbewegung)

Der Hannoversche Bahnhof in Hamburg, 1931. Dieser Bahnhof war Abgangsort vieler Deportationszüge. (Dokumentenhaus Neuengamme)

Gemeindeleitung und an Einsatzwilligkeit ihrer Mitglieder. Aber mit uns war der Rest dran.

Niemand war mehr da, der für uns hätte sorgen können, wir mußten unsere Beerdigung selber durchführen. Seit dem 11. Juni standen wir zudem unter Hausarrest, der sich auf den Komplex Beneckestraße 2–6 erstreckte. In diesen gemeindeeigenen Häusern waren die verstreut in Hamburg wohnenden Juden seit September 1942 zusammengezogen. Im Parterre von Nr. 2 befanden sich die restlichen Büros der Gemeinde, die ebenfalls seit dem 11. Juni geschlossen und versiegelt waren, nicht ohne vorher genauestens durchsucht worden zu sein ...

An diesem 11. Juni 1943 hielt es der Hamburgische Staatsrat Dr. Leo Lippmann nicht mehr für der Mühe wert. Man fand ihn und seine Frau in tiefem Schlaf, und sie wollten nicht mehr zu dem Leben erwachen, das sie für sich voraussehn konnten. Vorher aber machten sie unter anderen meiner Schwester und mir ihren Abschiedsbesuch und trugen uns Grüße auf an ihre Freunde Dr. Heinrich Wohlwills in Theresienstadt — falls wir sie treffen würden.

Jetzt waren wir auf dem Weg zu ihnen, würden wir sie treffen? Beim Registrieren für die Transportliste herrschte ein ungewohnt konziliater Ton. Keine Schläge, nicht einmal laute Kommandos, niemandem wurde aus Spaß der Kopf unter die Wasserleitung gehalten. Die Sekretärinnen der Gestapo, zwei attraktive Mädchen, reichten uns mit spitzen Fingern unsere Judenkennkarten zurück, in die sie gestempelt hatten, daß Inhaber dieses mit dem Heutigen evakuiert seien, und hakten uns auf ihrer Liste ab. Solcherart ausgestrichen aus dem Buch der Lebenden, wurde uns gegen allen Brauch gestattet, noch einmal in unser Zimmer zurückzukehren, um die restliche Wartezeit dort zu verbringen. Diese Galgenfrist benutzten wir, um Notsignale zu geben an Freunde im neutralen Ausland, flüchtige Zeilen, deren Tenor lautete: Ich verlege meinen Wohnsitz heute nach Theresienstadt, Protektorat ...

Auf dem abgelegenen Güterbahnhof, dem »Hannöverschen«, der schon Schauplatz vieler Judentransporte gewesen war, an dem wie unheimliche Schattenspiele im nächtlichen Dunkel herzzerreißende Begebenheiten und menschenunwürdige Szenen vorübergezogen sind, begann für uns das Abenteuer, aus dem noch niemand zurückgekehrt war. Aber es begann im hellen Licht eines heiteren Sommertages, wie unsere Stadt nicht viele kennt. Die Güterwagen, die uns einschluckten, vergalten der Sonne ihr Licht mit einem warmen Aufleuchten ihres mattroten Anstrichs. Unbarmherzig in der klaren Luft bot sich der Zug der Träger dar, die über den leeren Bahnsteig unsre bettlägerigen Kranken, unsre ältesten und nicht Transportfähigen zu den notdürftig als Liegewagen eingerichteten Waggons trugen. Sauber hergerichtet, wie vom Leichenwäscher, ein letztes Mal pfleglich betreut, verschwanden sie hinter den Schiebetüren, entschwanden sie ihren »arisch versippten« Verwandten, die sie hilflos begleiteten, und waren einem Schicksal ausgeliefert, das »Verhungern« heißen sollte ...

Die Türen wurden zugeschoben. Der Transport war abgefertigt. Wir merkten, daß wir fuhren. — In diesem Augenblick — am 23. Juni 1943 — endete die altehrwürdige Tradition der Hochdeutschen Israeliten-Gemeinde zu Altona, und die der hochangesehenen und reichen Deutsch-Israelitischen Gemeinde in Hamburg.

Aus: Käthe Starke, Der Führer schenkt den Juden eine Stadt. Bilder — Impressionen — Reportagen — Dokumente. Berlin 1975.

Käthe Starke wurde am 8. Mai 1945 von der Roten Armee in Theresienstadt befreit; am 28. Juli 1945 konnte sie von dort ihren Heimweg nach Hamburg antreten. Käthe Starke ist am 10.8.1990 in Hamburg verstorben.

Lucille Eichengreen mit Harriet Chamberlain
Rückkehr nach Hamburg 1944

Lucille Eichengreen wurde 1925 als älteste Tochter der Eheleute Sala und Beno Landau in Hamburg geboren. Die Familie lebte in Hamburg-Eimsbüttel, Hohe Weide 25. Cecilie (heute Lucille) besuchte die Israelitische Töchterschule und die Talmud-Tora-Schule.

Im folgenden Text berichtet sie über das Schicksal ihrer Eltern und Schwester, über ihren eigenen Leidensweg durch Konzentrations- und Vernichtungslager und über ihre Zwangsarbeit als jüdische Gefangene in Hamburg.

Im April 1945 wurde sie von britischen Truppen aus dem Lager Bergen-Belsen befreit. Im Dezember 1945 verließ sie Deutschland. Lucille Eichengreen lebt heute in Berkeley, Californien.

Ein Märchen beginnt mit »Es war einmal ...« Dies ist jedoch kein Märchen. Es ist Tatsache, es ist die schreckliche Wahrheit über eine schmerzliche, häßliche Vergangenheit.

»Es war einmal«. 1933 feierte ich meinen achten Geburtstag. Ich wuchs in einem warmen, sonnigen Zuhause auf, mit liebevoll umsorgenden Eltern und einer heiteren schönen kleinen Schwester. Das Wort »Antisemitismus« ging zum ersten Mal im Sommer 1933 in meinen Wortschatz ein. Aber es blieb unverstanden oder unerfaßt, bis es für ein Kind offensichtlich wurde, daß ein Jude verabscheut, geschlagen, gehaßt und verfolgt wurde und allgemein mißhandelt wurde. Unsere nichtjüdischen Nachbarn sprachen nicht mehr mit uns, und ihre Kinder hörten auf, mit uns zu spielen. Der Schulweg zur Carolinenstraße war gefährlich und Furcht einjagend. Die jüdischen Kinder wurden eingeschüchtert, ängstlich und zogen sich zurück.

Mein Vater wurde im Februar 1941 in Dachau ermordet. Die Gestapo kam zu uns, warf eine Zigarrenschachtel auf den Küchentisch mit dem kurzen, kalten Vermerk: »Asche — Benjamin Landau — Dachau.«

Sala und Beno Landau mit ihrer ältesten Tochter Cecilie, 1929. (Privatbesitz)

Meine Mutter, meine Schwester und ich wurden im August 1941 in das Ghetto von Lodz deportiert. Dort lebten wir unter unmenschlichen Bedingungen, an Hunger, Kälte und Typhus leidend, ständig mit der Bedrohung und der Angst vor den deutschen Aussiedlungen.

Meine Mutter wurde im Juli 1942 in Lodz ermordet, und meine kleine Schwester wurde im September 1942 deportiert. Der ganze Transport wurde umgebracht — niemand überlebte. Die Ermordung unschuldiger Kinder, unschuldiger menschlicher Wesen, ist ein so abscheuliches Verbrechen, daß man es nicht beschreiben kann.

Im August 1944 kam ich allein vom Ghetto Lodz nach Auschwitz. Danach: Konzentrationslager Neuengamme, Arbeitslager Dessauer Ufer, Arbeitslager Sasel, und zuletzt Bergen-Belsen, wo die Briten einen dezimierten Rest gebrochener Menschheit befreiten.

Ich erinnere mich an den Winter 1944—45 in und um Hamburg. Es war nicht das Wiedersehen, das ich mir je vorgestellt hatte.

**Der Schal
Konzentrationslager Neuengamme,
Arbeitslager Dessauer Ufer
(Herbst 1944).**

Ich war eine von 500 Frauen, die Mengeles schreckliche Selektionen durchliefen. Schnell rannte die Reihe nackter Frauen an ihm vorbei, während er abschätzte und entschied. Der gleichzeitig in seiner Hand von rechts nach links springende Stock teilte die, die zur Arbeit fähig waren, von denen, die er als nicht mehr verwendbar ansah. Jene von uns, die ihm stark genug erschienen, wurden in Viehwaggons von Auschwitz nach Deutschland zur Zwangsarbeit gebracht.

Nun fielen auf dem weiten, offenen Bauplatz kalte und nasse Regentropfen auf unsere frischgeschorenen Köpfe, und die eisigen Herbstwinde pfiffen durch unsere Lumpenkleider. Wir marschierten — oder versuchten zu marschieren — auf dünnen Beinen, unsere gefrorenen nassen Füße in viel zu großen Schuhen oder Pantoffeln dahinschleppend, in dem verzweifelten Bemühen, den von den geflochtenen Peitschen unserer SS-Bewacher vorgegebenen Schritt zu halten.

Vor mir, neben mir und hinter mir ragten Reihen von häßlich rasierten Köpfen aus derselben schäbigen Bekleidung hervor, die uns weniger wegen der Wärme, sondern zur Identifizierung gegeben worden war.

Jedes Kleidungsstück hatte einen breiten Streifen gelben Stoffes auf die Vorderseite genäht, wo das darunter befindliche Gewebe weggeschnitten worden war. Jeder Mantel war von Saum zu Saum über die Hüften mit einem breiten, gelben Streifen Ölfarbe bespritzt. Und in jedem dünnen, kratzigen Mantel war auf der linken Seite über der Brust ein rechteckiger gelber Flicken genäht, auf dem ein schwarzer Davidstern eingeprägt war. In der Mitte des Sterns stand das Wort »Jude«.

Cecilie (links) und Karin Landau, 1932. (Privatbesitz)

So hoffnungslos es auch war, ich sehnte mich noch immer nach etwas, was meinen kahlen Kopf bedecken könnte. Aber nicht wegen des kalten Windes oder des peitschenden Regens. Es war vor allen Dingen Eitelkeit. Eitelkeit? fragte ich mich selbst und dachte an mein einst langes glänzendes braunes Haar. War Eitelkeit noch möglich? Wen kümmerte sie? Was bedeutete sie wirklich? Aber mir bedeutete sie etwas — selbst über die Schmerzen meiner vom Frost ergriffenen Zehen, meiner eisigen Hände und meines regendurchweichten Körpers hinaus.

Unsere Bewacher waren in schwere grüne Mäntel, entsprechende Regenponchos aus Plastik, Mützen mit Ohrschützern und lange schwarze Handschuhe verpackt. Einer von ihnen war Obersturmbannführer und war mit unserer Arbeitsgruppe beauftragt. Er war circa 50 Jahre alt, stolz auf seine gutsitzende Uniform, auf das Eiserne Kreuz um seinen Nacken, seinen Revolver in der Halterung und die geflochtene Lederpeitsche, die er nervös in seiner rechten Hand drehte. Er zeigte ein bösartiges Lächeln, das durch einen fehlenden Vorderzahn noch häßlicher wurde.

»Guckt euch an, Frauen«, schrie er anfeuernd, »ausgemergelte Skelette, keine einzige Schönheit unter euch, gekleidet in Lumpen und fast den ganzen Tag lang hustend.« Natürlich hatte er recht, aber wir wagten es nicht, auf diese Herausforderung zu antworten. Er war ein gefähr-

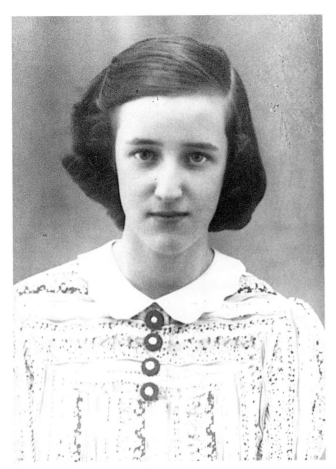
Cecilie Landau, 1939. (Privatbesitz)

licher SS-Offizier. Sein rechtes Bein war steif und ein bißchen kürzer als das linke, vielleicht ein Holzbein. Wir gaben ihm den deutschen Spitznamen »der zahnlose Lahme«. Er murmelte vor sich hin, aber ließ dennoch genug für uns zu hören und zu erfahren: »Was für ein Job ist dies für einen Mann, der an der Front gekämpft hat? Eine Gruppe verrückter Frauen zu bewachen. Ich verdiente mir das Eiserne Kreuz — und bezahlte es mit einem Bein.«

Sein verrücktes Insichhineinlachen mündete in ein krankes Gelächter. Aber er fuhr fort: »Wir versteckten uns in Schützengräben. Sie ließen sich Zeit. Aber am Ende kamen sie doch in der Nacht mit Flaks und Panzern. Gut ausgerüstet, gut genährt, waren wir ihnen nicht gewachsen. Sie hinterließen nur Blut, offene Bäuche, aus ihren Höhlen gerissene Augen und geschiente Gliedmaßen — darunter auch meins!«

Seine hohe Stimme erreichte so eine Wut und so eine Gewalt, daß wir wußten, sie würde ein Ziel finden.

»Huren, ich werde euch zeigen, was der Lahme kann!« Er riß seinen Revolver aus seiner Halterung, griff den Gewehrlauf in seiner rechten Hand, hob ihn empor und machte seiner Frustration und seiner Gehässigkeit Luft, indem er die Frauen, die am dichtesten waren, schlug. Eins, zwei, drei — wir verloren den Anschluß. Die Frauen fielen zu Boden. Ihr Blut spritzte.

»Huren, Juden, dreckige Juden, ihr seid an allem schuld«. Nachdem seine Wut verraucht war, steckte er den Revolver in seine Halterung zurück, drehte sich um und humpelte von dannen, eine gekrümmte, schiefe Figur in SS-Uniform. Erst später, sehr viel später, würden wir es wagen, den Opfern zu helfen. Aber ohne Verbandszeug oder Wasser zur Reinigung ihrer Wunden konnten wir nur den Trost von Worten oder Berührungen spenden.

Unsere Arbeit war schwer. Wir beseitigten Bombenschäden in und um die Hamburger Innenstadt. Wir arbeiteten auf Werften, wo wir schwere, gewundene, zerrissene Stahlträger, zertrümmertes Glas, Überbleibsel riesiger Fensterscheiben, beseitigten. Nur mit gewaltiger Anstrengung gelang es uns, diese zu bewegen und anzuheben. Wir hatten keine andere Wahl. Der Schutt traf mich, spiegelte mein ganzes Leben wider. Nichts blieb von der Vergangenheit außer für immer beschädigte kleinste Teilchen und Stücke — und Erinnerungen. In der zweiten Woche harter Arbeit und in dem Schutt, den ich beseitigte und in saubere Haufen sortierte, entdeckte ich ein langes, schmutziges Kleidungsstück in kleckigen Schatten von Rostrot und Olivgrün. Für einige Sekunden stand ich wie magnetisiert vor dem fadenscheinigen Kleidungsstück. Ich war besessen von einem Verlangen, meinen geschorenen Kopf zu bedecken. Ich wollte diesen Lumpen mehr als ein Stück Brot. Ich versuchte, mich selbst zur Vernunft zu bringen. Man hatte uns gewarnt, nichts mitzunehmen. Man hatte uns mit Schlägen oder Tod gedroht. War es das Risiko wirklich wert? Für was? Eitelkeit ... Stolz ... hier ... jetzt?

Es kamen keine Antworten — bis auf daß ich wußte, ich würde es nehmen und eine wie auch immer aussehende Strafe riskieren. Vorsichtig sah ich hin, beobachtete ich. Beim Arbeiten schob ich den Schal sanft mit dem Schutt weg. Ich ließ mir Zeit. Mein Herz klopfte schnell. Ich wartete, während ich den Schutt ein wenig bewegte, aber den unbezahlbaren Lumpen nicht aus den Augen verlor. Dann, in einer unbeobachteten Sekunde, beugte ich mich nieder, nahm den Schal mit meiner rechten Hand und schob ihn zwischen meine Schenkel. Eine heiße Woge triumphierender Freude fegte durch meinen zitternden Körper. Der Lumpen, der Schal, er war meiner.

»Mittagspause, stellt euch auf, beeilt euch!« Unser mageres Mittagessen bestand aus einer dünnen Scheibe Brot und blutiger Wurst. Ich konnte die rote, gefleckte Manscherei aus Fleisch kaum herunterschlucken; der widerliche Geschmack brachte mich beinahe zum Würgen. Auch wußte ich, daß, wenn ich erst einmal ein wenig gegessen hatte, die Hungerqualen nur anwachsen würden. Aber über dies alles hinaus trieben mich der Wille zum Überleben und der momentane Hunger dazu, alles zu essen, selbst Kartoffelschalen oder Blätter. Die Zehnminutenpause war vorbei. »Zurück an die Arbeit, schnell! ... faule stinkende Juden, die Zeit verschwenden!« Er ließ seine Peitsche knallen, während er brüllte.

Wir nahmen dieselbe harte, ermüdende Arbeit wieder auf. Der Obersturmbannführer war zurückgekehrt, um unsere Gruppe zu bewachen. Er war jetzt ruhig, sein morgendlicher Ärger war verflogen. Mein Kopf war gebeugt, ich konzentrierte mich auf die Arbeit. Ich traute mich nicht, aufzusehen. Aber ich konnte seine glänzenden schwarzen Stiefel sehen, als sie sich meinem Haufen von ordentlich aufgestapelten Ziegeln näherten. Ich erschauderte.

»Du da! Ich brauche dich, um für mich zu übersetzen. Folge mir bis zur Rückseite des Schornsteins.« Noch bevor er das letzte Wort ausgespuckt hatte, konnte ich die Lederpeitsche durch die Luft pfeifen hören und fuhr zusammen in Erwartung ihres stechenden Schmerzes. Als sie meine Schulter erwischte, sah ich das erste Mal auf.

»Ja, du, guck nicht wie ein Idiot, beeile dich!«

»Jawohl, Herr Obersturmbannführer ...« Ich hastete und strauchelte hinter ihm her, wobei ich versuchte, so schnell zu laufen, wie ich konnte. Ich stolperte oft über den Schutt, denn meine Füße waren nicht imstande, in den riesigen Schuhen zu bleiben. Ich machte mir Sorgen um den Schal. Hatte der Deutsche mich gesehen, als ich ihn nahm? Ich war so sehr, sehr vorsichtig gewesen. Als wir uns dem roten Ziegelschornstein näherten — alles, was von einer riesigen Industrieanlage übrig geblieben war —, fragte ich mich, wer dort arbeitete. Wer mochte wohl übersetzte Befehle benötigen? Ich folgte dem Deutschen weiter. Ich bemerkte, daß seine Lederpeitsche oben in seinen rechten Stiefel gesteckt war. Er ging am Schornstein vorbei. Ich folgte.

Auf der weiten Seite kam er zum Stehen und drehte sich um, damit ich in meiner Spur anhielt. Als er herumwirbelte, schwang sein rechter Arm um meinen Nacken, und seine riesige Hand bedeckte meinen Mund. »Gott, der Schal, die Strafe für das Vergehen«, zitterte ich.

Seine linke Hand bewegte sich flink an meinem Körper hinunter. Es gab nun keinen Zweifel mehr. Er wußte mein Geheimnis. Meine absurde Eitelkeit würde mein Tod sein. Mein Kopf war noch immer in seinem lasterhaften Griff, als seine Hand zwischen meinen Beinen zu einem Halt kam. Nun fingerte er an dem Schal herum. Ich hörte auf zu atmen, mein Leben ging zu Ende. Plötzlich schrie er mir ins Ohr: »Du schmutzige nutzlose Hure! Pfui! Menstruierend!«

Abgestoßen vor Ekel stieß er mich weg.

In einer blinden Raserei gelang es mir, zu meinem Arbeitskommando zurückzulaufen, wobei sich der Schal noch an seinem Platz befand. Ich konnte nicht sprechen. Ich sah mich um. Keiner hatte meine Abwesenheit bemerkt. Keiner kümmerte sich darum. Ich erschauderte, als der Schock des Verstehens über mich hinwegspülte und mich schwach und der Ohnmacht nahe zurückließ.

Am Abend in den Baracken wusch ich sanft meinen kostbaren Lumpen in kaltem, seifenlosen Wasser. Am Morgen band ich den noch feuchten Schal um meinen geschorenen Kopf.

»Links, rechts,
links, rechts«
eine Armee von Frauen,
die Kolonne marschiert,
Skelette
mit leeren Bäuchen,
zerlumpt und geschoren.

Ehemaliges Gebäude des KZ-Außenlagers Dessauer Ufer im Hamburger Freihafen, um 1980. Das »Dessauer Ufer« war eines von über 70 Außenlagern des Konzentrationslagers Neuengamme. (Dokumentenhaus Neuengamme)

*»Links, rechts,
links, rechts,
geradeaus,
strauchelt nicht,
links, rechts,
links, rechts,
›Arbeit macht frei‹.*

*Links, rechts,
links, rechts —
die, die hinfielen —
wurden erschossen.«*

Das Lazarett
Konzentrationslager Neuengamme,
Arbeitslager Dessauer Ufer
(Winter 1944).

Zeit hat eine Art, Tage und Monate zu verschlucken, und nun verbrachten wir unser viertes Jahr in verschiedenen Lagern. Der Winter war 1944 früh angebrochen, und das Wetter in den Außenbezirken Hamburgs war kalt und feucht mit einem fast unaufhörlichen Nieselregen. Ein feiner Regenvorhang ließ sich auf unseren geschorenen Köpfen und spärlich bekleideten Schultern nieder. Am Ende des Tages waren wir durchnäßt und unsere dünne Kleidung durchtränkt. Die meisten von uns husteten und waren krank, aber gezwungen, trotzdem zu arbeiten; arbeiten oder sterben.

Brot gab es kaum, und die tägliche Scheibe wurde in Sekunden verschlungen. Selbst nach Jahren magerer Rationen weigerten sich unsere leeren, grummelnden Mägen, sich an die Nahrungsmittelknappheit zu gewöhnen und protestierten laut und wütend. Wir träumten von Brot, das wir Scheibe für Scheibe schmecken und von dem wir jeden Bissen solange kauen würden, bis das Verlangen nach einer weiteren Schnitte verschwunden sein würde. Hunger schuf den Traum; Hunger rief uns in die Wirklichkeit.

Wir hatten auf Werften und auf Baustellen gearbeitet, wo wir Schutt sortieren mußten, Steine und Glas von den Bombardements voriger Monate. Wir waren 500 Frauen der verschiedenen Altersstufen, die jüngsten knapp vierzehn, die ältesten in den späten Fünfzigern, und alle von uns waren hoffnungslose, geschlagene Kreaturen. Unsere Hände waren voller blauer Flecken, geschnitten und schmerzhaft entzündet nach Tagen des Hantierens mit den schmutzigen, rauhen Überresten von dem, was einst Gebäude gewesen waren, Fenster und Türen, Fragmente eines früheren Lebens, einer friedlichen Existenz, die wir fast schon nicht mehr erinnerten. Ich hatte mir beim Hochheben eines scharfen Glasstückes in die rechte Hand geschnitten. Während der folgenden Tage war der tiefe Schnitt angeschwollen und rot geworden. Ein schmaler, pinkfarbener Streifen fing an der Handfläche an, ging an der Armseite hoch und kam zu einem Halt gerade über dem Ellenbogen. Meine Freundin Sabina, die neben mir arbeitete, sah mein verzerrtes Gesicht und die Hand, die schlaff an meiner Seite herunterbaumelte.

»Was ist es?« fragte sie.

»Guck dir meine Hand und meinen Arm an!«

Sie atmete tief ein: »Dies ist ernst, du mußt es melden, es muß sofort etwas geschehen!«

»Melden ... wem? ... der SS?«

»Ja, du hast keine andere Wahl mehr ...«

Ich dachte an Frau Korn und das »öffentliche« Prügeln vom letzten Abend. Sie ging stets neben ihrer sechzehnjährigen Tochter, aber es gelang ihr nie ganz, mit dem Rest der Gruppe Schritt zu halten. Sie war eine grobknochige Frau, deren einst ausgeblichene Haare geschoren waren; sie sah alt und abgehärmt aus, aber war vielleicht erst Mitte Vierzig. Sie war eine groteske Erscheinung: Ein riesiger Kopf saß auf einem Zahnstocher von Nacken. Lange, affenähnliche Arme baumelten an ihren Seiten, und ihre kurzen, dünnen Beine standen auf riesigen flachen Füßen.

Sie hatte die Jahre im Ghetto als die verhätschelte und priviligierte Frau des Polizeichefs des jüdischen Ghettos verbracht; ihre Ernährung in jenen Tagen ist ausreichend gewesen, und die Not der andern im Ghetto hatte sie persönlich nicht berührt. Nun, als gewöhnliche Arbeiterin war sie unfähig, sich den Bedingungen des Arbeitslagers anzupassen.

Gestern hatte sie sich an die Straßenseite geschleppt und war hinter uns gestrauchelt, außerstande, schneller zu gehen. Der Hauptsturmführer, ein kleiner, ungeduldiger Mann mit grausamen kleinen schielenden Augen beobachtete uns, wie wir von der Arbeit zurückkamen in die alten Lagerhäuser am Dessauer Ufer, wo wir auf dem nackten Holzfußboden schlafen mußten. Seine Augen waren ganz auf Frau Korn gerichtet. Er sah niemanden sonst, und ihr Anblick war mehr, als er ertragen konnte. Sofort im Gebäude stürzte er sich in einen Wutanfall und begann zu brüllen. Die Worte flogen aus seinem Mund, und er schäumte wie ein verrückter Hund. Er rief sie aus der Reihe heraus, ließ sie in der Mitte des Bodens niederknien und befahl uns, einen Kreis um sie herum zu bilden. Wir standen da, stille, eingeschüchterte Zeuginnen, während er sie mit einem schweren Lederriemen schlug. Sie kreischte. Er zählte, seine Wut schien grenzenlos. Schließlich brach sie zusammen. Wir schauten auf die knapp atmende Menge Fleisch, die auf den mit Blut besprizten hölzernen Brettern lag. Aber wir durften ihr nicht helfen; vielleicht konnten wir später eine Gelegenheit ergreifen.

Morgen könnte ich es sein — geschlagen oder getötet ... Sabina stieß mich heimlich an und unterbrach meine Gedanken. »Geh nun«, flüsterte sie.

Ich näherte mich dem Obersturmführer, der unsere Arbeitsgruppe bewachte.

»Die Gefangene Landau bittet um Erlaubnis zu sprechen«, sagte ich auf Deutsch. Er sah mich still mit Abscheu an, aber ich nahm es als Signal dafür, daß ich fortfahren könnte.

»Meine Hand — sie ist entzündet. Ich möchte sie gern

239

gesäubert haben, damit ich besser arbeiten kann ...« Meine Stimme zitterte. Ängstlich streckte ich meine Hand vor, so daß er sie sehen konnte.

»Du bist eine verdammte Plage«, sagte er. Aber er guckte nicht auf meine Hand. Sein Gesicht war ausdrucks- und mitleidlos. »Ich werde das nachher dem Kommandanten melden ...« »Jawohl«, gelang es mir zu sagen, und ich lief davon.

Der Abend war ruhig. Ich verbrachte eine schlaflose Nacht voller Sorgen, während die Hand pulsierte und schmerzte. Endlich dämmerte es, und ein neuer regnerischer Tag begann, als wir uns eiligst anzogen und uns in Fünfergruppen zum Appell aufstellten. Wir zählten wie gewöhnlich ab. Plötzlich hörte ich meinen Namen:

»Gefangene Landau, tritt hervor!«

Ich machte einen sehr vorsichtigen, kleinen Schritt vorwärts. »Folge dem SS-Wachmann zu dem LKW!« bellte eine Stimme. Ich kletterte die Stufen des Lagerhauses hinunter zum Eingang. Da stand ein LKW. Der Motor des langen offenen Wagens hustete und spuckte, die Maschine klapperte laut.

»Klettere in den Wagen!« schrie jemand.

Ich zog mich hoch, glitt rückwärts gegen die Fahrerkabine. Zwei Hände reichten von hinten herum und banden meinen linken Arm mit einem dicken rauhen Seil an die Seitengitter. Ich wagte nicht, mich umzudrehen. Aber ich hörte ihn vom Wagen springen, die Tür der Fahrerkabine öffnen und sie zuschlagen.

Die Maschine röhrte, und der Wagen begann sich zu bewegen. Hinten zusammengekauert, schauderte ich, als der Regen anfing, durch meine Kleider zu sickern. Die gefaltete Plane in der gegenüberliegenden Ecke wäre Schutz gewesen, aber ich wußte, daß sie nicht für mich gedacht war. Neben mir befand sich ein riesiger Boiler, der am Fahrerhaus mit Stahlbändern befestigt war. Der Boiler war bis oben hin mit schmalen Holzstückchen gefüllt. Verblüffend! Holzstücke anstelle von Treibstoff, und dennoch schafften es die Deutschen, ihre Fahrzeuge in Gang zu halten!

Mit meiner Angst und dem stechenden Schmerz allein gelassen, fragte ich mich, wohin sie mich bringen würden. Würde ich je wiederkommen ...? Würden sie mich töten? Stundenlang schien der LKW durch fremde Gegenden, Landschaften und schmale Straßen zu fahren, bis er vor einem riesigen, Auschwitz ähnlichen Komplex langsamer wurde. Der LKW schlengerte durch die bewachten Tore. Das Lager war umgeben von Stacheldraht und Wachtürmen, und auf dem Schild war zu lesen:

»Konzentrationslager Neuengamme«.

Ich hatte gehört, daß unser Lager ein Außenlager von Neuengamme war, aber ich konnte mir nicht vorstellen, warum wir an diesem Ort waren, und bis zu diesem Augenblick hatten die Worte für mich keine Bedeutung gehabt.

»Runter vom Wagen!« brüllte dieselbe schroffe Stimme.

»Ich kann mich nicht bewegen«, antwortete ich, »ich bin an den Gittern festgebunden.«

Hinter mir zogen mehrere Hände an dem Seil, banden mich los und stießen mich vom LKW. Ich stürzte und stand schnell wieder auf. Überall um mich herum, alle zehn Fuß, standen uniformierte SS-Bewacher. Ihre strengen, jedem Lächeln abgeneigten Gesichter erinnerten mich an Auschwitz, wo ich lange Tage und Nächte verbracht hatte. Sie hatten ihre Gewehre geschultert, schienen mir jedoch keine Beachtung zu schenken; ich existierte nicht. Ich stand nahe beim Tor und wartete. Plötzlich fühlte ich, wie ein Stiefel mir in den Rücken trat, und ich wurde mit einem Gewehrstoß durch die Tür einer kleinen Baracke geschleudert. Drinnen standen mehrere männliche Gefangene. Ihre gestreiften Gefängnisuniformen waren zerknittert und dreckig. Sie beäugten mich, das einzige weibliche Wesen im Raum, neugierig. SS-Bewacher standen an der Tür.

»Kein Gerede, keine Berührung, absolute Ruhe«, brüllte eine Stimme ohne Gesicht hinter uns. Ich traute mich nicht, mich umzudrehen und zu gucken, sondern blickte flüchtig geradeaus auf ein schmales Fenster, das von draußen schwer verbarrikadiert war. Ich sah einen weiten Appellplatz, fast völlig verlassen, bis auf zwei Wachen, die rechts und links von einem Gefangenen gingen, einem älteren, gekrümmten Mann im Gefangenengewand. Er schien klein, zerbrechlich und schwach. Er ging langsam. Wer war er? ... Warum ging er allein? ... War es ein besonderes Privileg oder Strafe? ... Ich hörte eine Stimme flüstern: »Ministerpräsident Léon Blum.« Der Name klang vertraut, bedeutete aber in diesem Moment nichts. Dem Namen nach zu urteilen, war er bestimmt Jude, aber woher war er gekommen? ... Meine Augen hefteten sich an den entfernten einsamen Mann mit seinen hängenden Schultern und seinen mühevollen, langsamen Schritten.

»Gefangene Landau, hinaus, beeil dich! Steh da nicht herum wie ein Idiot, lade die acht Pappkartons auf den LKW. Sei schnell und bedecke sie mit der Plane.«

Als ich versuchte, die Kartons anzuheben, pochte meine rechte Hand dermaßen schmerzhaft, daß ich beinahe geschrien hätte, aber ich schob und zerrte, bis ich sie endlich auf den Lastwagen geschafft hatte. Grollend bedeckte ich die Kartons mit der Plane, neidisch auf ihren Regenschutz.

Wieder wurde meine linke Hand an die Gitter gebunden. Zwei SS-Männer saßen im Fahrerhaus, lachend und rauchend. Sie schienen es warm und gemütlich zu haben. Im Stillen verfluchte ich sie. Der Motor brummte, und der LKW stieß vorwärts. Das Gelände um uns herum war verwüstet und leer, die Gebäude teilweise ausgebombt, verbrannte Schalen mit geschwärzten Wänden und gähnenden Fenstern ohne Glas. Die wenigen Zivilisten, an denen wir vorüberkamen, beachteten den LKW nicht. Der SS-Mann fuhr rücksichtslos mit hoher Geschwindigkeit. Wir bogen um eine Ecke und verfehlten dabei knapp einen riesigen leeren Krater in der Straßenmitte. Auf dem Schild an der Straßenecke stand: »Spaldingstraße«. Die Straße sah leicht vertraut aus. Der LKW kam vor einem großen Lagerhaus-ähnlichen Gebäude, dessen Mauern von Feuer und Ruß geschwärzt waren, abrupt zum Halten. Die Fahrerkabine öffnete sich, und die zwei SS-Wachleute stiegen aus, kletterten auf die LKW-Ladefläche und banden meine Hände los.

»Raus, runter, beeil dich«, knurrten sie.

Unbeholfen stolperte ich vom Lastwagen herunter und ging einige Schritte hinter den Wachmännern, während sie diejenigen grüßten, die den Haupteingang bewachten.

»Heil Hitler!« Rechte Arme schnellten in die Höhe. Einmal in den dunklen Korridoren angekommen, bemerkte ich mehrere Männer, die grau und blau gestreifte Gefängnisuniformen trugen mit passenden Kappen. Ein seltsamer Platz ... War dies ein Arbeitslager wie das unsrige? ... Ich war mir nicht sicher. Wir traten in eine Tür, auf der stand »Krankenrevier«.

»Bleib hier stehen und wage nicht, dich zu bewegen«, schrie mein Wachbegleiter, »du wirst aufgerufen werden.«

Der Raum war groß und leer, ausgenommen zweier mit Sperrholz bedeckter Fenster am entferntesten Ende. Ein rechteckiger Tisch stand gegen die Wand, und zwei nackte Glühbirnen hingen von einer langen, schmutzigen Schnur, die an einer mit Holzsparren versehenen Decke baumelte. Die Mauern waren aus Beton in rötlich-brauner Farbe, und der hölzerne Fußboden war abgenutzt, aber sauber. Nahe am Tisch, mit dem Rücken zu mir, standen ein SS-Offizier und mehrere Gefangene. Ein paar Meter von meinen Füßen entfernt rutschte ein junger dünner und müde wirkender Mann in gestreifter Gefängniskleidung auf seinen Knien hin und her mit einem unglaublich dreckigen und zerrissenen Lappen. Die Haut seines Gesichts war zusammengezogen, runzelig und gelbsüchtig. Er sah mich an und lächelte, ich lächelte zurück. Er flüsterte in einer Sprache, die ich nicht verstand. Ich flüsterte auf Deutsch und Polnisch zurück: »Ghetto Lodz, 500 Frauen.«

Verstand er mich? frage ich mich. Er lächelte weiter.

»Deutschland kaputt, gut, sehr gut!« Der Krieg ist fast vorbei. — Ich hatte diesen Refrain in den letzten drei Jahren oft gehört, aber immer noch herrschte Krieg. Ich hörte auf zu lächeln, unser Elend schien endlos zu sein. Aber hatte er vielleicht recht? ... Irgend jemand mußte am Ende recht haben ... Der SS-Wachmann bewegte sich auf uns zu, während seine Stimme kreischte: »Schrubb den Fußboden, du Idiot, trödle nicht. Hol sauberes Wasser, du Schwein!«

Der junge Mann machte einen Satz zu seinen Füßen, stand wachsam, seine Kappe in der Hand, und griff nach dem Eimer. Der Lumpen lag noch auf dem Boden. Würde er wiederkommen? ... Aus irgendeinem Grund hoffte ich, daß er zurückkam. Mehrere Minuten vergingen. Er tauchte mit dem Eimer sauberen Wassers auf und nahm sein Schrubben wieder auf, indem er sanft auf seinen Knien hin- und herschaukelte. Seine rechte Hand verschwand unter seiner Jacke, und er nahm eine kleine Kugel aus dreckigem, verknülltem Papier und legte sie vorsichtig zu meinen Füßen. Er zeigte auf das Päckchen, nahm seinen Kübel und ging weiter. Der Wachmann unterhielt sich nun mit jemand anderem. Ich wartete, während ich mich versicherte, daß ich nicht gesehen werden würde, und wagte es, das Päckchen aufzuheben. Ich ließ es in meine linke Manteltasche gleiten. Ich konnte eine Kruste zerbröckelten Brotes durch das Papier fühlen. Ich sah den Mann an. Ich hatte nichts, was ich ihm hätte geben können, außer mein Lächeln für sein liebevolles Geschenk. Meine Gedanken wurden unterbrochen »Als nächste Gefangene Landau!« Ich trat vor, indem ich mit großen, schnellen Schritten durch den Raum ging, bis ich den Tisch erreichte.

»Was ist denn los mit Dir?« grummelte die Stimme des Unterscharführers vor mir. Es war ein gutgenährter Mann mittleren Alters, in einer sauberen Uniform. Er trug keinen weißen Kittel. Seine Hosen waren in glänzende schwarze Stiefel gesteckt. Auf seinem Namensschild auf der Brust war zu lesen: »Unterscharführer — Sanitäter«. Ein militärischer Korpsmann? Zum Teufel mit ihm, dachte ich, nicht mal ein richtiger Doktor.

»Gut, beantworte meine Frage!« Er war nun ungeduldig. Ich streckte meine rechte Hand aus, die Handfläche hoch, traute mich aber nicht zu sprechen. Er sah auf die Handfläche. »Wo hast du das gekriegt? Und wann ist es passiert?« »Ein paar Tage zuvor, auf dem Arbeitsplatz bei der Werft Blohm und Voss.«

»Hmm ... du sprichst korrekt deutsch — wie kommt das?« »Ich habe die Oberrealschule in Hamburg bis 1941 besucht und dort den Abschluß gemacht.«

Der SS-Mann runzelte die Stirn.

»So sagst du; aber laß es bloß keine Lüge sein! Kennst du Plattdeutsch?« »Jawohl, Herr Doktor.«

»Was antwortest du auf Hummel-Hummel?«

Ehe ich Zeit zum Nachdenken hatte, schlüpften mir die Worte aus dem Mund: »Mors, Mors!« (Küsse meinen Hintern).

Seine Wangen erschütterten vor Belustigung, und sein plumper Körper bewegte sich vor und zurück.

»Na, du hast den Test bestanden. Nur jemand, der mit Hamburgs Folklore vertraut ist, kennt die Sage von dem alten Wasserträger, der von den hänselnden Kindern den Spitznamen Hummel-Hummel erhielt, worauf seine verärgerte Antwort immer ›Mors-Mors‹ war!« Der Sanitäter wiederholte lachend »Mors-Mors«.

Nachdem der Scherz vorüber war, wurde er ernst und rief zwei Gefangene, Männer mit grauer, gelblicher Haut und versunkenen Augen, um mir zu helfen, mich zu setzen. Ein Mann hielt mich; der zweite zog an meiner Hand und hielt sie fest. Der Arzt mit dem Messer in der Hand sah mich an.

»Ich will dich nicht schreien hören, wenn ich die Entzündung aufschneide.«

Ich nickte erschrocken in Vorahnung des Schmerzes. Er trug dünne Gummihandschuhe, durch die hindurch ich seine kurzen, dicken Finger und seine starken langen Fingernägel, weiß und sauber, sehen konnte. Er hielt das Messer für ein paar Augenblicke über meiner Hand und stach dann in die Wunde. Ich fühlte heißen Schmerz, dann schmeckte ich Blut in meinem Mund. Wieder — Schmerz, als Hände meine Handfläche drückten und die entzündete Stelle berührten. Schmerz umgab mich. Ich fühlte mich schwach und lehnte mich gegen den mich stützenden Gefangenen. Ich konnte seine knochigen Arme, seine eingefallene Brust durch das rauhe Material seiner Uniform fühlen. Ich konnte sein Gesicht nicht sehen, aber sein faulig riechender Atem erreichte meine Nasenlöcher. Ich wagte kaum zu atmen; mein Mund war noch immer eng verschlossen. Nicht ein Laut sollte ihm entweichen. Ich kann es tun ... Ich muß es tun ... »Bitte, laß mich nicht ohnmächtig werden«, ... bat ich irgendwen, irgendwo. Dann Dunkelheit. Ich öffnete die Augen. Das Gesicht des Arztes war dicht neben meinem.

»Du bist in Ohnmacht gefallen, aber du hast wenigstens nicht geschrien!«

Es klang fast wie ein Kompliment. Meine Handfläche brannte und schmerzte stechend, als er sie mit einer Flüssigkeit übergoß. Der Arzt verband nun meine Hand. Ich sah sie an. Die weiße frische Gaze wurde rot, sobald er sie um die Hand wickelte. Noch mehr Lagen, und immer noch sickerte das Blut hindurch.

»Fertig, geh und wage nicht wiederzukommen!«
»Jawohl, Herr Doktor, danke, Herr Doktor.«

Er war schroff, aber wenigstens nicht grausam und rachsüchtig. Es hätte schlimmer kommen können. Ich dachte an Frau Korn.

Als ich mit Hilfe des einen Gefangenen vom Tisch glitt, konnte ich seine Hand in meiner linken Manteltasche fühlen. Das Brot ... wollte er das Stückchen Brot? Ehe ich mich bewegen konnte, stopfte er ein anderes Päckchen in die schon beutelnde Tasche. Er stand immer noch hinter mir, so daß ich sein Gesicht nicht sehen konnte. Ich begann zu gehen. An der Tür warteten die zwei SS-Männer, die mich hergebracht hatten. Für einen kurzen Augenblick sah ich zurück zu den Gefangenen, ihre Gesichter verwischten sich in der Dunkelheit, ich flüsterte »Danke« und »Auf Wiedersehen«.

Wieder saß ich gekrümmt im meiner kleinen Ecke des LKW, mein linker Arm an den Gittern festgebunden. Das Hüpfen des rasenden LKW über holpriges, unebenes Straßenpflaster machte mich krank. Mein Kopf schmerzte, und meine Hand pulsierte in marterndem Schmerz. Langsam nahm ich die zwei kleinen Päckchen aus meiner Tasche. Das erste enthielt eine Rolle saubere, weiße Gaze, um meine Hand zu verbinden. Das zweite eine trockene Kruste Brot. Ich kaute hungrig auf der halb aufgegessenen Kruste herum. Ich fühlte mich schwach, aber merkwürdigerweise beinahe ruhig und zufrieden. Ich sah noch immer die verzerrten gelben Gesichter der Männer im Krankenrevier, ihre knochigen Finger, die sich nach mir ausstreckten und mich hielten.

Eiskalte Regentropfen vermischten sich mit meinen heißen Tränen ... aber irgendwie war es nicht so hoffnungslos.

Dies ist nur ein kleiner Teil meiner Geschichte. Der Teil, der sich in Hamburg abspielte. Die Stadt, wo ich hätte »zu Hause« sein können, wo ich hätte glücklich sein sollen. Statt dessen war und bleibt es ein Symbol von Schrecken und Schmerz und was der Mensch Menschen angetan hat.

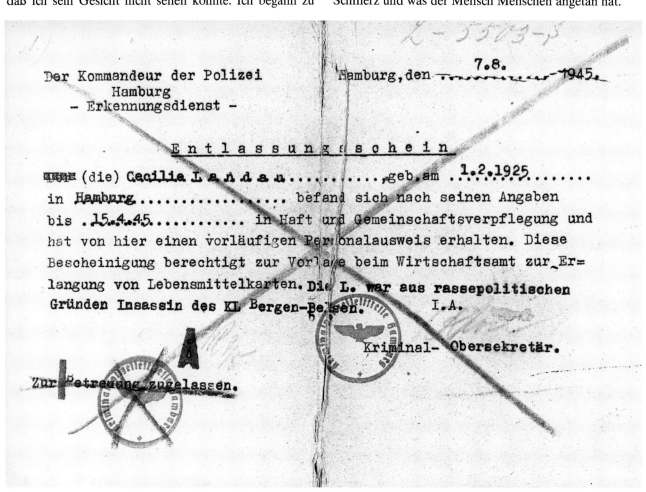

(Privatbesitz)

Auswahl-Bibliographie zur Geschichte der Juden in Hamburg

Überblicksdarstellungen und Aufsatzsammlungen
Allgemein

Hans Günther Adler, Der verwaltete Mensch. Studien zur Deportation der Juden aus Deutschland. Tübingen 1974.

Werner T. Angress, Generation zwischen Furcht und Hoffnung. Jüdische Jugend im Dritten Reich. Hamburg 1985.

Avraham Barkai, Vom Boykott zur »Entjudung«. Der wirtschaftliche Existenzkampf der Juden im Dritten Reich 1933–1943. Frankfurt 1987.

Wolfgang Benz (Hrsg.), Die Juden in Deutschland 1933–1945. Leben unter nationalsozialistischer Herrschaft. München 1988.

Henryk M. Broder, Michel R. Lange (Hrsg.), Fremd im eigenen Land. Juden in der Bundesrepublik. Frankfurt/M. 1979.

Die jüdische Emigration aus Deutschland 1933–1941. Die Geschichte einer Austreibung. Katalog zur Ausstellung der Deutschen Bibliothek, Frankfurt am Main, unter Mitwirkung des Leo Baeck Instituts, New York. Frankfurt/Main 1985.

Hans Jürgen Döscher, »Reichskristallnacht«, Die Novemberpogrome 1938. Frankfurt/M., Berlin 1988.

Helmut Eschwege (Hrsg.), Kennzeichen J. Bilder, Dokumente, Berichte zur Geschichte der Verbrechen des Hitlerfaschismus an den deutschen Juden 1933 bis 1945. Berlin 1981.

Herbert Freeden, Jüdisches Theater in Nazi-Deutschland. Tübingen 1964.

Karen Gershon (Hrsg.), Wir kamen als Kinder. Eine kollektive Autobiographie. Frankfurt/M. 1988.

Walter Grab, Julius H. Schops (Hrsg.), Juden in der Weimarer Republik. Stuttgart 1986.

Walter Grab, Die jüdische Antwort auf den Zusammenbruch der deutschen Demokratie 1933. Berlin 1988.

Raul Hilberg, Die Vernichtung der europäischen Juden. Die Gesamtgeschichte des Holocaust. Berlin 1982.

Rudolf Hirsch, Rosemarie Schuder, Der gelbe Fleck. Wurzeln und Wirkungen des Judenhasses in der deutschen Geschichte. Berlin 1987.

Franz Hubmann, Das jüdische Familienalbum. Die Welt von gestern in alten Photographien. Wien, München, Zürich 1974.

Institut für Zeitgeschichte München, Research Foundation for Jewish Immigration New York (Hrsg.), Biographisches Handbuch der deutschsprachigen Emigration nach 1933. München/New York/London/Paris 1980/1983.

Werner Jochmann, Gesellschaftskrise und Judenfeindschaft in Deutschland 1870–1945. Hamburg 1988.

Herlinde Koelbl, Jüdische Porträts. Photographien und Interviews. Frankfurt/M. 1989.

Konrad Kwiet, Helmut Eschwege, Selbstbehauptung und Widerstand. Deutsche Juden im Kampf um Existenz und Menschenwürde 1933–1945. Hamburg 1984.

Ferdinand Kroh, David kämpft. Vom jüdischen Widerstand gegen Hitler. Hamburg 1988.

Uwe Lohalm, Völkischer Radikalismus. Die Geschichte des Deutschvölkischen Schutz- und Trutzbundes. Hamburg 1970.

Johannes Ludwig, Boykott — Enteignung — Mord. Die »Entjudung« der deutschen Wirtschaft. Hamburg 1989.

Arno Lustiger, Schalom Libertad! Juden im spanischen Bürgerkrieg. Frankfurt/M. 1989.

Trude Maurer, Ostjuden in Deutschland 1918–1933. Hamburg 1986.

Militärgeschichtliches Forschungsamt Freiburg (Hrsg.), Deutsche jüdische Soldaten 1914–1945. Katalog zur Wanderausstellung des Militärgeschichtlichen Forschungsamtes. Freiburg 1982.

Werner E. Mosse, Arnold Paucker (Hrsg.), Entscheidungsjahr 1932. Zur Judenfrage in der Endphase der Weimarer Republik. Tübingen 1966.

Kurt Pätzold, Irene Runge, Pogromnacht 1938. Berlin 1988.

Arnold Paucker, Der jüdische Abwehrkampf gegen Antisemitismus und Nationalsozialismus in den letzten Jahren der Weimarer Republik. Hamburg 1968.

Arnold Paucker (Hrsg.), Die Juden im nationalsozialistischen Deutschland. Tübingen 1986.

Arnold Paucker, Jüdischer Widerstand in Deutschland. Berlin 1989.

Walter H. Pehle, Der Judenpogrom 1938. Von der »Reichskristallnacht« zum Völkermord. Frankfurt/M. 1988.

Monika Richarz (Hrsg.), Jüdisches Leben in Deutschland. Bd. 3: Selbstzeugnisse zur Sozialgeschichte 1918–1945. Stuttgart 1982.

Otto R. Romberg, Georg Schwinghammer (Hrsg.), Zeugen der Intoleranz. Antisemitismus — Rechtsradikalismus — Neonazismus — Ausländerfeindlichkeit. Frankfurt/M. 1986.

Rachel Salamander (Hrsg.), Die jüdische Welt von gestern. 1860–1938. Text- und Bild-Zeugnisse aus Mitteleuropa. Wien 1990.

Wolfgang Scheffler, Judenverfolgung im Dritten Reich. Frankfurt/M. 1961.

Gerhard Schoenberner, Der gelbe Stern. Die Judenverfolgung in Europa 1933–1945. München 1978.

Herbert A. Strauss, Norbert Kampe (Hrsg.), Antisemitismus. Von der Judenfeindschaft zum Holocaust. Bonn 1984.

»Unser einziger Weg ist Arbeit.« Das Ghetto in Lodz 1940–1944. Eine Ausstellung des Jüdischen Museums Frankfurt am Main. Frankfurt/M. 1990.

Robert Weltsch, Tragt ihn mit Stolz, den gelben Fleck. Zur Lage der Juden in Deutschland 1933. Nördlingen 1988.

Jörg Wollenberg (Hrsg.), »Niemand war dabei und keiner hat's gewußt«. Die deutsche Öffentlichkeit und die Judenverfolgung 1933–1945. München 1989.

Zu Hamburg

Manfred Asendorf, Der Hamburger Pädagoge und Politiker Anton Rée. In: Jahrbuch des Instituts für Deutsche Geschichte, Beiheft 6, 1984.

Nils Asmussen, Der kurze Traum von der Gerechtigkeit. »Wiedergutmachung« und NS-Verfolgte in Hamburg nach 1945. Hamburg 1987.

Ulrich Bauche, Heinz Brüdigam, Ludwig Eiber, Wolfgang Wiedey (Hrsg.), Arbeit und Vernichtung, Das Konzentrationslager Neuengamme 1938–1945. Hamburg 1986.

Wolfgang Benz, Eine liberale Widerstandsgruppe und ihre Ziele. Hans Robinsohns Denkschrift aus dem Jahre 1939. In: Vierteljahreshefte für Zeitgeschichte 29, 1981.

Angela Bottin (unter Mitarbeit von Rainer Nicolaysen), Spuren Vertriebener und Verfolgter der Hamburger Universität. Katalog der gleichnamigen Ausstellung. Hamburg 1991.

Maike Bruhns, »Deutsche und Juden«. Antisemitismus in Hamburg. In: Maike Bruhns, Anthony Mc Elligott, Claudia Preuschoft, Axel Schildt, Werner Skrentny, »Hier war doch alles nicht so schlimm.« Wie die Nazis in Hamburg den Alltag eroberten. Hamburg 1984.

Ursula Büttner, Not nach der Befreiung. Die Situation der deutschen Juden in der britischen Besatzungszone 1945 bis 1948. Hamburg 1986.

Peter Freimark, Jüdische Friedhöfe im Hamburger Raum. In: Zeitschrift des Vereins für hamburgische Geschichte 67, 1981.

Peter Freimark, Juden in Hamburg. In: Peter Freimark (Hrsg.), Juden in Preußen — Juden in Hamburg. Hamburg 1983.

Peter Freimark, Wolfgang Kopitzsch, Der 9./10. November 1938 in Deutschland. Dokumentation zur »Kristallnacht«. Hamburg 1981 (Neudruck: 1988).

Peter Freimark, Ina Lorenz, Günter Marwedel, Judentore, Kuggel, Steuerkonten. Untersuchungen zur Geschichte der deutschen Juden, vornehmlich im Hamburger Raum. Hamburg 1983.

Peter Freimark, Arno Herzig (Hrsg.), Die Hamburger Juden in der Emanzipationsphase (1780—1870). Hamburg 1989.

Gedenkbuch für die jüdischen Opfer des Nationalsozialismus in Hamburg. Hamburg 1965.

Gedenken heißt: nicht schweigen! 11 neue Straßen in Niendorf zu Ehren von Frauen und Männern des Widerstandes. Schüler des Gymnasiums Ohmoor informieren. Hamburg 1984.

Gewerkschaft Erziehung und Wissenschaft, Landesverband Hamburg (Hrsg.), Judenverfolgung — »Reichskristallnacht«. Hamburg 1982.

Susanne Goldberg, Ulla Hinnenberg, Erika Hirsch, Erinnerung an Recha Ellern. Eine jüdische Gemeindeschwester in der Nazizeit. In: Geschichtswerkstatt, Heft 15. Hamburg 1988.

Susanne Goldberg, »Die hatten alle das eine Ziel, tatsächlich Palästina aufzubauen.« In: Frauen-Geschichtsgruppe des Stadtteilarchivs Ottensen (e.V.) (Hrsg.), Aufgeweckt. Frauenalltag in vier Jahrhunderten. Ein Lesebuch. Hamburg 1988.

Arie Goral, JUDENPOGROMNOVEMBER 1938, Reichsgesetze und Zeitungsberichte. Wie es dazu kam und was danach geschah. Was man auch in Hamburg wissen konnte, wenn man wollte. Dokumentation Vol. 1. Hamburg 1988.

Arie Goral, JUDENPOGROMNOVEMBER 1938, Hamburger Lokal- und Provinzpresse betr. Juden, Oktober 1938—September 1941. Dokumentation Vol. 2. Hamburg 1988.

Arie Goral-Sternheim, Ostjuden auf Wanderschaft. Transit Hamburg 1885—1933. Auswanderer-Internierungslager Veddel-Hafen Hamburg. Eine Gedenkschrift zum 800. Hafengeburtstag. Hamburg o.J.

Arie Goral-Sternheim, Jüdischer Bestand und Widerstand in der Bundesrepublik Deutschland. Texte 1960—1989. Hamburg 1989.

Helge Grabitz, NS-Prozesse. Psychogramme der Beteiligten. Heidelberg 1985.

Iris Hamel, Völkischer Verband und nationale Gewerkschaft. Der Deutsch-nationale Handlungsgehilfen-Verband 1893—1933. Frankfurt/M. 1967.

Harold Hammer-Schenk, Hamburgs Synagogen des 19. und frühen 20. Jahrhunderts. Hamburg 1978.

Hans Herlin, Die Reise der Verdammten. Die Tragödie der St. Louis. Hamburg 1984.

Ursel Hochmuth, Gertrud Meyer, Streiflichter aus dem Hamburger Widerstand 1933—1945. Berichte und Dokumente. Frankfurt/M. 1969.

Ursel Hochmuth, Hans-Peter de Lorent, Hamburg: Schule unterm Hakenkreuz. Hamburg 1985.

Werner Johe, »Frierend, hungrig und todmüde ...«, Frauenarbeit im Konzentrationslager Neuengamme. In: Wolfgang Benz, Barbara Distel (Hrsg.), Dachauer Hefte. Studien und Dokumente zur Geschichte der nationalsozialistischen Konzentrationslager. Heft 3, Dachau 1987.

Hermann Kaienburg, »Vernichtung durch Arbeit«. Der Fall Neuengamme. Die Wirtschaftsbestrebungen der SS und ihre Auswirkungen auf der Existenzbedingungen der KZ-Gefangenen. Bonn 1990.

Arnold Kludas. Feine Leute. »Arisierung« der Seeschiffahrt in Hamburg. In: Heinrich Breloer, Horst Königstein, Blutgeld. Materialien zu einer deutschen Geschichte. Köln 1982.

Eckart Krause, Ludwig Huber, Holger Fischer (Hrsg.), Hochschulalltag im »Dritten Reich«. Die Hamburger Universität 1933—1945. Berlin, Hamburg 1991.

Helga Krohn, Die Juden in Hamburg 1800 bis 1850. Ihre soziale, kulturelle und politische Entwicklung während der Emanzipationszeit. Frankfurt/M. 1967.

Helga Krohn, Die Juden in Hamburg. Die politische, soziale und kulturelle Entwicklung einer jüdischen Großstadtgemeinde nach der Emanzipation 1848—1918. Hamburg 1974.

KZ-Gedenkstätte Neuengamme (Hrsg.), Gedenkbuch »Kola-Fu«. Für die Opfer aus dem Konzentrationslager, Gestapogefängnis und KZ-Außenlager Fuhlsbüttel. Erstellt von Herbert Diercks. Hamburg 1987.

Landesjugendring Hamburg e.V. (Hrsg.), Alternative Stadtrundfahrt. Nazi-Terror und Widerstand in Hamburg. Hamburg 1989.

Reiner Lehberger, Hans-Peter de Lorent (Hrsg.), »Die Fahne hoch«, Schulpolitik und Schulalltag im Hamburg unterm Hakenkreuz. Hamburg 1986.

Reiner Lehberger, Christiane Pritzlaff, Ursula Randt, Entrechtet — Vertrieben — Ermordet — Vergessen. Jüdische Schüler und Lehrer in Hamburg unterm Hakenkreuz. Hamburg 1988.

Rainer Licht, Hawa Naschira — Auf laßt uns singen. Jüdisches Musikleben in Hamburg 1933 bis 1943. In: Projektgruppe Musik und Nationalsozialismus (Hrsg.), Zündende Lieder — Verbrannte Musik. Folgen des Nationalsozialismus für Hamburger Musiker und Musikerinnen. Hamburg 1988.

Heinz Liepmann, Ein deutscher Jude denkt über Deutschland nach. München 1961.

Mary Lindemann, 140 Jahre Israelitisches Krankenhaus in Hamburg. Vorgeschichte und Entwicklung. Hamburg 1981.

Leo Lippmann, Mein Leben und meine amtliche Tätigkeit. Erinnerungen und ein Beitrag zur Finanzgeschichte Hamburgs. Aus dem Nachlaß herausgegeben von Werner Jochmann. Hamburg 1964.

Ina Lorenz, Die Juden in Hamburg zur Zeit der Weimarer Republik. Eine Dokumentation. Hamburg 1987.

Ina Lorenz, »Ahasver geht nach Eppendorf«. Zur Stadtteilkonzentration der Hamburger Juden im 19. und 20. Jahrhundert. In: Informationen zur modernen Stadtgeschichte, Heft 1, 1987.

Günter Marwedel, Geschichte der Juden in Hamburg, Altona und Wandsbek. Hamburg 1982.

Baruch, Z. Ophir, Zur Geschichte der Hamburger Juden 1919—1939. In: Peter Freimark (Hrsg.), Juden in Preußen — Juden in Hamburg. Hamburg 1983.

Christiane Pritzlaff, Stätten des Judentums in Hamburg. Baustein I. Jüdische Friedhöfe in Hamburg. Hamburg 1985.

Christiane Pritzlaff, Stätten des Judentums in Hamburg. Baustein II. Jüdische Schulen. Hamburg 1986.

Christiane Pritzlaff, Stätten des Judentums in Hamburg. Baustein III. Jüdische Schüler an nichtjüdischen Schulen. Hamburg 1987.

Christiane Pritzlaff, Stätten des Judentums in Hamburg. Baustein IV. Synagogen und jüdische Feste. Hamburg 1988.

Ursula Randt, Carolinenstraße 35. Geschichte der Mädchenschule der Deutsch-Israelitischen Gemeinde in Hamburg 1884—1942. Hamburg 1984.

Hans J. Robinsohn, Ein Versuch, sich zu behaupten. In: Tradition. Zeitschrift für Firmengeschichte und Unternehmerbiographie III, 1958.

Hans J. Robinsohn, Justiz als politische Verfolgung. Die Rechtsprechung in »Rassenschandefällen« beim Landgericht Hamburg 1936—1943. Stuttgart 1977.

Karl-Heinz Roth, Der Hamburger Weg zur »Endlösung der Judenfrage«. In: Angelika Ebbinghaus, Heidrun Kaupen-Haas, Karl-Heinz Roth, Heilen und Vernichten im Mustergau Hamburg. Bevölkerungs- und Gesundheitspolitik im Dritten Reich. Hamburg 1984.

Schicksal jüdischer Juristen in Hamburg im Dritten Reich. Niederschrift einer Podiumsdiskussion mit Wissenschaftlern und Zeitzeugen sowie eines Vortrages von Gert Nicolaysen über die Rechtsfakultät der Universität Hamburg 1933. Hamburg 1985.

Staatliche Pressestelle Hamburg (Hrsg.), Der Untergang der Hamburger Juden, Hamburg 1984.

Staatliche Pressestelle Hamburg (Hrsg.), Erinnern für die Zukunft. Zum 50. Jahrestag des Novemberpogroms von 1938. Hamburg 1989.

Irmgard Stein, Jüdische Baudenkmäler in Hamburg. Hamburg 1984.

Oskar Wolfberg-Aviad, Die Drei-Gemeinde. Aus der Geschichte der jüdischen Gemeinden Altona-Hamburg-Wandsbek. München 1960.

Mosche Zimmermann, Hamburger Patriotismus und deutscher Nationalismus. Die Emanzipation der Juden in Hamburg 1830–1865. Hamburg 1979.

Stadtteilgeschichte

Johannes Bastian, Und dennoch: Solange die Vergangenheit nicht zum Problem derer geworden ist, die auf ihr parken. In: Westermanns Pädagogische Beiträge 35, 1983.

Deutsch-Jüdische Gesellschaft (Hrsg.), Wegweiser zu den ehemaligen Stätten jüdischen Lebens oder Leidens in den Stadtteilen Neustadt/St. Pauli. Bearbeiter: Wilhelm Mosel. Hamburg 1983.

Deutsch-Jüdische Gesellschaft (Hrsg.), Wegweiser zu den ehemaligen jüdischen Stätten Eimsbüttel/Rotherbaum. Bearbeiter: Wilhelm Mosel. Hamburg 1985.

Deutsch-Jüdische Gesellschaft (Hrsg.), Wegweiser zu den ehemaligen jüdischen Stätten im Stadtteil Rotherbaum. Bearbeiter: Wilhelm Mosel. Hamburg 1989.

Jens-Peter Finkhäuser, Evelyn Iversen, Die Juden in Altona sind längst vergessen. In: Stadtteilarchiv Ottensen e.V. (Hrsg.), »Ohne uns hätten sie das gar nicht machen können. Nazi-Zeit und Nachkrieg in Altona und Ottensen. Hamburg 1985.

Mathias Heyl, Fragmente zum Schicksal der Juden in Harburg-Wilhelmsburg 1933–1945. In: Jürgen Ellermeyer, Klaus Richter, Dirk Stegmann (Hrsg.), Harburg – Von der Burg zur Industriestadt. Beiträge zur Geschichte Harburgs 1288–1938. Hamburg 1988.

Ulla Hinnenberg, Erika Hirsch, »Viele Töchter halten sich tugendsam«. Jüdische Frauen aus Altona in vier Jahrhunderten. In: Frauen-Geschichtsgruppe des Stadtteilarchivs Ottensen e.V. (Hrsg.), Aufgeweckt. Frauenalltag in vier Jahrhunderten. Ein Lesebuch. Hamburg 1988.

Astrid Louven, Die Juden in Wandsbek 1604–1940. Spuren der Erinnerung. Hamburg 1989.

Museum für Hamburgische Geschichte (Hrsg.), Ehemals in Hamburg zu Hause: Jüdisches Leben am Grindel. Bornplatz-Synagoge und Talmud-Tora-Schule. Hamburg-Porträt Heft 22. Hamburg 1986.

Beatrix Piezonka, Wilfried Weinke, Ursula Wamser, Ehemals in Hamburg zu Hause – Jüdisches Leben am Grindel. In: Museumspädagogischer Dienst Hamburg (Hrsg.), Ausstellungen zur Zeitgeschichte. Beiträge einer Tagung im Museum der Arbeit Hamburg. Hamburg 1987.

Harald Vieth, 101 Jahre alt und viel erlebt. Zur Geschichte des Hauses Hallerstraße 6/8. Hamburg-Rotherbaum, seiner Bewohner – insbesondere der jüdischen – und seiner unmittelbaren Umgebung. Hamburg 1988.

Harald Vieth, Von der Hallerstraße 6/8 zum Isebek und Dammtor. Jüdische Schicksale und Alltägliches aus Harvestehude-Rotherbaum in Hamburg seit der Jahrhundertwende. Hamburg 1990.

Autobiographien und Biographien

Claus Victor Bock, Untergetaucht. Unter Freunden. Ein Bericht. Amsterdam 1942–1945. Amsterdam 1985.

Edgar Brager, Durch die Welt nach Hause. Hamburg 1983.

Maike Bruhns Anita Rée. Leben und Werk einer Hamburger Malerin 1885–1933. Hamburg 1986.

Maike Bruhns (Hrsg.) Gretchen Wohlwill. Eine jüdische Malerin der Hamburgischen Sezession. Hamburg 1989.

Maike Bruhns, Gretchen Wohlwill, Eine jüdische Malerin der Hamburger Sezession. Hamburg 1989.

Maike Bruhns, Kurt Löwengard (1895–1940). Ein vergessener Hamburger Maler. Hamburg 1989.

Ursula Büttner, Die Not der Juden teilen. Christlich-jüdische Familien im Dritten Reich. Beispiel und Zeugnis des Schriftstellers Robert Brendel. Hamburg 1988.

Toni Cassirer, Mein Leben mit Ernst Cassirer. Hildesheim 1981.

Miriam Gillis-Carlebach, Jüdischer Alltag als humaner Widerstand 1939–1941. Dokumente des Hamburger Oberrabbiners Dr. Joseph Carlebach aus den Jahren 1939–1941. Hamburg 1990.

Arie Goral, Walter A. Berendsohn 1884–1984. Chronik und Dokumentation. Hamburg 1984.

Arie Goral, »Fall Berendsohn« 1933 bis heute. Ein deutsch-jüdisches Syndrom. Hamburg 1984.

Arie Goral-Sternheim, Heine, die Juden und die Weltbühne einst im Durchschnitt am Grindel. Hamburg 1988.

Arie Goral-Sternheim, Der Hamburger Carl von Ossietzky und das Gewissen einer Stadt. Zum 100. Geburtstag am 3. Oktober 1889/1989. »Ich wollte den Frieden«. Hamburg 1989.

Arie Goral-Sternberg, Jeckepotz. Eine jüdisch-deutsche Jugend 1914–1933. Hamburg 1989.

Ingeborg Hecht, Als unsichtbare Mauern wuchsen. Eine deutsche Familie unter den Nürnberger Rassegesetzen. Hamburg 1984.

Ingeborg Hecht, Von der Heilsamkeit des Erinnerns. Opfer der Nürnberger Gesetze begegnen sich. Hamburg 1991.

C.Z. Klötzel, Eine jüdische Jugend in Hamburg vor dem Ersten Weltkrieg. Hamburg o.J.

Gisela Konopka, Courage and Love. Edina 1988.

Erich Lüth, David Shaltiel, Hamburger – Fremdenlegionär – Diplomat – Verteidiger von Jerusalem. Hamburg o.J.

Heinz Rosenberg, Jahre des Schreckens ... und ich blieb übrig, daß ich Dir's ansage. Göttingen 1985.

Käthe Starke, Der Führer schenkt den Juden eine Stadt. Bilder, Dokumente und Reportagen aus Theresienstadt. Berlin 1975.

Charlotte Ueckert-Hilbert, Senta Meyer-Gerstein, Eine Hamburger Jüdin in der Emigration. In: Verein Hamburg Jahrbuch e.V. (Hrsg.), Hamburger Zustände. Jahrbuch zur Geschichte der Region Hamburg, Bd. 1. Hamburg 1988.

Charlotte Ueckert-Hilbert (Hrsg.), Fremd in der eigenen Stadt. Erinnerungen jüdischer Emigranten aus Hamburg. Hamburg 1989.

Ingrid Warburg-Spinelli, Die Dringlichkeit des Mitleids und die Einsamkeit, nein zu sagen. Erinnerungen 1910–1989. Hamburg 1990.

Gedichtbände und Romane

Ralph Giordano, Die Bertinis. Frankfurt/M. 1982.

Arie Goral-Sternheim, Jiskor. Hamburger Juden Memento, Hamburg 1988.

Benno Kesstecher, Die Wunderleiter. Gedichte. Berlin 1938.

Heinz Liepmann, Das Vaterland. Ein Tatsachenroman aus dem heutigen Deutschland. Amsterdam 1933 (Neudruck: Hamburg 1979).

Heinz Liepmann, ... wird mit dem Tode bestraft. Zürich 1935 (Neudruck: Hildesheim 1986).

Jakob Loewenberg, Lieder eines Semiten. Hamburg 1892.

Jakob Loewenberg, Aus jüdischer Seele. Hamburg 1900.

Jakob Loewenberg, In Gängen und Höfen. Eine Hamburger Erzählung. Hamburg 1910.

Jakob Loewenberg, Kämpfen und Bauen. Hamburg 1925.

Willy Prins, Die Himmelsleiter. Hamburg 1977.

Justin Steinfeld, Ein Mann liest Zeitung. Kiel 1984.

Martin Sternschein, Jüdische Rhapsodie, Verse der Zeit. Hamburg 1935.

Dia-Reihen und Filme

Dokumente zur Geschichte der Juden in Hamburg 1933–1945. (Dia-Reihe 1060011 der Staatlichen Landesbildstelle Hamburg)

Juden in Hamburg von der Emanzipation bis zur Vernichtung der jüdischen Gemeinde. (Dia-Reihen 1060163/64 der Staatlichen Landesbildstelle Hamburg)

Ilse Hofmann, Robert Muller, Die Welt in jenem Sommer. WDR 1980.

Heike Mundzeck, Wolfgang Fischer, »Nur das Hinsehen macht uns frei.« Die Juden vom Grindel. NDR 1987.

Renate Zilligen, »Ein Ort, den ich verlassen mußte.« Jüdisches Leben am Grindel. NDR 1987.

Jens Peter Behrend, Eike Schnitz, Emma Biermann, SFB 1987.

Peter Merseburger, Sabine Brüning, »Als sie nicht mehr deutsch sein durften.« Über die Kindertransporte nach England. SFB 1989.

Galerie Morgenland, Stadtjournal Hamburg, R. Korsen, Beate Meyer, Walter Uka, »Ich war rassisch halb«. Zwei sogenannte Halbjuden berichten. Videofilm. Hamburg 1989.

Reiner Lehberger, Sybilla Leutner-Ramme, Gert Koppel. Eine jüdische Kindheit in Hamburg: 1927–1939. Hamburg 1989.

Gabriel Bornstein, Veronique Friedmann, Rosenberg. Videofilm. Hamburg 1990.

Namensverzeichnis

Abramowitsch, Bernhard 137
Abusch, Alexander 105
Adler, Prof. Friedrich 140, 142
Alejchem, Scholem 138
Anders, Günter 188
Anders, Liesel 188
Andrade, Flora 169
Appel, Alfred 227ff.
Appel, Charlotte 227ff.
Appel, Elfriede 227ff.
Appel, Kurt 138
Appel, S. 16
Appel, Simon 227
Arndt, Henriette 126
Arnhold, August 69
Aron, William 224
Ascher, Felix 30
Atkinson, Elisabeth 9, 18
Auerbach, Johannes 168f.
Bacher, Dr. Walter 128
Baeck, Dr. Leo 29
Baer, Jeanette 128
Bähre, Richard 196ff.
Bamberger, Dr. 34
Bamberger, Naftali Bar-Giora 7f., 153
Banco, Alma del 140
Bär, Curt 173
Bachrach, Joseph 89
Baruch, Dr. 52
Baruch, Marion 141ff.
Bastian, Johannes 11
Bauche, Dr. Ulrich 171, 174
Baumann, Otto 175
Bäumer, Gertrud 185
Bäuml, Martin 106, 108, 109
Bäuml, Robert 106
Becher, Johannes R. 105
Becker, Franziska 211
Beckmann, Dr. Heinz 93
Beer-Hofmann, Richard 138
Behrend, Elsa 126
Behrens, Kurt 137
Behrens, Oswald 139, 163
Benscher, Fritz 138
Benz, Wolfgang 201
Benzian, Gertrud 58ff.
Berendsohn, Annelie 159
Berendsohn, Rolf 87
Bernays, Isaak 12, 39, 42, 99
Bernstein, Dr. Dorothea 126
Bernstein, Otto 140, 142
Bernstein-Schaffer, Jenny 142
Besser, Dr. Max 71
Biermann, Dagobert 195ff.
Biermann, Emma 195
Biermann, Wolf 197
Blau, Dr. Armin 50
Blau, Ernst 52
Bloch, Ernest 137
Block, Fritz 136, 142
Blum, Léon 240
Blumenstein, Albert 195
Blumenthal, Harry 137, 141f.
Bobzien, Franz 179
Böckel, Otto 80
Bodenheimer, Dr. Max 69ff.
Boehlich, Walter 109
Böll, Heinrich 104
Bondy, Curt 182
Borchardt, Lucy 193
Braune, Heinrich 114
Brecht, Bertolt 110, 117
Brill, Erich 140, 142
Brill, Klaus 138
Briske, Leoni 127
Broches 137
Brod, Max 108
Brüning, Sabine 216
Brütt, Prof. Dr. 36
Bundheim, Manfred 123
Burger, Hanuš 107ff.
Buttenwieser, Salomon 52
Buxbaum, Hans 137ff. 142
Campe, Hugo 89
Carlebach, Charlotte 124, 127
Carlebach, Dr. Joseph 24, 26, 28, 35, 49ff., 60, 99, 124, 127, 155, 198
Carlebach, Miriam 120
Carlebach, Noemi 127
Carlebach, Ruth 127
Carlebach, Sara 126ff.
Carlyle, Thomas 66
Cassirer, Ernst 182
Celan, Paul 211
Chamberlain, Harriet 235
Christoffers, Hans 168f.
Claß, Heinrich 82
Cohen, Daniel 128
Cohen, Dr. Daniel 8
Cohen, Dr. Rudolf 37
Cohen, Hildegard 60ff.
Cohen, Martin 12
Cohen, Waldemar 61
Cohn, Jakob 216
Cohn, Josef 34
Cohn, Julia 216
Cohn, Liselotte 138
Cohn, Paul M. 9, 216ff.
Cohn, Rebecka 127ff.
Cohn-Lorenz, Erna 138
Condell, Heinz 137, 142
Daniel, Norbert 52
Defert, Wilhelm 172f.
Dehmel, Richard 45
Dehn, Bertha 136
Deuchler, Gustav 182
Deutschland, Dr. Arnold 175

Deutschland, Irene 175f.
Deutschland, Marion 174ff., 193
Deutschländer, Moses 69, 76
Diamant 34
Dibelius 190
Dietrich, Karl 195ff.
Dietrich, Emma 197
Dilling, Prof. Dr. 36
Doermer, Prof. Dr. 52
Dunk, Eva von der 137
Dymow, Ossip 138
Eber-Feldberg, Lore 140, 142
Eger, Dr. 110
Ehlers, Wilhelm 110
Ehre, Ida 211
Ehrlich, M. 16
Ehrlich, Max 139, 142
Eichengreen, Lucille 9, 235
Eisner, Julius 52
Eldod, Naftali 127
Elkan 17
Eller 16
Emanuel, Beni 205
Emanuel, Betty 205
Emanuel, Gitta 205
Emanuel, Isskar 204
Emanuel, J. 16
Emanuel, Jacob 205
Emanuel, Raphael 205
Emanuel, Rosi 204
Engel 36
Engel, Semmy 33
Epp, Franz Xaver Ritter von 191
Ernst, Otto 45, 53
Eschwege, Helmut 95, 164, 166f., 224
Etbauer, Paul Theodor 159
Felixbrod, Senta 229
Festersen, Ruth 138
Fimmen, Edo 173
Fink, Alfons 140
Flitner, Wilhelm 182
Flörsheim, Dr. Michael 18, 20
Flörsheim, Elisabeth 22
Flörsheim, Gottlieb 18, 22
Flörsheim, Margarete 18
Frank, Dr. Louis 72
Frank, Ruth 25
Frankenthal, Siegbert 126
Frankfurter, Dr. Naphtali 99
Frankfurter, Mendel 38
Freimann, Lilli 128
Friedeberg, Hans Heinz 138, 142
Friedheim, Ernst 37
Friedheim, Käte 137
Friedmann, Rolf 121
Fürst, Noël 128
Gebhardt, Julius 182
Gelber, P. 16

Gerson, Hans 136
Gertner, Meir 139, 163
Gillis-Carlebach, Miriam 26, 60, 121, 211
Goebbels, Josef 110, 115
Goldschmidt, David 28
Goldschmidt, David Jacob 148ff., 153ff.
Goldschmidt, Dr. Fritzi 154f.
Goldschmidt, Ilse-Irene 149, 155
Goldschmidt, Dr. Joseph 37, 40, 41.47ff.
Goldschmidt, Jacob 154, 156, 158
Goldschmidt, Jonas 46
Goldschmidt, Leon 53
Goldschmidt, Moses 52
Goldschmidt, Salomon 37 69.73ff.
Goldschmidt, Salomon 154
Goldschmidt, Samson 158
Goldschmidt, Sigmund 149, 155
Goldschmidt, Thekla 154
Goldschmied, Richard 136
Goral-Sternheim, Arie 9, 16, 71f., 75ff., 87
Gorski, Gustel 59
Gottschalk, Ernst 60
Gottschalk, Hermann 60
Gottschalk, Julius 60, 62
Gottschalk, Karola 60
Göttsche 124ff., 233
Gowa, Anny 137, 139
Gowa, Dr. Ferdinand 136
Gramm, Alice 59 128
Gramm, Julius 204
Grünberg 17
Grünspan, Herschel 123, 141, 201, 212
Grunwald, Dr. Max 27
Gutmann, Walter 164, 212ff.
Guttmann, Wilhelm 136
Haas, Georg de 31
Hagen, Willy 138f., 142
Hamburger, Julius 128
Hameln, Glückel von 73
Harbeck, Hans 114
Harder, Johannes 43
Hardt, Ludwig 136
Hase, Annemarie 137
Heffter, Dr. Heinrich 199
Heilbron, Franziska 192, 194
Heilbron, Ilse Mathilde 191
Heilbut, Jettchen 127
Heilbut, Rudolf 47, 49
Heimann 207
Heine, Betty 13

Heine, Heinrich 13, 29
Hellmann 135
Hempel, Hermann 169
Henle, Paul 140, 142
Hesskel, Prof. Dr. 36, 40
Herzl, Theodor 68, 70
Heydrich, Reinhard 204
Hilferding, Dr. Rudolf 117
Hillberger, Karl-Heinz 155
Himmler, Heinrich 212
Hindenburg, Paul von 94, 104, 116, 223
Hinkel, Hans 136
Hirsch 44
Hirsch, Bertha 120, 127f.
Hirsch, Dr. Marcus 26, 43
Hirsch, Leopold 126
Hirschel 208
Hirschfeld 203, 226
Hirschfeld, Georg 138
Hirschmann, George 189
Hitler, Adolf 104, 116
Hochfeld, Ernst 136, 142
Hochmuth, Ursel 199
Hodann, Dr. Max 117
Hoffmann, Dr. Jakob 24
Holländer, Hermine 112
Höltermann, Karl 117
Holzer, Dr. 28
Horwitz, H. 16
Inonü, Ismet 191
Irwahn, Johannes 80
Isaak, Daniel 41f, 47
Italiener, Dr. 29, 31
Jacobsen, Klara 206
Jacobsen, Dr. 50, 52
Jacobsen, Dr. Joseph 122f.
Jacobsen, Regine 128
Jacobson, B.S. 122
Jaffé 34
Jaffé, Carl Heinz 138
Jaffé, Pauline 58
Jahn, Friedrich, Ludwig 71
Jahnn, Hans Henny 106, 109, 111, 114f.
Jeggle, Utz 211
Jenninger, Philipp 211
Jochmann, Werner 167
Jonas, Dr. Alberto, 52, 122, 124, 126ff.
Jonas, Dr. Marie-Anna 128
Jonas, Esther 124, 128
Jonas, Heinrich 66
Jooss, Kurt 138, 160
Jordan, Franz 92
Josephy, Clara 185
Joshua, Ludwig 35
Judelowitz, Oskar 125, 131
Jungclas, Georg 172f.

Kalbitzer, Hellmut 180f., 183
Kalmus, Dr. Ernst 76
Kalter, Sabine 137
Karlsberg, Bernhard 189
Karlsberg, Bernhard 110, 169, 190ff.
Karlsberg, Ernst 190
Karlsberg, Ilse 110, 192ff.
Karlsberg, Moritz 189f
Karlsberg, Rachel 191, 194
Karlsberg, Ruth 191, 194
Karlsberg, Walter 191, 194
Kassel, Elisabeth 128
Katzenstein, Dr. Moritz 45
Katzenstein, Jacob 28, 122, 128
Kaufmann, Dr. Ernst 187
Kaufmann, Jacob 137
Kaufmann, Karl 85, 125
Keibel, Johanna 127
Kesstecher, Benno 220f.
Kirchberg, Therese 155
Klötzel, Hans 42, 56f.
Knust, Albrecht 160
Kobler, Julius 138f., 142
Kohen, Schalom Jakob 13
Kohn, Erich 172f.
Kohn, Erich 159
Koninski, Max 138
Konopka, Gisela 184
Konopka, Paul 183f.
Koppel, Gert 97, 124
Kornitzer, Leon 30, 31
Korodi, Walter 196
Kramer, Amalie 224f.
Kramer, George 224f.
Krautsdörfer 92
Krebs, Dr. Albert 81
Krische, Wilhelm 85
Kriwer, Charlotte 227
Kriwer, Senta 229
Krogmann, Carl Vincent 88, 212
Kroh, Ferdinand 164
Kron, Gustav 126
Kruszynski, Willy 138
Kugelmann, Hermann 16
Kugelmann, John 208
Kwiet, Konrad 164ff.
Laban, Rudolf von 138, 159f., 162
Lambig, Beer 201ff.
Lambig, Pesche 202
Landau, Benjamin 235
Landau, Cecilie 121, 235ff.
Landau, Karin 236
Landau, Sala 235
Lanzkron, Dr. 37
Latzke, Käte 185ff.
Läufer 17

246

Laun, Prof. 117
Lazarus 208
Lazarus, Hans 103
Lee, Dr. R. 158
Leers, Rosa 230
Leeser, Margarete 159
Lehmann, Michel 39
Leidersdorf, Adele 171, 174
Leidersdorf, Heinz 122, 171ff.
Leidersdorf, Hugo 171, 174
Leimdörfer, Dr. David 28, 75f.
Leimdörfer, Kathinka 75
Lendner, Hanna 192, 194f.
Leopold, Hermann 16
Levi, Richard 128
Levisohn, Albert 134
Levisohn, Julius 16
Levisohn, Rolf 125, 131ff.
Levy, Adele 48
Levy, Erika 181
Levy, Ernst 122
Levy, Ernst 181
Levy, Hans 132
Levy, Rudolf 180f.
Levy, Senta 43
Lichtwark, Alfred 45
Lieblich, Ursula 138
Liepman, Ruth 117
Liepmann, Else 112, 114
Liepmann, Hedwig 112
Liepmann, Heinz 104ff., 108, 110, 112ff.
Liepmann, Hermine 112f.
Liepmann, Lina 112
Liepmann, Paul 112
Liepmann, Paula 112
Liepmann, Salomon 112ff.
Liliencron, Detlev von 45
Lilienstein, Isidor 117
Lilienstein, Johanna 117
Lilienstein, Ruth 117
Lipinskaja, Dela 140
Lippmann, Dr. Leo 31, 234
Lippmann, Mathilde 47
Lippmann, S. 16
Lipstadt, Margarete 18, 20
Lipstadt, Margarete 48
Littmann, Britta 177
Löbenstein, A. 16
Lock, Dr. Peter 9
Loewenberg, Dr. Ernst. 35, 60, 121f., 138, 218
Loewenberg, Dr. Jakob 13, 44f., 48, 53f., 121, 218
Loewenthal, Therese 127
London, Sophie 126
Löwengard, Kurt 136, 139, 140, 142
Luria, Frank B. 32
Lustiger, Arno 164
Lüth, Erich 114
Magnus, Joseph 17
Maleachi, Ruben 24f., 28f., 31, 33f.
Mandelbaum, Dr. Hugo 123, 146
Mann, Erika 105, 117
Mann, Heinrich 105, 110
Mann, Klaus 105, 110
Mann, Thomas 105, 110
Mannheimer, Dr.Georg 108, 110
Marchwitza, Hans 188
Marchwitza, Hilde 188
Marcus, Marry 45ff., 52, 58
Markon, Prof. Dr. Isaak 75f.
Marlé, Arnold 115
Marr, Wilhelm 65
Masaryk, T.G. 108
Massé, Margot 127
May, Raphael Ernst 15
Mehring, Walter 117
Meier, Heinrich Christian 171ff.
Melchior, Fritz 138, 140, 142
Melle, Dr. von 36
Mende, Otto 173, 175
Mendelsohn-Frankfurter, Moses 13
Mengele, Josef 236
Merseburger, Peter 216
Meuer, Gertrud 174, 199
Meyer, Cläre 43
Meyer, Dr. Samson 48
Meyer, Julius 127f.
Meyer, Robert 95
Meyer, Ruth 127f.
Meyer-Gerstein, Senta 45, 202
Meyerstein, Max 128
Michael, Heimann Josef 13
Michaelis, Alfred 196
Michaelis, Herbert 151, 164f., 195ff.
Michaelis, Zerline 196
Michaelis-Stern, Eva 187
Michelson, Erika 159
Michelson, Hildegard, 161
Michelson, Julius 163
Michelson, Lilly 161
Michelson, Margarete 159, 161
Michelson, Simon Arje 159, 161
Milee, Erika 138f., 142, 159ff.
Minski, Jacob 132f.
Mirabeau, Elisabeth 59f.,
Mokry, Rudolf 175f.
Möller, Dr. Julius 72
Molnar, Franz 136
Muchow, Martha 182
Müller, Alfred 137
Müller, Fritz 46
Müller-Hartmann, Robert 122, 136, 142
Mundzeck, Heike 7
Munter, Walter 172f.
Nachum, Emil 126
Nachum, Ernst 193
Nathan, Dr. N. M. 91, 98
Nathan, Dr. Samson Philip 42
Nathan, P. S. 42
Nelson, Leonard 182
Neu, Ludwig 140
Neumann, Bernd 169f.
Neumann, Flora 168ff.
Neumann, Rudolf 167, 169, 170, 193
Neumeier, John 159, 161
Niemöller, Martin 93
Nordheim, Marcus 45
Nordheim, Sara 46
Nußbaum, Benjamin 48
Oberdörffer, Dr. 52, 122, 132
Ollenhauer, Erich 117
Ophir, Dr. Baruch 8, 26
Oppenheim, Georg 167ff.
Oppenheim, Jacob 48f.
Oppenheim, Süßkind 39
Ossietzky, Carl von 114
Otto, Walter 82
Pander, Susanne 139
Pappenheim, Bertha 74f.
Paucker, Arnold 164
Pauli, Gustav 154
Peiper, Gisela 181ff.
Pereira, Dr. 32
Petersen, Carl 90
Philip, Fanny 43, 47
Philip, Werner 174ff.
Philip, William 176f.
Piscator, Erwin 107
Plaut, Dr. Max 28, 133
Plaut, Joseph 140
Plaut, Raphael 57, 60
Plocki, Samuel 56
Pola, Ilse 137
Popper, Boas 51
Priestley, J. B. 136
Prigge, Jan Mangels 107
Proskauer, Lutz 137
Quast, Rosa 152
Raab, Friedrich 80
Rabin, Betty Batia 9, 204
Rabinow, Samuel Joseph 89, 201
Rabinowitsch, Michael 122
Rath, Ernst vom 123, 201, 212
Rebstock, Karl-Heinz 175f.
Rée, Anita 140
Reich, Nathan 16
Richter, Alfred 88
Rieboldt, Bruno 195ff.
Riesser, Gabriel 12, 29, 99
Robinsohn, Hans J. 223
Rödler 218
Rogers, Mary 193
Rom, Marie-Luise 196
Rosemann 26
Rosen, Willy 139, 142
Rosenbaum, Flora 48, 128
Rosenberg, Lotte 147
Rosenstock, Josef 136
Rosenthal, Edith 60
Rosin, Dr. Martha 60
Roth, Alfred 82
Rothgiesser, Marion 175
Rothgiesser, Walter 176f.
Rothschild 50
Rothschild, Kallmann 146
Rothschildt, Rebecca 126
Ruben, Elias 39
Rubin, Dr. David 49
Ruscheweyh, Herbert 192
Rzckonsky 27
Saalfeld, Hans 211
Sachse, Leopold 136f.
Sakom, Dr. Jacob 136
Salomon 208
Salomon, Kurt 159
Salomon, Ursel 147
Samson, Dr. Hermann 89
Samson, Rudolf 136, 140
Scharrelmann, Heinrich 45
Schepanski, Ernst 9, 189
Schindler, Kurt 138
Schlepps 27
Schlesinger, Dr. David 42
Schlesinger, Dr. Lipmann 42
Schloß, Eduard 48, 57, 122
Schloß, Heinemann 120
Schloß, Minna 57
Schmidt, Josef 137
Schober, Dr. 36
Schottländer, Hannah 188
Schottländer, Hilde 185ff.
Schottländer, Rudolf 185
Schreiber, Lotti 61
Schuchardt, Helga 7
Schumann 205
Schütz, Hans J. 109
Schwarz, Paul 137
Seligmann, Dr. Caesar 29, 31
Seligmann, Ivan 153
Sieg, Hedwig 62
Silberberg, A. 16
Silberberg, David 16
Simon, Bertha Emilie 190
Simonsohn, Dr. Berthold 62
Simonsohn, Trude 60ff.
Singer, Werner 139
Smerka 16
Solmitz, Luise 87
Sonderling, Dr. 28
Sondheimer, Hans 137
Spier, Arthur 49, 51f., 122ff.
Spitzer, Dr. Samuel 24, 26, 37
Starke, Käthe 233
Stein, Josef 193
Stein, Mathias 51
Steinberg, Hans Wilhelm 137
Steinberg, Lucien 164, 166
Steinfeld, Grete 105
Steinfeld, Julie 105
Steinfeld, Justin 105ff., 112, 114ff., 168
Steinfeld, Lotte 105
Steinfeld, Martin 105
Steingut 34
Stern, Anschel 39f., 73
Stern, Clara 185, 188
Stern, Eva 185
Stern, Günther 185
Stern, Hilde 185
Stern, Hilde 185f.
Stern, William 183, 185, 188
Sternschein, Martin 202
Stöcker, Adolf 65
Stoppelman, Daniel 230
Stoppelman, Gerson 16, 230ff.
Stoppelman, Gustav Daniel 230
Stoppelman, Ilse 231f.
Stoppelman, Hilde 230
Stoppelman, Lothar 230
Stoppelman, Rachel 230
Stoppelman, Willy 16, 230
Streicher, Julius 103
Streim, Ernst 127
Thomas, Rudi 110
Toczek, Arthur 128
Traumann, Lilli 45, 59, 121, 147
Tuch, Dr. Ernst 71f.
Tuch, Gustav 64, 66, 69ff., 74f.
Tucholsky, Kurt 114
Tügel, Franz 93
Ueckert-Hilbert, Charlotte 7
Unger 203
Vansittard, Robert Gilbert 111
Vieth, Harald 7
Voscherau, Henning 211
Wächter, Max 138ff., 142
Waldbach, Otto 46
Walde, Kurt van der 174ff.
Walde, Liesel van der 177f.
Walde, Norma van der 177
Warburg, Aby S. 93
Warburg, Max M. 83f., 135f., 144
Warburg, Moritz 36, 57
Warburg-Spinelli, Ingrid 164
Warisch, Max 60
Weglein, Marga 16f., 43, 48
Weiss, Herbert Paul 177
Weiss, Inge 177
Weiss, Susi 177
Weisz, Dr. Th. 35
Wellhausen, Dr. Käthe 43
Wellhausen, Prof. Julius 433
Wendt, Hermann 186
Werner, Sidonie 74f.
Westermann, Hans 185ff.
Wilker, Karl 182
Wohlwill, Dr. Heinrich 234
Wohlwill, Gretchen 140, 142
Wolf, Dr. Friedrich 117
Wolfermann, Adolf 97
Wolfermann, Markus 46f., 52
Wolkowski, Martin 85
Zadik, Percy 193
Ziegel, Erich 114
Zilligen, Renate 7
Zimmermann, Gertrud 159, 162
Zola, Emile 212
Zuntz, Dr. 52
Zuntz, Dr. Hugo 24

Hamburg: Stadt-Geschichte(n)

Arie Goral-Sternheim
Jeckepotz
Eine jüdisch-deutsche Jugend 1914-1933
200 Seiten; DM 26,80

Helmuth Warnke
»Bloß keine Fahnen«
Auskünfte über schwierige Zeiten
160 Seiten; DM 18,-

Hellmut Kalbitzer
Widerstehen oder Mitmachen
Eigen-sinnige Ansichten und sehr persönliche Erinnerungen
160 Seiten; DM 16,-

Werner Skrentny (Hrsg.)
Hamburg zu Fuß
20 Stadtteilrundgänge durch Geschichte und Gegenwart
300 Seiten; DM 29,80

Werner Skrentny (Hrsg.)
Der Hafenführer
Schiffe und Menschen, Lieder und Geschichten an 99 Stationen
220 Seiten; DM 24,80

Museumspädagogischer Dienst der Kulturbehörde Hamburg (Hrsg.)
1789: speichern & spenden
Nachrichten aus dem Hamburger Alltag
200 Seiten; DM 20,-

Karen Hagemann/Jan Kolossa
Gleiche Rechte – Gleiche Pflichten?
Ein Bilder-Lese-Buch zu Frauenalltag und Frauenbewegung in Hamburg
240 Seiten; DM 24,80

Prospekt anfordern!

VSA-Verlag
Postfach 50 15 71
Stresemannstr. 384a
2000 Hamburg 50

Ulrich Bauche/Ludwig Eiber/Ursula Wamser/ Wilfried Weinke (Hrsg.)
»Wir sind die Kraft«
Arbeiterbewegung in Hamburg von den Anfängen bis 1945
320 Seiten; DM 36,-

Frank P. Hesse (Hrsg.)
»Was nützet mir ein schöner Garten ...«
Historische Parks und Gärten in Hamburg
120 Seiten; DM 22,80

Michael Töteberg
Filmstadt Hamburg
Von Emil Jannings bis Wim Wenders:
Kino-Geschichte(n) einer Großstadt
240 Seiten; DM 29,80

Michael Joho (Hrsg.)
»Kein Ort für anständige Leute«
St. Georg: ein l(i)ebenswerter Stadtteil
200 Seiten; DM 22,80

Gabriele Franke/Reinhard Saloch/Dieter Thiele
»Bauer Eggers' Linden stehen noch«
Erster Barmbeker Geschichtsrundgang
152 Seiten; DM 16,80

Erik Kloberg
Werftensterben in Hamburg
Der Niedergang des Schiffbaus 1970-1988 und die Politik des Senats
184 Seiten; DM 22,80

Ulrich Bauche/Heinz Brüdigam/Ludwig Eiber/ Wolfgang Wiedey (Hrsg.)
Arbeit und Vernichtung
Das Konzentrationslager Neuengamme
Katalog zur ständigen Ausstellung im Dokumentenhaus Neuengamme
260 Seiten; DM 24,-

Fritz Bringmann/Hartmut Roder
NEUENGAMME: Verdrängt – vergessen – bewältigt?
Zur 2. Geschichte des KZ Neuengamme (1945-1985)
144 Seiten; DM 12,-

Verachtet, Verfolgt, Vernichtet
Herausgegeben von der Projektgruppe für die vergessenen Opfer des NS-Regimes in Hamburg
254 Seiten; DM 29,80

Zündende Lieder – Verbrannte Musik
Herausgegeben von der Projektgruppe Musik und Nationalsozialismus
160 Seiten; DM 12,80

H. Fangmann/U. Reifner/N. Steinborn
»Parteisoldaten«
Die Hamburger Polizei im »3. Reich«
146 Seiten; DM 24,80

M. Bose/M. Holtmann/D. Machule/ E. Pahl-Weber/D. Schubert
»... ein neues Hamburg entsteht...«
Planen und Bauen von 1933-1945
232 Seiten; DM 48,-

Außerdem bei VSA

★ **Städte zu Fuß** (»Stadtführer neuen Stils«, DER SPIEGEL)

★ **Regional- und Freizeitführer**
»Wer die Heimat nicht kennt, wird die Fremde nie verstehen«

★ **StadtReiseBücher**
Die »Weltstädte« erschließen

★ **Reisebücher**
Informationen, Hintergrundwissen, praktische Reisetips zu den Reiseländern

★ **Politische Sachbücher**